# THE IMPERIAL THEATRE

## FROM 1966 TO 2025 AND THE BEYOND

### 帝国劇場アニバーサリーブック
NEW HISTORY COMING

## OVERTURE

# 帝国劇場という名の星座
文＝小川洋子

皇居の緑とお堀を正面に見ながら、真っすぐ帝国劇場まで歩いてゆく、ほんの数分の時間が好きだ。
あたりを見回せば、あの人も劇場へ向かっているに違いないと、何となく雰囲気で分かる。
既に高揚した空気が漂っている。
もう一度、チケットを取り出し、万が一でも日にちを間違えていないか、
開場時間と開演時間を勘違いしていないか見直す。何度確認してもそわそわとして落ち着かない。
そしてそのたび、ああ、大丈夫だと安心し、観劇できる喜びをかみしめる。
そんな無数の観客たちを帝国劇場は受け入れてきた。
長い歴史を積み重ね、あらゆる作品を上演しながら、ずっとそこにあり続けてきた。
地層のように揺るぎなく、堂々としているのに、もったいぶったところがない。
この建物の奥で、死者と生者、異界と現実、彼岸と此岸が矛盾なくつながり合い、
唯一無二の物語が生まれている。
入口のガラス扉を一歩くぐりさえすれば、その物語に触れることができる。
たった一度きりで、影も形もなくなってしまう舞台だとしても、
生涯消えない足跡を、記憶に残す魔力を持っている。
帝国劇場は時間と観客と役者とスタッフ、その他関わり合うものすべてが織りなす星座だ。
星座をたどって旅をしてみたい。そんな思いから、帝劇をテーマにした小説を書きはじめている。
建物の形は変わっても、劇場に流れる時間は宇宙のように不変だろう。
不変に守られているのだから、何の心配もいらない。
今はただ、自分の書いた小説が、星座の一粒になってくれたらと、
新たな劇場で生まれる歴史に願いを馳せている。

# CONTENTS

- 002　OVERTURE　小川洋子
- 006　市村正親×堂本光一×井上芳雄　進行：池田篤郎
- 016　滝田 栄×岩崎宏美×島田歌穂×山口琇也
- 022　鹿賀丈史×吉原光夫×佐藤隆紀×飯田洋輔
- 028　ジョン・ケアード×野口五郎×斉藤由貴　通訳：今井麻緒子
- 034　森 公美子×知念里奈×生田絵梨花
- 038　サー・キャメロン・マッキントッシュからのメッセージ
- 042　一路真輝×涼風真世×朝海ひかる×瀬奈じゅん×春野寿美礼×花總まり×蘭乃はな×愛希れいか
- 050　井上芳雄×中川晃教×山崎育三郎×古川雄大×京本大我
- 056　ミヒャエル・クンツェ×シルヴェスター・リーヴァイ
- 062　渡辺翔太×森本慎太郎×紫吹 淳×鳳 蘭
- 068　舞台『千と千尋の神隠し』プロダクションノート
- 073　ロンドンで帝国劇場と演劇を語る
　　　ジョン・ケアード×堂本光一×上白石萌音×今井麻緒子
- 076　バズ・ラーマン×松任谷由実
- 080　『ムーラン・ルージュ！ザ・ミュージカル』音楽創作の裏側　ジャスティン・レヴィーン
- 082　山口祐一郎×城田 優 with 山田和也

## 同時代クロストーク

- 086　高畑充希×昆 夏美×屋比久知奈×海宝直人×小野田龍之介
- 090　石川 禅×岡 幸二郎×今 拓哉×髙嶋政宏×橋本さとし×別所哲也
- 094　浦井健治×甲斐翔真×加藤和樹×田代万里生
- 096　朝夏まなと×望海風斗×明日海りお
- 098　水樹奈々×平原綾香×伊礼彼方×ソニン
- 100　有澤樟太郎×岡宮来夢×松下優也×三浦宏規×宮野真守

- 103　黒柳徹子が語る日本のミュージカル草創期　ゲスト：井上芳雄

帝劇のレジェンドたち

- 105 松本白鸚
- 106 浜 木綿子
- 107 北大路欣也
- 108 草笛光子
- 109 林 与一
- 110 司 葉子
- 111 写心 田内峻平
- 112 HISTORY of IMPERIAL THEATRE 1911-1966-2025
- 120 菊田一夫 演劇に尽くした人生
- 126 EVERGREEN 帝劇と菊田先生と『風と共に去りぬ』
- 129 帝劇発オリジナルミュージカルへの挑戦
- 134 EVERGREEN『屋根の上のヴァイオリン弾き』
- 140 EVERGREEN『ラ・マンチャの男』
- 160 蜷川幸雄と東宝——その軌跡
- 176 EVERGREEN『細雪』
- 177 長谷川一夫と東宝歌舞伎
- 178 森繁久彌 その大衆性、観客を涙させる演技
- 179 山田五十鈴 多彩な人物を自在に演じ分ける"女役者"
- 186 EVERGREEN『レ・ミゼラブル』
- 194 EVERGREEN『マイ・フェア・レディ』
- 200 EVERGREEN『ミス・サイゴン』
- 236 帝劇で生まれた大記録 森 光子と堂本光一
- 294 帝劇から生まれた華やかな「商業演劇」 その名場面を映像で
- 296 想い出の帝国劇場
- 317 帝国劇場の建築・意匠の魅力
- 334 代表作歴代キャスト表

005

# 市村正親
# 堂本光一
# 井上芳雄

屋上から眺める緑は、開場当時も今も生命力に溢れている。
この現・帝国劇場が開場60年目を迎える2025年2月、建て替えのため休館に入る。
1992年『ミス・サイゴン』日本初演以来、
帝劇でエンジニア役を足掛け30年演じた市村正親、
2000年に時を同じくして帝劇に現れ、今や帝劇の代名詞といえる活躍を見せる、
堂本光一と井上芳雄が、愛する舞台を巡って語り合った。

（進行：東宝(株)常務執行役員 演劇本部長 池田篤郎）

池田　皆さんが初めて帝国劇場を経験された日のことをお聞かせください。

市村　僕が初めて帝劇で観たのは『ラ・マンチャの男』の初演(1969年)で、20歳の時でした。あの重厚な装置の中、長い階段から(市川)染五郎さん(現・二代目松本白鸚)が降りてきて物語が始まり、トリプルキャストのアルドンサ(現・アルドンザ)は草笛光子さんでした。まだ僕は舞芸(舞台芸術学院)の学生で、いい評判を聞いていたので絶対に観たいと思って友達からお金を借りて観に行ったんです。今思い出しても鳥肌立つくらいすごい舞台で、初演の『ラ・マンチャの男』は僕が今まで観たミュージカルの中でベスト1ですね。

井上　最高な帝劇初体験ですね。

堂本　僕が帝劇で最初に観たのは、市村さんの『ミス・サイゴン』だと思います。

市村　ありがとう。

堂本　帝劇は舞台に立っていることが多くて、客席から観たものは少ないのですが、森光子さんの『放浪記』を何度も拝見しました。あと、9階稽古場の様子を見て次の舞台を感じたりして過ごしてきました。

井上　僕は、大学進学の少し前に帝劇に行ってみたいと思って観たのが『レ・ミゼラブル』です。舞台ももちろん素晴らしかったのですが、開演前、岡幸二郎さんがチケットを預けにロビーを走っていて。岡さん、ガタイが良くて、ミュージカルってこんな大きい人じゃないとできないのかと。帝劇や舞台より、岡さんの印象が強いんです。

全員　(笑)

## 1992年、帝劇初のロングラン公演『ミス・サイゴン』初演

市村　僕の帝劇初出演作品『ミス・サイゴン』は、オーディションから始まりました。ひたすら歌の勉強をしてイメージを膨らませて臨みました。オーディション会場は、旧・東京宝塚劇場の地下にあった狭い稽古場で、中に入るとキャメロン・マッキントッシュ、ニコラス・ハイトナー、クロード＝ミッシェル・シェーンベルク、アラン・ブーブリルの4人がいるわけですよ。

井上　すごいメンバーですね。

# 市村正親×堂本光一×井上芳雄

**市村** 後から聞いた話だけど、僕が入ってきた時、彼らは「あっ、エンジニアが来た!」と思ったって。
**堂本** さすがですね。その時、『ミス・サイゴン』はご覧になっていたんですか?
**市村** 劇団四季の在団中、浅利(慶太)さんが演出した『マダム・バタフライ』をミラノまで観に行った帰り、ロンドンのドルリー・レーン劇場で観て、エンジニアは面白いなと思いました。そして、劇団四季を退団する時くらいに東宝で上演すると知ったんです。
**堂本** オーディションでは〈アメリカン・ドリーム〉を歌われたのですか?
**市村** 歌った。歌ったというより芝居したって感じかな。43歳の時だからバリバリですよ。「絶対つかんでやる!」とエンジニアになり切っていたと思う。
**井上** 今の僕らと同じくらいだ。
**堂本** そうだね。
**市村** 元々Wキャストの予定が稽古の途中で僕1人でやることになり、開幕から6カ月はエンジニア役を1人で週10回やってました。大変だったけど、『ミス・サイゴン』は作品がいいし、とにかくエンジニアの役というのは面白いから楽しかったですね。開幕して3カ月後くらいに海外スタッフがチェックに来た時、「ミスター市村、今の力の半分でやってくれないか。初日の頃は君が引っ張ってくれて助かったけど今は周りが上がってきているから」と言われ、そんなことしたらテンション下がっちゃうと思いながらも半分の力でやってみたら、お客さんがグッと舞台にのめり込んでくるのを感じられたんだ。
**堂本・井上** なるほど。
**市村** 帝国劇場の2階の壁が少し僕を受け入れてくれたかなと感じたのもその頃かな。1年半のロングランはコンディション維持に必死だったけど、むちゃくちゃ楽しかった。
**堂本** 僕は『ミス・サイゴン』が大好きで何度も拝見していて、音楽などの素晴らしさはもちろんですが、一番惹かれるのは物語の結末に正解がないところなんです。登場人物の誰に目線を置いて観るかで感動が変わってくる、お客さんが選べる作りになっているのが素敵だなと感じています。今、市村さんのお話を伺っていて、とても楽しかったと仰っていたのがすごく印象的で、自分と重なるんです。楽しくないと続けられないのですが、それはただ楽しいのではなく、しんどいから楽しいというか……。
**市村** そう。ドリームランドから始まり、難民生活を経てバンコクに流れていくエンジニアの波瀾万丈の3年間を生き抜いていくことが本当に楽しかったんだよね。
**井上** 僕は2004年の再演にクリス役で出演させていただいたのですが、僕もあの世界で生きる喜びみたいなものを感じました。アメリカ側の役で複雑な思いもありましたが、本当にその時代を生きていると錯覚するような、別世界に連れていってくれるすごく好きな作品でした。帝劇の舞台にヘリコプターが降りてきた、あの作りは圧巻ですよね。
**市村** ヘリコプターが降りてくる〈キムの悪夢〉のシーンは本当によく出来ているよね。あそこは僕が唯一出ていないシーンなので、舞台袖からいつも見ていた。
**井上** そのシーン、クリスが舞台奥から1人歩いてくると時空がパッと切り替わる、あの瞬間がたまらなくて、自分がこれまで出たシーンの中で1番好きかもしれない。そういうたまらない瞬間がいっぱいあるんです、『ミス・サイゴン』には。
**市村** 思い出は尽きないね。
**井上** はい。僕が出演した時、市村さんは既にレジェンド的存在でした。市村さんとお芝居していると、どんどん物語に入っていけるような感覚があったことを覚えています。
**池田** 東宝としても、『ミス・サイゴン』の1年半のロングラン公演は本当にチャレンジでした。ヘリコプターが出てくるあの装置のために、54日間を劇場の仕込みと稽古のために空けたのです。でもおかげさまで大盛況で、大千穐楽の成功を1面で伝えてくださった新聞記事が今でも目に浮かびます。
**井上** 2009年の博多座公演の時、博多座は『ミス・サイゴン』を上演するためにヘリコプターが降りてこられるように作ったと聞いて驚きました。
**堂本** それ、よく聞きます。
**井上** そうさせてしまう作品でもあるんですね。
**池田** 博多座さんは、建てる時にはまだ予定がないのに、将来『ミス・サイゴン』を上演することを想定して設計されて、なおかつ、それを実現させているので本当に立派だと思いました。
**市村** 『ミス・サイゴン』の素晴らしさだよね。
**堂本** そのおかげで、博多座で『SHOCK』を上演することもできました。

## 『エリザベート』と『SHOCK』が誕生した2000年

**池田** 東宝のミュージカル公演の流れを振り返りますと、1963年が『マイ・フェア・レディ』の初演で、その60年代は『屋根の上のヴァイオリン弾き』『ラ・マンチャの男』など翻訳ミュージカルの黎明期。80年代後半〜90年代前半には『レ・ミゼラブル』と『ミス・サイゴン』というロンドン・ミュージカルの大作が上演され、そこでまた流れが変わりました。そして2000年。6月に『エリザベート』、11月に『SHOCK』、この2作品が彗星のように登場して黄金期を作っていきます。2020年代になると舞台『千と千尋の神隠し』や『SPY×FAMILY』や『ジョジョの奇妙な冒険』など新しいオリジナルミュージカルが誕生し、20年周期で潮目が変わってきたように思います。中でも2000年は、それまでの演劇界の革新となるこの2作品が登場した特別な年だと思います。
**井上** 『エリザベート』のルドルフ役でデビューした僕にとって、2000年は忘れられない年です。ミュージカル俳優になりたいと思っていましたが、まさかこんな道筋でなれるとは思っていなかったですね。たまたまオーディションのお話を頂いてルドルフ役をやらせてもらうことになり、そこから思ってもいない方向に人生がどんどん開けていって今に至っています。『エリザベート』という作品その

ものに力があったし、帝劇や周りの皆さんのお力もお借りして、本当にラッキーなタイミングで出させてもらったと思います。その帝劇での日々は、皆さんに良くしてもらい過ぎて、ここにいたら自分がダメになると思ったくらい居心地が良かったです。

**市村** 『エリザベート』を観に行った時、開演前に(山口)祐一郎の楽屋に顔を出したら、芳雄と歌合わせをしていたんだ。「この子が井上芳雄か」と認識して、その後『モーツァルト!』で親子をやることになった時は縁を感じました。

**井上** 初演の時、全てが初めてで心許なかった僕のために、山口さんも内野(聖陽)さんも開演前に楽屋で〈闇が広がる〉を一緒に歌ってから舞台に行くというのを3カ月間毎日やってくださったんです。最初は皆とワイワイ楽しくやっていましたが、だんだん重圧の真相が分かってきて、『モーツァルト!』で帝劇に出た時は客席が怖くて、もうできないと何回も思ったし、徐々に帝劇の真ん中に立つとはどういうことかを教えてもらいました。

**堂本** 僕にとっても2000年は大きなターニングポイントの年です。『MILLENNIUM SHOCK』というタイトルだった『SHOCK』初演は打ち上げ花火のような感覚で、ドンと上げてそのまま散ればいいのかなという気持ちでやらせてもらったんです。そうしたら2年目もあると。東山(紀之)さんもいらしたスター4人が中心の初演とは違って2年目からは自分1人で背負うことになり、それがこれだけ続くなんて全く思っていませんでした。帝劇の歴史からすると、『SHOCK』は異端だったはずなのに、我々のやり方に東宝の皆さんが寄り添ってくださり、フライングレールを吊るために帝劇の天井に穴まで開けてくれて本当に感謝しています。お客様からの「帝劇の歴史を汚した」など厳しいご意見もある中で帝劇の真ん中に立って、のしかかってくる一つ一つに挑み、何とか掻き分けていった、それが楽しかったですね。

**市村** 『SHOCK』を観ていると、光一が演じるあのキャラクターが面白いし、やることが多過ぎる中で光一自身が役を生きていることが楽しいというのも分かる。辛いからこそ面白い、そういうふうにできているのかもしれないね。

**堂本** まさにそうです。2005年から演出に関与するようになって、ストーリーをガラッと変えました。自分がボロボロになってでも生きていく命の炎みたいなもの、それ自体をストーリーにしてしまおうと。今の『Endless SHOCK』の原型です。自分には大した実力があるわけでもないので、様々な反則技を使ってお客様を楽しませたいと思って、初演から全編にちりばめられていた殺陣やフライングなどのアクションもストーリーの要素として意味を持たせました。自分で構成を手掛ける作業は楽しかったです。24年間の上演の中で、あってはならない事故も、怪我もコロナ禍も経験しましたが、起きてしまったことをいかにプラスに働かせるかも考え、そういう全てを学んだのが帝劇です。帝劇には人を変える力があると思います。

**市村** あると思う。帝劇の神棚には名優の方々の名前が書かれた灯籠がたくさんあって、その神棚を拝んでいると、僕はいつも俳優として生きる力をもらえるんです。

**井上** 帝劇は敵ではなく味方で、稽古で歌った時にどうしても出なかった音が本番の舞台上では出たりとか、僕も不思議な体験が結構あります。

**市村** 2人がそれぞれ『エリザベート』と『SHOCK』に出会った20歳の頃は、僕はまだ『ラ・マンチャの男』を観たりしていた学生で、22〜24歳の3年間は、西村晃さんの付き人をやっていた。24歳になって、そろそろ自分を第一に考えたいと思って、師匠第一の付き人を辞め、劇団四季の『イエス・キリスト＝スーパースター』のオーディションを受けてヘロデ王と群衆の役をもらって、そこから俳優人生が始まったんだよね。越路吹雪さん主演の『アプローズ』など、まだスターシステムで作品を上演していた時期で、『イエス・キリスト＝スーパースター』が劇団四季初めての群集劇だった。

**井上** そうやって日本のミュージカルの状況はめまぐるしく変わってきましたよね。

**市村** 帝劇で毎月ミュージカルをやるようになるとは思わなかった。

**池田** 2000年代初頭くらいまでは座長芝居も続けていましたが、団体のお客様の集客が、だんだん難しくなってきたんです。ミュージカルは作品やキャストの皆さんへ強い想いを寄せてくださる個人のお客様がチケットをお求めになり、その上、作品によっては交互出演の楽しさもある。そういう変化もあって、ミュージカルへと徐々にシフトしていったんだと思います。

**井上** 『SHOCK』が初演された時、人気のアイドルの方がこちらにも来ちゃったら、僕たちできなくなるんじゃないかなという危機感が正直あった気がします。光一君も言っていたように打ち上げ花火のような一過性のものなのかなと思っていたら、毎年続いてどんどん盛り上がっていく。それで僕も実際に舞台を観てみたんです。すると、想像していたものと違って、観たことないくらい大変なことをこんなにも本気で1人でやっているんだと感動しました。ミュージカルに対するリスペクトも感じて、決して生半可な気持ちでやっていないことも分かったんです。その後もしばらく光一君と交わる機会はなかったんですけど、池田さんがきっかけを作ってくださったんですよね。

**堂本** 芳雄君、絶対、僕のこと嫌いだろうなと思ってた。

**井上** （笑）。お互いがどう思っているか、話すことすらないだろうと思ってました。

**堂本** 僕も。ミュージカル界に同年代のすごい人が現れたとその

なと思って、今年をラストイヤーに決めました。ステージに立つ厳しさを教えていただいた分、東宝の皆さんやスタッフの皆さんが全力で支えてくださったからこそ、これだけ長くやれたのだと心から感じています。

## 堂本光一と井上芳雄待望の初共演『ナイツ・テイル―騎士物語―』

**池田** お2人が意気投合された頃、光一さんに『SHOCK』以外の作品でも輝いていただきたいと考えていて、新しい作品を求めていたんです。そういう中で、演出はジョン・ケアード、そして芳雄さんとの共演という2つのファクターがうまく合わさって、シェイクスピア最後の戯曲とされる『ナイツ・テイル』の創作が始まりました。ジョンが天才ならではの業で、作品も出演者たちも自由自在に操ってでき上がった世界は、新たなスタイルの芝居になっていてとても面白かったと思います。
**井上** 共演できたらいいなと考えたことはありましたけど、まさか実現するとは思ってもいませんでした。
**堂本** 僕も驚きました。嬉しかったですけどね。
**井上** どんな作品になるのかワクワクしました。
**市村** 『ナイツ・テイル』になんで僕がいないんだと思ったけど(笑)、弥次さん喜多さんみたいで、実にナイスコンビでした。
**堂本・井上** ありがとうございます。
**堂本** 素晴らしいキャストが揃っていて、特に、島田歌穂さんはじめ(音月)桂ちゃん、(上白石)萌音ちゃん、女優陣の稽古場での出来上がりっぷりがすごかったんです。
**井上** ほんと、すごかった。「台詞覚えてないの」と言いながら女優さんは大体覚えている。僕たちは本当に覚えてない。光一君は思っていた以上に覚えてなかった(笑)。
**堂本** 2人で慰め合っていましたけど、通し稽古が終わって稽古場に戻ると、ジョンがいきなり「今までの動きは全部忘れて真ん中で自由に歌って芝居して」と言い出して。皆が戸惑い固まってしまった時、芳雄君が率先して思い切りよくやってくれたんです。そうしてくれたことで共演者たちも自由に動き始めることができて、芳雄君はこうやって主役として皆を引っ張ってきたんだなと。それも含めてずっと助けられていました。歌穂さんに「この座長2人はなんの威圧感もなくてマイナスイオンが出てるみたい」と言われましたけど、心を落ち着かせてそこにいられたかというと、そうじゃないこともたくさんあった。この作品を面白くさせないといけないのに自分にそれができるだろうかと不安も大きく、相手が芳雄君じゃなかったら多分乗り切れなかったです。
**井上** 僕は、光一君が謙虚過ぎて驚きました。大きな作品を率いている座長なのにそういうそぶりは全くないし、いわゆるミュージカル俳優の中に自分が入る意味を誰よりも分かって努力もする。初演以降もコロナ禍があったり、何かあって矢面に立たされても、光一君は自分が何を判断して周りがどう受け止めるかを全部覚悟して動いていて、それにはすごく刺激を受けて、今も参考にしています。そして舞台俳優としてものすごくタフな人でしたね。弱音はすごく吐くんですよ、裏で。
**堂本** めっちゃ、吐きます。

存在は知っていましたけど。土俵が違う2人を会わせたら面白いんじゃないかと思ったのはなぜですか?
**池田** 「お2人は似ているかもしれない」とずっと思っていたんです。カーテンコールでのご挨拶がとても上手く、スマートで頭のいい方たちだと思っていましたし、2000年という同じ年に帝劇の舞台を踏んでくださって年齢もほぼ同じ。決め手は、お2人ともシャイだということ。芳雄さんと話していてもなかなか目が合わないし、光一さんに至っては初日や千穐楽の挨拶以外ほぼ話したことはなくて。
**堂本** そんなことないですよ(笑)。
**池田** このお2人が交わることでの化学反応を見てみたいというのがありました。
**井上** 光一君と喋ってみると、映像のスターという印象なのに「舞台っていいよね」と僕たちと同じことを思っていて、そういうところから意気投合した気がします。
**堂本** 舞台の楽しさやミュージカルの素晴らしさなど共通する話が多かったのが大きかったですね。芳雄君が偏りなく接してくれたことも衝撃で、不思議と仲良くなれました。
**井上** 今ではかなり仲良しです。
**堂本** 2000回のカーテンコールに、市村さんが花束を持ってお祝いに来てくださり、芳雄君も千穐楽に顔を出してくれて本当に光栄でした。『SHOCK』はこの帝劇で生まれ、帝劇と共に歩んできた作品なので、帝劇が休館に入るならばこれがベストのタイミングか

井上　もうできないとか、ずっと言っています。でも体調とかいろいろな調子が常に安定している。『SHOCK』を2000回以上やっている人だから当たり前ですけど。
堂本　この『ナイツ・テイル』も、やっぱり大変だったけど楽しかったですね。
井上　同感です。いろいろあったけど再演もできて幸せでした。
市村　『SHOCK』はずっと観続けているし、『モーツァルト!』では芳雄演じるヴォルフガングの父親役をやっているから、2人の舞台はいつも親のような気持ちで観ている。光一の2000回の時なんか、よくやってるなと涙腺にきちゃった。芳雄の舞台はストレートプレイも観に行くんだけど、ミュージカルとはまた違った魅力が見えて好きだね。
井上　お忙しいのにいつも観に来てくださってアドバイスもくださり、感謝しています。
堂本　市村さんはお忙しいのに『SHOCK』も何回も足を運んでいただいて嬉しいです。2000回の後に、もう一度息子さんと一緒に観てくださって。
市村　この間、7年ぶりに『スウィーニー・トッド』をやったら、前は汗だくだったのが、テンションは落ちてないのに汗をかかなかった。いかに無駄な力が入ってたかなんだよ。それは『ミス・サイゴン』で半分の力でやるように言われたことにも重なるし、『SHOCK』を何回観ても飽きないのは、光一の身体に作品も役も入っている分、無理していないからじゃないかな。役そのもので生きていれば日々変化が生まれて、お客様も同じものを観ていても違うように見えているんだと思う。
井上　それは新しい作品を観ているかのような経験になる。
市村　そう。
堂本　無駄なものを削ぎ落す……一番求めている究極の美の形ですね。
市村　無理をしていないと余裕があるから空間ができる。そこにお客様が入ってきて想像を膨らませ、参加している感覚になれる。いい芝居というのは、お客様の想像力を掻き立て、お客様が発見していく芝居のことかもしれないね。
堂本　こういう貴重なお話を直接聞けて嬉しいです。市村さんとは共演させていただいたことがないので、ぜひ実現させたいです。
市村　僕も共演したいよ。この3人でできるミュージカルがあったらいいよね。
堂本　いいですね。何かあるかな?
井上　『水戸黄門』的なミュージカルはどうですか? 助さん格さんは僕たちが演じるとか。
市村　それ、いいな。
堂本　海外風にアレンジしてもいいしね。考えるといくらでもアイディアが出てきます。

井上　光一君が演出したらいいと思う!
池田　オリジナルミュージカルの成功は製作者の夢でもありますけど、お客様の夢でもあると思います。このお三方が揃えば最強ですので、ぜひチャレンジしてみたいですね。

## 華麗なる歴史を刻んできた
## 帝国劇場が新劇場へ

市村　帝劇は客席も居心地がいいね。重厚で品が良くて別世界に来た感覚になります。
井上　僕は客席にいると、自分があの舞台に立っているなんて信じられない気持ちになります。
堂本　舞台の皆がキラキラしてて、僕はちょっと嫉妬心が芽生えたりもしますね。
井上　分かります。
堂本　帝劇は長い歴史の中、『SHOCK』に寄り添ってくださったように、型にはめるのではなく、常にチャレンジしてそれを帝劇色に染めるところも良さなのかなと思います。
池田　そこには『風と共に去りぬ』をやりたいと今の帝国劇場を建てた菊田一夫という偉大な先人の「進取の精神でチャレンジすべし」というスピリットが脈々と受け継がれ、『SHOCK』はじめオリジナル作品の創作に繋がっているのだと思います。
市村　9階に稽古場があるのもいいよね。この稽古場で、森繁久彌さん、森光子さん、山田五十鈴先生も稽古して芝居を作っていったんだなと思うと嬉しくなります。
堂本　共演者ともスタッフとも一緒にいる時間が一番長いのが稽古場なので、思い入れも強いです。
井上　自分は本番をやっていて、9階では『SHOCK』の稽古をしているから、終演後にちょっと覗いたりしてね。
堂本　それがいいんだよね。作品を超えたコミュニケーションが。
市村　僕は、吹き抜けになっている楽屋も好きでね。「今日、よろしくね」と窓から顔を出すと、皆、顔を見せ合える。こんな楽屋、他にないよね。
堂本　ないと思います。帝劇でどこが一番好きかと聞かれたら、

僕は、座長部屋と言われる5-1の楽屋ですね。ずっと使わせてもらっているんです、光一だけに(笑)。

井上　"芳雄"だけど、僕も使わせていただいています(笑)。好きな場所はフライングの着地地点かと思った、あそこに立てるのは光一君だけだから。

堂本　そこも好きだよ。でも楽屋の居心地が良くて。

井上　僕は、出番じゃない時によく本番を見ている花道の奥が好きです。そこで舞台の皆を見ていると、僕もこの舞台に出ているんだと幸せな気持ちになるんです。

市村　僕は、5階の照明のピンスポットを当てるところが一番好きですね。

堂本　芳雄君もよく言ってたよね。

井上　僕もたまに見に行きます。照明さん以外、誰も見られない角度なんですよね。

市村　そう。結構、遠いけど、そこから見える景色がいいんだよね。新しい帝国劇場はどんな感じになるのかな。楽しみだね。

堂本　明日も分からず生きているタイプなので、新帝劇が完成した時、自分が何をしているのか想像もつかないのですが、求められる存在でいられるように頑張らないといけないなと思っています。新帝劇にはめちゃくちゃ期待しています。

井上　帝劇の歴史には紆余曲折あって、今はミュージカルの殿堂になっている。ここから数年この殿堂がなくなるのはミュージカル界にとって痛手だけど、その間を僕たちがしっかり守って新しい帝劇に繋げたいと思います。そこに自分も参加させてもらえるような俳優でいたいです。

市村　新たに生まれる新帝劇が素晴らしい成人になるためには、やはり出し物が良くないといけない。そのためにはそこで働く人たち一人一人の力がとても大事です。その一員になれるように頑張りたいですね。

池田　帝国劇場という大きな名前ですが建物だけでは成り立たない。俳優の皆さん、クリエイターの方々、そして大切なお客様、命を吹き込んでくださる皆様の存在が大切だと思います。新帝劇もきちんと年輪を刻んで今以上の名声を得られるような劇場を目指しています。

1987年から『レ・ミゼラブル』日本初演のオリジナルキャストとして
バルジャンとジャベールを演じた滝田栄。
その滝田が2001年の大千穐楽以来、初めて帝劇を訪れた。
そこで、同じくオリジナルキャストの
ファンテーヌ役・岩崎宏美と、エポニーヌ役・島田歌穂、
初演の声楽指導を務め、現・音楽監督の山口琇也と喜びの再会。
当時の苦労や作品への思いの丈など、話に花が咲いた。

岩崎宏美
Hiromi Iwasaki

滝田 栄
Sakae Takita

―― まずは出発点に遡っていただき、オーディションの思い出やエピソードをお聞かせいただければと思います。

**滝田** 俳優になった以上、人に大きな感動を与える仕事がしたい、とかねがね思っていました。世界で一番大きな感動を与えられる作品は何だろう?と考えた時に、僕は仏文科出身なものですから、やはりヴィクトル・ユゴーの『レ・ミゼラブル』だろうと。それがイギリスでミュージカルとして大成功を収め、日本でも上演されると教えてくれた人がいて、受けてみるか!と思ったのが始まりです。

**山口** 滝田さん、オーディションでは〈マイ・ウェイ〉を歌ってましたよね?

**滝田** そうですね、自由曲は。課題曲は、〈彼を帰して〉を英語で歌いました。というのも、僕が劇団四季にいた頃からお付き合いのあったおトキさん(岩谷時子)に受けることを報告したら、「これは本当にその役に合っているか、心を開いて仕事ができる仲間かどうかを見るオーディションだから、あなたも気持ちを見せたほうがいいわよ」と。それでスコアを取り寄せて、英語なんてできもしないのに(笑)、丸暗記して歌ったんです。

**岩崎・島田** すごーい!

**山口** そうでしたね。今は影も形もない、仮の日本語詞がオーディションの時には付いていましたけど、滝田さんは英語で歌われていた。

## 徳川家康が抜けず、「俺にダメ出しするとは何事だ!」

**滝田** 英国のすごい演出家の前で歌うということで、失礼があっちゃいけないと、スーツを着てネクタイを締めて靴もピカピカに磨いて行ってね(笑)。そうしたらジョン(・ケアード)が、20年も牢屋で肉体労働をしていたジャン・バルジャンにしては「too beautiful」だと言うんです。当時僕は大河ドラマ「徳川家康」の撮影を終えたばかりで、まだ役が抜けてなかったものだから、俺にダメ出しするとは何事だ!とムッとしてしまって(笑)。

**島田** ジョンにムッとしちゃったんですか(笑)。

**滝田** うん、だって将軍だったから(一同笑)。バルジャンという役について自分で考えてからもう一度来てほしいと言われたので、元々やっていた畑仕事にさらに精を出して、次のオーディションにはその格好のまま、ゴム草履を履いて行きました(笑)。そうしたらキャメロン(・マッキントッシュ)さんが、「次にあなたに会うのは帝劇の幕が開く時です」と。

**岩崎** かっこいい!でもじゃあ、滝田さんは2回しか受けていないんですね?私は3回あったのに(笑)。

**島田** 私はもっとありました(笑)。

**滝田** だってみんなが何度も受けている間、俺は畑で役作りしてたんだから(笑)。その頃から最後に演じるまで16年、僕はいつどこにいてもジャン・バルジャンのことしか考えていなかった。帝劇に入る時もいつも役の気持ちでいたから、今日は新鮮でね。何十年ぶりかに会うみんなの顔が見えて、この劇場に初めて笑顔で入ることができたのが今日なんです。

―― 岩崎さんと島田さんはいかがでしょうか。

**岩崎** 私は確か赤坂プリンスホテル、つづきスタジオ、東京宝塚劇場で受けて、宝塚劇場の時に歌穂に会ったんですよ。

**山口** そうか、宏美ちゃんも最初はエポニーヌで受けていたからね。

**岩崎** はい。私が先に〈オン・マイ・オウン〉を歌って、出てきたら次の歌穂も〈オン・マイ・オウン〉を歌っているのが聴こえて、「やだ、この人の歌じゃない!」って。それくらい、歌穂はもう自分の歌にしていたの。もう帰ろうかなと思ったんですが(笑)、一応待っていたら、〈夢やぶれて〉の譜面を渡されて。英国スタッフの1人が「彼女の声は母親の声だから」と言ってくれた、と後から聞きました。それで必死で覚えて歌ったら、ファンテーヌで選んでもらえたという経緯なので、エポニーヌとしては落ちているんです。

**山口** 『レ・ミゼラブル』のオーディションでは、受けた役と違う役で受かることが結構あるんですよ。

## 活躍する俳優たちがこぞって受けた初演オーディション

**岩崎** 初演の時って、全部で何人くらい受けていたんですか?

**山口** それはもう、相当な数ですよ。ちょっとオーバーな言い方かもしれませんが、当時の芸能界で活躍していた方は皆さん受けにいらっしゃいました。

**滝田** 森繁久彌さん以外、みんな受けたって聞きますよね。

**島田** みんな水面下で受けてたんですよね。あの頃の他の作品の稽古場では、毎日誰かがいなくて、「今日はあの人が受けてるんだな」って(笑)。誰も口には出さなかったけれど、何かすごいことが起きようとしている、という空気があったように思います。私が受けたきっかけは、帝劇に何かを観に行った時に見かけた、オーディション告知の金色のポスター。役柄の説明が書かれていて、私の年齢的にはコゼットかエポニーヌだけれど、コゼットは「美しく清純な乙女」とあったからちょっと違うかなって(笑)。

**滝田** そんなことないよ(笑)。

**島田** エポニーヌは「明るく気丈な性格」とあったので、こっちだ!と思って応募したんです(笑)。特に印象深いのは、ジョンと通訳の(垣ヶ原)美枝さんとピアニストの方と私の4人しかいなかった、赤坂プリンスでのオーディション。部屋に入ったらジョンがピアノを弾いていて、演出家が気分転換にピアノを弾くなんて素敵!とまず思って(笑)。それから私が〈オン・マイ・オウン〉を歌ったら、ジョンが役のことを細かく説明してくれて、「僕が言ったことを踏まえてもう1回歌ってごらん」というふうに、私に1時間くらいの時間をかけてくれたんです。

**岩崎** きっとその時にはもう、ジョンの中でエポニーヌは歌穂に決まっていたんでしょうね。

**島田** 私は最初から、自分が受かるわけがない、有名な方が受かるに違いないと思っていたので、こんな素敵なオーディションを受けられただけで十分、と大満足して帰りました。ジョンは「これから何百人もの人に会うから約束はできないけど、僕は君にやってもらいたいと思ってる。See you soon!」と言ってくれましたけど、海外の演出家は絶対に褒めて帰してくれると聞いていたから、ああこれか!って(笑)。

**岩崎** 違うわよ、だって私は言われていないもの(笑)。歌穂は確か、製作発表でも1人だけ選ばれて〈オン・マイ・オウン〉を歌ったのよね。本当にピカイチで素晴らしくて、後ろで聴いていた我々はみんな、こんなに水準の高いところに来ちゃったんだ!と思っていました。

**島田** いえいえ……。私はずっと自分が受かったとは信じられな

くて、信じられたのは、製作発表で司会の方にエポニーヌとして紹介された時でした（笑）。
滝田　でも歌穂ちゃんはもちろんだけど、宏美ちゃんの歌もすごかったよ。僕が歌えるようになったのはエコール レ・ミゼラブルでビリーさん（山口）に指導してもらったおかげですが、2人は最初から完璧に歌えていましたから。

## 「♪からかわないでよ」は崩しちゃダメ、とシェーンベルク

—— そのエコールと、それに続いたジョン・ケアードさんとのお稽古には、どんな思い出がありますか？

滝田　僕ら芝居畑の人間は、役作りができれば歌も自然と出てくるはずだ、という発想なんですね。でもこの作品では、高さや声量など全ての面で、自分の限界を超えた歌が求められた。そこに現れたのがビリーさんで、もう調教師みたいなものですよ（笑）。僕は、どっちに走っているかも分からない野生馬（一同笑）。
岩崎　私も、ビリーさんには随分と調教していただきました（笑）。
島田　みんなそうでしたよね。
山口　いえいえ、僕はただ、それぞれが元々お持ちだったものが開花するお手伝いをしただけですから。僕にとって大変だったのは、海外スタッフが来る前に『レ・ミゼラブル』の歌を練習すると余計な色が付いてしまうということで、エコールではまだ練習してはいけなかったこと。『レ・ミゼラブル』に近いメロディーラインの曲を、毎日自分で作って皆さんに歌ってもらっていたんですよ。
滝田　本当にありがたいことです。僕らの楽器が鳴るように、何千人のお客さんの心に染みていく声が出せるように、ビリーさんが本当に上手に引き出してくださったのがエコールでした。稽古では、ジョンが役の人生や歌の背景を、丁寧に丁寧に教えてくれたことが思い出深いですね。僕が納得するまで説明してくれた上で、「あとは自分で膨らませて自由に表現してほしい」と言うんですよ。僕がそれまで経験してきた芝居作りとは、全く違うものでした。
岩崎　稽古場には、（クロード＝ミッシェル・）シェーンベルクさんもいらっしゃいましたよね。作曲されたご本人から、ファンテーヌの「♪からかわないでよ」は僕の一番好きなメロディーだから絶対に崩しちゃダメだよ、と言われたことは忘れられません。実はその後の「♪追い払わせたのは」も、ご本人からは地声で出してほしいと言われたのですが、そのキーはどうしても裏に返さないと出せなくて。野口五郎さんの「裏声が物悲しくていい」という言葉に救われたことも、忘れられない思い出です。気難しい方なのかと思ったら、ゴロリンいい人なんじゃない！って（一同笑）。
山口　シェーンベルクさんが地声で出してほしいと言ったのは、ファンテーヌの思いを乗せてほしいという意味だと思いますよ。地声であるかどうかより、自分の気持ちをそのキーまで持っていくことを何より大事にされていました。
岩崎　そういえば、シェーンベルクさんが〈夢やぶれて〉をピアノ弾き語りで、フランス語で歌ってくださったこともありましたね。全く気負っていない、語るような歌い方で本当に素晴らしかった。

## 「♪God on high」を「♪神よ」と訳した岩谷時子

島田　初演の稽古では、歌詞もどんどん変わっていきましたよね。〈オン・マイ・オウン〉の最後の「♪幸せの世界に縁などなーい」も、

オーディション時は「♪縁がないのー」と歌っていた記憶があります。
**山口** そうですね。岩谷先生がずっと稽古場にいらして変えてくださった。
**滝田** 歌詞がメロディーに乗っているか、僕らが演技しやすいかどうか、一つ一つ確認して直してくれたんですよね。
**島田** まさにこの稽古場(帝劇9階)の、あの角のあたりに座られて、いつも譜面を広げていらした姿を思い出します。
**岩崎** 本当に優しくて、そして可愛らしい方でした。本番中も、よく楽屋を回ってみんなに声を掛けてくださってね。
**滝田** おトキさんは、僕が最初に「岩谷先生」とお呼びしたら、「"おっかさん"と呼んで」と仰ったんですよ。なかなかそうは呼べなかったので"おトキさん"にさせてもらったんですが、僕のことを子供のように思ってくださっているのかなと感じることがありました。そんなおトキさんが、〈彼を帰して〉の最初の「♪God on high」、「天にいらっしゃる神様」を「♪神よ」と訳してくださった。長い意味を一言で伝えていることに痺れましたし、おトキさんから大事な命をもらったような気持ちになりましたね。「♪神よ」は今も、僕にとって大切なフレーズです。

## 先駆者の経験が今の『レ・ミゼラブル』に生きている

―― そうして作り上げられた役を、皆さんは2001年まで演じられました。
**滝田** 最初から最後まで、死ぬんじゃないかと思うほど大変でした(笑)。特に最初の数年は、2役やっていましたから。
**島田** そうですよ、バルジャンとジャベールの両方なんて考えられない!
**滝田** 俳優って、気が多いじゃない? バルジャンに全てを懸ける覚悟で役作りをしてた時、ジョンから「ジャベールもやってみない?」と言われたら、やってみたくなっちゃったんですよ(笑)。
**山口** 2役を同時に演じるのは、世界でも初めての試みでした。
**岩崎** あの2役を交互に演じるなんて、頭がおかしくなりそう……。
**滝田** 頭の前に、まず身体がね。ビリーさんにせっかく調教してもらった喉が一発で壊れて、耳鼻咽喉科に行ったら「人間の限界を超えてる」と言われましたよ(笑)。
**山口** バルジャンとジャベールは、使う喉のポジションが違いますからね。
**滝田** そう、それはやってみないと分からないことだった。それでジョンに、「素晴らしい役に2つもチャレンジできたことは本当に貴重な体験でしたが、やはり1つに絞って集中したい」と手紙を書いて、バルジャンだけに戻してもらったんです。
**岩崎** 喉のケアは、私も一番苦労したところでした。『レ・ミゼラブル』って、他の役はメインの役として出るまでにいろいろな役を演じるけれど、ファンテーヌは最初からファンテーヌ。舞台に出てすぐ、自分本来の音域よりも広い〈夢やぶれて〉を歌わなくてはいけないので、ポリープを何度も作っていました。
**山口** 最初の頃はWキャストと言っても、週10回のうち皆さんが8回でもう1人の方が2回という感じで、とにかく回数が多かったんですよね。
**島田** そうですね、それで私も初めて声を潰してしまって。自分は喉が強いから大丈夫、と思って毎回120パーセントで歌っていたら、ある時ブツッと声が出なくなったんです。その時に宏美さんが「歌穂、行くよ!」って(笑)、宏美さんがお世話になっているお医者さんのところに連れて行ってくださったのを覚えています。
**岩崎** あの頃は、みんなお医者さんのお世話になってたよね(笑)。私はこの作品に出演するまで、人と競争するという経験をあまりしていなかったので、そこも苦労したところでした。私にはできないことができる人が周りにいっぱいいて、このお稽古場でストレッチしていても、前屈で座高が高いのは私とゴロリンだけだったの(笑)。そんな私にジョンがくれたのが、「落ち込んだ時は、(楽屋の)下の劇場に行ってセットを見てごらん」というアドバイス。本当に素敵なセットだったから、声が出るか不安になった時なんかはいつも見に行っていましたね。
**滝田** 僕を救ってくれたのは、カミさんの言葉。喉を壊したり、本番中にぎっくり腰になったり、腰をかばいながら演じていたら今度は背中を痛めたりと、本当にいろいろなことがあって、10年も経つと、さすがに疲れ果ててしまってね。カミさんに弱音を吐いたことなんてそれまでなかったんだけども、初めて「くたびれちゃった」と言ったら、「客席からあなたの舞台を見せてあげたい。感動するわよ」と言ってくれたんですよ。
**岩崎・島田** 素敵……!
**滝田** その一言で、見事に立ち直っちゃった(笑)。14年も演じ続けられたのは、ビリーさんとカミさんのおかげです。
**山口** いえいえ、僕は何も。『レ・ミゼラブル』が今も週10～11回の公演を続けられているのは、皆さんからいろいろな意見を頂戴したおかげでもあるんですよ。この作品のエコールが、今でも他の作品の歌稽古より長いのも、それくらいやらないと自分の喉の調子を把握できないことが、皆さんの経験に基づいて分かっているから。先駆者の皆さんのご意見は、『レ・ミゼラブル』の財産なんです。

## 帝劇の宝、日本の宝、人類の宝をこれからも

―― 今、改めて振り返られて、『レ・ミゼラブル』は皆さんそれぞれにとってどんな作品ですか?
**滝田** 世界最高の作品。僕にとって、ジャン・バルジャン以上の役はありません。
**岩崎** 私も。『レ・ミゼラブル』という作品、ファンテーヌという役に出会い、いろいろなことを学ばせていただきました。〈夢やぶれて〉は今も大切に歌っていますし、ずっと一番大好きな役であり作品です。
**島田** 私にとっては、人生を変えてくれた作品。『レ・ミゼラブル』は全てを歌で表現するから、「歌わなきゃいけない」けど「歌っちゃいけない」という、本当に難しい作品なんですね。
**山口** まさにそうですね。「役者が歌うオペラなんだ」と、シェーンベルクさんたちも言っていました。
**島田** 歌で芝居をすることや、回数を重ねる大変さなど、たくさんのことを学ばせてもらいましたし、ジョンからもらった言葉もいまだにずっと残っていて……。本当に、言葉では言い尽くせないほど大きなものを私に与えてくれたのが『レ・ミゼラブル』。宝物のような出会いとして、生涯感謝し続けると思います。
**山口** 僕にとっては、"伝えていく"という役目を果たすべき作品ですね。初演の時にシェーンベルクさん、ブーブリルさん、ジョンや皆さんからもらったアドバイスは、どう考えても一番正しいんですよ。

それを新しいメンバーに、正確に伝えていくことが僕の役目。

島田　初演からずっと携わっていらっしゃる方って、もうビリー先生だけなんじゃないですか?

山口　そうですね、だからある意味では孤独です(笑)。その間に新演出版になり、セットを含めていろいろなことが変わりましたが、『レ・ミゼラブル』の精神は全く変わっていません。それを若い俳優さんたちにも絶対に学んでほしい、という思いで、今回も稽古に取り組んでいます。

滝田　その精神の大元にあるのはやはり、ヴィクトル・ユゴーの原作ですよね。僕は本格的に役作りに入る前に、フランスまでユゴーのお墓参りに行ったんですよ。棺の前で、「あなたが書いたこの作品の心を、日本中の人たちに届けるから見ていてください」と誓ってきたの。

島田　そうだったんですか!

岩崎　やっぱりすごいなあ、滝田さん。

滝田　誓った以上、帝劇の一番遠くの観客の心まで感動でぶち抜いてやるんだ!という気持ちで演じ続け、やはりこれは世界一大きな感動を伝えられる作品だ、という思いを強くしたのが僕の16年。『レ・ミゼラブル』は、帝劇の宝、日本の宝、人類の宝と思うような作品です。これからもぜひ、永遠に上演し続けて、日本中の人に感動を届けてほしいですね。

飯田 洋輔
Yosuke Iida

吉原 光夫
Mitsuo Yoshihara

『レ・ミゼラブル』ジャン・バルジャン役、そして作品の深みとは……。1987年の日本初演から2001年までバルジャン役を務めた鹿賀丈史が帝劇を来訪。2011年から務める吉原光夫、2019年からの佐藤隆紀、そして2024年初参加となる飯田洋輔と、3名の現役バルジャンたちと語り合った。

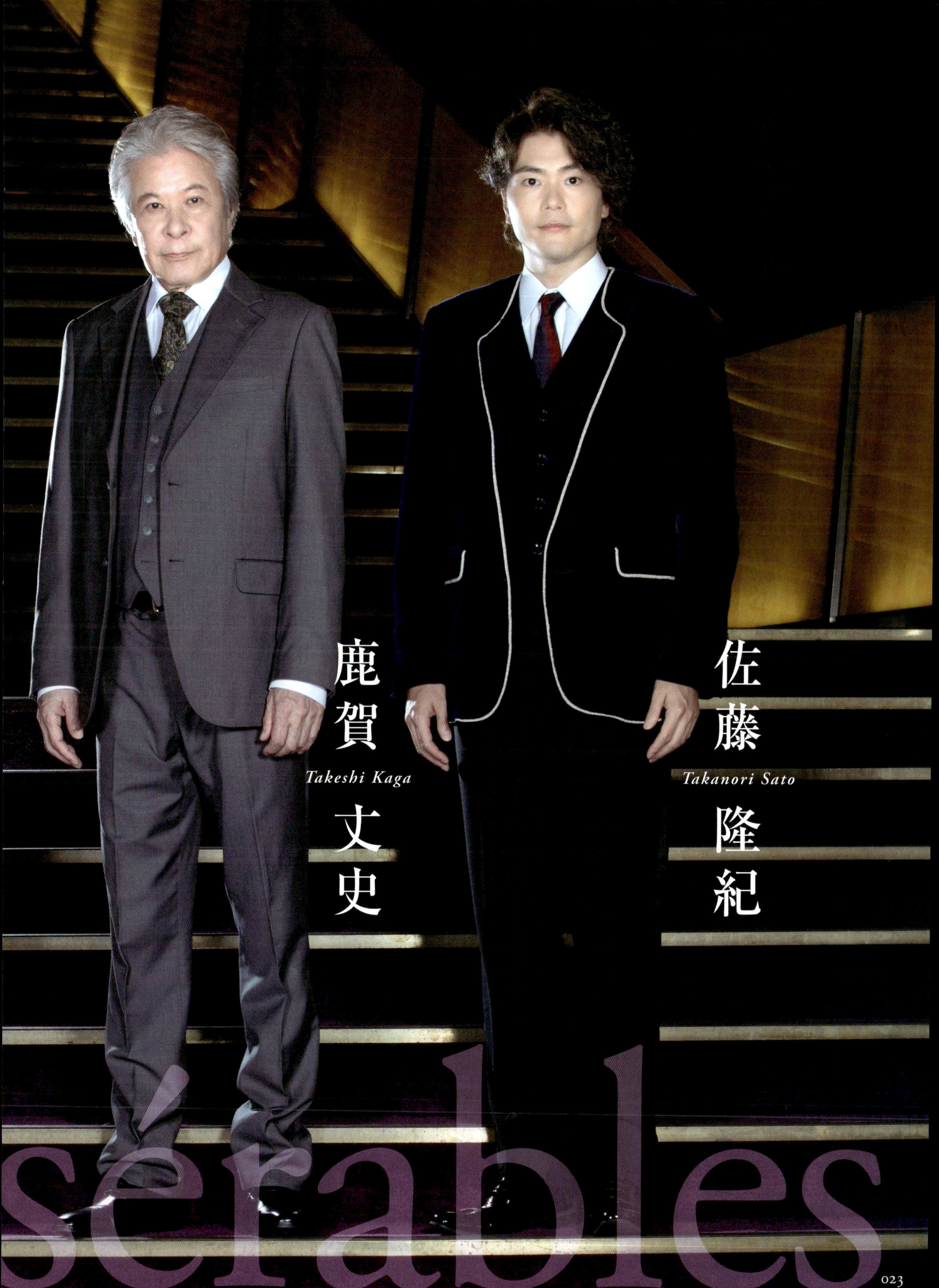
佐藤隆紀
Takanori Sato
鹿賀丈史
Takeshi Kaga
sérables

―― 帝国劇場にはどんな思い出がありますか。

鹿賀　初めて帝劇の板の上に立ったのは『レ・ミゼラブル』初演の時。やはり劇場の風格といいますか、ステージの大きさや2000人も入る客席に圧倒された覚えがありますね。日本初演ということで、初日を迎えるまでには苦労もありましたが、『レ・ミゼラブル』は僕にとって、50年ちょっと役者をやっている中でも一つの大きなターニングポイントになった作品。素晴らしい作品に出会えた劇場、という思いが強いですね。

吉原　僕は『レ・ミゼラブル』に初めて出演した2011年の、製作発表で初めて立ちました。囚人役ということを意識して、ボロボロのジーパン姿で臨んだんですが、リハーサル中にプロデューサーから「なんて恰好をしてるんだ」とオンマイクで怒られまして（一同笑）。怖いところに来ちゃったな、と思ったのが最初の思い出です（笑）。

佐藤　僕にとって帝劇は、初めて観に来た大学生の時から憧れの場所でした。その憧れが叶い、何公演か出させていただいてから観に来た時に、後ろのお客様から肩を叩かれたんです。僕に気付いてくださったのかと思って満面の笑みで振り返ったら、「見えないので小さくなってもらえますか？」と（一同笑）。そんな恥ずかしい思い出もありますが（笑）、立たせていただくたびに、嬉しくて幸せな気持ちでいっぱいになる劇場です。

飯田　僕はまだ立ったことがありませんが、観客として何度も足を運ぶ中で、鹿賀さんの仰った"風格"を感じ続けていました。間もなくクローズするこのタイミングで『レ・ミゼラブル』への出演が決まったことは本当に嬉しいのですが、まだ本番を迎えたわけではありませんので、ちゃんと迎えられるよう、ドキドキしながら稽古を頑張っております。

## 稽古中に、囚人番号を24653に提案

―― 鹿賀さんのお話にあった稽古でのご苦労について、ぜひ詳しくお聞かせください。

鹿賀　キャメロン・マッキントッシュ版は日本での公演が世界で3番目にして、英語圏以外では初の上演国でしたから、大変なことはたくさんありました。セットや衣裳をそのまま持ってくるというのもそうですが、何より苦労したのはやはり、日本語詞で歌うことですね。元の歌詞の3分の1くらいしか意味が入らない中で、役の心情をどう表現するのか。訳詞の岩谷時子先生に、僕たち出演者からもアイディアを出させてもらって、歌詞を何度も変えながら稽古していました。初演では英語で歌われていた囚人番号の24601を、「24653にしてみたらいかがですか？」なんて提案したのも僕なんですよ。

佐藤　ええ、そうなんですか！

鹿賀　フランスの芝居を日本語でやっているのに、そこだけ英語なのは変な感じがしましたし、かといって〈裁き〉の最後が「ニーヨンロクゼロイーチ！」じゃ様にならないだろうと（笑）。

飯田　鹿賀さんのご提案がなかったら今頃、高音が出づらい「イ」の母音であの最後を歌っていたかもしれないと思うと……ありがとうございます（一同笑）。

吉原　囚人番号は各国、高音が出しやすい母音になってるそうで

すから、鹿賀さんのおかげで世界中のバルジャンが助かってるのかもしれないですね（笑）。鹿賀さんは初演当時、バルジャンだけじゃなくジャベールもやられていましたが、最初からそのつもりでオーディションを受けられていたんですか？　それとも、「2役なんて聞いてねーよ」という感じだったんでしょうか（笑）。

鹿賀　オーディションはね、僕はオーディションだとは知らなかったんですよ。ジョン・ケアードという演出家が来日してるから、ちょっと来て1曲歌ってくれない？という感じで呼び出され、〈スターズ〉を

歌ったら「OK」なんて言われて。〈スターズ〉がジャベールの歌だということもよく分かっていなくて、あれは何だったんだろうと思っていたら、いつの間にか2役やることになっていたんです(笑)。
**吉原** 僕も2役やっていた時期があるんですが、バルジャンの翌日にジャベール、みたいなスケジュールだったので、体力的にはしんどいものがあって。鹿賀さんは週替わりだったと聞いてますが、どんな心持ちで2役に臨んでいたんですか?
**鹿賀** 自分のキャラクター的にはジャベールの方が合っているんだろうな、という思いはずっとありましたけども、週替わりだったこともあって、特別しんどさは感じなかったですね。バルジャンとジャベールは同じメロディーを歌ったりしますから、両方やることで見えるものもありますし、キャラクター的に合っていないバルジャンにもまあ、カツラを被ればなれるだろうと(一同笑)。
**吉原** それくらい肩の力が抜けていたからできたんでしょうね(笑)。
**鹿賀** そうそう、手を抜くってことじゃなくて、どこかでリラックスしていないと持たない。それぞれの役を、リラックスして、一生懸命生きる。そうしていれば、あとは美しいメロディーと、装置や衣裳が運んでくれると思っていました。
**吉原** ジョン・ケアードの演出で、特に印象に残っていることってありますか?
**鹿賀** 演出というか、ケアード氏は稽古の初日から、100人くらいいた出演者の名前を全部覚えていたんですよ。全員を「○○サン」と呼んでくれて、その瞬間から僕たちはもう彼の信者(一同笑)。優しい人で、日本人のこともよく理解してくれていましたから、その意味では非常に楽しい稽古場でしたね。
**佐藤** お稽古中に何かこう、バルジャン役を「掴んだ!」みたいな瞬間ってあったんでしょうか? それとも、徐々にハマっていったような感覚ですか?
**鹿賀** 僕はね、毎回同じような芝居をすることが好きじゃないものですから、自分のバルジャンというものがはっきりあったわけじゃないんですよ。再演のたびに変えていましたし、僕だけ歌詞を変えて歌ったりもしていました。ただ最初の印象ということでいうと、原作に比べて善い人過ぎるんじゃないか、というのはありましたね。だからエキセントリックな部分があって、バルジャンの温かみに触れてセーヌ川に身を投げるジャベールの方が面白いなあ、なんて。でもそれがこのミュージカルのバルジャンですから、できる限り大きくて心豊かな人間に見えるように、と思って演じていました。
**飯田** 仰るような大きさや温かみが出てきてからと、その前のプロローグとで、すごくギャップのある役でもありますよね。その変化をどう落とし込み、深めていけばいいのか、今まさに模索中でして。
**鹿賀** 変化を見せようというより、最後に天に召されるまでの一つ一つの過程を大事にしよう、と思って演じていた気がしますけども、難しいですよね。プロローグが終わって出てきたと思ったら、「♪私は市長だ」なんてひとこと歌って、あっという間に消えたりしますし(一同笑)。
**吉原** プロローグのバルジャンは、鹿賀さんのやられていたオリジナル演出版と新演出版とで、描かれ方が違うんですよ。オリジナル版の時、僕がジョンに言われたのは、他の囚人たちにはない"白"の部分が見えていてほしいと。でも今は、誰にでも噛みつく野良犬のように、と演出されるんです。それはもしかしたら、善い人過ぎるという印象を払拭するためでもあるのかなと、鹿賀さんのお話を聞いて思いました。新演出版は、音楽がスピーディーだったり衣裳がカラフルだったりと、いろいろな面でエモーショナルになってますから、それもあるとは思いますが。
**佐藤** すごく納得のいくお話です。僕は初めて出させていただいた時から新演出版だったのですが、プロローグの稽古で、演出家が求める荒んだ感じをなかなか出せなくて。"白"の部分を持たな

いようにするまでに時間がかかったのですが、時間をかけてでもそこに辿り着いてほしいという演出家の意図は、きっとそういうところにあったんですね。

## 『レ・ミゼラブル』は歌うストレートプレイ

―― バルジャン役の難しさについて、2024年で7度目になる吉原さんはどう感じていますか?

**吉原** プロローグは確かに、体力的にも精神的にも追い詰められる、かなりしんどいシーン。でもマクロで見ると、実は最初のほんの15分ほどで、それ以降の正しい人になろうと葛藤している時間の方がずっと長いんですよ。僕はどちらかというとプロローグっぽい人間でもあるので(一同笑)、鹿賀さんも仰った、バルジャンの大きさや穏やかさにアプローチする方が難しいですね。もう10年以上演じていますが、毎回反省があります。

**鹿賀** そういう掘り下げ甲斐のある役だからこそ、何年も続けられるんでしょうね。音楽も、取りにくい音程のメロディーが何度も繰り返されたりして、素晴らしい反面やはり難しいですし。「♪どうした、悲鳴を聞いた」のところとかね。

**飯田** 今まさに、音楽監督のビリーさん(山口琇也)から千本ノックを受けているメロディーです(笑)。観ている間はサッと通り過ぎていましたし、譜面を見ても理解はできるのですが、歌ってみると全然その通りに歌えないんです。

**鹿賀** そこに感情を入れようなんて思ったら、さらに難しくなりますよね。

**佐藤** 音符と感情のバランスは、僕が最初にぶち当たった壁でした。高い音や難しい音程が多いので、最初はどうしてもそこに意識が行ってしまって、光夫さんにもよく怒られていて。

**吉原** 怒ってはいないだろう(笑)。

**佐藤** 「音に気を取られてないで芝居をしろ!」と怒ってくださったじゃないですか(笑)。そこを克服して、鹿賀さんや光夫さんが仰ったようなバルジャンの葛藤に目を向けられるようになったのは、恥ずかしながら前回からでした。

**吉原** 音楽大学を出てると、音符の高さとか複雑さがまず恐ろしく感じられちゃうだろうね。こちとら譜面が読めないから、そこを通らなくて済む(一同笑)。

**佐藤** 読めないからではなくて(笑)、光夫さんの歌は、譜面通りに歌っている僕の歌よりも、言葉がちゃんと聞こえるんですよ。光夫さんから学びながら、音符と感情のバランスを、今回も調整しながら稽古しています。

**飯田** 僕も音大出身なので、やはり譜面通りに歌いたくなります。僕は今もその段階にいるので先は長そうですが(笑)、きっと何度もトライ&エラーを繰り返すしかないのでしょうね。

**鹿賀** 結局ね、ストレートプレイなんですよ。ストレートプレイを歌っているのが『レ・ミゼラブル』。それを忘れて、「歌を歌っている」と思うと、ちょっと違う方向に行っちゃうかもしれない。

**飯田** なるほど、本当に貴重なお話です。初挑戦でどこまでできるか分かりませんが、作品を信じて、心を開いて芝居を作っていきたいと改めて思いました。

**鹿賀** あと、リラックスしてね。

**飯田** ああ、そうですね、僕はすぐ力が入ってしまうので。鹿賀さんは、舞台上でリラックスするために意識されていることってあるんですか?

**吉原** 僕が鹿賀さんと共演したことのある人から聞いたのは、始まるギリギリまでいろんな人と喋って、パッと出て行って役に入る方だと。鹿賀さんが特別公演でジャベールをやられた時に、僕も袖から見ていたことがあるんですが、僕が「鹿賀さん、もう行かないと!」ってハラハラするくらいギリギリまでタバコを吸われていて(一同笑)。パッと捨ててそのまま舞台に出て行かれたのが、めちゃくちゃカッコ良かったです。

**鹿賀** ……良くない俳優ですね~(一同笑)。

**佐藤** いやいや、それくらいリラックスされているからいろいろな役が演じられるのだと思います。

**飯田** そうですよね。ずっとトップ俳優としてやってこられた鹿賀さんにぜひお聞きしたいのですが、一流の俳優って、鹿賀さんはどういうものだと考えていらっしゃいますか?

**鹿賀** 作品によって違うと思うけれども、その作品や役を深く捉えられることと、あとはアバウトであることですかね。"真面目ないい加減"と言いますか、そういうものが大事なんじゃないかと。特別公演でジャベールをやった時、久しぶりだから変えてみようと思って、ちょっと弱いジャベールにしてみたんですよ。刑事という職務に忠実であるだけで、本当は優しい人が強がっているのだという感じでやってみたら、斎藤晴彦さんが気付いて面白がってくれてね。プロデューサーが聞いたら怒るでしょうけど(笑)、僕もとても面白かったですよ。

**飯田** 同じことをやり続けるのではなく、余白を持つことが大事なんですね。ありがとうございます。なれるかどうかは分かりませんが(笑)、僕もそこを目指していきたいと思います。

## ユゴーの予測が現代とマッチした

―― 最後に、『レ・ミゼラブル』が長く愛され続ける理由について、皆さんのお考えをお聞かせください。

**鹿賀** それはもう、よく出来た作品であることだと思います。原作も楽曲も舞台装置も本当に素晴らしく、その全てを通じて"人が一生懸命生きる"ということが描き出されるから、お客様は感動されるのでしょうね。人がたくさん亡くなる作品ですが、"死ぬ"というより"天に召される"という見え方になっていて、最後にはバルジャンもスーッと召されていく。そうした演出も含めて、まあ本当によく出来た作品です。

**吉原** 僕の体感だと、新演出版になってから、お客さんがさらに盛り上がっている印象があります。同時期に公開された映画版も起爆剤になったのでしょうが、社会の変化もその一因なのかなと。原作者のユゴーが「この世界に無知と貧困がある限り、この種の物語は必要であろう」と予測しているんですが、良くも悪くも、より『レ・ミゼラブル』に共感しやすい社会になってきてる気がするんですよね。いろいろな意味で、時代とマッチしているのかなと思います。

**鹿賀** 盛り上がりが増しているのは、日本のミュージカル俳優の技術や、作品に対する理解力が上がったおかげでもあると思いますよ。時代と共に成長している日本ミュージカル界の象徴が、この

『レ・ミゼラブル』。この作品から若い俳優さんたちが育っていっていますし、日本のミュージカル界にとって、ものすごく大きな存在になっていますよね。

佐藤　全て仰る通りで、付け加えるなら、様々な愛の形が描かれているからかなと思います。ご覧になる方のその時の状態によって、どの愛に共感するかが変わるから、また観たいと思われるのではないかと。そしてバルジャンにフォーカスすると、生き方も共感を呼びますよね。人は誰しも天使と悪魔の心を持っていて、こう生きたいと思っていても悪魔に負けてしまうところがあるものですが、バルジャンは迷いながらも、悪魔に打ち勝っていく。その姿が、自分もこうありたいと思わせてくれるのだと思います。

飯田　本当にそうですね。ユゴーが描いた様々な愛、それぞれに一生懸命生きた人たちの物語を、大きなスケール感で舞台化しているから愛され続けているのだと僕も思います。そんな作品に初めて関わらせていただく僕としては、皆さんが繋いでこられたバトンを落とさないよう、"列に入る"ことができるよう、とにかく真摯に向き合うのみ。まだ「♪どうした、悲鳴を聞いた」で躓いている段階ではありますが（笑）、一歩でもバルジャンに近付き、本番では自分らしいバルジャンを演じられたらと思っています。

佐藤　僕は3回目になりますが、毎回自分を成長させてくれる、本当にありがたい役に出会えたといつも感じています。今回もまた新たな自分に出会えるよう、精一杯取り組みたい。そして現・帝劇での最後の公演ですので、お客様の記憶に残る、後々振り返った時に「あの公演は良かった！」と言っていただける舞台をお届けしたいですね。

吉原　僕は今回、"楽しむ"ことを目標にしようかなと。というのも、初めて帝劇に立った時、この劇場は僕にとって"強敵"で（一同笑）。宇宙みたいで、飲み込まれそうで、味方だと思えなかったんです。それが何年か経つと、ここに立たれてきた方々の影みたいなものを感じて、味方だと思えるようになった。若い頃には闘っていた劇場と、最後には楽しくセッションできたらいいなと思ってます。

鹿賀　僕は自分が卒業して以来、『レ・ミゼラブル』を観ていないんですよ。たくさんやったもんですから、お腹いっぱいになっちゃってね（一同笑）。現・帝劇最後ということで、今回は必ず観ようと思っていましたが、今日皆さんとお話しして、その思いがますます強くなりました。皆さんのバルジャン、本当に楽しみにしています。

# Les Miséra

## ジョン・ケアード×野口五郎×斉藤由貴

通訳＝今井麻緒子

1987年、『レ・ミゼラブル』日本初演。あの産みの苦しみと喜びを共に味わった、
ジョン・ケアード（演出）、野口五郎（マリウス役）、斉藤由貴（コゼット役）が、
30余年の時を超え語り合う。

―― 本作はフランスで生まれた原型を元に、1985年にキャメロン・マッキントッシュプロデュース版としてロンドンで初演。その後、ブロードウェイ、日本の順で上演されました。日本上演が決まった時のお気持ちはいかがでしたか。

**ジョン** フランス語、英語に続く3言語目の上演で、好奇心でいっぱいでした。当時、日本の他にも、オーストラリアとパリでの上演を控えていて、共同演出のトレバー・ナンと別れて演出に行くことになったんです。彼は当時オーストラリア人の女性と結婚していたのでオーストラリアに行くと言い（笑）、じゃあ僕は喜んで日本に行くよと言いました。トレバーは英語以外での上演を少し不安がっていましたが、僕は案外外国語の方が上手くいくかもしれないと気楽に考えていました。

**野口** 僕はある日突然、「オーディションを受けてみませんか」と連絡を頂き、その日に曲を覚えて受けに行きました。〈カフェ・ソング〉だったんですけど、聴いた瞬間から大好きになっちゃいましたね。あと1曲、好きな曲を歌うように言われていたんですが、譜面を忘れちゃって。前の方が歌った譜面があったので、それを歌いました。確か女性の歌で、そのまま女性のキーで歌ったと思います。

**斉藤** もう時効だと思うのでお話ししますが（笑）、私はオーディションを2回受けたんです。確か〈プリュメ街〉だったと思いますが、最初は歌謡曲のテイストで、とても小さな声で歌ってしまい、ジョンがそう感じているのも表情で分かりました。案の定「ミュージカル向きではないかもしれない」という連絡を頂き、それがすごく残念で、もう一度受けさせてくださいとお願いしたんです。2回目は全く違う歌い方で頑張ったら、ジョンに「あなたは声が出るんだね‼」と言われて（笑）。

**ジョン** よく覚えています（笑）。キーはしっかり合っていたんだけど、ネズミがチューチュー鳴いているような声だった（笑）。

**斉藤** （口の前を指して）ここだけで歌ってしまって（笑）。

**ジョン** 東宝は、有名なスターをキャスティングしたいと考えていた。それも当然です。日本でまだ知られていない作品でしたから。でも僕は、音域含め役に合っているかを確認したかったし、彼らのキャリアを傷つけないためにも、それは僕の義務だと考えていました。でも五郎さんが「♪言葉にならない〜」と歌い出した瞬間、「ああ大丈夫だ!」と思いましたね。ロマンチックでエネルギーに満ち、マリウスにピッタリ。由貴さんも、年齢も外見も思いやりのある雰囲気も、全てがコゼットにピッタリでした。

―― 鹿賀丈史さんと滝田栄さんが、ジャン・バルジャンとジャベールを交互に演じるということも話題となりました。

**ジョン** 滝田さんは先にバルジャン役が決まっていたのですが、ジャベールがなかなか見つからない。この2役は強さが拮抗するぐらいの人に演じてほしいのですが、やはり主役はバルジャンですから、主役級の方はジャベールには惹かれないんです。でもイギリスの演劇史で、同じようなことがあって。ローレンス・オリヴィエとジョン・ギールグッドがロミオとマキューシオを交互に演じたり、リチャード・バートンとピーター・オトゥールが『ヘンリー四世』で役を替えて演じたり。ある朝起きて、「同じことをやればいいのか!」と閃いて（笑）。それで、鹿賀さんに2役のお願いをして、滝田さんにも「これはいい挑戦だよ。鹿賀さんはやるって言っているけど、どう?」とお話ししたら……。

**斉藤** お上手ですね（笑）。

**ジョン** 滝田さんも「やるやる!」と、快く言ってくれました。とても大変だったと思いますが、彼らにとっては楽しい挑戦だったのではないかなと思います。

### 試行錯誤と葛藤の日々

―― 稽古で苦労したことなど、印象に残っていることは？

**ジョン** やはり言葉です。岩谷時子さんから最初に見せてもらった訳詞は、意味を収めようとするあまり、音節を足しているところがあったのですが、増やさないでほしいという要求に応えて、どんどん良いものにしてくれました。初演時は作曲家のアラン・ブーブリルとクロード＝ミッシェル・シェーンベルクも日本に来ていたんですけど、時子さんの意図を理解して、「その音節でもいいよ」と言ってく

れることもありましたね。また役者さんに「こういうことを、こういう動機で歌うんだよ」と伝えると、「え! でも僕が今歌っているのはそういう歌詞じゃないんだけど」と言われることもあり、じゃあ歌詞を変えるのか、動機の方を変えるのかというすり合わせをしていきました。

**野口** 本番が始まってからも試行錯誤して、何年かかけて変えていったところもありましたね。例えば囚人番号。初演は英語のまま「トゥ・フォー・シックス・オー・ワン」でしたが、その後日本語では何だったら歌いやすいか、みんなで話し合って。

**ジョン** (日本語で)ニーヨンロクゴー"ニー"! ニーヨンロクゴー"ハチー"!

**野口・斉藤** あはははは!

**ジョン** そんなふうにいろいろ試して、3が一番高音を歌うのに適しているということで、「24653」に落ち着いた。

**斉藤** 苦労という点では、私は幼い頃から訓練を受けてきた歌手ではなかったので、皆さんの歌を聴きながらいつも自信がなくて不安でした。コゼットの歌う曲では、美しく高いトーンが、彼女の純粋無垢さを表現する一助になっていたので。

**野口** でも〈心は愛に溢れて〉の最後、ハーモニーを合わせるところの高音を、由貴ちゃんは毎回当てていて、すごいなって。

**斉藤** いえ、それは途中からなんです。本番始まってからの歌稽古で、ある日、「なんか出せるかも」と思い切って歌ったら、できて! 五郎さんと向かい合って歌っていたものだから「え、出るんだ!?」みたいなお顔をされて(笑)。

**野口** そう、その印象が強くて、「この人すごい!」って。

**ジョン** あの高音は最初のフランス版ではなかったんですよ。ロンドン初演で演じたレベッカ・ケインさんがオペラ経験もある方で、声が出るからってそのキーでCDを録音しちゃった。だからみんなやるようになったんだけど、低い音でもちゃんとハーモニーになっているのでどちらでも問題ない。実際、あのキーで歌わなかった人もいますし。

**野口** 僕が強烈に覚えているのは、稽古中にジョンが突然、「今日は〈カフェ・ソング〉を後ろ向きで歌ってくれ」って言った時のこと。革命で亡くなった同志たちが途中から出てくるんですけど、僕はそれを知らなくて、彼らを見た瞬間、号泣して歌えなくなっちゃったんです。それがもう、公演が終わるまでトラウマで、「ありがとう」と「なんてことしてくれたんだ」の2つの思いでずっと葛藤していました。生涯、忘れられない出来事です。

**ジョン** 繰り返しやっていると、どうしても感情が薄れていってしまう。でも観客に「これは本当に今起きていることなんだ」と信じさせるためには、"役者が本当に今その思いを感じているか"ということが非常に大事。高音を出すかどうかといったテクニカルなことよりもね。そういうことを、僕は言いたかったんだと思う。

**斉藤** あの後ろ向きの歌、ものすごく心に響きました。

**野口** 「言葉にならない」って歌詞がありますが、僕は「言葉にならないんだったら歌として成立しないんじゃないの?」って思っていたんです。でもあの経験がトラウマになってからは、ずっと感情が"言葉にならない"し、一周回ってだんだん無感情になっていって。ある日、「ああ友よ許せ」という歌詞を、一度台詞にしてみようと思い、隣にいたツレ(鳳蘭)さんに相談したら「やってみ」と。でも嗚咽しちゃってできなくて。「五郎ちゃん、それができたら本物やで」と言ってもらって、しばらくその挑戦を続けたんですけど、やっぱり言えませんでした。自分を追い込み、追い込み、初演の5カ月で10キロ痩せたのかな。

**斉藤** ええええ!

**野口** 3カ月目ぐらいには、1幕が終わった後に精神症で救急車で運ばれました。2幕は安崎(求)が出てくれたんです。マリウスとコゼットはね、最後まで生きているから……。

**斉藤** そう、それが一番辛いんですよね。

**野口** 辛すぎて「死なせて」って思った(笑)。

**ジョン** 五郎さんに「何か心配なことない?」って聞いた時、「なんでマリウス死ねないの!」って言われました(笑)。〈カフェ・ソング〉で拍手がないことにも悩んでいて。

**野口** 僕はずっとソロ歌手でやってきたので、歌ったら拍手を頂けるものだと思っていたんですよね。でも〈カフェ・ソング〉ではなくて、「ダメ? 僕の歌、ダメ?」って思っちゃって。

**ジョン** 「あそこは観客があまりに真剣に見ているから拍手がないんだよ。世界中そうだよ」と言ったと思います。

**斉藤** コゼットの立場での辛さで言うと、大人になったコゼットは、ピュアネスとかラブリーとかキュートとか、そういうものを具現化した、象徴のような存在で、エポニーヌやファンテーヌが抱えているような苦しみ悲しみを表現しづらいというのがありました。マリウスは同胞を失った苦しみを表現するけど、コゼットはそういうことを表現する立場にない。この"物語上の役割"を飲み込むのは、私はいつもずっと苦しかったです。私の後にコゼットを演じた純名里沙ちゃんも生田絵梨花ちゃんも、話してみるとやはり同じ苦しみを抱えていたようです。

**ジョン** ドラマの構造上、愛が報われないエポニーヌが共感を集めやすくなっているんですよね。でもコゼットは小さい時に苦労していて、何よりポスターに載っているのはコゼット(原作イラスト画)で、いわば主役なわけです。大人のコゼットは、子供時代を演じていないから難しいけれど、やはりただの可愛い子じゃない。いろいろなことに興味を持ち、何が正しいかも判断できて、お父さんに「真実を話して」と訴える力を持っている。そういうことを、由貴さんはきちんと演じていらしたと思います。

## 人生を変えた、かけがえのない出会い

—— ジョンさんの演出で印象的だったことは? せっかくですので、1994年から本作に出演された麻緒子さんにも伺えたらと。

**今井** 私は最初に出演した時、20か21でカンパニー最年少だったんです。それまで歌舞伎の世界で訓練を受けてきて、先輩、後輩の関係性が絶対的な世界だったので、自由をすごく感じました。彼は空港から直接稽古場に来た感じだったんですけど、初日からみんなの名前を覚えていて。アンサンブルもプリンシパルも関係なく、同等に扱ってくれるから、我々も同等でいられる。それまではどんな現場に行っても最年少だし、新人だし、という感じで萎縮していたのですが、自分が自分でいられた。本当に衝撃的でした。

**斉藤** 私も当時最年少で、ユキベイビーと呼ばれていて。1つ上の藤田朋子ちゃんがベイビートコと呼ばれていたんですね。当然周りは大先輩だらけで、最初は萎縮していたんですけど、ジョンは

絶対に否定しない、まず受け入れてくれるんです。和やかで温かく、だけどポップな彼の空気感に、自分がほぐれていくのが分かり、最終的にはたとえ自信がなくても自分をオープンにしていいんだということが分かるようになりました。

野口　ジョンはある時期が来るとロンドンに帰られてしまうんですけど、必ずテーマを残しておいてくれるんですよね。だから公演の最後まで追求が続く。これは本当にすごいことです。あと覚えているのは初演の公開ゲネプロの時。機材トラブルがあってジョンが出てきて説明したんですけど、何の衣裳がこう引っ掛かって、今こうなっているということを本当に細かく説明してくれて。「そんなことまで全部分かっているんだ」と思うような内容で、みんなが安心したと思う。すごく印象に残っています。

ジョン　観客はアクシデントが好きですから（笑）。これこそ、ライブである舞台ならではの醍醐味です。

斉藤　アクシデントといえば、〈ワン・デイ・モア〉で……。汗を拭いて出てこられたんでしょうね、五郎さんの顎に、ティッシュが付いていて！　もう私、おかしくて（笑）、でも五郎さんが「笑うな！」って感じで、ぎゅっと私の腕を掴んだんです。

野口　そうだった！　鹿賀さんが「私は市長だ」って言って出てくる時にコットンが顔に付いていたこともありました（笑）。そういう細かいことほど、よく覚えているんですよね。

―― 先ほどお話に挙がった訳詞の岩谷時子さん、通訳の垣ヶ原美枝さんの存在も、カンパニーにとって大きかったのでは？

斉藤　もちろんです。私が覚えているのは、ジョンは岩谷先生のことを大っ好きだったってこと（笑）！

野口　そうそうそう（笑）!!

ジョン　はい、大好きでした（笑）。

斉藤　私は『Chanson de 越路吹雪 ラストダンス』という作品で岩谷さんを演じさせていただいて。何かのパーティーだったか、ちょっと記憶が定かじゃないんですけど、お会いした時に何気なく「おひとりですか」と聞いたんです。そうしたら岩谷さんがにっこり笑って、「そうよ、私はいつもひとりなの」と仰って。それがすごく深く心に刺さったんですね。孤独とか寂しいとかじゃなくて、とても豊かな言葉。その詩的な、文学的なありように感動してしまって。私の人生の指針になったぐらいの言葉でした。

ジョン　本当に謙虚で控えめな方でした。ある時、何について話していたのかは覚えてないんだけど、僕がちょっと砕けた感じで「時子さん、そんな、日本人みたいな感じでいないでよ」って言ったんですね。そうしたら「私は日本人よ！」と（笑）。晩年、帝国ホテルで過ごされていた時に何度か訪ねたんですけど、やはり記憶が混濁されていた時もあって。でもふと静寂が訪れた後、ふっと話し始めると、やはり思慮深く哲学的で、そんなところにも人柄が滲み出るなと感じましたね。

野口　岩谷さんとは詞を通して、本当にいろんな話をさせていただきました。一方の通訳の垣ヶ原さんはジョンの言うことを最初に知るので、まず彼女が一度驚くんですよね（笑）。で、それから僕らに伝えてくれて、僕らも驚く。それが印象的でした。

斉藤　面白かったのは、エレベーターの中でプロデューサーとジョンが言い合いみたいになって、それを美枝さんがものすごいスピードで訳していたこと（笑）。

ジョン　彼女は本当に素晴らしい通訳でした。僕がイギリスに帰った後も、時々電話をしてきて、「役者が私にいろんな質問をしてくる。私はジョンじゃないから分からない、聞かないでと言っているんだけど」と言うんですね。それで僕が「でも、答え知っているでしょ？」と返すと、「そう、分かっている。でも自分の口から言っていいのか」と悩んでいて。僕は言いました。「いいんだよ。長い間一緒にやってきて、もう全部知っているでしょ。だから全部僕の代わりに言って構わない」。

野口　ジョンの分身のような感じでしたね。

斉藤　カンパニーのみんなが大好きな、インタープリターを超えた存在でした。

―― 今はその役割を麻緒子さんが担われていて。

ジョン　そう、3人目の素晴らしい女性です（笑）。

野口・斉藤　（拍手）

今井　まだまだそんな段階じゃないです。力不足ですみません。

―― 改めて、『レ・ミゼラブル』との出会いが、皆さんの人生に与えた影響はどのようなものだったのでしょう。

野口　さっき、ジョンは国に帰ってもテーマを残してくれると話しましたけど、それに沿って皆が自分を追い込んでいったんでしょうね、開幕後プリンシパルが1人ずつ倒れていったんです（笑）。今でもその話題で盛り上がるんですけど、この作品を通してかけがえのないものをもらったと口を揃えて言う。僕もそうで、その後30代、40代とミュージカルを追いかけましたが、これ以上のものには出会えなくて……。それで僕はミュージカルはやめました。それぐらい、ジョンとの出会いが大き過ぎたんだと思う。

斉藤　分かります。

野口　2年前に岩崎宏美ちゃんとコンサートをやった時、ジョンが見にきてくれたんですけど、その時が何十年ぶりかの再会で。とめどなく涙が出てきて、マネージャーにティッシュをお願いしたら、メンソール入りで、ますます酷いことになった（笑）。

ジョン　顎には付けてなかった（笑）？

野口　あはは！　さらに今年は、今ジャン・バルジャンをやられている佐藤隆紀君のコンサートに呼んでもらい、マリウスの気持ちで、バルジャンと相対しながら歌うという、時空を超えた体験ができました。今日、皆さんにお会いできたことも含め、不思議な必然を感じています。

斉藤　私はアイドルとしてチヤホヤされて生きてきた中、この作品と出会って。1つのカンパニーで自分に与えられた役割を客観的に見て、それを熟考し、愛するということを学べたのが本当に大きかったです。もう1つすごく大事だなと思ったのは、人からの評価に左右されないこと。劇評も含めて揺れ動いてはいけない、自分の役柄を心から愛し、

大切にすればいいのだということを『レミゼ』を通して学びました。
**野口** 全くその通りで……すみません、僕は今日、30数年ぶりに由貴ちゃんとお会いしたので、時が経って、こんな素敵な女性になられたんだと思って、今、隣で感動しています。
**斉藤** ありがとうございます(笑)。嬉しいです。
**ジョン** 一緒に物語を紡いできたことは、僕たちの中にずっと息づいている。だから、何年経っても、家族に再会したような気持ちになるんですよね。僕自身がこの作品で変わったことは2つ。1つは、日本に恋をしたこと。豊かでミステリアスで、僕もだけど、日本人もきっと、まだその素晴らしさを理解しきれてない。もう1つは麻緒子と出会ったこと。結婚してもう26年かな。

**野口・斉藤** わー!
**ジョン** 日本公演初日のカーテンコールは、静かな拍手で、僕は「ああ失敗した。日本人は誰もこの作品は好きじゃなかったんだ」と思ったんです。でもその拍手が鳴り止まない。3分、4分、5分、ずーっと鳴り止まない。それで僕は分かったんです。ああこれが日本人の、感謝の表現方法なんだって。
**斉藤** みんな大好きです。そうでなかったら、40年近くも1つの作品が上演され続けることはなかったでしょうから。
**野口** そう、やはり『レミゼ』は多くの人にとって、特別な作品だったのだと思います。

# Les Misérables

## 森 公美子 × 知念里奈 × 生田絵梨花

*Kumiko Mori × Rina Chinen × Erika Ikuta*

『レ・ミゼラブル』の女性たちは
そのキャラクターも、オーディションで役を射止めた俳優自身も力漲って、美しい。
長きにわたりマダム・テナルディエを演じている森公美子。
コゼット、エポニーヌ、ファンテーヌを務めてきた知念里奈、
コゼット、エポニーヌを演じ、今年新たにファンテーヌとして立つ生田絵梨花。
3人が熱く賑やかなトークを繰り広げた。

── 初めての帝国劇場について教えてください。

**知念** 私は2003年、大地真央さん主演の『十二夜』を観たのが初めての帝劇です。玄関やロビー、紫色の客席が高尚な雰囲気で、まだ若かった私はお客さんとして不釣合いな気がしましたね。その頃、『ジキル&ハイド』への出演を控え、勉強のために一生懸命通っていました。

**森** ほんと、他の劇場にはないゴージャス感がありますよね。私は高校生の時に観た、森繁(久彌)先生の『屋根の上のヴァイオリン弾き』が初帝劇。当日券で2階席の後方に入ったことを覚えています。当時、フルオーケストラでチェロが5人くらいいて、すごい!と。オペラは知っていたけど、帝劇のミュージカルは本格的だと圧倒されました。その後、『ラ・マンチャの男』にも心打たれました。どちらも後年、出演することになったから不思議です。

**生田** ご縁ですね。私は帝劇で観るのも立つのも『レ・ミゼラブル』が初めて。小学4年生の時、遠くの席から双眼鏡を使って観ました。(森)公美さん、出ていらっしゃいましたよ。

**森** 長くやっているからね(笑)。

## 1度観ただけでは分からない『レ・ミゼラブル』の奥深さ

**生田** 当時は内容が全て分かるわけではなかったけれど、歌声や人がステージで生きる姿に鳥肌が立つことがあるんだと子供ながらに感動しました。お客様の熱気がすごくて、その雰囲気にも圧倒されましたね。その後も上演されるたびに観て、いつか自分も出たいという目標になっていきました。

**知念** 私も正直、『レミゼ』は1回観ただけではよく分からなかったです。だけど理解したいと、2003年に何回か通ううちに魅了されました。演劇的でたくさん想像をかき立ててくれる。役にも心がしっかり入っていて、大好きになりました。もちろん、その時は自分が出ることになるとは思ってもみなかったです。『ミス・サイゴン』で帝劇初出演、その次が『レミゼ』でした。

**森** 私の『レミゼ』初出演は1997年。初演を拝見したら、マダム・テナルディエを鳳蘭さんがおやりになっていて、私のキャラじゃないとオーディションを受けなかったんです。カンパニーに入った時、ジョン・ケアードさんが「(初演から)10年間君を待っていた」と仰って。

**知念・生田** すごーい!

**森** そう思うでしょ?ところが「レ・ミゼラブル 百六景」という本を読んだら、マダムのことを「熊のような大女」って書いてあったの(笑)。だから私を待っていたのかと腑に落ちました。この年から世界中のマダム・テナルディエが大きくなったそう。私がニューヨークで観た時に、イギリス人の『レミゼ』愛好家に「日本のマダムですよね?」と話しかけられて、「知っているんですか?」と聞いたら、「素晴らしかったよ! 君が世界一だ」と言われて、それはもう嬉しかったです。

── 『レ・ミゼラブル』は女性たちの生き様が浮き彫りになるところも心打たれます。

**森** 本当に。過酷な人生に抗いながら、どうにか歯を食いしばって生きている。そんな女性の強さが大きなテーマの1つだと思います。

**知念** 誰もが懸命に生き抜こうとしていますね。例えばファンテーヌは娘のコゼットのことしか考えていない。ラブリィレイディ(娼婦)になったのも、もはやコゼットに仕送りできる唯一の手段だったから。

**森** 女性が身体を売ってでも生き抜こうとするのはすごいです。一方、エポニーヌは愛するマリウスのために行動し、自分の命さえ捧げてしまう。私、結婚式のシーンで、マリウスに「娘を殺しやがって、この野郎ー!」って言いたいんだけど(笑)、言えないんですよね。娘が砦に行ったのはそこに愛があったから。その点、コゼットは唯一幸せになれた人。

**生田** 確かに。子供の頃はマダム・テナルディエにひどくいじめられていましたが。

**森** コゼットは大人になって、自分の過去から幼く辛い日々の記憶を消しているんですよね。バルジャンをお父さんだと信じていて、2幕でテナルディエ夫妻が施しを乞いに来ても、コゼットは気付かない。人間って生きるために忘れられる、そんなリアルさも『レミゼ』にはあるんです。

## その時代に合わせて変化する人物像

── 描かれる女性像も時代に合わせて、少しずつ変わってきたように見えますが。

**生田** 私が客席で観ていたコゼットは塀に囲まれた中で育った、大人しい女の子というイメージでした。でも実際に演出を受けたら、もっと好奇心旺盛で自分の意志をちゃんと持っている人だと。それは自分にとって大きな発見でしたし、時代と共にコゼット像も変わってきたのかな?と感じました。

**知念** 2013年に新演出になって、いろんなことがガラリと変わりましたね。いくちゃん(生田)の仰る通り、コゼットはもっと内向的な印象でしたけど、新演出になってからのディレクションを聞いていると、思春期真っ盛りの女の子で、何事も飛び込んでやってみたいという意志が強くなった気がします。

**森** マリウスが訪ねてきた時も、コゼット自らがマリウスの手を引き、導くようになって。

**知念** 最初、戸惑いましたよね。あのコゼットが?ってドキドキしました(笑)。ファンテーヌも新演出で大きく変わりました。オリジナル演出の頃は、どこか弱いというか。

**森** 工場のシーンでいじめられるばかり。ところが新演出になったら、ファンテーヌから先に喧嘩を吹っかけていて。

**知念** そうなんですよ。〈夢やぶれて〉も美しいナンバーとして、裏声の要素を入れながら歌っていました。ところが新演出では地声で力強く歌うようになったんです。

**生田** そうだったんですね。私の中では既に力強い曲というイメージでした。

**知念** 『レミゼ』ファンの方は初演からご覧いただいている方もたくさんいらっしゃるから、新演出になって戸惑われたんじゃないかと。

**森** でも、これから先も時代と共にどんどん変わっていくんでしょうね。それが今を映し出す演劇だから。

**生田** 今回、私はファンテーヌにはまだ早いと思っていたんです。実はオーディションはエポニーヌで受けていて、途中で勧められて

ファンテーヌに変わりました。ずっと知念さんや先輩方のファンテーヌを観てきて、母親として、また様々な経験の深みが自分には足りないのではないかという不安もありました。けれども演出の方が「ファンテーヌが亡くなったのが27歳（現在の生田と同い齢）。だから、今やればぴったりだよ」と仰って。今回演じるにあたり、自分の未熟さ、分からないことや未経験なことも生かして、想像しながら探っていきたいと思っています。

**森** いくちゃんがすごいのは、「公美さん、私、今回が最後です」と言って、次の上演時にも必ずいること（笑）。こんな短期間にコゼットからエポニーヌ、ファンテーヌになった人は他にいないよね。先日、いくちゃんがエコール レ・ミゼラブルで歌っていたのを聞いたら泣きそうになりました。すごく良かった。

**生田** わぁ、嬉しいです。

**森** 知念さん、いくちゃんとそれぞれの味があるんですよ。これまで、いろんなファンテーヌを見てきましたが、演じるということはみんな同じじゃなくていい。その人自身の味が出たファンテーヌが正解だと、いくちゃんの歌を聞いて再認識したの。私は知念さんのファンテーヌも実生活でお母さんになられた、その心の厚みが感じられて大好きでした。俳優それぞれが持つ個性が光ってこそ、役が生きるんです。

## 登場人物から得たものと共に日常を生きる

—— 生田さんと知念さん、コゼット、エポニーヌ、ファンテーヌと3役を演じる経験から変化したことはありますか。

**生田** 同じシーンでも役によって捉え方が全然違うなって、エコールで感じています。エポニーヌの時はマリウスとコゼットが幸せそうに歌っているのを見れば見るほど苦しくなっていたのに、ファンテーヌを演じていると喜びで涙が溢れてくるんです。バルジャンに対しても、コゼットの時は知らないことが多過ぎて、「パパは何を考えているの？ もっと教えて！」と、そんな思いで接していましたが、ファンテーヌは自分の子供を託した大切な人として天からずっと見守っている。そんな目線でバルジャンを見ていると、私自身も彼と一体になって悩み、辛くなったり嬉しくなったり……。こんな感覚になったのは初めてです。

**知念** ああ、分かります。私はミュージカルの世界に入って3年目にコゼットに挑戦。そこからエポニーヌ、ファンテーヌと役を替えつつ20年近く関わってきました。実人生の変化と共に役が替わってきたことで、様々な角度から『レミゼ』を見ることができたんです。今も日常生活で、ひとり『レ・ミゼラブル』をしているよう。何かのタイミングでふとバルジャンが出てきたり、ファンテーヌの気持ちを思い出したり。登場人物たちからもらったものと共に毎日を生きています。また『レミゼ』の世界に戻れたらいいな、という気持ちがあります。

—— 森さんはマダム・テナルディエを長く演じてこられました。

**森** 演じるたびに今回の正解はどこにあるんだろう？と葛藤しますね。底辺にいるマダムが客席を指差しながら「♪お前らと地獄で」と歌う、ふてぶてしさ。観劇した親戚の子供に、「すごく怖かった」と言われた時には大成功だと思いました。マダムは嫌われて、怖がられてこそ成し遂げられる役。今回は1997年の初心に戻って取り組みたいです。

## 本役以外を演じる面白さハプニングにも対処

—— 『レ・ミゼラブル』の本番でユニークなエピソードがあったら教えてください。

**森** ファンテーヌ役は今、亡くなった後にバリケードの女性を演じるでしょ。昔は少年だった。

**生田** え、少年ですか？

**知念** そう、オリジナル演出では帽子をかぶってサスペンダーをした少年ピエールだったの。

**森** 観客の方々にはそういった本役以外の登場シーンを見つける楽しさもあるみたい。私は司教の妹も演じていたけど、新演出になってなくなりました。

**知念** すぐに公美さんだと分かっちゃうから？

**森** あはは！ マダムは代々その役もやっていたからね。司教の妹を演じる時、本番でスタッフが同役だった夏木マリさんの衣裳を間違えて持ってきたことがありました。無理矢理着たら顔はどうにか出せたけど、腕が袖を通らない。早く出て！と言われて、パツパツで手が出せないまま舞台へ。バルジャンが盗んだ燭台を司教が「私が差し上げたものです」と言う厳かなシーンなのに、みんな笑いを堪えて、下を向いたまま歌っていました（笑）。

**知念・生田** うわぁ、面白過ぎます（笑）。

**森** あとオリジナル演出では舞台上には何1つ、ものを残してはいけないと演出のジョン（・ケアード）に言われていて。バリケードを動かすレールにものが挟まって、舞台がストップした事件があったんです。コゼットがパンを配るシーンで、マリウスとぶつかってパンが弾け飛んだりすると、私、何とかしなきゃと、必死でパンを拾って全部口に詰め込んだことも（笑）。

**生田** パンは本物でしたか？

**森** 本物でした。学生が巻くビラも全部拾わなきゃいけないし、芝居をしながら常に周りに目を配る。ファンテーヌの衣裳の背中が突然パカッと開いて、いじめているふりをしながらボタンをとめたこともありました。（生田に）何かあったら、私、後ろに入るね。

**生田** はい、心強いです！

## 正義、誤ち、人間、愛ちりばめられた人生のヒント

—— 『レ・ミゼラブル』の究極の魅力とは？

**森** 人が生き抜く強さ、そして正義について描いているところです。何を正義として生きるのかは人によって違います。盗みをしても生き抜こうとする人、命を懸けて自由を勝ち取ろうとする人、我が子を守るために身体を売る人など、多様な人間の生き様が見られるのが、『レ・ミゼラブル』。みんな違う正義のもとで生きてきたのに、ラストの「♪戦う者の歌が聞こえるか」が聞こえてくると、舞台上の人たちが同じ方向にまとまっているように見える。この歌を歌わないのは、ジャベールとテナルディエ夫妻だけというのも考えさせ

られますね。
**知念** 人が生きる上では間違った選択をすることもあります。それでもバルジャンのようにやり直せるということが、私はこの作品のメッセージだと思っています。私の中には、自分が演じた役はもちろん、マダム・テナルディエもジャベールもマリウスもアンジョルラスもいます。普段は抑え込んでいるけれどマダムみたいに醜いところもあるし、ファンテーヌのように母親として頑張っている面もある。登場人物が人生のあらゆる場面を表してくれて、観ると自分の心の状態が分かったり励まされたりする、そんな人生を共にしている感覚があります。
**生田** 『レミゼ』を観ると、生きるって何? 人を愛するって何?という、人としての原点と向き合うことができます。もちろん彼らの生きた時代とその状況は今と全然違い、簡単に理解できるものではありません。でもその人物の視点に立って想像することで、自分の人生や大切に思う人たちについて考えることができる。観て、演じて、エネルギーをもらえる作品です。
**知念** 帝劇の建て替えは寂しいけれど、『レミゼ』は新帝劇でも上演されるでしょうから、多くの方々、特に子供たちに観てほしいです。
**森** そうね。『レミゼ』は帝劇にぴったりだもの。新帝劇がオープンしたら、いくちゃんにはファンテーヌ、知念さんには4役目としてマダムをやってほしい。
**知念** 私ではまだまだ力不足な気が。
**森** まず、ふくよかにならないと(笑)。私は客席から観ています。
**知念・生田** 新帝劇でもマダムをぜひ!

# Message from Sir Cameron Mackintosh

## サー・キャメロン・マッキントッシュからのメッセージ

『レ・ミゼラブル』『ミス・サイゴン』『回転木馬』『イーストウィックの魔女たち』『パイレート・クィーン』……
帝国劇場を彩ってきた演目の数々を手掛け、
日本ミュージカル界に多大な影響をもたらした偉大なプロデューサー、サー・キャメロン・マッキントッシュ。
現・帝劇との意外な出会いから、『レ・ミゼラブル』『ミス・サイゴン』日本初演の思い出、
そして新帝劇に寄せる期待まで、今の率直な思いを綴ってくれた。

帝国劇場とのご縁の始まりは、今から60年近く前、私が演劇の世界に入ったばかりだった1965年に遡ります。その頃出演していたミュージカル『オリバー！』の英国ツアーが、私が抜けた後、日本に初めて上陸する英国ミュージカルの1つとなって、帝国劇場で2度の公演を行ったのです（1968・1990年）。初回の公演の後、東京で使われたセットと衣裳は英国に戻り、1970年代の半ば、なんとも不思議なことに、この偉大なミュージカルを私がプロデュースすることになりました（同時に私は、分解されて日本の新聞紙に包まれたままだったセットの持ち主ともなりました）。それから50年近くにわたって『オリバー！』を手掛けている中でも、市村正親さんと再びご一緒でき、彼が素晴らしいフェイギンを演じてくれた2021年の日本公演は特に幸せな思い出です。

『オリバー！』(1968)

　アラン・ブーブリルとクロード＝ミッシェル・シェーンベルクが『レ・ミゼラブル』を書いたのも、実はこの『オリバー！』がきっかけでした。私がロンドンで初めてプロデュースした公演を、彼らが1978年に観て触発されたのです。1985年末に開幕した『レ・ミゼラブル』は、批評も前売り券の売れ行きも芳しくありませんでしたが、観客はすぐに気に入ってくれました。そしてこの公演を最初に観た海外のプロデューサーの1人が、東宝の演劇部門を率いていた平尾辰夫氏です。彼の並々ならぬ熱意と作品愛に背中を押され、まだブロードウェイ公演が成功するかどうかも分からなかった時に、私は日本での公演を決めました。才能溢れるオリジナル演出家の1人、ジョン・ケアードが日本に赴いて演出した東京公演は、ブロードウェイのわずか3カ月後の1987年6月17日に開幕。西洋の大作ミュージカルが、これほど早く日本に上陸したことはかつてありません。東宝の英断のなせる業と言えますが、海外ミュージカルがオリジナルの製作チームによって上演されたのも、日本では初めてのこと。『レ・ミゼラブル』の大きな成功は、予め運命づけられていたかのように、日本における西洋ミュージカルのあり方を変えることとなりました。

『オリバー！』東急シアターオーブ公演(2021) 市村正親(右)、小林佑玖(左)

　その後も『レ・ミゼラブル』は、いくつもの点で革命的であり続けています。最初の時点から、これも平尾氏の尽力により、キャスティング方法が従来とは異なっていました。東宝は、既に名のあるスターを配する代わりに、私たちが役に合った新たな才能を発掘し、彼らがその演技によってスターとなることを認めてくれたのです。時には、滝田栄さんや鹿賀

皇太子同妃両殿下(現上皇上皇后両陛下)、浩宮さま(現天皇陛下)をお迎えする(左から)アラン・ブーブリル、クロード＝ミッシェル・シェーンベルク、サー・キャメロン・マッキントッシュ。1987年6月17日、『レ・ミゼラブル』日本公演初日

トニー賞受賞を受けての会見にて、(左から)サー・キャメロン・マッキントッシュ、鹿賀丈史、滝田栄、ジョン・ケアード

第41回トニー賞8部門(ミュージカル作品賞、ミュージカル脚本賞、オリジナル楽曲賞、ミュージカル助演男優賞、ミュージカル助演女優賞、装置デザイン賞、照明デザイン賞、ミュージカル演出賞)受賞のニュースに沸く、サー・キャメロン・マッキントッシュをはじめとするクリエイティブ・スタッフとキャストたち

丈史さんのように定評ある俳優がオーディションを受けてくれることもあり、彼らを迎えられたのは光栄なことでした。2人とも、ジャン・バルジャンとジャベールの両方を魅力的に演じられる稀有な俳優だったため、時に配役を入れ替えて観客を楽しませてもらったものです。日本と英国とのもう1つの大きな違いは、英国では1人の俳優が全公演に出演するのに対し、日本では1つの役を2人、時には3人の俳優が交互に演じる習慣があること。日本のシステムが稽古スケジュールを複雑にし、オーディションを難航させることは確かですが、私の作品たちを豊かにする素晴らしいサプライズももたらしてくれました。長年にわたって音楽監督を務めているビリー(山口琇也)さんが、新たな才能を常に発掘し続けてくれていることに感謝しています。

岩谷時子氏による美しい訳詞と、東宝演劇部を率いる池田篤郎氏とそのチームの情熱のおかげもあって、帝劇の『レ・ミゼラブル』が日本の演劇史上、最も大きな成功を収めた作品の1つとなっていることは私の誇りです。『レ・ミゼラブル』の成功は、アランとクロード=ミッシェルと私のパートナーシップの始まりでしたが、私たちは1983年に初めて会った時から親しい友人でもありました。重要な決定は常に3人で下し、誰か1人が同意しなかった場合は同意するまで話し合いを続ける、それが私たちなのです。『レ・ミゼラブル』がロンドンで開幕し、まだ前売り券がほとんど売れておらず作品の未来が全く見えなかった頃、アランとクロード=ミッシェルが私におそるおそる、また仕事がもらえるかどうか尋ねてきたことがあります。私が「もちろん」と答えると、大いに安堵した様子で「良かった、実はもう新作の構想があるんだ」と。それが『ミス・サイゴン』のことだと分かったのは数カ月後、彼らが第1幕を完成させ、クロード=ミッシェルが私に歌って聴かせてくれた時でした。すぐに気に入ったのは、素晴らしい音楽だけが理由で

『ミス・サイゴン』(2022)
サイゴン陥落に伴い、ヘリコプターで脱出する米軍

はありません。ミュージカルには珍しく、実際にあった出来事に基づく現代の物語であり、胸が張り裂けるようなラブストーリーでもあったからです。舞台化する大変さは分かっていましたが、私はやる気に満ちていました。当初の計画では米国で初演する予定でしたが、おそらくベトナム戦争がまだ過去のことになっていなかったからでしょう、アメリカ演劇界がこの題材に不安を感じていることが途中で分かります。そこで1989年にロンドンで幕を開けたところ、すぐに驚異的な成功を収め、またも平尾氏が真っ先に名乗りを上げてくれました。大規模な作品でしたので、帝国劇場では初となる無期限の公演が計画され、『ミス・サイゴン』は初演にして2年近いロングランを成し遂げます。エンジニア役を演じたのは、日本を代表する俳優の1人であり、その後30年以上にわたってこの役を当たり役とした市村正親さん。本田美奈子.さんもまた、最も心揺さぶるキム役の1人でした。初演から数十年が経った今もなお、『ミス・サイゴン』が日本とアジア諸国の観客にとって最も人気のある西洋ミュージカルの1つであり続けていることを、大いに誇りに思います。

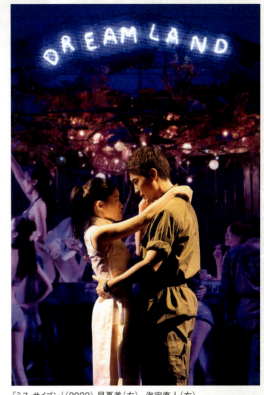

『ミス・サイゴン』(2022) 昆夏美(左)、海宝直人(右)

　私の作品たちに影響を与えた現・帝劇の構造の1つに、本舞台の両サイドにある2つの"花道"があります。何もないと目立ってしまうこの花道を見て、デザイナーたちはここにも装置を建て込み、舞台と客席を繋ぐ役割を持たせることを思いついたのです。帝劇で大きな成功を収めたことから、私たちは世界中のどの劇場でも、可能な限りこの効果を再現しようとしてきました。

　そんな帝国劇場が一時代を終えようとしている今、その輝かしい歴史の中で私と私の作品たちが小さな役を演じられたことを、誇りかつ光栄に思います。私自身、劇場のオーナーであり、これまでに多くの劇場を建て替えてきました。歴史ある建物を次の世代のために生まれ変わらせることの重要性をよく知る身として、この唯一無二の歴史的な場所にいっそう素晴らしい劇場を作り、未来の観客を魅了し、優れたアーティストが優れた演劇を作る後押しをしようとしている、東宝の皆さんの先見性と志に拍手を送ります。

　私の見たところ、新しい帝劇はいっそう便利で魅力的で、見た目にも美しいものとなるようです。数年後に開場する、この素晴らしい新劇場で、『レ・ミゼラブル』を少なくとも「もう10年（One Decade More）」観られることを願ってやみません。

2024年10月
キャメロン・マッキントッシュ

『レ・ミゼラブル』(2021)より〈ワン・デイ・モア〉のシーン。
木内健人(中央)、生田絵梨花(同左)、
竹内將人(同右)、上原理生(右から6番目)

愛希れいか　　春野寿美礼　　朝海ひかる　　一路真輝
Reika Manaki　Sumire Haruno　Hikaru Asami　Maki Ichiro

ウィーン発のミュージカル『エリザベート』。19世紀のオーストリアを中心に、政治・社会・家族と多岐にわたるテーマで、オーストリア皇后・エリザベートの生涯が描かれる。苦しみの中で生きるエリザベートはなぜ多くの人に愛されたのか。舞台でエリザベートとして生き、闘った一路真輝、涼風真世、朝海ひかる、瀬奈じゅん、春野寿美礼、花總まり、蘭乃はな、愛希れいか、歴代8人のエリザベートたちが結集。「エリザベートが崖っぷちにいた私たちを会わせてくれた」──今だから話せる当時の思い、制作秘話を涙と笑いで語り尽くす。

| 涼風真世 | 花總まり | 瀬奈じゅん | 蘭乃はな |
| Mayo Suzukaze | Mari Hanafusa | Jun Sena | Hana Ranno |

── エリザベート役に決まった当時は、どんな思いでしたか？ 一路さんは初演から600回以上（2000年～06年）務められました。

**一路** 私は東宝初演の前段がありまして、宝塚歌劇団の卒業公演（1996年）でトート役を務めました。これが日本初演となり、東宝さんが2000年に『エリザベート』を上演するとなった時、出演が決定してから1年間、必死でボイストレーニングをしました。トートからシシィ（エリザベートの愛称）への役替わりは特に歌が難しかったです。

**涼風** 宝塚時代に小池修一郎先生演出の『ロスト・エンジェル』（1993年）という作品で、『エリザベート』の楽曲を使用していたので、素敵な曲だと感じていました。その頃は自分が演じるとは全く思っていませんでしたが、どこかで演じてみたいという思いがあったんですね。お話を頂いてとても嬉しかったです。一路さんが最初にエリザベートを演じて私たちにお手本を見せてくださっていたので、迷いはなかったです。が、実際に演じると（2008～09年）、とても大変でした。

**朝海** 『エリザベート』は大ヒットしましたし、作品に対するお客様の概念も既に決まっているように感じました。最初（2008～09年）は自分で何かするというよりは、それまで演じてこられた方を思い描きながら、宝塚でいう新人公演のような気持ちで臨んでいました。2回目（2010年）は少し吹っ切れて、ようやく既成概念に囚われることなくやれたかな、とは思いますが、「こうあらねばならない」の精神は、"宝塚の生徒あるある"のような気もします。

**瀬奈** 私は宝塚が本当に大好きだったので、退団してから他の舞台に立つイメージが湧きませんでした。でも東宝さんから『エリザベート』のお話があった時（2010・12年）、宝塚在団中に演じたエリザベート（2005年）を思い出したんです。私は男役でしたが、本来の女性で演じるのが解放的で楽しくて、すごく苦しかったけどやりがいがありました。あれをもう1回経験できるなら、先のことは分からないけど「やってみたい」と思えました。もし声を掛けていただかなかったら、違う世界に行っていたかもしれないですね。

**春野** 作品・人物を知っているだけに、存在が大きすぎてプレッシャーを抱えていました（2012年）。帝劇は重厚感があり、誰もが自分なりのエリザベートのイメージを持っているのを感じて、勝手に体を固くしていたんです。

**花總** 私は宝塚版（1996年日本初演エリザベート役・98年）で経験がありましたが、東宝版への出演が決まり、身が引き締まる緊張感、もう一度演じられることへの興奮、未知の世界に入る感覚がありました。私が入った2015年から（2015・16・19・22～23年）、演出・キャストがアンサンブルさんも含めてガラリと変わったんです。今も覚えているのは、小池先生（演出・訳詞の小池修一郎）が「今までご覧になってきたお客様からは、平均年齢が若くなり物語の重厚さがないように見えるから、相当頑張らないと大変だよ」と仰ったことでした。皆で団結して、必死にやりましたね。

**蘭乃** 私は、宝塚の退団公演で『エリザベート』をさせていただいた後は何も決まっていませんでしたが、卒業してすぐにオーディションを受けることになり、1カ月も経たないうちに出演が決定したんです（2015・16年）。だから覚悟もできていないし、私でいいのだろうかというプレッシャーに押しつぶされそうでした。

**愛希** 私は『エリザベート』の大ファンで、『エリザベート』を観て宝塚を受験し、この世界に入るきっかけにもなりました。今までの公演もビデオも何度も観ていて、自分の中のエリザベート像が既にあったので、それをリセットして自分が演じる段階に行くまではとても時間がかかりました（2019・22～23年）。

## 試行錯誤の連続

── 役作りはどうされていましたか？

**一路** 実在した人物で史実に基づいて演じないといけませんから、自由に役作りというわけにはいかなかったですね。ウィーンに行った方も多いと思いますが、霊廟や宮殿に行くと、さらに重く感じました。当時は『エリザベート』を表現するための資料が1冊しかなく、それは美しい話でしたが、（脚本・歌詞のミヒャエル・）クンツェさんはその後出たエリザベートのエゴイストぶりが描かれた内容も物語内に描いていましたので、それまで私が読んでいた文献と違い、初めは気持ちを持っていくのが大変でした。

**瀬奈** 私はルキーニ・トート・エリザベートを演じた時に、計3回行きました。ウィーンでは上演していた劇場自体に双頭の鷲（ハプスブルク家の紋章）が付いていて、その空気から刺激を受けました。

── ルキーニ・トート・エリザベート3役（宝塚版含む）を演じられた方は瀬奈さんしかいらっしゃらないです。

**瀬奈** やっていて良かったと思ったのは、マテ・カマラスさん（2012年トート役）と共演した時です。1幕の最後、鏡の間からエリザベートが先に出て、後からトートが「♪お前に命～」と歌うシーンで、さあ、鏡の間が開くというその瞬間に、マテさんが「お前"に"？ お前"が"??」と聞いてきたんですよ。

**一同** え～?!

**瀬奈** 「お前"に"！"に"！」と言った瞬間にバーンと開いて……マテさんは（ハンガリー人ですが）、歌詞を全部日本語でやっていらしたので、「てにをは」が一瞬分からなくなったんでしょうね。トートをやっていたからこそ、すぐ答えてあげられて良かったなと思いました。

**一路** 私は人と話す余裕もなくピリピリしていましたけど、瀬奈さんもそうですし、涼風さんもフレンドリーに皆さんとコミュニケーションを取っていらっしゃったと聞いて、すごいと思いました。

**瀬奈** 涼風さんのエリザベートは楽しそうなお姿が印象的でした。

**涼風** とんでもない！ エリザベートは私の"大変なお役"第1位です。こんなに自分と真逆の人生を歩いたことがなかったので、非常に悩み苦しみ、一番大変でした。彼女の"幼少期から亡くなるまで"に対峙する中で、本当に幸せな時があったのだろうか？ 結婚後（16歳～）の人生は自分を責め苦しみ、よくぞこんなに辛い人生を生きてきたなという感想しかなかったので、演じるのが辛かったです。でも、楽しそうに見えたと聞いて救われました。エリザベートを演じられて、本当に良かったと思います。

── 制作過程・稽古場で印象に残っていることは？

**花總** 忘れもしない、2015年の新演出版で〈私だけに〉の場面が23時に完成した瞬間です。間奏で棺の蓋が上がり、私が滑り落ちていくんですが「そこに掴まって歌えない？」と言われました。後ろ側がどんどん立ち上がってくるツルツルの棺の上で、前を見て左右の腕で棺の両端を掴んで「♪私が命～」と歌うことを提案されま

したが、歌唱指導のちあきしん先生が「無理です!」と仰って(笑)。小池先生は夜中に閃くことが多いんですよね。

**瀬奈** 城田優さんが初めてトートをやる時(2010年)には、それも22時過ぎでしたが、マントのさばき方を教えるようにと小池先生から言われました。私はエリザベート役なんですが、「♪今こそ〜」と歌いながらマントをさばいたりしていました。魔の時間ですね。

**朝海** 本番中は着替えも多くて楽屋には一切帰れなかったですね。唯一時間があるルドルフのシーンはセットチェンジで危ないので、舞台袖の通称エリザベート小屋に1人で待機して、さらに孤独でした。

**涼風** 最初の演出では、エリザベートが棺の中から出てくる場面から始まったので、今より着替えが多かった気がします。

**瀬奈** 誰よりも早くスタンバイして棺の中にいました。私は閉所恐怖症なので「閉まっちゃう」と思うとすごく怖かったです。目をつぶっているとライトが当たるので、手を出すとトートダンサーが来てくれて始まるという。一路さんがお稽古を見に来てくださった時に、「棺に入ると固まって声が出にくくなるから、中では耳を揉んでいなさい」とアドバイスをくださって、それから毎回真っ赤になるまで揉んでました(笑)。

**春野** 不安な気持ちから体と声帯が固まって、〈私だけに〉が思うように歌えず初日前に怖くなってしまった時、音楽監督の甲斐正人先生から「あれは決して悲しみの歌ではないから、もっと闘いに行く自分で歌っていいよ」と励ましていただきました。それで、負けないで自ら出ていこうと自分を奮い立たせ、舞台に挑んだんです。

**蘭乃** エリザベートは、演じる方の魅力が役を通して伝わってきますよね。私は小池先生から「あなたのエリザベートは性格が悪くていいです」と言われましたが(笑)、同じ役でも人によって違うというのを先輩方のエリザベートを通して見せていただいてから臨めたこと、一路さんは文献が1つしかなかった頃に挑まれたということですが、私はたくさんの本を読むことができて、改めて恵まれていたと思います。

## 命がけでなければ演じられない役

── エリザベートの魅力はどこにあると思いますか?

**一同** "崖っぷち"です!

**朝海** 私は登場した時から崖っぷちでした。入りたいのに入り込めない、雑念が多くなっちゃうんです。

**一同** 分かる!

**朝海** 多くのものに囚われて、役と向き合う時に囚われること自体が間違いではないかと思ったり、役と100%向き合えなかった自分が崖っぷちでした。

**蘭乃** 生まれて初めて痛みと向き合ったのが、東宝版『エリザベート』だったんです。プレッシャーで自滅して、公演中は毎日お祈りし、号泣しながらやっていました。自分の中にある感情と初めて向き合い、人生を考えるきっかけになり、エリザベートが感じる痛みが私の痛みと、見ている方の痛みや葛藤ともリンクする。だからエリザベートは多くの人に愛されると思っています。自分と向き合わせてくれた作品です。

**春野** 崖っぷちに立って命がけで挑まないと、最後に昇天していくエリザベートに辿り着けないんです。死=トートに辿り着いた時に幸せを得られる、演じる自分も「♪私に〜」と歌って昇天するにはギリギリのところに立って、お客様が、演出家が、自分が描いているエリザベート像にどうしたら行けるのかともがく。でも辿り着けなくて、そんな崖っぷちにいつも立っていた気がしますね。

**愛希** 何度も何度も練習してきた〈私だけに〉を、実際にとても高い場所、まさに崖っぷちで歌うのですが、ライトが当たると本当に周りが見えなくなり真っ暗。足がすくみ、歌も緊張し、エリザベートは常にギリギリのところに立っている感覚がありました。震えなかった日はないです。今も前奏を聴いただけで緊張します。

**一路** 私はトートからエリザベートになり、音域の問題で苦労して、毎日逃げ出したい思いでやっていました。帝劇初演2日目、「♪私に〜」で声がひっくり返ってしまい、怖くなり、その後1幕ラストの最高音を下げたんです。再演時に元に戻しましたが、ご縁があってピア・ドゥーヴェスさん(世界初演エリザベート役)にお会いする機会がありその話をしたら、ピアさんでさえ、ひっくり返ったことがあるということでした。さらに、シングルキャストが辛かったけど、他の役(『シカゴ』ヴェルマ役等)をやって戻ってきたらすごく解放されたというお話も聞き、全世界のシシィの苦労を目の当たりにしました。ウーヴェ・クレーガーさん(世界初演トート役)ともお話ししたのですが、人間と死を分けるために「絶対にシシィに触れてはならない」と言われていたそうで、日本版を観た時には触ってもいいんだと驚いたそうです。井上芳雄さんが初めてトートを演じた時(2015年)も「大変です、お客さんの方が先を行っています」とお話になっていて、誰もが特別に思う演目だと思います。

**春野** そうなんです。誰の中にも既にエリザベート像ができていて、その思いが交錯しているように感じました。

**朝海** お客様がエリザベートを愛してくださる強い思いが、舞台に立っているとダイレクトに伝わってきましたよね。

**一路** エリザベートはお客様が大きく育ててくださったのだと思います。そして、余裕でシシィをやっている方はいないと思います。花總さんですら毎日緊張していたと聞いてます。

**花總** もちろんです。実は初めて公演中に肉離れをしました。2022年の東京公演で〈娘は何処?〉のシーンでした。プチっときて「痛い」と思ったけど、しばらくすると大体引いてくるじゃないですか。それが「子供を返して」と裏に走ってすぐ着替えたけど治らなくて、テーピングをしてもらって、走る時もずっとぴょこぴょこしていました。ふくらはぎは癖になるみたいで、治りかけてきたと思ったらまたプチっときて、結局最後まで毎日テーピングでした。

**瀬奈** 私もそこまでではないですが、側転しながら〈パパみたいに〉を歌うシーンで、腿の裏の肉離れを起こしました。エリザベートは楽しくやろうと考えてできる役ではないですから、自分から崖っぷちに、ギリギリまで追い込まなければ嘘になると思っていました。

**愛希** 私は精神病院での〈魂の自由〉が難しかったです。〈私が踊る時〉を歌って頂点に達したらすぐに精神病院のシーンで、そこからガタガタと崩れていくので本当にジェットコースター状態です。でも、ここは彼女にとって、トートの存在、自分自身との向き合い方に繋がるすごく大事な場面だと思うので、大切に演じていました。本当にエリザベートは一筋縄でいかない、多面性がある人物ですが「自由に生きたい」と強く願いながら生きているという点で、一貫

しているんです。
一路　今、愛希さんの話を聞いていて、東宝版初演時にあった〈夢とうつつの狭間に〉を思い出しました。常にそこにいる感じで、死にたい、でも生きたいという内容の歌詞がまさしくシシィの歌だなと思います。
── ミヒャエル・クンツェ（脚本・作詞）さん＆シルヴェスター・リーヴァイ（音楽・編曲）さんの曲について思うことは?
春野　〈夜のボート〉が深くて、2幕の最後にフランツと歌うのですが、愛があっても、愛にも癒せないことがあるという歌詞で、こんなに切ない思いがあるんだと、人生の勉強になりました。
涼風　大好きです。リーヴァイさんの楽曲は、役それぞれの心の動きを音符にしていると感じます。どの場面も物語を繋げるだけではなくて、世界観をとても繊細に表現していらっしゃるので、お2人の作られる世界には生きる喜び、呼吸する嬉しさがあります。言葉にも魂が込められているので心に響きます。
花總　歌っている間に血液が体中を回り、気持ちをどんどん引き出してくれます。歌っても聴いても気持ちが良く、鳥肌が立つ曲がたくさんあって、思いもしないところで自分の感情に触れてくる、この世界観が大好きです。
瀬奈　「譜面通り歌いなさい」と指導されていました。なぜなら音符が感情になっているから。まさにそうで、私はほとんどの楽曲を歌わせていただきましたが、譜面通りに歌うとその感情になる、というのが、気持ち良さの元なのではないかと思います。音符通りに歌うことで伝わるんです。
── 小池先生の演出で思い出深いものは?
一路　初演のキャスティングのスゴさたるや! 表舞台から離れていた初風諄さん（元宝塚歌劇団トップ娘役）のゾフィー役での復帰、井上芳雄さんをデビューさせたことなど、誰ができたでしょう。
朝海　バートイシュル（姉とフランツのお見合い）のシーンで、ルキーニ役の髙嶋政宏さんが蝶々を飛ばすシーンに2時間かけたことです。私はその間、ひたすら蝶々を追い駆けていまし

た。姉とフランツの出会いでは、座るタイミングやお尻の位置もミリ単位でこだわられていました。これは小池先生にしか分からない世界なのですが、このこだわりが名作を生むのだと思います。
春野　ゾフィーが娘を連れていってしまい、「♪娘は何処?」と出てくるシーンで、エリザベートは出産後で体力が戻っていないだろうからと少しよたよたと出てきたら、小池先生が「走って!」と仰るんです。「え?」と思いながら走って出ましたが、Wキャストの瀬奈さんに聞いたら「私は歩くように言われた」と正反対のことを言うんです。
瀬奈　はい、私は歩いていました（笑）。
春野　先生に理由を聞いたら「あなたが歩くとのんきな人に見えます」と言われて（一同爆笑）、確かにと納得しました。

## エリザベートと共に生きて

── エリザベートの影響を受けたものはありますか？

**一路** 私はエリザベートを最後に芸能界を引退しました。休業ではなく「辞めます」と言ったんです。結局戻ってきましたが（笑）、1人で600回ぐらいやらせていただいて燃え尽きちゃったんですね。当時は戻る気が全くなく、エリザベートと6年間生きたことで、我がミュージカル人生悔いなしと思えました。

**朝海** 一路さんと『エリザベート』は、怖いぐらいご縁があるんだと思います。私はエリザベートを演じたことで、お芝居を追求したいという気持ちが芽生えました。心と心で、人としてお芝居がやりたいという欲求が生まれました。

**花總** 私も宝塚で十分やらせてもらったから表舞台はもういいと思っていましたが、『エリザベート』の日本初演のメンバーということでガラコンサートのお話を頂いたのがきっかけで戻ってきました。振り返ると自分と舞台との繋がりを保つことができたのは、エリザベートを演じたからかもしれません。

**瀬奈** 宝塚で3役やらせていただき、我が舞台人生悔いなしと思っていたところにエリザベートのお話を頂いて、宝塚からの道を舞台に繋げてくださったという意味で、私は本当にこの作品に育ててもらったと思います。

**蘭乃** 自分は何者でもないし、何者にもなれない。でも自分は自分、とはエリザベートをやったから思えたことです。〈パパみたいに〉は「♪パパみたいになれない」という歌で、誰かになるのは無理で、ひたすら自分と向き合いました。エリザベートの後はボロボロになって……。

**一同** 皆そうだよ。

**蘭乃** ボイストレーナーの先生から「時薬だよ」と言っていただきました。今心が傷ついているけど、時が傷を癒してくれるからと。本当にそうかなと思いましたが、こうして皆さんとお話しできたことが私にとって一番の癒しになりました（涙）。

**愛希** 私も初日、怖くてずっと萎縮していたら小池先生から、「舞台上の花總さんを見なさい。彼女も怖いだろうけど、舞台に出たら羽ばたいているでしょう？」と言われました。花總さんがドレスで舞台に立つと本当に肖像画のようで恐れなんて全く見えないんです。でもそんな花總さんでさえ毎日祈りながら舞台に立っている姿があって、だから私も頑張ろうと思えました（涙）。

**一路** 皆頑張っていたんだね。でも、その葛藤に行きつけたり崖っぷちに立っている自覚がある人が、多分シシィをやる条件なのかなと思います。遠くから見ていたら、愛希さんは絶対に自信を持ってやっていると思っていたから、恐れを持っていたなんてびっくりしました。もっと早く皆とお話しすれば良かったけど、でもきっとその時はしてはい

けなかったんです。それぞれに闘ったからこそできたシシィなんじゃないかと思います。

── 皆さんにとってエリザベートとは?

**愛希** かけがえのないもの。追求してもしきれない、演じられたのが奇跡です。私は生涯『エリザベート』のファンです。

**蘭乃** 自分を映し出す鏡のようで、今こうして話しているだけで当時の自分と向き合うことができます。生きるも死ぬも全てが"愛"だと思います。こうして愛のある空間でお話しできたことが、純粋に嬉しいです。エリザベートさん、ありがとう。

**花總** 神様が与えてくださった1つの大きな役。自分にとって運命的です。日本初演の1996年、公演中に22歳の誕生日を迎え

て、喜びも悲しみも苦しみも最後の全ても毎回自分に降りてくる大いなる力に感謝です。私にとってエリザベートとは何だったのかと不思議に思うこともあるし、とてつもなく大きな何かを与えてくださって、考えさせてくださった、何かが私にとってあるんだろうと思います。結局は想像でしか演じることができなかったのが、とても歯がゆいです。喜びも悲しみももっとあっただろうに、自分の想像には限界があり、果たして表現できたのか。私には演じることしかできず、その人そのものになれない限界を感じる辛さがありました。

**春野** ひたすらに向き合って、自分が目指したゴールに辿り着けたのかは分からない。でも、エリザベートでの経験は、一生生かされると思います。あの時頑張ったから、困難があっても自分は立ち向

かえる、目の前にある壁を乗り越えていけるのではと思います。
**瀬奈** やっている時は本当に苦しいんですが、またいつかこの楽曲・世界観に触れたいと思わせる、まさにエリザベート地獄と言えるほど、人を魅了する作品だと思います。
**朝海** 舞台で初めて1人の人生（1998年宝塚歌劇公演ルドルフ役）を通してやらせていただき、お芝居の楽しさを教えていただいた作品です。エリザベートのことは息子（ルドルフ役）から見た目線がスタートでしたので、エリザベート役にすぐに向かうことができなくて、いい思い出も辛い思い出も、痛い、悔しい思い出も全部なくてはならない出来事で、東宝版でエリザベートをさせていただいたことが、私の人生・体の一部になっています。

**涼風** 私がエリザベートという女性に巡り会えたことは奇跡だと思いますし、彼女の人生を生きることができたのは"今"の舞台にも繋がっています。涼風真世のミュージカルの世界観を広げてくれた作品、人物に感謝しています。
**一路** 私は、今日蘭乃さんと愛希さんの新鮮な涙を見て、当時の自分を思い出しています。今の自分があるのは宝塚時代からやらせていただいたからこそできたシシィで、一旦退きましたが、戻ってきた時に居場所があったのも、帝劇に6年も主演させていただけたのも、全部が『エリザベート』のおかげです。そして、皆が共通の思いだったことが分かってすごく嬉しいですし、この大役を宝塚の卒業生で長きにわたり続けてこられたことに感謝します。

# Mozart!

自由を求め続けた"人間・ヴォルフガング"の生涯を、
"才能の化身・アマデ"との対比で描いた大ヒットミュージカル『モーツァルト!』。
主人公ヴォルフガング・モーツァルトを演じた歴代の5名が集結、
作品に没頭した熱き日々を振り返る。

井上芳雄　　　　　中川晃教　　　　　京本大我
Yoshio Inoue　　　Akinori Nakagawa　　Taiga Kyomoto

## それぞれにとっての帝劇

**井上** 今日も劇場に来る時に、ここに25年近くも通うことになるなんて思わなかったな、としみじみしていました。僕は子供の頃からミュージカルの舞台を目指していたけれど、帝劇に立つ夢を持ってはいなかったんですよ。劇団四季ファンだったし(笑)。そんな僕が初めて仕事で来たのは『エリザベート』初演のルドルフ役オーディションの時。9階の稽古場だったな。最終審査に3人呼ばれましたが、僕が受かりました(笑)。

**中川** そこからミュージカル俳優・井上芳雄の歴史が始まったんだね(笑)。「25年通うとは思わなかった」という言葉に今、重みを感じたよ。僕は小学校6年生の時に初演の『ミス・サイゴン』を観に来たのが初帝劇です。市村正親さんがいて、本田美奈子.さんがいて……。キムのドラマに感情移入して、様々な感情を味わわせてくれて、それが最後には感動として心に残っていく。ミュージカルとはそういうものなんだと子供心に思わせてくれたのが帝劇です。

**山崎** 僕は子供時代、仲間同士で『レ・ミゼラブル』のCDを貸し合いっこをするくらい、自然とミュージカルを観る環境にいました。そんな僕にとっては聖地、憧れの場所。初めて帝劇に観劇に来たのも『レミゼ』でした。鹿賀丈史さんはじめ、石井一孝さん、岡幸二郎さん……ミュージカル界のスターがたくさん出演している！と大興奮。それ以降よく足を運ぶようになり、もちろん芳雄さんのデビュー作の『エリザベート』初演も観ています。実は帝劇のバックヤードに初めて足を踏み入れたのもその頃。

**井上** えっ、何!?

**山崎** 『エリザベート』や『モーツァルト！』の演出助手の小川美也子さんが、僕が1998年に初めてミュージカル(『フラワー』)に出演した時の演出家だったんです。その美也子先生が小池修一郎先生に紹介してくださるということで、当時高校生の僕は自分でプロフィールを作り、制服のまま帝劇に来て(笑)。確か『エリザベート』舞台稽古の最中でした。緊張しながら小池先生にそれを渡したのを覚えています。先生はパッと受け取ってすぐ消えてしまいましたが(笑)。

**古川** すごいエピソードですね……。僕は、帝劇はずっと苦手な場所でした(笑)。最初に訪ねたのは『エリザベート』のオーディション。僕も9階の稽古場でした。当時は自分がミュージカルの道を歩むなんて考えてもいなくて、「こういうふうに歌ってみて」と言われても「できないです」と生意気な返事をしていました。そんな自分がまさか受かるとは思ってもいませんでした。もちろん実力もないので、稽古が憂鬱でした。ある日の稽古で、山口祐一郎さんと歌っている最中に歌えなくなっちゃって。すぐ山口さんが気付いて稽古を止めてくださったのですが、僕、逃げちゃったんです。稽古場のある9階は最上階なのですが、そこから屋上に行く階段がちょっとあるんですよね。そこに行って号泣しました。僕の初帝劇は、そんな挫折の記憶です。自分の身の丈に合っていないと感じていた。

**京本** 身の丈に合っていないと言うのなら、僕が一番だと思います。最初に帝劇に立ったのは2007年、中学1年生の時。自分の目指した

## 古川雄大
*Yuta Furukawa*

## 山崎育三郎
*Ikusaburo Yamazaki*

いものも定まっていない中、『DREAM BOYS』で亀梨和也君の弟役で出演しました。

**井上** じゃあこの中で一番若くして帝劇に立っているんだ!

**京本** 立ったと言えばそうなのですが、訳も分からず台詞をロボットのように言っているだけでした。僕の心境も仕事というより部活感覚。その後も年に1、2回は立たせてもらっていましたが、帝劇の重みを分からないまま来て、20歳の時に初めて"本当の帝劇"を知ることになったんです。

**古川** 『エリザベート』?

**京本** はい。オーディションを受けることになったのですが、タイトルは聞いたことがある、程度の知識。もちろん練習して挑みましたが、案の定「まだ幼いし、数年後にもし興味があったらまた受けてください」と言われ終わりました。

**山崎** えっ、一度落ちているんだ?

**京本** そうしたら数カ月後、もう一度来てほしいと言われ、呼ばれたのが僕の誕生日。実は最初のオーディションをきっかけにミュージカルに興味を持ち始めて、自己流で歌ったりしていたんです。少し歌い慣れていたせいか「前の時より良くなっているね」と歌唱指導の先生に言っていただいて。さらに年齢を聞かれ「今日で20歳です」と答えたら「今日で!?」と驚かれ、ピアノでハッピーバースデーを弾いてくださった(笑)。ちょっと幸せな気分で帰り、後日合格の報をいただきました。

**中川** 素敵な話だね! でもそれまでの舞台と『エリザベート』はそんなに違ったんだ?

**京本** 全然違いました。事務所のメンバーとやる公演はショーの要素も強く、コンサートに近いところもあるんですよ。客席もどこか明るい雰囲気。『エリザベート』の客席は、奥が見えず飲み込まれるような感覚でした。僕もかなりの挫折を味わい、本番中にストレスで声が出なくなっちゃったんです。その時は雄大君がご自分のお仕事を調整して代わりに出演してくれたのですが、僕はもうこの先芸能界もやっていけないのではというくらい落ち込んでしまって……。でもいろいろな方から「ここで踏ん張らないと本当に立ち上がれなくなるよ」と声を掛けていただき、翌日、歌える精神状態じゃなかったけどとりあえず劇場に向かいました。そうしたら雄大君がこの日も、ご自身の出演回じゃないのにずっと袖でスタンバイしてくださったんです。

**古川** そうだったね。

**京本** 舞台に上がり、やっぱり辛いかもと思ったのですが、袖にいる雄大君が見えた時に「甘えちゃダメだ!」という気持ちが湧き上がって、なんとか最後まで演じ切れました。あれがなかったら、僕は今日ここにはいないと思う。本当に雄大君はじめあの時の周りの皆さんには感謝しています。

## ヴォルフガングと向き合った日々

**井上** この5人と言えばやはりヴォルフガング。僕とアッキー(中川)は2002年の初演から演じているけど、初演は本当に大変だったよね。アッキーは初舞台、僕は初めての主役。『エリザベート』のルドルフはビギナーズラックのようなもので(笑)、楽しくやっていて、次もそういう感じでいけるかなと思いきや、壁にぶち当たりました。小池さんに衣裳の着方、ブーツを履いての歩き方、見た目、一挙手一投足全て厳しく指導された。アッキーも、手をぐるぐる巻きにされてなかった?

**中川** そうだった。僕はつい指さしちゃう癖があって、「動かすな」とガムテープで巻かれた(笑)。

**井上** 覚えているのは初日のこと。なんとかやり終えたのに小池さんに「こんなんじゃ市村さんや祐一郎さん、松(たか子)さんや西田(ひかる)さんたちに埋もれるぞ」と言われたんです。もちろん鼓舞する意図だったのでしょうが、もう舞台に立ってるのに!と、ガーンとなった。そういうプレッシャーみたいなものは強かったよね?

**中川** 僕はあんまり感じていなかった。

**井上** あれ(笑)。

**中川** 今思うと、ヨッシー(井上)が防波堤になってくれていたんですよ。僕らは出自が全く違うイメージが最初からあって、だから「同じことはやらなくていいんだ」と思っていた。初舞台の僕はヨッシーと同じこともできなかったしね。

**井上** アッキーは最初から役にはまっていたんだよ。小池さんも、アッ

中川　僕も、自分のスタイルで表現することが自分に課せられていることだとキャッチしていた。一方でヨッシーには、ミュージカル界全体が「井上芳雄という人をスターに持っていくんだ」という空気感があって、スタッフさんの熱量も高かった。僕、ブーツの履き方なんて言われた覚えないもん（笑）。「デニムを履いて稽古しなさい」って言われたくらいで。

井上　いや、僕の技量が足りていなかっただけだと思う。ヴォルフガングって、演技力歌唱力含めとてもハードルの高い役。今思うと、一生懸命やってはいたけど、初演の頃は力不足だったと思います。当時は荷が重くて、再演をと言われたら断ろうと思ってたくらい。

中川　断らないでくれてよかった（笑）！　いっくん（山崎）は僕と入れ替わりで2010年からの出演だね。

山崎　はい。僕は学生時代に芳雄さんのもアッキーのも観ていて、絶対にこの役をやりたいと思ったし、ピアノ楽譜を買って毎日のように歌っていました。でもオーディションを経ていざ出演が決まったら、喜びよりプレッシャーが上回った。大好きだった分、ファンの気持ちも分かるんです。天才アッキーの代わりができるはずない、僕じゃダメでしょ！って。

中川　いやいや……。

山崎　しかも僕が初参加した年は再演メンバーばかりで"思い出し稽古"で進んでいくんです。まだ出来ていないのにどんどん進んでいく……!と焦るばかり。ダメ出しではコテンパンに言われるし。気付いたら稽古場では子役ちゃんとばかりいました（苦笑）。みんなの顔を見られないんです。

井上　そんなふうには見えなかったよ。

山崎　でもそうやって追い込まれていく感じが、どんどん孤独になっていくヴォルフガングと重なっていくようなところもありました。初日のこともよく覚えています。客席はみんな敵で、腕を組んで僕を見定めていると思い震えながらスタートした。そういう時に優しいのはやっぱり大先輩方。祐さんは「いいよ～」「素敵だよ」とずっと話しかけて緊張をほぐしてくださったし、かなめさん（涼風真世）も「あなたなら大丈夫よ」と安心させてくださったんです。でも初日、1幕終盤で高いところから飛び降りるシーンで、マイクの送信機が肋骨に入ってしまって。バキっという音が聞こえると同時に大きな痛みが走りました。

井上　初日にあばらを折っちゃったんだよね。

山崎　アドレナリンがでているし、1幕はなんとかやり遂げたのですが休憩に入った瞬間に激痛です。でも2幕も誰にも言わずにそのままやって。カーテンコールでは「終わったー！」という安堵で泣いた（笑）。そうしたら、客席の皆さんも泣いてるんですよ！　その時、敵だと思っていた客席は実は僕の新しい一歩を緊張しながら見守ってくれていたんだと分かりました。結局、肋骨は全治3カ月だったのですが、痛み止めを出してもらって千穐楽までやり抜きました。痛かったのは確かですが、何かを抱えながら戦うということで、逆に集中できた気がします。

古川　僕は2018年に初参加していますが、僕の時こそ、4人目のヴォルフガングが僕で世間は「大丈夫かな?」となったと思います。僕も初日は客席全員が敵だと思っていた。初演は「やりきった」と思えた日は1日もありませんでした。でもだからこそもう一度挑戦したい、リベンジしたいと思い、今まで続けているところがあります。

京本　僕は3回目の雄大君に何から何まで助けていただき、稽古場から"チート"状態でした。ただ僕も「アイドルが5人目のヴォルフガングなんだ」と思われているだろうなというのは感じていました。でも今年で30歳になるので、自分の苦手なところや足りてない部分が冷静に見えているんです。だからそこは開き直って、パッションだけは誰よりも持って挑もうと思って舞台に立っている最中です（笑）。もちろん毎日「明日はこの声出るかな」という自分との戦いでヘトヘトではありますが。

井上　ヴォルフガングの人生は激しすぎるんだよね……。

京本　初日はほとんど記憶がなく、気付いたら2幕のラストでした。でもまた初日に、雄大君がサプライズで来てくださって、袖から見守ってくださったんですよ！　舞台に立つのは1人ですが、1人じゃないんだな

と感じています。

## 5人だから分かり合える ヴォルフガング役の醍醐味と苦労

**京本** やっぱり1人で歌う大ナンバーが多いというのは、大変ですがやりがいがある。この役の醍醐味だな、と思いながら日々舞台に立っています。

**古川** 歌いたい曲がたくさんあるよね。僕はヴォルフガング役への憧れは〈影を逃れて〉を歌いたい、というところから始まったんです。1人カラオケでこの曲だけを歌う時間を作るくらい好き(笑)。だからこの曲を歌えるというのは大きい。また、共感するところが多いんですよね。天才を描いているけど、天才はアマデでヴォルフガングはただの人間だから。

**山崎** 『モーツァルト！』って、一歩踏み出したらあとは作品と役がラストまで導いてくれる感覚がない？ 何も考えなくてもヴォルフガングとして生きられる。その分、終わった時の達成感は格別なものがあります。あとは客席からずっと見てきたあの赤いコートを着た時の何とも言えない高揚感、これは醍醐味です。

**中川** (ミヒャエル・)クンツェさんの哲学的でもある物語に、(シルヴェスター・)リーヴァイさんの心のひだに入ってくるような旋律、小池先生の脚色と言葉のセンス、全てがピタッとはまった奇跡。作者たちが情熱を注ぎ込んで今の時代に蘇らせた天才モーツァルトを体現させてもらえることは、役者としては醍醐味でしかないと僕は思うな。ヨッシーはどう？

**井上** ヴォルフガングは全てを出し尽くし「もう自分からは何も出てこない」というところまで行かないと終われない役。自分の持つエネルギー全てを使っている、というのは他の役では得られない体験だと思う。思い返せば毎日、どうやってそこまで行き着こうかと挑んでいた気がします。

**古川** 逆に、どの歌が一番大変でしたか？ せっかくなのでこれ、ぜひ皆さんにお聞きしたかったんです！

**井上** 僕は〈残酷な人生〉の最後、「♪ただ一人」のところ！ 高い上に、イで伸ばすのが苦手なんだよ。

**山崎** 分かります、締まる母音で高音のロングトーンって、大変ですよね。

井上　「♪ただ一人"さ"」とかに変えてほしいと100回くらいお願いしたんだけどね……（笑）。
中川　僕も同じ曲なのですが〈残酷な人生〉ってその直前のリサイタルのシーンからほぼ一人芝居で、全部自分の中で感情を生み出し、自分のテンションが音楽を鳴らすところまで持っていかなきゃいけない。それが大変だった！
山崎　僕は若い頃は低音が苦手だったので、〈影を逃れて〉の歌い出しはいつもドキドキしていました。その直前の「♪自由だー！」がかなり高音で、喉のポジションが上に上がる。直後に「♪誰にも頼らない……」と2オクターブ一気に下がるから。雄大はどう？
古川　僕は〈星から降る金〉の後、「♪時が来たら」と歌い出すところ。それまで黙っていたのに急に最高音かのような音から始まるので、苦手です。
井上　「♪ハプスブルクの崩壊」（『エリザベート』の〈独立運動〉）に通じるよね。急にこんな高いの!?という。
古川　そうです（笑）。
京本　僕はどの曲にも課題があるのですが、あえて言えば〈影を逃れて〉かな。歴代の皆さんそれぞれの熱量やフェイクラインの上手さに胸を打たれてきたからこそ、リスペクトも込めて、僕も1幕の締め方を大事にしたいなと思っていて。どんな大変な日もフェイクから逃げないというのを自分に課しているんです（笑）。身体も喉も大変なのですが、頑張ってます。
井上　それにしても、クンツェさんとリーヴァイさんのコンビはやっぱり唯一無二だと感じるよね。言葉にするのは難しいんだけど、リーヴァイさんの音楽は実際に見えているものとは違う世界を呼び込む音楽だなと感じます。クンツェさんの脚本は哲学的で、『モーツァルト！』にはアマデ、『エリザベート』にはトート、『ベートーヴェン』にもゴーストという目に見えないものが登場する。それを説得力を持たせながら具現化しているのがリーヴァイさんの音楽なんですよね。
山崎　『レディ・ベス』の時だったかな。クンツェさんが「女性は思考が深いから主人公にすると物語を複雑にできる、男性は単純だから主役にするのは難しい」と話してくださったことが印象に残っています。確かに『エリザベート』や『レディ・ベス』は心理戦みたいなところもありますよね。ヴォルフガングは演じるのは難しいけれど彼の生き方は真っ直ぐで、そういう面でのストレスはないなと納得しました。リーヴァイさんとは何度もお会いしていますが、日本で食べる中華、日本で食べるイタリアン、日本で食べるフレンチが一番だと熱弁していて。僕、日本人で良かった！って思いました（笑）。
中川　（笑）。僕はシェーンブルン宮殿のリーヴァイさんのお宅で、リーヴァイさんの演奏で歌ったことがあるんだけど、ご本人のピアノで歌うと「この曲って、こういう曲なんだ!?」と初めて分かることがあるんです。
井上　いつも歌っている感覚と全然違うんだよね。
中川　そうなの。〈僕こそ音楽（ミュージック）〉の前奏部分なんて、音符にするとリズムになっちゃうんだけど、リーヴァイさんが弾くと「今この瞬間！この人の中から出てきている音！」になる。いい意味で粗く、語るようなのですが、それがとっても歌いやすくて。あの時、僕はモーツァルトの気持ちになりました……。

## 『モーツァルト！』が
## この先も愛されていくように

井上　『モーツァルト！』って、『エリザベート』が大ヒットしてそれに続く同じ作家たちの作品だと期待されてスタートしたけど、実は作品自体はチャレンジングなものだった。モーツァルトがジーンズを履いているって、今はそういうものだとみんな納得しているけれど、最初はびっくりされたしね。初演時には稽古場でも「これ、受け入れられるのかな」と話していた記憶がある。
中川　そもそも、今や帝劇を代表する作品になっているけど、最初は日生劇場とシアター・ドラマシティからスタートした作品だもんね。
古川・京本　えっ、そうだったんですね。
井上　そうそう。モーツァルトの生涯を辿りながら、最終的には「自分の運命に抗えるか」というテーマを描いていて、そこがお客様に刺さったんだなというのはやってみて分かったことです。その作品を、こうやって繋げていってくれているのが、本当に嬉しい。
山崎　この帝国劇場という劇場の真ん中に立った人にしか分からない苦しみと重圧は間違いなくあって、僕自身、主演じゃない立場で出演するのとタイトルロールとして立つのでは精神的にも全く違いました。だから今、作品を背負っている雄大と大我が本当に命がけで役と向き合っているのが分かるし、2人を抱きしめたい気持ちでいっぱいです。
井上　うん。この先もたくさんの人に『モーツァルト！』が愛され続けることを願います。

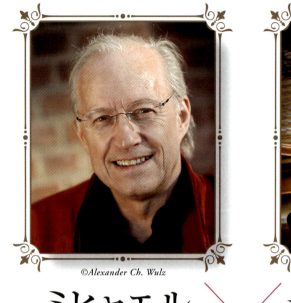
©Alexander Ch. Wulz

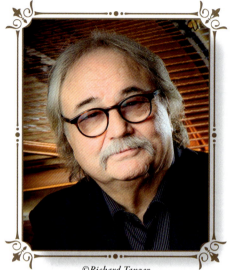
©Richard Tanzer

# ミヒャエル・クンツェ × シルヴェスター・リーヴァイ
## *Michael Kunze* × *Sylvester Levay*

『エリザベート』『モーツァルト！』をはじめ数多のヒット作を
世に送り出してきたミヒャエル・クンツェ（脚本・歌詞）×シルヴェスター・リーヴァイ（音楽・編曲）。
東宝とのタッグで『マリー・アントワネット』『レディ・ベス』を世界初演するなど、
日本のミュージカルファンにとっても馴染み深い。
そんな彼らが日本との絆、そして帝劇への思いについて、熱く語ってくれた。

—— 帝国劇場は、日本で最も多くお２人の作品が上演された劇場です。まずはこの場所の印象から伺えますか。

**リーヴァイ** 『エリザベート』は1996年に宝塚歌劇団で日本初演され、その素晴らしい結果を受けて、2000年に初めて東宝で上演されました。その頃には、日本語は私たちにとってもはや遠い言語ではなくなっていた —— 言語に対する異質感がなくなっていた —— ので、より演出や俳優、そして劇場に集中して作品を見ることができたのです。あの時の素晴らしい上演と共に、帝劇は深く心に記憶されるようになりました。緑豊かな皇居の近くにあるというロケーションも素敵ですし、作品が上演されるたびにとても幸せな気持ちになる劇場ですね。

**クンツェ** 2000年に『エリザベート』が上演されるまで、ここがどんな場所か、私たちの中にイメージはありませんでした。ですが実際に立ってみたら本当に素晴らしい劇場でした。『エリザベート』が世界初演されたのはアン・デア・ウィーン劇場 —— モーツァルトの台本作家であったエマヌエル・シカネーダーが1801年に設立した劇場ですから、同じように歴史的な劇場である帝劇でこの作品が上演された事実に、私はとても感銘を受けたのです。今や帝劇は、私たちの『エリザベート』が上演された世界で最も美しい劇場の１つとして記憶されています。

### 『エリザベート』の輝かしい成功

—— オーストリア皇妃エリザベートの人生を"死（トート）"との関係を絡めて描いた『エリザベート』。今や世界10カ国以上で上演される大ヒット作ですが、ウィーン以外で上演されたのは日本が最初でした。

**クンツェ** 日本での上演は、この作品が違う文化・言葉で上演されても、オリジナルと同じ効果をもたらすことができるということを証明してくれました。それは小池修一郎さんが、日本の観客のメンタリティーに寄り添った演出をしてくれたからに他なりません。ブロードウェイなどでありがちな（演出・美術・衣裳など、全てオリジナルのまま上演する）レプリカのプロダクションと比べて、大きなメリットのある演出スタイルだと私は感じています。

リーヴァイ　日本語に翻訳するにあたり、起きていることを丁寧に描写するため、オリジナルにはない言葉を少し足す必要があるという話になったんです。どんな言葉を足すか、小池さんとミヒャエルで綿密に打ち合わせし、その上で、増えた分に合わせて私が音楽をアレンジしました。さらにそれを甲斐正人さんが素晴らしく編曲してくださったので、音楽面においてもオリジナルと比較してなんら遜色のない形に仕上がったと思っています。この協力関係が上手くいったことが本当に素晴らしいですし、年を重ねるにつれ、さらに上手くいくようになっています。

クンツェ　宝塚でトートを、東宝でエリザベートを演じた一路真輝さんは、いわばこの作品が日本で上演されるきっかけとなった象徴的存在。彼女の推進力にはシルヴェスター共々、大変感謝しています。演じ手としても本当に素晴らしく、2つの役を見事に演じてくださいました。

*Elisabeth*

『エリザベート』(2004)　一路真輝(右)、山口祐一郎(左)

リーヴァイ　一路さんと初めて会った時のことははっきりと覚えています。1995年の夏頃、ウィーン在住の小熊節子さんのお招きによって、ホテル・ザッハーで素敵な夕食をご一緒しました。その後何十年にもわたり東宝と宝塚と親密な関係を築くことができ、その仲介役を果たしてくださった小熊さんには心から感謝しています。それにしてもアルトの声域であんなに素晴らしくトートを演じた方が、ソプラノの声域のエリザベートもあれほど素晴らしく演じるなんて！エリザベートを全公演1人で演じると聞いた時も本当に驚きましたが、彼女は見事にやってのけましたね。

クンツェ　宝塚の初演でエリザベートを演じられた花總まりさんも、その後、東宝版の同役をはじめ、我々の作品にたくさん出てくれていますが、こうした素晴らしい俳優を得られたことは、作品にとってとても幸運でした。

リーヴァイ　本当にそうですね。私は花ちゃんとお呼びしているのですが(笑)、時を経るにつれて歌唱面でも演技面でもどんどん成長していった方で、その成長は目を見張るものがあります。舞台上で自らを律することができる、素晴らしい俳優です。

──2002年には『モーツァルト！』が日本初演。天才作曲家ヴォルフガング・モーツァルトの人間としての苦悩を、才能の化身である"アマデ"との対比で描いた意欲作です。

クンツェ　日本での初演はとてもエモーショナルなものでした。天性の才能を授かりつつも、それを負担にも思ってしまう人物の絶望、悲劇的な英雄譚……そういった作品の核を、実に素晴らしい形で演出してくださったからだと思います。ヴォルフガングは

*Elisabeth*

『エリザベート』(2015)　花總まり

『モーツァルト！』(2014) 井上芳雄(左)

『モーツァルト！』(2005) 中川晃教(右)

自らの芸術を守るために、外部のあらゆる力に抵抗し続ける。そうした役の魂を、井上芳雄さん、中川晃教さんはどちらも見事な形で体現してくださいました。

**リーヴァイ**　『エリザベート』同様、小池さんはこの作品の持っている深い部分を完全に理解し、それをヴォルフガング役のお２人に見事に植えつけてくださいました。若い２人の俳優さんが、演技というよりも、その役を生き抜いてくださった。表面的な感情だけでなく、その奥の一番深いところまで体現してくださった。だからこそ、あれほど素晴らしい上演になったのだと思います。これは決して他の国でもよくあることではありません。この上演によって、私たちの作品のクオリティーがさらにまた１段階上がったと私は感じています。

── ちょうど先日『モーツァルト！』キャストの座談会取材があり、中川さんはご自宅に伺ってリーヴァイさんの伴奏で歌われた時、リーヴァイさんご自身から音楽が生まれ出る瞬間を体感できて、とても素晴らしかったと仰っていました。

**リーヴァイ**　（日本語で）どうもどうもありがとう（笑）。

── また井上さんは、クンツェさんの本は哲学的で、見えないものを表現されている、その見えないものを見事に具現化されているのがリーヴァイさんで、まさにゴールデンコンビと話されていました。

**クンツェ**　この言葉に対してぜひ私からお答えしたいのですが、日本の俳優の皆さんは演じる人物の歴史的な背景を、非常に熱心に勉強されています。これは他の国ではあまりないことです。自ら学ぶというのは時間もかかりますし、簡単なことではないですからね。でもその土台があるからこそ、日本では役についてお話しする時も「あの本に書いてありましたよね」というやりとりができますし、皆さん、本当の意味で役に入り込むことができるのだと思います。この知ろうとする意欲は本当に素晴らしいクオリティーです。そんな賛辞を皆さんにお返ししたいです。

**リーヴァイ**　これは個人的な感想ですが、日本の俳優の皆さんは血の中に"演じる"ということを元々持ってらっしゃるのだと思うんです。日本には様々な芸能の伝統がありますからね。だから演じることへの不安がなく、真に役に入り込むことができる。しかもこれがプリンシパルだけでなく、アンサンブルを含めた全員に共通しているというのが本当に素晴らしい。だからこそ、あの素晴らしい舞台上の一体感が生まれるのだと思います。作曲家として安心して全てを託すことができる方々です。

## そしてオリジナルミュージカル創作へ

── そうした信頼関係の一つの結実として、お二方と東宝のタッグによる新作『マリー・アントワネット』が2006年に帝劇で世界初演。同作はその後、ドイツ、韓国、ハンガリーでも上演される発展を見せました。

**クンツェ**　この頃、私たちは東宝の製作に全面的な信頼を寄せるようになっていましたので、その東宝の希望にお応えするという形で、この作品はスタートしました。そもそも私は大分前から、

ヨーロッパ史の中で最も魅力的で最も悲劇的な人物であるマリー・アントワネットのことをぜひ取り上げたいと思っていたのですが、東宝からはただ彼女を取り上げるだけでなく、日本の遠藤周作さんの小説（「王妃マリー・アントワネット」）をベースにするという具体的な希望があったんですね。マリー・アントワネットと対比する形で、貧しい女性のマルグリットが登場し、いつしか2人の人生が交差するような形になる。このコンセプトを聞いた途端、私はたちまち魅了されました。

**リーヴァイ**　このアイディアをミヒャエルが気に入ってくれて、私はとても嬉しく思いました。マルグリットの存在は、作曲面においても、イメージの幅を広げてくれる非常に魅力的な存在でしたから。そしてミヒャエルは素晴らしい脚本を書いてくれました。当時のフランスの社交界の場面などの描写も素晴らしいのですが、特にラストが秀逸です。断頭台に散るという、マリー・アントワネットにとっては悲劇的な最後ですが、それをもっと大きな捉え方をしたことによって、歴史的にはある意味ハッピーエンドとも言えるような終幕にした。この点が、ミヒャエルの類いまれなるところだと思います。

**クンツェ**　初演当時、私は自分の台本を最終形だとは思わず、その後改訂し、磨きをかけていきました。でもそれは、作品の本質的な部分、すなわち"強い感情"を見事に捉えた、初演の栗山民也さんの演出があってこそです。彼の演出がお客さんの心を捉えたからこそ、そしてお客さんがこの作品を支持してくださったからこそ、その後の発展が成し遂げられたのだと私は思っています。既に完成された作品を日本人に沿うべく演出するのではなく、1から全く新しい作品に取り組まなければならなかった栗山さんは本当に大変だったと思いますが、実に素晴らしい形に仕上げてくださいました。彼はオペラの演出経験もお持ちだったので、この大作にはぴったりの演出家でしたね。

**リーヴァイ**　日本での世界初演の後、2009年にドイツのブレーメンで改訂上演しました。それによって、作品の可能性が広がり、さらに良くなっていったと思います。あらゆる方々が作品の発展に貢献してくださった結果ですね。

**クンツェ**　初演でマリーを演じたのは涼風真世さんですが、彼女も安心して委ねることのできる俳優さんですね。常に全力投球で役に臨み、お客様の気持ちを掴むことができる。日本に留まらない素晴らしさを持った方だと思います。

**リーヴァイ**　ええ。非常に高い音域であっても、私がフルボイス

*Marie Antoinette*

『マリー・アントワネット』（2006）　涼風真世（左）、山口祐一郎（右）

で歌ってほしいと思ったならば必ず成し遂げ、しかもそれをずっとキープし続けてくださる。年月が経っても作品が変わっても変わらず私たちの作品に参加してくださっていることが本当に嬉しく、かけがえのない存在です。

── 2008年に日本初演されたのは『レベッカ』。上流社会の紳士に嫁いだ娘が大邸宅に潜む謎に迫る、サスペンス調の作品です。本作はシアタークリエを経て、2010年に帝劇で上演されました。

『レベッカ』(2010) 山口祐一郎(右)、大塚千弘(左)

**クンツェ** 『レベッカ』は日本とは切っても切れない縁のある、重要な作品です。この作品はイギリスの女流作家ダフネ・デュ・モーリアの小説を原作としているのですが、元々ドイツで上演が予定されていたものの、準備に時間がかかってなかなか実現できなかった。そうこうしているうちに、原作の使用権の期限が迫ってきてしまって……そこで手を差し伸べてくれたのが東宝だったのです。おかげで原作の権利を維持したまま、上演にこぎつけることができました。あの時東宝が助けてくださったことを、私たちは決して忘れません。東宝との絆がさらに深まった、記念すべき作品です。

**リーヴァイ** この恩に報いるためにも、私たちは全身全霊でこの作品に向き合いました。シアタークリエは規模が小さめの劇場だったので、オーケストラ編成を28人から10人に縮小しなくてはならなかった。これは作曲家としては大きなチャレンジでしたが、この経験があったからこそ学べたことがたくさんありました。結果として何度も再演される素晴らしい作品となりましたが、これも皆さんが力を尽くしてくれたおかげです。

**クンツェ** 山田和也さんの演出はとても緻密でしたね。この壮大なラブストーリーを大きな美術を使うことなく表現し、核のメッセージを決して損なうことなく表出してくれました。そして、忘れてはならないのが、主演の山口祐一郎さん。彼は、私たちが作家・作曲家として成長していく過程において、非常に重要な役割を担ってくださっている方です。私たちがキャスティングの希望を出す際に、「とにかく山口さんをお願い」と、トップに挙げる存在です。

**リーヴァイ** 本当に、山口さんはセンセーショナルな存在ですね。花總さん同様、舞台上で自分を律することに非常に長けていらっしゃる。また、彼独特の技というか、舞台上で必ず、どこか一瞬でも、人々を明るい気持ちにさせてくれるんですよね。ほんの数秒間だとしても、思わずにっこりしてしまうような瞬間を作ることができる。これはもう、天性の才能だと思います。私たちの作品には本当にたくさん出てくださっていますけど、とりわけ『モーツァルト!』のコロレド大司教役が素晴らしい。同じく(モーツァルトの父である)レオポルト役の市村正親さんも、実に得難い存在だと思っています。

── 2014年には、東宝とのタッグによる新作2作目『レディ・ベス』を世界初演。小池修一郎さんとの共同作業で、イングランド女王エリザベス1世の青春時代をみずみずしく描き出しました。

**クンツェ** 『レディ・ベス』は、英国を代表する偉大な女王の若い頃を描いた作品です。若い彼女が"責任を引き受ける"ということを学ぶ過程で、あらゆる抵抗をはねのけ、自分の意思を貫いていく。その貫く力を身につけていく姿を描いたものです。この青春時代があったからこそ、彼女は非常に聡明かつ寛容な統治者になりえたわけですね。これは、創作において意見の違いが生じなかった、製作に関わった関係者全員が同じものを目指すことができた作品でした。作品というものは作家にとって子供も同様ですが、この子は他の子とはちょっと違った成長の道を辿っていて、まだまだ成長していく子だと私は思っています。

**リーヴァイ** 私も『レディ・ベス』は大好きな作品ですが、ミヒャエルが言うように発展途上にある作品だと思っています。2022年にスイスでドイツ語での上演があったのですが、東京で『ベートーヴェン』を手掛けたギル・メーメルトが素晴らしい演出を施してくれて。ちょうど現地のオペラ劇場がリノベーション中だったので、ちょっと規模の小さいザンクト・ガレン劇場での上演だったんですが、大成功を収めました。本作が国際的にも通用するということの証ですが、この成功もまた、出発点となる東京での世界初演が素晴らしかったからこそ。成功を収めた大きな要因の1つは、若きレディ・ベス役を演じ、歌った平野綾さんです。舞台上での彼女の存在感、そしてこの劇的かつ感情豊かな役を演じ歌うパフォーマンスは、まさに圧巻でした!

『レディ・ベス』(2014) 平野綾

## さらなる高みを目指して

── お2人の最新作は、今リーヴァイさんからもお話が出た『ベートーヴェン』。楽聖ベートーヴェンと、"不滅の恋人"トニとの愛を、ベートーヴェン自身の楽曲を織り交ぜて描いた作品で、日本でも2023年に日生劇場で初演されました。本作に込めた思いもぜひ伺えますか。

**クンツェ** この作品には、ベートーヴェンという人物が丸ごと込められています。物語で描かれるのは主に彼の恋愛面ですが、音楽面ではベートーヴェン自身の音楽を、シルヴェスターが見事な形でミュージカルナンバーに織り込み、全く新しい作品に仕上げてくれました。モダンなミュージカルですが、クラシックな要素が必要な形で織り込まれている、すなわち作品の核となる部分は本物のベートヴェンの作品からできているという点で、非常に創造性に満ちた作品です。これが他のあらゆるミュージカルと異なる特別な点だと自負していますが、その素晴らしさはもちろん、音楽、脚本のみならず、演出が優れていないとお客様に届きません。2023年に韓国で初演され、2シーズン上演された後に日本で上演されたわけですけど、日本での素晴らしい上演によって、未来が開かれたと感じています。大きなポテンシャルを秘めた作品なので、ぜひ日本でもロングランされ、多くの人に知られるようになってほしいです。

**リーヴァイ** 私はこの作品において、ミュージカルを好きなお客様、クラシックを好きなお客様、どちらにも楽しんでいただきたい、両者を近づけたいという思いで作曲しました。ベートーヴェン役の芳雄さんもトニ役の花總さんも素晴らしく演じてくださいましたし、私もミヒャエル同様、ぜひ日本でたくさんの方に届いてほしいと願っています。

**クンツェ** 振り返ればたくさんの作品が日本で上演されてきましたが、これら私たちの作品群は、もはや外国の作品としてではなく、日本の作品としてお客様に受け入れられていると私は感じています。それは的確な演出はもとより、素晴らしい俳優さんたちが作品の核を体現してくださっているからに他なりません。

**リーヴァイ** （頷く）

**クンツェ** 日本の俳優さんって、我々の文化圏とは表現の仕方が少し違うんです。例えば、仕草をたくさん使われたり、声のトーンや色彩を使い分けたりする。それはやはり、日本には日本の演劇の伝統があるからだと思います。そういった日本ならではの表現を生かしてくれる演出があって、俳優さんたちは役を体現する。しかも帝劇という、作品にピッタリの場所で……。ですから、プロットや楽曲は輸入したものであっても、もはや日本文化に組み込まれたものとして、我々の作品は日本の皆さんに受容されている、そう私には感じられます。それはやはり素晴らしい演出と、素晴らしい俳優さんたちのおかげです。

── 嬉しいお言葉をありがとうございます。では最後に、2025年で最後を迎える、現・帝劇への思いをお聞かせいただけますか。

**クンツェ** 私は、帝国劇場の舞台上に立つといつも、「ああ、私はここの一員だな、ここはホームだな」という気持ちになります。また、作品があるべき姿で上演されているという気持ちにもなります。これは非常に主観的な思いで、決して他の劇場、とりわけウィーンの劇場がそうではないと言っているわけではありませんが(笑)、とても居心地が良いんですね。日本語の"水を得た魚"に似た言葉で、"水の中にいる魚"というような表現がドイツ語にもあるんですけど、本当にそういう気分、自分のいるべき水の中にいる魚の気持ちにさせてくれる劇場です。

**リーヴァイ** 私にとってもやはりホームという思いがあります。たくさんの作品で帝劇の舞台上に登場しましたし、リハーサル段階から多くの時間をここで過ごしました。そもそも公演中は帝国ホテルから帝国劇場に行き、舞台がはねた後は近くで美味しいお食事を頂いて……と、あの辺りで日々過ごしているので(笑)、それもあってホームだと感じるのでしょう。だからこそ、思い出の詰まったあの場所とお別れしなくてはいけないのは残念ですし悲しいです。"あの帝国劇場"に取って代わるものは決してないですから。ですがもちろん、何年後かにできる新しい劇場が、同じく素晴らしいものになるということも確信しています。

# DREAM BOYS

## 渡辺翔太 × 森本慎太郎
### SHOTA WATANABE × SHINTARO MORIMOTO × JUN SHIBUKI × RAN OHTORI
## 紫吹 淳 × 鳳 蘭

現・帝劇を彩った人気作品の1つ『DREAM BOYS』。
2004年1月に滝沢秀明主演のMagical Musical『DREAM BOY』として初演され、
2006年から『DREAM BOYS』とタイトルを変えて亀梨和也主演で上演。
その後も玉森裕太、中山優馬、岸優太、菊池風磨と多彩なメンバーが
主演を受け継いで上演を重ねてきた。
エンターテインメント界とボクシングの世界を舞台に、若者たちの夢と友情、
親子の絆をダイナミックなダンスやフライングなども盛り込みながら
熱く描き出していくこの『DREAM BOYS』、2020年からは堂本光一が演出を担い、
より完成度を高めた傑作舞台として観客を魅了し続けている。
現・帝劇最後の『DREAM BOYS』は、好評を博した2023年に引き続き、
主演をSnow Manの渡辺翔太、チャンプ役をSixTONESの森本慎太郎が務め、
2008年から出演のエマ役の鳳蘭と2014年から出演のマリア役の紫吹淳、
この2人の元宝塚トップスターが華やかな輝きを加える。

## 現・帝劇最後の『DREAM BOYS』

**渡辺** 現・帝劇では最後となる『DREAM BOYS』に僕たちを選んでいただけたことを本当に光栄に思っています。

**森本** 僕も、光栄に思っています。

**渡辺** 帝国劇場が一旦クローズする最後の『DREAM BOYS』は、一番縁のある方がやるんじゃないかと勝手な考察をして、やっぱり亀梨（和也）君のイメージが強いな、玉森（裕太）君のイメージもあるなとか、いろんな先輩が浮かび上がってきたんです。

**森本** 僕たちの前は、菊池風磨と（SixTONESの）メンバーの田中樹とか、近い年代の仲間もやっていましたしね。

**渡辺** ちょっと友情が垣間見える、リアルな『DREAM BOYS』っぽいエピソードです（笑）。

**森本** それと、（SixTONESの）メンバーが「翔太と慎太郎の『DREAM BOYS』をもう一回見たい」と言ってくれたこと。翔太とメンバーに背中を押されました。

**渡辺** 鳳さんは2008年公演から、紫吹さんは2014年公演からご出演いただいていて、お2人の華やかさと温かい存在感が『DREAM BOYS』を大きく支えてくださっています。

**鳳** 初めて出演させていただいた2008年は、亀梨君が主演だったのよね。空中ブランコや綱渡りまでやって、すごい身体能力だと思ったのを覚えています。

©2024 STARTO ENTERTAINMENT

**渡辺** でもそんな長い歴史の中でも自分にもし声が掛かったらやりたいなという強い意志もありましたので、本当にありがたい機会を頂いたなと思っています。昨年は自分がやっていいのか不安もあったのですが、やり終えた後は達成感があり、またやりたいという気持ちに変わりました。今回、お話が来た時は迷わずぜひにと即答しました。

**森本** 僕は最初、今回のオファーをお断りしたんです。自分の技量で最後の帝国劇場に立つことに疑問を持ったので。でも結果として出演を決めたのは、翔太が「慎太郎とやってすごく楽しかったし、慎太郎とだからまたやりたい」と言ってくれて。

**渡辺** 電話でめちゃくちゃ口説きました！「お前じゃなきゃできない！頼む！」って。

**渡辺・森本** （笑）。

**渡辺** その年の公演、実は、僕も慎太郎も出てたんです。

**鳳** そうだったの？

**渡辺** 僕は2006年公演が初出演でした。

**森本** 僕は2007年です。

**鳳** そんな前から出ていたのね。

**渡辺** そうなんです。慎太郎も同じ気持ちだと思うんですけど、その頃は、メインの先輩たちの後ろにサポート側としていたので、まさか、鳳さんと密なお芝居をさせていただける日がくるなんて。幸せです。

**森本** ほんとにそうだよね。

**鳳** ステージで夢中で踊っていた少年たちが、やがて主役を射止める。20年続く『DREAM BOYS』の醍醐味よね。

**渡辺** 紫吹さんが出演された2014年は主演が玉森君でしたよね。

紫吹　そうでした。今回で10回目の『DREAM BOYS』になるのですが、音楽や映画のプロデューサーのマリア役で若者たちとの共演の中、いつもすごくパワーをもらっています。
渡辺　ジュニアの時、よく、高級な食べ物とかを紫吹さんにおねだりしてましたよね。
紫吹　ケーキのチラシを見て、みんなが「食べたい」と言ったら、鳳さんが「この人に買ってもらいなさい」って（笑）。
森本　それでケーキ、買ってきたんですか？
紫吹　買ってきました、大きいホールケーキを。それも懐かしい思い出ですね。
渡辺　ありがとうございました、本当に。
紫吹　この『DREAM BOYS』は、宝塚の大先輩の鳳さんとも共演できて嬉しいですし、帝国劇場の大切な節目の公演にも出演させていただけて光栄です。
鳳　私も『DREAM BOYS』に出演できたこと、そしてこの帝劇最後の公演にも出演できることを本当に幸せに思っています。いろんな子たちを見てきましたけど、あなたたち2人は、渡辺君がおとなしくて森本君が太陽のように明るい。タイプが全然違うからこそ、とてもいいコンビだと思います。
渡辺・森本　ありがとうございます。
渡辺　慎太郎は、仰ったように太陽みたいに明るくて常に現場を盛り上げてくれるムードメーカーで頼りになるんです。休憩時間は、ジュニアたちも僕よりも慎太郎に群がりますし（笑）。
森本　僕は、その1日を完璧にするために台本を読み返したり努力を惜しまない翔太の舞台に対する真面目な姿勢が好きです。
紫吹　久しぶりに2人に会ったら大人になっていて驚きました。
鳳　私から見たら昨年は男の子だったけど、今は立派な青年ね。
渡辺・森本　嬉しいです。

## 学びが多い大先輩との共演

渡辺　鳳さんと紫吹さん、お2人が『DREAM BOYS』の舞台に立っていただけるだけで一気に煌びやかさが増して、そのキラキラ感はお2人にしか出せない魅力的なものだと思います。
森本　舞台にはこうやって立つんだなとお2人を見て思います。背筋がピンと伸びて堂々として。僕、基本猫背だから（笑）。
渡辺　舞台上に自然体で立つことはすごく難しいですし、すぐ動きたくなるのですが、昨年の稽古中、鳳さんが「あなたは堂々と立って、余計な動きはしない」と教えてくださった場面もありました。お2人から学ばせていただくことは本当に多くて、自分も舞台に登場するだけで絵になる男にならないといけないなという刺激も頂いています。
森本　立っているだけなのに細部まで神経が行き届いているお2人を見て、僕もそこを目指したいと思います。フィナーレの紫吹さんが、照明が当たった瞬間にスイッチが入ったかのように華やかになって舞台に出られるのもさすがです。
紫吹　ライトの力でしょうね。身についちゃってるんだと思う。
鳳　私たち、お客様の前に出たらそうなっちゃうのよね。
森本　舞台は、立っているだけでもずっとその人物でなくてはいけない。そこが自分には難しいのでリスペクトしています。
鳳　翔太君たちもちゃんとやっているから自信を持っていいですよ。小さい頃から舞台に出て知らず知らずに力が身について、難しいことを平気でやってのけるすごさを自分で分かってないの。
森本　ありがとうございます。

渡辺　そう言っていただけると自信になります。
鳳　そうじゃなかったら帝国劇場のこの空間を埋めることはできませんから。

## 堂本光一さんの演出を受けて

森本　僕たちが、SixTONES、Snow ManとしてCDデビューしたのが2020年で、その年の『DREAM BOYS』から堂本光一君が演出をするようになりました。
渡辺　光一君が演出するようになって、以前とはお話の流れやシーンの流れが変わり、違う作品を演じている感覚があります。
紫吹　ミュージカルとしてギュッと凝縮した印象がありますね。
森本　今回の稽古でも、役の思いがよりお客様に伝わるように、台詞の表現や動きについて、いろいろと教えていただきました。
渡辺　アドリブもね。「肩の力を抜いて」ってアドバイスをくださって毎日心掛けています。
紫吹　私は、光一さんが新たに加えられた悪夢のシーンの世界観に惹かれています。そこでは私、燕尾を着て出ているんですけど、「ここで燕尾はおかしくない？」と光一さんに伺ったら、「ショウタの悪夢の場面だから大丈夫です！」と仰っていました。
渡辺　そうだったんですね！
紫吹　悪夢の住人らしく演じさせていただきました（笑）。
全員　（笑）。
鳳　光一さんの演出で「ストーリーが分かりやすくなった」とみんなに言われます。演出家として視野が広く、舞台が本当にお好きなのが分かりますね。ただ、私と紫吹さんにはほとんど何も仰らないんですけどね。
紫吹　「これでいいのかな？」と少し不安もあります。
渡辺　圧倒的な信頼を置いているんだと思います。
森本　間違いありません。
渡辺　光一君は『Endless SHOCK』というオリジナルミュージカルを最高のものに創り上げ、帝劇の舞台機構も知り尽くしている方です。昨年演出を受けて、そのご自身が持っているもの全てを『DREAM BOYS』に注ぎ込んでくださっていて、本当に舞台が大好きな方なんだなという熱を感じました。光一君は演出家の顔もありながら、僕たちと喋る時は一先輩として話を聞いてくれて、すごく寄り添ってくれていると感じました。遠い先輩でしたが、人間味のある温かい方だなと印象が大きく変わりました。
紫吹　はたから見ていても温かい方だなって分かります。
森本　自分が経験してきたことを僕たち後輩にちゃんと教えてくれるんです。「背中を見ろよ」とかカッコ付けてる人っているじゃないですか（笑）。そうではなく、年齢も芸歴もずっと下の僕たちに向き合っていろいろ伝えてくれて、なんて素敵な人なんだと思いながら稽古していました。
渡辺　初日を迎える前に、僕たちのカラーの楽屋のれんをくださいました。毎日、ブルーののれんをくぐって舞台に向かっています。気持ちが引き締まります。
森本　僕はグリーンを頂きました。これからも大切に使わせていただきます。

## 『DREAM BOYS』の魅力

鳳　宝塚を退団した時に、もうレビューはできないなと思っていまし

065

た。それがこの『DREAM BOYS』に出会ったら、私の大好きな、ミュージカル・レビュー・歌・ダンス、エンターテインメントの全てが詰まっていたんです。それが『DREAM BOYS』の大きな魅力だと思います。

**紫吹** 若者たちのキラキラした一生懸命な姿にエネルギーをもらえるところと夢がたくさん詰まっているところが好きですね。

**渡辺** 友情や親子愛といった人間ドラマがリアルに描かれているところが僕は魅力だと思っています。だから感情移入もしやすいと思います。そして、お2人とのキラキラ度の分かち合い。

**全員** （笑）。

**森本** ストーリーもしっかりあるから没入できるし、エンターテインメントやミュージカルの良さもあって様々な要素を感じられるのが『DREAM BOYS』の魅力かなと感じています。

**鳳** そう、全てが詰まってる、こんな素敵な舞台はないですね。

## 帝国劇場の思い出と新帝劇への期待

**渡辺** 僕の帝国劇場初出演は中学生の頃、『DREAM BOYS』の舞台でした（2006年）。これが当たり前じゃないと気付いたのは大人になってからです。贅沢すぎる環境にいたんだなと、今、背筋が伸びます。

**森本** 僕も同じです。10歳の時は何も考えずに『DREAM BOYS』で初めて帝劇に出て（2007年）、昨年、「慎太郎、あの帝劇に出るんだって?」とみんなに言われ、改めてすごい所なんだと思いました。

**渡辺** 大人になって自分たちメインで『DREAM BOYS』をやらせていただくことは1ミリも想像していませんでした。エモーショナルなことでしたし、この仕事にロマンを感じた瞬間でした。

**森本** 僕が『DREAM BOYS』に初めて出た時のプロデューサーさんに、昨年、久しぶりにお会いした時、お互いに年を取ったんだなと思ってエモさを感じました（笑）。

**鳳** 私の帝劇初出演は『スウィーニー・トッド』というミュージカルです（1981年）。日本一の劇場に立てた喜びは大きかったのですが、とにかく（スティーヴン・）ソンドハイムさんの歌が難しかった。43年経った今でも歌えるくらい猛練習しました。あの歌、2人にも勉強させたいです! あの歌を歌えたらどんな歌が来ても怖くないから。

**渡辺** 『スウィーニー・トッド』って、最近は、市村正親さんと大竹しのぶさんがやられているんですよね。

**鳳** そう。復讐劇で暗いお話なのだけど、その難しい歌が明るいので明るく演じたんだけどね。

**渡辺** 鳳さんがそんなに難しいって、どんな歌なんだろう。

**森本** 想像つかないですね。

**鳳** ぜひ、みんなに挑戦してほしい。勉強になるから。

**紫吹** 私は、浜木綿子さん主演のお芝居『喝采 愛のボレロ』（2004年）です。楽屋の神棚にある帝劇を彩られた、浜さんをはじめとする名優の方たちのお名前の灯籠を見て「すごいところに立たせていただくんだな」と身が引き締まりました。宝塚を退団して初めての作品で、浜さんに手取り足取り教えていただいて感謝しています。『喝采』では燕尾を着て踊るシーンもあって宝塚以外で燕尾を着るのが新鮮でした。浜さんとは今も月に1回は連絡を取り合ってお食事したりしています。

**森本** 劇場で生まれた先輩と後輩の関係って素敵ですよね。

**渡辺** 鳳さんは他にどんな作品に出られているのですか?

**鳳** 麻実れいさんと共演した『シカゴ』（1985年）は楽しかったですね。『レ・ミゼラブル』日本初演（1987年）は稽古を入れたら1年弱、

帝劇に通った長い公演でした。
**森本** 1つの作品で1年はすごいですね。
**鳳** 同じ役を演じていて、季節の移り変わりを感じたのは初めてでしたね。『王様と私』(1989年)では(王様役の)松平健さんのお顔を見て「二枚目だなあ」と思ったら歌を忘れちゃったり(笑)、最近では『天使にラブ・ソングを～シスター・アクト～』の修道院長役。全ての作品に思い出がありますね。
**紫吹** 『風と共に去りぬ』(2011年)のメラニー役をやらせていただいたんですが、可憐で主張が少ないメラニーは自分のキャラではないので(笑)、悩み抜いたことが思い出深いですね。
**鳳** 確かにちょっと紫吹さんのキャラじゃないかな。
**全員** (笑)。

**紫吹** 本当に大変でした。『DREAM BOYS』の前に『新春 滝沢革命』(2012年)にも出演させていただきましたね。コロナ禍で劇場の灯を絶やしてはいけないと、朗読劇(プレミア音楽朗読劇『VOICARION IX 帝国声歌舞伎～信長の犬～』／2020年)で信長を演じ、帝劇で朗読劇という斬新な公演も経験しました。
**渡辺** お2人とも、ご出演の作品が幅広いですね。
**紫吹** 翔太君たちのこれからの道を先に歩んでいるだけです。
**鳳** 翔太君と慎太郎君にはこれからもたくさんの舞台をやってほしい。ドラマやバラエティーもいいけど、舞台ならではの素晴らしさって感じませんか?
**渡辺** 相手の出方で自分の動きや言い回しが日によって変わったりするのは舞台の醍醐味で、もちろん緊張もありますが、毎日同じものではないところが本当に魅力的で面白いです。
**森本** 映像とは何もかも違いますよね。台詞の発声も違いますし、特に『DREAM BOYS』は歌もあるので勉強の日々でした。
**鳳** その勉強の日々は確実に身になっています。
**紫吹** 大変だけど感動も大きいので、舞台は続けてほしいです。
**渡辺** 堂本光一君の『チャーリーとチョコレート工場』も観劇させていただきました。帝国劇場が公演ごとに全く違う世界観を受け容れて、帝劇であり続けるのもすごいなと思っています。
**鳳** 懐の深い劇場ですよ、帝国劇場は。お2人は、新帝劇でも様々な舞台で活躍してくださいね。
**渡辺・森本** 頑張ります!
**鳳** 私は、今の帝劇にたくさん出させてもらって幸せでした。俳優が一生に一度は出演したいと願うこの日本一の劇場には、新しくなっても感動や幸せを与え続けてほしいです。
**紫吹** 新しい帝国劇場の舞台に立って、その景色を見てみたいですし、客席から舞台も見てみたいです。神棚のあの灯籠は帝劇の象徴でもあると思うので残してもらえたらいいですね。
**森本** 新帝劇には、今の帝劇の良さをなくさないでほしいです。好きな場所はいくつもありますが、子供の頃、隠れてゲームをしていた9階稽古場の男子控室は特に思い出深いです(笑)。
**渡辺** 僕も今の帝劇が好きです。吹き抜けになっている楽屋とか残してほしいです。窓を開けると他の階の人たちとコミュニケーションが取れて、慎太郎ともよく喋ってます。
**森本** 新帝劇、どんな劇場になるんでしょうね。
**渡辺** 様々な経験を積みながら、楽しみに待っています!

PRODUCTION NOTES

# 舞台『千と千尋の神隠し』プロダクションノート

## ～帝国劇場で生まれた奇跡の舞台、ロンドンでの喝采まで～

八百万の神々の世界に迷い込んだ10歳の少女が、
いくつもの危機を乗り越えながら
生きる力を呼び覚ましていく、宮﨑駿監督不朽の
傑作アニメーション映画『千と千尋の神隠し』。
この作品を、人の手で忠実に、
かつ豊かに表現して絶賛を博し、
史上初の舞台化を叶えた、舞台『千と千尋の神隠し』は
どう生まれ、遂にはこの規模の公演としてかつてない
日英同時上演を成功させるまでに至ったのか。
まさに主人公千尋のように
幾多の困難と危機を乗り越え、新たな伝説となった
奇跡の舞台が辿った旅路、その軌跡を追う。

### 2017年11月
### キックオフ

2017年10月、東宝がスタジオジブリのプロデューサー鈴木敏夫氏に舞台化の企画書を提出。その直後の11月上旬、日本に滞在中だった翻案・演出のジョン・ケアード、共同翻案・演出補佐の今井麻緒子、プロデューサーの尾木晴佳を交えた打ち合わせの場が設定される。なんとその場には鈴木プロデューサーの計らいで宮﨑駿監督も同席。舞台化の要請に対して、宮﨑監督から「いいですよ、どうぞお好きにしてください。でもどうやってやるんですか？」という想定を超える回答と問い掛けを頂く。そこでジョンが「舞台に『油屋』を建てます。それが盆で回ります」と、既に彼の中には構想が出来ていることを端的に表したプレゼンテーションを展開。宮﨑監督と鈴木プロデューサーからカオナシの貯金箱がジョンにプレゼントされ、終始良好な雰囲気で全ては動き出した。

### 脚本化・海外スタッフミーティング・
### キャストオーディション

舞台化が正式に走り出すと、美術のジョン・バウサー、パペットデザイン・ディレクションのトビー・オリエらも合流。リモートを駆使しワンシーンごとをどのように具現化していくかの議論

が始まる。新型コロナウイルスによるパンデミックが世界を覆う中、キャストオーディションもほどなく開始。ここから数年かけてオールキャストが決まっていく。

### 2021年2月
### 舞台化発表

『千と千尋の神隠し』の舞台化が情報解禁。千尋役の橋本環奈と上白石萌音、翻案・演出のジョン・ケアードの情報も併せて解禁される。

### 2021年6月
### パペットワークショップ

初めてのワークショップがロンドンにて開催される。トビー・オリエが段ボールなどの素材で簡易的に作ったパペットを用いて、ファンタジーを具現化するためのトライ&エラーが繰り返された。坊ネズミやススワタリをはじめ、ハク竜、湯婆婆の顔などの大物パペットも出現。この時、結果的には完成形とほぼ変わらないイメージのものが出来上がっていた。一方で、オクサレさまや、カオナシが最も巨大化した時の表現をどうするか？については、開幕ギリギリまで議論を戦わせることに。現地のパペティア（パペットを専門に扱う俳優）がワークショップに多数参加。

### 2021年7月
### キャスト発表会見

プリンシパル・キャストの情報解禁。ハク役の醍醐虎汰朗と三浦宏規、カオナシ役の菅原小春と辻本知彦、リン／千尋の母役の咲妃みゆと妃海風、釜爺役の田口トモロヲと橋本さとし、湯婆婆／銭婆役の夏木マリと朴璐美の出演が発表される。湯婆婆／銭婆役に映画版に引き続き夏木マリが出演することは大きな話題に。夏木の参加したキャスト発表会見が三鷹の森ジブリ美術館で実施され、鈴木プロデューサーがサプライズで登場。

### 2021年9・10月
### 俳優&パペットワークショップ

ジョンと振付・ステージングの井出茂太による、アンサンブル・キャストとの俳優ワークショップが日本にて開催。生演奏で、との方針は企画段階から決まっていて、フルオーケストラで奏でられていた久石譲のオリジナルスコアを11人の帝劇バンド編成でどう演奏するのか？を解決すべく、音楽スーパーヴァイザー・オーケストレーション・編曲のブラッド・ハークも参加。音を加えた精力的な場面作りが進む。実際に出演する俳優たちとのワークショップは大変充実したもので、井手による作品のアイコニックなシーン——冒頭両親が豚になってしまい、町に亡霊のような影たちが現れるシーン、ドアを使ったシーン、雑巾がけのシーンなど、多くがこのワークショップで生まれていく。

実は10月のワークショップの後、本稽古開始まで少し間が空くためジョンが一度ロンドンへ帰国する案もあった。だが広がり続けるパンデミックを案じたプロデューサーと相談し、日本に留まることに。この時ジョンが帰国していたら、ロックダウンに阻まれ再来日は不可能だったはずで、舞台が開幕しない恐れさえあった大きな分水嶺だった。

### 2021年11月
### 製作発表

ジョン・ケアード、今井麻緒子、プリンシパル・キャストが集っての作品製作発表が行われる。冒頭、挨拶に立った鈴木プロデューサーが「『耳をすませば』という映画を作ったことがあるんですが、それを作る時にヒントにしたのが、イギリスの方が撮ったドキュメンタリーで、日本の中学生を追いかけていた作品でした。イギリスの人が作るとこんなに面白くなるんだと、宮﨑と２人で話したことを覚えています。なので、今回はジョンも間違いなく素晴らしい作品を作ってくれると思う。宮﨑もジョンと話して、意気投合していましたから。よろしくお願いします」と心強く激励。花の中の橋本環奈、海と空を背にした上白石萌音と、２人の千尋の異なるポスタービジュアルがお披露目された。ハクの醍醐

虎汰朗と三浦宏規、湯婆婆／銭婆の夏木マリと朴璐美ら、プリンシパル・キャストが意欲溢れる挨拶を披露。膨大な取材陣と反響の大きさに期待度の高さが表れた。

### 2021年12月〜2022年2月
### 稽古

コロナの脅威が増す中、「僕にとって一番大きなチャレンジはキャストの顔が見られないところ」とジョンが語った、マスク必須の稽古がスタート。「シェイクスピアはシェイクスピアのもの。『千と千尋の神隠し』は宮﨑さんのもの。それをどう見せるかが自分の仕事」との信念を持つジョンの稽古は一言の台詞、動きを反芻して緻密に重ねられていく。海外からの渡航制限があり、来日予定だったブラッド、コナー・キーラン、ジョン・ボウサー、トビー、サラ・ライトらジョン以外の全ての海外クリエイターの来日が直前（11月末）でキャンセルに。急遽全ての稽古をリモートで繋ぐという前代未聞の状況となった。

そんな状況においても、芝居を1つ創っては微調整、という緻密な稽古が繰り返される。ゼロから構築していくオリジナル作品としては当然のこととはいえ、かかった時間は想定を大きく上回り、湯婆婆登場シーンに至らずに2021年の稽古期間は終了。明けて2022年1月。「間に合うのか?」という空気がカンパニーに漂い始めた矢先に、コロナ陽性者が出て稽古が5日間中止に。「仕事ができずに家で籠っていた5日間が一番疲れた」とジョンが吐露した我慢の時は、1月下旬にも再び起こり、カンパニーはトータルで10日間もの稽古期間を失ってしまう。

だが、不安と焦りを抱えつつも「10日失ったから質の悪いショーになりましたでは誰も受け入れられない」とジョンの信念は揺るがない。とはいえ初日のスケジュールが動かせない以上、稽古場が厳しい雰囲気に包まれることもしばしばだった。ただ、そんな中でもチームとしてのコミュニケーションを決して絶やさなかったこと、リモート参加のスタッフも直接伝えられないストレスを抱えながら、最後まで自分の責任を現場に投げなかったこと、何よりも、常に前向きだった主人公・千尋を演じる橋本と上白石を筆頭に、俳優陣の極めて高いプロフェッショナルな意識、柔軟な対応力が奏功して、最終的には1幕、2幕共に稽古場での通し稽古も実現。作品の求心力と、誰一人諦めなかったカンパニーの姿勢が稽古場に結実した瞬間だった。

### 2022年2月下旬
### 帝国劇場舞台稽古
### 〜プレビュー初日〜
### 3月
### 帝国劇場公演開幕

けれども劇場入りを果たせば、照明が入った場面イメージの確認に再び膨大な調整が必要になる。ハク竜、オクサレさまなど大物のパペットの扱いはここに至っても困難で、プレビュー初日組のゲネプロをキャンセルせざるを得ない事態に。それでもジョンは「僕の人生でゲネがやれないという状況はいっぱいあった。『レ・ミゼラブル』もそうでした。でも、これはいつもベストなショーで起こることです」とカンパニーに力強く語り、座長の上白石萌音もキャスト、そしてスタッフがそれに応えた。そこに生きた千尋がいる、パペットのキャラクターも自ら動いていると信じられる、演劇の想像力に満ち溢れた、舞台『千と千尋の神隠し』が立ち上がり、この船出に立ち会った観客から万雷の拍手が贈られた。

翌日の橋本環奈、醍醐虎汰朗らで行われたゲネプロには鈴木プロデューサーも客席に訪れ、「本当に素晴らしかった、パーフェクト」との最大の讃辞が贈られる。その言葉に鼓舞されたカンパニーは勢いを維持したまま、プレビュー公演を経た3月2日に帝国劇場公演が本初日を迎える。プラチナチケット（前売り初日に全日程ソールドアウト!）を手にした観客で連日満席の劇場は、熱狂に埋め尽くされた。

### 2022年全国ツアー
### 御園座公演は日程の半分が中止に

そんな熱気を受けて全国ツアーへと飛び出したカンパニーにまたもコロナ禍の試練が襲いかかる。公演が数回中止になった博多座公演を経て、愛知・御園座公演では大半が中止に。複数の休演者を抱える中、プリンシパル・キャストがアンサンブル・キャストの代役を買って出たり、役者経験のあるスタッフがアンサンブルの代役に入るなど、なんとしても幕を開けようとの思いで全員が一丸となり、大千穐楽公演上演が叶った。

### 2022年夏
### ロンドン公演に向けて動き出す

そんな次々に起こる困難に立ち向かい続けた2022年公演ではあったが、スタジオジブリ作品の知名度も加わり、ブロードウェイやウエストエンドの最も大きなニュースメディアでも作品の情報は頻繁に取り上げられていく。そんな認知度の高まりとともに、2022年6月にロックダウンが解除された。海外プロデューサーの来日が可能になり、ジョンと以前から懇意だった演劇プロデューサーのピーター・ウィルソン（2023年逝去）からロンドンで上演したいとの連絡が入る。ジョンの勧めで来日したピーターと、現在その職責を引き継いでいる当時ピーターの右腕だったイアン・ギリーは、札幌公演の仕込みから作品を見守り、毎日ミーティングを

申し入れるほどの熱意を見せる。ただ海外での公演はプロデューサーがどれほど上演を熱望しても、劇場が契約しない限り公演が成立しない。特に舞台『千と千尋の神隠し』の美術を再現できる舞台面の大きさを有するのは、120年の歴史を誇るロンドン最大級の劇場「ロンドン・コロシアム」だけだったこともあり、1年をかけた交渉が水面下で続いた。

## 2023年4月
## 北米の特別企画上映で劇場公開

一方で、スタジオジブリ作品の北米配給権を持つ配給会社GKIDSが毎年主催している上映企画「スタジオジブリ・フェスト」で、舞台『千と千尋の神隠し』の映像版を上映したいとのオファーが届いた。これは、一年を通して毎月数日ずつ、北米中の映画館で特定のジブリ作品を一斉に上映する、月替わりの特別企画上映で、「Spirited Away: Live on Stage（千と千尋の神隠し：ライブ・オン・ステージ）」として上映が実現。アンコール上映が決まるほど好評となった。

## 2023年夏
## 御園座公演
## 2024年
## 日英同時上演解禁

そうした中、公演中止が重なり不本意な形で終わってしまった2022年公演を、もう一度きちんと成立させたいという皆の思いが結実し、2023年夏、御園座公演が実現。カオナシ役の森山開次と小尻健太と山野光、リン／千尋の母役の華優希、兄役／千尋の父役の堀部圭亮、父役役の伊藤俊彦という新キャストも登場した。ここで美術のジョン・ボウサーやパペットデザイン・ディレクションのトビー・オリエら海外スタッフが初めて全員来日を果たし、俳優たちも直接指導を受けられる環境で活性化。各セクションが主体的に意見を出し合う海外クリエイターにとって、同じ空間にいることの重要性、人間同士の繋がりが演劇現場をいかに左右するかを再認識する時間になった。

そしてついに、長い交渉期間を経てロンドン・コロシアムとの契約が無事締結。2024年3月から始まる日英同時上演決定が情報解禁となる。かつてないスケールでのロンドン公演、しかも同時期に日本でも上演が続くという第一報が駆け巡った。

## 2024年3月
## 帝国劇場公演

日英同時上演の決定を受け、オーディションにより川栄李奈、福地桃子が新たに千尋役にキャスティングされる。ハク役の増子敦貴（GENIC）、カオナシ役の中川賢、リン／千尋の母役の実咲凜音、釜爺役の宮崎吐夢、湯婆婆／銭婆役の羽野晶紀と春風ひとみら多くの新キャストが登場した。アンサンブル・キャストも2組体制になり、千尋の森莉那を筆頭に各役柄にアンダースタディを置いた。アンサンブル・キャストの役どころを自在に担当できるスウィング・キャストもクレジット。厳密にいうロングラン公演ではないとしても、長きにわたる上演を円滑に行うために欠かせないキャスティングが進められていく。

さらに一部アンダースタディは帝国劇場公演にも出演。これはロンドン公演で出演が格段に多くなる、アンダースタディ・キャストのクオリティーを保つことが目的だ。同時に、アンサンブル・キャストがプリンシパルとしてのキャリアを積めるまたとない機会になり、俳優たちに新たな活躍の場を生んだ。

## 2024年3・4月
## ロンドン公演稽古

帝国劇場公演と並行してロンドン公演に向けた稽古がスタート。舞台監督、演出部、衣裳などロンドンチームも来日しての稽古は、俳優がロンドン・コロシアム劇場の舞台機構にどう対応できるかが主眼となった。

4月初旬にスタッフが、中旬にキャストがロンドン入り。多くが「初めまして」の面々が、舞台稽古で次々と起こる問題を、言葉の壁、そして慣れない環境に阻まれながら、解消すべく邁進しなければならない日々。どのセクションにも大きなプレッシャーがかかり、一言で言うなら「タフな現場」に他ならない困難の連続だった。それでも言語も文化も働き方への感覚も違う人々が、コミュニケーションを取ることを諦めず、粘り強く互いの齟齬を埋め続けた結果、全員が1つのチームだと感じ合える団結が生まれていく。

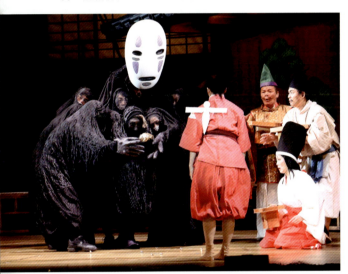

"諦めない"姿勢とより良い舞台を創ろうとの思いが、初日に向けて加速していった。

## 2024年4〜6月
### 名古屋・博多・大阪・札幌公演

3月の帝劇公演の後、4月から6月にかけて、御園座、博多座、梅田芸術劇場メインホール、札幌文化芸術劇場hitaruで国内ツアーを開催した。2年前の初演時と同様のスケールで各都市の劇場が待望してくれた。川栄李奈は千尋役の中では唯一、2024年の国内5都市とロンドンの全ての公演で千尋役を全うした。日本とロンドンをスタッフとキャストが目まぐるしく行き来する中、国内100公演、ロンドンでの135公演を、世界にまたがる1つのカンパニーが、同時に成し遂げることになる。

## 2024年4〜8月
### ロンドン公演

ロンドンで観客の前に初めて立ったのが4月30日。「皆さんにとって特別な日です。演者だけでなくスタッフにとっても。私たちはコロナ禍のリハーサルからの道のりを経て、ロンドン初日に到達しました。この素晴らしい物語を観客たちに正しく落ち着いて伝えていきましょう」とジョンがカンパニー全員に語り、舞台『千と千尋の神隠し』ロンドン・コロシアム公演は開幕。

日本人キャストが日本語で演じる舞台はスタンディングオベーションと、大歓声を受けて滑り出した。5月7日の本初日以降、辛口で知られるロンドンのメディアからも軒並み高評価を獲得。インディペンデント紙は星5つと評価し「映画の安易な舞台化がロンドンの演劇シーンを荒廃させている今、この作品が登場した。宮﨑駿監督が米アカデミー賞を受賞した、2001年公開のファンタジー映画は、アニメーションという境界のないキャンバスでのみ可能な、完全に独特な偉業である。そしてこの作品が、意欲的に肉体と人形劇に再構成され、舞台上に登場した。(中略)これ以上の舞台版は想像できない」と讃えた。「絶対に見逃せない舞台」(デイリーエクスプレス 星5つ)、「想像力豊かなパペットの芝居、素晴らしい音楽、抒情的な間合いが、宮﨑駿監督の傑作に、命を吹き込む」(ガーディアン 星4つ)、「魅惑的な舞台化。宮﨑作品のエッセンスを捉えているこれを超える舞台版はないだろう」(フィナンシャルタイムズ 星4つ)などの評が躍り、「英語圏の観客に日本文化と言語の素晴らしさを伝えたい」とジョンが願った通りの評価を得ながら、4カ月135公演を走り抜けた。それは、シェイクスピアの国ロンドン・ウエストエンドに、日本オリジナル作品が受け入れられた証だった。

舞台『千と千尋の神隠し』が果たした偉業の、本当の意味を実感するまでには、まだしばらくの時を要するのかもしれない。ただ今はっきりと分かっているのは、この舞台が「演劇」というパフォーミングアーツが持つ力、「演劇はかくも素晴らしい」というシンプルな、だからこそ尊い感動を生み出したという事実だ。

企画が発表された当初しばしば耳にしたのは「ジブリアニメーションが完璧だから、あれを超えられるものはないよ」との見方だった。もちろん映画は素晴らしい。それは決して揺らがない。その素晴らしさをどう演劇で表現していくか、という大きなチャレンジ――全てを人の手で担う演劇形態でその果てしない頂に挑んだ時に浮かび上がってきたのは、目の前で人が演じる息吹と熱気を同じ空間で味わうという、演劇ならではの面白さが作品の高みに加わった感触だった。それはキャスト、スタッフ、そして国境を超えた観客一人一人が、演劇の想像力を共有し、その力を信じたからこそ到達できた奇跡だった。

思えば帝国劇場の財産演目となった『レ・ミゼラブル』をロンドンから日本に届けたジョン・ケアードが、今度は舞台『千と千尋の神隠し』を日本からロンドンに届けたという事実は、どこか運命のようにも感じられる。ここから日本発の作品が海外で上演されることが、特別ではない未来が見えていくのかもしれない。少なくともその最初の扉はこの作品によって開かれたのだ。

パンデミックの荒波の中、こうして帝国劇場から生まれた奇跡の舞台『千と千尋の神隠し』の航海は希望の未来へと続いていく。

# ジョン・ケアード×堂本光一×上白石萌音×今井麻緒子

## ロンドンで帝国劇場と演劇を語る

2024年6月、堂本光一は、主演したオリジナルミュージカル『ナイツ・テイル―騎士物語―』のクリエイターと共演者を訪ねて、舞台『千と千尋の神隠し』を上演しているロンドンへ赴いた。

5月にロンドン・コロシアムで初日を迎えた舞台『千と千尋の神隠し』は、ロイヤル・シェイクスピア・カンパニーの名誉アソシエイト・ディレクターのジョン・ケアードが翻案・演出を手掛け、2022年に帝国劇場で初演した。2024年にカンパニー（出演者、スタッフ）が渡英して、帝劇で演じたパフォーマンスと同様に演じ（英語字幕を映写）、演劇を愛するロンドンっ子に新たな文化体験を提供した。

堂本はロンドン・コロシアムでの観劇後、ジョン・ケアード、共同翻案・演出補佐の今井麻緒子、そして千尋役を日本語で演じ、満場のスタンディングオベーションを浴した、上白石萌音と再会を果たした。

### ロンドンでの舞台『千と千尋の神隠し』体験

**今井** 光一さん、ロンドンで『千と千尋の神隠し』をご覧になった感想はいかがですか？

**堂本** 欧米の劇場って、開演前、ざわついていて落ち着かないイメージだったんですけど、今日は開演前の注意事項のアナウンスを皆さん、しっかり聞いていたんですよ。いつもそうなの？

**上白石** 回によって違います。日本語だから気になる、というのもあるかもしれませんが。

**堂本** 大人しく聞くんだ！と思って。暗転になって舞台が始まるまで、お客さんが集中しているのがよくわかりました。

**ジョン** 英語でアナウンスすると慣れ過ぎていて全然聞かないけれども、日本語だと字幕を読まなきゃいけないから、聞きますよね。だから、あえて日本語上演を選んだんです。

**堂本** お芝居中も皆さん、すごく一生懸命観ていました。もちろん字幕を読むのに必死ではあるかもしれないけど、耳をしっかり立てて聞こうとしているなと感じました。

**ジョン** イギリスの観客にとって日本人の役者が日本語を喋っているのを聞く機会って滅多にないと思うんです。頭のいいお客さんなら、日本語を聞き字幕を読みながら、そういう意味なのかと理解するだろうし。

**上白石** 台詞の内容にしっかり反応がくるので、びっくりします。ちゃんとストーリーの内容を理解して、一緒についてきてくれているなと感動します。台詞で笑ってくれるんですよ。

**ジョン** 面白い台詞がいっぱいあるからね。

**上白石** これって面白かったんだ！と、日本では気づかなかったところも。

**堂本** 自分は初演（2022年）の帝劇のゲネプロ以来で、いろんなものがブラッシュアップされたように感じました。

**今井** あの時からかなり変わっていますね。当時はコロナ禍で来られなかった海外のクリエイティブスタッフがたくさんいて、その時はリモートで何とか作っていたのですが、翌年には彼らが来日できたことで、直にディスカッションしていろいろと深めていくことができました。今回もかなり変更がありました。

**堂本** 芝居をボディーランゲージでわかりやすくする、とかはしていない？

**上白石** していないです。ただお客さんの反応をもらって、自然と日本とは違う形になる感じです。

**ジョン** より自由にできる感じがしませんか？エネルギーを観客がくれるから。

**上白石** 本当にそうです。特に今日はリラックスパフォーマンスというスペシャルな回でした。小さなお子さんを含め普段観劇に不安をお持ちの方々にも演劇を楽しんでいただけるように、客席のルールを緩めた形での公演だったんです。おかげで私たちもより自由になれました。

**堂本** 自由だし、子供が泣きまくっていたけど（笑）、やりづらくなかった？

上白石　いいえ、面白かったです。
堂本　隣の人が、ハクの名前がわかったシーンで「はぁー」って（笑）、すごく興奮していました。リアクションがいいなぁ。
上白石　こちらのお客さんはすごく楽しんでくれて、反応もストレート。でも日本でやる時は観客の皆さんが一緒に集中してくれて落ち着きます。どちらも好きです。
堂本　カーテンコールも、ジョンの演出の素晴らしいところだと思うけど、役者一人一人の良さを引き出しているなと感動しました。客席の盛り上がりも半端なくて。萌音ちゃんの主役が素晴らしいだけでなく、お客さんがキャラクターたち、役者一人一人を最終的に愛してるのがいいね。
上白石　また観客の皆さんが、その気持ちを惜しみなく伝えてくれるんです。
堂本　本当に暖かい空間でした。
ジョン　イギリスの観客はカーテンコールに自分たちも参加している気持ちなんですよ。
上白石　そして帰るのが早い（笑）。
堂本　追い出し曲が始まると、一斉に劇場の外へ。
ジョン　音と時間を掛け算したら、もしかしたら日本と同じぐらいなのかもしれません。
上白石　短く濃く、という意味？
ジョン　そう。ものすごく集中、濃縮しているので。私の前に座っていた人、多分日本語が全くできない人が、「ありがとうございます」って繰り返

し言っていましたね。あと日本のキャストのお辞儀が長いと言われていて。イギリスの観客から見るとなんて謙虚な人たち！感動的！と。イギリス人は挨拶する時にお辞儀をしないから。
堂本　萌音ちゃんはこっちに来て大変なことある？
上白石　時差ボケや身体のことはあっても、全部面白いし楽しいです。スタッフも作品を作ることを楽しんでいて、皆さん生き生きしていて。そこでめちゃくちゃエネルギーをもらえます。もちろんお客さんからも。ロンドンだから大変というわけではなく、お芝居の難しさ、体力面など、日本でやっているのと同じ種類の大変さですね。どこに行っても、喜びも難しさも変わらない。
堂本　生活はどう？
上白石　面白いです。私は日本と行き来しているから、こちらにずっと滞在しているみんなと比べたら、心の余裕もあるかもしれません。休演日には演劇を観に行けますし。
ジョン　カンパニーの皆さん、観劇を楽しんでいるみたいですね。
上白石　はい。みんな「あれ観た？」って舞台の話ばかりしています。
堂本　ご飯はどうしてるの？
上白石　大量のカップラーメンの差し入れ、ありがとうございます！
堂本　いえいえ。ロンドンにはない食材とかもあるんでしょ？
今井　冷凍なら大概のものはあります。オンラインで買える。でもお店にはないんですよね。
上白石　はい。薄切りスライスのお肉がなくて、自分で薄く切っています。それが一番大変かも（笑）。
堂本　自炊してるんだ。
上白石　お米が食べたいので。物価も高いですね。

## 『ナイツ・テイル ―騎士物語―』での出会い

今井　私たちは『ナイツ・テイル』で出会いました。初演は、6年前になりますね。
上白石　はい。オーディションの時は私、まだ10代でした。
堂本　何歌ったんだっけ？
上白石　〈On My Own〉と〈Once You Lose Your Heart〉。私、エミーリアで受けたんです。その時、フラヴィーナ（牢番の娘）は（音月）桂さんに決まっていて、実際とは逆。
堂本　え？変わったの？
上白石　はい。でも私、実はプロットを読んで、フラヴィーナやりたいなって密かに思っていたんです（笑）。
堂本　今となると、考えられないな。
今井　桂ちゃんは声域がフラヴィーナで、誰かソプラノでいい人いるかな？と探していたんです。そこで萌音ちゃんが参加することになり、それなら桂ちゃんがエミーリアをできるんじゃない？って。
上白石　元は光一さんと（井上）芳雄さんで何かやりましょう、から始まったんですよね？
今井　確か、最初はジョンの演出で光一君、から始まりました。そこで2人の友情物語みたいな話になって、芳雄君が出演することに。『ナイツ・テイル』以外にも、いくつか作品の候補がありました。
ジョン　シェイクスピアの『ヴェローナの二紳士』と、ジョージ・ファーカーによって1708年に書かれたコメディ『The Twin Rivals』が挙がりました。『The Twin Rivals』は少し手をつけてみたけど、風刺が効いたお芝居でミュージカルには合わなかったです。そこで『ナイツ・テイル』かなと思ったけど、原作はぐちゃぐちゃな話なんですよ。どうにか現代に通じる話にしようと、違う要素を入れて作り上げました。
上白石　原作を読んでびっくりしました。やけくそみたいな戯曲で。みんな幸せにしてたまるか！みたいな（笑）。
ジョン　シェイクスピアのせいじゃないんですよ。一緒に作っていたジョン・フレッチャーのせいで、結局ぐちゃぐちゃに。だから彼らのためにも僕は良いことをしたと思っています（笑）。
上白石　何を軸に書き換えようと思われましたか？
ジョン　原作では女性の描き方があまりにもひどい。それを劇的に変えて、女性の方が問題を解決すればハッピーエンドになる、という話にしました。原作だと、フラヴィーナは後半、全然出てこなくなっちゃうんです。後期のシェイクスピアのお芝居には女性がいなくなって、改めて発見される話がたくさんあります。『冬物語』のパーディタ、『ペリクリーズ』のマリーナ、『テンペスト』のミランダなど。だから、シェイクスピアだったらこうするんじゃないかなと考えながら物語

を作りました。
**堂本** 現代の目線で見ると、いかに男が愚かだったかがコメディとして描かれていますね。
**ジョン** それと同時にギリシャ悲劇のように、女性が全てを解決する。その流れは、古代ギリシャの頃からあったこと。
**今井** 光一君はそれまでヒーローみたいな役をずっと演じてらしたでしょう？アーサイトみたいな役をやるのはどんな感じでしたか。
**堂本** 初演は、頑張れば頑張るほどバカに見えてくる（笑）。それが楽しくてしょうがなかったです。アーサイトは熱血で、それを出せば出すほどバカだなぁって。いろんなことが見えていなかった分、必死で、2021年の再演で初演の倍以上の理解が進みました。もちろん初演は刺激的で良かったけど、再演は心からお芝居を楽しめた記憶があります。
**上白石** 光一さんは『SHOCK』も『チャーリーとチョコレート工場』も、シュッとした役でしたから、『ナイツ・テイル』でこういう一面もあるよ！って出すのをすごく楽しんでいらっしゃる感じがして。だからアーサイトとして爆発してるのかと思いました。
**堂本** 特に再演は稽古でいろいろ試せたから、やりすぎて芳雄君と共に怒られちゃって（笑）。お芝居が嘘になるからね。
**上白石** 『ナイツ・テイル』は光一さんにとって新しい一歩だったのでは？
**堂本** もちろんです。ジョンとの出会い、芳雄君との共演。全てをジョンが繋げ、作品として実現させてくれた。自分の人生にとっても大きな作品になりました。
**今井** 萌音もそうでしょう？『ナイツ・テイル』が帝劇デビュー作。
**上白石** 本当に！私、初めて帝劇で観た作品が『SHOCK』だったんです。
**堂本** えー！そうなの？
**上白石** 12歳の頃、まだデビュー当時に観ておいた方がいいと言われて、2階の一番後ろの補助席で観ました。
**堂本** 『レ・ミゼラブル』よりも先に（笑）？
**上白石** はい。それを思うと、ご縁ですよね。その次くらいに『レ・ミゼラブル』のゲネプロを観せていただきました。光一さんは何歳で帝劇デビューでしたか？
**堂本** 21。萌音ちゃんは？
**上白石** 20歳です。すみません（笑）。
**堂本** 帝劇といえば、森光子さんの『放浪記』を何度か観ました。
**上白石** あー、観たかったなぁ。
**堂本** 当時、89歳になられた森さんの楽屋を訪ねて、「長く公演を続ける秘訣は何ですか」と聞いたら、森さんは「バランス」と一言。どうとでも取れる言葉ですが、なんとなく、パワーだけで押し通せばいいわけじゃないんだな、とその時に感じました。
**上白石** "バランス"はロンドンでのロングランを経験して、一番難しいと感じていることです。私にとってそれは、何カ月も毎日いかに新鮮さを保つかということ。お客さんの空気にどこまで身を委ねるかということなどで、まさに今直面しています。森さんのひと言、凄まじい重みがありますね。

## 帝国劇場は思い出の場所

1987年の『レ・ミゼラブル』日本初演は、帝劇演目では初めてのオールキャストオーディションを開催した。その潤色・演出にあたったのはジョン・ケアードと、トレバー・ナン。

**ジョン** 私が帝劇で最初に観たのは、『屋根の上のヴァイオリン弾き』（1986年）。森繁久彌さんがテヴィエでした。4時間半とものすごく長くて、永遠に続くかと思いました（笑）。ホーデルが（岩崎）宏美さんで、ファンテーヌに向いていると思いました。すると、東宝がエポニーヌがいなくなると。そこでオーディションをしないと！ってなりました。そのオーディションを受けにきたのが、20歳頃の（島田）歌穂さん。僕が無名の人を起用したいと言って、東宝とはかなり戦いました。それまでは、ある程度名前のある人がメインの役をやるという伝統だったんです。僕はスターを作ることができると証明したかった。有名な人が役をやるのではなく、役がその人を有名にすることもあると説得して、実際に歌穂さんが大スターになったんです。
**堂本** そんな歌穂さんと『ナイツ・テイル』や『SHOCK』で共演できる喜びを感じています。
**今井** 私が初めて観た東宝の大劇場公演は帝劇ではありませんが、我が師匠・坂東玉三郎さんの崇拝する杉村春子さんが森光子さんと共演された『花筐』でした。帝劇初観劇も山田五十鈴さんの『華岡青洲の妻』でしたし、1990年前後の東宝演劇は和物芝居の印象が色濃いですね。私の帝劇初出演は『レ・ミゼラブル』です。
**堂本** 確かに帝劇といえば和物という時代もあったんですよね。
**ジョン** 帝劇には、多くの思い出があります。特に9階の稽古場。
**今井** そして、私とジョンが出会ったのも9階の稽古場でした。
**堂本・上白石** おお！
**堂本** 帝劇に立った人たちにとって、あの稽古場は皆さん思い出深いと思うな。
**上白石** 公演中に、翌月公演の稽古のために次のカンパニーが9階にエレベーターで上がっていくのも印象的です。光一さん、『SHOCK』の稽古の時、『千尋』のお風呂に入りましたよね（笑）。
**堂本** あったね（笑）！
**今井** 私は楽屋の吹き抜けが好きです。あの窓からお互いに挨拶できる。
**上白石** 私も大好き。そして畳だった頃の楽屋が良かったです。あの人も、この人もここで過ごされたんだな……と想像したり。
**堂本** 昔から変わらない、帝劇の独特の匂いもあって。僕は帝劇で多くを経験して大変なことも乗り越えてきたからこそ、帝劇でなら何とかなると思えるんです。
**ジョン** そう考えると建て替えは寂しいね。だけど、新帝劇が良い形で立ち上がることを期待しています。

# Baz Luhrmann

## バズ・ラーマン×松任谷由実

バズ・ラーマン監督による名作映画が、
『ムーラン・ルージュ！ザ・ミュージカル』として
舞台化。2023年初演、2024年に再演。
帝劇に煌びやかなパリのナイトクラブが
出現した衝撃は記憶に新しい。
2023年6月、初演時に来日した
バズ・ラーマンと劇中歌〈Your Song〉の
訳詞を手掛けた松任谷由実がトーク。
初対面だった2人は意気投合、
話は尽きることなく続いた。

# Yumi Matsutoya

**松任谷** お会いできて嬉しいです。私はバズの映画「MOULIN ROUGE!」(2001年)が大好きなんです。ゴージャスでカラフルな色彩感覚。そして真っ向から恥ずかしいぐらいに愛を扱う、そこが素晴らしいと思います。

**バズ** 映画では冒頭で「これは愛についての物語」だと言いますからね。いろんな愛の形があると思います。映画「MOULIN ROUGE!」は、クリスチャンがオルフェウス的な理想主義、理想の愛を求めて闇の世界に入り、愛を失うことによって成長する物語。

**松任谷** 音楽面では、ミュージカルにポップミュージックを取り入れること自体が新鮮でした。

**バズ** 僕もそう思います。映画「MOULIN ROUGE!」を作った頃はミュージカル映画が廃れて、そのジャンルすらなくなっていました。私は60〜70年代の古いミュージカル映画をたくさん観てきましたが、そこではポップミュージックが使われていた。その手法を映画に生かしたんです。

### 哀切を深く感じた日本版

**松任谷** 日本の『ムーラン・ルージュ!ザ・ミュージカル』をご覧になって、いかがでしたか。

**バズ** 観客の皆さんが興奮して、どの曲でも手拍子をしてくれるのに驚きました。演劇というより、まるでユーミンのライブのような盛り上がり方!とてもエモーショナルなパフォーマンスをお届けできたと思います。またラストで描かれる悲劇の愛(〈Your Song〉のリプライズが奏でられる)が、日本プロダクションではとりわけドラマチックで感動しました。世界各地でこの舞台を観てきて、カラフルで華やか、派手で喜劇的という印象でしたが、日本プロダクションでは切なさや哀しみが深く感じられました。訳詞についても、普段から生のステージに立たれて、観客との関係性を分かっているユーミンのようなアーティストが手掛けてくださったことに大きな意味があります。日本語にした時にどの言葉が一番ふさわしいのか、その選択眼をお持ちなので。他の国のプロダクションでは、アーティストによる訳詞ではないんです。すごく画期的で素晴らしいアイディアでした。

**松任谷** 私はエルトン・ジョンの〈Your Song〉の訳詞を担当させていただきました。そもそも、なぜ日本のアーティストに頼ることにしたのですか。

**バズ** そのアイディアはカンパニーから出てきたものだと思います。私はブロードウェイ、ウエストエンド、韓国などで上演された全てのプロダクションを観てきましたが、少しずつ異なる点があるんです。例えば、劇中で映画「サウンド・オブ・ミュージック」のテーマ曲が使われていますが、ドイツでは戦争の影響でその映画自体が知られておらず、ドイツ公演ではドイツの曲に差し替えたことで成功しました。日本で上演するとなった時も、やはり独自の文化を持つ国ですからそれに合う形にしたい。そこで訳詞をアーティストにお願いする案が生まれたわけです。

### ビートに理解のあるアーティストが訳詞

**松任谷** 私、この依頼を頂いてすごく燃えたんです。〈Your Song〉は、14、15歳の頃に衝撃を受けた歌だったので。実際に訳してみたら、ものすごく繊細な歌詞なんですね。例えば「♪I sat on the roof, And kicked off the moss……」。屋根で苔を蹴っ飛ばすなんて、日本にはない生活様式だけど、主人公の気持ちはよく分かる。この心情を表すには意訳しかなく、なんとか日本語にしたいと強く思いました。

**バズ** そこはどう訳したんですか?

**松任谷** 頑張ったけれども結局必要なくて(笑)。英語は1音節に1ワードだけど、日本語は1音節にカナ1文字しか乗せられないから、日本語に置き換えるのは難しかったです。けれど受け手は、伸ばしている1音の歌声からも、すごくたくさんの情報を得る感性を持っているので、伝わると思いました。

**バズ** 興味深いですね。どうなるのかと案じていたけど、歌詞がメロディーに綺麗に乗っていて感動しました。どの国もなかった手拍子が日本だけ起きるのは、音のバウンスがあるんでしょうね。

**松任谷** ビートを理解しているアーティストが手掛けているからかもしれないです。〈Your Song〉を物語のキーソングにしたのはなぜですか?

**バズ** 〈Your Song〉を選ぶにあたっては、ものすごく考えました。クリスチャンの才能が込められた曲であり、サティーンとクリスチャンはこの1曲で恋に落ちなければいけない。シンプルで、オペラのように壮大に終わる曲が理想でした。もう1つ理由があります。映画を作った頃は、権利の問題があってポップミュージックをミュージカルに使うなんてありえなかったんです。そこで僕は知り合いではないのにエルトン・ジョンに電話して、直接会いに行きました。映画に使いたいと話したところ、彼は直感で承諾してくれた。その上、他のアーティストに電話して説得までしてくれたんです。映画で人気のポップミュージックをたくさん使えたのは、エルトンのおかげなんですよ。

**松任谷** そうだったんですね。私も影響力がそこそこあるので、舞台版の訳詞に私が参加したことで日本の多くのアーティストが熱意を持って参加してくれたかと思います。

バズ　本当にそうですね。我が道を行くユーミンやエルトンのような方がリーダーシップを発揮して、他のアーティストに影響を与える。今回、日本の多くのポップアーティストが手を取り合って参加してくれたことに感謝しています。

## 悲劇に美しさを感じる、日本の精神性

松任谷　例えば『ウエスト・サイド・ストーリー』もシェイクスピアの戯曲『ロミオとジュリエット』をベースにしているじゃないですか。『ムーラン・ルージュ！ザ・ミュージカル』は、オペラ『ラ・ボエーム』がベースになっていますよね。

バズ　その通りです。私はオペラの演出からキャリアを始めて、初期には『ラ・ボエーム』をブロードウェイで演出したこともあります。本作は『ラ・ボエーム』だけでなく『椿姫』もベースにしています。また、19世紀のフランス小説にもインスパイアされています。そういう古典主義テイストの作品です。ナイトクラブの花形スターであるサティーンは観客の前では強い女性として存在します。それに対して、作家クリスチャンはとにかく愛、恋に憧れ、それを理想化している人。「私達は闇の世界、地下に住んでいるのだから、恋をしている時間、そんな余裕はない」というサティーンの台詞は、日本の悲劇にも通じる気がします。日本の古典的な演劇や歌舞伎では悲劇に美しさを感じる、そんな精神性が日本にはあると思います。

松任谷　バズの映画「エルヴィス」（2022年）でトム・ハンクス（マネージャーのトム・パーカー役）が言う、「君はRock of Eternalを知らない。それは永遠に手が届かないものだ」。これ、すごく良い台詞だなと思って。まさに『ムーラン・ルージュ！ザ・ミュージカル』にも繋がっていますよね。

バズ　決して手に入らないものでも、そこまでの過程が一番大事、手に入るか入らないかは分からなくても……ということですね。これこそがロマンティシズムと呼ばれるもの。信じられないぐらい完璧なもの、理想主義、そこに到達したいという想い、でも絶対手に入らない。それでもそこに行く過程が重要で。その上、大抵は悲劇に終わるんですけど。

## ステージはインスタレーションという考え方

松任谷　バズの映画「ロミオ＋ジュリエット」（1996年）も大好きです。特にファッションの方向性が素敵。ディカプリオのチームがアロハシャツで、対抗するチームがライダースを着ているのが最高！

バズ　アリガトウ！これに関してはちょっとした逸話があります。「ロミオ＋ジュリエット」を製作している時は、まだ「タイタニック」（1997年）の前で、レオナルド・ディカプリオはそれほど知名度がありませんでした。彼がオーストラリアにやって来て、シャツのアイディアをいろいろと練っていたんです。ある時、衣裳デザイナーである友人のキム（・バレット）がヴィンテージのシャツを見つけて、それをレオナルドが着ることになった。みんな、そのシャツはハワイアンだと思っていたんです。その後、映画がヒットしてそのシャツが人気になり、同じデザインのレプリカが多数作られ販売されました。僕もそのシャツを金の額縁に入れて飾っていました。でものちに、そのシャツに描かれている花柄は日本のプリントだったことに気付いたんです。

松任谷　そもそもアロハシャツは着物のリメイクから始まったと言われているんですよ。

バズ　ハワイで？　ああ、納得しました。ユーミンはご実家が呉服店だからよくご存じなんですね。

松任谷　ええ。そして私は美術大学で日本

画を学んだんです。絵はモノにならなかったけれども（笑）。だから自分のステージの作りもインスタレーションという考え方なんです。

バズ　ユーミンのライブ（『シャングリラ』シリーズ、TIME MACHINEツアー）を映像で拝見しましたが、実に壮大でスペクタクル。水槽や火、水、氷、サーカスなどを取り入れていてビックリしました。一体、どうやってツアーをしているのですか。

松任谷　夫の松任谷正隆が総合演出をしていて、そこにチームみんなのアイディアも盛り込んで、ライブのための技術や手法を開発しています。デビュー50周年を記念したツアー「The Journey」ではトラック27台で移動しています。

バズ　ワオ！半端ないですね。僕の映画でも、妻（キャサリン・マーティン）が衣裳デザインを手掛けています。夫婦で共同作業しているところが同じですね。一番すごいと思うのは、僕も自由に映画を撮り続けてきたけれど、ユーミンもシンガーソングライターとして活動をされて、今年50周年。1970年代、1980年代、1990年代、2000年代、2010年代、2020年代と6つの年代でチャート1位を取られたと伺いました。昔からのファンもいながら、若い世代にもアピールしているところが、偉大なアーティストの証明だと思います。

## 移ろいゆく美しさ "儚い" という感覚

松任谷　バズの映画を観ていると、すごくシンパシーを感じるんです。

バズ　僕も話していて、同じことを感じています。ライブ映像を見ても、僕たちは非常に似ていて、共通する部分が多いですね。巨大でスペクタクルな作品を作りながらも、本質を大事にしているところなど。

松任谷　それはバズがオーストラリア人だということに関係がありますか？

バズ　僕はとても小さな町で育ちました。だから、アメリカ文化の中心で育つのとは違い、怖いもの知らずで失うものがないという気持ちが強いのかもしれません。それが大胆な表現に繋がるんだと思います。

松任谷　オーストラリアとは関係ないかもしれないけど、バズは私たちと共通した"儚い"という感性を持っていらっしゃる。これは西洋の人みんなが持っている感覚ではないと思うのですが。

バズ　スウィートサッドネス（Sweet Sadness）やメランコリー。

松任谷　はい。センチメンタルとかサウダージ。

バズ　ああ、分かる気がします。僕らは過去に足を残しつつ、未来を見据えている。その両方の世界を併せ持っている。

松任谷　欧米の人は完全なるものを目指すようなところがあると思うんです。でも日本人はそうではないから、バズの作品にシンパシーを感じるんじゃないかと。西洋の美とは強くて完全なるもの、実体の美ですよね。ミロのヴィーナスが美しいと思ったら、ルーヴル美術館にあろうと砂漠にあろうと、美。でも日本人が思う美は状況の美、その状態が美しいということ。移りゆくこと、変化こそが永遠という考えかなと思っています。

バズ　それこそ"儚さ"に通じていますね。仰る通り、西洋では完全なものが美とされます。一方、日本には四季があり、移りゆくこと、変化も美しさとして尊びます。小さなものやディテールにこだわるのも独特ですね。今、滞在しているホテルの近くにコーヒーショップがあって、そこではトレイの上にコーヒーとお菓子を並べてくれたり、ちょっとした飾りがあったり、そういう細部へのこだわりや気遣いが非常に美しい。だから僕は日本が好きなんです。

松任谷　『ムーラン・ルージュ！ザ・ミュージカル』は1899年、ベル・エポック期が舞台ですよね。ちょうどヨーロッパでジャポニズムが流行った頃で、日本的な感性や美意識にみんなが目覚めた時代であることも、作品に影響していますか？

バズ　日本文化がヨーロッパに影響を与え、プッチーニが『蝶々夫人』を作った時代ですからね。僕にとって興味深いのは、日本とシェイクスピア悲劇との繋がりです。僕が若かった頃、鈴木忠志のシアターが『マクベス』を上演しに来ましたし、黒澤明はシェイクスピア劇を映画「蜘蛛巣城」に翻案しています。このように西洋と東洋が自然と交流してきたことで、より深い共感を得られるのかもしれません。

松任谷　『ムーラン・ルージュ！ザ・ミュージカル』でポップミュージックを音楽として使っているところも、"儚さ"を表すのに実はとてもフィットしていると思うんです。また日本語で上演することで、観客にコネクトするとも思います。映画監督や舞台演出家で、現代の音楽を取り入れられる人は数少ないですよね。バズだけかもしれないくらい。

バズ　実はポップミュージックは物語を語るのに適しているんですよ。音楽とは、時間と場所を表すものでもあるので。

松任谷　本当に。私たちアーティストには、日本語の美しさやカッコよさを歌で伝えていくミッションがあると思います。『ムーラン・ルージュ！ザ・ミュージカル』でその素晴らしい機会を与えていただきました。また今日、こうしてバズとお話しできて、とてもシンパシーを感じました。私の野望としては、バズに私の映画を撮ってもらうこと！　きっと私のことを分かってくれると思う。

バズ　ユーミンは話しやすくて居心地の良い方ですね。自分自身をよく知り、同時に他人のこともきちんと理解なさっている。また来日しますから、僕たちたびたびお会いしましょう！

Moulin Rouge ® is a registered trademark of Moulin Rouge.

# 『ムーラン・ルージュ！ザ・ミュージカル』音楽創作の裏側

『ムーラン・ルージュ！ザ・ミュージカル』の魅力の1つが多彩な楽曲。19世紀のオッフェンバックから、20世紀のローリング・ストーンズ、エルトン・ジョン、マドンナ、21世紀のレディー・ガガまで、ポピュラーミュージック約70曲で綴られている。オリジナルのクリエイティブとしてミュージックスーパーバイザー・オーケストレーション・編曲・追加作詞を務めたジャスティン・レヴィーンが語った。

### Justin Levine
ジャスティン・レヴィーン

―― 既成の楽曲を多用した映画をミュージカル舞台化する場合、映画と全く同じ楽曲を使用するか、『ビリー・エリオット』や『フル・モンティ』のようにゼロから新たな楽曲を作曲するかの二択と思っていましたが、『ムーラン・ルージュ！ザ・ミュージカル』は、そのどちらでもない選択をしていますね。

　当初から、映画に出てきた楽曲をできるだけ使いつつ、他の音楽も加えることを目指していました。ミュージカル映画をミュージカルに舞台化する際には、楽曲数がより多く必要になることを、経験上知っていましたからね。その意味では、完全なオリジナル作品を創る際のようなアプローチを取ることが、重要だと認識していました。ストーリーに対してどんな楽曲を入れるのが適切かを、1つ1つ状況を見極めながら進めてゆく。全体を把握した上で、ストーリーに楽曲を当てはめていく方法です。その結果、舞台版は場面によって、映画と同じ曲の時もあれば違う曲になる時もある、という形になりました。

　映画「MOULIN ROUGE!」のように、視覚的に大胆で自在なカメラワークによる独特のスタイルで描かれた映画の場合、劇場のプロセニアムで仕切られた舞台空間で、同じ見せ方をすることは不可能です。必然的に違うやり方を見つけなければならないわけで、そのツールとして、音楽の力を使ったということですね。映画では視覚に訴えていた部分を、舞台では聴覚の力で表現することに挑戦したのです。

### ストーリーを最優先に数百曲からセレクト

―― この作品は既成の楽曲を使用しているという点では"ジュークボックス・ミュージカル"と言ってもいいのでしょうか。

　従来のジュークボックス・ミュージカルは、まず楽曲ありきで、その楽曲をはめ込むための脚本を書いて、舞台化していきます。これに対して『ムーラン・ルージュ！ザ・ミュージカル』がユニークなのは、ストーリーが最優先である点。楽曲はあくまでも、ストーリーを語るために選んだものです。登場人物はこういう人たちで、プロットはこう。では、この物語を語るのに最もふさわしい曲を見つけよう、という順番です。誰もが知る有名な曲がたくさん出てきますが、全ての原動力は、物語にあります。私たちが行ったアプローチはこの点において、典型的なジュークボックス・ミュージカルとは逆のプロセスを辿るものでした。

―― 特定のアーティストやアルバムの楽曲という縛りがない分、自由な選択肢があったといえそうですが、候補曲はどれくらい用意されたのですか。

　数百曲あったことは間違いないでしょう。そしてとても幸運なことに、楽曲の権利獲得担当チームは、私たちが選んだ曲のほとんどの権利を、無事獲得してくれました。それまで僕は知らなかったことなのですが、楽曲使用の許可を得る際には、マッシュアップする他の曲や、メドレーで前後に使う他のアーティストの楽曲についても伝えた上で、同意を得なければならないんです。アーティストによっては、自分の曲と別のアーティストの曲をマッシュアップさせたくないと言う人もいました。その理由は定かではありませんが、おそらく、その曲と自分の

曲が似ていることに着眼されたくなかったのではないかと推測しています。その他、自分の曲はどのキャストが歌うのか、作品のどの場面で使われるのか、といったことを気にする人もいましたし、曲がどれだけ長尺で使われるかが問題になることもありました。このように、既成曲の使用許可を得るのは、時にかなりの困難を伴うものでした。

## 長く愛されることが確信できる曲のみを使う

── 確かにほぼフルコーラス使われる曲もあれば、ほんのワンフレーズだけの曲もあって、非常に複雑なパズルのような作業がなされている印象です。具体的に、どのように選曲していったのですか。

まずは歌詞に着目しました。選曲にあたっては、できるだけ認知度の高い曲を入れようとはしたものの、有名であることよりも歌詞の方が重要だったので、そこはとても苦労したところです。既に書かれた曲を使うのだから、オリジナル曲で創るより簡単だと思われるかもしれませんが、オリジナルミュージカルの作詞作曲も手掛ける身としては、実際には様々な点で、『ムーラン・ルージュ！ザ・ミュージカル』の作業の方が大変でした。特に、登場人物の台詞や心情に相当する真実味を持つ歌詞を、既成曲から探し出すのは至難の業でした。

── 時代的なスパンからもジャンルの面からも、楽曲は映画版よりもバラエティーに富んでいますね。

意識して音楽のカテゴリーを広げることに努めました。舞台版に追加された曲の中には、映画の公開後に発表された曲も多くありますが、そうしたアップデートだけでなく、映画公開以前から存在した息の長い楽曲も加えています。僕がこの作品に携わり始めたのは2016年ですが、その時点から、既にロングヒットしている曲や、長く愛されることが確信できるような曲以外は選ばない、と決めていました。近年のこうした楽曲を、僕は"コンテンポラリー・クラシック"とカテゴライズしています。たとえばナールズ・バークレイの〈クレイジー〉（2006年）や、それとマッシュアップしたアデルの〈ローリング・イン・ザ・ディープ〉（2010年）などがそうです。曲がヒットした年だけでなく、毎年ある季節になるとラジオから流れてくるような曲こそが、コンテンポラリー・クラシックです。『ムーラン・ルージュ！ザ・ミュージカル』制作当時、とても流行っていたある楽曲を使うことを勧められたことがあったのですが、その場面に合うとは思えなかったし、その曲が今後10年、人々の記憶に残る曲になるかどうかも分からなかったので使用しませんでした。そして、その判断は結果的に正しかった。このように選曲にあたっては、私たちの生活文化に消えない爪痕を残し続けている曲を使うことが重要だと思っています。

## 時代をまたいで、様々なスタイルを盛り込む

── 古い時代と新しい時代の楽曲のバランスは考えましたか。

はい。僕はどちらかというと古い音楽が好きで、しかも好きなジャンルが広いんです。ですから新旧の音楽のバランスを取るだけでなく、音楽のスタイルを広げることも重視しました。映画「MOULIN ROUGE!」では80年代のロックが多く使われていますが、舞台版には40年代、50年代、60年代の音楽も入れたかったし、オッフェンバックからヒップホップまで時代をまたいで、様々な要素を1つの作品に盛り込みたかったのです。

── 日本版の稽古をご覧になったそうですね。日本語で歌われる楽曲は、かなり英語とは異なるものに聞こえたのでは？

日本語は、とても魅力的な言語です。デリケートな音色を持つこともあれば、鋭くなることもあるし、美しく流れる音もスタッカートのように短く切り離す音もある。音的にダイナミックで美しいと感じます。翻訳にあたっては、日本語の単語は音節が多く、英語と同じことを言おうとすると音節が増えることがままあって、時にはメロディーの微調整が必要になったり、別の方法を考えなければならないこともありました。「言語」への興味が強い僕にとっては、そのチャレンジ自体が刺激的でした。『ムーラン・ルージュ！ザ・ミュージカル』の日本語は、とても自然に聞こえましたよ。

── 日本版キャストは、あなたから楽曲についての背景を学ぶことができ、作品の理解が深まったと、とても喜んでいたそうです。

左から、望海風斗、甲斐翔真、ジャスティン・レヴィーン、平原綾香、井上芳雄

僕もキャストの皆さんとの稽古はとても楽しくて、短期間ではありましたが、みんなとしっかり繋がることができた実感があります。こうして縁もできましたので、次に日本を再訪するのが楽しみで仕方ありません。

# 山口祐一郎 × 城田 優
## talk about IMPERIAL THEATRE
### with 山田和也

### 『ダンス オブ ヴァンパイア』熱狂の20年を超えて

**山田** 『ダンス オブ ヴァンパイア』が帝国劇場で開幕したのは2006年です。それから5回も再演を重ね、日本初演から20年目を迎える2025年の春の上演も決まりました。まさかこんなに続く人気作になるとは思っていなかったのでありがたいですね。関係してくださった全ての方の知恵や汗が実を結んで花が咲いたんだと思っています。

**山口** 皆さんに感謝ですね。

**山田** 日本での上演が決まってハンブルクに観に行った時、熱狂しているお客様の中で面白く拝見し、作品そのものと音楽に力があるので、アルフレートの挫折と成長の物語をヴァンパイアとの関係性の中で上手く描き出せたら日本版も面白いものになるだろうなと思いました。能力のある人たちと真面目に取り組むというより、それぞれの自由な発想を大切にして臨み、その結果、皆さんの知恵とアイディアとユーモアが詰まったものに仕上がったと思います。

**山口** 山田さん、役者たちにもいろいろな形をトライさせてくださり、それを修正するというより、そのままのびのびと演じるのを生かしながら魔法をかけてしまうんですよね。

**山田** （笑）

**山口** この20年の間には、2008年のリーマンショックや2011年のあの出来事を経験して日本全体がシュリンクしてしまった時期の公演もありました。そういう時に、日常の大変な想いに押しつぶされそうな方も劇場に来て一緒に踊ってくださる。その皆さんのエネルギーが、気が付くと自分たちのエネルギーになっていて、それが作品そのものエネルギーにも繋がっていったのだと思います。だからこの『ダンス オブ ヴァンパイア』は20年も上演を重

帝国劇場で日本初演された『ダンス オブ ヴァンパイア』は、
クロロック伯爵役の山口祐一郎と演出の山田和也とのタッグで人気を博して上演を重ね、
20年目を迎える2025年に6演目の上演が決定した。
そしてそこには、新たなクロロック伯爵役の城田優が加わることが発表された。

ね、今度、"我が息子"のような城田さんが演じるという素晴らしい流れに辿り着いたのではないでしょうか。
**城田** 大変光栄なことだと思っています。元々ヴァンパイアやお化けといった類のものが好きで、いつかヴァンパイア役をやりたいと以前から話していて、そういう中で『ダンス オブ ヴァンパイア』のクロロック伯爵役のお話を頂きました。人生初のヴァンパイア役を、僭越ながら、以前にも同じ役を演じさせていただいた山口祐一郎様とWキャストでやらせていただけること、こんな嬉しいことはありません。
**山口** これほど偉丈夫な城田さんですから安心しています。
**山田** 実は僕、城田さんとはお仕事したことがないので、今回、すごく楽しみなんです。このお2人が一緒にいるという現場がとても素敵ですよね。
**城田** 山口さんを父のように頼りたい気持ちは山々なのですが、同じ役なので、自分はクロロック伯爵をどのように表現していくかをしっかり考えていきたいです。『ダンス オブ ヴァンパイア』は客席で何回も拝見していて、山口さんの素晴らしさは熟知しています。「山口祐一郎さんの他に誰がやれるの?」と思っていらした皆さんに、「これならいいか」と思ってもらえるヴァンパイアを演じられたらと思っています。
**山口** 燃え上がっていく時のキャンドルの炎はとてもチャーミングですよね。今回、城田さんのクロロック伯爵が生まれゆく瞬間に立ち合えると思うと嬉しいです。
**山田** 城田さんには期待が膨らむばかりですが、山口さんのクロロック伯爵の最大の魅力は人間に見えないところ。
**城田** それは大事なことですよね。
**山田** 本物のヴァンパイアがいたんだと思うくらい完璧です。触ったらきっと冷たいんだろうなという血が通ってない感じがする、その圧倒的な存在感は唯一無二です。

山口　これだけ役者をとろけさせる演出家はいません。山田さんは、自分の役作りはこれで大丈夫なんだと自己暗示できるようなことを、フワッと自然とインプットしてくださいます。おかげで舞台に立つ時、確固たる自信が持てるんです。この稽古を積み重ねてきたのだから大丈夫と思わせてくださる方とご一緒できるのはすごく幸運なことです。

山田　そんなに言っていただいて恐縮です。

城田　日本の演出家で初めてご一緒する方は久しぶりですし、自分自身が観ていた作品で自分が演じる側に入るということも含めてと

ても楽しみにしています。僕自身、すごくネガティブ思考なので安心して臨めそうです。よろしくお願いします。

山田　こちらこそです。

山口　芝居に関するお話はもちろん、身長が180cmを超えるとスタンバイする場所で苦労することも多いのですが、山田さんはそんな部分まで考慮してくださっています。

城田　それはとてもありがたいです。

山口　今度の『ダンス オブ ヴァンパイア』もきっとうまくいきますね。チームみんなで一丸となってこの舞台のために時間とエネルギーを注ぎ、新しい命を吹き込みます。

山田　みんなで楽しく頑張っていきましょう。

## 『エリザベート』で出会った2人

山田　山口さんと城田さんとの出会いは『エリザベート』ですか？

山口　そうです。僕が人生で顔を見上げて話したのは、ティム・ライスさん（『ジーザス・クライスト＝スーパースター』『エビータ』『アラジン』などの作詞家）以来、城田さんが2人目です（笑）。（2010年の『エリザベート』で）トート役を石丸（幹二）さんと城田さんと僕とで務めさせていただいて、石丸さんは劇団（劇団四季）時代からの知り合いですが、城田さんとご一緒するのは初めてでした。稽古場に入ってきた瞬間、大きいなぁと思いましたね。城田さん、僕より手も大きいので、少年ルドルフとのシーンの稽古で、子役を片手だけで捉えてしまうように見えた時があったんです。自らの体格を生かしたそういう表現も面白いなと感じて、自分はこうなんだと凝り固まっていた脳味噌を柔らかくしてもらったところもありました。『ダンス オブ ヴァンパイア』でも、城田さんのクロロック伯爵から多くの刺激を頂けると思いますので、とても楽しみです。

城田　山口さんと初めてご一緒した『エリザベート』のことは鮮明に覚えています。瀬奈（じゅん）さんと石丸さんと僕が新しく入ったメンバーで、僕は帝国劇場も初めてでしたし、今までとは違う空気感の稽古場で、ほとんど喋ることもなかったんです。そんなド緊張で震え上がっていた僕に、山口さんは、棺桶に入っている時の過ごし方をはじめ、アドバイスやいい意味で力が抜ける材料をたくさんくださり、稽古中ずっと優しくしていただきました。それこそ僕の父くらいの年の差があるにもかかわらず。その頃から「パパだよ」とよく言ってくださっていて、すごく助けていただいて本当に感謝しています。

## 帝国劇場の思い出と新帝劇への期待

山田　山口さんとご一緒した帝劇作品は、『ダンス オブ ヴァンパイア』の他には『ローマの休日』、『風と共に去りぬ』、『レベッカ』、そして昨年の舞台『キングダム』で、山田和也を語る時に山口祐一郎さんは外せなくなりました。

山口　それは私も同じです。

城田　たくさんご一緒されているんですね。

山田　光栄なことに。最初の作品が『ローマの休日』です。2000年の春に青山劇場で開幕して、翌年、帝劇に凱旋したという形でした。山口さんは舞台の真ん中に立つオーラがおありで、帝劇はそういう方のための劇場だなと演出助手時代から感じていたので、いざ自分がそこで作品をやらせていただいた時、真ん中にいてくださることのありがたさを実感しました。

山口　山田さんと初めてお仕事させていただいた『ローマの休日』は、とても楽しい時間でした。

山田　青山劇場ではローマの街のミニチュアを舞台上にコラージュした舞台美術だったのですが、せっかく帝劇に来たので、実物大にしようと大きくしました。

山口　舞台上でスクーターに乗るなんてなかなかできない経験をさせていただきましたが、帝劇に来たら、そのスクーターがオケピの上を飛んだんです。あれはいつ閃いたのですか？

山田　スクーターに乗る場面は、大地真央さん演じるアン王女と山口さん演じるジョーの気持ちが一番高揚するところだという話がな

されていて、「それならフライングですよ！」とプロデューサーの酒井喜一郎さんが発想してくれました。帝劇は舞台に奥行きがあるので映画撮影のクレーン使用が可能になり、迫力のある素敵な場面になったんです。

山口　スクーターが飛ぶようなチャーミングな、ミュージカルならではの作品を山田さんとご一緒できて幸せでした。

城田　帝劇の舞台の上をスクーターが飛ぶ『ローマの休日』、観たかったです！

山田　その『ローマの休日』がとても評判が良かったので、オリジナルミュージカル第2弾をやろうという話が持ち上がったのだと思います。『風と共に去りぬ』を新たにミュージカルにすることになり、レット・バトラーを演じられる山口さんと再びご一緒させていただくことになりました。

山口　また山田さんと創れることが嬉しいです。

山田　今度は最初から帝劇だったので、帝劇のスケールに合ったものを、そして過去の『風と共に去りぬ』を超えたいという思いで取り組みました。

**山口** 素晴らしい舞台美術でしたよね。どこもかしこもリアルで、その中で名作が展開していった印象です。

**山田** 昨年の舞台『キングダム』の王騎役では若者たちを大きく支えてくださいました。実際の山口さんとの年齢差や経験差が役柄の関係性とリンクしていたんです。

**山口** ここでもお父さんでした(笑)。若者たちからの相談をよく受けていたのですが、それは役作りに繋がりましたか?

**山田** もちろん繋がっていました。

**山口** 帝国劇場の思い出はたくさんありますが、公演中に頂くお客様からのお手紙の印象が強いですね。全く自分が予想していなかったところが「一番の見せ場ですね」「ここが素晴らしいです」と書かれていたりするのがとても興味深いです。2011年の痛ましいあの出来事の折には、ファンの方からグループで観に行くという手紙を頂いていたのに、その席がぽっかりと空いていて、後になってその方たちは……それは今も悲しく辛いことです。有史以来、劇場があるのは、時間と空間を共有できる瞬間を共に生きることが何より素晴らしいからだと思います。生まれた瞬間から終わりに向かっていく人類の循環の中で、全くの他人が一つになれる瞬間が劇場にはある、それを感じさせてくれたのも帝国劇場です。

**山田** 僕が初めて帝劇に来たのは大学生の時、市川染五郎さん時代の(松本)白鸚さんの『王様と私』を観ました。1984年に東宝に入り、20代の頃は舞台監督や演出助手をして、帝劇で演出をするようになった2000年頃から4半世紀です。歴史ある格式の高い劇場に、名優と言われる方々、巨匠と呼ばれる創り手の方々もいらして、そういう舞台裏にいられる誇りや喜びがありました。一つ一つの作品に思い出はありますが、お客様が楽しんでくださっていることを感じられると、ここで働けて良かったなと思いますね。

**城田** 僕は帝国劇場で初めて観たのが山口さんが出てらした『エリザベート』だと思います。17歳くらいの時で、同時期にミュージカルに出たり、オーディションも受け始めていたので、「この舞台には僕は立てないな」と思いながら観ていました。その後も、観に来る、オーディションを受けに来る、そして落ちる……が続きました。初めて舞台に立たせていただいたのは『エリザベート』です。その『エリザベート』に何度か出演させていただいている中で、僕自身も、最初のうちは、今回は全何回公演だ……とか思っていたのですが、徐々にその1回1回がお客様との唯一無二の時間であり、その時間でしか生まれないエンターテインメントは観る側にもやる側にも唯一無二のものであるという、その舞台に立つ"価値"みたいなものを教えてもらえた気がしています。

**山田** 新しい帝劇がどんな劇場になるか楽しみですね。

**山口・城田** 楽しみです!

**山口** 以前、帝国劇場でトークショー(2020年『My Story 一素敵な仲間たち一』)の機会を頂いて、山田さんが帝劇の大ゼリや盆といった舞台機構をフルに使ってシンプルなトークショーを立体的に演出してくださり、お客様にも大変好評でした。その準備段階で、奈落から何から何まで見学させていただいて、どれだけの才能を持ち合わせた人たちが集まって創り上げたのだろうと圧倒されたんです。新しい帝国劇場もきっと素晴らしい才能が集結して創り上げられるのだと思います。新帝国劇場の誕生を楽しみにしています。

**城田** 僕は、僭越ながら、最近、演出もやらせていただくようになったので、俳優としての目線だけでなく創り手として機構的な部分や音響など現実的なところも気になります。これまで日本で一番優れた劇場であったように、新しい帝国劇場も日本一と誇れる劇場にしてほしいです。そして何よりお客様が心地良く楽しく作品に没入できる空間を創っていただきたいです。

**山田** 最初の帝劇を創る時、今までの芝居小屋とは違う新しい劇場を創るんだと理想に燃えた人たちがいて、今の2代目の帝劇も、他のどこもできない新しいことをここでやるんだと創られた劇場だと思うんです。次の帝劇がどうなるかはまだ知りませんが、最初と2代目がそうだったように、新しいことをやる劇場、誰もやれないことをやる劇場の精神が引き継がれればいいなと楽しみにしています。

**山口** 城田さんのお父さん役とか、ちょっと出てきてすぐに引っ込む役で新しい帝劇に出演させていただけたらと思っていますので、よろしくお願いします。

**城田** すぐに引っ込まないでください(笑)。山口さんとは同じ役を演じることはあっても同じ板の上には立っていないんですよね。

**山口** 確かにそうですね。稽古場でご一緒してきた日々があるので、もう何度も共演しているような気持ちでした。

**城田** そうなんですよ! 新しい帝劇で、新たな作品でご一緒できることを願っています。

# 同時代クロストーク

現・帝劇を彩った様々なスターたち。同じ時代を生きた彼らが、その日々について、様々な顔合わせで語り合う。

- オリジナルミュージカル
- 先輩後輩
- 伝統と革新
- 新帝劇
- コロナ禍
- トリプル・クワトロキャスト

**高畑充希 × 昆 夏美 × 屋比久知奈 × 海宝直人 × 小野田龍之介**

## 一生忘れられない、コロナ禍のさなかの『ミス・サイゴン』

——まずは皆さんそれぞれの、"初帝劇"の思い出をお聞かせください。

**高畑** 私は15歳まで大阪に住んでいて、家族で『レ・ミゼラブル』か『ミス・サイゴン』を東京まで観に行ったのが初帝劇だったと思います。記憶にある最初の思い出は、『サイゴン』でヘリが止まってしまって、筧利夫さんが漫談のように場を繋いでくださっていたこと(笑)。

**小野田** それ、直人君がアンサンブルで出てた時の『サイゴン』じゃない?

**海宝** そうかもね。筧さんが漫談してたの、僕も覚えてるから(笑)。2008〜2009年公演ってこと?

**高畑** かなあ? 何度も観に行っていたから分からないけど、もしかしたら私、海宝君の初『サイゴン』も観てたかもしれないね。

**昆** 私が初めて行ったのは中学生の時で、演目は『モーツァルト!』。そこから東宝ミュージカルが好きになって帝劇に通い始めて、いつも気合いを入れてというか(笑)、当時の自分なりにおしゃれをして行っていましたね。ミュージカルファンだった時から、帝劇は私にとって特別な場所で、特に匂いが好きでした。今でもあの匂いを嗅ぐと、当時を思い出します。

**屋比久** 私は沖縄にいたので、帝劇で最終審査が行われた「ミュージカルのど自慢」に出るまで、申し訳ないことに帝国劇場という存在を知らなくて。歴史のある劇場だと聞いた上で立ちはしたのですが、その時は「(客席が)紫だな〜」と思ったくらいでした(笑)。帝劇で歌えるのがどんなに光栄なことかを知ったのは、『レ・ミゼラブル』で立った時。こんなすごい場所で何も知らずに歌っていたんだなと、重みを実感しました。

**海宝** 僕は小学生の時、『レ・ミゼラブル』を観に行ったのが最初かなと思います。それから『レミゼ』は毎回のように通ってたんですが、当時の帝劇では幕の内弁当の販売があったんですよ。開演前に注文しておくと幕間にはできていて、食堂で食べられたんです。

**屋比久** すごい、出来立てが食べられたんだ!

**海宝** そう、それがすごく楽しみで。

**高畑** 舞台より(笑)?

**海宝** いやいや(笑)。子供の頃の帝劇のイメージは、大好きな『レ・ミゼラブル』を観に行く劇場であり、お弁当がおいしい劇場という感じです(一同笑)。

**小野田** 僕も直人君と同じくミュージカルっ子だったので、帝劇に観に行ったことは子供の頃から何度もあるんですが、初帝劇と言われて浮かぶのは初めて出演した『ルドルフ〜ザ・ラスト・キス〜』ですね。舞台稽古に時間がかかって、プロデューサーから「泊まれる?」と聞かれて、帝劇クラスの作品になると泊まりがけで舞台稽古するんだ! と思ったことが印象深いです(笑)。もちろん冗談だったんですが、当時の僕は15歳で、子役から大人の俳優になる狭間の時期。大人の作品作りに初めて加えてもらえたような気がしたから印象深いのだと思います。

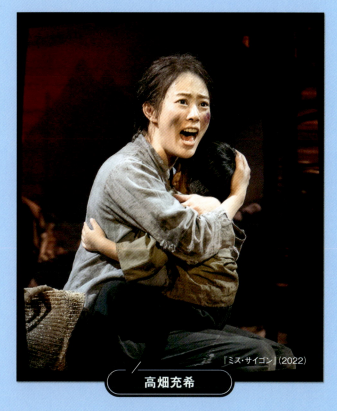
『ミス・サイゴン』(2022)
高畑充希

── では、帝劇での"一番の"思い出は?
昆　ええ、何だろう〜! 思い出があり過ぎて。
海宝　一番ってなると難しいよね。
小野田　いや、僕はもう決まってますね。
高畑　じゃあ龍ちゃんからどうぞ!
小野田　直人君との思い出でもあるんだけど、昆さんと屋比久さんも一緒だった年の『レ・ミゼラブル』で、平成最後の日に舞台上でイベントがあったんですよ。その司会を、直人君と僕とでやらせていただいて。
海宝　やったね! 懐かしい。
小野田　懐かしいよね。愛してきた劇場で、年号が変わるという時に、自分たちの司会でお客さんも一緒に〈民衆の歌〉を歌えたことがすごく思い出深いです。
昆　それってカンパニー全員いた??
小野田　いや、その回に出てた人だけ。
昆　え、屋比久ちゃん覚えてる?
屋比久　私は出てなかったけど、そういうイベントがあったことは覚えてます。
小野田　昆さんが覚えてないとしたら、その回は別のエポニーヌだったか、昆さんが薄情かのどっちかですね(笑)。
屋比久　その回は(唯月)ふうかちゃんだったのじゃないかなあ。
海宝　うん、今ちょっと調べたらそうみたいですね。
昆　良かった……! (一同笑)
高畑　でも海宝君も、さっき「やったね!」って言ってたってことは……?
海宝　うん、龍之介君に言われて思い出した(笑)。僕の思い出は、一番となると難しいですけど、やっぱり初めて立った2008年の『ミス・サイゴン』は大きいかなと思います。9階の稽古場にお客さんを入れて、アンサンブルキャストが何チームかに分かれて出し物をするイベントがあったんですが、僕がチームを組んだ深堀景介君と植木達也さんとは、2022年の『サイゴン』でもご一緒できたりして。全てここから始まったという意味でも、いろいろなご縁がずっと続いているという意味でも思い出深いですね。
昆　お2人みたいに素敵なエピソードじゃなくて申し訳ないんですけど(笑)、私もやっぱり、思い出深いのは初めて立った時。2013年の『レ・ミゼラブル』なんですが、舞台稽古初日に立った時、客席に吸い込まれそうな感覚になったんです。ずっと通っていた劇場で、座席の色味も大好きなのに、いざ立ってみたら客席が何と言うかこう……ブラックホールのように見えて。「これが帝劇か!」と衝撃を受けて、初日がちょっと怖くなったことを覚えています。
高畑　帝劇、広いもんね。私も2022年の『ミス・サイゴン』の舞台稽古で初めて立った時、最初のうちは夢中で自分の周りの空間にしか意識がいってなかったんだけれど、客席の近くで歌うシーンになった時に「うわ、広っ!」って、急に事の重大さに気付いて焦ってしまって(笑)。私もやっぱり、それが一番の思い出かなと思います。広い劇場は他にもありますが、帝劇の客席は独特なんです。
海宝　扇みたいに広がってるからね。
高畑　そうそう。でも慣れてきたら、「絶景!」と思えるようになりました(笑)。
屋比久　私の一番の思い出も、充希さんと同じ2022年の『ミス・サイゴン』。初めて帝劇に立った「のど自慢」でも〈命をあげよう〉を歌ったのですが、その時点では作品を観たことがなかったので、初めてキムとして同じ歌を歌った時にはすごく感慨深いものがありました。キムは私にとって、作品の中にただ"居る"という感覚を初めて味わえた役でもあるので、初日の〈命をあげよう〉は一生忘れないと思いますし、これからもずっと大事にしていきたい役であり歌ですね。
── 高畑さんと屋比久さんから挙がった2022年の『ミス・サイゴン』は、コロナ禍により中止になった2020年を乗り越えて開幕した公演でもありました。中止になった時の思いをお聞かせください。
小野田　2020年も、稽古は進んでたんですよ。
屋比久　抜き稽古だけど、1幕最後までやってたんですよね。
昆　キムがトゥイを撃つシーンで稽古がストップしたの、はっきり覚えてる。
小野田　僕たちクリス役はその日、稽古休みで、数日後に衣裳合わせで稽古場に行く予定だったんですが、まずはそれがなくなって。

『ミス・サイゴン』(2022)
昆 夏美

高畑　いろいろなくなっていって、稽古場に荷物を取りに来てくださいっていう連絡が来たんだよね。取りに行った時に何人かに会ったけど、みんな「ここで終わりなの?」ってフワフワしてた。
屋比久　荷物だけ取りに行った時は悲しかったな。
海宝　うん、まさか本当にそのまま終わりになるとは思わなかった。
昆　最後になったシーンで、キムをやっていたのは私なんですよ。もしかしたらストップするかもしれないという空気はあったから、ずっとものすごいスピードで稽古が進んでいて、大原櫻子ちゃんを含めた4人のキム全員が全シーンを稽古することはできていなくて。トゥイを撃つシーンは私がやらせてもらったから、キムの感情の流れを掴む上ですごく大事なシーンを自分だけ稽古できたことを、2022年公演が決まるまでずっと申し訳なく思っていました。
屋比久　そんな、全然。昆さんだけでもやってくれたことで、自分のやるべきことを持ち帰れたからありがたかったです。
高畑　私は、昆ちゃんだけがやったことすら忘れてるくらい記憶が曖昧なんだけど(笑)。あの時は、唯一のキム経験者だった昆ちゃんが何かと先にやってくれてたんだよね。でも実は昆ちゃんも、前回のことをそんなには覚えていなくて。

昆　そう、だって経験者といっても、2016年は喉の不調で降板して、本番にはほとんど出られなかったから。
屋比久　「私もみんなと同じ立場なの!」ってよく言ってましたね(笑)。
高畑　ね(笑)。だから2020年は、4人で一緒に歩んでいた感じがします。
屋比久　公演中止が決まった時はとてもショックだったけれど、後から思うと、2020年に稽古だけでもできていて良かったのかもしれないなって。それから2年間、ずっとどこかでキムのことを考えた上で2022年の稽古を迎えられましたから。
小野田　僕は中止が決まった時、すごく残念だったと同時に、このまま無理やり幕を開けなくて良かった、というちょっとした安堵感もあったんですよね。昆さんや屋比久さんが言ったように、止まる前から本当に駆け足で稽古していたから。
高畑　うん、私も。初めての帝劇で、伝統あるミュージカルに出ることもほぼ初めてだったから、あまりの速さで稽古が進んでいた時には不安が強かったです。
小野田　中止にならなかったとしても、海外スタッフが帰国しちゃうことは決まっていたしね。その前から『サイゴン』に出ていた僕としては、日本側だけで稽古をして、新しいキャストやスタッフさんたちが"サイゴン・スピリット"を感じないまま公演をするのはどうなんだろうという思いもありました。
海宝　僕は2020年、『アナスタシア』の本番を早抜けして『サイゴン』の稽古に入る予定だっ

『ミス・サイゴン』(2022)
海宝直人

たんですが、『アナスタシア』も何度も中止になって、僕も3回しか本番ができなくて。その流れで『サイゴン』に入ったので、この状況下で本番を迎えるのはかなり厳しいだろうなと、その時点から感じていました。ただそんな中、海外スタッフが本当にギリギリまで残って、できる限りチャレンジするんだという気概を持って稽古に向き合ってくれていた。だから中止が決まった時は、残念な気持ちと共に、海外スタッフの皆さんへの感謝の気持ちがすごく強かったです。
小野田　本当に、愛に溢れたカンパニーだったよね。

――　そして2022年、待望の幕が開きました。2年越しの公演は、皆さんにとってどんなものでしたか?

高畑　2022年も、2020年とそこまで大きく状況が変わっていたということではなくて。稽古中はみんなマスクをしていて、それでも感染する人が相次いでいましたし、実は私自身、初日の10日前に感染してしまったんです。その時は、「ああもう終わった、初日の舞台には立てない」と。
昆　あの時のみっちゃん(高畑)は、本当にかわいそうで見ていられなかったです。
高畑　感染者が他にもいたので開幕が遅れて、なんとか立てることにはなったのですが、体力を戻すのも簡単ではなくて……。でもその分、みんな団結していて、お客様の熱気もすごくて、エンターテインメントの力を改めて感じる初日になりましたね。

『ミス・サイゴン』(2022)
屋比久知奈

小野田　分かる。人が集う尊さ、喜び、力強さを改めて感じたよね。
屋比久　私も、舞台上で初めてマスクを取って皆さんと顔を合わせた時に、人と人が繋がるってこういうことだよなって。お客様の熱気もすごくて、舞台も客席も燃えていた感じがします。
海宝　本当に、すごいエネルギーの中での開幕だったよね。ただ僕は、帝劇公演の最後の方に感染して、龍之介君に替わってもらうことになってしまって。
屋比久　同じく。充希さんと昆さんにはご迷惑をお掛けしました。
高畑・昆　全然！

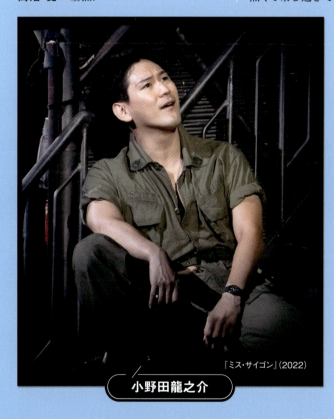
『ミス・サイゴン』(2022)
小野田龍之介

海宝　本当に千穐楽の直前だったから、帝劇の楽屋を片すこともできなかったんですよ。そういう意味では心残りがなくはないんですが、舞台がなくなると自分はこういう気持ちになるんだな、という発見ができた気もしていて。自分がいかにエンターテインメントというものに生かされているか、仲間たちとお客様からエネルギーをもらっているかを、改めて痛感しましたね。
昆　私にとって2022年の『ミス・サイゴン』は、私はこの作品が大好きなんだ、と改めて感じた公演でした。順調ではなかったかもしれないけれど、だからこそみんなで手を繋いで歩いていけたのを感じていて。こんなことを言ったら不謹慎かもしれないですが、いろいろな障害があった中で公演できたことが『サイゴン』という作品とマッチして、相乗効果が生まれた面もあったんじゃないかなって。2016年公演を降板して、なんとかもう一度帝劇で演じたかったという個人的な思いもあって、私の『サイゴン』人生の中でも一番心に残る公演になりました。
高畑　私もそう。2020年のオーディションから足掛け4〜5年、ずっと楽曲を聴いていたけれど一度たりとも飽きなくて、好きが増すばかりの作品ですし、2022年公演は熱くて楽し過ぎて、思い出を肴に未だにお酒が飲めるくらいなんです（笑）。これ以上熱い公演は今後ないような気がしますし、私の中に一生残る演劇体験になったと思っています。
屋比久　私も全く同じです。『ミス・サイゴン』は、もしかしたらまたストップするかもしれないという不安やジリジリする気持ち、でもその中でも全力で向き合おうとする気持ちを乗せられる作品で、実際に乗せられたのが2022年だったと思います。空気感や達成感を含め、あの時期にしかない『サイゴン』だったという意味で、私にとっても本当に特別な公演ですね。
小野田　『ミス・サイゴン』って、結局のところ"人間がどう生きるか"という根源的なものを描いた作品だからね。それが2022年の状況とマッチしていたというのは、僕もよく分かります。
海宝　2022年は、パンデミックの他にもロシアのウクライナ侵攻があったりして、この作品を上演する意味がグッと前に出た年でもあったと思います。その中で僕は、『ミス・サイゴン』という作品の力も改めて感じていて。世界情勢とか、観る方の世代とか立場によって、別の作品に見えるくらい感じ方が変わるんですよね。それだけいろいろな視点があるって実はすごいことで、演劇として本当にパワフルだなと、改めて思った公演でした。

── 貴重なお話をありがとうございました。では最後に、"新・帝劇で叶えたい夢"をテーマに、皆さんで自由にお話いただければと思います！

高畑　またみんなと共演したいなあ。今度は同じ役じゃなく、ぜひ5人一緒に舞台に立ちたいですね。
昆　そうだね、そうだね！
屋比久　私は、海宝さんが言ってたお弁当が復活してほしいです（笑）。
昆　ええ、じゃあ私は、帝劇のあの匂いを残してほしい！
小野田　分かる、無理ならあれをアロマ化してほしいよね。俺、帝劇の匂いのアロマがあったら買うもん（笑）。
高畑　でもリラックスできなさそうじゃない（笑）？
小野田　確かに、痺れる感じかも（笑）。あと僕は、前にコンサートで出演したことのあるハンガリーの劇場みたいに、劇場の中にサロンがあったら嬉しいな。舞台の映像を観ながらみんなでご飯を食べたり、夢を語り合ったりしたい。
昆　ああそれ、いいなあ。
高畑　うん、素敵。あと私、エレベーターが増えてほしいな。
屋比久　私も今それ言おうと思ってました！
海宝　確かに、たまに乗れなくて階段使わなきゃいけない時きついからね（笑）。
高畑　……ねえ、なんか"夢"じゃなくて帝劇への"要望"の話になってない？（一同笑）
小野田　ミュージカルって、最近はオリジナルも増えてきたけど、やっぱり輸入作品が多いじゃないですか。新帝劇では、年に1本くらいはオリジナルが上演されるようになったらいいよね。
高畑　あっ、分かった。新帝劇で、この5人で共演できるオリジナル作品を初演して、それを海外に持っていく！
海宝　いいね！　壮大な夢ができた。
小野田　なんとかまとまったみたいで良かったです！（一同笑）

## 石川 禅 × 岡 幸二郎 × 今 拓哉 × 髙嶋政宏 × 橋本さとし × 別所哲也

※50音順

### 思い出は尽きない、愛しい日々

――まず、帝国劇場に初めて足を踏み入れた時のことを伺わせてください。

**石川** 僕が初めて帝国劇場の客席に座ったのは、1991年の浅丘ルリ子さん主演『濹東綺譚』を観た時ですが、その前に『ミス・サイゴン』のオーディションで舞台に立ちました。〈アメリカン・ドリーム〉の踊りは劇場の空間で見てみないと分からないということになって、舞台の上に立ちました。

『回転木馬』(1995)
石川 禅

**5人** すごいな、それ!

**石川** 「これが帝国劇場か」と舞台の大きさにも空間の広さにも驚きましたね。

**岡** 僕は、36年前に『オリバー!』のオーディションでB6の稽古場に行ったのが最初。その帰り際に、プロデューサーの佐藤勉さんに呼び止められて「君、3月と4月空いてる? 空いてるなら『マイ・フェア・レディ』も出てよ。今度、大地真央がやるんだけど、真央が可愛く見えるように周りに大きい人を集めたいんだ」と言われて、『マイ・フェア・レディ』にも出ることになりました。

**5人** へー!

**今** 僕はおそらく高校生の時、森繁(久彌)さんの『屋根の上のヴァイオリン弾き』を観たのが最初で、格式のある大きな劇場だなと思いました。舞台もダイナミックで森繁さんも面白く、その後も2～3回通い、上條(恒彦)さんバージョンも観ました。

**髙嶋** 僕は『レ・ミゼラブル』日本初演の初日ですね。ブロードウェイで観て感動した舞台が日本語になっていて、鹿賀丈史さんのジャン・バルジャンが素晴らしく、めちゃくちゃ感動したことを覚えています。その前に両親が出演していた舞台を観に来たかもしれないのですが、その記憶は全くないので。

**橋本** 僕が初めて帝劇に入ったのは2003年。『ミス・サイゴン』のエンジニアをやることになって、その前に、『レ・ミゼラブル』は観といてくれと言われて観させていただきました。全編歌のミュージカルという知識もないまま初めて帝国劇場に足を踏み入れ、「えっ! 台詞はないんだ!」と、別世界を体験した思いでした。その別世界の中に自分も入っていくんだとビビりながらも覚悟を決めた瞬間でした。

**別所** 僕も『レ・ミゼラブル』の初演を観たのが初めての帝国劇場体験でした。劇場の大きさにも舞台の素晴らしさにも本当にびっくりしました。回り舞台で、薄暗い中にホワイトライトが入る演出が特に印象に残りました。

――帝国劇場での上演作品に多数ご出演ですが、一番思い出深い作品、役は?

**別所** 最初に観たのが『レ・ミゼラブル』の日本初演で、巡り巡って自分が初めて帝劇に出る舞台が『レ・ミゼラブル』のジャン・バルジャン役。やはり一番思い出深い作品になりますね。今も上演されている『レ・ミゼラブル』は、ある意味、この帝国劇場から全世界に繋がっているすごい作品で、ジャン・バルジャン役を演じさせていただいてとても光栄なことだと思っています。

**髙嶋** 一番長くやっていたのは『エリザベート』のルキーニで、陽の当たる瞬間がない毎日を送っていましたが(笑)、やはり『レ・ミゼラブル』のジャベールですかね。帝劇B4の稽古場でジャン・バルジャンのオーディションを受けていたんですが、待ち時間に緊張で喉がカラカラになったので水を一口飲んだら、それじゃダメだと。「水を飲む時は、ゴクゴクと喉の奥まで湿らさないと」と(演出家アシスタントの)垣ヶ原美枝さんがアドバイスをくれたんです。

**岡** 美枝さんは、日本初演の時からずっと『レ・ミゼラブル』を支えてくださった方で、僕らもいろいろ教えてもらったよね。

**石川** お世話になったね。

**髙嶋** その後、(演出の)ジョン・ケアードが「ジャン・バルジャンじゃないからジャベールで受けてほしい」と言ってると連絡が来て。落ちたところから始まって、まさか受かるとは思わなかったジャベール役なので印象深いです。

**橋本** ずっとミュージカルで活躍されている方たちの中に自分がいるアウェイ感もありましたが、自分なりのものを表現しようと思って挑んだのが『ミス・サイゴン』のエンジニア役でした。ストーリーは重いですが、エンジニアはテンションが高い発散型で、役者に近づけて演じられるので楽しかったです。『レ・ミゼラブル』のジャン・バルジャンは大きなキャラクターに役者が立ち向かっていくみたいな真逆な役。その2つの役を帝国劇場でやらせていただいたのは、僕の役者人生にとってとても大きなことでした。

**岡** 作品で言うと『レ・ミゼラブル』と『ミス・サイゴン』。役はアンジョルラスですね。自分はずっと演じてきたアンジョルラスが好き過ぎて、ジャベールのオーディションを受けるつもりはなかったんです。アンジョルラスの全てが好きでしたし、燃え尽きましたから、『レ・ミゼラブル』はこれで終わろうと。そうしたら、プロデューサーの田口(豪孝)さんにジャベールのオーディションを勧められ、断

『レ・ミゼラブル』(1997)
岡 幸二郎

今 僕も『レ・ミゼラブル』は大事な作品ですが、『マリー・アントワネット』という作品とフェルセン役が印象深いです。栗山（民也）さんの演出や作風が辛口でお芝居のテイストが強く刺激的でした。フェルセンを演じながら、こんな悲しいキスは一生しないだろうなと毎回感じていました。
石川 僕は、初めてのプリンシパルだった『回転木馬』のビリー・ビグロウ役ですね。『ミス・サイゴン』公演中に父親が他界したのですが、『回転木馬』の内容が、一度死んだ男が地上に降りてきて自分の娘に星のかけらをプレゼントするという話で、まるで父親からプレゼントされた役だと思えてならなかったんです。そしてそれがマリウス役をはじめ、その後のいろいろな役に繋がっていったので、ビリーは特に忘れられない役ですね。

── 皆さんが出演された『レ・ミゼラブル』『ミス・サイゴン』での忘れられないエピソードなどは？

全員 あり過ぎるよね。
髙嶋 『レ・ミゼラブル』はどのシーンも動きが全部決まっていて、〈自殺〉のシーンも橋の欄干を乗り越えたらビシッと立って歌わなくてはダメだと言われて。でも、自殺しようと欄干を乗り越えたら意識も朦朧としているだろうし、バランス崩して身体が揺れるだろうと力説したんだけど、プロデューサーたちから「それはやめてくれ」と睨まれた記憶が

あります（笑）。
岡 身体が揺れてそれが装置に影響しちゃうと危ないから、ああいう演出になっているんですよ。
髙嶋 それ、途中で分かった。
全員 （笑）。
今 ある年の千穐楽、その〈自殺〉のシーンで音響トラブルがあって、バルジャンが去り、ジャベールの僕がセーヌ川に行こうとすると橋が降りてなくてオケもだんだん薄くなって無音に。でもここで気持ちを切らしたらダメだと橋を見上げながら、アカペラで歌った方がいいのかなとか考えていたら客席にいたジョンが舞台に上がってきて「下水道からもう一回やろう」と。
別所 その時のバルジャンは僕だったんだけど、下水道のシーンあたりから変な音が聴こえていたんですよね。
今 僕が袖に向かうと幕が降りてきて、幕前には別所さんも現れてジョンの通訳もしつつ状況と再開を伝えてくれて。
4人 素晴らしい!!
今 15分か20分後に再開すると、みんなで最後まで行きたいという一体感が舞台と客席に生まれて1曲終わるごとにものすごい拍手で、あの時の感覚は、今思い出してもざわざわしますね。
別所 お客様から温かい拍手を頂き、ここから自分のできる全てを届けようと再び舞台に立ったことを覚えています。
橋本 僕のジャン・バルジャンの初日、緊張しまくってて、病室のシーンで、ジャベールが出てきたら「♪逮捕する前にジャベール……」と歌わないといけないのに、「ジャベール」と言っちゃったんです。そこから歌詞が全然繋がらなくなって、あれは焦りました。その時のジャベールは今ちゃんで、「どうした？」とか言ってくれて。
今 警棒で、胸をグリ

グリしたり小突いてたのを覚えてる（笑）。
橋本 1幕の最後、マリウスがバルジャンの家に入ってくる所も門を閉め忘れて。
別所 あの門、開きにくくて閉まりにくいんだよね。
橋本 マリウスが戸締りしてくれました。
全員 （笑）。
別所 バリケードがガチっと上手くはまらなくてそのまま止まって少し浮いたままやっていたこともあったな。
今 出てくるはずの人が出てこないから、オケがすごくゆっくりになったり。
岡 生の舞台だからいろいろあったよね。
別所 禅さんと今さんは、いろいろな役をなさってますよね。
石川 アンサンブルからマリウス、ジャベールとまるで出世魚みたい（笑）。
今 僕もです。モンパルナス役の時、電話が掛かってきて、一度もやったことがなかったフイイ役をやったこともありました。
石川 突然の代役だったのに、今ちゃん、見事に演じて拍手喝采だったね。
岡 携帯がまだ普及してない時代だったから、昼の部が終わって夜の部の人が来たことを確認しないと帰れなかったよね。
橋本・別所 すごい時代！
岡 楽屋は役ごとで、内野（聖陽）さんもいて楽しかったね。
髙嶋 文学座の人だったからか（当時）、演劇人って感じ。驚いたのは、足首を捻挫してるのに平気で舞台に立っていたこと。
石川 タフな人だよね。

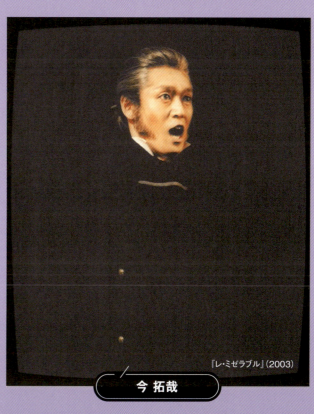

『レ・ミゼラブル』(2003)
今 拓哉

『王様と私』(1999)
髙嶋政宏

**今** 何かあっても「役者ですから大丈夫です」といつも言ってた。

**別所** ウッチー(内野)はメソッド俳優なんですよ。大学は違うけど英語劇の後輩なのでよく知っているけど、メソッド系で芝居を極めていく俳優なんです。

**髙嶋** なるほど。

**別所** ウッチーとは、ナンバーの意味をより深く理解したくて岩谷(時子)先生の訳詞と原詞を照らし合わせ、ジョンを交えて意見交換したりもしました。

**橋本** その頃のバルジャンは、キーヨ(今井清隆)さんと石井(一孝)さんを加えた4人でしたね。キーヨさんがマシュマロ食べながら『レ・ミゼラブル』のいろいろな話をしてくれて楽しかった。

**全員** (笑)。

**別所** 石井さんはマリウス役を経験したからこそのアプローチを考えていてすごいなと思いました。

**橋本** そうでした。

**別所** 『ミス・サイゴン』のエンジニアも、市村(正親)さん、筧(利夫)さん、さとしさんと僕の4人でした。

**橋本** 筧さんは劇団の先輩なので、同じ稽古場にいるだけで緊張してました。筧さんがエンジニアの時、キャデラックが出なかった回があったんですよ。どうするんだろうと思ったら、筧さん、とっさに「キャデラック!」とパントマイムで表現されたんです。培ってきた役者魂というか、すごいなと役者

として刺激をもらいました。

**別所** さすが、筧さんだと思った。エンジニアは、何がなんでも生き延びてアメリカン・ドリームを掴んでやるという強い情熱をたぎらせている男。ベトナム戦争を背景にしたドラマの中、お客様に作品のメッセージを届けられるか、皆で試行錯誤しましたね。

**岡** 『ミス・サイゴン』は、初日に必ず美奈子(本田美奈子.)がいたという話があるんですよ。本人か、あるいは白い蛾になっているかで。塩ちゃん(指揮者の塩田明弘)の指揮棒に開演直前までずっと白い蛾が止まってた時もあったし、(井上)芳雄と自分が〈ブイ・ドイ〉の後、向き合ってた2人が離れた瞬間、2人の間から白い蛾が飛んだ時もあったし。

**別所** ほんとの蛾なの?

**岡** そう、ほんとの蛾。あれは美奈子だって、みんな思ってた。

**橋本** 不思議なことがありますね。

——帝国劇場についての思い出はいかがでしょうか?

**石川** 『ミス・サイゴン』の出演が決まった時、所属していた青年座の大先輩、西田敏行さんが「禅が帝劇でやるのか。あいつ、楽屋暖簾持っているのか?」と、共演したこともない後輩に楽屋暖簾を2枚、作ってくださったんです。それは今も自分の命よりも大事な宝物ですけど、その時の僕は帝国劇場のことをよく知らなかったので、そんなにすごい劇場なんだと逆に教えてもらいました。

**別所** 帝劇の幕が上がる前の舞台にいると、降りている幕が2000人のお客様の強い気で押されている感じがして、それも印象的ですね。

**橋本** 帝劇は独特の匂いもありますよね。

**岡** あります。僕も感じています。

**橋本** 元々演劇界のサンクチュアリでもあるから、敷居が高く気軽に入っていけない場所なのかなと思ったけど、1回帝劇を経

験して、次、帝劇に出た時、帰ってきた気になるんです。そういう気持ちにさせてくれるのは匂いからくるものなのかなという感じはしています。

**岡** ある作品で一緒だったアンサンブルの子が、開演30分前くらいからずっと舞台にいるから「何してるの?」と聞くと、「ここに出るのが夢だったからここにいるんです」と。あまり他の劇場にはないですよね、やっとここに出られたという感覚。

**今** 僕も初めて帝劇に出た時、背筋が伸びるというか、凛とした空気を感じるというか、身が引き締まりました。

**髙嶋** 『王様と私』の王様役、2回目が帝劇だったのですが、「ついに帝劇じゃない」と周りからかなり言われて、帝劇に出るってそんなにすごいことなんだと思いました。

**橋本** 僕も、帝劇に出た時、劇団員の人が観に来て「さとしが帝劇に立ってる」とカーテンコールで泣くって言ってました。それからなぜか帝劇先輩と言われました。

**5人** (笑)。

**橋本** なかなか行ける場所じゃないということを、禅さんやお兄ちゃん(髙嶋さん)が言うように周りからも自覚させられましたね。

**別所** 舞台をやっている人にとって帝劇の舞台に立つということは、目標でありゴールでもあるんだと思う。それだけ素晴らしい劇場ということですよね。僕の俳優人生の中で、『レ・ミゼラブル』と『ミス・サイゴン』を帝国劇場で長くやらせていただいたことは一生の宝物です。

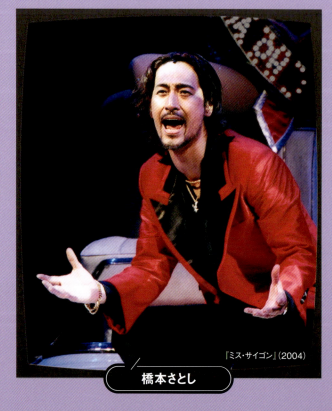
『ミス・サイゴン』(2004)
橋本さとし

橋本　帝劇に初めて出た時、エレベーターで楽屋に行くことに驚きました。それまでは楽屋と舞台が近い所がほとんどだったので、気持ちを切り替えたくて楽屋に戻りたいと思っても、いつエレベーターが来るか分からないのでヒヤヒヤしました。

岡　出演者の出番を全て把握しているくまちゃん（佐久間勉）という優秀な人がエレベーターを操作してくれていた時は、安心して楽屋に戻れました。

石川　くまちゃんがいてくれて、本当に有難かったね。

今　くまちゃんが出ハケに合わせて待っていてくれるのが嬉しかったなぁ。

別所　そういう支えてくれている人がいっぱいいましたね。

岡　そう。スタッフさんもベテランの方が多くて、お衣裳さんの勝間（智子）さんとか。

石川　覚えてる、勝間さん。

岡　勝間さんが、美空ひばりさんに説教したとか、日比谷を歩いていたらマッカーサーとすれ違ったとか、そういう話をしてくれて楽しかった。

石川　いろいろ話してくれたよね。勝間さん、マリウスの担当だったんだけど、小柄だったので、僕らが立ったままだと着せられないから膝を曲げて着せてもらってた。懐かしいな。

髙嶋　楽屋も変わっちゃうのかな。

別所　吹き抜けになってるのがいいよね。

今　みんなが顔を出して「初日おめでとう」と言い合ったり。

岡　「今日はうちの楽屋で飲み会しますよ」とか。

今　終演後も、ああでもないこうでもないといろいろ語り合ってたね。

別所　僕もよく参加していました。

岡　東日本大震災を経験したのも『レ・ミゼラブル』の稽古場だったし。

今　2000年、ミレニアムの年越しも『レ・ミゼラブル』の舞台でカウントダウンしたよね。幸二郎がテナルディエ夫人やって僕がテナルディエで（笑）。

岡　そう。カウントダウンイベントでやった、みんながいつもとは違う役を演じた"天地会"も楽しかった！

今　様々な経験をさせてもらいました。

——　"あの頃"の皆さんのように、今、素晴らしい若手たちが躍動しています。彼らへのエールをお願いします。

髙嶋　今は、勉強しようと思えば何でも簡単に見られるし、1つの舞台を観続けてそこから盗んでいく時代じゃない。でも、だからこそ「俺はこれをやるんだ！」という役者魂みたいなものは受け継いでもらいたいですよね。

石川　僕らの世代は動画なんて簡単に撮れなかったから、後から映像を見て青ざめたりしたけど、今は簡単に撮れるからチェックも好きにできる。そういう中で想像力とかそういうものは大事にしてもらいたいかな。時代によって変化はあるけど、帝国劇場が常にお芝居の殿堂であることに変わりはないから、「次の世代はあなたたちが担っていくんですよ、頑張って」という思いですね。

岡　いろいろ観に行きますけど、若い子たちを見て、自分たちもそうだったなと思うことの方が多いから、自分らしく伸び伸びやってほしいですね。

橋本　ミュージカルという文化が当たり前になってきて、最近は、歌と台詞の境目もなくなってきている。僕ら世代もそこに向かってやってきて、それが今のミュージカルの広がりに繋がってきていたら嬉しいし、帝国劇場は今はミュージカル劇場のイメージですが、ガチなお芝居も見てみたいし、若い世代と一緒にこれからも帝国劇場を盛り上げていけたらなと思います。

別所　30代初めの頃に、坂東玉三郎さんから「一流とは何かを考えていきなさい」と言われたことで、一流とは何かを常に意識してきました。若い人たちにも自分たち世代の一流を目指していく気持ちを大事にしてほしいです。そして、帝劇は究極の一流が集い、一流が見られる場所であってほしいなと思います。

今　若い時は若い時にしかできないことを思いっきりやったらいいし、逆にお芝居は年齢に関係なくフラットだから、そこで出会える作品や仲間との縁を大切にしてほしい。劇場という究極のアナログの場所は、人と人とがエネルギーを交換し合える素敵な所、これからも仲間として一緒に作品を創り育てて守っていきましょう。

——　では最後に、新帝劇への期待をお聞かせください。

橋本　これまでの匂い立つような歴史をこれからも作っていく帝国劇場。そこに現役で参加して歴史の一端を担えたらと気合いも期待感もあるので楽しみにしています。

別所　新しくなっても演劇界において最高峰の劇場には違いない帝国劇場。そこにいらっしゃるお客様に応えられる側でいたいし、そこで生まれる作品を観客としてもたくさん観たいと思います。

岡　先日、『千と千尋の神隠し』を見た時、とても帝劇らしい作品で、さすがジョンだなと思ったんです。帝劇らしいとは言葉にするのは難しいけど、さとしさんが言った匂いもそうだし、品格や重厚さもそうだと思います。新しい帝劇も少しずつ"らしさ"が備わっていくと思いますので、その新しい帝劇にも携わらせてもらえれば嬉しいです。

今　新帝劇でもどんどん新しい作品が生まれ、その積み重ねが歴史を作っていくと思いますので、僕もその一員になりたいし、期待しかないです。匂い、伝統、品は受け継がれていくはずなので、今を大事にして新しいものを創っていきたいですね。

石川　時代が変わっても何が変わっても常にここが憧れの場所で目指す場所であってほしいなと思います。

髙嶋　新帝劇はすぐに定着すると思います。古い伝統や慣習にこだわり過ぎないで、走り続けてほしいし、新しいものをどんどん取り入れて、演目も含めて最先端劇場になってほしい。それを期待したいです。

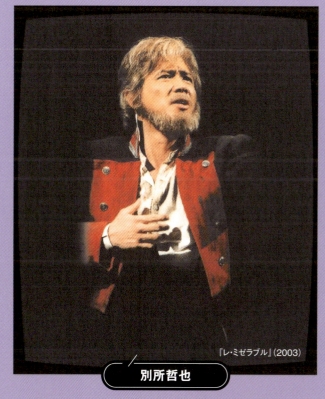

『レ・ミゼラブル』(2003)

別所哲也

## 浦井健治 × 甲斐翔真 × 加藤和樹 × 田代万里生

※50音順

### 噛み締め、受け継いでいく"帝劇に立つ誇り"

── 皆さんの"初帝劇"の思い出は。

**浦井** 僕は2004年の『エリザベート』が初帝劇。グランドミュージカル自体が初挑戦でした。初日にお客様の反応を見た髙嶋政宏さんが「やったな、革命が起こったな」と仰ってくださったのを覚えています。もちろん初出演の僕のことを持ち上げて大きく言ってくださったのだとは思いますが。よく帝国劇場には魔物がいると言いますが、僕には天使がいると思えたくらい"包まれた"感覚がありました。

『王家の紋章』(2021)
浦井健治

**田代** 僕は2009年にミュージカルデビューしたのですが、デビュー前に一度帝国劇場の作品は観ておいた方がいいよと言われて2008年の『エリザベート』に行ったのが初めてです。その時頂いたアドバイスが「今の君が目指すポジションは浦井健治さんが演じているルドルフだよ、浦井さんは金ボタンが付いた青い軍服を着て出てくるからね」。……で、観に行ったら、1幕で言われた通り金ボタンが付いた青い軍服を着た子供(少年ルドルフ)が出てきて(笑)。「あれが浦井健治さん……?」と……。

**浦井** (笑)!

**加藤** 小さい(笑)!

**田代** 「あれを目指すの? 僕……」と思いながら観たのが、僕の帝劇初体験でした(笑)。その後オーディションを経て2010年にルドルフとして自分が帝劇に立ちました。"歴代ルドルフあるある"だと思いますが、〈闇が広がる〉を歌い終わった時の拍手が、それまで受けたことのないような長い拍手なんです。初日、そこで祐様(山口祐一郎)が微笑みながらガシッと肩を抱いてくださって、「これが帝劇だぞ!」と教えてくださっているようにも感じました。それが忘れられないです。

**加藤** 僕はおそらく2005年に『レ・ミゼラブル』を観ているのですが、ミュージカルを観るのが初めてで、残念ながらあまり覚えてません。その後、衝撃だったのが2008年の『エリザベート』でした。武田真治さんとドラマで共演させていただいた縁で観劇に行ったのですが、ものすごく感動して、そこから僕の"エリザおたく"活動が始まりました(笑)。

**田代** 憧れの『エリザベート』なんだ。

**加藤** 出ていないんですけどね(笑)。そして初めて帝劇に出演したのが2014年の『レディ・ベス』。憧れつつもグランドミュージカルの道に進むとすら思っていなかった僕は、帝劇は無縁の場所だと思っていたので、初日はめちゃくちゃ足が震えていました。しばらく慣れなかったな。Wキャストで山崎育三郎君がいてくれたのが本当に支えだったし、やっぱり山口祐一郎さん、石丸幹二さん、花總まりさんという大先輩の立ち居振る舞いを見ながら、次第に自分もこの中の一員なんだという自覚が芽生えてきた形です。

**甲斐** 僕は『マリー・アントワネット』のオーディションのために稽古場に来たのが初めての帝劇だったと思います。2020年かな?「ここが日本で一番と言われる劇場なのかぁ」という、素人のような感想を抱きました(笑)。『RENT』出演中だったのですが、ロックを歌っている時にオーディションでクラシカルな楽曲を歌うのが大変だった、という記憶があります。その後『エリザベート』のルドルフ役を頂き、ついに僕も帝劇に、という身の引き締まる思いで初めて立ったのが2022年です。『エリザベート』は、楽しかったな。

**田代** フェルセン伯爵を経て、ルドルフはもう余裕そうだったもんね……。

**甲斐** 余裕ではありませんでしたが、でもかの有名なナンバーを歌わせていただくというのはすごく楽しかった。もちろん帝劇の魔物の存在も感じましたが、ある日突然、来るんですよね。初日は楽しかったのに急に不安が襲ってくる(苦笑)。不思議な劇場です。

── 数々の作品に出演されている皆さんですが、帝劇の一番の思い出を挙げるとすれば。

**田代** 僕はダントツで、コロナ禍のコンサート『THE MUSICAL CONCERT at IMPERIAL THEATRE』の初日です。

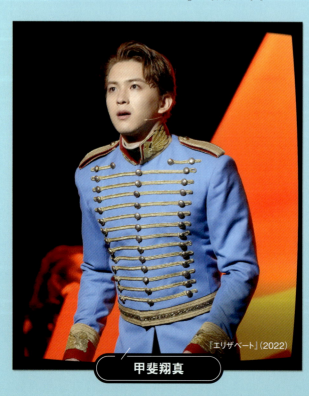
『エリザベート』(2022)
甲斐翔真

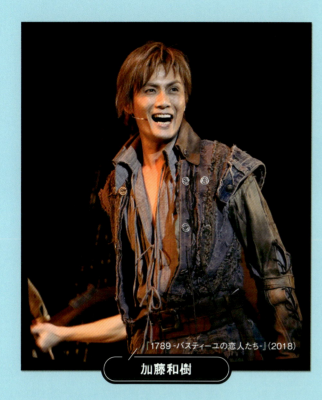

『1789 -バスティーユの恋人たち-』(2018)
加藤和樹

出演予定だった『エリザベート』が中止になり、日本中の演劇が止まり……やっと劇場が再始動した時の公演でした。最初にMCの井上芳雄さんが舞台に1人で出て、ぱっと客席に向いた時に背景に「ようこそ帝国劇場へ」という美しい文字が映るんです。その時の割れんばかりの大拍手と、劇場に戻ってこられたという感動は、涙が出るほどものすごかった。舞台袖から見て感じたあの瞬間は、多分一生忘れない。

**甲斐** 僕は『ムーラン・ルージュ！ザ・ミュージカル』が帝国劇場を真っ赤に染め上げた瞬間でしょうか。劇場入りした時には感動で涙を流している共演者がいたくらい。僕もブロードウェイで見たあの空間が日本に来た、と噛みしめていました。

**加藤** コロナ禍の『ローマの休日』なども思い出深いですが、一番と言ったら僕は初めて主演をやらせていただいた『1789 -バスティーユの恋人たち-』。床が跳ね上がるという大掛かりなセットで。稽古場でだいたいの作りは聞いていましたが、実物を見て「こんな舞台、今まで見たことがない！」と思ったのを覚えています。

**浦井** 僕は"この作品"というより、楽屋で過ごした時間が印象深いです。みんなで同じ釜の飯を……ではありませんが、マチソワ間にご飯を作って食堂みたいなものを開いてくれる共演者がいたりと、キャスト間の絆が生まれる場所。他にも楽屋で、村井國夫さんを筆頭に様々な先輩から愛のあるダメ出しを頂いて、そんな時に言われた「帝劇に立っているんだから」という言葉は、その時は気付かなかったけど「ああ、これは僕も次世代に継承していかなければ」と思うし、大切な時間を頂いていたと思います。たくさん学んだし、たくさんの人の温かさに触れたことが僕にとって大きな財産だし、一番の思い出です。

**田代** 初主演は『王家の紋章』？

**浦井** そう。やっぱり"帝劇で0番"というのは不思議な体験でした。登山と一緒で、みんなと登った光景は忘れられない。帝劇の真ん中らへんって、拍手が上から降り注いでくる感覚がない？

**加藤** 分かります。

**田代** 他の劇場は目の前から拍手が来るけど、帝劇は横にも広いせいか、音が回り込んでくる。健ちゃんが言うように拍手に包まれている感覚になるんだよね。

── 最後に、新帝劇に期待することを。

**田代** 現・帝劇のスタンダードとなっている人気作品が、帝劇が新しくなることを機に演出一新したりするかもしれないですよね。そういうソフト面でのリニューアルも楽しみだな。

**浦井** 何にせよ、新しくなっても帝劇に呼ばれる俳優でありたいよね。

**田代** うん。ミュージカルというジャンル自体まだ100年ちょっとの歴史。今はまだまだミュージカルの創成期と考えると、『レ・ミゼラブル』や『オペラ座の怪人』などよりももっとヒットする作品が新しく出てくる可能性も大いにある。そんな未来の歴史的超大作に僕らも関われたら最高だよね。

**加藤** そうですね。そして日本で制作されたオリジナル作品がここから発信されていく期待は持ちたいです。

**甲斐** 劇場が新しくなるなら、そこで上演されるものも新しく、挑戦していかなければならないですもんね。革命を起こすくらいの心持ちで、鳥肌が立つような瞬間をみんなで作っていける劇場になったらいいなと思います。

**浦井** でも帝国劇場というのはみんなの目標だし、あそこを目指して頑張ろうと思えるレジェンドだから。それはどうなっても変わらないと思う。お客様にも思い入れのある方はたくさんいるはずだし、やっぱり特別な場所だなと思います。それにしても……何年後に建つんだろう？

**田代** 翔真ですら30代になっているかも。一回り下の世代が出てきてるよ！

**甲斐** 絶対、そうなっていますよね。

**浦井** 僕らはいくつになっているんだ!? 芳雄さんも……。

**田代** あっ、新帝劇で芳雄さんの還暦コンサート、やりたいね！ それで僕ら、スペシャルゲストで出よう！ さて、何を一緒に歌おうかな。

**加藤** みんなで出ましょう（笑）。

**浦井** 芳雄さん不在で、今決まりました（笑）。

**田代** 勝手に（笑）。でも僕らが新帝劇に立てたら「俺たち、昔の帝劇を知ってるんだぜ！」という世代になっていくんですよね（笑）。僕らの経験とその誇りを、しっかりと新帝劇にも受け継いでいきたいですね！

『エリザベート』(2022)
田代万里生

## 朝夏まなと × 望海風斗 × 明日海りお

### 伝統を守りつつ挑戦もしていく、懐深い劇場の姿勢を繋いでいけるように

——皆様と帝劇のファーストコンタクトは？

**朝夏** 私は宝塚に入団して初めての東京公演中の2002年に『モーツァルト！』の初演を観に行ったのが最初です。

**望海** すごい！ 初演を観てるの？

**朝夏** そう、今思うとすごいことだよね。帝劇って他の劇場にはない独特の香りがあって、ロビーも豪華で、座席もふかふかで、「あー帝劇に来たんだ！」と思いました。

**望海** 東京宝塚劇場の建て替え期間の公演用にTAKARAZUKA1000days劇場が建てられたのですが、その狭間に宝塚公演が帝劇で上演された時期があって。そこで『ダル・レークの恋』を観たのが最初だと思います。まだ子供だったのですが、連れて行ってくださった方が帝劇に慣れていて、地下街でご飯を食べてそのままエレベーターでロビーに上がったので、正面玄関から入っていないんですよ。すごく格式の高い劇場なのに「通は地下から行くのか！」と(笑)、子供ながらに感動した記憶があります。

**明日海** あやちゃん(望海)はそんなに小さい頃に観ていたんだね。私は育ったのが静岡だったから、宝塚に入るまであまり大きな劇場には入ったことがなくて、初観劇は2008年に同期の花咲りりかちゃん(現RiRiKA)が『ミス・サイゴン』に出演したのを観に行った時です。東京宝塚劇場が新しかったこともあって、帝劇に入った途端、煌びやかさと同時に、重厚感をすごく感じて、外国の劇場に来たみたいだと思いました。

——そこから、初めて帝劇の舞台に立つ側になった時、お稽古中も含めて印象に残っていることはどうですか？

**朝夏** 2020年の『THE MUSICAL CONCERT at IMPERIAL THEATRE』で、初めて帝劇に立たせていただいたのですが、名だたるレジェンドの方々が集結している中、宝塚の大先輩の大地真央さんとご一緒できたことが印象深いです。ちょうどその後に『ローマの休日』への出演を控えていたので、長年主演を務められていた大地さんから直接お話を伺い、エールを頂けたのも特別なことでしたし、大地さんのステージを袖から拝見していると、もう"私の劇場"という感じが伝わってきて、ただただすごいなと思いました。

**望海** いいな〜。私はさゆみちゃん(明日海)と一緒に出た『ガイズ＆ドールズ』で、9階の稽古場でお稽古させていただいたことですね。「これが世にいう9階稽古場か！」みたいな(笑)。やっぱり稽古場にも他にはない独特の空気感があったし、井上芳雄さん、浦井健治さんという帝劇のトップスターのお2人と間近でお稽古できるのは感動でした。さらに舞台に行ってからは、芳雄さんは帝劇で初舞台を踏まれた方だから、劇場を知り尽くしている。劇場空間と一体化している姿を、客席からではなく袖から見られるのが初めての経験だったのでドキドキしましたね。

**明日海** 私も帝劇以外の公演でも使わせていただくことがあったので、特にお稽古場にたくさんの思い出があります。稽古ですから思うようにできなくて悔しい気持ちを抱くこともあるのですが、その行き帰りにその時帝劇で上演していた『DREAM BOYS』の声が聞こえて、「あぁ、今劇場で皆さんがこうして汗を流しているのだから、私も頑張らなければ」と思いました。

——今、朝夏さんから大地真央さんのお名前が出ましたが、他に縁ある大先輩の思い出はありますか？

**望海** 私はやっぱり一路真輝さんですね。宝塚の『エリザベート』初演でトート、帝劇の『エリザベート』初演でエリザベートのオリジナルキャストを務められた、ずっと背中を追っている偉大な先輩であり、とても気さくに話しかけてもくださる憧れの存在です。

**明日海** 私も『エリザベート』の瀬奈じゅんさんです。宝塚でルキーニ、エリザベート、トートの3役を演じられていて、帝劇でエリザベート役をされているのを拝見した時には、私たちのあさこさん(瀬奈)が帝劇のセンターに立たれている誇らしさと、本当に遠くに行かれたんだな、という一抹の寂しさも感じたのですが、今はそんな先輩が切り拓かれていった道を、どこまでも追いかけていきたいと思っています。

——宝塚でも大舞台のセンターを務められてきたお三方ですが、帝劇に立つにあたりその経験が生きた、あるいは違いを感じたなどの体験を伺えますか？

**朝夏** 帝劇にはすごく丸みを感じました。柔らかさと言うのかな。

**望海** 包まれている感覚ですよね。宝塚は出ている人数も多いし、劇場が横に広いのでこちらからバーッとエネルギーを出していくイメージですが、それが逆に包まれている感じで。それでいて客席のピーンと張った空気も伝わりやすいです。

**明日海** 先輩方から「帝劇には魔物がいるんだよ」って言われなかった？

**望海** 言われた、言われた！

**明日海** それがなかなかのプレッシャーで……(笑)。でもやっぱり宝塚で大きな舞台に立たせていただいて、この空間を埋めなきゃという意識を持ち続けてきたので、帝

『ローマの休日』(2020)

朝夏まなと

『ムーラン・ルージュ！ザ・ミュージカル』(2024)
Moulin Rouge ® is a registered trademark of Moulin Rouge.

望海風斗

明日海　画期的でしたよね。
朝夏　そうなの。特に帝劇でやるから意味があるんだなと思ったのが、アニメや原作ファンのお客様と、普段から帝劇ミュージカルをご覧になるお客様とが混然一体となっての盛り上がりがすごかったこと。子供たちもたくさん観に来てくれて、客層を広げるという意味でもすごく面白い試みだった。一方で前回は東急シアターオーブでやっていた『マイ・フェア・レディ』が帝劇に帰ってきた時に、春風ひとみさんが「やっぱり帝劇にふさわしい作品だね」と仰ったのが印象的で。帝劇でやることによって、クラシカルな作品の魅力をより伝えることができるんじゃないかって。『ガイズ&ドールズ』も宝塚でも上演が続いているけど帝劇公演はまた独特だった。あやちゃんは宝塚でネイサンがやりたかったんだよね。
望海　そう。元男役としてはクラップシューターいいなぁって、（明日海に）ね?
明日海　いつも袖から見てたね（笑）。なんだか2人で見ているってことも感慨深かったけど、立体的なセットがどんどん転換していって、改めて帝劇にはすごい舞台機構があるんだなと。だから伝統的なこれぞミュージカルの王道作品は続けてほしいし、新しいものもと思います。
朝夏　『千と千尋の神隠し』や『キングダム』もそうだし、『ムーラン・ルージュ！ザ・ミュージカル』も劇場の世界観が作品そのものに染まっていて。
望海　ロビーに入った瞬間から、帝劇であって帝劇じゃないみたいな感覚で驚きました。劇場まるごとがワンダーランドになっていたし、お客様のヒートアップもすごかったです。
朝夏　本当に懐の深い劇場なので、伝統を守りつつ、挑戦もしていくという姿勢は受け継いでいってほしいです。

――最後に、今の帝劇に言葉をかけるとしたら?

朝夏　ほんの小さな一部ですけど、帝劇の歴史の1つになれたことが幸せです。長い間お疲れ様でした、心から感謝しています

し、これからもよろしくお願いします。
望海　やっぱり宝塚で1つの夢をやり遂げた後に、帝国劇場という大きな劇場があったから頑張り続けられた部分も大きかったですし、『ムーラン・ルージュ！ザ・ミュージカル』でご一緒した松村雄基さんが「長く俳優を続けてきたからこそ、帝劇に初めて立つことができた」と仰った時に、本当に俳優にとって特別な劇場なんだと改めて思いました。ここに立たれてきた全ての方の想いが染み込んでいる劇場が1度クローズしてしまうのは寂しいですが、建て替え後にまた新たな歴史を繋いで、日本を代表する夢の劇場として、これからも頑張っていただきたいですし、私もそこに立てるように頑張ります。
明日海　『ガイズ&ドールズ』の初日に「劇場って生きているんだなと思いました」とご挨拶させていただいたのですが、舞台に立っているキャストだけでなく、毎日、毎日、作品を楽しみに帝劇に来てくださるお客様のいろいろな思いが、劇場には詰まっていると思うんです。それを全部見守ってくれていた帝国劇場には感謝とお疲れ様でした、という想いを伝えたいですし、新帝劇にもこれまでの想いを引き継ぎ、さらに今の劇場以上の歴史を紡いでいただきたいなと思います。
朝夏　歌舞伎座も建て替えられましたが、歴史は終わっていないですよね。だから劇場自体が変わっても、帝国劇場の歴史は絶対になくならないので、その歴史を繋いでいけるように、新帝国劇場にこの3人で新たなカッコいい舞台を創れるように、頑張っていきましょう!

Manato Asaka × Futo Nozomi × Rio Asumi

劇の大舞台でも同じ心意気で取り組むことができたのは、過去に感謝という気持ちでした。帝劇の客席ってとても暗いですよね?
朝夏　そうなの、お芝居をしている間はあまり客席が見えない。
明日海　そのせいもあって、お芝居にグッと入り込めて集中できるし、だからこそカーテンコールでお客様の拍手と笑顔が見えると自分も帰ってきたような嬉しさがあります。拍手も一瞬の間の後にバーッと響いてくるからゾクッとします。

――その帝劇が新しく生まれ変わるにあたっての期待や、やってみたいことは?

朝夏　今の重厚な雰囲気、ステンドグラスや紫の階段も残しながら、エスカレーターの設置や、エレベーターの数を増やすなどして、バリアフリーを進めた劇場になってほしいなという気持ちもありますし、この3人で共演できたらいいよね!
望海・明日海　わー! ぜひぜひ（拍手）。
朝夏　何する? 何したい?
望海　楽しいやつ?
明日海　コメディー?
朝夏　コメディー面白いもんね。「オーシャンズ8」とか「チャーリーズ・エンジェル」みたいな感じは?
望海　あ、いいかも! 女3人だから!
朝夏　ちょっとカッコいい女3人が、何かのミッションに挑んで、敵を倒してスッキリするみたいな! 今、本当に映像や最新技術がすごくて、『SPY×FAMILY』も帝劇でできちゃうくらいだから。

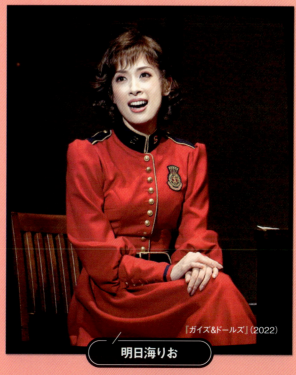

『ガイズ&ドールズ』(2022)
明日海りお

## 水樹奈々 × 平原綾香 × 伊礼彼方 × ソニン

### 帝劇の大空間で、繊細な人間模様を描いた異色作『ビューティフル』

── 皆さんの"初帝劇"の思い出からお聞かせください。

**水樹** 初めて足を踏み入れたのは後輩の宮野真守君が出演していた『王家の紋章』の時。"帝劇歴"は浅いです……。ただ舞台に立つ方にとっての聖域、最高峰の劇場というイメージはありました。

水樹奈々 『ビューティフル』(2020)

**平原** 私は『ビューティフル』で初めて帝劇への出演が決まった時に、たくさんの方から「帝劇に出るの、すごいね」と言われたんです。周りの反応から帝劇の重みを感じ取った形でした。

**ソニン** 私はまだミュージカル経験も浅い2008年、『ミス・サイゴン』で初めて帝劇に立ちました。観客としては、『サイゴン』で一緒にキムをやった笹本玲奈ちゃん、知念里奈ちゃん、新妻聖子ちゃんがエポニーヌを演じていた前年の『レ・ミゼラブル』を観たのが初。3人全員の出演回を観たのですが……衝撃でした。歌手やアイドルとは違うタイプの歌の上手さに感銘を受けたのが初帝劇の思い出です。

**伊礼** 僕は『エリザベート』のオーディションを受けるとなった時、帝劇が何かも、どこにあるかも知らなかったから、事前に行っておこうと『モーツァルト!』を観に行ったのが初帝劇です。……何がいいのか分からなかった(笑)!

**ソニン** えー!

**伊礼** オーケストラの音は心地いいし、椅子はフカフカの中、真っ暗にされたら寝ちゃうでしょ……(笑)。今は大好きな作品なのよ。なんであの時、この良さが分からなかったんだろうね。その後『エリザベート』に受かり、初めて立ったのが2008年です。……3人はアーティストとしての自分を確立した後に帝劇に立っているんだよね。僕とは全然心境が違うんだろうな。

**ソニン** 『ミス・サイゴン』は帝劇に立つのを目指していた人たちばかりが集まっているようなカンパニー。その中で新人に近い私がキムを演じて、どういう目で見られているんだろうというプレッシャーはやっぱりあった。だから私は自分のやりたいことを追求するよりもまずは共演者に認めてもらおうと、がむしゃらにやっていました。

**水樹** 私は『ビューティフル』が初ミュージカルで、プレッシャーしかなかったです。稽古でもアドバイスにすぐに対応できない自分がもどかしく、毎日恥ずかしくて悔しかった。業界の慣習も知らず、自由に使っていいと言われた楽屋も備品1つ、ほぼ定位置から動かさなかったんですよ(笑)。

**平原** 私はミュージカル出演としては『ビューティフル』が2作目。でも作品のカラーとキャロルのポジティブな性格のせいか、そこまで気負わずにできました。結構帝劇を楽しめたの。歌いやすい劇場だなと思ったし。

**ソニン** 帝劇に初めて立って「歌いやすい」という感想は、すごいね!?

**平原** 本当? 帝劇はオーケストラの音も自分の声も聴こえやすい。コンサート会場に比べるとマイクの音は小さいのですが、自分の地声が聴こえるってすごく歌いやすいんだなと思った。

**水樹** 私も思った! 自分の声がすごく聴こえてびっくりしました。

── 帝劇に立った初日のことは覚えていますか?

**平原** 覚えてます。カーテンコールで〈I Feel the Earth Move〉を歌うのですが、この時だけマイクを持って歌うんです。それがすごくしっくりきて、落ち着いてやれた(笑)。

**水樹** 私は緊張と反省の連続の稽古期間だったので、無事に初日を迎えられてホッとしていました。あと、帝劇は立っているだけでたくさんの人のエネルギーを感じる場所だと思いました。劇場入りした時に、前のチームの気配が残ってるねと綾ちゃんと話したよね。

**平原** そんな話、したね!

**水樹** それくらいこの場所にはたくさんの方の気迫が染み込んでいる。チームの熱気プラス歴史の重みも感じながら舞台に立っていた気がします。

**伊礼** 僕ももちろん覚えていますよ。僕が

平原綾香 『ビューティフル』(2020)

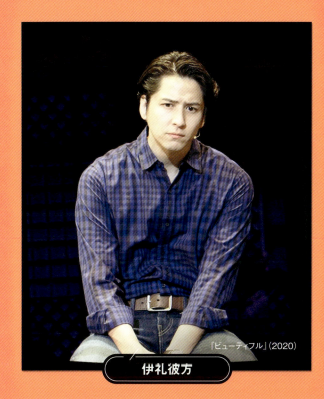

『ビューティフル』(2020)

伊礼彼方

ルドルフ役で出演した時の『エリザベート』は愛知から始まったんだけど、プレッシャーでいっぱいだった愛知公演を経て帝劇に来た時はようやく落ち着いて演じられる心境になっていた。……にも関わらず、舞台に立ったら客席が真っ暗で。「なんだこの空間！」と思った。最前列のお客様すら見えなかったの。

ソニン　闇が広がっていたんだね……。

伊礼　まさに。劇場空間と、役に引っ張られたんだろうね。だって今は普通に客席見えるもん。闇に飲み込まれそうになるたびに祐さん（山口祐一郎）が「大丈夫だよ」とばかりにガッと手に力を込めてくれるんです。それを感じながら〈闇が広がる〉を歌ったのを覚えています。

ソニン　祐様は偉大！私は『サイゴン』プレビュー初日の記憶はない……。よく言われたのは、他のキムはカーテンコールに笑顔で出てくるけど、ソニンは役が抜けきっていないすごい顔で出てくるって（笑）。本当に命がけで、役に取り憑かれたように演じていたので、衝撃的な初日だったとは思います。

―― そして既に話題に上がっていますが、この4人といえば『ビューティフル』ですね。2017年初演、2020年には再演もされました。

伊礼　それまで帝劇では大きな演技を求められて、そこに僕は反発していたわけだけど（笑）、『ビューティフル』ではリアルな芝居ができたのが嬉しかった。帝劇サイズでも細かい芝居は伝わる、自分は間違えてなかったと思ったんだよね。

ソニン　うん、関係性を緻密に作ることで物語が生きてくるような作品だった。正直、最初は「この作品を帝劇で？」と思ったんですよね。芝居は細かいし、帝劇作品にしては出演者も少ないし。

伊礼　アーティストである2人にとっても芝居重視のこの作品は挑戦だったんじゃない？奈々ちゃんなんか、最初は会話する時にずっと一点を見ていた（笑）。

水樹　ちょっとした目線の動きで感情が伝わったり空気が変わったりするのに、長年身体を動かさずに演じてきたのでどうしていいか分からず、本当にご迷惑をお掛けしました（笑）。私としては「喋っている人から目線を外すなんて失礼だ！」という意識だったんです。全く自分を客観視できていなくて。よくアッキー（中川晃教）が動画を撮って送ってくれたんです。それで「こう見えているのか……」と気付くことが多々あって。カンパニーの優しさに支えられました。

平原　私は台詞がとても多いのが大変で。相手役の台詞も全て自分で喋って録音したものを繰り返し聞いて、耳で覚えていました。でもやることが多すぎて緊張する暇がなかった。しかも少ないメンバーそれぞれがみんな濃くて、みんなが主役というような作品だったから、私は「座長だから」と気負わずにいられたのかもしれない。

伊礼　アンサンブルの皆さんも全員が素敵だったよね。

ソニン　それぞれがメインを取る曲があったし、みんな生き生きしていた。アンサンブルの仕事が多い方にとっても『ビューティフル』という作品は希望だったみたいで、ああいう作品に出たいってよく言われました。そういう意味でも意義のある作品でしたね。

―― 最後に、新帝劇への期待をお願いします。

水樹　私はソロシンガーなので、キャストの皆さんと声と表現を重ねて作り上げるミュージカルの舞台は、夢のような場所でした。新帝劇も今の良さを残しつつ進化することを楽しみにしています。ご縁があればぜひまた帝劇に立たせていただきたいです。

平原　私にとって帝劇はミュージカルの楽しさを教えてくれた大事な劇場です。新帝劇にも立たせていただきたいですし、特にこの『ビューティフル』などは、新帝劇でまたやれたらいいですね。……個人的には帝劇の匂いが好きで、嗅ぐとスイッチが入るので、あの匂いは残してほしいです（笑）。

ソニン　「帝劇らしい作品」だけではなくいろいろな作品が上演されていくといいな。それこそ『ビューティフル』が「帝劇でこの作品？」と言われたように。

伊礼　僕は逆に、昔上演されていたような時代劇とかも観てみたい。

ソニン　求められる作品って時代によってどんどん変わるから、その時々で様々な可能性を見せてくれる劇場だといいですよね。どうなっても、若い子が「帝劇を目指してます」と言うような、憧れの対象であることは間違いないですから。

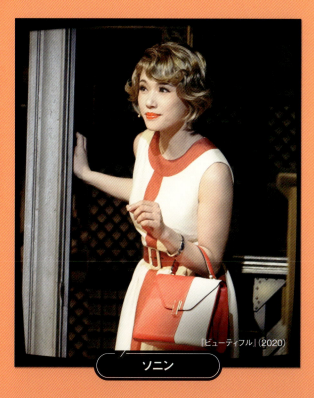

ソニン

『ビューティフル』(2020)

## 有澤樟太郎×岡宮来夢×松下優也×三浦宏規×宮野真守

※50音順

### 帝劇にニューウェーブ！ 産みの苦しみと大きな喜び

—— 帝国劇場という場所は、元々皆さんにとってどういう存在でしたか。

**宮野** 児童劇団出身で、レッスンでミュージカル楽曲に慣れ親しんでいたし、当たり前のように観に行っていました。自然と目指す場所になっていましたね。

**松下** 僕にとっては"まだ立てていなかった場所"。いろいろな劇場に出演させていただいたけれど、帝劇は『ジョジョの奇妙な冒険 ファントムブラッド』まで縁がなかったので。

『ジョジョの奇妙な冒険 ファントムブラッド』(2024) 製作=東宝 ©荒木飛呂彦／集英社

**有澤樟太郎**

**有澤** 実は親戚が、現・帝劇を作る時に関わっていたらしいんです。詳しくは聞いていないのですが、建築か何かで。その話を知ってから「僕が目指すべき場所」だと思っていました。

**三浦** へぇ〜！ 僕はクラシックバレエをやっていた頃は(英国)ロイヤル・オペラ・ハウスを目指していて、その夢が途絶え、役者としてやっていくと決めた時に母親に「やるのならロイヤル・オペラ・ハウスを目指していたように帝劇を目指しなさい」と言われたんです。僕自身もその意識で役者をやってきたので、やっぱり"目指す場所"です。

**岡宮** 僕は本当に何も知らない状態でこの世界に入ってきたので、ほとんど前知識なく……。初めて先輩に連れてきてもらった時に、厳かな雰囲気に圧倒されて「すごいな、いつかここに立ちたい」と思いました。

—— では、皆さんの"初帝劇"は？

**宮野** 最初は『ラ・マンチャの男』かな……。子供の頃過ぎてあまり覚えていません。仕事として帝劇を実感したのは、稽古場を初めて使った時。シアタークリエの『ガーネット オペラ』という作品で、帝劇作品じゃなくても帝劇の稽古場を使えるんだ！とちょっとドキドキした(笑)。その後2016年の『王家の紋章』で初めて帝劇に立つのですが、子供の頃は憧れていたけれど、もう自分とは違う道だという感覚もあったので、声が掛かった時は驚いたし、ありがたかったです。

**松下** 実際に立って、どうだったの？

**宮野** 確か、泣いたと思う(笑)。まだ自分の中に青い感情があった(笑)。

**三浦** 僕の初観劇は『ダンス オブ ヴァンパイア』です。その後『レ・ミゼラブル』を観て「出たい！」と強く思ってオーディションを受け、初めて立ったのが2019年。でもこの年の『レミゼ』は僕にとって挫折を味わった公演でした。あまりにも自分は未熟で、この劇場に見合っていないと思った。帝劇に飲み込まれそうになりながら日々公演を送っていました。舞台『千と千尋の神隠し』のプレビュー初日にお客様の大きな拍手を受けて、この劇場の重みやここに立たせてもらえることのありがたさを改めて実感した気がします。

**岡宮** 僕も初めて足を踏み入れたのは2019年の『ダンス オブ ヴァンパイア』を観に来た時。そして初めて参加させていただいたのは2021年の『王家の紋章』ですが、劇場の雰囲気以前に、共演の皆さんがご立派過ぎて、初日の本読み稽古から「自分の番が回ってきてほしくない」と思ったのを覚えてます。こういう方々が立つ劇場なんだなと感じました。

**松下** 僕は最近の『エリザベート』が初観劇。歴史にふさわしい重厚感があり、ステージに立つ人が"映える"なと思った。その分、実際に『ジョジョ』で立ったら「ああ、こういう感じか〜」と。

**有澤** 『ジョジョ』はそれどころじゃなかったしね。

**松下** 感慨どころじゃなかった。

**有澤** 僕の初帝劇は『レ・ミゼラブル』です。先に映画で観ていて絶対に生で観劇したいと思い行ったのですが、もう圧倒されました。これぞ帝劇だと思いましたし、あの感動を超える体験はなかなかない。初めて舞台に立ったのは『キングダム』ですが、初日に宏規がカーテンコールで0番に立つ姿を見てめちゃくちゃ感動して、たくさん刺激を受けました。

**松下** 悔しさよりも？

**有澤** 宏規の頑張りも近くで見てきていましたので、悔しさよりも、嬉しさですね。同時に「俺も絶対に(真ん中に)立つ！」と思っていた(笑)。そうしたら『キングダム』出演中に『ジョジョ』の話を頂いて、言霊ってあるんだなと思った。『ジョジョ』は開幕が遅れたりして申し訳ない気持ちやプレッシャーなども抱いていましたが、カーテンコールで最後に登場する瞬間は唯一そういった感情から解放され「これが帝劇の0番の人が味わえる景色なんだな」という特別感を味わえました。

—— 少し話題を変えて。これは帝劇ならではだな、と感じることは？

**宮野** 楽屋が畳！

**松下** (楽屋の)エレベーター係の方がいる！

**有澤** しかも楽屋係の方もいる！ 小屋入りしたら最初に加湿器やポットが必要かどうか記入する紙を配布されるんですよ。ポット

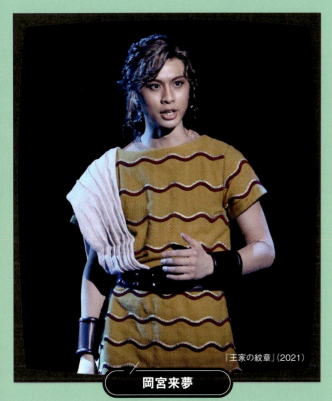

『王家の紋章』(2021)
岡宮来夢

『ジョジョの奇妙な冒険 ファントムブラッド』(2024)
製作：東宝 ©荒木飛呂彦／集英社
松下優也

Shotaro Arisawa × Kurumu Okamiya × Yuya Matsushita × Hiroki Miura × Mamoru Miyano

も毎朝、熱いお湯を入れた状態で準備してくださるのでとてもありがたいです。

宮野　あと着到板をもらった時は嬉しかったな。ああ自分の名前だ!って。

有澤　分かります。ベテランの方の着到板が黒ずんでいるのもカッコ良くて。別所哲也さんなんか、全然僕らのと違いましたもんね。着到板は最終日にもらって、今も家の玄関に飾ってあります。

――この5名の皆さんは、近年の帝劇で新作舞台に取り組んだという共通点があります。しかも漫画やアニメを原作にした、帝劇にとってニューウェーブな作品群。創作時の心境や苦労、醍醐味などを教えてください。

松下　新作を作るのは……大変ですよね。お手本がないわけだから。

宮野　そうだね。帝劇で漫画原作の新作というのは『王家』が最初だったのかな？原作を大事にして、ミュージカルの中では描かれていない心情まで理解しないといけないから、ずっとWキャストの平方元基君と話し合っていた。

松下　新作って、例えば未来において海外で上演されるとなったら、僕らが基準になる。その緊張感と楽しさはすごくあります。ただ興行として成立させることとクリエイトすることを嚙み合わせるのは本当に難しいんだなという実感もしましたね。また、新作を作る時、1年くらい稽古時間が取れればいいのですが、それは現実には不可能なわけで……。僕らの仕事というのはその折り合いと葛藤が常に付きまとうんだなとは思います。

有澤　『ジョジョ』では何度も挫けそうになりました。でも産みの苦しみを共有できるのは、実際にこの舞台に立つ僕らだけなので、とにかくみんなで連携して、細かいところも共有していくことを心掛けていました。「ここまでこだわったのならば」と出来栄えに納得してもらえることをモチベーションにしていました。

宮野　うん、チケットも完売だし、下手なものは見せられない、いいものを作らなきゃと思うと頑張れた。

松下　みんなで支え合っていたね……。

有澤　僕は、本当に優也さんがいてくださって良かったです……。優也さんは舞台で戦ってきた方なので、チームワークの大切さを知り抜いている。助けられました。

松下　僕も樟太郎がいて良かったと思っている。新作でお手本がない分、どうしても主観になってしまう。そこをWキャストの樟太郎を見ることでいろいろな発見ができた。2人だから作れたジョジョだと思う。

有澤　僕は（舞台稽古中）「皆さん客席に集まってください」と言われるのが恐怖でした。ああ、いい話じゃないんだろうなと……。

松下　『ジョジョ』は"継承"がテーマの話だから、継承の気持ちであえて言いますが。新作を作る時、クリエイターの皆さんは本当に大変な思いをして創作しているのでしょうし、時間なんていくらかけてもかけ足りないのだと思います。でも役者が入るのは最終段階なんですよね。稽古に入ってみたらまだ足りていないことが多いとなっても、もう僕らは口を挟めない。口を挟める段階には役者は創作に関われていないから。……新作を作る上で、時間をどう使うのかは本当に大切だなと思います。

三浦　『千と千尋の神隠し』の初演もゲネプロが（Wキャストのうち一方しか）できなかったんです。新作の場合は往々にしてこういう問題が出るし、複数人のキャスト体制になると稽古も足りなくなる。そんな経験から『キングダム』の時はそれは避けたいなと、真ん中に立たせてもらう立場として稽古の進み具合をクリエイティブチームに確認したりと意気込んで動いていました。でも自分の怪我のせいで通し稽古ができないことになってしまい……。なかなか帝劇の初日は落ち着いて迎えられないですね。

有澤　確かに『キングダム』も大変だった（笑）。これ以上の経験はないだろうと思ったら『ジョジョ』がさらにそれを上回り……。本当に新作は大変。

岡宮　『ジョジョ』の稽古期間にボイトレで樟太郎君とすれ違ったのですが、すごい下を向いて歩いていて声を掛けられなかった（笑）。その姿から大変さを感じ取りました。『SPY×FAMILY』も、間に合うかどうかのギリギリのところでやっていました……。アーニャ（子役）が4人いたので、稽古はアーニャ中心で回っていくんです。しかも舞台機構も盆が5つある複雑な作りで怪我をしないようにということが最優先だった。自分の稽古が足りていないと感じて不安でした。でもファミリー感が強いカンパニーに助

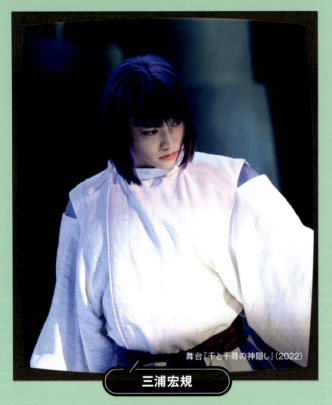

舞台『千と千尋の神隠し』(2022)

三浦宏規

けられました。

**三浦** 初演作品で生まれるカンパニーの絆ってすごく強いよね。みんなが絶対にいいものを作るぞと同じ方向を向き、進んでいく。新作を作るのは、大変だけど僕は好きです。

**宮野** うん、分かる。『王家の紋章』の時も『ジョジョ』の時も、みんなで一丸となる感覚は強かった。

**有澤** 正直、『キングダム』も『ジョジョ』も「帝劇らしくない」というお声も聞こえてきていましたが、東宝さんが新しいことをやろうとして、そこに若い俳優を起用してくださるというのはありがたいことで、僕らにとってはチャンスでしかない。大変だったけれど、共にあれだけのことを経験した仲間に出会えたというのは人生の大きな宝です。多分10年、20年後でも昨日のことのように語るんだと思うし、これらの経験で僕ら世代が「一緒に頑張っていこう」と1つに固まったと感じています。

―― 最後に、皆さんは新しい帝劇を担っていく世代だと思いますが、この仲間と新帝劇でこんなことができたら……という夢があれば教えてください。

**有澤** 僕、自分が出演してきた作品に愛着があるんです。だから"あの時の作品"をブラッシュアップして帝劇の規模でもう一度やりたいという夢は常に抱いています。例えば『グリース』はシアタークリエでやったあの規模感がとても良かったけど、音楽も派手だし

キャッチーだし、帝劇サイズでも見てみたいんですよね……もちろん『ジョジョ』もリベンジしたいですし。

**三浦** 僕は今年『千と千尋の神隠し』でウエストエンドの舞台に立つという経験をさせてもらったのですが、これに続く、日本で作ってウエストエンドやブロードウェイに飛び立つ作品が生まれるといいなと思います。というか近いうちに絶対また生まれると思いますし、自分がそこに関われていたら最高です。

**岡宮** 日本から世界へ……というのはすごいことですよね。僕も「日本のものってすごいんだよ」と発信していける役者になりたいです。

**松下** 新帝劇でやりたいことかぁ……。僕は裏方にも興味あるので、出演だけでなくプロデュースとかに関わらせてもらえたら面白いかな。

**宮野** 僕もプロデュースから関わる作品を手掛けてみたい。じっくり時間をかけて1つのものを立ち上げる。そんなことをやらせてもらえたら嬉しいな。

**岡宮** その際はぜひキャスティングしてください!

**宮野** アハハ。ぜひ!

**有澤** 新しい風は絶対に必要ですよね。それこそ『SPY×FAMILY』のように、今、日本のコンテンツで海外に人気があるものも多いです。

**岡宮** はい、渋谷のNintendo TOKYOなどは、本当に海外の方が大勢いらっしゃいます。人気のある日本カルチャーはたくさんありますからね。

**松下** ……スーパーマリオとか?

**宮野** 『スーパーマリオ THE MUSICAL』、めちゃめちゃいいじゃん(笑)!……俺は身長的には……ルイージかな(笑)?

**松下** 『ジョジョ』ではミュージカルファンの方に加え、ジョジョというコンテンツ自体のファンの方もたくさん来てくださった。おそらく普段は劇場に来ないような方も多かったと思うんです。

**有澤** そう、男性トイレに行列ができるのもなかなかないことだとお聞きしましたし。

**松下** それってすごくいいことだと思うんだよね。初めて劇場に足を運ぶという経験を帝劇でできるって素敵なことだと思うし、帝劇がそういうカルチャーが行き来する架け橋になったらいいなと思う。ゲームやアニメに限らず、例えばヒップホップは今、フェスで10万規模の人を集めるようになっているから、そういった音楽とクロスさせるとか。

**宮野** 確かに。『ジョジョ』でラップを使ったのも面白かったもんね。あれも最初は「帝劇でラップ!?」と思われたかもしれないけど。

**松下** そういう試みが広がっていくといいですよね。ミュージカルが「クラシカルな業界」だと思われているのはもったいない。

**三浦** もちろん新帝劇で『レミゼ』や『ミス・サイゴン』を観たい方もたくさんいらっしゃると思うので、伝統も大事にしつつ。僕ら世代は新しいものへアンテナを立て、上手くバランスが取れていくといいですよね。

『ジョジョの奇妙な冒険 ファントムブラッド』(2024)
製作:東宝 ©荒木飛呂彦/集英社

宮野真守

# 黒柳徹子が語る
## 日本のミュージカル草創期

2020年8月14日放送「徹子の部屋」(ゲスト：井上芳雄)より抄録

写真提供：テレビ朝日「徹子の部屋」

井上　黒柳さんにとって、ミュージカルとは何か？をお聞きしたくて。僕、日本のミュージカルの始まりに興味があるんです。情報もない中、皆さんがすごい情熱で立ち上げていったということはいろんな方から聞いていまして。徹子さんにミュージカルとの出会いをお聞きしたいのです。

黒柳　帝劇で『屋根の上のヴァイオリン弾き』などのミュージカルの初演を演じました。

井上　『ラ・マンチャの男』の家政婦役も、ですね。

黒柳　『スカーレット』も出演しました。やっぱり素敵なミュージカルって音楽が素晴らしいんです。前奏曲から始まって「あー始まる！」という高揚感がありますね。

井上　ワクワクしますよね。

黒柳　します！

井上　帰りは口ずさんじゃったり。

黒柳　とっても私は好きですね。もうしばらくやっていないですけど、今でも機会があればやってみたいと思います。そうそう、森繁久彌さんは『屋根の上のヴァイオリン弾き』の主役・お父さん(テヴィエ)を演じられたんですけれど。ちょっと聞いて。

『屋根の上のヴァイオリン弾き』(1967)フルマセーラ役(右)

♪森繁久彌が歌う〈日は昇りまた沈む〉の音源が流れる。

井上　こんな歌声なんだ……。

黒柳　娘の結婚式の歌ですね。

井上　父親の想いを歌った……。森繁さんが歌われると、なんかもう日本の歌みたいですね。

黒柳　ご自分流になさっていたみたいですよ。

井上　黒柳さんはフルマセーラの役でしたね。

黒柳　フルマセーラは何メートルもある背の高い人なんだけど、私は男の人の肩に乗っかって、手を広げて、お腹の力だけで大きい声を出して、森繁さんの首を絞めたりしたんですよ。"バンダメイクアップ"、つまり骸骨のメイクアップなんですけど。ブロードウェイではそんなにメイクをしなかったのだけど、私がやってから、皆さんやるようになったんですよ。

井上　僕もこの役はこのイメージです。徹子さんから始まったんですね。大きい声を出すのは大変でしたね。

黒柳　相当ね。

井上　帝劇の楽屋内で炊き出しとか、皆でご飯食べていたそうですね。

黒柳　そうそう。ニンニクを食べたら、相手の人に失礼になったりするじゃない？

井上　今も遠慮はあります。

黒柳　ある日、今日全員ニンニクを食べようって日を決めたんです。

井上　みんなで臭ければいいだろうと？

黒柳　みんなも自分も匂わないと。それで昼夜公演の間に食べることにしたの。夜の部になったら、オーケストラのラッパの人が、「ブハハハハ」って変になって「大丈夫ですか？」って聞いたんです。70人以上も出ている人たちが全員でニンニクを食べたら、変なガスのようなものがステージから流れたらしくて、舞台の下のオーケストラピットが澱んじゃって。オケの人たちが、ラッパも吹けないってみんなで大笑いしました。

井上　オケもみんなでニンニク食べるべきでしたね(笑)。

黒柳　下のオケの人に言えば良かったのよね。そして1970年の『スカーレット』。これは『風と共に去りぬ』のミュージカル版です。私はスカーレットの妹役だったんですが、日本が一番お金をかけて、当時5億円をかけたそうで、帝劇で3カ月やったの。

井上　スタッフは全員外国から一流の方が来られて。

黒柳　演出家も、作曲家も衣裳なども全員、ブロードウェイからいらっしゃいました。

井上　日本から名作を作るという雰囲気ですか？

黒柳　菊田一夫さんが「みんなもそのつもりでやるように」って仰って。

井上　今では考えられないですよね。

黒柳　私、『スカーレット』の作曲家のハロルド・ロームさんにとても可愛がっていただいて、亡くなるまでずっと仲良くさせていただきました。(舞台が終わった後)「ニューヨークにいらっしゃいよ」と言ってくださって、1年仕事を休んでニューヨークに行きました。ハロルドさんの奥さんはフローレンスさんといって、ご夫婦の娘のように親切にしていただきました。もちろん演劇の勉強もしましたが、ご夫婦がブロードウェイで有名で、お友達も優秀な方たちばかりで、傍で触れられたのは良かったです。

井上　当時の第一線のスターやクリエイターたちと知り合いになったんですね。夢のよう……。

黒柳　みんな、偉ぶらない。めかし込むとかもない。それが舞台に出るとすごいじゃない？

井上　開演3分前まで普通に話しているのに、本番になるとそのまま舞台に行って「オペラ座の怪人」になってしまうような、良い意味で切り替えがない俳優さんがいらっしゃいますね。

黒柳　散々稽古をしていますからね。私が出会った人の中には少なくとも、人を蹴落としてまで自分をなんとかしようという人はいなかった。

井上　じゃあ僕も若い芽を摘むとか言ってる場合じゃないですね(笑)。もっとオープンマインドでね。そこは学ばないといけないですね。

黒柳　自分の役をひたすら一生懸命やったら、人のことを考えたりできますもんね。

井上　実際僕も思いますね。この役にずっとしがみ付いてというよりは、また適する人がいるだろうから、自分は新しい出会いを探したいなと。

黒柳　でもあなたならお若く見えるから当分やれるわよ。

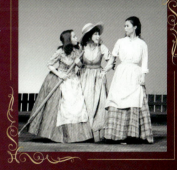
『スカーレット』(1970)スエレン・オハラ役(中央)

# 帝劇のレジェンドたち

松本白鸚
浜木綿子
北大路欣也
草笛光子
林与一
司葉子

帝国劇場の楽屋口を入ると神棚があり、その上に二代目中村吉右衛門襲名公演に賛助した30人の俳優名を冠した灯籠が祀られている。そのうち今も現役の6名が、帝劇の思い出を語った。

# 松本白鸚 Hakuoh Matsumoto

## 夢を叶えようとする、白鸚の心意気

『ラ・マンチャの男』(2023)

　現・帝国劇場が開場した時、市川染五郎を名乗っていた24歳の松本白鸚は、東宝演劇のスターだった。開場5年前の1961年に弟の中村萬之助（二代目中村吉右衛門）と共に松竹から東宝入りし、専属契約を結んだ。当時の東宝の演劇担当役員で劇作家の菊田一夫は、新しい帝劇の核となる若きスターを求めた。そこで白羽の矢を立てたのが歌舞伎界のプリンスだった18歳の染五郎、萬之助だった。白鸚は小・中・高の9年間"いじめ"にあった。

「役者ということで、いじめっ子たちの標的でした。辛い学校生活を忘れるため、いじめよりもっと辛い稽古や舞台に打ち込みました」

　後に白鸚が折に触れて口にする言葉がある。「苦しいことを苦しいのみにせず、悲しみを悲しみのままに終わらせないで、苦しみを勇気に、悲しみを希望に変えるのが俳優という職業」。人生での経験をバネに、観客に"勇気""希望"を伝える俳優人生を歩んできた。

　移籍のニュースが流れたのは、白鸚の早大受験の日。試験会場にマスコミが集まった。

「他の受験生の迷惑になると思い、外に出て『試験が終わり次第お話しますから』と引き取ってもらいましたが、試験開始は15分遅れました」。試験に合格し、直後に父・八代目幸四郎ら一門も東宝入りした。白鸚は「当時売り出していた我々のことで父に嫌がらせがあり、それが我々にも及びそうになって東宝入りを決断したようです」。

　1911年開場の旧帝劇とは縁が深く、祖父・七代目幸四郎は、市川高麗蔵時代に旧帝劇専属となり、七代目幸四郎を襲名した。父・八代目幸四郎も初舞台は旧帝劇だった。白鸚は旧帝劇の舞台に立っていないが、「西洋風の格調のある劇場でした」。東宝専属となった日、白鸚は「菊田先生によると、現代劇をやってもらうし、歌舞伎もやってもらうということなので、とても魅力に感じました」と話した。言葉通り、帝劇大歌舞伎で『勧進帳』の弁慶を演じた。歌舞伎座の子供歌舞伎、国立小劇場の勉強会"木の芽会"で演じていたが、本公演で初めて挑んだのが帝劇だった。歌舞伎専用劇場ではない帝劇には本格的な花道がなく、「少し坂になっていたので、花道を駆け抜ける飛び六方は大変でした」。帝劇での『勧進帳』は70回ほどだったが、史上最年長の78歳で演じるまでに1150回を超える金字塔の原点だった。歌舞伎以外にも『蒼き狼』など時代劇に主演した。

　歌舞伎座の観客との違いについて「歌舞伎の観客は長い間培われてきた役者の芸を見るようなところがあり、東宝の観客はお芝居を観るというより、生身の旬のスターに憧れるという雰囲気でした。全く違う世界に来たなと思いました」。

『王様と私』イギリス公演 (1990)

　黎明期にあったミュージカルにもチャレンジした。1965年に越路吹雪の指名で共演した『王様と私』で初挑戦し、翌年には芸術座で『心を繋ぐ6ペンス』初演を演じ（1967年に帝劇でも上演）、1969年にライフワークとなる『ラ・マンチャの男』に出会った。ミュージカル挑戦は「将来はミュージカルが演劇界の大きな柱になる」と考えた菊田の勧めによるものだったが、白鸚にとって大きな財産になった。「ミュージカル俳優としての私を見出し、歌舞伎に加えて、生涯研鑽し続けるべき課題をくださった」と、菊田に感謝する。

2012年8月19日、『ラ・マンチャの男』通算上演1200回カーテンコール。脚本の故・デール・ワッサーマン氏のトニー賞受賞トロフィーをマーサ夫人から授けられる、松本白鸚

　東宝演劇の大黒柱となり、1年の半分以上も帝劇に通う多忙さだった。「1日が30時間であればと思うほど。当時は休演日なんてなく、1カ月公演で全く休みがありませんでした」。

　和製ミュージカル『歌麿』など菊田作品にも数多く主演した。「先生は台本が遅いんですよ。初日が迫っているのに、出来上がらない。出来たと思ったら、予定していた役がなくなった俳優もいました」。

　1973年に菊田が亡くなり、6年後の1979年に白鸚は18年ぶりに松竹に戻るが、東宝に置き土産を残した。小劇場で気鋭の演出家だった蜷川幸雄。白鸚が主演する日生劇場『ロミオとジュリエット』（1974年）で大劇場に初進出した蜷川は「幸四郎さんとの出会いが、僕に商業演劇をやろうかと思わせた」。白鸚も「蜷川さんの初めての試みを一緒にできて、僕にとっても刺激だったし、名誉でした」。白鸚が東宝を離れた後、蜷川は帝劇を主戦場とし、世界に羽ばたいた。

　映画から舞台に転身した女優や、宝塚歌劇団を退団した女優との共演も多かった。

「女優さんの初舞台は、なぜか僕に回ってきました。こいつなら安全と思われたのでしょう」。白鸚との共演なら女優も安心して舞台に立てるという信頼があった。

　松竹に復帰後も、帝劇に立った。1981年の九代目幸四郎襲名公演の2カ月前、染五郎として最後の舞台は帝劇のミュージカル『スウィーニィ・トッド』。演出は早稲田小劇場（現SCOT）主宰の鈴木忠志で、白鸚は「残忍でシニカルな物語でしたが、シュールな手法で心の奥底を刺激する大人の作品に仕上がった」。幸四郎としても、2018年に二代目を襲名した白鸚としても、帝劇で『ラ・マンチャの男』に主演した。帝劇は歌舞伎座と共に生涯のホームグラウンドだった。大谷翔平は投手と打者の二刀流だが、白鸚は半世紀以上も歌舞伎とミュージカル、現代劇の三刀流だった。「役者は何でもやる必要はないけれど、やれと言われれば、やってみせないといけない。いずれも一生懸命やってきたし、続けていくしかないと思ってきました。夢とはただ夢見ることだけでなく、ただ語ることだけでなく、夢とは夢を叶えようとする、その人の心意気だと思います」。

　帝劇で多くの夢を叶えてきた白鸚の新しい帝劇への期待は「とにかくいい芝居をやってほしい。帝劇に行けば、いい芝居が観られるというようにね」という言葉に尽きる。観客を第一に考える白鸚の願いでもある。　（林尚之）

# 浜 木綿子 Yuko Hama

## 命懸けで歩むと決めた女優道

　宝塚歌劇団の娘役トップスターとして活躍後、菊田一夫の懇望を受けて東宝入りし、帝劇においてもミュージカルと喜劇を半世紀にわたり演じた。実は『マイ・フェア・レディ』日本初演（1963年）のキーパーソンでもあるという。

　「宝塚歌劇団のアメリカ公演（1959年）の時にレコードを買い求め、菊田先生へのお土産にしました。数年後に日本での上演が決まったのに、私には声がかからず、先生に言ってしまいました。『レコード返してくださーい！』と。でも返って来ません、今も（笑）」

　菊田入魂の帝劇公演『風と共に去りぬ 第1部』（1966年）ではベル・ワトリングを演じた。レット・バトラーの愛人であったが、スカーレット・オハラの登場により別離を余儀なくされる酒場の女性だ。

　二世市川猿翁（当時猿之助）との結婚間もなく。今なら考えられないが菊田から、「結婚で女優としての魅力は半減しているから役は小さいよ」と申し渡された。

　「ベルの根幹にあるのは、心の糧を求めてくるバトラーへの愛です。大人の温もりを出せるよう心掛けました」

『ご存知 夢芝居一座』（2006）

　2場のみの登場であったが、その度に客席から大きな拍手が起こる好評ぶりで、第2部（1967年）、総集篇（1968年）でも続投した。第2部の上演は二世猿翁との離婚話の最中であった。

　「バトラーとの別れの場面が私生活と重なって悲しみを抑えきれなくなり、お客様に背を向けてカウンターで号泣してしまいました。菊田先生は『少し抑えて泣きなさい』と仰いましたが、評価してくださる方が多く、しばらくは"背中の女優"と言われるようになりました。『息子（香川照之／市川中車）のために何か尊敬できる部分を作ろう。それには女優しかない。この道を命懸けで歩もう』と決意しました。この時から私の第二の人生が始まったのです」

　その後、日本初演ミュージカルへの出演が続く。『屋根の上のヴァイオリン弾き』（1967年）では森繁久彌のテヴィエと越路吹雪のゴールデの次女ホーデル。反体制派の学生と恋に落ちて親元を去る。

　「テヴィエとの別れの歌は難しかったですが、好きな歌でもありました。楽屋裏では豪快でいらっしゃる森繁さんが、この場面では本当に涙を流されていたのを思い出します」

　『ラ・マンチャの男』の初演（1969年）ではヒロイン・アルドンサをトリプルキャストで務めた。演出家とは通訳を介してのやりとりとなった。

　「お稽古場で仰ることが日々変わるので、どうしたらいいか悩みました。トリプルはやりにくく辛かったですね」

　神経をすり減らす稽古を重ねた。

　「驢馬追いとの場面では激しく振り回され、身体中が打ち身で真っ黒でした。顔も黒く塗り、声は内臓が出るくらいの太さでやりなさいと言われて、地声でも歌えるように、何度もボイトレをしました。でも、最後の〈ドルシネア〉はソプラノですから、本来の声で歌えました。染五郎さん（二世白鸚）のお傍で」

　幕が上がると満場の喝采が迎えた。

　「稽古場で精神的に痛めつけられたのを救ってくださったのはお客様です。私のアルドンサは間違えていなかったのだと思うと涙が溢れました。ところが千穐楽まであと少しという時に、お稽古場でのストレスから声が出なくなり、降板せざるを得ませんでした」

　歌えない以上「もう役者を止めなければいけない」とまで思い詰めたその時、宝塚歌劇団の同期生の那智わたるが見舞いに訪れた。

　「マル（那智）が、『歌を歌わなくてもお芝居だけでやっていけばいいのよ』と言ってくれたひと言で不思議と次に進む切り替えになりました」

　菊田は亡くなる間際、まだ実現していなかった浜の初主演作を東宝演劇部に企画するよう指示した。芸術座の『湯葉』（1973年）以来、帝劇でも数多くの主演舞台を演じる。いずれも喜怒哀楽が詰まった「人間喜劇」と呼べる作品だ。

　「人生も舞台も、平坦だとつまらないものです。山あり、谷あり、さらに谷底があって、やがて平和が訪れる。そのような人間喜劇を練りに練って演じました」

　井上ひさしの母、井上マスをモデルに波乱万丈の人生を描いた『人生は、ガタゴト列車に乗って……』（1989年〜）は「タイトルの『……』が好きです。マスさんの気持が現れていますから。去る街から来たる街へ列車にガタゴトと揺られながら次々と、仕事を見つけて、人生は続くのです。泣いている暇なしと前向きに歩き続けるマスさんは、やり甲斐のあるお役でした」。1989年、この役で菊田一夫演劇大賞を受賞した。

　姑にいびり倒される主婦・なつ枝が夫の浮気を知り、ついに鬼へと変貌する『売らいでか！』（1967年〜）は上演回数550回を越えた。社会風刺劇としての面白さは現代にも通じる。

　「夫に捨てられそうになって、夫を売った女性の実話は、週刊誌で読んでびっくりしました。なつ枝の鬼への豹変は、攻守が変わる珍しさ。花が咲くような変化です。『華やかさを忘れてはならない』と菊田先生も仰っていましたが、老木になっても生まれ変われる。そんな目新しさ、珍しさを大切にして半世紀、演じてまいりました」

　血の通った芝居は硬軟自在に変化し、観客を魅了した。

　帝国劇場への思いは。

　「上手から下手、下手から上手へと泳ぎまわることができる帝劇は大好きな劇場です。お堀の前にそびえ、日本一の劇場と表現しても過言ではないでしょう。建て直されても先輩や後輩の皆さんが紡いできた根は残ると思います。それがいつか芽を出し、花を咲かせ、新しい劇場から素晴らしい役者さんが多く生まれてくることを祈っております。

　帝国劇場！ たくさんの愛をありがとうございました！」

（小玉祥子）

# 北大路欣也 Kinya Kitaohji

## 三島由紀夫さんに見出され、勇気をもらった

　北大路の帝劇初出演は1969年1月の『復活』。旧帝劇でも松井須磨子、山口淑子のカチューシャで上演された、トルストイの名作の舞台版。カチューシャは那智わたるで、北大路は恋人のネフリュードフを演じた。「舞台機構がすごくて、本当の大劇場だなとドキドキしたのを覚えています」。第2弾が同年7月に上演された三島由紀夫作『癩王のテラス』だった。

　北大路と三島、2人の出会いは1964年に北大路の初舞台作となった日生劇場『シラノ・ド・ベルジュラック』に遡る。歌舞伎俳優・尾上松緑がシラノ役で主演し、北大路はクリスチャン役だった。

『癩王のテラス』の稽古時
三島由紀夫(右)と北大路欣也(左)

演出家には何回もダメ出しを受け続けた。舞台稽古を終えて、打ちひしがれた思いを抱えたまま楽屋でシャワーを浴びていた時に、ノックする音を聞いた。慌ててタオルを巻いたまま出ると、そこに三島由紀夫がいた。「今、見ていた」「君、なかなかいいよ。初日頑張りなさい」とだけ言うと、帰っていった。「偉大な三島先生ですからね。希望はあるぞ。本当に勇気をもらいました」。

　1966年、三島の指名で三島が書き下ろした『アラビアン・ナイト』でシンドバットを演じた。三島は、カンボジアのアンコール・トムのバイヨン寺院を建てたジャヤ・ヴァルマン7世を主人公にした『癩王のテラス』の構想を抱いていたが、舞台条件の難しさから執筆を躊躇していた。そんな時に北大路という原石を見出し、『アラビアン・ナイト』でテストした。『癩王』に使うべき舞台技巧のトライアウトとして北大路に演じさせ、その演技に三島は「あらゆる点で北大路君がこの主人公にふさわしいと考えられた」と満足した。1969年に帝劇で『癩王』が始まると、三島は毎日のように観劇に訪れた。大詰めで、王が完成した寺院に立って演説する場面を見るためだった。北大路の楽屋では大きな姿見の前に立って、ある服の仮縫いをした。三島が結成した民間防衛組織「楯の会」の制服だった。

　翌年の1970年1月に北大路はミュージカル『スカーレット』にレット・バトラー役で出演した。世界的な名作『風と共に去りぬ』のミュージカル版で、菊田一夫が脚本を書き、演出・振付は米国から来日したジョー・レイトンが担当した。

　実は最初のオーディションで北大路は落ちていた。東宝の関係者からオーディションを聞いて、「恥も知らずに、雰囲気を勉強するため受けました」。歌ったのは〈見果てぬ夢〉。中学時代からの親友だった市川染五郎(現・松本白鸚)が主演した『ラ・マンチャの男』の主題歌だった。そこで「レット・バトラーをやりたい」と言ったら、レイトンは「Oh, too young (若過ぎる)」と苦笑した。オーディションは合格とはならなかった。その後、他の映画の撮影に入り、『スカーレット』のことは忘れていたが、ある時、東宝の重役が撮影所に来て、「撮影は中止だ」と言い、北大路を強引に連れ出した。着いた先は『スカーレット』の稽古場だった。レット・バトラーを演じる予定だった宝田明が大怪我を負ったため降板。初日の10日前のことで、重役に「代役として君がこの役をやってくれないか」と言われた。「大変なことになったな」と驚いた北大路だが、直後にレイトンに面会した。レイトンは「これは君の人生だ。君が決めなさい」と言った後に、「でも、やれば地獄だよ」と付け加えた。束の間逡巡したが、過去の苦い体験を思い出した。

「過去にある方に代役をやっていただいたことがあるんですよ。その経験があったので、僕に返ってきたと思った。僕が引き受けないと幕が開かない。何が何でも引き受けて、やらせていただこうと。これがダメなら俳優を諦めよう、本当に決死の覚悟で引き受けました」

　それから文字通り、地獄を味わう。稽古場近くのホテルに宿泊し、連日、演技、歌、踊りの特訓をマンツーマンで受けた。「膨大な台詞があったので、友人に来てもらってホテルでも寝ずに覚えていました。だから、1週間はほとんど寝ていませんでした」。既に3カ月間にわたる稽古を行っていた共演者と顔を合わせたのは、初日の2日前。「初日は無我夢中だった。よく覚えていないんですよ」。初日の模様を伝える翌日の新聞に、観劇していた三島の言葉が掲載された。「彼ならあれだけやって当然だ」。

　3カ月の公演を終えて、劇団四季の地方公演中の11月25日、テレビを見るとそこに三島の姿が映っていた。市ヶ谷の陸上自衛隊東部方面総監部のバルコニーで演説する三島は楽屋で仮縫いしていた楯の会の制服姿で、右手を高く上げていた。その姿に、北大路は戦慄した。『癩王のテラス』のラストで北大路演じる王が「精神は滅びた。肉体は勝った」と演説するポーズと同じだった。三島は演説を終えると、総監室で割腹自殺した。これが生前の三島の最後の姿になり、『癩王のテラス』が最後の戯曲となった。

　帝劇は友情の証の場にもなった。松本白鸚とは14歳の中学生の時代からの親友だった。本名の「藤間」「浅井」と呼び合う仲で、一緒に舞踊を踊ったこともあった。1971年に帝劇で染五郎時代の白鸚が『戦国慕情』に主演した時、白鸚の誘いで舞台共演が実現した。

「学生時代に藤間君から演劇の世界の話を聞いていた。そこに一緒に立てたことは最高の喜びでした」

（林尚之）

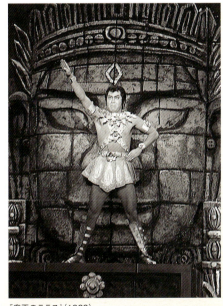

『癩王のテラス』(1969)

# 草笛光子 Mitsuko Kusabue

## 『ラ・マンチャの男』が運命を変えた

「帝劇へ初めて足を踏み入れたのは、楽屋へ行くためでした。松竹歌劇団に在籍していた私は、宝塚歌劇ご出身の女優・草笛美子さんから芸名を拝借しました。ちょうど草笛美子さんが帝劇にご出演中だったので、ご挨拶に伺ったのです。昭和20年代の末ですから、建て替える前の初代の建物でした」

菊田一夫からミュージカル出演の誘いを受けて、東宝へ移籍。数々の名舞台に出演してきたが、『ラ・マンチャの男』の本邦初演（1969年）に果たした功績は、特に大きい。そもそも菊田から「一緒に『屋根の上のヴァイオリン弾き』をやろうと声をかけられ、森繁久彌が演じるテヴィエの次女ホーデル役を振られていた。たまたまロンドンへ行く用事ができたので、出発の前々日に『ウエストエンドで公演中ですから、勉強のために観てきます』と菊田に挨拶したところ、一方的に言い渡された。

「あの役は、他の女優に決まったから」

失意のうちにロンドンからニューヨークへ回り、ブロードウェイで勧められて観たのが『ラ・マンチャの男』。まさに運命を変える、衝撃の出会いだった。

『ラ・マンチャの男』(1970)

「私は、知らないうちに役を下ろされていたことがあまりに辛くて、もう女優を辞めるつもりでした。ところが『ラ・マンチャ』を観ていたら、身体中が火のように熱くなって、身体の震えが止まりません。

『こんなに素晴らしいミュージカルがあったのか! どうしても日本で上演したい。ヒロインのアルドンサ役で、その舞台に立ちたい』という願いを抑えられなくなったのです」

帰国するや、菊田の元へ押しかけて上演権の獲得を申し入れ、東宝の森岩雄副社長とも談判を重ねた。松本白鸚（当時は市川染五郎）を主演に2023年まで50年以上も続く名舞台は、こうして誕生したのだった。

ところが念願のアルドンサ役は、思いもよらないトリプルキャスト。

「3人のうち誰が一番かという、競馬の予想みたいな記事も出ました。何より辛かったのは、他の役の方の3分の1しか、稽古ができなかったことです。オリジナルの公演を観ているのは私だけでしたから、とても及ばないと感じてしまうもどかしさや悔しさもありました。

演出と振付のためにブロードウェイから招いたエディ・ロールはとても厳しい人で、ようやく千穐楽を迎えた日には、通訳の方に『鬼!と伝えてください』とお願いしたほど（笑）。肉体的にも厳しい芝居で、身体ごと振り回されるし、舞台の上を引きずられるのでささくれが脚に刺さって、とげ抜きで抜くのが毎晩の日課になりました」

スペイン大使を招いて開幕した初日のアルドンサ役は、射止めることができた。しかし公演日程が進むにつれ、3人を比べる劇評にも悩まされ、身体も心も傷だらけになっていく。

ある夜、草笛は「もう死のう」と思い立って自宅近くの大通りまでふらふらと歩き、飛び込む車がやって来るのを待った。ところが──。

「いつもはダンプカーがびゅんびゅん走っているのに、そんな時に限って、小さなオート三輪しか来ません。『あれにぶつかったら、向こうが転がっちゃうわ』と諦めて、家へ帰りました」

間もなく他の2人の女優が相次いで体調を崩して降板したため、千穐楽まで1人でアルドンサを務めた。「彼女たちは敵やライバルではなく、同じ苦労をしてきた戦友だったんだ」と感じたという。翌年以降の再演と再々演のアルドンサ役は、単独のキャスティングとなった。

「ただし自分が役を離れた後、この舞台は一度も観ていません。アルドンサは私の恋人。別れた恋人の後は、追わないのです」

『王様と私』（1973年）は再び染五郎との共演で、イギリス人家庭教師アンナを演じて大好評。ミュージカル以外にも、『女たちの忠臣蔵』（1980年）、『唐人お吉』（1994・96年）など、帝劇の歴史に刻まれる数多くの名作で重要な役を演じている。

「70年を超えた私の芸能生活は、帝劇なくしてあり得ません。実は私、1966年に二代目の劇場が完成した際の〈開場披露 オール東宝スター オープニング・フェスティバル〉に出ています。ご一緒したのは、美空ひばりさん、宝田明さん、高島忠夫さん、江利チエミさん、そして越路吹雪さんなど、懐かしい方ばかり。

新しい帝劇の柿落としにも、出演してみたいものです。三代の帝劇を全て知る女優になれたら、これほどの名誉はありませんからね」

（石井謙一郎）

『王様と私』(1973)

# 林与一 Yoichi Hayashi

## 大スターと共演を重ね、才能開花

関西を代表する名優・初代中村鴈治郎の長男、林又一郎の孫として1942年に生まれ、1958年に初舞台を踏んだ。関西歌舞伎で修業を積んだ後、活動の場を東京の舞台に求めて長谷川一夫の内弟子になり、NHK大河ドラマ「赤穂浪士」(1964年)の堀田隼人役で脚光を浴び、二枚目俳優として人気を博す。その後、舞台、映像などで幅広く活躍し、約70年間、第一線を走り続けている。

帝劇には柿落としの〈オープニング・フェスティバル〉からの出演で、年に2本、多い年は3本の舞台に出ている。

「長谷川さんの内弟子というより居候です。朝から夜中まで舞台稽古をしていた時代なので、食事をする暇もなく、ポケットに忍ばせたアンパンをかじりながら身の回りのお世話をしました。『赤穂浪士』で世間的に名前を知られたのをきっかけに、独り立ちするように言われました」

『お夏清十郎』(1972)

その時、長谷川に、「お前は日本中の男優を敵にしたぞ」と言葉を掛けられた。

「『人気ってそんなものですか』と申し上げたら、『そうだよ、俺もな』と言われ、長谷川一夫のライバルになったのかと思いました。その言葉が僕の宝です」

帝劇初主演は『元禄太平記』(1975年)の柳沢吉保。苦しみもした。というのも初日の上演が5時間の長さ。翌日から1時間半は縮めなければならない。

「2日目に劇場入りしたら、楽屋口からエレベーターまでカットする台詞の紙が貼りめぐらされ、ほとんどが僕の台詞でした」

次の帝劇での主役が『栄花物語』(1990年)。森繁久彌演じる田沼意次に味方する戯作者・青山信二郎の役であった。

「森繁さんが『お前を主役にするよ』と仰ってくださいました」

森繁との共演で忘れられない役は『孤愁の岸』(1983年初演)の尾関尚吾。

「森繁さんが、『この役は与一に』と推薦してくださいました。僕は『東宝歌舞伎』出身で、色が違うのではと心配しましたが、公演開始後に森繁さんが、『やっぱり、この役は与一だったな』と大きな声で仰ってくださいました。再演を重ねても僕の役は変わりませんでした」

長谷川、森繁、山田五十鈴、森光子、美空ひばり。帝劇で名優、大スターと共演を重ねた。

「それぞれ異なるオーラをお持ちでした。森繁さんは岩のように大きく、長谷川さんは僕の耳の高さくらいしか身長がないのですが、後光が差しているようで近づけない。ひばりさんはバリアがあって中に入れない。山田先生と森さんは、一緒に出ている時は普通ですが、客席から見るとすごい。他にも初代水谷八重子さん、山本富士子さん、佐久間良子さんと、素晴らしい方たちの相手役を務めました」

主演女優の相手役をする際に心掛けたのは「相手がいい恰好に見えるように立ち回ること」。

「こちらが後ろ向きになっても、主役に正面を向かせてあげるのが礼儀。森さんに『与一ちゃんとやると楽よね』と言われたのが勲章です。自分を殺して演技していれば、作中に必ず1、2カ所は正面向きにアピールできるところがある。そこで蓄積したものを全部吐き出します」

長谷川一夫と美空ひばりには演技で強い影響を受けた。

「ひばりさんに習ったことが8割、長谷川さんが2割。長谷川さんは『見て覚えろ』で、教えてはくださいませんが、行儀にはうるさく『他の俳優が演技をしている時に出しゃばってはいけない、動いてはいけない』と指導されました」

美空ひばりとは「ひばり与一」と呼ばれるゴールデンコンビで人気を博した。

「ひばりさんは、男性の役を演じるのが上手かった。動きを立って教えてくださるんです。大阪人の僕が江戸前の啖呵を切る役をできるようになったのはひばりさんのおかげです」

『放浪記』の初演(1961年)では森光子演じる林芙美子の初恋の男、香取恭助を務めた。2人は尾道で再会するが、所帯を持つ恭助は芙美子に復縁を切り出されるのでは、と気が気ではない。

「僕は19歳。40歳の男の役などできるわけがない。稽古で演出の菊田先生に、『芙美さんは覚えておんなさるね、尾道の町で聞こえる、船の汽笛の、あのボーッ、ボッポというこだまの数』とそこまでを30回以上繰り返させられました」

森は、「できるまでやろうね」と最後まで稽古に付き合ってくれた。

「森さんの優しさが身に染みたので、僕も他の役者さんが稽古場に残された時には、お付き合いすることにしています」

芸術座から始まり、地方公演を経て再び芸術座に戻る8カ月に及ぶロングラン公演の打ち上げで、「菊田先生に、『一番できなかったのは林与一だね』と言われたのがショックでした」。

その後、三木のり平潤色・演出により、回数を重ねての1989・90年の公演で再び香取を演じた。

「のり平さんに初演での菊田先生の言葉を伝えたら、『今ならできるんじゃないか』と言われました。公演終了後に、のり平さんが『良かったよ。今だったら菊田に褒められるね』。その言葉が嬉しくて僕は座り込んで泣きました」

(小玉祥子)

# 司葉子 Yoko Tsukasa

## 公私ともに溢れる気品と誠実さ

　半世紀以上前のことになるが司葉子にインタビューした折、「涙は女の武器でしょうか」と尋ねたところ、即座に「嫌、嫌ですわ」と言い、「私、泣かないんです。泣いたのは母が亡くなった時だけ。その時は人間ってこんなに涙がでるのかと思いましたけれど……」と言った。「嫌」という強い言葉を使ったのはこの時だけで、後は「好きじゃないんです」とか「苦手ですわ」という柔らかい言葉を選んでいた。その時、自己主張しないが芯が強い人だと思った。その印象は彼女の人生と重なって見える。

　鳥取の名だたる旧家の生まれで、現毎日放送の重役秘書をしていた際に頼まれて雑誌の表紙に出た。それが「君死に給うことなかれ」という映画のヒロインを探していた東宝の丸山誠治監督の目に留まった。家族をはじめ周囲は猛反対したが「1本だけ」という約束で映画の出演を決めた。司葉子という芸名は共演した池部良が付けたそうだ。1954年のことである。しかし品が良く清楚な風姿は多くの監督の目を捉え、そのまま女優を続け、たちまち時代を代表するスターになった。思いがけぬ人生を歩むことになったのである。

『紀ノ川』(1978)

　50年代後半は映画スターが続々と舞台に出た時代で、司も菊田一夫に請われて1958年に芸術座で初舞台を踏み、その後も『人間の条件』『がめつい奴』『丼池』『華岡青洲の妻』と芸術座の舞台に出演した。中でも1967年に演じた『華岡青洲の妻』は『紀ノ川』と同じ有吉佐和子作・演出の舞台で、旧家のお嬢さんから医師華岡家に嫁いだ加恵の半生を描いた作品だった。青洲は江戸時代の実在の紀州の医師で、日本で初めて麻酔薬を発明したことで知られるが、その青洲を巡る母・於継と加恵との身体を懸けた女の葛藤と、それを利用して麻酔薬を開発する男のエゴを描いたドラマで、以後も様々なキャストで上演を重ねた名作である。「この役はもう一度やってみたかったですね」と司は言った。終幕で麻酔薬の実験の後遺症で盲目になった加恵に向かって、青洲の妹が「姉さんは最後に母に勝った」と言う台詞があるのだが、司は「本当に勝ったのでしょうか。私は人の一生の虚しさ儚さを感じました」と言う。映画「紀ノ川」の成果がこの

「その時、私、10年間の目標を立てたんです。最初の3年はこう、次の3年はこうと。なかなか思い通りにはいきませんでしたけれども……」

　映画女優の道を選んだ以上、その道を捨てぬこと、泣き言を言わぬことを決意したのである。小津安二郎、黒澤明ら巨匠の作品にも出たが、多くはメロドラマのヒロインやサラリーマンもので、代表作になる作品には巡り会わなかった。1964年に最大の理解者だった母が亡くなり、それが1つの転機になった。デビューから13年目の1966年に中村登監督、有吉佐和子原作「紀ノ川」の主役に起用された。

「顔合わせの時、『私大根ですからよろしく』って挨拶したんです。後で監督から『あんなことを言ってはいかん』と叱られました」

　『紀ノ川』は22歳で紀州の旧家に嫁ぎ、明治から昭和に至る一家の盛衰を見据えて生きた花という女の50年間にわたる一代記で、彼女は控えめながら内に情熱を秘めた花の一生を悠然と演じた。特に老いてからの演技が高く評価された。大根どころかこの年の7つの映画賞の主演女優賞を独占し、後年帝劇でも演じて司の代表作になった。

舞台に生かされたように思う。

　その後は活躍の場を大劇場に移し、東京宝塚劇場で『明治百年』『徳川の夫人たち』などに出演したが、1969年の『続・徳川の夫人たち』に出た後、大蔵省の高級官僚の後妻になると発表し周囲を驚かせた。その後、芸能界を去り先妻の2人の子と自身の子との3人の母としての日を送った。しかしカムバックを求める声は多く、1973年に帝劇の『新・平家物語』に出演。その後は『国盗り物語』『紀ノ川』『暖簾』『一絃の琴』『大文字屋の嫁』『大奥最後の日』『徳川の夫人たち』と帝劇に出演した。1978年に上演した舞台版の『紀ノ川』は大薮郁子脚色、本間忠良演出で片岡孝夫(現・片岡仁左衛門)、江原真二郎、島田正吾らが共演した大作で、司は映画と同じくヒロイン花の一生を演じ舞台の代表作にした。帝劇では多彩な役を演じたが、与えられた環境の中で誠実に生きる役に司の本領があったように思う。

　こうして女優として活躍する一方で、夫君が司の故郷である鳥取県から衆議院議員に立候補し当選したため応援に奔走し、地元の地盤固めに力を尽くすなど政治家夫人の役目も果たした。その後、紫綬褒章をはじめ数々の栄誉に輝き、東京福祉大学の特任教授、日本大正村の村長なども務めている。大劇場の主流がミュージカルになっていったために舞台から遠ざかっていたが、2009年に三越劇場の新派公演に客演し、森本薫作『女の一生』の堤しずを演じた。帰る家を失ったヒロイン布引けいを引き取り、堤家の嫁にする気丈な女性である。その役を持ち前の気品のある演技で造形し、菊田一夫演劇賞の特別賞を受賞した。帝劇の一時代を飾った、かけがえのない女優だった。

(水落潔)

1967年から現在まで、帝劇作品のポスター、舞台写真を撮影するフォトグラファー田内峻平（TOHOマーケティング）。「写心」を信条とする田内の記憶に残る写真とは？

### 『近松心中物語』

道行の果て、吹雪。谷間の雪道を歩む忠兵衛（平幹二朗）、梅川（太地喜和子）。凍てつく雪が重く2人の行く手をさえぎる。舞台一面の雪、雪、雪。1979年、この感動的な世界がカメラの前に現れた。再演、3演と帝劇の舞台を撮り続け、2人の姿を連写した。この場面はライトが暗く、降りしきる雪の様子を表現するのに非常に苦労した。上手、下手、2階席など、どの角度からも、また広角・望遠レンズで撮っても写真的に面白く、身体がぞくぞくしてくる場面だった。

### 『放浪記』カフェー「壽楽」の場

森光子さん演じる女給の芙美子が舞台狭しと踊って、客を楽しませる場面である。森さんの足さばきは、年を重ねてさらに軽やかに。86歳、帝劇大舞台の芙美子だ。初日が開けて、森さんの楽屋に写真を持っていくと「これは前の写真ですか」「昨日のです」「足、こんなに上がっていましたか」。そんなやりとりを公演のたびにさせていただいた。

### 森繁久彌さん

『屋根の上のヴァイオリン弾き』初演（1967年）から撮影させていただいた森繁久彌さんの、私にとって最後の写真だ。森繁さんが、芸術座での最終公演『放浪記』（2005年）を演じる森光子さんを楽屋に訪ね、森さんからプレゼントされたネクタイを締める。楽屋にはお2人と私だけ。二人芝居のような光景に、夢中でシャッターを押した。

### 山田五十鈴さん

ポスター、舞台写真を数多く撮影させていただいた。『女役者』はその初期の頃の写真だ。写真は、俳優の目でシャッターを押す。この頃は、山田さんから合わせに来てもらって撮影できた写真だ。世に出すカットは全て、山田さん自らがポジフィルムから選んでくれた。最後のポスターは山羊の乳しぼりをする農婦の役（ポラロイドの中段左）で、ノーメイクで臨まれた。公演前に体調を崩されたのは残念だった。

### 『ミス・サイゴン』〈アメリカン・ドリーム〉

海外が権利元のミュージカルは、撮影する画角が厳格に設定されるケースがある。ただし、長年撮影してきて、この瞬間このアングルが「写心」になると自分で感じて撮影した写真が、プロデューサーから採用されることもある。2016年、『ミス・サイゴン』市村正親さんの〈アメリカン・ドリーム〉。

### 『レ・ミゼラブル』帝劇初演

海外のミュージカルは、写真撮影のための時間が設けられる。フォトグラファーは舞台に上がり、照明は写真用に調整され、俳優もカメラを意識して演じる。日本の舞台稽古は進行がタイトでそのような時間はない。初演当時、ジョン・ケアード氏（潤色・演出）は稽古を舞台として撮影することに反対していた。一方で、東宝はプレビュー後の初日に舞台写真入りのプログラムを販売するという。照明は驚くほど暗く、暗めの衣裳、暗めの背景。当時のフィルムの感度では映りにくい。それでも、ろうそくの灯に照らされる、濃密で繊細なドラマに刺激を受けた。カメラを4台入れて、デザイナーも3人、印刷会社、宣伝室員、皆で徹夜の作業が続く。ジョン氏と衣裳の（アンドレアーヌ・）ネオフィトウ氏による細かなチェックを経て、初日のプログラムに舞台写真は掲載された。東宝ミュージカルの舞台写真は、実際の演技を撮影したものしか存在しない。

# HISTORY
## of IMPERIAL THEATRE

明治44（1911）年に初代・帝国劇場、そして昭和41（1966）年に現・帝国劇場が開場。
1世紀以上にわたり時代を先取りし、日本演劇界の先頭を走ってきた"帝劇"の足跡を、
ここからは上演記録と写真資料で紐解いていく。
また上演史の間には、その時代を象徴した作品やスタッフ＆キャストの貴重な証言を盛り込んだ。
いざ、帝劇歴史旅の始まり始まり──。

### 【 略語一覧 】

| | | | | |
|---|---|---|---|---|
| 企……企画 | 装……装置／舞台装置 | 指……指揮 | 装助……装置助手 | 闘……擬闘 |
| 企構……企画構成 | 照……照明／舞台照明 | 振……振付 | 照補……照明補 | 斗……擬斗 |
| 構……構成 | 美監……美術監督 | 振協……振付協力 | 照助……照明助手 | ア……アクション |
| 修……監修 | 美……美術 | 製……製作 | 衣補……衣裳補 | AC……アクション・コーディネーター |
| 原……原作 | 衣……衣裳 | 製協……製作協力 | 衣助……衣裳助手 | 特監……特撮監督 |
| 案……原案 | 衣考……衣裳考証 | EP……エグゼクティブプロデューサー | 響設……音響設計 | 特……特撮 |
| 作……作 | 衣デ……衣裳デザイン | P……プロデューサー | 響……音響 | MU……メーキャップ／メイクアップ |
| 脚……脚本 | 衣協……衣裳協力 | 製補……製作補 | 音効……音響効果 | MU協……メイクアップ協力 |
| 台……台本 | 効……効果 | 製担……製作担当 | 響補……音響補 | MU指……メイク（メーク）指導／メークアップ指導 |
| 潤……潤色 | 撮……撮影 | 製助……製作助手 | 音監補……音楽監督補 | HM……ヘアーメイク |
| 色……脚色 | 出……出演 | 制……制作 | 奏……演奏 | FC……フライング・コーディネーター |
| 訳……翻訳・訳 | 口……口演 | PC……プロダクション・コーディネーター | 邦……邦楽 | MC……マジック・コーディネーター |
| 演……演出 | 音……音楽 | PM……プロダクションマネージャー | 義……義太夫 | AC……アーティスティック・コンサルタント |
| 演協……演出協力 | 音監……音楽監督 | 演補……演出補 | 声監……声楽監督 | 賛……協賛 |
| 導……指導 | 音協……音楽協力 | 演ア……演出家アシスタント | ボ監……ボーカル監督 | 後……後援 |
| 舞監……舞台監督 | 詞……作詞 | 演助……演出助手 | 振補……振付補 | 協……協力 |
| 監……監督 | 曲……作曲 | AD……アシスタントディレクター | 振助……振付助手 | |
| 時考……時代考証 | 編……編曲 | 助監……助監督 | ナ……ナレーション | |
| 考……考証 | 音指……音楽指揮 | 装補……装置補 | 陣……殺陣 | |

## 1911–196

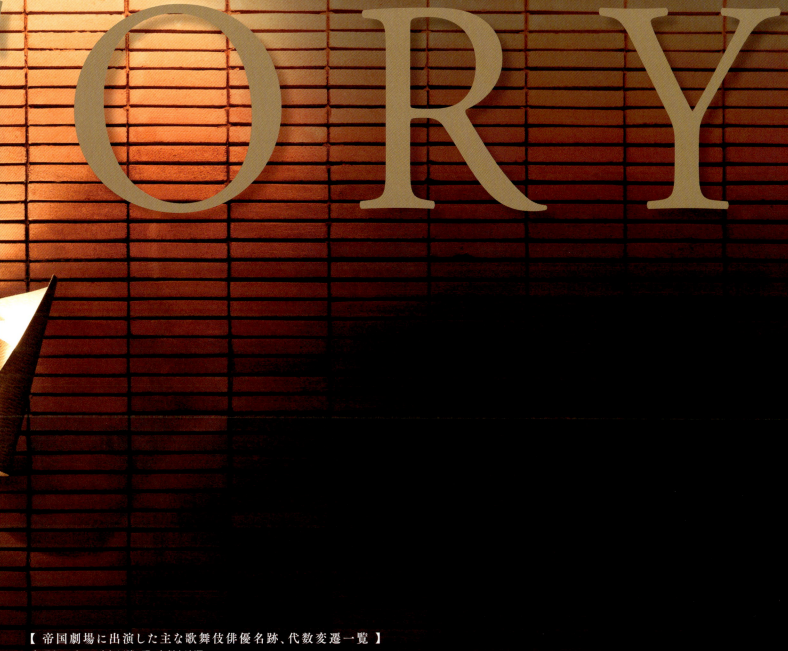

【 帝国劇場に出演した主な歌舞伎俳優名跡、代数変遷一覧 】
❖昭和41（1966）年以降、現・帝劇出演順

| | | |
|---|---|---|
| 二代目松本白鸚 | 六代目市川染五郎（昭和24〈1949〉年9月〜）……▶ 九代目松本幸四郎（昭和56〈1981〉年10月〜）……▶ 二代目松本白鸚（平成30〈2018〉年1月〜） | |
| 二代目中村吉右衛門 | 中村萬之助（昭和23〈1948〉年6月〜）……………▶ 二代目中村吉右衛門（昭和41〈1966〉年10月〜）［令和3〈2021〉年11月28日没］ | |
| 初代松本白鸚 | 八代目松本幸四郎（昭和24〈1949〉年9月〜）……▶ 初代松本白鸚（昭和56〈1981〉年9月〜）［昭和57〈1982〉年1月11日没］ | |
| 四代目市川左團次 | 五代目市川男女蔵（昭和37〈1962〉年2月〜）……▶ 四代目市川左團次（昭和54〈1979〉年2月〜）［令和5〈2023〉年4月15日没］ | |
| 十五代目片岡仁左衛門 | 片岡孝夫（昭和24〈1949〉年9月〜）……………▶ 十五代目片岡仁左衛門（平成10〈1998〉年1月〜） | |
| 七代目尾上菊五郎 | 四代目尾上菊之助（昭和40〈1965〉年5月〜）……▶ 七代目尾上菊五郎（昭和48〈1973〉年10月〜） | |
| 十八代目中村勘三郎 | 五代目中村勘九郎（昭和34〈1959〉年4月〜）……▶ 十八代目中村勘三郎（平成17〈2005〉年3月〜）［平成24〈2012〉年12月5日没］ | |
| 三代目市川右團次 | 初代市川右近（昭和50〈1975〉年〜）……………▶ 三代目市川右團次（平成29〈2017〉年1月〜） | |
| ※劇団新派より | | |
| 二代目水谷八重子 | 水谷良重（昭和30〈1955〉年8月〜）……………▶ 二代目水谷八重子（平成7〈1995〉年11月〜） | |

# 新時代に花開

## 第1期 [1911〜1923]

開場当時の旧・帝国劇場

プロセニアムアーチの鳩の彫塑

天井画「天女羽衣像」復元図

### 本格的洋風劇場の誕生

1911年3月1日、日本で待ち望まれた大規模かつ本格的な洋風劇場として開場した帝国劇場(以下、帝劇)。伊藤博文、西園寺公望、渋沢栄一ら政財界の重鎮たちが、近代国家にふさわしい"国際的文化施設"としての劇場の必要性を唱え、建設を推進した。明治末期当時、国賓を接遇するに足る格式と設備を持つ西洋式劇場はまだなく、民営劇場ながら国立劇場に匹敵する役割を期待されたのである。

劇場の設計を担当したのは、有楽座や三越呉服店(日本橋三越本店)も手掛けた横河民輔。フランス風ルネサンス様式による"白亜の殿堂"の屋上には「翁」の立像が建ち、内部にはイタリア産大理石の円柱をふんだんに使用。観客席の天井には和田英作画「天女羽衣像」が舞い、プロセニアムアーチには鳩の彫塑が施された他、ホールや休憩室を煌めくシャンデリアや多数の絵画・彫刻が飾り、隅々まで贅を尽くした大劇場の誕生であった。

大きかったのは観劇スタイルの変革で、芝居茶屋を通して観劇と飲食を手配する従来の方式を廃止。誰でも席番入りの切符を買えるという、今では当たり前のチケット販売方式は画期的だった。3層構造で収容1700席の客席は全て椅子席(上階は一部ベンチシート)で、ボックス席や貴賓席も設けられた。客席での飲食・喫煙は禁止する代わりに、場内の食堂、休憩室を充実させたのである。

### 人気を呼んだ女優劇

重要なのは、この威容を誇る劇場でどんな内容の作品を上演するかだ。劇場の設立趣旨には、"従来の歌舞伎芝居やその他の舞台芸術を、この劇場を本拠として、より高度に発展向上させたい"という目標が掲げられていた。"国劇"としての歌舞伎上演を見越して、劇場完成と同時に六代目尾上梅幸、八代目市川高麗蔵(七代目松本幸四郎)らが専属俳優となったが、初期帝劇の大きな呼び物となったのは、劇場建設に先駆けて設立された帝国劇場附属技芸学校出身の女優たちによる"女優劇"だった。この技芸学校は、川上貞奴によって設立された帝国女優養成所を引き継いだもの。開場前年にスタートした管弦楽部と併せて、劇場附属の養成機関として帝劇独自の特色となっていく。

技芸学校出身者で人気を呼んだのが、森律子や村田嘉久子といった女優たちだった。開場間もない1911年5月には、益田太郎冠者(帝劇の文芸担当重役・益田太郎のペンネーム)作による喜劇『ふた面』が評判となり、以後、益田作品をはじめ、歌や踊りがふんだんに盛り込まれた女優たちの喜劇は帝劇の名物となる。

### 日本初の"歌う女優"松井須磨子

一方で帝劇は草創期の新劇運動にも門戸を開いた。開場年の5月には、坪内逍遙率いる文芸協会の第1回公演としてシェイクスピア作『ハムレット』が登場。逍遙訳による本邦初の『ハムレット』全幕上演である。この時オフィーリアを演じて注目を集めたのが、文芸協会演劇研究所の第1期生だった松井須磨子だ。

須磨子は、同年冬に上演されたイプセン作『人形の家』で自立する"新しい女性"ノラを堂々と演じ、さらに評判を呼ぶ。この時、翻訳を務

# く文化の殿堂

めたのが島村抱月。妻子ある抱月との恋愛関係によって文芸協会を追われた須磨子は、のちに抱月と芸術座を結成し、『サロメ』を経て、1914年にはトルストイ作・抱月訳による芸術座公演『復活』で再び帝劇に登場する。本作で演じたカチューシャ役が大当たりで、須磨子が歌う劇中歌〈カチューシャの唄〉(中山晋平作曲)は全国的ヒットとなった。日本初の"歌う女優"の誕生である。翌年上演のツルゲーネフ作『その前夜』でも須磨子が歌う劇中歌〈ゴンドラの唄〉が挿入され、同じく中山晋平作曲でこちらも大ヒットした。

その後も須磨子は帝劇での『クレオパトラ』『アンナ・カレニナ』をはじめ情熱的な女性を次々に演じたが、前年に病死した抱月の後を追い、1919年1月に自ら命を断つというショッキングな最期を遂げている。

文芸協会『人形の家』
(1911年11月)松井須磨子

## 海外演出家の指導で帝劇オペラが活性化

歌舞伎、女優劇、新劇をはじめ、初期の帝劇では日本舞踊、西洋舞踏、文楽などのバラエティーに富んだプログラムが組まれた。新劇では小山内薫の自由劇場、森鷗外も参加した近代劇協会などが、ゴーリキー作『夜の宿』(『どん底』)、シェイクスピア作『マクベス』、チェーホフ作『桜の園』などを上演している。

開場年には帝劇歌劇部(のちの洋劇部)が発足。講師には日本を代表するプリマドンナとなる柴田環(のちの三浦環)などを迎え、翌年には『熊野』などの創作オペラも上演した。とはいえ技術的にはまだまだ拙く、イタリアからオペラ・バレエの演出・振付家ジョヴァンニ・ローシーを招聘する。その熱血指導が実を結び、モーツァルト作曲『魔笛』、オッフェンバック作曲『天国と地獄』などのオペラ、オペレッタが続々と上演された。『ボッカチオ』からは〈恋はやさし野辺の花よ〉〈ベアトリ姉ちゃん〉などのヒット曲が生まれ、帝劇洋劇部は活況を呈したが、1916年に残念ながら解散。ローシーも帝劇を去る。だがのちにローシー門下生たちが浅草オペラなどで活躍するようになり、帝劇オペラは日本のオペラ史の礎を築いたのだった。『熊野』を観た小林一三が宝塚唱歌隊(のちの宝塚少女歌劇団)を設立するなど、多方面に与えた影響は大きい。

## 宝塚少女歌劇と来日アーティストたち

洋劇部解散以後、再び歌舞伎や新劇を中心にプログラムが組まれた帝劇では、1916年に歌舞伎座との交流が始まった。五代目中村歌右衛門らの帝劇出演が実現する一方で、帝劇専属俳優たちも歌舞伎座の舞台に立つことになった。女優劇では、益田太郎冠者作による喜劇『ドッチャダンネ』がヒット。1918年には宝塚少女歌劇が帝劇で初めての東京公演を行い、人気を博している。

当初から海外の芸術家たちの招聘公演を積極的に行っていたのも帝劇の特徴で、1918年にはロシアの作曲家・ピアニストのプロコフィエフ、ミロヴィッチ(ピアノ)とピアストロ(ヴァイオリン)など世界的名手のリサイタルを開催。1919年にはロシア・グランドオペラによる『ボリス・ゴドノフ』などの来日公演が行われた他、女形で名高い京劇の大スター、

梅蘭芳

梅蘭芳一座が来日し、観客を魅了している。1921年には世界的バイオリニスト、ミッシャ・エルマンによるソロリサイタルが開かれ、当時サラリーマン初任給30円の時代に特等15円という破格の料金だったが、連日盛況の大入りとなった。

## ロシアの名花パブロワの功績

初期帝劇に来日した綺羅星の如き海外スターの中でも、後々まで語り継がれている存在が、ロシアの伝説的バレリーナ、アンナ・パブロワだろう。1922年9月の帝劇公演を皮切りに、京都、神戸他日本全国8カ所でツアーを行っている。パブロワが披露したのは、彼女の代名詞である『瀕死の白鳥』(サン=サーンス作曲、ミハイル・フォーキン振付)。この来日公演はメディアでもセンセーショナルに報じられ、踊るパブロワを見て舞踊の世界に入った後

アンナ・パブロワ

進のバレリーナは数多い。芸術としてのバレエを日本に根付かせた功績は大きく、舞踊界以外にも強烈な印象を残した。芥川龍之介は「兎に角美しいものを見た」と記し、少年の頃に神戸で『瀕死の白鳥』を観た映画評論家の淀川長治は、ハンカチを「咽喉につめこむほど」感動して泣いたと述懐している。

「今日は帝劇、明日は三越」とも謳われ華やかな近代文化の象徴となった帝劇だったが、1923年9月1日の関東大震災で隣接する警視庁からの延焼によって建物内部を焼失。急ピッチで復興を目指すと同時に、11月から帝国ホテル演芸場などを借りて仮興行を行うことになる。

# 混迷の時代に

## 第2期［1924〜1944］

### 新国劇と築地小劇場の登場

関東大震災後、帝国ホテル演芸場や麻布の南座などを借り受けて仮興行を行うと同時に、劇場の再オープンを目指して改築が急ピッチで進められた。内部は焼失していたため、実質的には新劇場の建設に近い。設計は初代帝国劇場（以下、帝劇）と同じく横河民輔に依頼し、2階から4階客席を扇形にするなど様々な改良が加えられた。震災から1年余の1924年10月20日には、梅蘭芳一座などを迎えて改築記念興行が開幕。翌1925年には歌舞伎座が復興開場、新橋演舞場が新築開場と、日比谷・銀座の周辺でも続々と文化復興のシンボルが誕生していく。帝劇も冷房設備、屋上庭園の喫茶室、3階席の拡張など、さらなる機能・設備の向上が図られた。

ソフト面では、1925年、「澤正（さわしょう）」こと澤田正二郎率いる新国劇が帝劇に初登場。代表作『国定忠治』などでヒットを飛ばし、翌年には公演数を増やして大入りを記録する。『月形半平太』など大人気の剣劇ものの他、シェイクスピア作『コリオレーナス』（坪内逍遙訳）など上演演目も多彩だった。尾崎紅葉作『金色夜叉』、エドモン・ロスタン原作『白野弁十郎』（『シラノ・ド・ベルジュラック』の翻案）、長谷川伸作『沓掛時次郎』など、後々まで上演され続ける人気演目が多数登場し、帝劇における新国劇公演は興隆を極めていく。

新国劇『金色夜叉』（1927年8月）
二葉早苗、澤田正二郎

開場から人気を博していた女優劇では、『月給取』『高速度喜劇』など、都市生活者の生態も反映したモダンなコメディが人気を集めた。舞踊公演も人気が高く、大阪河合ダンス・バレー団公演は帝劇でもお馴染みとなっていた。

一方、1927年には、土方与志、小山内薫らで発足した築地小劇場が帝劇に初登場。演劇研究のためドイツ留学していた土方が関東大震災を機に帰国、小山内らと共に築地に新劇の常設劇場を開設し、

大阪河合ダンス・バレー

築地小劇場『真夏の夜の夢』（1928年7月）

同時に劇団として海外翻訳戯曲を中心に他劇場でも公演を行っていた。1928年には坪内逍遙のシェイクスピア全戯曲翻訳記念公演として、『真夏の夜の夢』を上演。だが翌年に築地小劇場は分裂、脱退した土方、丸山定夫らが結成した新築地劇団が、帝劇でゴーリキー作『母』、レマルク作『西部戦線異状なし』などを上演し話題を呼んだ。

### 澤正の死、松竹経営へ移行

1929年3月、人気絶頂だった澤田正二郎が36歳の若さで病没し、新国劇にとって大きな痛手となる。これは帝劇にとっても同様で、震災後1年で復興を遂げたものの、国内の経済状況の悪化、映画やラジオなど新たな娯楽の台頭、芸能ジャンルの多様化などにより観客動員数が減少。次第に経営が逼迫していった。

そして1930年、帝劇は10年契約で松竹に賃貸され、興行一切を松竹に委ねることになる。経営を委譲された松竹は東京・大阪の演劇・映画界で多くの劇場を傘下に収め、一大勢力を形成していた。松竹経営下での幕開けは、1930年1月、帝劇専属俳優だった六代目尾上梅幸、七代目澤村宗十郎らと、松竹から二代目市川左團次、初代中村吉右衛門らの顔合わせで行われた『一條大蔵譚』『土蜘』などの大歌舞伎だった。だが以降、帝劇でのこうした豪華配役による大歌舞伎興行は行われず、新派合同公演、曾我廼家五郎一座など松竹色を出しつつも、カーピ伊太利大歌舞劇招聘公演など、従来の帝劇路線も維持したプログラム編成が行われた。ハリウッド俳優として成功後、日本に帰国していた大スター・早川雪洲は『天晴れウオング』（1930年）で帝劇に初登場。翌年も帝劇に2度出演している。

一方、映画界では、サイレント時代から俳優自身が台詞を喋るトーキーへと大変革期が訪れていた。1931年、日本初の本格的トーキー映画「マダムと女房」（五所平之助監督）が帝劇で封切られ、若い女房役の田中絹代がその甘い声で大人気となった。だが演劇の興行を行う劇場として経営環境は改善せず、帝劇は主に洋画中心の封切館へと舵を切ることになる。

### 洋画ロードショー専門館として

こうして1931年11月より、劇場の経営権が松竹から返還される1940年までの8年以上にわたり、帝劇は"映画館"となった。時に松

# さまよう劇場

竹少女歌劇団のレビューなど実演も挟みつつ、名匠ルネ・クレール監督「自由を我等に」「巴里祭」、特撮映画の金字塔「キング・コング」、グレタ・ガルボ、ジョン・バリモア、ジョーン・クロフォードらオールスター・キャストによる「グランド・ホテル」、マルクス兄弟「我輩はカモである」、初期トーキーを代表する音楽映画「会議は踊る」、フランク・キャプラ監督の傑作ロマンチック・コメディ「或る夜の出来事」、女性映画の名手ジョージ・キューカー監督「若草物語」、日本で高い人気を誇ったジュリアン・デュヴィヴィエ監督「商船テナシチー」「舞踏会の手帖」「望郷」、シューベルトを描く「未完成交響楽」、ジャック・フェデー監督「外人部隊」、踊るコンビ、フレッド・アステア&ジンジャー・ロジャースの「コンチネンタル」「トップ・ハット」、チャップリンの風刺が効いたコメディ「モダン・タイムス」など、映画史に残る洋画の名作・話題作の数々をロードショー公開した功績は大きい。

「望郷」（1939年2月）©川喜多記念映画文化財団

だが、演劇の殿堂として開場した由緒ある劇場を映画館として利用し続けることに、もどかしい思いを抱いていた劇場関係者は多かった。状況を打破したのは、1918年に宝塚少女歌劇が帝劇で東京初公演を行って以降、帝劇と縁を深めていた東宝創始者の小林一三である。

## 東宝傘下での復活と再々開場

小林は1934年に東京宝塚劇場を開場。1937年12月、帝劇は（株）東京宝塚劇場傘下となったが、松竹との賃貸借契約が残っていたため、1940年2月までは映画館として使用された。そして1940年3月、帝劇は東宝傘下の演劇劇場として復活を果たす。宝塚少女歌劇、島田正吾・辰巳柳太郎の二枚看板で人気を取り戻していた新国劇、中村吉右衛門らの歌舞伎公演などが行われたが、往時の輝きを取り戻す間もなく、同年9月に内閣情報局の庁舎として徴用されることが突如決定。一切の興行が行えなくなってしまった。

帝劇が内閣情報局から返還されたのは1年半後の1942年3月。再々開場を寿ぐ記念公演を経て、新国劇25周年記念公演で本格的に再始動した。水谷八重子一座、水の江瀧子や杉村春子も出演した東宝国民劇など様々なジャンルの演劇が上演されたが、太平洋戦争真っ只中であり、戦時色は避けられなくなっていく。

## 東宝株式会社誕生も劇場は閉鎖へ

こうした戦時下にあって、後世へと繋がる芽吹きも見られた。1943年3月、浅草の劇団「笑の王国」時代からの盟友であるロッパこと古川緑波と劇作家・菊田一夫のタッグで、古川緑波一座による『花咲く港』が帝劇で初演される。名匠・木下惠介が監督デビューを飾った映画版（小沢栄太郎、上原謙らの出演）も同年に公開され、

古川緑波一座『花咲く港』（1943年3月）古川緑波、渡辺篤

菊田の代表作として知られる作品となった。また、同年、滝沢修、青山杉作らは芸文座を結成し、映画「姿三四郎」「ハナ子さん」でも人気の宝塚少女歌劇出身女優・轟夕起子を迎え、武者小路実篤作『三笑』を上演している。

経営面では、同年12月に（株）東京宝塚劇場と東宝映画（株）が合併し、東宝株式会社が誕生した。

だが、帝劇の上演演目にも「陸軍省報道部後援」「情報局国民演劇参加作品」といった冠が目立ち始め、1943年末の浪曲大会は「芸能従軍壮行」として行われた。そして戦局が急激に悪化しつつあった1944年2月に閣議決定された「決戦非常措置要綱」により、演劇・映画の興行はあらゆる面で締付けが厳しくなっていく。まず全国19の大劇場に1年間の閉鎖命令が下され、帝劇も3月からの閉鎖を余儀なくされた。その後、東京都防衛局の庁舎となり、翌1945年8月の終戦を迎えることになる。

宝塚少女歌劇『草刈王子』（1940年3月）
櫻町公子、初音麗子、千村克子、朝緑澄子

帝国劇場東宝直営開場記念・宝塚少女歌劇雪組公演『船弁慶』
天津乙女、春日野八千代

# 戦後復興と国産
## 第3期 [1945〜1965]

### 復興の狼煙と東宝争議

　1945年8月に終戦を迎えた日本。帝国劇場（以下、帝劇）は被災を免れ、10月に早くも再開場となった。空襲で焼失した歌舞伎座など傘下の劇場が大きな被害に遭い興行の早期復興が難しかった松竹との提携公演で、六代目尾上菊五郎を迎えた『銀座復興』『鏡獅子』が開幕を飾り、1カ月半以上のロングランに。仇討ち物などは民主化の妨げになるというGHQの規制で、『仮名手本忠臣蔵』『勧進帳』など多くの人気演目の上演が不可とされた歌舞伎界では、上演作品の選定に苦慮しながらの再出発となった（歌舞伎演目の全面上演解禁は1947年11月）。

　1946年には六代目菊五郎と初代中村吉右衛門の合同公演、新劇人合同による『真夏の夜の夢』、藤原義江率いる藤原歌劇団のオペラ『椿姫』や『カルメン』、東京バレエ団『白鳥の湖』などの公演で大入りを記録。戦後復興の足掛かりとなった。新協劇団・東京芸術劇場による『どん底』、杉村春子ら文学座の『或る女』など新劇公演の他、李香蘭として知られた山口淑子のリサイタル、新派、邦楽・邦舞公演などバラエティーに富んだプログラムが組まれた。山口淑子は翌年、『ケンタッキーホーム』、トルストイ作『復活』で滝沢修、森雅らと共演している。

『復活』(1947年6月〜7月)
望月美恵子、山口淑子、島田照夫、清水将夫

　ところが1948年4月、東宝撮影所では戦後最大の労働争議と言われる第3次東宝争議が勃発。8月には監督、俳優、スタッフら2500名が撮影所に立て籠もり、米軍が出動する騒動となった。帝劇では民衆芸術劇場（第一次民藝）公演で空前の不入りを記録した他、争議の影響が東宝の経営状況悪化に拍車をかけ、映画上映の増加などプログラムの再編を余儀なくされる。

### 宝塚歌劇の東京本拠地として

　1949年はバレエ、オペラ、舞踊や演奏、クラシック音楽のリサイタルが主な編成という中で、若手歌舞伎俳優を中心にした狂言座が、九代目市川海老蔵（のちの十一代目市川團十郎）、七代目大谷友右衛門（のちの四代目中村雀右衛門）を特別参加に迎えて『仮名手本忠臣蔵』などを上演。久々に帝劇に登場した新国劇は村上元三作・演出『佐々木小次郎』を上演した。

　一方、終戦年の12月にGHQに接収され、占領軍将兵専用の"アーニー・パイル劇場"となっていた東京宝塚劇場に代わり、1950年から帝劇が宝塚歌劇東京公演の受け皿となった（東京宝塚劇場は1955年にGHQより返還、再開場）。春日野八千代ら戦前からのスターに加え、越路吹雪、乙羽信子、久慈あさみ、淡島千景、新珠三千代、八千草薫、有馬稲子ら、綺羅星の如きスターたちが、白井

鐵造、高木史朗、内海重典ら、宝塚歌劇の礎を築いた作・演出家によるレビューやオペレッタ作品で帝劇の舞台を生き生きと彩った。

　1950年7月、帝劇は東宝（株）から独立し、株式会社帝国劇場が設立された。小林一三の長男、小林富佐雄が初代社長を務め、2代目社長に就任したのが、『ファウスト』などドイツ文学の翻訳でも知られ、日本劇場（日劇）や東宝で要職を務めるも、戦後公職追放されて再び東宝に復帰していた秦豊吉である。

宝塚歌劇雪組帝劇初公演『ウィンナ・ワルツ』(1950年1月)乙羽信子、東郷晴子、春日野八千代

### 帝劇ミュージカルスの誕生

　秦が新たな帝劇の方向性として掲げた目標の1つが、年に6〜8回程度は宝塚歌劇公演を上演しつつ、「純和風のものを西洋風にアレンジしたオペレット・レビュー」を上演することだった。長年温めていたその夢を実現させ、1951年2月、"第一回帝劇コミックオペラ"と銘打って登場したのが、当時宝塚歌劇団に在籍中だったトップスター、越路吹雪をヒロインに迎えた『モルガンお雪』である。菊田一夫原作、共演に古川ロッパ、森繁久彌ら手練れの喜劇人を配した国産ミュージカルの嚆矢と言える同作は評判を呼び、2カ月近いロングランとなった。同じく越路を主演に据え、山茶花究、三木のり平、益田喜頓、坊屋三郎ら芸達者を揃えた第2作『マダム貞奴』を経て、喜劇王エノケンこと榎本健一と越路が共演し、トニー谷や日劇ダンシングチームも出演した第3作『お軽と勘平』より"帝劇ミュージカルス"と称され、1954年の第8作『喜劇 蝶々さん』まで続く名物シリーズとなる。第4作は榎本と笠置シヅ子らによる『浮かれ源氏』。この間に

『モルガンお雪』(1951年2月〜3月)越路吹雪

# ミュージカルの息吹

宝塚を退団した越路は、第5作『美人ホテル』、第6作『天一と天勝』にも出演し、以後、歌手・女優としてさらに活躍の場を広げていく。なお、同シリーズ第7作は"国会風刺皮肉劇"と題した森繁主演『赤い絨毯』だった。

一方、宝塚歌劇団では、寿美花代、淀かほるなどのスターが頭角を現していた。

『浮かれ源氏』(1952年3月～4月)
筑紫まり、榎本健一

## 関西歌舞伎の初登場

1953年には"帝劇現代劇"と題した第1回公演『向日葵』(北條秀司作・演出)、『縮図』(徳田秋声作、菊田一夫脚色・演出)を上演。新派や新劇とはまた異なる、帝劇独自の芝居路線を模索する秦の意向が反映された。

同年話題を呼んだのが、関西歌舞伎のオールスターが帝劇に初登場した『仮名手本忠臣蔵』の通し上演だった。三代目市川壽海、三代目阪東壽三郎ら関西歌舞伎の重鎮から、映画界でも活躍した二代目中村鴈治郎、『曾根崎心中』のお初役で人気が沸騰した二代目中村扇雀(のちの四代目坂田藤十郎)、坂東鶴之助(のちの五代目中村富十郎)ら若手の他、翌年映画俳優に転身し、日本映画を代表する大スターとなる若き日の市川雷蔵も名を連ねている。

劇団民藝『セールスマンの死』(1954年5月)
宇野重吉、滝沢修、佐野浅夫

こうした公演の他、滝沢修主演の劇団民藝『セールスマンの死』、花柳章太郎、水谷八重子らの顔合わせによる新派大合同公演、フランスで活躍したアメリカ人歌手・ダンサー、ジョセフィン・ベーカーの来日公演など、多彩なラインナップで帝劇は再び活況を呈した。古今亭志ん生、三遊亭圓生、桂文楽らが登場した東宝名人会や、浪曲大会などの演芸番組もコンスタントに行われている。

だが往時の輝きを取り戻したかに見えたのも束の間、帝劇は1954年11月に演劇興行の幕を閉じ、改装工事に入る。日本初のシネラマ上映館への転換という大きな節目を迎えていた。

## シネラマ興行の転換期

1952年4月にサンフランシスコ平和条約、日米安全保障条約が発効され、日本は独立国家として歩み始めた。経済も急速に進展を遂げる中、同年秋に欧米視察に赴いたのが、東宝(株)社長に復帰していた小林一三だ。

1950年代のアメリカ映画界はテレビの普及に押され、窮地に立たされていた。そんな折、1952年9月にニューヨーク・ブロードウェイ劇場で封切られたのが、史上初のシネラマ映画「これがシネラマだ」である。シネラマとは、3本に分割された70ミリフィルムを繋げ、超横長のワイドスクリーンで上映するもので、"映画界最大の発見"とも称された画期的な上映システムだった。観客席を包み込むようにカーブした巨大画面に鮮やかな高画質映像が映し出され、ステレオ音響も相まって、観客はその臨場感に圧倒された。ブロードウェイ劇場では2年半にわたる超ロングランヒットとなり、250万人に迫る動員を記録している。

現地でその熱狂を目の当たりにした小林は、こうした映画を上映できる最新式設備と、長期上映が可能な興行システム確立の必要性を痛感して帰国する。

そして1954年、東宝はシネラマの日本における独占上映権を取得。巨大スクリーンの設置が可能な、東京は帝劇、大阪はOS劇場の2館のみで、翌1955年1月より「これがシネラマだ」が公開された。約1年に及ぶ興行は帝劇で66万人超、OS劇場で63万人超動員という驚異的ヒットとなる。

だが、シネラマブームは長く続かなかった。いずれも世界紀行ドキュメンタリー的な内容でマンネリ化したこと、上映時に映写機3台や専門技師が必要などコストもかさみ、観客にも飽きられていく。日本でもテレビ時代が到来していた。

帝劇では1955年から1962年まで、8年間に6本のシネラマを上映したのち、「アラビアのロレンス」など映画3本の上映を経て、1964年1月に休館。演劇の殿堂として原点回帰すべく、新帝国劇場の開場を待つことになる。

「これがシネラマだ」

# 菊田一夫
## 演劇に尽くした人生
Kazuo Kikuta

「"ふだん着で見られる世界最高の劇場"これが帝劇の合言葉でございます」

菊田一夫は〈開場披露 オール東宝スター オープニング・フェスティバル〉のプログラム巻頭の「御挨拶」にこう記した。菊田は商業演劇屈指の劇作家であると同時に専務取締役として東宝の演劇部門を統べる立場にあった。

### 過酷な少年期を経て芝居の世界へ「君の名は」が大ヒット

菊田の前半生は波乱万丈である。1908年に横浜市に生まれ、生後間もなく台湾台北市に転居。両親の離婚で養子に出されたが、そこに実子が生まれたので再び別の家の養子となり、さらに6歳でもう一度養子に出された先が菊田家であった。

だが養父が没し、12歳で養母の再婚相手に売られるように大阪へ丁稚奉公に出された。その後、詩歌の同人誌に加わって詩作を始め、17歳で上京して詩と評論の雑誌「太平洋詩人」に参加。この頃、生活苦から自殺しようと鎌倉に行って果たせず、尊敬する詩人の萩原朔太郎に一目会ってから死のうと約束もなく家を訪れたところ、エビフライをご馳走になって思いとどまった。この苦闘時代の自身をモデルにした芝居が芸術座で上演された『がしんたれ』と『浅草瓢箪池』である。

その後、師と仰いだ詩人のサトウハチローの紹介で芝居の世界に入った。玉木座のプペ・ダンサントで発表した『阿呆擬士迷々伝』がヒットし、続く『倭漢ジゴマ』『西遊記』も評判を取り、同座の立て作者となった。

1933年に古川緑波らが旗揚げした「笑の王国」の第1回公演で松竹演芸部に入社し、精力的に劇作に取り組み、1936年に緑波一座が傘下入りした東京宝塚劇場株式会社（後の東宝）に嘱託で入社し、緑波一座の文芸部員となった。出世作は1943年に旧帝国劇場で上演されたペテン師ものの喜劇『花咲く港』である。

敗戦の混乱を経て、1947年から1950年まで790回にわたりNHKラジオで放送された戦災浮浪児たちが主人公のドラマ「鐘の鳴る丘」の大ヒットでその名を轟かせる。1951年には帝国劇場で国産ミュージカルの先駆的作品であるコミックオペラ『モルガンお雪』を上演した。

勢いは続く。1952年にNHKでスタートしたラジオドラマ「君の名は」は氏家真知子と

『風と共に去りぬ 第1部』ポスター撮影の合間の菊田一夫と那智わたる

後宮春樹のすれ違いの恋が話題となり、1954年まで98回が放送され、岸惠子、佐田啓二の主演で映画化され、ヒロインのストールの巻き方が"真知子巻き"と呼ばれるなど大ヒットを記録した。

### 小林一三に招聘され 東宝の取締役に就任

1955年4月に占領軍に接収され、アーニー・パイル劇場と呼ばれていた東京宝塚劇場が東宝に返還されて新装開場すると、菊田の才能を高く評価していた阪急・東宝グループの創始者、小林一三が東宝に招聘し、取締役に就任する。

この時の思いを菊田は「重役は私の柄ではございません。が、私は先生のお気持に感激したのでした。ですから此の時も小林先生のために、とにかく重役をお引受けして東宝系の各演劇々場が順調に黒字を出すようになるまで、とにかく一生懸命働こうと決心したのでした。そして順調にいくようになったら柄にない重役業などはやめて、本来の気軽な作家生活に戻ろう……そう思っていた次

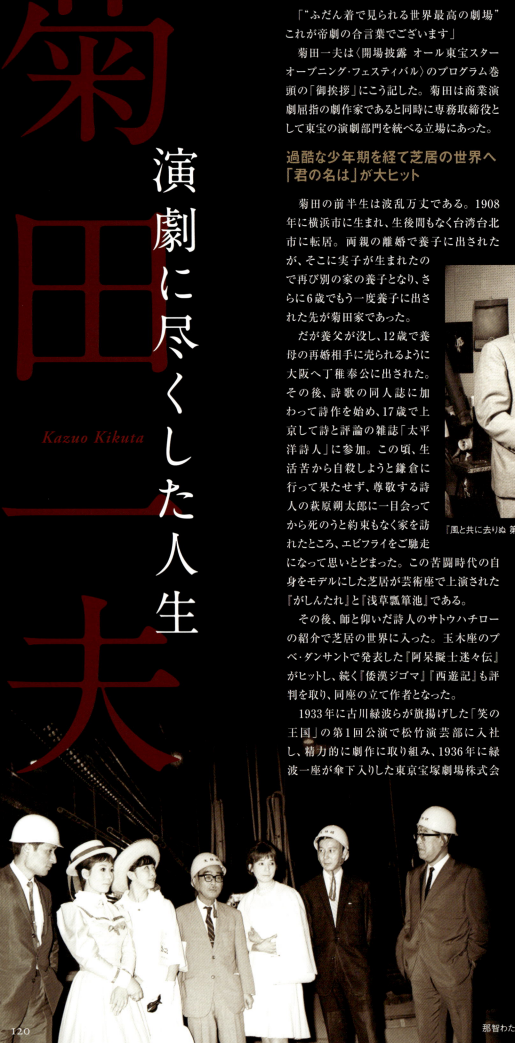

那智わたる、有馬稲子らと現・帝劇の舞台を視察する菊田一夫（中央）

です」(『小林一三翁の追想』小林一三翁追想録編纂委員会編)と記している。

だが菊田が末尾にあるような「気軽な作家生活」に戻ることはなかった。以降の菊田は東宝演劇部門の充実のために人生を賭す。

1957年4月に芸術座が開場すると柿落し公演『暖簾』の脚色・演出を担当。同年には取締役の重職を担いながら、東宝ミュージカルに『金瓶梅』『パノラマ島奇譚』『メナムの王妃』、東宝歌舞伎に『すっぽん』、芸術座に『ながれ』と全部で6作品を提供している。

同年には専属の俳優養成機関「芸術座研究生」を募集し、600人の応募者から23人を選んだ。これが東宝の舞台を支える手練れの俳優集団・東宝現代劇に発展する。

## 浜木綿子が付けたあだ名は「ばかやろう先生」

その芸術座で菊田が放った空前の大ヒット作が『がめつい奴』である。大阪の釜ヶ崎の簡易旅館で、法律すれすれの仕事をしながらたくましく生き抜く人々に焦点を当てた作品で、三益愛子が旅館の経営者であるお鹿ばあさんで主演した。1959年10月5日から1960年7月17日まで372回のロングランを記録し、「がめつい」は流行語になった。三益は1959年度の芸術祭文部大臣賞、菊田は菊池寛賞を受賞した。

旅館に住む小山田姉妹の妹絹役は八千草薫を皮切りに有望な若手女優が次々と務めた。3代目の絹は浜木綿子。宝塚歌劇団の現役娘役であったが、同歌劇団の顧問で作品も多く提供していた菊田が才能を高く評価し、東宝入りを勧めた。

「自宅に来られて私ではなく両親を一生懸命に説得されました。在団のまま1度出演させていただくことになりましたのが『がめつい奴』でした」と浜。

絹はお鹿の息子の恋人で、「あたり屋」を生業とする。宝塚の娘役とは対極にある癖の強い役だ。

「稽古場で最初の台詞の『痛たた』と言った瞬間、菊田先生が『ばかやろう』と首を横に振りながら笑って仰いました。『この劇場は小さい。そんな大きな声で怒鳴るんじゃない。下にはマイクがあるんだ』。それが先生に言われた最初のばかやろう。あまり『ばかやろう』を連発されるので、『ばかやろう先生』とあだ名を付けちゃいました。でもとっても温かな『ばかやろう』でした」

浜は歌劇団在団のまま、1960年10月から1961年3月まで上演された菊田の自伝風長編小説を劇化した『がしんたれ』にも出演。1961年6月の東京宝塚劇場公演『野薔薇の城砦』(菊田作・演出)で東宝に移籍した。

## 『放浪記』をはじめ、女性路線で人気を確立

菊田の代表作『放浪記』の初演は1961年。『がしんたれ』で林芙美子を務めた森光子が主役に起用された。同年10月20日から12月28日までロングランとなり、その後、名古屋、大阪を経て、1962年3月から5月末まで再び芸術座で上演された。芙美子は森のあたり役となり、生涯で2017回演じた。

「これらの成功作に裏付けられて、芸術座の東宝現代劇は『ある人間の半生記』を描く作品系列、中でも女性を主人公とするいわゆる『女性路線』が生れ、芸術座公演の女性客層のバロメーターが飛躍的に上昇することになった」(東宝五十年史)

1961年、歌舞伎俳優の八代目松本幸四郎(初代松本白鸚)、六代目市川染五郎(二代目白鸚)、初代中村萬之助(二代目中村吉右衛門)ら幸四郎(高麗屋)一門の東宝移籍が発表され、劇界は騒然となった。

菊田は「これまでどおりの歌舞伎ではいけないということは前からいわれている。しかし池の持主は水がよどんでいても、それをかき回すことはできないものだ。そこに石を投ずるのは敵でなければならない。私はその敵にまわって石を投げた。それに賛同してくれたのが高麗屋さんである」(毎日新聞)と語っている。高麗屋一門の移籍第1作として菊田が脚本・演出を担当したのが「第1回東宝劇団歌舞伎公演」(1961年6月東京宝塚劇場)の『野薔薇の城砦』であった。

## 眼鏡を投げる激しさの反面フォローもきちんと

菊田は脚本が遅いことで有名であった。

「公演初日の朝に最後の原稿が来るんですよ。『私たちはこれから覚えなければいけないんですから、もっと早く書いてください』と生意気に言ってしまいました。先生は『ばかやろう、俺はこれから演出をするんだ』」と浜。

菊田作品に多く出演した林与一も「初日の幕が開いたのにまだ大詰が出来ていないことがありました。1幕目が終わった休憩時間に『舞台事務所の前にお集まりください』と台本を渡される。もちろん稽古をする時間はありません。その上、どこが自分の立ち位置かもわからない。『好きなところにいてください』とくる。プロンプターが舞台に飾った道具の裏に隠れ、出演者それぞれに台詞を付けました。大詰までなんとか乗り切ると菊田先生は『あのままでいいよ』と仰って帰ってしまう。みんなで自主稽古をしました」

演出の際に激高することも多かった。罵声を浴びせ、時には物を投げる。

「先生は怒ると自分の眼鏡をばんと投げるんです。でも眼鏡がないと見えない。うろうろするので、お弟子さんが拾って渡す。ですが先生は全部身振り手振りで教えてくださるから、役を作るのが楽でした。いい先生でした」と浜は懐かしむ。

『放浪記』の初演で浜は林芙美子のライ

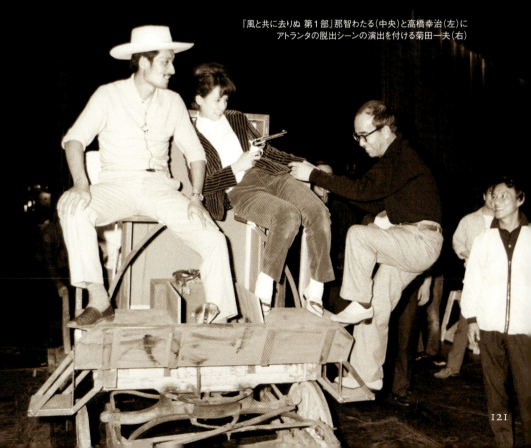

『風と共に去りぬ 第1部』那智わたる(中央)と高橋幸治(左)にアトランタの脱出シーンの演出を付ける菊田一夫(右)

バル日夏京子を演じた。

「京子が森光子さんの演じる芙美子の頬っぺたを叩く場面がありました。宝塚歌劇団では、叩く真似をすることはあっても、本当に叩いたりはしませんでした。菊田先生が『真似じゃないんだよ、本当に叩きなさい』と仰る。森さんは華奢でお肌がきれいで、とても叩けない。舞台稽古でやっとパチッとできました。森さんは『いいのよ、あっこちゃん(浜の本名)、それでやってちょうだい』と仰いました」

厳しいが、その後のケアもきっちりとしていたことを東宝のプロデューサーとして菊田と仕事を重ねた酒井喜一郎は明かす。

「怒りっぱなしではないんです。人の心を分かっておられるから、相手が根に持たないようにフォローする。徹夜の稽古で、置いてあった私物の電気カミソリを投げたことがありました。壊れるでしょ。ちゃんと新しいのを買って相手に渡すんです」

### 菊田も俳優も泣いた『マイ・フェア・レディ』初日

ブロードウェイのロングランミュージカル『マイ・フェア・レディ』が東京宝塚劇場で幕を開けたのは1963年9月1日であった。菊田が上演を切望し、自ら渡米して著作権者を訪ね、「東宝劇場の外観写真、舞台写真などを持ち込んで」(雑誌「東宝」1970年7月号)やっと権利を獲得した作品であった。

菊田は初観劇した折に、「見るほどに席が立てなく」なったが、帰りの飛行機の都合で途中退場を余儀なくされ、再渡欧で2度繰り返して観て上演権獲得の決意を固めたと記している。

イライザが江利チエミ、ヒギンズ教授が高島忠夫、ピッカリング大佐が益田喜頓、ドゥリトルが八波むと志の配役であった。公演初日にカーテンコールが終わっても観客が帰らず、「アンコール」の声が飛んだ。菊田は片付けかけていた大道具を飾り直させ、緞帳を上げた。

「高島が泣き、チエミが泣き、八波が泣き、喜頓が泣いた。私ももちろん泣いた」(同誌)と菊田は記している。

先立つ同年6、7月には同劇場にブロードウェイから13人のダンサーを招き、オリジナルミュージカル『ブロードウェイから来た13人の踊り子』を上演している。東宝演劇部のプロデューサー宮﨑紀夫は「この13人の踊り子たちは、『マイ・フェア・レディ』にも出演し、〈ラブリー〉〈教会へ行こう〉のダンスシーンは彼らが振付をしています」(「レジェンド・オブ・ミュージカル with 井上芳雄」日経BP)と語っている。

東宝のミュージカル路線の始まりであった。

### 現・帝劇がオープン 北條秀司との論争

そして1966年9月、現・帝国劇場が開場する。菊田は同20日から26日まで上演された、オール東宝スター オープニング・フェスティバル『開幕』の総指揮を執り、同10月1日からは「二代目中村吉右衛門襲名」歌舞伎公演が始まった。

その最中、同公演で新作の『夜明け』の作・演出を担当した劇作家で日本演劇協会会長の北條秀司が10月7日の朝日新聞夕刊に寄稿した「粗末な、あまりに粗末な……開場した新帝劇にもの申す」が大きな波紋を投げかけた。

北條は「初日3週間前に台本を完成させ」ていたのに、稽古の総決算である「総ざらい」に仕事の掛け持ちなどで全俳優が揃わなかったことを怒った。「世にも豪華な劇場の中で、世にも恥ずべき芝居作りが行われているなどとだれが考えるだろうか」と記し、「これはけっして東宝だけの問題ではないのだ」と他劇場の例を挙げ、「これで良き演劇芸術が生れるわけがないではないか。なにかが間違っているのである。なにか根本的なものが欠けているのである」と問いかけた。

菊田は同年11月号の「東宝」に8カ条からなる反論を掲載した。『夜明け』は所要時間1時間半の約束だったのが2時間50分に延び、そのため他の演目の開幕時刻が遅くなり、夜の部の開演が午後5時から同6時20分までずれ込んだので、最後の『盲長屋梅加賀鳶』を一部割愛せざるを得なかった。

夜の部の観客から「劇場従業員及び私は、激しい罵声を浴びせかけられた。新帝劇の信用を落とすこと絶大である」と北條の執筆姿勢を批判し、また掛け持ち出演の不満については北條でなくとも感じていることで、それを承知の上で執筆を引き受けたのではないか、「3週間前に書いたといって威張っていられるが、お願いしたのは1カ月半前の脱稿なのだ」と難じた。

「それでも腹の虫の収まらない菊田一夫は演劇協会と四人会からの脱退を通告した。四人会とは、劇作家の地位向上と、若手劇作家の育成を目的として昭和三十五年六月に、川口松太郎、中野實と北條、菊田が結成した」と小幡欣治は「評伝菊田一夫」(岩波書店刊)に記し、「二人の論争は、問題提起をしたまではよかったが、核心に触れる前に、いつのまにか有耶無耶に、それこそ商業演劇的な曖昧さで有耶無耶に終わってしまった」と結んでいる。

### 心血を注いだ『風と共に去りぬ』と『スカーレット』

1966年11月3日から翌年4月2日まで帝国劇場では世界初舞台化となる『風と共に去りぬ 第1部』が上演された。

製作・脚色・演出全てが菊田である。初演プログラムの「製作者として」の一文によれば、菊田は1964年秋にニューヨークの原作者マーガレット・ミッチェルの代理人のもとに足を運び、「昭和14年頃から、これを読んで芝居にしたかった」「1967年秋に東京の宮城前に新しくできるインペリアル・シアターで上演するつもりだ」と語ったという。

対して先方の出した条件は「脚色はメトロで製作した映画に依らないこと」「脚色は、日本で出ている翻訳本に依らず英語版の原本そのものからであること」「ミュージカルとして扱われないこと」の3点であった。

ロイヤリティーはかなり高額で、「製作者兼脚色者兼演出家の菊田一夫は、果してーくら貰えるのだろう。私は悲しくなり、つくづく外国の作家をうらやましいと思った」と率直な感想を記している。1966年1月から脚色を始め、2月半ばに第1稿を脱稿し、決定本が

『風と共に去りぬ 第1部』(1966)千穐楽での菊田一夫の挨拶

『風と共に去りぬ 第2部』に向けて、落下シーンで使う階段を検証する菊田一夫と那智わたる

『風と共に去りぬ 第2部』にて、階段を見上げる菊田一夫

5月に完成した。「本の遅い脚色者としても初日数ヶ月前の台本完成は劃期的な記録を樹立したわけである」ともある。力の入れ具合が分かる。

1967年6〜8月には第2部、1968年1、2月には総集篇が帝劇で上演された。第2部の上演中に菊田は渡米したが、帰国直後に倒れ、8月末に入院。糖尿病の悪化で約10日間昏睡状態を続けたが回復し、総集篇の準備にとりかかった。この年は総集篇の他は作家活動を控え、他には2月の東京宝塚劇場公演『まぼろしの邪馬台国』があるのみだ。

『風と共に去りぬ』の舞台美術を手掛け、1967年3月に亡くなった伊藤熹朔の遺影と菊田一夫

小幡は「のちになって、『風と共に去りぬ』が菊田一夫の命を縮めたと人々は言ったが、第二部の幕をあけたときには精も根も尽きていた」(「評伝菊田一夫」)と記している。

また1970年1月2日から3月29日の帝国劇場公演では『スカーレット』の脚本を担当した。『風と共に去りぬ』の世界初のミュージカル化で、ブロードウェイから1969年8月に演出のジョー・レイトンを招き、オーディションにより出演者を決定した。

前述したように、『風と共に去りぬ』の舞台化には「ミュージカルにしてはいけない」という条項があった。だが原作者の代理人はミュージカル化を許した。「東宝五十年史」には「日本製とは信じがたい作品に仕立て上げられたのも、日米両スタッフの協力のたまものであった」とある。

この作品は『風と共に去りぬ(GONE WITH THE WIND)』と題を改め、1972年5月3日にロンドンのロイヤル・ドルリー・レーン劇場で初演され、約1年間のロングランを記録し、翌年にはロサンゼルス、サンフランシスコで上演。1976年には「アメリカ建国200年」を記念し、ダラス、カンザスシティ、アトランタでも公演された。

菊田は初演を観劇するため、病身をおしてロンドンに飛んだ。海外で自身のミュージカルが上演されるのは菊田の念願であったが、舞台成果は必ずしも意に染むものではなかった。

## 初の国産ミュージカル『歌麿』飽くなき闘い

1972年5月には帝国劇場で「帝劇創立40周年記念公演東宝ミュージカル」と銘打った『歌麿』(菊田作・演出、中村哮夫演出)が上演された。

日本人による、歌と踊り満載のオリジナルミュージカルは菊田の悲願であった。

菊田は「今、日本はミュージカルの時代が来た、と言われております。(略)だがはたして日本に、本当のミュージカルの時代が到来したのでしょうか。ミュージカルの時代とは、我々自身で作るミュージカルが、我々日本人のお客様方によって圧倒的な支持を受ける時代のことでなくてはなりますまい。その意味からいえば、まだミュージカルの時代は、まだ来ていないのではありますまいか。『歌麿』は国産ミュージカルの第一号でございます。これが、もし成功したら、第二号、第三号と、たゆまずに国産ミュージカルの進歩のための斗いを続けてまいるつもりでございます」とプログラムで観客に問い掛けている。

劇開場の際に『風と共に去りぬ』と共に上演候補に挙げられていた。

「固執したのは、国産ミュージカル第一号として、ブロードウェイやロンドンを視野に入れていたからであり、成功すれば、菊田一夫の名前はこの国のミュージカルの歴史に刻まれると考えたからでもあった。しかし、結果は思わしいものではなかった。ファーストシーンの小伝馬町大牢に歌麿が投獄される場面のうまさはさすがと思わせたが、後半に行くに従って粗さがみえて、着想は不発に終わった」(同書)。

この頃、菊田の身体は急速に弱っていた。

「背中が痛いと仰って、みんなでナイロンの靴下を持ち寄って、中にカイロを入れて先生の腰に巻いてさしあげました」と浜。

「東宝」(1973年6月号)所収の「生きて還らぬ記録——入院より葬儀まで」によれば、同年1月2日初日の芸術座公演『女橋』の開演前の午後12時半に菊田は劇場入りした。同1時から全スタッフと出演者が揃って客席で〈一月一日(♪年の初めの)〉を歌う恒例行事に参加するためだ。

顔色の悪さを気遣ったスタッフの問いかけに、菊田は「食欲がなくて、2、3日何も食べていない」と答えた。一同と〈一月一日〉を歌い、午後2時からの舞台を観劇したが、2幕目開始前に具合が悪いので帰る、と言い、東宝本社前から車に乗り込んだ。それが「こよなく愛した芸術座と、東宝専務として勤めた東宝本社に、菊田一夫が見せた最後の後姿であった」(同誌)。

菊田は1月5日に慶應病院に入院したが「長い間の糖尿病により、腎臓と心臓が悪化し、特に腎臓は二つとも著しく機能が低下(同誌)している状態で体重は30キロ台にまで落ちていた。1973年4月4日午後9時、菊田は66年の生涯を終えた。4月19日、青山葬儀所での東宝演劇葬には約3000人が

## 昭和41年 1966

# 新帝国劇場が誕生
# 『風と共に去りぬ 第1部』がロングランを敢行

2年余りの工期を経て、ついに"新帝劇"が竣工。菊田一夫が理想とする最先端な舞台機構を備えた世界屈指の劇場が、ここに完成した。
日本の総人口が1億人を突破。航空機の大事故が相次ぎ"航空事故異常年"とも言われた。
政界では汚職、腐敗事件の続発で"黒い霧"と呼ばれる。また、6月にはザ・ビートルズが日本武道館での公演を行った。
映画「プロフェッショナル」(監督=リチャード・ブルックス)、「紀ノ川」(監督=中村登)などがヒット。

### 9月20日〜26日

《開場披露 オール東宝スター オープニング・フェスティバル》

**開幕**
総指揮=菊田一夫 構・演・製=山本紫朗 指=中村兼藤 演補=伊藤厚 製=工藤規勝、永野誠

**序開きの式**
出=市川染五郎、中村吉右衛門

〈第1部〉
振=藤間勘十郎 詞=伊藤寿朗 美=高根宏浩 照=小川昇 長唄=芳村伊十郎社中 義=野沢松三郎、竹本米太夫 邦=杵屋花叟社中

**寿日月星**
出=日:松本幸四郎、月:長谷川一夫、星:天津乙女

**寿五人三番叟**
出=林成年、林与一、市川高麗蔵、花柳寛、黒井隆

**西鶴五人女**
出=樽屋おせん:浦島千歌子、琉球屋小万:明石照子、但馬屋お夏:長谷川季子、大経師おさん:池内淳子、八百屋お七:岡田茉莉子、茂兵衛:林成年、吉三:林与一、伊助:黒井隆、清十郎:花柳寛、源五兵衛:市川高麗蔵

〈第2部〉
**帝劇祝典曲**
曲=古関裕而 指=中村兼藤

**帝劇の歴史**
ナ=森繁久彌 ゲスト=村田嘉久子 音=古関裕而

**バレエ**
『眠れる森の美女』より「花のワルツ」 振=貝谷八百子 編=岡本道夫 美=真木小太郎 照=大庭三郎 出=貝谷バレエ団

〈第3部〉宝塚歌劇団
**宝塚讃歌**
**歌のタカラジェンヌ**
**すみれの花咲く頃**
演・構=白井鐵造、横澤秀雄 振=山田卓 音=高井良純 美=石浜日出雄 衣=真野誠二 照=今井直次

〈第4部〉
**ミュージカル**
音=古関裕而、村山芳男、広瀬健次郎、内藤法美、筒井広志、大谷義一 美=渡辺正男 照=大庭三郎 振=関谷幸雄、シュニー・パルミサーノ 出=美空ひばり(20日〜22日)、宝田明、浜木綿子、高島忠夫、草笛光子、淀かほる、宮城まり子、益田喜頓、市川染五郎、江利チエミ、越路吹雪

〈第5部〉**スタジオ千一夜**
脚=笠原良三 演=津村健二 美=古賀宏一 照=穴沢喜美男 効=本間明 音=小川寛興 出=東宝専属俳優
*オール東宝スター出演によるトークショー

〈第6部〉日劇ダンシングチーム
**ミンストレル**
**ピーナッツ・ベンダー**
**ラインダンス**
**ロック・ア・ゴーゴー**
振=県洋二、八木沼陸郎、青木賢二、梶鉄哉 音=広瀬健次郎、林一、筒井広志 美=小林雅夫 照=大庭三郎 衣=真木小太郎、真野誠二

▶新劇場のさまざまな舞台機構を使って、お披露目が行われた。新しいシステムを稼働させることは容易ではなく、スタッフの粉骨砕身の努力で『開幕』は成功裏に幕を閉じた。菊田一夫は、「大成功だよ、大成功! 今夜は一杯やろう。ありがとう、ありがとう」と、スタッフ全員の労をねぎらった。菊田一夫の帝劇運営構想──歌舞伎(東宝劇団中心)年3回、ミュージカル年3回、外国バレエ・オペラのようなものを年1回、現代推理劇年1回。1回公演は2カ月単位。現実的には、歌舞伎は2カ月ものを1回と1カ月ものを2回で計4カ月、およびミュージカルは計5カ月。

『開幕』左/「寿日月星」天津乙女、長谷川一夫、松本幸四郎 右/「序開きの式」を行う中村吉右衛門、市川染五郎

### 【 主な出来事 】

- 4月8日　新帝劇のキャッチ・フレーズの懸賞募集(〜5月31日、入選1名、佳作100名)を朝日、毎日、東京の3紙夕刊に掲出。入選者の副賞はニューヨーク・ブロードウェイ観劇1週間の旅。
- 4月15日　新帝劇の上演スケジュールを発表。
- 7月1日　新帝劇キャッチフレーズ入選作決定し、朝日、毎日、東京の夕刊に掲出。「帝劇に今日も楽しい世界の拍手」(金井十志氏作)。応募総数約35,700通。
- 9月20日　新帝劇新築竣工開式を華々しく挙行、同日夜より、《開場披露 オール東宝スター オープニング・フェスティバル》『開幕』で開場(〜26日)。6部構成、上演時間約3時間、出演者620人、そのほか振付などスタッフ約100人と空前の布陣。
- 10月1日　帝劇開場披露番組として、東宝劇団出演による『二代目中村吉右衛門襲名』興行開幕(六代目中村歌右衛門、二代目尾上松緑参加、〜28日)。旧・菊田賞(戯曲部門・評論部門)を制定。

### 10月1日〜28日

《帝国劇場開場披露歌舞伎公演》
**二代目中村吉右衛門襲名**

〈昼の部〉
**夜明け**
作・演=北條秀司 美=伊藤熹朔 照=小川昇 音=中川光晴 邦=杵屋花叟 振=花柳泰輔 出=山本勘助:松本幸四郎、武田信虎:市川中車、武田晴信:市川染五郎、武田信繁:尾上辰之助、弥々:加賀屋福之助、大井の方:中村芝鶴、諏訪頼重:市川新之助、甘利虎康:坂東寿之助、正室田鶴:中村又五郎、侍女

桔梗：加賀屋橋之助、千野伊豆入道：（高砂屋）中村福助

**中村萬之助改め
二代目中村吉右衛門
襲名披露口上**
美＝安田靫彦　出＝一同

**祇園祭礼信仰記 金閣寺**
美＝長谷川勘兵衛　出＝松永大膳：松本幸四郎、此下東吉：中村吉右衛門、十河軍兵実ハ佐藤正清：尾上松緑、弟鬼藤太：中村又五郎、狩野之助直信：（成駒屋）中村福助、慶寿院尼：中村芝鶴、雪姫：中村歌右衛門

**白銀の絲**
原＝山本周五郎「もののけ」より　脚・演＝円地文子　振＝藤間勘右衛門　美＝橋本明治、高根宏浩　曲＝杵屋六左衛門、野沢松之輔　詞＝梅屋市左衛門　照＝穴沢喜美男　演補＝辰巳嘉則　出＝鉾、真守、酒男、景友：尾上松緑、乙女：中村又五郎、人形：尾上辰之助、もみじ：加賀屋福之助、きぬた：加賀屋橋之助、ちすじ：（成駒屋）中村福助、村長：市川中車、白銀姫：中村歌右衛門

〈夜の部〉

**大佛炎上 平重衡**
作＝大佛次郎　演＝大佛次郎、観世栄夫　美＝前田青邨、守谷多々志　音＝林光　照＝篠木佐太　出＝平重衡：松本幸四郎、中宮亮通盛、中村玉太郎、尾張守清定：加賀屋福之助、永覚坊：市川染五郎、悪但馬：尾上辰之助、良覚坊：（高砂屋）中村福助、善日尼：中村又五郎、老尼：中村芝鶴、大江広元：市川中車、狩野介宗茂：市川高麗蔵、伊王の前：加賀屋橋之助、千手の前：（成駒屋）中村福助、源頼朝：尾上松緑

**積恋雪関扉（逢坂山新関の場）**
美＝金井俊一郎、釘町久磨次　出＝小野小町姫、傾城墨染実ハ小町櫻の精：中村歌右衛門、義峯少将宗貞：中村吉右衛門、関守関兵衛実ハ大伴黒主：松本幸四郎

**盲長屋梅加賀鳶**
作＝河竹黙阿弥　出＝按摩道玄、加賀鳶梅吉：尾上松緑、鳶頭松蔵：松本幸四郎、加賀鳶巳之助：中村又五郎、加賀鳶尾之助：市川高麗蔵、加賀鳶魁勇次：市川染五郎、加賀鳶竹五郎：中村吉右衛門、加賀鳶石松：尾上辰之助、加賀鳶兼五朗：市川新之助、加賀鳶音吉：加賀屋福之助、加賀鳶房吉：中村玉太郎、加賀鳶弥太郎：市川男女蔵、加賀鳶五郎次、伊勢屋与平衛：（高砂屋）中村福助、道玄の姪おあさ：加賀屋橋之助、女按摩お兼：中村芝鶴

▶昭和26（1951）年に文化勲章を受章し、昭和29（1954）年に68歳で没した名優・初代中村吉右衛門の名跡を、人気・実力ともに兼ね備えた中村萬之助が襲名。この"播磨屋"復活は大きな話題を呼んだ。六代目中村歌右衛門、二代目尾上松緑が特別出演。また、二代目吉右衛門は初代の当たり役であった『金閣寺』の此下東吉を演じた。

**11月3日～昭和42（1967）年4月2日**

**《帝劇グランド・ロマン公演》
風と共に去りぬ 第1部**
原＝マーガレット・ミッチェル　製・色・演＝菊田一夫　美＝伊藤憙朔　音＝古関裕而　訳詞＝岩谷時子　衣＝パットン・キャンベル、真木小太郎　照＝穴沢喜美男　振＝関矢幸雄　音指＝中村兼藤、伊沢一郎　効＝本間明　演補＝中村哮夫　特殊技術監督＝円谷英二、的場徹　美＝成田亨　撮＝逢沢譲　照＝小島正七　製担＝佐藤勉、古川清　出＝レット・バトラー：高橋幸治（～1月29日）、宝田明（2月～4月2日）、スカーレット・オハラ：有馬稲子（11月・1月後半、3月11日～4月2日）、那智わたる（12月・1月前半・2月～3月9日）、アシュレイ・ウィルクス：仲谷昇、メラニー・ハミルトン：淀かほる、ジェラルド・オハラ：山形勲、金田龍之介、エレン・オハラ：浦島千歌子、ベル・ワトリング：浜木綿子、召使マミー：京塚昌子、召使プリシィ：宮城まり子、メリー・ウェザー夫人：南美江、メイベル・メリー・ウェザー：前田美波里、ヘンリィ・ハミルトン：宮口精二、ピティパット叔母：賀原夏子、ミード夫人：赤岡都、ミード博士：益田喜頓

『風と共に去りぬ 第1部』アトランタからの脱出　高橋幸治、有馬稲子、宮城まり子

▶菊田一夫の念願であった日延べを行う欧米型のロングラン上演が実現。日延べ公演については、当初、プログラムに掲載された予告には、11月3日より12月27日までの記載があった。しかし、アトランタ炎上場面や本物の馬を使った馬車のシーンが話題を呼び、開幕するや観客が押し寄せ、日延べを重ねた。膨大な原作を舞台化するにあたり、直営劇場の有利さを用い、当初から第1部、第2部の2部構成で企画された。劇中に登場するわずか8分の特撮シーンには円谷英二を起用し、その費用だけで、当時1500万円が計上された。舞台化にあたっての条件は、
一、脚色は、メトロで製作した映画に依らないこと。
一、脚色は日本で出ている翻訳本に依らず、英語版の原本そのものを基とすること。
一、ミュージカルとしては扱わないこと。
であった。当時、ミュージカル＝ミュージカル・コメディが主流だったからだと思われる。そして故マーガレット・ミッチェルの想いには、あの南北戦争の惨禍が二度と起こらぬ願いが込められていたことから、遺族はその想いを大切に舞台化してほしい、と菊田に託した。一方、菊田は、戦前から舞台化の構想を持ち続けていたが、終戦後に観た映画の中で荒廃したタラの地で毅然と顔を上げるスカーレットの姿に「これからの日本に必要なもの」と確信したという。

---

## COLUMN

## 森光子が語る『開幕』の思い出

私が帝劇に初めて立たせていただいたのは《開場披露 オール東宝スター オープニング・フェスティバル》『開幕』でした。長谷川一夫さん、森繁久彌さん、越路吹雪さんら商業演劇の俳優たち、八代目松本幸四郎さんをはじめとした歌舞伎俳優の方々、当時の歌謡界を牽引していた美空ひばりさんのほか、宝塚歌劇団の皆さんや、はたまたクレイジーキャッツや加山雄三さんなど、東宝映画のスターたちが帝劇の舞台に集まりました。

楽屋裏もごった返していたのを覚えています。またカーテンコールでは出演者が2列に並んで"三方礼"をしたのですが、その時しか出番のない方が大勢いらっしゃいまして。帝劇が入っている国際ビルの駐車料金が、公演のギャラに匹敵するぐらい高いとおかむりでした（笑）。

『開幕』のプログラムを手に、当時を懐かしむ森光子（2010年）

EVERGREEN

# 帝劇と菊田先生と『風と共に去りぬ』

菊田一夫先生が初日の舞台を観て、涙を見せた作品が3つある。1つが古川緑波一座公演の『花咲く港』。2つ目が日本初のブロードウェイ・ミュージカル『マイ・フェア・レディ』。3つ目が新装となったばかりの帝国劇場で、世界初の舞台化となった『風と共に去りぬ』である。

『風と共に去りぬ』は言わずと知れた世界的な名作小説の1つだ。1936年にアメリカで出版され驚異的なベストセラーとなり、3年後に主人公のスカーレット・オハラをヴィヴィアン・リー、レット・バトラーをクラーク・ゲーブルで製作された映画版も大ヒット。この人気に世界各国のプロデューサーが目を付け、著作権者の元には多くの劇化のオファーが舞い込んだ。その中で許諾を与えたところはかなりあったという。しかしながら、南北戦争時代のアメリカ南部を舞台にした壮大なスケールの作品である。実際には、ステージという限られたスペースで実現させることの難しさに断念せざるを得ず、誰も実現には至らなかったという。

## 過去の栄光の全てを
## この作品にかける

菊田先生も、この作品に魅せられた1人だった。『マイ・フェア・レディ』の成功から力を得て、「ぜひともミュージカルにしたい」と考え、水面下で交渉に当たっていた。1964年秋、先生はアメリカに渡り、著作権者である原作者マーガレット・ミッチェルの実兄スティーブン・ミッチェル氏とケイ・ブラウンさんと面談。ついに念願の上演許諾を得たが、3つの条件があった。

1つは映画のシナリオに頼らないこと。2つ目は日本で翻訳された小説に頼らず、英語版の原作から台本を起こすこと。3つ目はミュージカルとして扱わないこと。その条件を受け入れた先生は「舞台の成功こそがミュージカル化につながる」と信じ、この作品にかける情熱はまさに"命を削る"勢い。『マイ・フェア・レディ』の時以上のほとばしるような熱さが先生にはあった。

『風と共に去りぬ』の第1稿が出来上がってきたのは、初日の8カ月前。その脚本の序文に「舞台機構には世界のあらゆる劇場の最高の設備が備えられている。(中略) 東宝(株)演劇部は過去の栄光の全てをこの作品の上演に賭けるものである。1966.3.1 菊田一夫」と記してある。そこから稿を重ね、4カ月前に上演台本は完成。主なスタッフに配布された。舞台美術家の伊藤熹朔先生をはじめ、音楽の古関裕而先生などスタッフの方々は早めの台本を手にして驚きを隠せなかった。だが菊田先生の意気込みを感じて、誰もが「いいものを創ろう!」と使命に燃えた。

配役はスカーレット・オハラに有馬稲子と那智わたる、レット・バトラーに高橋幸治と宝田明、メラニーに淀かほる、アシュレイに仲谷昇、ベル・ワトリングに浜木綿子。他にもベテラン俳優がずらりと名を連ねた。衣裳デザイナーは先方との契約で、数々の賞を受賞しているパットン・キャンベル氏が来日。東宝側からの衣裳デザイナーは『マイ・フェア・レディ』でご一緒した真木小太郎先生で、私は嬉しかった。それというのも演出部は6名で装置とか音楽など分担制で、私は衣裳担当になった。私はまず出演者の皆さんがどの場面でどんな役で出演するのか、一目で分かる香盤表の作成にかかった。特に役付きでない俳優さんは4つも5つも役を演じなければならない。私は畳1畳分の巨大な香盤表を作成。それから出演者がどの場面でどんな衣裳を着るか、帽子や靴、アクセサリー、かつらが必要かなどを書き込んだ。附帳は藁半紙を横に半分に折って、穴を開けて紐で綴じるのだが、とにかく3幕21場の場面、出演者153名分の附帳は分厚く、私は24時間持ち歩くことになる。1日の稽古が終わった夜、香盤や附帳に変更があったり、追加があった部分を書き込む作業は大変だった。

## 脱出の場面には
## 本物の馬が!

だが、最も大変だったのは馬の調教だった。レット・バトラーがスカーレット、メラニー、召使プリシィを馬車に乗せて、戦火のアトランタの街から脱出する場面は映画でも圧巻のシーンとして描かれていた。もちろん舞台で

『風と共に去りぬ 第1部』(1966) 宝田明、有馬稲子

# TH the WIND

も成功の鍵を握る重要な場面になる。菊田先生はこのシーンに本物の馬を使うことにしたのだ。馬場とは全く異なる舞台の上で、一つ間違えば馬はパニックを起こし、俳優や裏方はもちろん観客をも危険な目に遭わせてしまうかもしれない。最新の注意を払う必要があり、安全第一が私の口癖だった。ある日、舞台上での馬の稽古に立ち会った。新しい帝国劇場はまだ内装工事中で、客席の椅子が設置されていなかった。馬には日野市から馬主で調教師の草下虎之助さんチームが付き添ってきた。帝劇1階の車路から入ると、階段もなく舞台まで通行できる通路があった。馬の名前は第1ジュラク号。本番では舞台下手奥の現在の大道具さんの控室が馬小屋だった。草下さんに手綱を引かれてジュラク号が舞台を歩き回る。演出部の黒岩君の合図で、ドライアイスが舞台奥から真っ白な雲のように漂うが、平然と歩き回る。次に舞台上の照明が消えて、スポットライトが何台かジュラク号に当たるが、びくともしない。ドライアイスと色とりどりの照明が飛び交う中、音響さんが爆発音の音量を徐々に上げていく。ジュラク号は全く動揺することなく歩き回る。私はその情景に感動したことを今でも覚えている。馬が来る時は演出部が全員立ち会うこと、これは佐藤プロデューサーの命令だった。スクリーン・プロセスのシーンでは、馬車は走ったり止まったり、引っ込んですぐ登場してまた走ったりと、かなり動き回る。スクリーンの映像が止まっている時は馬車も止まっている。スクリーンの映像が動き出せば馬車も走る……のではなく、ジュラク号はその場で前脚2本で飛び跳ねて、いかにも走っているかのように演じなければならない。この訓練が最大の課題だった。なおかつ本番ではレット・バトラーが手綱を操っているように見せなきゃならない。

ここでネタバレです。馬車を操るレット・バトラーの隣にスカーレットが座る。だが2人の間に木箱を固定した。その箱に隠れた草下さんが、本番では全てジュラク号を操ったのである。草下さんへのキュー出しは、舞台下

『風と共に去りぬ 第1部』(1966)

手は私が担当だった。走れの合図は懐中電灯を上、下に振り、止まれは左、右に振り、引っ込めはグルグル振り回した。本番でのジュラク号はすごかった。

## アトランタの街の
## 炎上映像は迫力満点

菊田一夫先生には馬以外で技術的な問題があった。普通、舞台上のスクリーンに映写する場合は客席の後方から映写する。その場合、スクリーンの前で芝居する俳優にモロに映ってしまう。スクリーンに俳優の影も映って見苦しい。それを解消するためにスクリーンの後方から映写することができないか、2年前に東宝撮影所に研究の依頼をしたという。その技術が可能だと分かって、先生は東宝が誇る特撮の円谷英二監督に、アトランタの街の炎上シーンの撮影を発注したのである。莫大な予算を計上したという。当時、入場料A席2000円、D席300円の時代だった。東宝撮影所の巨大なプールの中にミニチュアの建物で、アトランタの街並みを建て込んで再現。撮影本番、街並みに火を放ち、燃え盛る街中をレールに乗ったカメラが移動しながらの撮影はすごかったと聞いた。

その日、パットン・キャンベル氏と真木先生と東宝舞台の岩﨑さんらと浅草で、衣裳の布地探しのため歩き回っていた。その時、同行した通訳の早川保清氏には初日が開くまでいろいろと大変お世話になった。

1966年11月3日、新帝国劇場にて『風と共に去りぬ』が幕を上げた。すぐに大評判となり大盛況となる。当初の2カ月予定が翌年、1967年4月2日までの5カ月ロングランとなった。

そして第2部は6・7・8月と3カ月の公演。Wキャストはそのまま。第1部のスペクタクルと違って、第2部はドラマチック篇である。唯一の見せ場はスカーレットの階段落ち。豪華なバトラー邸の階段が、転げ落ちた瞬間に元の階段に戻る。そんな仕掛けについて聞かれても、私は口外することは極力避けた。私には既に裏方魂が宿っていたからである。ただ階段の仕掛けは人海戦術。大道具さんの見事なチームワークだったと言っておく。

第1部で大変な人気馬になったジュラク号は2回ほど登場。最初はスカーレットが手綱を操って雨の泥道を通り、その帰りの時、ならず者に襲われる乱闘シーンがあり、スカーレットの那智さんが馬に蹴られ、終演後、古川橋病院へタクシーで駆けつけたことがあった。

翌年の1968年1月2日、『風と共に去りぬ』総集篇の開幕となった。第1部と第2部

# EVERGREEN

のドラマを、菊田先生の脚本では上演時間約6時間にまとめていた。劇場関係者はもう少し短くなるように要望したが、先生が「お客に満足してもらうギリギリなんだ。これ以上切るのは俺の手足を切るのと一緒だ!」と怒った話は製作助手の古川氏から聞いた。結局公演は1日1回と決定。Wキャストはなし。高橋幸治と那智わたるコンビで上演した。

## ミュージカル版『スカーレット』の誕生

話は戻るが、第1部の公演の時、原作者の実兄スティーブン・ミッチェル氏とケイ・ブラウンさんが観劇し、素晴らしい舞台だったと感動。菊田先生に、ミュージカルにしても良いと許諾を与えてくれたのだった。その時からミュージカル化のために、本格的な準備を始めたという。既に総集篇の公演中、作曲家のハロルド・ローム氏が観劇。菊田先生との打ち合わせが数日間行われた。菊田脚本からいかにミュージカルナンバーを構成するかの問題で激しいディスカッションが交わされたという。

それから2年後、1970年1月2日、『風と共に去りぬ』のミュージカル版『スカーレット』が開幕した。『ノー・ストリングス』でトニー賞を受賞した演出・振付のジョー・レイトンをはじめ、メインスタッフは全員アメリカより招聘。出演者は全員オーディション。契約書を交わした中で配役に関する決定権はジョー・レイトンが握っていた。錚々たる俳優さんばかりのオーディションは内密に行われたが、スカーレットに神宮寺さくら(内重のぼる)、レット・バトラーに宝田明、メラニーに倍賞千恵子、スエレン黒柳徹子、アシュレイ田宮二郎など。稽古は午前10時から休憩1時間を挟んで、午後6時にピタリと終了。振付シーンがある程度出来上がると、演出家の号令で外国人のメインスタッフたちが集まってくる。振付シーンを繰り返し見せながら、ここでドラマを入れろ、ここからテンポアップ、衣裳はこの振付で踊れるかなど、各スタッフに注文する。その創り上げる過程は大変勉強になった。困ったのは帝劇9階の稽古場ではフォーメーションが取れない。もっと広い稽古場が必要だという。そのため、赤坂のTBSのHスタジオで稽古をしたり、最後は千駄ヶ谷駅前の東京都体育館だった。

12月の厳しい寒さの中、窓ガラスに黒幕を貼ったり、巨大なストーブを何台も調達したり。我々演出部も床面のテーピングに悪戦苦闘だった。その挙句、俳優が次々と風邪をひき、3日ほど稽古中止になったこともあった。でも何といっても最大のピンチは、レット・バトラー役の宝田明さんがアキレス腱を切る大怪我で出演は絶望。東宝はこの緊急事態にトップ会談。その結果、当時撮影所で映画を撮っていた北大路欣也氏に、撮影を延期して帝劇への出演を要請した。初日まであと10日ほどだったが、北大路さんは快諾してくれた。北大路さんのバイタリティーはすごかった。台詞覚えの速さ、歌声の素晴らしさ。明るく楽しく振る舞う姿に、一度真っ暗闇になった稽古場に明るさと活気が蘇った。私は2週間、帝劇の稽古場のソファーかロビーのソファーが寝床だった。

1970年1月2日。東宝ミュージカル『スカーレット』は帝国劇場で素晴らしい初日を迎えた。なおその年の7・8月は帝劇初登場の『マイ・フェア・レディ』だった。ミュージカル『スカーレット』を怪我で降板した宝田明さんはヒギンズ教授役で見事に舞台復帰。ミュージカル版の主役を逃した那智わたるさんはイライザ役で新たな出発。演出補の私は立場を忘れて客席で、舞台のお2人を見るたびに辛かった数々の思い出が蘇り、何度も涙した。

## 挑戦の場所、夢の空間

振り返ってみると、まもなく役割を終えようとしている帝劇は、菊田先生が劇作家として、演出家、プロデューサー、および東宝の取締役として、手腕と才能をフルに発揮して『風と共に去りぬ』を上演するための劇場にしたかったのではないかと思う。いいものを創り、日本発の作品として世界に飛び出そうという菊田先生のチャレンジ精神が詰まった挑戦の場所、夢の空間だったのだ。

では最初に挙げた菊田先生の3つの涙は、何を意味していたのか。『花咲く港』は情報局より委託された第1回国民演劇公演(旧帝劇)で、多くの人々に認められるものが書けたという喜び。『マイ・フェア・レディ』はミュージカルのノウハウがないところからスタートしたが、初日のカーテンコールで感動したお客様は全員総立ちで拍手。追い出し音楽を演奏しても、お客様は帰らない。先生は客席から舞台裏へ駆け込んで、「もう1回幕を上げろ!」と叫んだ。あの劇的なカーテンコールで、私は先生の涙を見た。その時、私はボロボロに泣いていた。『風と共に去りぬ』は夢が膨らみ、世界を目指していた扉がやっと開いた喜びと、著作権者のお2人の期待に応えられたという喜びだったと思う。

帝劇グランド・ロマン公演、マーガレット・ミッチェル原作、菊田一夫製作・脚色・演出『風と共に去りぬ』は私にとって、20代の青春を全て捧げた宝物である。

(宮﨑紀夫)

『風と共に去りぬ 第1部』(1966)ニューヨークタイムズの新聞広告

# 帝劇発オリジナルミュージカルへの挑戦

1970年1月2日に帝国劇場で初演を迎えたミュージカル『スカーレット』は、海外で上演される作品を作りたいという菊田一夫の夢の第一歩だった。

1964年、東宝演劇部はニューヨークに駐在員を置き、1966年に新装となる帝劇のために『風と共に去りぬ』の舞台化権の獲得を目指した。その任にあたったのは、のちに英国の劇場主ドナルド・アルベリーと結婚することになる、信子アルベリーだ。原作のマーガレット・ミッチェル家の代理人の1人、ケイ・ブラウンのニューヨークの事務所に通い詰めることから、その仕事は始まった。ケイ・ブラウンは、『風と共に去りぬ』が映画界に注目されるきっかけを作り、イングリッド・バーグマンのエージェントであり友人であるなど、エージェントとして大変有名だ。ドキュメンタリー映画「イングリッド・バーグマン 愛に生きた女優」（2016年公開）で、その姿、声に触れることができる。

## 実は海外進出を果たした『スカーレット』

信子アルベリーが東宝のオフィスより長い時間、この事務所に通い詰めたことが功を奏し、ケイ・ブラウンは映画化の契約を調べてくれた。すると舞台化権を映画会社に渡していないことが判明。そこで道が開け、1965年に舞台化契約が実現する。そのストレートプレイ版の上演成果でミュージカル化の許可が下り、1968年にはミュージカル化のための契約が締結された。

ただ、日本以外の上演権については一定の期間が定められていて、その期間中に海外での上演許諾契約ができない場合は、東宝の上演権は消滅するとなっていた。実際、期間内に数社との交渉が行われたが、残念ながら実は結ばなかった。しかしその後、『スカーレット』は『GONE WITH THE WIND』の題名で、初演の演出家ジョー・レイトンの製作によって、1972年5月3日に、ロイヤル・ドルリー・レーン劇場で幕を開け、1973年4月7日までのロングラン公演となった。

この公演を5月にロンドンで観た菊田一夫は、1971年5月22日毎日新聞の夕刊で、1幕が自分の脚本そのまま、2幕が、「人種問題の紛争を避けるための改定」以外は、そのまま自分の脚本だった、と記している。にもかかわらず、東宝の権利が切れているために、菊田一夫の名前はポスターにはクレジットされなかった。俳優の演技についても菊田はメラニーを見て、倍賞千恵子を「思うこと切で」、ミード博士は、「日本の益田喜頓の方がはるかに勝っていた」とこの記事に記している。

## ロンドン、アメリカ各地、パリで上演
## 菊田一夫の開いた道

このように、最初の日本発のオリジナルミュージカルの海外上演は、苦い味のものだった。しかし公演を観た人の中には若き日のサー・キャメロン・マッキントッシュもいた。彼がのちに英国内のツアーのプロデューサーとして成功して、次はウエストエンドの劇場で公演という時に、最初に手を差し伸べたのがドナルド・アルベリーだったことを考えると、菊田一夫の切り開いた道が現在の東宝ミュージカルにしっかりと繋

ロンドンで上演されたミュージカル『GONE WITH THE WIND（原題：スカーレット）』

がっているといえるだろう。

『GONE WITH THE WIND』はロンドンの後、1973年にロサンゼルスのミュージック・センターで10週間の上演が行われた。1969年にニューヨーク駐在となり、この公演を観た大平和登の記述によれば、ここで成功してブロードウェイを目指したが批評が良くなく、次のサンフランシスコの7週間の公演の後が続かなかった。その後、アメリカ南部のプロデューサーがハロルド・ロームの新曲を加え、ホートン・フットの新たな台本で、1976年にダラスで上演。成功を収め、カンザスシティとアトランタでも上演された。それを観たケネディ・センターのトップだったジョージ・スティーヴンスJr.が、ブロードウェイに持っていくと宣言したが、病により果たせなかった。

なお、パリのマリニー劇場でも、ロンドンの後、新しいプロダクションの公演が行われたが、ケイ・ブラウンがあまりにも原作の精神を歪めているとして、そのバージョンを封印し、ヨーロッパの展開もそこで終わった。

1973年4月4日に菊田一夫が亡くなると、オリジナルミュージカルの推進エンジンがいなくなったことで、1998年青山劇場での『ローマの休日』まで、大中規模のオリジナルミュージカルの上演はしばらく間が空いた。しかし、60年代に初演された作品の再演に積極的に取り組んだことで、『マイ・フェア・レディ』『屋根の上のヴァイオリン弾き』『ラ・マンチャの男』などは今も上演され続ける不朽の名作としての地位を確固たるものにしたといえる。

## 日本人の創り手による
## オリジナルミュージカル『ローマの休日』

高度成長期を迎えると、映画の動員数減とテレビの普及が戦後の核家族に及ぼした影響で、ライブエンターテインメントの観客は減っていった。1981年には日本劇場がクローズ。その状況で奮闘したのが、森繁久彌（1913年生まれ）、山田五十鈴（1917年生まれ）、山本富士子（1931年生まれ）、佐久間良子（1939年生まれ）、浅丘ルリ子（1940年生まれ）など。映画黄金期の昭和30年代に年何本も主演作が公開された、彼ら映画スターたちが舞台に立つようになる。経験豊富で、演技の引き出しを数多く持つ彼らの芝居は、企業のお客様招待会や従業員の厚生行事観劇会、いわゆる団体客が拍手喝采を送り楽しめるものとなった。これらの映画スターの芝居を作りながら、1970年代半ばにニューヨークに行き、ブロードウェイミュージカルを観て、ある決心をしたプロデューサーがいた。それは菊田一夫の夢を膨らませ、今度は全て日本人の創り手によりミュージカルを製作、海外を目指すというものだ。

そのプロデューサー、酒井喜一郎は1985年芸術座で、筒美京平作曲、なかにし礼作詞で『アンネの日記』のミュージカル化に取り組んだ。次は大劇場で映画の名作『ローマの休日』をミュージカルにしようと企画を進めた。東宝の企画セクションも権利獲得交渉に数年をかけて動き、権利を獲得。当初の思惑通り、作詞に斉藤由貴、作曲に大島ミチルと日本人コンビが創作にあたり、主演に大地真央と山口祐一郎という人気、実力ともに申し分ない適役を得て、1998年青山劇場で初日の幕が開いた。

アン王女は大好きな役という大地真央は「ゼロから作るオリジナル作品で皆が本当に大変でしたが、生みの苦しみも楽しくて、ワクワクしました」と語る。権利元の代表は、映画「危険な情事」などの大ヒットでパラマウントの役員になったアンドレア・ヘイン。日本での温泉旅行に男性部下を連れていくと、旅館の人が男性の方を上司扱いするのにおかんむりだったが、ミュージカル化の成果についてはいたく喜んでいた。『ローマの休日』は、青山劇場の後、大阪、名古屋、博多を経て、2000年3・4月には帝国劇場に登場。それまでは大地と山口の乗ったベスパは、歌舞伎の宙乗りのようにワイヤーで浮遊していたが、帝劇で初めて2人が映画撮影用のクレーンで舞台上空をダイナミックに舞った。劇中の2人と同じく、気楽に乗っていた大地とは対照的に、劇団四季の経験が長く、装置のことをよく把握していた山口祐一郎は、咄嗟の判断で事故を未然に防いだこともあった。

『ローマの休日』は英語圏での上演が

ロンドン上演の『GONE WITH THE WIND』

『ローマの休日』(2000) ベスパに乗って宙を飛ぶアン王女(大地真央)とジョー・ブラッドレー(山口祐一郎)

まだ実現できていないが、日本発のライセンス公演が2000年10月28日から11月5日まで、ソウル芸術センターの大劇場で、シンシ・ミュージカル・カンパニーによる上演が行われた。ここから、東宝と韓国演劇界の交流が始まる。

酒井喜一郎プロデュースによる日本人コンビのオリジナルミュージカルは、『風と共に去りぬ』(2001年初演、秋元康作詞、佐橋俊彦作曲)、『十二夜』(2003年初演、斉藤由貴作詞、八幡茂作曲)と続く。いずれもオーケストラ・ボックスをフルに使ってのグランドミュージカルと呼ぶにふさわしいものだった。

## クンツェ＆リーヴァイ、ドーヴ・アチアに創作を依頼

ブロードウェイミュージカルの上演が途切れることはなかった。菊田一夫のミュージカルへの情熱を受け継いだプロデューサー佐藤勉により、『マイ・フェア・レディ』はもちろん、菊田一夫が初演した『ラ・マンチャの男』『屋根の上のヴァイオリン弾き』など、間隔を置きながら、常にフレッシュな状態で上演され続けている。

そして1987年の『レ・ミゼラブル』で英国発レプリカ作品、2000年の『エリザベート』でドイツ語圏からの作品を上演し始め、ブロードウェイ作品以外のミュージカルも増えていく。そうした中、日本でも大好評だった『エリザベート』『モーツァルト！』の作家コンビに新作を委嘱しようという、新しいスタイルのオリジナルミュージカルの挑戦が始まった。数年にわたる委嘱交渉を経て、プロデューサー岡本義次が手掛けた、遠藤周作原作、ミヒャエル・クンツェ脚本・歌詞、シルヴェスター・リーヴァイ音楽・編曲『マリー・アントワネット』が、2006年11月に開幕。ドイツ・ハンブルクの劇場プロデューサーがこの初演を観て気に入り、日本初演と同じ栗山民也の演出で2009年1月30日から5月31日まで、ブレーメンでのライセンス公演が行われた。その後、ドイツのテクレンベルク、韓国、ハンガリーのブダペストでも、独自の演出で上演された。中でも韓国は2014年の初演から2019年、2021年、2024年と上演を重ねている。権力者が失脚することが多々ある韓国では、オルレアンが逮捕される場面が特に拍手喝采となるようだ。

原作小説がなく完全オリジナルで製作された『レディ・ベス』も、クンツェ＆リーヴァイによる東宝からの委嘱作品2作目として2014年に帝劇で初演された。海外では、スイスの世界遺産の街にあるシアター・ザンクト・ガレンで、2022年、2023年と上演されている。小規模公演ながら、クンツェ＆リーヴァイ作品でメインキャストを務める俳優が多数出演した。このように帝劇での既存作の上演が縁で委嘱新作へと繋がったクリエイターに、フランスの作曲家ドーヴ・アチアがいる。『1789 -バスティーユの恋人たち-』で2016年帝劇に初登場。その後、『LUPIN ～カリオストロ伯爵夫人の秘密～』(2023年)、『ジョジョの奇妙な冒険 ファントムブラッド』(2024年)と同氏オリジナル音楽作品が続いている。

## 新たな取り組みが歴史を変える

漫画を原作とするミュージカルの取り組みは、2017年『王家の紋章』から始まった。荻田浩一脚本・歌詞・演出で、シルヴェスター・リーヴァイに音楽を委嘱。この漫画原作オリジナルミュージカルの流れは、『SPY×FAMILY』(2023年)、『ジョジョの奇妙な冒険 ファントムブラッド』(2024年)と、近年の大きな柱になっている。

そうした原作も創り手も多様化が進む中、帝劇に縁の深い人たちで実現した記念碑的作品が、2018年初演の『ナイツ・テイル—騎士物語—』である。共に2000年に帝劇初登場で、帝劇主演を重ねてきた堂本光一と井上芳雄に、『レ・ミゼラブル』日本初演からの関わりであるジョン・ケアードが脚本・演出を手掛けた作品で、音楽は『ジェーン・エア』『ダディ・ロング・レッグズ』のポール・ゴードンが務めた。この時代を変革したいという演じ手、創り手たちの想いは大きな反響を呼び、ミュージカルの社会における認知度を画期的に高めることに大きく貢献した。そして、ジョン・ケアードは、宮﨑駿監督の映画『千と千尋の神隠し』の舞台化に翻案・演出で取り組み、2022年3月に初演された作品が日本各地、そして2024年にはウエストエンド最大の約2300席を有するロンドン・コロシアムにて、約4カ月の日本語上演を達成したのは記憶に新しい。

同年6〜8月、同じロンドンで、2022年日生劇場初演の東宝オリジナルミュージカル『四月は君の嘘』の英語公演がハロルド・ピンター劇場にて上演された。この作品は、同時期にソウルでもライセンスによる韓国語公演が行われていたので、世界2都市で日本発の同一作品が同時に上演される快挙となった。

この時期、舞台『千と千尋の神隠し』の公演が行われているロンドン・コロシアムの劇場前の通りには、舞台『千と千尋の神隠し』と『四月は君の嘘』のバナーが交互に鉄柱に掲げられていて、それが風にはためく様子には菊田一夫もさぞかし喜んだことだろう。

帝劇開場当初のキャッチフレーズ「演劇の殿堂」の精神を受け継いで、舞台に別世界を創り出す挑戦はこれからも続いていく。

(松田和彦)

『四月は君の嘘』 Photo: Craig Sugden

# 昭和42年
## 『屋根の上のヴァイオリン弾き』日本初演
## 帝劇歌舞伎『朱雀門』が登場

"いざなぎ景気"が続き、国民総生産が資本主義国第3位の1140億ドル、と日本経済は好調だった。
NHKのテレビ受信契約数が2000万台を超え、自動車の保有台数も1000万台を突破。各地で公害が社会問題化し、8月には公害対策基本法が公布。
映画「007は二度死ぬ」（監督＝ルイス・ギルバート）、「日本のいちばん長い日」（監督＝岡本喜八）、「クレージー黄金作戦」（監督＝坪島孝）などがヒット。

『心を繋ぐ6ペンス』市川染五郎

### 4月7日～5月26日
### 《ミュージカル》
### 心を繋ぐ6ペンス

詞・曲＝デヴィッド・ヘネカー　台＝ビヴァリィ・クロス、H・Gウェルズ　原作「キップス」より　製・演＝菊田一夫　訳＝倉橋健　訳詞＝岩谷時子、福井峻　演＝中村哮夫　振＝関矢幸雄　美＝真木小太郎　照＝浅沼貢　効＝本間明　スコアリング＝村山芳男　指＝大谷義一　製＝堀内柊一、大原由紀夫　出＝アーサー・キップス：市川染五郎、アン・ボーニック：淀かほる、ヘレン・ウォーシンガム：加茂さくら、ウォーシンガム夫人：浦島千歌子、ボッティング夫人：久慈あさみ、チッタロウ：宮口精二、シャルフォード：小杉義男、北原真紀、山吹まゆみ、横田米子、金須宏、能見英俊、溝江博、茜美樹、三上直也、フォー・コインズ

▶仕立て職人の"キップス"とメイドの"アン"は幼なじみ。子供のころから半分に割った6ペンス銀貨を持ちあっていた。そんなキップスのもとに大金が転がり込んで大金持ちに。ところが、まさに"あぶく銭"であり、キップスは一文無しになってしまう……。世界初演は、昭和38（1963）年3月9日、ウィンブルドン劇場で10日間のトライアウト。ロンドン・ケンブリッジ劇場で幕を開け、2年間のロングランを果たす。ブロードウェイでは、ブロード・ハースト劇場で、昭和40（1965）年4月から、昭和41（1966）年にかけてロングラン上演した。日本での初演は、昭和41（1966）年、芸術座で上演し、"テアトロン賞"を受賞した。この公演は、そのテアトロン賞受賞記念として上演された。芸術座版は、ブロードウェイ版を基にしていたが、帝劇版は、歌の多いロンドンのオリジナル版に従って製作された。

### 6月1日～8月31日
### 《帝劇グランド・ロマン公演》
### 風と共に去りぬ
### 第2部完結篇

原＝マーガレット・ミッチェル　製・色・演＝菊田一夫　演補＝中村哮夫　装＝伊藤熹朔　特殊装置＝浜田右二郎　音＝古関裕而　訳詞＝岩谷時子　衣＝パットン・キャンベル、真木小太郎　照＝穴沢喜美男　振＝関矢幸雄　斗＝久世龍　音指＝伊沢一郎　効＝本間明　特殊技術監督＝円谷英二、的場徹（美＝成田亨　撮＝鈴木清　照＝小林哲也）

『風と共に去りぬ 第2部完結篇』
那智わたる、高橋幸治

製担＝佐藤勉　製作担当助手＝古川清　出＝レット・バトラー：高橋幸治（6月1日～29日、8月3日～28日）、宝田明（7月2日～31日）、スカーレット・オハラ：那智わたる（6月1日～7月12日）、有馬稲子（7月14日～8月28日）、アシュレイ・ウィルクス：仲谷昇、メラニー・ハミルトン：淀かほる、ジェラルド・オハラ：金田龍之介、ベル・ワトリング：浜木綿子、召使マミー：京塚昌子、召使プリシィ：宮城まり子、メリー・ウェザー夫人：南美江、メイベル・メ

『風と共に去りぬ 第2部完結篇』左／高橋幸治、有馬稲子　右／宝田明、有馬稲子

リー・ウェザー：前田美波里、ピティパット叔母：賀原夏子、ミード夫人：赤岡都、ミード博士：益田喜頓

▶スペクタクルな第1部から、ドラマチックな第2部へ。第1部の反響は、本家アメリカにもおよび「ニューヨーク・タイムズ」に新聞広告が打たれ、「クロンカイト・ショー」でもニュース放送された。バトラー邸でのスカーレットの階段落ちは、落

### 【主な出来事】
- 2月11日　初の"建国記念の日"。
- 3月31日　伊藤熹朔（舞台装置家）没。享年67。
- 6月2日　東京宝塚劇場にて、『三国志』上演。出＝松本幸四郎、三國連太郎、島田正吾（～28日）。
- 7月25日　歌舞伎、カナダ万博公演に出発。中村歌右衛門、尾上松緑ほか。
- 10月　東横劇場新装開場。出＝市川新之助、尾上辰之助、尾上菊之助。
- 10月　新橋演舞場にて、新国劇50周年『上意討ち』上演。作・演＝榎本滋民。

ちる瞬間に、一瞬にして階段をスロープに転換し、また元に戻す、という大胆な演出が行われた。

### 9月6日～10月29日

《東宝創立35周年記念公演 東宝ミュージカル特別公演》
**屋根の上のヴァイオリン弾き**
ショラム・アレイハムの小説による

製・演＝菊田一夫　台＝ジョセフ・スタイン　音＝ジェリー・ボック　詞＝シェルドン・ハーニック　オリジナルプロダクション演出・振＝ジェローム・ロビンス　訳＝倉橋健　訳詞＝若谷和子、滝弘太郎　演・振＝サミー・ベイス、関矢幸雄　音監＝内藤法美　装＝ボリス・アロンソン、真木小太郎　衣＝真木小太郎　照＝大庭三郎　効＝本間明　指＝大谷義一　製担＝佐藤勉、永野誠　出＝テヴィエ：森繁久彌、ゴールデ：越路吹雪、ツァイテル：淀かほる、ホーデル：浜木綿子、チャヴァ：西尾恵美子、シュプリンツェ：いしだあゆみ、ビルケ：岡崎友紀、モーテル：市川染五郎、イエンテ：賀原夏子、ツァイテル婆さん：冨田恵子、フルマセーラ：黒柳徹子、パーチック：中丸忠雄、フョードカ：兼高明宏、モールチャ：友竹正則、巡査部長：須賀不二男、司祭：益田喜頓、ラザールウォルフ：山茶花究

▶東宝創立35周年記念公演。世界初演は、昭和39（1964）年9月22日、ブロードウェイ・インペリアル劇場。昭和47（1972）年7月2日までに、上演回数3242回を数える大ヒットとなった。インペリアル劇場の開幕3日目に、ソニーの盛田昭夫元会長（当時、副社長）がこれを観て「森繁さんでぜひ上演していただきたい」と清水雅東宝会長（当時）に手紙を出した、というエピソードもある。オリジナルキャストのテヴィエ役は、ゼロ・モステル。日本での公演は、まさに、オールスター夢の共演の舞台であった。帝政末期、ロシアの寒村アナテフカ村に住むユダヤ人たち。信心深くて、人情家で、恐妻家の牛乳屋テヴィエの3人の娘の恋とユダヤ人の強制立ち退きを背景に、家族愛、隣人愛を強く訴える作品。「"屋根の上のヴァイオリン弾き"、いったい何のこととお思いでしょうな」という台詞で始まるこの作品の知名度は、当初、あまり社会的には浸透していなかった。しかし、これをもって終わりとせず、この作品は熟成の時を待つこととなる。

上／『屋根の上のヴァイオリン弾き』森繁久彌、越路吹雪
右上／『屋根の上のヴァイオリン弾き』森繁久彌
下／『屋根の上のヴァイオリン弾き』市川染五郎、森繁久彌、越路吹雪、淀かほる、浜木綿子、西尾恵美子、いしだあゆみ、岡崎友紀

### 11月4日～12月26日

《帝劇歌舞伎第一回特別公演》
**朱雀門**

原＝エドワード・ノブロック　舞台『キスメット』より　翻案・色＝中野實　演＝菊田一夫、中村哮夫　美＝浜田右二郎　音＝古関裕而　衣＝織田音也　照＝穴沢喜美男　振＝関矢幸雄　音指＝伊沢一郎　効＝本間明　演補＝小野操　製担＝池野満、千谷道雄　出＝松本幸四郎、市川染五郎、浜美枝、中村又五郎、市川高麗蔵、中村吉十郎、坂東寿之助、松本高麗五郎、中村万之丞、市川中車、宮城まり子、京塚昌子、石山健二郎、平田昭彦、小鹿敦、草笛光子（11月）、山田五十鈴（12月）

▶八代目松本幸四郎主演の、帝劇歌舞伎第一回特別公演。"アラビアンナイト"を題材にした新作歌舞伎で、舞台『キスメット』を翻案、脚色。物語の舞台をバグダッドから奈良・平城京に置き換えての上演だった。プログラムの中で安藤鶴夫（作家・劇評家）が「『屋根の上のヴァイオリン弾き』の染五郎を、アメリカのプロデューサーが買いにきたそうだが、『王様と私』の王様役で染五郎はアメリカのミュージカルの舞台を踏むべきだ。これだって決して、夢ではない」と、染五郎が将来歩む道を予言している。

『朱雀門』松本幸四郎、市川染五郎、浜美枝

# EVERGREEN

## 懸命に生きる家族と人々の物語
# 屋根の上のヴァイオリン弾き

1964年にブロードウェイで初演され、トニー賞を作品賞はじめ7部門で受賞、1972年まで3242回の上演回数を記録したミュージカル『屋根の上のヴァイオリン弾き』。日本で開幕したのは、ブロードウェイで上演中の1967年9月の帝国劇場だった。

### テヴィエ役900回
### 森繁久彌の功績

『屋根の上のヴァイオリン弾き』は、ショーレム・アレイヘムの小説「牛乳屋テヴィエ」を原作に、ジョセフ・スタインの台本、ジェリー・ボックの音楽、シェルドン・ハーニックの作詞、ジェローム・ロビンスの演出・振付でブロードウェイ初演。1971年には映画化もされた。帝政ロシア時代のウクライナ地方、寒村アナテフカを舞台に、酪農業を営みながら懸命に生きるテヴィエとその家族、一家を取り巻く人々の姿が描かれる愛と絆の物語だ。圧政と差別の中にありながら彼らは屋根の上でヴァイオリンを弾くようにバランスを取りながら暮らしている。

日本初演は、テヴィエ役を国民的俳優であり歌手の森繁久彌、妻ゴールデ役を越路吹雪、長女ツァイテル役を淀かほる、次女ホーデル役を浜木綿子、三女チャバ役を西尾恵美子、ツァイテルの夫モーテル役を市川染五郎（現・松本白鸚）と豪華なキャスト陣。森繁はブロードウェイミュージカル初出演だった。テヴィエは父親としての権威を持ち、ユダヤ教の戒律を厳格に守りながらも恐妻家で年頃の娘たちにも弱いが、新しいことへの寛容さを持ち合わせている人物。森繁はそのテヴィエを、頑固だけど人情に厚く親しみやすい日本の父親像と巧みにリンクさせ、コミカル味も加えて演じた。その森繁テヴィエが観客の心を掴み、ミュージカルには少ない男性客も取り込んで人気を高め、カーテンコールの多さも評判となった。その後も上演を重ね、1982年には5～10月の帝劇6カ月公演を行ない、大盛況となった。

「森繁さんのテヴィエは本当に素晴らしかったですね。ラザール役で対峙していても、近くで見ていても常にすごい気迫を感じて圧倒されていました」と、テヴィエとの関係が深い肉屋のラザール役を1980年公演から演じていた上條恒彦。森繁のファイナル公演では森繁自身の指名でテヴィエ役をマチネ公演で7回演じている。

「まさか自分が帝国劇場の舞台でテヴィエを演じるなんて考えもしなかったです。神様のような方が演じられている役ですから、ただただ一生懸命やるだけでした」。上條の逞しくパワフルなテヴィエは印象深い。

1986年5月31日、万雷の拍手に包まれ、900回という輝かしい記録を刻んで森繁久彌のテヴィエは千穐楽を迎えた。

### 名ナンバーの数々と
### 圧巻のダンスシーン

〈しきたりの歌〉〈人生に乾杯〉〈サンライズ・サンセット〉〈愛する我が家を離れて〉をはじめ、名ナンバーに彩られる本作は〈人生に乾杯〉の酒場シーンや長女ツァイテルの結婚式シーンのダンスも圧巻だ。1975年の再演の演出・振付を担当したサミー・ベイスの振付助手を務め、ベイスの手を離れてからは振付を手掛け、ヴァイオリン弾き役で出演もしていた坂上道之助の存在は大きい。

「坂上先生は、どうしてここで踊るのかの意味付けをちゃんとして、芝居に寄り添う振付をされた方で、常に全体を把握し、視野が広く、ダメが出るとすぐに代替案を出せる豊富な引き出しをお持ちでした」と、デビュー当時から30年近く坂上の薫陶を受けた駒田一は話す。坂上の振付でダンスシーンの完成度はより高まり、観客を魅了した。のちに駒田自身が演じることになるヴァイオリン弾き役については「台詞も歌もないけれど、アナテフカ村の象徴であり、唯一テヴィエとだけ話せる。そういう存在として出る引くをわきまえて演じないといけない」と。坂上は舞台にいながらその存在を消すことができた。

### 西田敏行が創った
### 新たなテヴィエ像

1994年4月、『屋根の上のヴァイオリン弾き』が再び幕を開けた。テヴィエ役は西田敏行。「テヴィエ役のお話を頂く前に森繁さんの『屋根の上のヴァイオリン弾き』を拝見した時、『次はお前だぞ』と言っていただいたんです。

『屋根の上のヴァイオリン弾き』
森繁久彌のテヴィエは日本の父親像とも重なった

『屋根の上のヴァイオリン弾き』(1982)ポスター

その後、正式にお話を頂き、責任重大ですが森繁さんのお言葉があったのでやらせていただくことに決めました」

稽古は大変だった。「ずっと森繁さんと共演されていた方たちから『台詞のリズムが違うから、森繁さんの口調で言ってほしい』と言われて悩みましたね。なかなか新しいテヴィエに馴染もうという気持ちにはなれないようで、上條さんがその間を取り持ってくれました。『敏さん、こうした方が、皆、納得するよ』などアドバイスをくださったり、本当に助けていただいて感謝しています」。

『屋根の上のヴァイオリン弾き』迫害に毅然と立ち向かった
西田敏行のテヴィエ(右)とヴァイオリン弾き(駒田一)

ラザール役で西田も支えた上條は「いろいろありましたね(笑)。森繁さんと西田さんとではいろいろ違いはありますが、どちらも素晴らしいテヴィエには違いないです」と話す。

初日前に公開舞台稽古があり、それを森繁が観に来た。その終演後、出演者たちが客席に向かうと、森繁は西田を抱きしめた。その場にいたヴァイオリン弾き役の駒田は、帰りがけの森繁から「じゃあ、任せたからな」という、西田を中心とした新たなカンパニーに向けた言葉を耳にしたという。新たなテヴィエの誕生である。「森繁さんは、ホームドラマを感じさせるような親しみやすい父親像を創り上げら

『屋根の上のヴァイオリン弾き』
左からテヴィエ(西田敏行)とラザール(上條恒彦)

れていましたが、僕は、ユダヤ人が差別を受けてもそれによく耐え、頑張っていることを心に感じながら、迫害を受けている家族というところを前提に置いて、自分の家族の物語と捉えてテヴィエを一生懸命演じました」。

西田は、迫害には毅然と立ち向かう力強さを持ち、家族を温かい愛で包み込むテヴィエを演じ、表現力豊かな歌声と共に高い評価を得た。

### 皆で共に舞台を楽しみたい

森繁は、終演後には共演者たちを自分の楽屋に呼んで食事を振る舞い、芝居の話に花を咲かせ、皆を労った。西田もまた共演者との和を大切にした。

「共演者の皆とは共に舞台を楽しみたいと思っていて、毎公演、吹き抜けになっている楽屋の窓から顔を出し、『今日もよろしく』と挨拶し合うことから始まりました。そして僕の楽屋の前には生ビールのサーバーを置いたので、終演後、皆、自由に飲みに来てくれました。ダンサーたちは毎日飲みに来てたんじゃないかな(笑)」

そのダンサーの1人に振付助手も兼ねていた真島茂樹がいた。

「マジー(真島)は素晴らしいダンサーでした。長女ツァイテルの結婚式での『ボトルダンス』のシーンでは、毎回、ボトルを頭に乗せて落とさずに完璧に踊り切り、マジーがこの舞台にいてくれることで、観る価値のある舞台になっているという自信が持てましたね」

特に思い入れの強い場面は「次女ホーデルと別れる駅のシーンでしょうか。ホーデル役は女優さんによってこちらの気持ちにも変化がありましたが、総体的にも作品の山場をそのシーンに持っていっていました」。ホーデル役は毬谷友子、堀内敬子、本田美奈子.だった。「本田さんは綺麗な高音が出て本当に歌が上手かったです。そのシーンでホーデルが歌う〈愛する我が家を離れて〉には毎回聞き惚れていました。『パパ、パパ』と可愛く言ってくれて、親子のように会話をして楽しかったことを思い出します」

西田と同じ1994年公演から坂上道之助の後を引き継ぎヴァイオリン弾き役を演じていた駒田との思い出も。

「駒田君が体調を崩しながらも屋根でヴァイオリンを弾いていた時は感動しました」

駒田は「ある日、舞台上で腰に激痛が走り、腎臓結石でした。代役の話も出ましたが僕はやり続けたかった。そうしたら西田さんが抱きしめてくれて『俺がついてるからやれ!』

『屋根の上のヴァイオリン弾き』(1994)
アナテフカ駅でのテヴィエ(西田敏行)とホーデル(本田美奈子)

と言ってくれたんです。入院した病院から帝劇に通って1回も穴をあけることなく演じ切ることができました。西田さんには感謝しかありません」と振り返った。

### 感動を届け続ける

西田敏行のテヴィエは2001年6月30日、帝国劇場で千穐楽を迎えた。

「帝国劇場に出演することは俳優にとって一つのステータスであり、新劇の劇団にいた僕にとってはとてつもない劇場でした。舞台に立つと、明日はこうやるぞ!と限りなくモチベーションが上がり、お客様の反応も違って高揚しました」

テヴィエとの出会いも大きかった。

「テヴィエを演じさせていただいて、世界観が変わったというか、役者としてのキャパシティーが広がったと思いました。初めて出演した海外作品だったのですが、国によって問題意識が違い、特に人種差別の問題はとても大事なことだと感じながら演じていました」

2004年4月、4代目テヴィエとして市村正親が登場した。2002年、『モーツァルト!』のレオポルト役で初めて父親役を演じて好評を博し、それがテヴィエ役へと繋がったのかもしれない。家族への深い愛とユダヤの戒律を守る厳格さ、そこに時折、絶妙のタイミングで軽やかさを加える市村ならではのテヴィエを創り上げた。『屋根の上のヴァイオリン弾き』は、そうして今も感動を届け続けている。

(山内佳寿子)

西田敏行さんのインタビューは2024年7月下旬に行われました。謹んでお悔やみ申し上げます。

## 1968 昭和43年

# 『オリバー！』がロンドンから招聘公演として上演
# 映画でも有名な『王様と私』が帝劇初演

6月に大気汚染防止法と騒音規制法が公布。日本初の超高層ビル"霞が関ビルディング"が完成。川端康成がノーベル文学賞を受賞。
世界では、62ヶ国が核拡散防止条約にワシントン、モスクワ、ロンドンで調印。日本は昭和45(1970)年に調印。12月に3億円事件が発生。
映画「猿の惑星」(監督=フランクリン・J・シャフナー)、「2001年宇宙の旅」(監督=スタンリー・キューブリック)、「黒部の太陽」(監督=熊井啓)などがヒット。

### 1月2日～2月29日
《新春帝劇グランド・ロマン特別公演》
**風と共に去りぬ 総集篇**
原=マーガレット・ミッチェル 製・色・演=菊田一夫 演補=中村哮夫 装=伊藤熹朔 音=古関裕而 訳詞=岩谷時子 衣=パットン・キャンベル、真木小太郎 照=穴沢喜美男 振=関矢幸雄 音指=伊沢一郎 効=本間明 特殊技術監督=円谷英二、的場徹(美=成田亨 撮=鈴木清 照=小林哲也) 製担=佐藤勉 製作担当助手=古川清 出=レット・バトラー:高橋昌治、スカーレット・オハラ:那智わたる、メラニー・ハミルトン:淀かほる、アシュレイ・ウィルクス:平田昭彦、ジェラルド・オハラ:金田龍之介、ベル・ワトリング:浜木綿子、召使マミー:京塚昌子、召使プリシィ:宮城まり子、スエレン・オハラ:山吹まゆみ、キャリーン・オハラ:中真千子、ミード夫人:赤岡都、メイベル・メリー・ウェザー:茜美樹、メリー・ウェザー夫人:浦島千歌子、ピティパット叔母:賀原夏子、ミード博士:益田喜頓
▶再演や一挙上演の要望も強かったが、第1部、第2部合わせて約9時間に及んだ作品を菊田一夫自身がアレンジし、約6時間の上演時間に再構成され、上演された。土・日・祝1時開演、平日4時半開演、1日1回公演だった。

### 3月4日～12日
《帝劇特別公演》
**徳川の夫人たち**
製=菊田一夫 原=吉屋信子 色=秋元松代 演=成井市郎 装=織田音也 衣=佐多芳郎 音=斉藤一郎、杵屋花叟 照=小川昇 振=今井栄子 効=秦和夫 演補=菅野悦晴 製=千谷道雄、山崎博史 出=司葉子、星由里子、市川染五郎、中村吉右衛門、乙羽信子、市川中車、萬代峰子、長島丸子、新井みよ子、中村吉十郎、坂東寿之助、松本高麗五郎、中村万之丞、春日野八千代、久慈あさみ、市川高麗蔵、山田五十鈴

▶東京宝塚劇場での新春公演が好評を博し、大入り満員だったため、帝劇に移し、短期のアンコール公演となった。

### 3月17日～4月24日
《帝劇歌舞伎第二回公演》
**忠臣蔵**
作=大佛次郎「赤穂浪士」より 製・演=菊田一夫 脚=小幡欣治 演=中村哮夫 美=金井俊一郎 照=穴沢喜美男 効=本間明 衣=柳生悦子 陣=久世竜 振=花柳泰輔 音=斎藤一郎、杵屋花叟 製=千谷道雄、小島亢 出=大石内蔵助:松本幸四郎、お仙:山田五十鈴、瑤泉院:春日野八千代、柳沢出羽守:市川中車、吉良上野介:中村芝鶴、小林平七:市川染五郎、勝ານ左衛門:中村吉右衛門、前原伊助:中村又五郎、片岡源五右衛門:市川高麗蔵、三国屋十兵衛:中村吉十郎、平七の許婚者ゆき:浜木綿子、おたか:淀かほる、千坂兵部:尾上松緑
▶現代に生きる四十七士の人間像を描く"外伝"を主眼としながら、反面、史実をおろそかにしないユニークな『忠臣蔵』の一編。豪華キャストが実現した。

### 5月5日～7月20日
《日英親善国際公演 ミュージカル》
**オリバー！**
製=ドナルド・オルベリー、菊田一夫 原=ディケンズ 脚・曲・詞=ライオネル・バート 装=ショーン・ケニー 演=ディヴィッド・フィーシアン(ピーター・コーのオリジナル演出による) 照=ジョン・ウィックハム 技術監督=イアン・オルベリー 編=エリック・ロジャース 音監・指=マイケル・ムーアズ ステージング=ジョフリー・フェリス 製担=佐藤勉、上西信子、中根公夫 出=フェイギン:ロビン・ラムゼイ、ナンシィ:ヴァレリー・ウォルシュ、コーネイ夫人:ホープ・ジャックマン、バンブル氏:トム・ド・ヴィル、ビル・サイクス:マーティン・デル、アートフル・ドジャー:レイモンド・ミルロス、ベット:カレン・ワグナー、オリバー・ツイスト:ダリル・グレイザー、ジョン・マーク
▶ドナルド・オルベリーと東宝(株)の共同製作。世界初演は、昭和35(1960)年6月、ロンドン・ニューシアター(ドナルド・オルベリー製作)。7年6ヵ月のロングランとなった。また、ブロードウェイでは、昭和37(1962)年12月から、2年あまりのロングランを果たした。海外の一流の舞台を日本に紹介する、という帝劇設立の意義に叶った公演。"女王陛下が二度ご覧になり、二度泣かれた作品"とも言われている。日本の本公演は浩宮さま(現天皇陛下)がご観劇された。

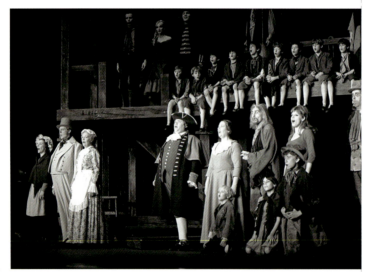
『オリバー！』

### 【 主な出来事 】
- 1月29日　藤田嗣治(画家・彫刻家)、スイスのチューリヒで没。
- 2月9日　劇化した『風と共に去りぬ』の世界上演権を獲得。
- 3月25日　第1回菊田賞(旧)贈呈式。選考委員は菊田一夫、森岩雄を含む総勢13人。戯曲部門・当選『二人が恋うる君ゆえに』(柴田夏余)。評論部門・当選は該当作品なし。
- 4月3日　東横劇場にて、三島由紀夫原作『黒蜥蜴』上演。演=松浦竹夫、出=丸山明宏(現・美輪明宏)(～26日)。
- 6月26日　小笠原諸島、日本に復帰。
- 9月4日　日生劇場にて、モスクワ芸術座『検察官』、『どん底』などを上演(～22日)。
- 10月17日　川端康成、ノーベル文学賞受賞。
- 11月5日　国立劇場にて、初の新作歌舞伎『三姉妹』上演。作=大佛次郎、演=千田是也、出=松本幸四郎、中村雀右衛門、市川猿之助ほか。

『王様と私』
左／那智わたる、市川染五郎
右／中村勘九郎、リンダ・パール

### 7月27日～8月27日

**《帝劇グランド・ロマン公演》**

## マノン・レスコオ

原＝アベ・プレヴォ　製・演＝菊田一夫　色＝小幡欣治　演＝中村哮夫　装＝高田一郎　音＝入江薫　衣＝真木小太郎　照＝穴沢喜美男　特殊撮影＝成田亨　効＝本間明　振＝坂上道之助　フェンシング指導＝服部恭一郎　音指＝中村兼藤　製担＝佐藤勉、古川清　出＝レナール：石坂浩二、マノン：那智わたる、デ・グリュー伯爵：北沢彪、デ・グリュー伯爵夫人：一の宮あつ子、ポオル：井上孝雄、黒柳徹子、児玉利和、溝江博、高木均、内田朝雄、三上道也、兼高明宏、稲垣昭三、服部マリ、瑳川哲朗、船戸順、田崎潤

▶男たちを破滅させる女を描いた文学作品として、アベ・プレヴォの長編小説の一部を舞台化。美しいマノンに恋をした青年が、彼女の嫉妬や欲望により次第に破滅していく。那智わたるが宝塚歌劇団から東宝に移籍しての第1作。また、石坂浩二の帝劇出演第1作でもある。

### 9月1日～10月27日

**《明治100年記念特別公演》**

## 明治太平記

製・演＝菊田一夫　原＝海音寺潮五郎　脚＝中江良夫　演・振＝関矢幸雄　美＝浜田右二郎　音＝斎藤一郎　邦＝杵屋花叟　照＝篠木佐夫　効＝本間明　衣考＝奥山勲　陣＝久世竜　邦舞振付＝藤間勘紫乃　演補＝広部貞夫　製＝津村健二　製補＝柏原正一、山崎博史　出＝森繁久彌、高島忠夫、井上孝雄、益田喜頓、左とん平、須賀不二男、藤田進、柳永二郎、浦島千歌子、八千草薫、浜木綿子、岡田茉莉子

▶プログラムに掲載された菊田一夫の挨拶に「函館戦争から西南戦争にいたる明治黎明期の若者の、波濤の物語。帝劇の舞台を十二分に活用した、面白いグランド・ロマン日本版であることをご期待くださいまし」とある。函館戦争、西南戦争は、明治新政府に異を唱える者たちの日本最後の内戦であった。

### 11月1日～27日

**《東宝ミュージカル特別公演》**

## 王様と私

原＝マーガレット・ランドン作「アンナとシャム王」より　製・演＝菊田一夫　脚・作＝オスカー・ハマースタインⅡ世　音＝リチャード・ロジャース　訳＝森岩雄、高田蓉子　訳詞＝岩谷時子　演＝菊田一夫、中村哮夫　音監＝内藤法美　振＝シュニー・パルミサーノ、石井カンナ　装＝渡辺正男　衣＝真木小太郎　照＝大庭三郎　効＝本間明　製担＝佐藤勉、大原由紀夫　出＝王様：市川染五郎、アンナ：那智わたる、タプチム：加茂さくら、ルン・タ：立川澄人、宍倉正信、総理大臣：加藤武、チャン夫人：南美江、チュラロンコン王子：中村勘九郎、石崎吉嗣、ルイス・レオノーエンス：リンダ・パール、宇佐美豊、ラムゼイ卿：益田喜頓

▶シャム（現・タイ）王の王子の家庭教師として招かれた英国婦人"アンナ"。はじめは、王の専制や西洋と東洋の考えの違いに戸惑うが、次第にひとりの人間としてお互いを尊重し、理解を深めていく、というミュージカル。帝劇では初演。日本初演は、昭和40年（1965）4月、梅田コマ劇場、12月、東京宝塚劇場で市川染五郎、越路吹雪のコンビで上演された。昭和26（1951）年、ロジャース＆ハマースタインの手でミュージカル化され、世界初演は、セント・ジェームス劇場。主演は、ガートルード・ローレンスとユル・ブリンナー。さらに、昭和31（1956）年には映画「王様と私」（監督：ウォルター・ラング）がユル・ブリンナーの王様、デボラ・カーのアンナで公開され、大ヒットとなった。

### 12月2日～27日

**《東宝現代劇特別公演》**

## 丼池

作・演＝菊田一夫　演＝津村健二　美＝伊藤熹朔、品川洋一　音＝古関裕而　照＝穴沢喜美男　効＝吉田貢、本間明　製＝工藤規勝　製補＝菅野悦晴　出＝司葉子、三益愛子、浜木綿子、林与一、平田昭彦、浦島千歌子、湯浅恵子、山茶花究、山田五十鈴（特別参加）

▶芸術座を本拠地とする東宝現代劇の帝劇初公演である。初演は、昭和38（1963）年、芸術座。大阪の丼池筋……バイタリティにあふれたこの繊維品問屋街。金儲けに火花を散らす女たちを中心に、人生を一所懸命に生きようとする人々を描いた群像劇。浪花ものを得意とする菊田一夫の傑作舞台である。

1968 ── 昭和43年

---

## COLUMN

### 日本代表の"犬"も奮闘した『オリバー!』

「日英親善国際公演」と銘打たれた『オリバー!』。スタッフ・キャストは、英国から招聘。子供たちは、法律上の問題でアメリカでオーディションを行い、家族同伴で来日した。

日本側から、唯一の出演は、ダルメシアンの犬一匹だった。演出部の私は、犬担当となり、訓練士の根本さんと研究を重ねた。犬の出番は、舞台上空にかかるロンドンブリッジの下手に現れて、橋をゆっくり渡って、上手の階段を下りて舞台袖に引っ込む。

本番のシーンは、オリバー少年を助けようとしたナンシーを殺したビルサイクスは、オリバーを人質に逃亡。行方を追う警官たちと群衆で大混乱。「あれは、ビルサイクスの犬だ!」の叫び声。橋を渡っていく犬を発見。犬を追って警官たちは駆け出して行く。

初日、舞台稽古で慣れた犬は、エサが欲しくて、猛ダッシュで橋を渡ってしまった。当然、演出家より駄目出しあり。私は、翌日、橋の中間地点に、ひと切れの肉を置いた。大成功だった。

公演は英語の上演。帝劇では、俳優さんを使って日本語の吹き替えを行い、同時進行で聴くことができる「キクタホーン」をお客様に提供した。

（宮﨑紀夫）

カーテンコールにて出演者の前を駆け抜ける犬（1990年公演より）

# 昭和44年 1969

## 市川染五郎『ラ・マンチャの男』初演
## 三島由紀夫 壮大華麗な『癩王のテラス』

東名高速道路の全通など好調な経済発展のもと、人々は"昭和元禄"を謳歌。大学では全共闘の学生と警察機動隊が衝突。
海外では、ソ連の宇宙船"ソユーズ4号""5号"が初の有人ドッキングに成功、アメリカの宇宙船"アポロ11号"は初の月面着陸に成功。
映画「ウエスト・サイド物語」(リバイバル・監督=ロバート・ワイズ、ジェローム・ロビンス)、「風林火山」(監督=稲垣浩)、「人斬り」(監督=五社英雄)などがヒット。

『ラ・マンチャの男』小鹿敦、市川染五郎、草笛光子

『ラ・マンチャの男』
上/浜木綿子　下/西尾恵美子

### 1月2日~27日
**《帝劇グランド・ロマン公演》**
**復活**
原=L・トルストイ　製・修=菊田一夫　色=竹内勇太郎、沼田幸二　演=中村哮夫　装=朝倉摂　音=入江薫　衣=真木小太郎　照=穴沢喜美男　効=本間明　振=坂上道之助　音指=中村兼藤　製=佐藤勉、安達隆夫　出=北大路欣也、那智わたる、星由里子、京塚昌子、井上孝雄、川口浩、藤波洸子、溝江博、兼高明宏、伊藤弘子、伊藤亨治、香椎文子、赤坂都、小野松枝、金子信雄

▶『復活』は、旧帝劇でも大正3(1914)年3月、島村抱月の演出、松井須磨子のカチューシャで上演された。昭和22(1947)年6月、土方与志の演出、山口淑子のカチューシャ、森雅之のネフリュードフ版もあり、昭和38(1963)年には、宝塚歌劇団でも菊田一夫の脚本、春日野八千代、那智わたる主演で『カチューシャ物語』として上演されている。

### 2月1日~26日
**《東宝ミュージカル特別公演　大型喜劇》**
**金瓶梅**
製・色・演=菊田一夫　演=中村哮夫　音=古関裕而、小川寛興　編=筒井広志　振=河上五郎、関谷幸雄　装=渡辺正男　衣=真木小太郎　照=大庭三郎　効=本間明　音指=中村兼藤　製=佐藤勉、古川清　出=森繁久彌、フランキー堺、朝丘雪路、林与一、左とん平、西尾恵美子、黒柳徹子、藤井輝子、赤木春恵、寺島信子、宮城まり子、益田キートン

▶中国の古典艶笑小説を爆笑ミュージカルとして舞台化。第1部『月円花紅(ラブシーンたくさん)の巻』、第2部『愛憐有情(こいはあわれ)の巻』の2部構成。

### 3月3日~29日
**《帝劇歌舞伎特別公演》**
**明智光秀**
製=菊田一夫　作・演=福田恆存　演補=関堂一　装=浜田右二郎　音=黛敏郎　照=浅沼貢　効=本間明　衣=柳生悦子　振=立花中車　陣=湯浅謙太郎　製=大原由紀夫　製助=安達隆夫　出=明智光秀:松本幸四郎、織田信長:市川中車、齋藤内蔵之助:南原宏治、羽柴秀吉:中村又五郎、桔梗:光本幸子、お能の方:久慈あさみ、里村紹巴:中村吉十郎、明智左馬之助:久米明、楓:三井美奈、久我宰相吉道卿:中村万之亟、小栗栖長兵衛:三木のり平、皐月:乙羽信子

▶初演は、昭和32(1957)年、八代目松本幸四郎とその一門が文学座の公演に参加する形で上演され、昭和38(1963)年、明治座で再演。"明智光秀"の物語を『マクベス』と重ね合わせ、帝劇の大舞台を使った"本能寺の変"での大立ち回りが見せ場である。

### 4月4日~5月26日
**《ミュージカル》ラ・マンチャの男　ドン・キホーテの物語**
製=菊田一夫　脚=デール・ワッサーマン　詞=ジョオ・ダリオン　音=ミッチ・レイ　訳=森岩雄、高田蓉子　訳詞=福井峻　装=ハワード・ベイ、真木小太郎　照=ハワード・ベイ、穴沢喜美男　衣=ハワード・ベイ、パット・キャンベル、真木小太郎　合唱監督=滝弘太郎　効=本間明　音指=中村兼藤、北沢達雄　振・演協=エディ・ロール　演=中村哮夫　演協=小澤栄太郎　ブロードウェイ版オリジナル演出・振=アルバート・マール、ジャック・コール　製担=佐藤勉、古川清　出=セルバンテスとドン・キホーテ:市川染五郎、サンチョ:小鹿敦、隊長:溝江博、アルドンサ:草笛光子、浜木綿子、西尾恵美子、宇名主と宿屋の主人:小沢栄太郎、その妻マリア:賀原夏子、カラスコ博士:井上孝雄、神父:友竹正則、アントニア:山吹まゆみ、家政婦:黒柳徹子、床屋:木島新一、二期会合唱団

▶全米各地の大学で行われたトライアウトの後、昭和40(1965)年11月22日、ニューヨークのアンタ・ワシントン・スクエアで初演。昭和43(1968)年3月には、ブロードウェイのマーチンベック劇場に進出。副題の"ドン・キホーテの物語"は、日本での作品紹介の際つけられたもの。作者のデール・ワッサーマンは、ドン・キホーテを舞台化するにあたり、「小説『ドン・キホーテ』を舞台化することは不可能であり、劇化されるのはセルバンテスでなくてはならない」として、『ラ・マンチャの男』が誕生した。市川染五郎は昭和44年度芸術選奨文部大臣新人賞を受賞している。エディ・ロールが2月28日、来日し、演出協力、振付協力を行った。翌昭和45(1970)年、染五郎はブロードウェ

### 【主な出来事】
- 7月26日　村田嘉久子(旧帝劇女優)没。享年76。
- 11月1日　六代目市川新之助、十代目市川海老蔵を襲名。
- 11月5日　国立劇場にて、新作歌舞伎『椿説弓張月』上演。作・演=三島由紀夫　出=松本幸四郎、中村鴈治郎、坂東玉三郎ほか。
- 12月27日　大谷竹次郎(松竹創業者)没。享年92。

『癩王のテラス』左／北大路欣也　中／岸田今日子、山田五十鈴、北大路欣也　右／ポスター撮影現場にて　北大路欣也、三島由紀夫、岸田今日子

### 5月31日〜6月28日
《帝劇グランド・ロマン公演》
**若きウェルテルの悲しみ**
原＝ヨーハン・ウォルフガング・フォン・ゲーテ　訳＝秦豊吉　訳詩＝福井峻作　製・脚・演＝菊田一夫　演＝増見利清　装＝渡辺正男　衣＝真木小太郎　音＝古関裕而　音指＝中村兼藤　振＝坂上道之助　照＝穴沢喜美男　効＝本間明　演補＝藤野義臣　製担＝佐藤勉、辰巳嘉則　出＝那智わたる、石坂浩二、高島忠夫、丸山博一、赤岡都、溝江博、城所守、山口勝美、三上直也、淀かほる、加茂さくら、小山田宗徳、益田喜頓

▶プログラムに菊田一夫は「人を愛することの悩みもさることながら、人に愛されることは、そのよろこびと表裏して、女性の深い苦しみでもあります。この名作小説を帝劇グランド・ロマンとして劇化に取り上げました要素が、そこにあると申せましょう」と寄稿。大正3（1914）年、『若きウェルテルの悲しみ』は、帝劇にゆかりの深い、元（株）東京宝塚劇場社長・秦豊吉が学生時に翻訳をした。その後も多数の翻訳本が出版。そのため、今日では『若きウェルテルの悩み』が一般的になっている。今回の劇化は、この秦訳版を底本に菊田一夫によって舞台化された。並みはずれて高い感受性を持つ青年ウェルテルが、美しいロッテにその豊かな内面を注ぎつくして破滅してゆく過程を描き切った。

### 7月4日〜30日
**癩王のテラス**
作＝三島由紀夫　演＝松浦竹夫　装＝織田音也　衣＝真木小太郎　音＝石井歓、アラン・ホバネス　音指＝中村兼藤　振＝関矢幸雄　照＝穴沢喜美男　効＝本間明　製＝佐藤勉、安達隆夫　出＝北大路欣也、岸田今日子、村松英子、夏八木勲、長谷川稀世、天本英世、水穂葉子、有馬昌彦、森雅之、山田五十鈴

▶作品を書き下した三島由紀夫は次のように予告で述べている。「私が今度の帝劇でやりたいこと……アンコール・トムの宮廷舞踊の場面、岸田今日子の第一夫人が火中に身を投じるところ、そして最後に瀕死の癩王の肉体が美しく蘇って現れる寺院の巨大な塔など帝劇の舞台機構で初めて実現される雄大なロマン。しかし、何よりもこれは古代カンボジアの若き英雄ジャヤ・ヴァルマン7世の愛と夢の絢爛たる生涯、月の王朝の衰亡を背景とした"永遠の肉体、不滅の青春"の物語を、壮大華麗に描いてみたい」。

### 8月5日〜30日
《帝劇グランド・ロマン公演》
**白鳥**
原＝F・モルナール　脚・演＝菊田一夫　演＝増見利清　演補＝広部貞夫　美＝静間潮太郎　照＝今井直次　効＝本間明　音＝林光　振＝県洋二　製＝大原由紀夫、永野誠　出＝アルベルト皇太子：市川染五郎、ベアトリチェ侯爵夫人の娘・アレキサンドラ：那智わたる、皇太子の母・マリア・ドミニカ：夏川静江、千石規子、沢村いき雄、横沢祐一、ベアトリチェ家の家庭教師・ハンス・アギ：仲谷昇、ベアトリチェ夫人の兄・ヒアチント：益田喜頓、ベアトリチェ侯爵夫人：山田五十鈴

▶F・モルナールはハンガリーの劇作家。『白鳥』は、大正9（1920）年に発表された作品である。ヨーロッパのとある古城を舞台に、上流階級の生活に鋭いメスを入れた作品。伝統を守ろうとする封建的な人々の中で、翻弄される令嬢と家庭教師のかりそめの恋、それを見つめる皇太子の思い、そして愛なき政略結婚と人間の自由を問う。

### 9月3日〜26日
《喜劇》**四谷怪談**
製・修＝菊田一夫　脚＝小野田勇　演＝観世栄夫、三木のり平　美＝有賀二郎　照＝穴沢喜美男　音＝斉藤一郎　振＝花柳芳次郎　邦＝杵屋花叟　衣デ＝神取安全　効＝松下喜郎　歌舞伎補導＝中村吉十郎　特殊技術＝小閑創三　製担＝柏原正一、中根公夫　出＝三木のり平、京塚昌子、谷幹一、財津一郎、松岡きっこ、波乃久里子、扇千景、西村晃、平田昭彦

▶小野田勇・三木のり平のゴールデンコンビによる傑作喜劇。『東海道四谷怪談』を主軸に、『累』、『牡丹燈籠』などを盛り込み、歌舞伎のテクニックと帝劇の舞台機構を生かした爆笑作となった。

### 10月1日〜11月25日
《長谷川一夫帝劇第一回特別公演》
**戯本　西鶴一代男**
作・演＝北條秀司　舞踊振付＝西川鯉三郎、花柳芳次郎、西川右近　装・衣＝林悌三　衣＝高根宏治　洋楽＝古関裕而　邦＝野澤松之輔　録楽＝辻亨二　照＝小川昇　清元＝清元志寿太夫　演補＝前田昭　製＝山本紫朗　出＝長谷川一夫、淡島千景、長門勇、林成年、西川右近、浅尾奥山、谷口完、有島一郎、梓真弓、長谷川稀世、草笛光子、京塚昌子、京マチ子

▶林長二郎（長谷川一夫）は、昭和5（1930）年8月、『鬼あざみ』で舞台を踏んだ。これは大入りしたため、15日間興行を25日間に日延べをしている。それから38年を経て、長谷川一夫が新帝劇に初出演。1本立の2ヵ月公演であった。また、この公演のために、正面玄関に積み樽、招き看板、名入り提灯、ロビーに紅葉、紅格子の墨絵ほかしの障子、緋毛氈を引いた床几を並べた接待茶屋などが並ぶにぎやかな装いも話題を呼んだ。

### 11月30日〜12月22日
《帝劇年忘れ特別公演》
**浅草交響楽**
作・演＝菊田一夫　美＝浜田右二郎　音＝古関裕而、菊田伊寧子　振＝青山圭男　照＝穴沢喜美男　効＝本間明　斗＝東大二郎　劇中劇演出＝榎本健一　演補＝平山一夫　製＝津村健二、酒井喜一郎　出＝森繁久彌、三木のり平、財津一郎、小鹿敦、高島忠夫、東海林太郎、美ち奴、近江俊郎、菊池章子、中山真理、三浦恭子、菊ひろ子、西尾恵美子、鳳八千代、島田正吾

▶菊田一夫が若き日に過ごした浅草への青春のオマージュ。菊田役は『放浪記』と同様に小鹿敦（のちの小鹿番）であった。浅草芸能華やかなりしころに活躍した往年のスターも続々登場する。榎本健一が病身を押して劇中劇『最後の伝令』を演出、これが偉大な喜劇王最後の仕事となった。

『西鶴一代男』京マチ子、長谷川一夫

EVERGREEN

## 夢を追い続ける者へのエール『ラ・マンチャの男』

　2024年4月から8月にかけて、ロンドンで帝劇発の舞台『千と千尋の神隠し』が日本人キャストで上演されて話題を呼んだが、その半世紀以上前の1970年に単身でニューヨーク・ブロードウェイの舞台に立ったのが二代目松本白鸚（当時は市川染五郎）だった。主演したのはミュージカル『ラ・マンチャの男』。前年の1969年4月に帝劇で日本初演の幕を開けた。

### 27歳でキホーテとしてブロードウェイデビュー

　理不尽な罪で投獄された詩人のセルバンテスが、牢獄で遍歴の騎士ドン・キホーテの物語を即興劇で見せる。セルバンテスとキホーテ、自らをキホーテと妄想する田舎の郷士アロンソ・キハーナの3役を演じるという重層構造の舞台。ミュージカル草創期で、まだミュージカルに慣れていない当時の観客にはついていけない面もあって、大入り満員とはいかなかった。白鸚自身も「繰り返し上演されるとは思わなかった」と吐露するように、1度だけで打ち切りになる可能性もあった。初演の直後、この作品を愛した白鸚は自ら動いた。当時、新宿にあった小劇場アートシアター新宿文化に赴き、支配人に「『ラ・マンチャの男』という作品を上演してくれませんか」と直訴した。先鋭的な映画の上映やアングラ演劇が上演されるなど、当時の若者文化をリードする劇場だった。元々、1965年にオフ・ブロードウェイで誕生した『ラ・マンチャの男』もベトナム戦争に揺れる時代の若者たちの厭戦気分を反映した舞台でもあった。「また演じたい」との思いからの直談判だったが、直後に思わぬ展開が待っていた。

　1本の電話がきっかけだった。世界各国で上演されている『ラ・マンチャの男』に主演した俳優たちを集めて、ブロードウェイで共演させる「国際ドン・キホーテ・フェスティバル」に招待されたのだ。台詞は全て英語という高いハードルに躊躇する白鸚の背中を押したのが、父である初代白鸚だった。元々、この舞台をブロードウェイで観た初代が東宝に白鸚主演での上演を進言した経緯がある。父の知人を通して演劇に精通するアメリカ人の英語教師を紹介され、猛特訓を受けた。1970年1月、現地では全く無名の27歳の若者がマーチンベック劇場でブロードウェイデビューした。舞台に立つ日本人は白鸚1人。

　連日、満員の観客はスタンディングオベーションと「ブラボー」の歓声で応え、10週間で60ステージの舞台を演じ切った。のちに自身の初舞台について、「2度あった。昭和21年（1946年）5月の東劇、松本金太郎の名で。2度目はマーチンベック劇場、市川染五郎の名で」と回顧している。

### 『ラ・マンチャ』に励まされた男性たち

　ブロードウェイの成功により、帰国後の名古屋・名鉄ホール、日生劇場の凱旋記念公演は大入りとなった。帝劇に帰ってきたのは初演から10年後の1979年。それから上演を重ね、2023年の最終公演までに上演回数は1324回を数えた。

　作品は幅広い人たちに愛され、男性ファンが多いのが特徴だった。ミュージカルは女性ファンの方が圧倒的に多く、公演の休憩時には女性トイレに長い行列ができても、男性トイレはガラガラというケースが多い。しかし、『ラ・マンチャの男』は男性トイレも行列になる珍しい公演だった。それは人生を生きる上で励まされ、勇気づけられる名台詞がいっぱい詰まっているからだろう。「事実は真実の敵だ」「現在の自分を愛さず、将来の自分を愛せよ」「常に先に目を向けよ」「一番憎むべき狂気は、あるがままの人生にただ折り合いをつけて、あるべき姿のために闘わないことだ」。

　日本初演50周年にあたる2019年の公演のパンフレットには、多くの著名人が祝福の言葉とともに感謝の言葉を寄せた。35歳で初めて挑んだ衆院選に落選した若手政治家が直後に『ラ・マンチャの男』を観た。「初めてのミュージカルかつ最も感動したミュージカル。〈見果てぬ夢〉に勇気づけられた」。後に首相となる小泉純一郎の言葉だ。自分の将来が見えず、自信を失い自殺も考えた中学3年生がお小遣いで買ったチケットを握りしめて客席にいた。「ドン・キホーテの言葉や歌、その姿に打ち震え、号泣した」「染五郎さんのドン・キホーテが、生きる力を注入してくれた」。今や日本を代表する演出家宮本亞門の回想だ。仲間と劇団を立ち上げたものの、執筆に行き詰まった若き演劇人がすがる思いで観た。「窮地に陥りながらも夢を諦めないセルバンテ

『ラ・マンチャの男』
初演時のポスターカット（1969）　撮影：篠山紀信

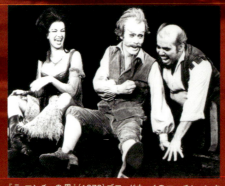

『ラ・マンチャの男』（1970）ブロードウェイのマーチンベック劇場にて、中央が市川染五郎（現白鸚）

スに自分を重ね、まだ駆け出しの物書きなのに、『セルバンテスは僕だ』と、涙ながらに劇場を後にした」。後に白鸚が主演した「王様のレストラン」などのドラマ、舞台の脚本を手掛けた三谷幸喜だった。

支えた共演者も多彩だった。キホーテが理想の姫ドルシネアとして想いを寄せるアルドンザ（旧・アルドンサ）は初演の草笛光子、浜木綿子をはじめ上月晃、鳳蘭、そして白鸚の次女・松たか子らが演じた。実はアルドンザを熱望した大女優がいた。1965年に白鸚と『王様と私』で共演した越路吹雪である。1968年にブロードウェイで何本か観劇した中で、最も興味を示したのが『ラ・マンチャの男』のアルドンザだった。しかし、夢は叶うことはなかった。初演の家政婦は黒柳徹子が演じた。

牢名主は新劇の名優小沢栄太郎、加藤武が演じ、1977年からバトンを受けた上條恒彦は、白鸚に次ぐ最古参メンバーとして1000回近く演じた。キホーテの従者サンチョを2009年から4代目として演じた駒田一は、ラバ追い、床屋を経て、念願のサンチョに抜擢された。当時、白鸚は演出も兼ねていた。駒田は言う。「演出もどんどん変えてこられていました。白鸚さんは日々進化しようとしていた。変更もあり、一周回って、また戻ることもありました。絶えず舞台のことを考えていらっしゃいました」。上演回数は1324回を数えたが、"慣れ"とは無縁だった。「何度も再演を重ねているけれど、前回やっていた段取りではなく、なぜ役がそのように動くかということを考えてくれた。ある時は、英語の原本を用意して、これはどういう意味合いかと、みんなで話し合いを持ったこともありました」と駒田。

## 家族で支え、父娘共演も実現

『ラ・マンチャの男』は、白鸚の家族の中にあっても大きな存在だった。1970年のブロードウェイ公演は妻・紀子さんと結婚したばかりのことで、ニューヨーク行きが事実上の新婚旅行だった。24歳の新妻だった紀子さんは楽屋で、ホテルで、舞台に打ち込む夫を支えた。疲労などで最悪のコンディションで舞台に立った直後、紀子さんに「最悪の出来だったろう？」と聞くと「今までで一番いい出来でした」と言われた。欲もてらいもなく、役になり切って一心に演じた結果で、新妻は良きサポーターでもあった。その後も、東京で公演がある時は運転手として車で送り迎えをした。金婚式を終えた夫婦の歩みとも重なっている。

この舞台を観て育った娘たちも『ラ・マンチャ』ファミリーに加わった。キハーナの姪アントニアは松、姉の松本紀保も演じており、2人の娘との父娘共演を果たしている。松は、この舞台の魅力を「観客が"ミュージカル"というものに抱いているイメージを覆すようなストーリーの力と、素晴らしいナンバーの数々がそれを支えていると思います。そして、"ミュージカルでなければならない"理由が詰まった作品であること」と話す。

『ラ・マンチャの男』（2023）松本白鸚（右）と松たか子（左）

松はアントニアに続いて2002年に初めてアルドンザに挑んだ。「初めてアルドンザを演じた時、テーブルダンスのパートナーだった中村隆男さんに怒られながら、何度も稽古をし続けました。そしてそれを、当時ムーア人の娘役だった萩原季里さんに付き合ってもらった日々を思い出します。さらに、その時、そしてそれ以降も稽古場で見守ってくれた『ラ・マンチャ』のカンパニーの人たちの存在は、私が演じる上で一番の力となっていました。みんな感謝しても感謝しきれないくらい大切な人たちです」。

松にとって演出家としての父白鸚からの忘れられない言葉がある。終盤、死の床にあるキハーナのもとをアルドンザが訪ねる場面。「登場する時、『別人のように現れてくれ』と言われました」。旅籠で働くあばずれのアルドンザが身なりを整え、「かつてあんたは私を別の名で呼んでくれた」と言って〈ドルシネア〉を歌う。この歌にキハーナは再びドン・キホーテとなり、2人で〈見果てぬ夢〉を歌う。松は「別人ではないが、別人のように現れる、ということがとても難しい。でもアルドンザとして避けられないことなんだな、と思いました」と言う。キハーナは「あるべき姿のために闘う」キホーテとして亡くなり、アルドンザは「私の名はドルシネア」と叫ぶ。アルドンザとドルシネアという別々のキャラクターが1人の女性の中で昇華する。「別人のように」という白鸚の演出で、屈指の名場面になっている。

白鸚は23歳でミュージカルに初挑戦した『王様と私』ではシャム王役を演じたが、日本では1980年の帝国劇場が最後だった。しかし、1990年に英国カンパニーから『王様と私』のシャム王役で招聘され、カンパニーに単身加わった。エジンバラを皮切りにグラスゴー、ロンドンのサドラーズウェルズ劇場で合計3カ月間も演じた。ミュージカルの本場と言われるブロードウェイ、ウエストエンドで歌も台詞も英語で主演した、稀有な俳優でもある。白鸚が常々口にする「夢とは、夢を叶えようとする、その人の心意気だ」という言葉を自ら実践した。

## 万雷の拍手が響いた最終公演

コロナ禍を経て、2023年4月に横須賀で最後の公演が行われた。千穐楽には東宝の幹部だけでなく、ライバル会社の松竹幹部たちの姿もあった。会社の垣根を越えて、白鸚の『ラ・マンチャの男』最後の日を称えた。松は振り返る。「あの場所にいた人、いられなかった人、全ての人の力によって実現した公演だったと思います。千穐楽の日、カンパニーの一番の年長である上條さん、白鸚さんの2人が本当に楽しそうに演じていて、『とんでもない人たちだな』と思いました」。

『ラ・マンチャの男』（2023）よこすか芸術劇場での大千穐楽カーテンコール。松本白鸚（右）と駒田一（左）

駒田も万感の思いで舞台に立った。「白鸚さんとは挨拶以外、言葉のやり取りはしませんでした。言葉を交わすと、泣きそうになるから。公演中、今回の楽屋着が素敵だったので、『いいですね』と楽屋裏で言っていたら、公演後に送ってくださいました」

ラストで〈見果てぬ夢〉が歌われた。「♪夢は稔り難く 敵は数多なりとも 胸に悲しみを秘めて 我は勇みて行かん」。愚直に清々しく生きたドン・キホーテの姿が、俳優白鸚の半生に重なった瞬間だった。

（林尚之）

# 1970 昭和45年

## 好評を博した『風と共に去りぬ』が
## ミュージカル『スカーレット』として世界初演

11月、三島由紀夫が自衛隊・市ヶ谷駐屯地でクーデターを訴えるが失敗し、割腹自殺（享年45）。
大阪で日本万博が開催。国産初の人工衛星"おおすみ"の打ち上げに成功。過激派組織・赤軍派の学生が日航機"よど号"を乗っ取り北朝鮮へ亡命。
映画「激動の昭和史 軍閥」（監督＝堀川弘通）、「富士山頂」（監督＝村野鐵太郎）、「座頭市と用心棒」（監督＝岡本喜八）などがヒット。

### 1月2日～3月29日

《ミュージカル》
**スカーレット 風と共に去りぬ**
製＝菊田一夫　製協＝ジョー・レイトン　原＝マーガレット・ミッチェル　脚＝菊田一夫　演・振＝ジョー・レイトン　演協＝中村哮夫　振協＝タミー・モリナロ　詞・曲＝ハロルド・ローム　訳詞＝岩谷時子、福井峻（合唱舞踊）　場面音楽＝トルーディ・リットマン　装・照＝ディヴィット・ヘイズ　照明協力＝穴沢喜美男、氏伸介　装助＝宮田睦子　衣＝パットン・キャンベル　衣協＝真木小太郎　効＝本間明　編＝マイヤー・カッファーマン　編曲助手＝荒川康男、中谷勝昭、平野圭三　英語版台本＝ダン・ケニー　音指＝レイマン・エンゲル　映画製作＝円谷プロ　製担＝佐藤勉、古川清、藤野善臣　出＝レット・バトラー：北大路欣也、スカーレット・オハラ：神宮寺さくら、アシュレイ・ウィルクス：田宮二郎、メラニー・ハミルトン：倍賞千恵子、スエレン・オハラ：黒柳徹子、ジェラルド・オハラ：田島義文、ベル・ワトリング：加茂さくら、ハネー：木の実ナナ、チャールズ・ハミルトン：藤木孝、召使マミー：葦原邦子、召使プリシー：石崎恵美子、フランク・ケネディ：友竹正則、スチュアート・タールトン：飯野おさみ、ブレント・タールトン：沢木順、ピティパット叔母：堀絢子、ミード夫人：青木玲子、ミード博士：益田喜頓

▶『風と共に去りぬ』のミュージカル版。当初、舞台化にあたっては「ミュージカルにしてはいけない」という条項があった。しかし、故マーガレット・ミッチェルの代理人ミス・K・ブラウンは、日本版の成功を見て、ミュージカル化を許諾した。気鋭の演出家ジョー・レイトンら、海外から多数の一流スタッフが招聘された。英語版は昭和47（1972）年5月3日、ロンドン、ドルーリー・レーン劇場で初演され、1年間のロングランを記録。翌年、ロサンゼルス、サンフランシスコで上演。また、昭和51（1976）年、"アメリカ建国200年"を記念して、ダラス、カンザスシティ、アトランタと上演された。

### 4月3日～30日

《帝劇グランド・ロマン公演》
**風と雲と砦**
原＝井上靖　脚・演＝菊田一夫　演＝津村健二　美＝中嶋八郎　照＝穴沢喜美男　音＝斉藤一郎　陣＝林邦史朗　効＝依田征矢夫　製＝池野満、辰巳嘉則　出＝石坂浩二、酒井和歌子、中村吉十郎、横沢祐一、新井みよ子、内山恵二、山田芳夫、上月晃、高橋悦史、倍賞美津子、中村吉右衛門

▶織田・徳川の連合軍が3000丁の鉄砲で、戦国最強とうたわれた武田騎馬軍団を打ち破ったとされる長篠の合戦を背景に、名もない3人の若い武将と女性を主人公に据えた戦国ロマン。井上靖の小説の舞台化である。

### 5月4日～31日

《帝劇グランド・ロマン公演》**哀愁**
脚・演＝菊田一夫　作＝ロバート・E・シャーウッド　演＝平山一夫　装＝浜田右二郎　音＝入江薫　照＝穴沢喜美男　衣＝静間潮太郎　効＝本間明　振＝山路瑠美子　音指＝大谷義一　製＝大原由紀夫　製助＝安達隆夫　出＝那智わたる、山口崇、美吉佐久子、葦原邦子、水森亜土、児玉利和、浜木綿子、志村喬

▶ロバート・E・シャーウッドの「ウォータールー・ブリッジ（WATERLOO BRIDGE）」を原作に舞台化。昭和15（1940）年、マービン・ルロイ監督・製作、ヴィヴィアン・リー、ロバート・テイラー主演のアメリカ映画としても有名である。"すれ違い"のドラマは、菊田一夫の名作「君の名は」に相通じるものを感じる。

### 6月4日～29日

**樅の木は残った**
原＝山本周五郎　脚・演＝小幡欣治　美＝浜田右二郎　音＝斉藤一郎　邦＝杵屋花叟　照＝松浦光次郎　効＝本間明　陣＝久世竜　衣＝柳生悦子　演補＝小野操、菅野悦晴　製＝千谷道雄、菅野悦晴　出＝松本幸四郎、有馬稲子、林与一、波乃久里子、平田昭彦、中村又五郎、市川高麗蔵、中村吉十郎、坂東寿之助、松本高麗五郎、中村万之丞、中村芝鶴、市川中車、星由里子

▶本作が同年のNHK大河ドラマに選ばれたと知った菊田一夫が、一晩の芝居とテレビとどちらが感動を呼ぶか、という意気込みを込め取り組んだ作品。原田甲斐の役は松本幸四郎が務めた。

### 7月7日～8月27日

《東宝ミュージカル特別公演》
**マイ・フェア・レディ**
原＝バーナード・ショウ（『ピグマリオン』より）　脚・詞＝アラン・ジェイ・ラーナー　音＝フレデリック・ロウ　製・演＝菊田一夫　訳＝倉橋健　訳詞＝若谷和子、滝弘太郎、笠井継程　演＝広部貞夫、東郷静男　音監＝古関裕而、滝弘太郎　音指＝中村兼藤　振＝シュニー・パルミサーノ、関矢

『スカーレット』北大路欣也、神宮寺さくら、倍賞千恵子

『マイ・フェア・レディ』益田喜頓、宝田明、那智わたる

【 主な出来事 】
- 1月7日　榎本健一（俳優）没。『浅草交響楽』の劇中劇『最後の伝令』の演出が最後の仕事となった。享年65。
- 1月25日　円谷英二（監督）没。享年68。
- 2月4日　テレビドラマ「時間ですよ」（TBS系）放映開始。出＝森光子、大空眞弓、堺正章ほか。
- 3月2日　市川染五郎、ブロードウェイのマーチンベック劇場「ラ・マンチャの男」に主演初日。
- 9月4日　日生劇場での第1回東宝公演（東宝ミュージカル『ラ・マンチャの男ドン・キホーテの物語』）開幕（〜24日）。

[貸館] 1月21日・2月10日《西武百貨店》ファッション・ショー［昼1回公演］／1月29日・30日《鐘淵紡績（株）》カネボウ・ファッション・フェスティバル／4月6日《（株）ポーラ化粧品本舗》ポーラ歌謡ショー［昼1回公演］／4月7日《劇団四季》うかれヴァイオリン［昼1回公演］／

「初代中村吉右衛門十七回忌追善帝劇9月特別公演」『熊谷陣屋』中村吉右衛門

幸雄　装＝伊藤憙朔、真木小太郎　衣＝真木小太郎　照＝大庭三郎　効＝吉田貢、本間明　製担＝佐藤勉、柏原正一　出＝イライザ：那智わたる、ヒギンズ教授：宝田明、ピッカリング大佐：益田喜頓、ピアス夫人：浦島千歌子、ヒギンズ夫人：丹阿弥谷津子、トランシルバニア女王：打吹美砂、フレディ：沢木順、ハリィ：溝江博、ゾルタン・カーパシー：丸山博一、ホプキンス夫人：赤岡都、召使い：山吹まゆみ、アインスフォード・ヒル夫人：青木玲子、ジョージ：右下恭彦、ジェミイ：安宅忍、執事：秋山啓三、ドゥリトル：フランキー堺

▶本邦初のブロードウェイ・ミュージカルとして日本演劇史にその名を残す作品。日本初演は菊田一夫の製作・演出で昭和38（1963）年9月、東京宝塚劇場で行われた。江利チエミのイライザ、高島忠夫のヒギンズ教授。イグジット（追い出し）の音楽が終わっても観客の拍手が鳴りやまず、カーテンコールを繰り返したのも日本演劇史上初めてのこと。涙、涙のカーテンコールだった、と伝えられる。世界初演は、昭和31（1956）年3月15日、ブロードウェイのマーク・ヘリンジャー劇場。昭和37（1962）年9月29日まで、2712回を数えるロングラン公演だった。イライザ役は、当時、無名に等しかったジュリー・アンドリュースが務めた。今回は、那智わたるのイライザ、宝田明のヒギンズ教授を迎えて帝劇初登場。

### 9月1日～27日
**初代中村吉右衛門十七回忌追善帝劇9月特別公演**
〈昼の部〉**鬼平犯科帳**
原＝池波正太郎　脚・演＝榎本滋民　美＝中島八郎　照＝氏伸介　音＝山内正　陣＝林邦史朗　効＝本間明　演補＝菅野悦晴　製＝千谷道雄、辰巳嘉則　出＝長谷川平蔵：松本幸四郎、木村忠吾：中村吉右衛門、妻久栄：澤村訥升、お富：浜木綿子、岸井佐馬之助：中村又五郎、おふさ：山田五十鈴
［歌舞伎十八番の内］**勧進帳**
奏＝杵屋六左衛門　美＝釘町久磨次　出＝富樫：中村勘三郎、義経：中村吉右衛門、弁慶：松本幸四郎
〈夜の部〉**一谷嫩軍記　熊谷陣屋**
美＝釘町久磨次　演補＝小野操　浄瑠璃＝竹本米太夫　三味線＝鶴沢絃二郎　出＝熊谷次郎直実：中村吉右衛門、妻相模：澤村訥升、経盛御台藤の方：市川高麗蔵、梶原平次景高：中村十郎、九郎判官義経：中村又五郎、白豪弥陀六実は弥平兵衛宗清：市川中車
**初代中村吉右衛門十七回忌追善口上**
美＝朝倉攝　出＝中村勘三郎、中村吉右衛門、松本幸四郎、中村又五郎（司会）
**風流奴物語**
原＝山本周五郎「貧窮問答」より　脚・演＝菊田一夫　演＝津村健二　美＝織田音也　照＝穴沢喜美男　音＝古関裕而　邦＝杵屋花叟　効＝本間明　製＝千谷道雄、辰巳嘉則　出＝渡り中間又平：中村勘三郎、女中お松：森光子、本田孫兵衛：市川中車、芸者おしげ：山田五十鈴、内藤孝之進：松本幸四郎

▶中村吉右衛門が初代の当たり役である"熊谷直実"を初役で演じた。
❖初日特定狂言。午後2時より一回、1・熊谷陣屋、2・口上、3・勧進帳、4・風流奴物語。

### 10月2日～11月26日
**《長谷川一夫帝劇特別公演》**
**宮本武蔵**
原＝吉川英治　脚＝松山善三　演＝菊田一夫、前田昭　振＝西川鯉三郎、西川右近　音＝古関裕而　邦＝杵屋花叟　義＝野澤松之輔　琵琶＝鶴田錦史　美＝中嶋八郎　衣考＝高根宏浩　照＝小川昇　陣＝宮内昇平　効＝本間明　製＝山本紫朗　出＝長谷川一夫、那智わたる、草笛光子、宮城まり子、栗塚旭、林成年、宮口精二、藤木悠、浦島千歌子、長谷川稀世、中村芝鶴、浅尾奥山、柳永二郎、淡島千景（10月）、乙羽信子（11月）

▶長谷川一夫演ずる宮本武蔵。ストイックなイメージのある武蔵を等身大の人間としてとらえ、腕白で、純情で、色気に満ちた"長谷川武蔵"が誕生した。

### 12月1日～27日
**《帝劇年忘れ爆笑公演》**
**おお！　大忠臣蔵**
作・演＝花登筐　音＝小川寛興　装＝古賀宏一　衣＝真木小太郎　照＝穴沢喜美男　振＝花柳啓之、坂上道之助　陣＝加賀麟太郎　効＝本間明　製担＝佐藤勉　製助＝安達隆夫　出＝高島忠夫、水谷良重、ジュディ・オング、立原博、関敬六、大村崑、白木みのる、谷幹一、菊ひろ子、榎本美佐江、久慈あさみ、淀かほる、益田キートン、柳家金語楼（特別参加）

▶東西コメディのトップスターたちが集結。『忠臣蔵』は明治期から、しばしばパロディとして上演されている。曾我廼家五郎一座をはじめ、菊田一夫も帝劇ミュージカルス『お軽と勘平』に先駆け、榎本健一による菊田版忠臣蔵を提供。昭和5（1930）年、浅草玉木座における『阿呆疑士迷々伝』がそれである。

『おお！　大忠臣蔵』
大村崑、白木みのる、谷幹一、高島忠夫

---

## COLUMN

### 二代目中村吉右衛門を形作った帝国劇場

　歌舞伎界に確かな足跡を残した二代目中村吉右衛門の襲名披露は昭和41（1966）年に『帝国劇場開場披露歌舞伎公演』として催された。菊田一夫の誘いで八代目松本幸四郎（初代松本白鸚）は市川染五郎（二代目白鸚）と中村萬之助（二代目吉右衛門）の二人の子息と一門を率いて東宝入りしていた。
　だが帝劇は「花道は普通の劇場の一・五倍くらいの長さになる上、登り坂になってしまう」（千谷道雄著「幸四郎三国志」文藝春秋）など歌舞伎に適していたとは言えず、またスタッフにも戸惑いがあり、襲名狂言『金閣寺』では吉右衛門の此下東吉（豊臣秀吉）が用いる樋が通常なら軽く作られているはずが金属製で持ち上げるのに苦労した、という逸話が残る。
　それでも吉右衛門は『一谷嫩軍記』の熊谷直実を帝劇で初演し（『熊谷陣屋』『陣門・組打』）、当たり役とする端緒を作り、現代劇でも『濹東綺譚』の種田順平、『赤と黒』のジュリアン・ソレルなど大役で実力を発揮した。
　1970年代に入り、歌舞伎に専念するために東宝を離れたが、型に心情を盛り込み、役の内面に迫る演技の形成には東宝時代に培ったものも寄与した。知佐夫人は「すべての経験を糧に二代目吉右衛門が形作られたのではないでしょうか」と話している。
（小玉祥子）

『一谷嫩軍記』（1976年）熊谷次郎直実役

7月1日・2日《ゴルフダイジェスト社》ゴルフ・ショー／10月20・30日《貝谷バレエ団》ジゼル／12月31日 **第12回 輝く！日本レコード大賞**

# 昭和46年 1971

## 芸能生活25周年の美空ひばりが、帝劇初登場
## 山田五十鈴『淀どの日記』に豪華ゲストが集結

空前のボウリングブームが到来し、女子プロボーラーの人気が上昇。
ニクソン・ショック(ドル・ショック)が起き、対ドル切り上げにより、1ドルが360円から308円にと日本経済は打撃を受ける。
成田空港公団が第1次強制代執行に着手し、住民らとの闘争激化。7月に環境庁が発足。NHKが総合テレビ全放送をカラー化。
映画「ある愛の詩」(監督=アーサー・ヒラー)、「小さな恋のメロディ」(監督=ワリス・フセイン)、「傷だらけの人生」(監督=小沢茂弘)などがヒット。

### 1月2日～2月25日

**《帝劇グランド・ロマン 新春特別公演》戦国慕情**
作・演=菊田一夫　演=津村健二　音=斎藤一郎　美=中嶋八郎　照=穴沢喜美男　陣=林邦史郎　効=本間明　製=池野満、永野誠　出=市川染五郎、那智わたる、林与一、長門勇、波乃久里子、内藤洋子、宮城まり子、加東大介、北大路欣也
▶︎織田信長らが活躍する以前の下克上の時代が舞台。美濃の国・土岐頼芸に謀反を起こした斎藤道三を中心に巻き起こる戦国絵巻だ。劇中に『風と共に去りぬ』で有名になった名馬"第一ジュラク号"が再登場。

### 3月2日～28日

**《帝国劇場開場60周年記念》七世松本幸四郎二十三回忌追善3月大歌舞伎**

〈昼の部〉
**菅原伝授手習鑑　吉田社車引の場**
美=釘町久磨次　浄瑠璃=竹本君太夫　三味線=野澤重松　出=舎人松王丸：市川染五郎、舎人梅王丸：尾上辰之助、舎人桜丸：市川海老蔵、舎人杉王丸：神辺晃、左大臣菅原時平：中村芝鶴、鉄棒引：松本高麗五郎

**菅原伝授手習鑑　寺子屋の場**
出=松王丸：松本幸四郎、女房千代：中村雀右衛門、春藤玄蕃：中村吉十郎、よだれくり：中村雀中、園生の前：市川高麗蔵、源蔵女房戸浪：中村又五郎、武部源蔵：尾上松緑

**七世松本幸四郎二十三回忌追善口上**
美=松本幸四郎　出=一同

**椿三十郎**
原=山本周五郎「日日平安」黒澤明、小国英雄、菊島隆三シナリオより　脚・演=榎本滋民　美=中嶋八郎　音=冨田勲　照=氏伸介　効=本間明　陣=桜井美智夫　演補=臼杵吉春　出=菅田平野：尾上松緑、城代家老陸田精兵衛：松本幸四郎、その妻おの女：山田五十鈴、娘千鳥：長谷川稀世、井坂十郎太：中村吉右衛門、寺田文治：市川海老蔵、寺田乙三郎：中村芝雀、保川英之助：尾上辰之助、河原源内：大谷友右衛門、関口戌次郎：市川高麗蔵、次席家老黒須源太夫：中村芝鶴、大目付菊井六郎兵衛：中村又五郎、国許用人前林久之進：中村吉十郎、下目付：中村吉五郎、鳥埼仙蔵：松本錦吾

〈夜の部〉
**新・平家物語　盛遠と袈裟**
原=吉川英治　脚=津上忠　演=中村哮夫　美=織田音也　音=杵屋花叟　照=氏伸介　効=本間明　出=盛遠：松本幸四郎、袈裟：山田五十鈴、義清：尾上松緑、渡：中村又五郎、衣川：中村芝鶴、清盛：市川染五郎、武者：中村吉十郎、武者：中村万之丞、渡の家人：大谷友右衛門、渡の家人：松本錦吾、渡の下人：市川中蔵、渡の下女：中村幸雀、渡の下人：中村京霞、童子：中村芝雀

**三人盗賊**
作=鴨川清作　振・演=尾上松緑　美=古賀宏一　音=寺田瀧雄　照=氏伸介　効=本間明　指=伊沢一郎　出=鬼丸：中村吉右衛門、夜叉丸：市川海老蔵、天狗丸：尾上辰之助、姫：中村雀右衛門、大盗賊：尾上松緑

**助六曲輪江戸桜**
美=釘町久磨次　奏=唄囃子連中　出=花川戸助六実は曽我五郎：市川染五郎、髭の意休実は伊賀平内左衛門：市川中車、かんぺら門兵衛：松本幸四郎、朝顔千平：中村吉右衛門、福山のかつぎ富吉：尾上辰之助、白酒売実は曽我十郎：市川海老蔵、通人里暁：中村吉十郎、国侍利金太：市川高麗蔵、奴奈良平：中村吉五郎、遣り手お辰：市川福之助、母満江：中村又五郎、三浦屋白玉：大谷友右衛門、三浦屋揚巻：中村雀右衛門、口上：尾上松緑

❖七世松本幸四郎は、八代目幸四郎、二代目尾上松緑、十一代目市川團十郎の父、十代目市川海老蔵、六代目市川染五郎、二代目中村吉右衛門、初代尾上辰之助、七代目大谷友右衛門、七代目中村芝雀の祖父。

### 4月2日～29日

**《帝劇グランド・ロマン公演》花咲ける騎士道**
原=ルネ・ウェレ、ルネ・ファレ、アンリ・ジャクソン、クリスチャン・ジャック　脚・演=菊田一夫　演=中村哮夫　装=中嶋八郎　音=広瀬健次郎　照=浅沼貢　衣=静間潮太郎　効=本間明　陣=林邦史朗　振=坂上道之助　音指=中村兼藤　演補=山崎博史　製=大原由紀夫　製補=細川潤一　出=石坂浩二、那智わたる、浦島千歌子、園佳也子、三林京子、横沢祐一、塩沢とき、奥野匡、宍戸錠、曽我廼家明蝶、フランキー堺
▶︎騎士道華やかな中世フランス。ファンファン・ラ・チューリップが繰り広げる冒険活劇映画の舞台化。映画は昭和27(1952)年に製作され、ジェラール・フィリップが出演、クリスチャン・ジャックが監督し、カンヌ国際映画祭で監督賞を獲得。

### 5月3日～30日

**心中冲也ぶし**
原=山本周五郎「虚空遍歴より」　脚・演=菊田一夫　演=天野二郎　美=中嶋八郎　照=穴沢喜美男　音=冨田勲　邦=杵屋花叟　陣=桜井美智夫　効=本間明　音指=中村兼藤　邦楽演奏=常磐津菊三郎社中　製=佐藤勉、古川清　出=平幹二朗、中村玉緒、金田龍之介、中村万之丞、片岡孝夫、西尾恵美子、高木均、小山源喜、小鹿敦、水谷良重、三國連太郎
▶︎山本周五郎の長大な小説「虚空遍歴」が原作。主人公"中藤冲也"は浄瑠璃と心中する男、というコンセプトを立てて劇化。平幹二朗、中村玉緒、三國連太郎らの帝劇初出演作でもある。

### 6月4日～30日

**《帝劇グランド・ロマン特別公演》風林火山**
原=井上靖　脚・演=小幡欣治　美=中嶋八郎　音=増田勲　照=浅沼貢　効=本間明　陣=伊吹聰太

『ひばりのすべて』美空ひばり、真帆志ぶき

### 【主な出来事】
- 5月3日　全米でベトナム戦争即時停戦要求デモ。
- 6月17日　沖縄返還協定調印式。
- 6月20日　八代目市川中車没。享年74。
- 7月5日　美空ひばり帝劇の舞台に初登場。
- 11月3日　中村勘三郎、水谷八重子、文化功労者に。
- 12月1日　(株)東京會舘、東京會舘新本館竣工。営業開始(10日)。

『蒼き狼』市川染五郎

『淀どの日記』左／山田五十鈴　右／「醍醐の花見の場」ゲストによる手締め。林与一、仲代達矢、中村メイコ、石田博英衆議院議員、尾上松緑、水谷八重子、松本幸四郎、中村歌右衛門、島田正吾、山田五十鈴

郎　能楽指導＝観世栄夫　製＝小島亢、菅野悦晴　出＝山本勘助：中村吉右衛門、由布姫：大空眞弓、三條夫人：淀かほる、於琴姫：長谷川稀世、板垣信方：加東大介、良玄和尚：中村又五郎、一の宮あつ子、青山良彦、中村吉十郎、坂東寿之助、松本高麗五郎、中村万之丞、内山恵二、青木玲子、武田勝頼：中村勘九郎、武田晴信：市川染五郎

▶井上靖の同名小説の舞台化。甲斐・武田家の隆盛を名軍師・山本勘助を軸に描く。吉右衛門の勘助、染五郎の信玄、大空眞弓の由布姫でつづられる戦国物語。昭和44（1969）年には、三船敏郎主演、稲垣浩監督で映画化も。

### 7月5日〜31日
《美空ひばり帝劇特別公演
芸能生活25周年記念リサイタル》
**ひばりのすべて**
**雪の巻　ミュージカル**
**最冬の夜の夢**
製・修＝菊田一夫　作・演＝沢島忠　詩＝岡本育子　曲＝かとう哲也　音＝半間厳一　振＝浦辺日佐夫　衣＝真木小太郎　装＝古賀宏一　照＝有馬裕人　効＝本間明　製＝黒田耕司、永野誠
**月の巻　舞踊劇　恋のなよ竹**
製・修＝菊田一夫　按舞＝藤間勘五郎　脚＝伊藤寿朗　音＝杵屋花叟　振＝藤間勘紫寿、藤間暢夫　装＝古賀宏一　照＝有馬裕人　効＝本間明　製＝黒田耕司、永野誠
**花の巻　心の歌　ヒットパレード**
製・修＝菊田一夫　企・構＝加藤喜美枝　脚・演＝山本紫朗　音＝神津善行　指＝佐伯亮　振＝浦辺日佐夫　美＝小林雅夫　照＝有馬裕人　フラワーデザイン＝西原可代子　音効＝本間明　製＝黒田耕司、永野誠　出＝美空ひばり、かとう哲也、香山武彦、黒川弥太郎、香川良介、藤波洸子、梅沢昇、林啓二、大西睦美、林与一、伊志井寛、三鷹恵子（宝塚歌劇団）、真帆志ぶき（宝塚歌劇団）

▶高橋圭三がオープニングセレモニーに声の出演。雪の巻は、美空ひばりの相手役に真帆志ぶきが出演。月の巻は、相手役に林与一、伊志井寛、三鷹恵子ほか。ナレーションを森繁久彌が担当。花の巻には香山武彦、かとう哲也が出演し、姉弟3人のショーとなった。

### 8月5日〜30日
《帝劇グランド・ロマン特別公演》
**蒼き狼**
原＝井上靖　脚・演＝菊田一夫　演＝平山一夫　音＝古関裕而　装＝伊藤憙朔、織田音也　衣＝真木小太郎　照＝穴沢喜美男　振＝関矢幸雄　斗＝湯浅謙太郎　音効＝本間明　考＝木村肥佐生　音指＝中村兼藤　製担＝佐藤勉、古川清　出＝テムジン：市川染五郎、クラン：那智わたる、ボルテ：倍賞千恵子、ソルカンシラ：長門勇、ベルグタイ：長谷川哲夫、チンペ：小鹿敦、カサル：浜田東一郎、カダアン：三林京子、少年時代のテムジン：小倉一郎、チャナカ：須藤健、タルチュタイ老人：長島隆一、ジャムカ：細川俊之、トオリルカン：加藤武、ホエルン：三益愛子

▶井上靖の同名長編小説中、テムジン（チンギス・ハーン）の出生の秘密から万里の長城を越えて、全国に突入する瞬間までを劇化した。

### 9月2日〜27日
《山田五十鈴舞台生活35周年記念公演》**淀どの日記**
製＝菊田一夫　原＝井上靖　脚・演＝榎本滋民　装＝中嶋八郎　衣考＝織田音也　照＝穴沢喜美男　効＝秦和夫、本間明　音＝斎藤一郎　振＝西川鯉三郎　演補＝臼杵吉春　製担＝池野満、永野誠　出＝お市の方、茶々（淀君）：山田五十鈴、小督：司葉子（昼）、草笛光子（夜）、加賀ノ局：浦島千歌子、京極ノ局：神代錦、大蔵卿の局：一の宮あつ子、おやす：緋多景子、三条ノ局：三林京子、北ノ政所：春日野八千代、茶々妹・お初：市川翠扇、新間宗佑：長門勇、豊臣秀吉：宮口精二、豊臣秀頼：片岡孝夫、千姫：長谷川稀世、柴田勝家：片桐旦元：中村吉十郎、京極高次：平田昭彦、石田光成：林成年、蒲生氏郷：中村又五郎、徳川家康：小沢栄太郎

▶オールスターキャストでつづる大型歴史絵巻。のちに"五十鈴十種"に選定。初演は、昭和43（1968）年9月、明治座。昭和46（1971）年4月、大阪・新歌舞伎座で再演。山田の初舞台は昭和10（1935）年8月15日〜25日、『私のあなた』、『有罪無罪』で、会場は東京劇場。本公演では、劇中の「醍醐の花見の場」でゲストがお祝いに駆けつける場が挿入され、「それでは、淀どの」の台詞で本筋に戻る趣向であった。

### 10月2日〜11月28日
《長谷川一夫帝劇特別公演》
**源氏物語**
作・演＝北條秀司　演補＝前田昭　振＝西川鯉三郎、花柳芳次郎　美術装置＝林悌三　美術衣裳＝高根宏浩　音＝今藤長十郎、斎藤一郎　照＝松浦光次郎　陣＝宮内昌平　効＝辻享二、本間明　製＝山本紫朗　出＝長谷川一夫、春日野八千代、林成年、浅尾奥山、谷口完、江並隆、岡泰正、中村彰伸、柳永二郎、中村芝鶴、神代錦、梓真弓、長谷川稀世、星由里子、京マチ子

▶いつの世にも変わらぬ人の愛慾を「恐妻家・光源氏」を通してコミカルかつファンタジックに描く"長谷川ワールド"。

### 12月3日〜26日
**帝劇大歌舞伎**
**12月特別公演**
〈昼の部〉
**[歌舞伎十八番の内] 暫**
出＝鎌倉権五郎景政：市川染五郎、加茂次郎義綱：市川高麗蔵、家老宝木蔵人：坂東寿之助、成田五郎義秀：松本高麗五郎、田方運八：松本錦一改め松本孝太郎、小金丸行綱：神辺晃改め市川百々丸、那須九郎妹照葉：中村万之丞、鹿島入道震斎：中村又五郎、清原武衡：松本幸四郎（特別出演）

**仮名手本忠臣蔵**
**〈祇園一力茶屋の場〉**
義＝竹本米太夫、竹本君太夫　三味線＝鶴沢宗吉、豊沢重松　出＝大星由良之助：松本幸四郎、寺岡平右衛門：中村吉右衛門、鷺坂伴内：松本高麗五郎、斧九太夫：市川中蔵、千崎弥五郎：中村吉五郎、竹森喜多八：尾上菊十郎、矢間重太郎：松本錦一改め松本孝太郎、大星力也：神辺晃改め市川百々丸、お軽：尾上菊之助

**義経千本桜　吉野山**
三味線＝清元勝太郎、清元一寿郎、清元栄三郎、鶴沢絃次郎　竹本連中＝竹本米太夫、竹本君太夫　出＝佐藤忠信：中村吉右衛門、静御前：尾上菊之助、早見藤太：中村又五郎（特別出演）

〈夜の部〉
**修禅寺物語**
作＝岡本綺堂　出＝面作師夜叉王：松本幸四郎、姉娘桂：尾上菊之助、妹娘楓：松本幸雀、楓の婿春彦：市川高麗蔵、源左金吾頼家：市川染五郎

**[歌舞伎十八番の内] 勧進帳**
出＝(奏)＝杵屋花叟、杵屋小十郎　出＝富樫：中村吉右衛門、義経：尾上菊之助、弁慶：市川染五郎

**[秀山十種の内]**
**松浦の太鼓〔一幕三場〕**
出＝大高源吾：市川染五郎、宝井其角：中村又五郎、腰元お縫：中村吉之助、鵜飼左司馬：阪東寿之助、早瀬金吾：松本錦一改め松本孝太郎、松浦鎮信：中村吉右衛門　振＝藤間勘右衛門　演協＝岸井良衛　美＝釘町久磨次　照＝秦伸介　立師＝坂東八重之助、松本高麗五郎　製＝千谷道雄、菅野悦晴

# 昭和47年
## 1972

## 「日本美女絵巻」シリーズ始まる
## オリジナル・ミュージカル『歌麿』を上演

過激派による"あさま山荘事件"、イスラエル人選手が襲撃された"ミュンヘン・オリンピック事件"などテロが続発。
沖縄の施政権がアメリカから返還され沖縄県が復活する一方、戦争終結を知らずにいた元日本兵・横井庄一氏がグアム島から帰国。
映画「ゴッドファーザー」(監督=フランシス・F・コッポラ)、「座頭市御用旅」(監督=森一生)、「忍ぶ川」(監督=熊井啓)、「人生劇場」(監督=加藤泰)などがヒット。

### 1月2日～2月28日
#### 春の坂道 石雷の巻
#### 新しい地図の巻 日光偃武の巻
製=菊田一夫 原=山岡荘八 脚・演=小幡欣治 美=織田音也 照=穴沢喜美男 音=渡辺浦人 効=本間明 陣=林邦史朗 製担=池野満、山崎博史 出=柳生又右衛門宗矩：市川染五郎、鳥居新太郎忠正：松方弘樹、坂崎出羽守：緒形拳、おりん：司葉子、春桃御前：丹阿弥谷津子、烏丸順子、三田佳子、おさめ：中村メイコ、阿勝：安芸ひろみ、柳生石舟斎：宮口精二、島左近：中村又五郎、石田三成：内山恵二、弥さ：長門勇、沢庵：小鹿敦、七郎丸：岡村清五郎、徳川家康：加東大介
▶帝劇新春特別公演。家康以来、徳川三代に仕えた柳生宗矩の半生を劇化。

### 3月3日～27日
#### 《日本美女絵巻》
#### 浮かれ式部
作・演=榎本滋民 美=織田音也 照=穴沢喜美男 音=山内正 効=本間明 振=西川鯉三郎 演補=臼杵吉春 製=池野満 製補=細川潤一 出=和泉式部：山田五十鈴、清少納言：有馬稲子、紫式部：浜木綿子、藤原教道：平田昭彦、小式部内侍：甲にしき、赤染衛門：藤波洸子、五節：緋多景子、伊勢大輔：青木玲子、大江雅致：丸山博一、藤原保昌：山口勝美、中宮彰子：村田美佐子、草刈り童：椋：林与一、大江尼花：門田美恵子、藤原道長：中村又五郎、橘道貞：小山田宗徳、為尊・敦道

『浮かれ式部』左／山田五十鈴　右／尾上松緑、山田五十鈴

親王：尾上松緑
▶「日本美女絵巻」シリーズは、美しさほまれ高い日本女性を舞台で描き出していく榎本滋民作・演出の作品群。和泉式部を題材としたこの作品のタイトルに榎本は「様々な構想があったが、藤原道長が彼女をからかった言葉の『浮かれ女と呼ばれた式部』の心を持つ"浮かれ式部"とした。和泉式部があまりにこの世に知られていないのは、紫式部や清少納言に比べて、その奔放な生き様が、明治以降の旧制教育にそぐわなかったためであろう。彼女の一部に照明を当て、一千年近くも前に、虚無に沈潜しながら実在を強く希求し、その巨大な孤独感と華麗な美意識で恋愛を思想・芸術の域まで高めた女がいたということを伝えたい」とプログラムに記している。

### 4月6日～30日
#### 《帝劇グランド・ロマン公演》
#### 春の嵐 戊辰凌霜隊始末
作・演=小幡欣治 装=織田音也 照=穴沢喜美男 音=冨田勲 効=本間明 振=荒川和子 衣考=柳生悦子 陣=林邦史朗 製=大原由紀夫 製助=長谷山太刀夫 出=中村吉右衛門、南田洋子、倍賞千恵子、古城都、佐藤允、宮口精二、一の宮あつ子、宮城まり子、長門勇、加東大介
▶勤皇か佐幕か、この現実は美濃の小国・郡上藩にも押し寄せ、双方いずれになっても存続できる政策が求められた。去就に迷う藩は、朝廷に勤皇証書を差し出す一方、藩内選りすぐりの藩士を江戸城の警備に配置。こうして作られた少年藩士隊"凌霜隊"の秘話を舞台化。彼らの悲劇は、上野彰義隊、会津戦争、そして帰郷した後までも続く。

### 5月6日～6月30日
#### 《帝劇創立40周年記念公演
#### 東宝ミュージカル》歌麿
作・演=菊田一夫 演=中村哮夫 曲=いずみたく 編・オーケストレーション=南安雄 オーケストレーション=大柿隆 詩=藤田敏雄、山川啓介 振=関矢幸雄、西川右近 装=朝倉攝 衣=真木小太郎 照=穴沢喜美男 効=本間明 指=大谷義一 アニメーション作製=宝塚映画製作所、安井悦朗 製=佐藤勉、安達隆夫 出=市川染五郎、京マチ子、浜木綿子、水谷良重、益田喜頓、松橋登、南原美佐保、須賀不二男、小鹿敦、友竹正則、山吹まゆみ、大堀早苗、三林京子、沢木順、木島新一、フランキー堺
▶日本人の、日本人による、歌と踊り、満載のオリジナル・ミュージカルは菊田一夫の悲願だった。菊田一夫は「今、日本はミュージカルの時代が来た、と、言われております。(略)だがはたして日本に、本当のミュージカルの時代が到来したのでしょうか。ミュージカルの時代とは、我々自身で作るミュージカルが、我々日本人のお客様方によって圧

### 【 主な出来事 】
- 2月3日　札幌冬季オリンピック開幕(～13日)。
- 4月16日　ノーベル文学賞作家・川端康成自殺。享年72。
- 5月3日　『スカーレット』(菊田一夫脚本)の海外上演が実現し、ロンドンのロイヤル・ドルリー・レーン劇場にて原題名により開幕。
- 5月15日　沖縄県発足(沖縄の施政権返還)。
- 7月21日　テレビドラマ「太陽にほえろ!」(NTV系)放映開始。出=石原裕次郎　ほか。

[貸館] 2月2日・3日《鐘紡(株)》カネボウ・ファッション・フェスティバル／2月22日《日本ブライダルコンサルティング協会》ブライダル・フェスティバル・1972／3月30日・31日《フジテレビ》高峰三枝子リサイタル／4月2日《民音》パリ・オペラ座バレエ(水晶宮／火の鳥／春の祭典)／

『歌麿』上／市川染五郎、京マチ子
下／セット打合せ　菊田一夫、市川染五郎、フランキー堺、京マチ子、浜木綿子

倒的な支持を受ける時代のことでなくてはなりますまい。その意味からいえば、まだミュージカルの時代は、まだ来ていないのではありますまいか。『歌麿』は国産ミュージカル第一号でございます。これが、もし成功したら、第二号、第三号と、たゆまずに国産ミュージカルの進歩のための斗いを続けてまいるつもりでございます」とプログラムに寄稿。当時まだ、ミュージカルに対する観客層の薄さがうかがい知れる一文である。

### 7月4日～31日

《東宝創立40周年記念公演》
**美空ひばり帝劇7月特別公演**
**お夏清十郎**
製＝菊田一夫　作・演＝川口松太郎　演＝沢島忠　振＝藤間勘十郎　美＝浜田右二郎、金井俊一　音＝かとう哲也　邦＝杵屋花叟　振＝藤間大助　照＝有馬裕人　陣＝谷明憲　効＝辻功　製＝黒田耕司　出＝美空ひばり、林与一、かとう哲也、黒川彌太郎、中村芳子、星十郎、藤波洸子、一の宮あつ子、香川良介、江波隆、金田龍之助、乙羽信子

**歌は我が命**
製＝菊田一夫　企・構＝加藤喜美枝　演＝加藤和枝　脚＝池田春彦　補＝水谷幹夫　美＝小林雅夫　音＝半間厳一　振＝浦部日佐夫　衣デ＝神取安全　照＝有馬裕人　音効＝本間明　製＝黒田耕司　出＝美空ひばり、かとう哲也
▶『お夏清十郎』は、川口松太郎が美空ひばりのために、特に筆を執った脚本。初演は、昭和41（1966）年11月、明治座であった。

### 8月4日～29日

《喜劇》
**戦国迷々伝**
**秀吉と五右衛門をつくった男**
作・演＝花登筐　装＝織田音也　照＝穴沢喜美男　音＝小川寛興、杵屋花叟　効＝本間明　振＝花柳啓之　時考＝柳生悦子　製＝大原由紀夫、細川潤一　出＝仲願兵衛：フランキー堺、忍者針：倍賞美津子、志乃：安田道代、越軍三：天野新士、織田信長：東野孝彦、おね：門田美恵子、蘭丸：長谷川稀世、木下藤吉郎：長門勇、石川五右衛門：中村賀津雄
▶美濃の国の山中に仲願兵衛の忍法道場があった。願兵衛は、道場から生まれた藤吉郎と五右衛門を操ることで、戦国乱世に波乱を巻き起こす……。戦国のプロデューサー、あるいはフィクサーともいえる人物を描くフィクション喜劇。

### 9月4日～27日

《東宝創立40周年記念
帝劇9月特別公演》
**新・平家物語**
**第一部ちげぐさの巻**
**第二部常盤木の巻**
原＝吉川英治　脚・演＝菊田一夫　演＝平山一夫　美＝金井俊一郎　音＝冨田勲　照＝穴沢喜美男　衣考＝織田音也　効＝本間明　陣＝松本高麗五郎　製＝千谷道雄、菅野悦晴　出＝平忠盛：松本幸四郎、平清盛：市川染五郎、常盤御前：司葉子、時信：中村又五郎、鳥羽僧正、赤鼻伴ト：中村吉十郎、源義朝：安井昌二、時子：水谷良重、泰子：山田五十鈴
▶第一部『ちげぐさの巻』、第二部『常盤木の巻』の2部構成。平忠盛を幸四郎、清盛を染五郎、常盤御前を司葉子、忠盛の妻泰子に山田五十鈴。『新・平家物語』のうち、清盛と常盤御前の交流と別離までを中心にして舞台化された連続上演の第一部である。同年、NHK大河ドラマでも放映。

### 10月2日～11月28日

《東宝創立40周年記念》
**10・11月長谷川一夫帝劇
特別公演　海を渡る武士道**
**山田長政の恋**
作・演＝小幡欣二　振＝西川鯉三郎、河上五郎　美＝中嶋八郎　音＝斎藤一郎　照＝小川昇　衣デ＝小西松茂　陣＝宮内昌平　効＝本間明　製＝山本紫朗、前田昭　出＝長谷川一夫、那智わたる、宝田明、長門勇、林成年、浅尾奥山、谷口完、長谷川季子、古城都（10月）、草笛光子（11

「帝劇大歌舞伎12月特別公演」
『関の扉』坂東玉三郎、市川染五郎

月）、初風諄、有島一郎、柳永二郎
▶17世紀初め（江戸時代初期）、シャム（現・タイ）の傭兵隊長として知られる山田長政の恋と武士道を、長谷川一夫主演で描いた物語。製作にあたっては、タイ舞踊に造詣の深い振付師・河上五郎、エキゾチックな衣裳デザインの小西松茂のふたりを宝塚歌劇団から招聘。エキゾチックな南国の香り漂う豪華な舞台に仕上がった。

### 12月2日～25日

**帝劇大歌舞伎12月特別公演**
〈昼の部〉
**鬼一法眼三略巻　一条大蔵譚**
〔茶屋の場〕〔大蔵館奥殿の場〕
出＝竹本米太夫、豊沢猿若　美＝釘町久磨次　製＝千谷道雄、安達隆夫　出＝一条大蔵卿長成：市川染五郎、常盤御前：坂東干三郎、吉岡鬼次郎：中村吉右衛門、鬼次郎女房お京：中村万之亟、八剣勘解由：中村吉五郎、勘解由女房鳴瀬：中村吉之助、茶亭与一：坂東弥五郎

**[新古演劇十種の内] 土蜘**
作＝河竹黙阿弥　振＝花柳寿楽　奏＝杵屋花叟、中山小十郎　出＝比叡の僧智籌実ハ土蜘蛛の精：中村吉右衛門、源頼朝公：中村又五郎、侍女胡蝶：坂東玉三郎、平井左衛門尉保昌：市川染五郎、巫女榊：市川高麗蔵、藤内：坂東志うか

**冥途の飛脚　梅川忠兵衛　新口村**
振＝藤間勘十郎　奏＝清元志寿太夫、清元一寿郎、清元栄三郎　出＝槌屋梅川：坂東玉三郎、亀屋忠兵衛：中村吉右衛門、忠三郎かかあ：中村吉之助、勝木孫右衛門：守田勘弥

〈夜の部〉
**源平布引瀧　実盛物語**
〔九郎助住家〕
奏＝竹本米太夫、豊沢猿若　出＝斎藤一郎実盛：守田勘弥、小万：中村又五郎、葵御前：市川高麗蔵、瀬尾十郎兼氏：坂東孝太郎、女房小よし：坂東田門、近習：坂東志うか

**積恋雪関扉　関の扉**
振＝藤間藤子　奏＝常磐津千東勢太夫、常磐津菊三郎　出＝関兵衛実は大伴黒主：市川染五郎、小野小町姫、墨染桜の精：坂東玉三郎、良岑宗貞：中村吉右衛門

**天衣紛上野初花　河内山**
〔質店より松江候邸玄関まで〕
作＝河竹黙阿弥　出＝河内山宗俊：中村吉右衛門、上州屋後家まき：中村芝鶴、松江出雲守：市川染五郎、和泉屋清兵衛：中村吉十郎、腰元浪路：坂東志うか

6月5日　《鐘紡(株)》**カネボウ・ファッションショー**／6月12日　《芝崎事務所》**ピエール・カルダンきものショー**／10月31日～11月2日　《貝谷バレエ団》**ポギーとベス**／
12月31日　**第14回 輝く！日本レコード大賞**

# 昭和48年 1973

## 巨星堕つ！菊田一夫没
## 東宝は〝トニー賞国際特別賞〟を受賞

10月に第4次中東戦争が勃発。オイルショックが世界に広がり、経済に影響。日本でも店頭からトイレットペーパーが消え、買い漁りのパニック騒動が勃発。江崎玲於奈がノーベル物理学賞を受賞。
映画「ポセイドン・アドベンチャー」（監督＝ロナルド・ニーム）、「ゲッタウェイ」（監督＝サム・ペキンパー）、「燃えよドラゴン」（監督＝ロバート・クローズ）、「日本沈没」（監督＝森谷司郎、特技監督：中野昭慶）、「仁義なき戦い」（監督＝深作欣二）などがヒット。

### 1月2日〜2月27日
#### 新・平家物語
#### 絢爛豪華な源平物語

原＝吉川英治　脚・演＝菊田一夫　演＝平山一夫　美＝金井俊一郎　音＝斎藤一郎　照＝穴沢喜美男　衣考＝織田音也　効＝本間明　陣＝松本高麗五郎　映画撮影＝三井保　製＝千谷道雄、菅野悦晴　出＝源頼朝：市川染五郎、源義経：中村吉右衛門、建礼門院：司葉子、静御前：上月晃、政子：淀かほる、二位ノ尼：高橋とよ、市川高麗蔵、中村吉十郎、門田美恵子、新宮十郎行家：中村又五郎、北条時政：中村芝鶴、麻鳥・後白河法皇：加東大介

▶連続上演の第2弾。第一部『鎌倉殿の巻』、第二部『悲劇の巻』。菊田一夫は「頼朝が源氏を再興し、弟・義経の武力を利用して平家を追討……やがて二人をめぐる権力闘争の渦の中で兄弟愛に破綻をきたし、頼朝遂に義経を追うに至りますまでを此の篇では描いております」とプログラムに寄稿している。前年、同じ原作・題名のNHK大河ドラマが放映された題材を舞台化。

『新・平家物語』中村吉右衛門、市川染五郎

### 3月3日〜4月25日
#### 《日本美女絵巻》伊達小袖

作・演＝榎本滋民　美＝中嶋八郎　照＝穴沢喜美男　音＝堅田喜三久、芳賀稔　効＝本間明　陣＝林邦史朗　振＝花柳宗岳　演補＝臼杵吉春　製＝池野満、細川潤一　出＝勝山：山田五十鈴、市野：三田佳子、都：神代錦、采女：阿部洋子、山本芳順：宮口精二、一郎兵衛：中村吉十郎、三浦小次郎：中村又五郎、紅屋藤吉：林与一（3月）、中村富十郎（4月）、堀越重蔵：中村鴈右衛門

▶江戸初期、"勝山髷"のいわれで名高い、丹前風呂の湯女、のちに吉原の遊女となった"勝山"を描く。第一幕『よしや丹前』、第二幕『ゆかりの紫』、第三幕『花吹雪』の3幕構成。江戸時代初期は、女歌舞伎や若衆歌舞伎の廃止から、現在の歌舞伎の発生につながった時期でもあった。勝山は女歌舞伎好みの男装で売り出し、勝山髷や外八文字に卓抜の創意を見せた女として、初期の歌舞伎にも影響を与えた。丹前風呂の由来は神田雉子町、堀丹後守の屋敷前にあったことによる。

### 5月3日〜29日
#### 中村吉右衛門 若尾文子
#### 帝劇五月特別公演
#### 暗闇の丑松

作＝長谷川伸　補綴・演＝村上元三　装＝金井俊一郎　音＝杵屋花叟　照＝相馬清恒　効＝本間明　製＝小島亢、菅野悦晴　出＝中村吉右衛門、若尾文子、渡辺美佐子、金田龍之介、鈴木光枝、市川高麗蔵、緋多景子、徳大寺君枝、山田芳夫、中村吉十郎、中村又五郎

#### 《舞踏劇》鬼の少将夜長話

作・演＝北條秀司　振＝藤間勘右衛門　美＝山口蓬春　装＝古賀宏一　衣考＝高根宏浩　音＝今藤長十郎、野沢喜左衛門、杵屋花叟　作調＝藤舎呂船　立師＝坂東八重之助　照＝杉原卓二　効＝本間明　音監＝杵屋花叟　製＝小島亢、菅野悦晴　出＝中村吉右衛門、若尾文子、市川高麗蔵、中村万之亟、中村又五郎、中村芝鶴、松本幸四郎（特別出演）

▶人情劇の大作家である長谷川伸の書き下ろした『暗闇の丑松』は歌舞伎の名狂言でもある。初演は昭和9（1934）年6月、六代目尾上菊五郎により東京劇場において上演。脚本にあるように「27、8歳の苦み走った料理人」＝丑松（中村吉右衛門）とお米（若尾文子）の哀切漂う物語。『鬼の少将夜長話』は典麗優雅な踊り絵巻。

### 6月4日〜28日
#### 近松門左衛門二百五十年追善
#### 心中二枚絵草紙 恋の天満橋

作＝近松門左衛門　脚＝野口達二　演＝松浦竹夫　美＝織田音也　音＝山本丈晴　邦＝杵屋花叟　振＝西川左近　照＝篠木佐夫　効＝本間明　製＝佐藤勉、長谷山太刀夫　出＝中村扇雀、山本富士子、松山省二、長谷川稀世、中村松若、萬代峰子、沢村宗之助、緋多景子、北上彌太郎、南原美佐保、加東大介

#### 《舞踊》花

構・演＝西川鯉三郎　脚＝伊藤寿朗　音＝山本丈晴、杵屋花叟、芳賀稔　振＝西川左近、西川りてふ　美＝古賀宏一　照＝松浦光次郎　製＝佐藤勉、長谷山太刀夫　出＝中村扇雀、山本富士子、長谷川稀世、松山省二、加東大介

▶近松門左衛門は享保9（1724）年

『恋の天満橋』中村扇雀、山本富士子

### 【 主な出来事 】

- 1月2日　芸術座で東宝現代劇『女橋』上演。菊田一夫作・演出による最後の作品。
- 3月25日　ブロードウェイ・ミュージカル作品の上演によるアメリカ演劇の普及活動に対し、アメリカ以外では初となる"トニー賞国際特別賞"を東宝（株）が受賞。
- 4月4日　専務取締役菊田数男（菊田一夫）慶応病院にて没。享年65。没後、従四位に叙せられ、勲三等旭日中綬章を追贈（10日）。青山葬儀所にて東宝演劇葬（19日）。
- 8月25日　水谷八重子、舞台生活60年を記念し、"八重子十種"を選定。
- 10月　四代目尾上菊之助、七代目尾上菊五郎を襲名。
- 11月23日　早川雪洲（俳優）没。享年87。

トニー賞国際特別賞のカップを手にする
草笛光子、市川染五郎

11月22日（陽暦1725年1月6日）没。本年が近松250年忌にあたる。近松は、現実に起こった心中事件を脚色し、芝居に仕立てた。原作の『心中二枚絵草紙』は、お初、徳兵衛の『曽根崎心中』の3年後、世を騒がせた心中事件に材をとった人形芝居。この事件は『曽根崎心中』と同じ曽根崎新地の天満屋の遊女・おしまと長柄の庄屋の養子息子・市郎右衛門とが後世に願いを託し、同じ時間に別々の場所で命を絶ったもの。冒頭を『曽根崎心中』初日、道頓堀竹本座の場とし、姉妹編であることを強調。歌舞伎版『曽根崎心中』のお初は扇雀の当たり役であり、興味深い対比となった。『花』は牡丹、梅、あやめ、夕顔、秋草と四季の移ろいを花に託した舞踊集。

### 7月3日〜29日

《ミュージカル》王様と私

原＝マーガレット・ランドン作「アンナとシャム王」より　製・演＝菊田一夫　脚・詞＝オスカー・ハマースタインⅡ世　音＝リチャード・ロジャース　訳＝森岩雄、高田蓉子　訳詞＝岩谷時子　演＝中村哮夫　音監＝福井峻、滝弘太郎　振＝シュニー・パルミサーノ、石井カンナ　装＝渡辺正男　衣＝真木小太郎　照＝大庭三郎　効＝本間明　音指＝中村兼藤　製＝佐藤勉、酒井喜一郎　出＝王様：市川染五郎、アンナ：草笛光子、タプチム：由紀さおり、ルンタ：池田稔光、チュラロンコン王子：岡村清太郎、ルイス・レオノウェンズ：ウイリアム浩、総理大臣：加藤和夫、オルトン船長：溝江博、チャン夫人：淀かほる、ラムゼイ卿：益田喜頓

▶昭和48（1973）年3月25日、アメリカの演劇界の最高栄誉であるトニー賞にて、多年にわたるアメリカ・ミュージカル上演の業績に対し、トニー賞国際特別賞が東宝株式会社に授与された。授賞式には、松岡辰郎社長の代理として、雨宮恒之演劇担当常務が出席し、記念の銀のカップが手渡された。3月29日、栄光の銀のカップは、病床の菊田一夫の手に渡された。菊田は、しばし無言で眺め、「よかったね」と落涙した。本公演は、そのトニー賞国際特別賞受賞記念として上演。

### 8月3日〜27日

《ミュージカル》マイ・フェア・レディ

『マイ・フェア・レディ』上月晃

原＝バーナード・ショウ（『ピグマリオン』より）　製＝菊田一夫　演＝ジョン・デヴィッド　脚・詞＝アラン・ジェイ・ラーナー　音＝フレデリック・ロウ　訳＝倉橋健　訳詞＝若谷和子、滝弘太郎　演協＝中村哮夫　音監＝古関裕而、滝弘太郎　音指＝中村兼藤　振＝シュニー・パルミサーノ、関矢幸雄　装＝伊藤熹朔、真木小太郎　衣＝真木小太郎　照＝大庭三郎　効＝本間明　製＝佐藤勉、細川潤一　出＝ヒギンズ教授：平幹二朗、イライザ：上月晃、ドゥリトル：フランキー堺、ピアス夫人：浦島千歌子、ヒギンズ夫人：南美江、ゾルタン・カーパシー：友竹正則、フレデイ：池田稔光、トランシルバニア女王：青木玲子、ハリィ：溝江博、ホプキンス夫人：竹内幸子、ジョージ：丸山博一、アインスフォード・ヒル夫人：市川牡丹、ピッカリング大佐：益田喜頓

▶こちらもトニー賞国際特別賞受賞記念上演。菊田一夫とともに、ブロードウェイを視察に行ったフランキー堺がドゥリトルとして参加。ドゥリトルとは"Do Little"="怠け者"の意味合いを、『マイ・フェア・レディ』もロンドンの高級地"メイフェア"="Mayfair"の意味合いを持つとも言われている。

### 9月1日〜27日

国盗り物語　斎藤道三篇

原＝司馬遼太郎　脚・演＝小幡欣治　美・衣考＝織田音也　照＝穴沢喜美男　効＝本間明　陣＝湯浅謙太郎、松本高麗五郎　製＝小野操、千谷道雄、菅野悦晴　出＝斎藤道三：松本幸四郎、織田信長：市川染五郎、土岐頼芸：中村又五郎、揖斐五郎：市川高麗蔵、杉丸：林成年、日護上人：中村吉十郎、お富久ノ方：浦島千歌子、濃姫：三林京子、赤兵衛：加藤武、深芳野：司葉子、お万阿：淡島千景

▶原作を『斎藤道三篇』、翌年に『信長と光秀篇』とふたつにわけて連続上演する企画。司馬遼太郎から「小説は小説、芝居は芝居——別のものですから、あまり小説に拘泥せずにいい芝居を作ってください」とありがたく快諾いただいたという。脚本・演出の小幡欣治も「ぜひ自分の手で劇化したい」と奮起した。

### 10月1日〜28日

美空ひばり帝劇10月特別公演
八百屋お七　恋の緋鹿子

作・演＝沢島忠　作＝岡本育子　作舞＝西川鯉三郎　美＝浜田右二郎　音＝杵屋花叟　照＝有馬裕人　効＝本間明　陣＝谷明憲　製＝黒田耕司　出＝美空ひばり、香山武彦、黒川弥太郎、星十郎、藤波洸子、梅沢昇、江並隆、月村圭自子、桃山みつる、香川良介、花ノ本寿、嵐圭史、京塚昌子

歌は我が命

企構＝加藤喜美枝　演＝加藤和枝　脚＝池田春彦　演補＝水谷幹夫　美＝小林雅夫　音＝半間厳一、佐々永治　振＝浦辺日佐夫、村越保夫　照＝有馬裕人　音効＝本間明　奏（交互出演）＝ダン池田とニューブリード、見砂直照と東京キューバンボーイズ　製＝黒田耕司　出＝美空ひばり

▶美空ひばりは8月末よりアメリカ・ツアーを行った。8月25日、ロサンゼルス・フォーラムで、8月26日、8月29日、サンフランシスコ・カウパレスで催された。ラスベガスで『アンディ・ウィリアムズ・ショウ』を鑑賞した際、アンディ・ウィリアムズより客席の美空ひばりが紹介される。9月1日には、シアトル・オリンピックホテルで開催。

### 11月4日〜27日

夢は巴里か倫敦か
音二郎・貞奴物語

作＝安永貞利　演＝木村光一　美＝中島八郎　音＝林光　邦＝杵屋花叟　照＝浅沼貢　効＝本間明　陣＝湯浅謙太郎　ステージング＝花柳錦之輔　振＝中村又五郎　製＝津村健二、菅野悦晴　出＝音二郎：森繁久彌、大和田伸也、須賀不二男、芦屋雁之助、岡田眞澄、赤木春恵、中野良子、貞奴：山田五十鈴

▶新派の元祖と呼ばれるのが明治21（1888）年、大阪新町座で芝居を上演した角藤定憲なら新派の草創期"新演劇"の基盤を確立したのが、川上音二郎といえよう。明治41（1908）年9月、貞奴を所長として、"帝国女優養成所"を開く。これがのちに、帝劇の附属施設として併合され、森律子、村田嘉久子、初瀬浪子などを世に送り出す。本作は、演劇界の"鬼才"と呼ばれた木村光一（文学座）の演出。

### 12月1日〜25日

（12月13日より昼夜演目入れ替え）
帝劇大歌舞伎12月特別公演
〈昼の部〉
[歌舞伎十八番の内] 高時

作＝河竹黙阿弥　美＝釘町久磨次　奏＝大薩摩：皆川健、皆川鉄芳郎　奏＝竹本米太夫、竹本綾太夫、鶴沢清好、野沢市造　出＝北条相模入道高時：中村吉右衛門、衣笠：澤村訥升、大仏陸奥守貞直：市川高麗蔵、長崎次郎高貞：松本高麗五郎、秋田城之助入道延名：中村又五郎

[歌舞伎十八番の内] 勧進帳

美＝釘町久磨次　出＝（奏）＝杵屋花叟、中山小十郎、杵屋五三雄、梅屋一左衛門　出＝富樫：中村吉右衛門、義経：中村扇雀、弁慶：市川染五郎

芦屋道満大内鑑
〔安倍保名内機屋の場〕〔同奥座敷の場〕〔信太の森道行の場〕

補綴＝戸部銀作　振＝藤間勘寿朗　美＝大塚克三　出＝（奏）＝豊竹和佐太夫、竹本君太夫、竹本綾太夫、鶴沢扇糸、鶴沢清好、野沢重松、野沢市造　出＝葛の葉姫・葛の葉狐：中村扇雀、棚：中村万之丞、保名：中村又五郎

〈夜の部〉
國性爺合戦
〔二幕（千里が竹より甘輝館まで）〕

作＝近松門左衛門　補綴＝千谷道雄　美＝釘町久磨次　奏　甘輝館まで＝豊竹和佐太夫、野澤重松　奏　甘輝館＝竹本米太夫、野沢重松　出＝和藤内：市川染五郎、渚：中村芝鶴、錦祥女：中村扇雀、甘輝：中村吉右衛門

[歌舞伎十八番の内] 紅葉狩

振＝藤間勘十郎　美＝釘町久磨次　奏＝常磐津千東勢太夫、常磐津菊三郎、竹本君太夫、竹本峰太夫、鶴沢扇糸、野沢市造、杵屋花叟、中山小十郎、杵屋五三雄　出＝余吾将軍平維茂：市川染五郎、局望月：中村万之丞、山神：中村又五郎、更科姫実ハ戸隠山の鬼女：中村扇雀

雪暮夜入谷畦道
〔そば屋より入谷の寮まで〕

美＝釘町久磨次　出（奏）＝清元志寿太夫、清元栄三郎　出＝片岡直次郎：中村吉右衛門、按摩丈賀：中村又五郎、暗闇の丑松：市川高麗蔵、そば屋の亭主仁八：中村吉十郎、三千蔵：澤村訥弁、千代春：中村万之丞

▶染五郎、吉右衛門が中心となり、古典修練の場として結成された"木の芽会"で、毎年自主公演を継続。ついに大劇場での公演に発展、澤村訥升、中村扇雀を迎えた豪華顔合わせが実現した。

# 昭和49年

## 菊田一夫を偲び〝菊田一夫演劇祭〟開催
## 映画界の巨匠・稲垣浩を迎え『勝海舟』舞台化

1月、電力節約のため民法テレビ各社が深夜放送中止し、NHKは23時で放送を終了。8月、過激派による企業爆破テロが連続。原子力船"むつ"の放射能漏れ事故が発生。佐藤栄作前首相のノーベル平和賞受賞が決定。長嶋茂雄が現役を引退し、巨人軍監督に就任。12月、田中角栄首相が辞任。映画「大地震」(監督=マーク・ロブスン)、「エマニエル夫人」(監督=ジュスト・ジャカン)、「華麗なる一族」(監督=山本薩夫)などがヒット。

### 1月2日〜2月27日
**国盗り物語 信長と光秀**

原=司馬遼太郎 脚・演=小幡欣治 美・衣考=織田音也 音=斉藤一郎 照=穴沢喜美男 効=本間明 陣=湯浅謙太郎 振=観世栄夫 製=千谷道雄、菅野悦晴 出=信長:市川染五郎、光秀:中村吉右衛門、秀吉:佐藤允、足利義昭:小池朝雄、中村芝鶴、中村又五郎、市川高麗蔵、中村吉十郎、藤波洸子、伊藤亨治、内山恵二、お槇:藤村志保、濃姫:司葉子(1月)、波乃久里子(2月)

▶昭和48(1973)年9月上演の『斎藤道三篇』に続く完結編。ともに道三の影響を受けた信長と光秀、ふたりの武将の顛末をつづる。

『国盗り物語』中村吉右衛門、市川染五郎、佐藤允

### 3月3日〜31日
**《日本美女絵巻演》**
**静御前 上之巻 いつの世にかは 中之巻 みねの白雪 下之巻 昔を今に**

作・演=榎本滋民 美=織田音也 照=穴沢喜美男、氏伸介 作調=堅田喜佐久 効=本間明 振=中村又五郎 陣=藤森達雄 演補=臼杵吉春 製=池野満、細川潤一 ナ=高橋博 出=静御前:山田五十鈴、義経:平田昭彦、弁慶:瑳川哲朗、旅僧ण弁:畠山重忠:中村又五郎、堀藤次親家:中村吉十郎、白拍子菊藻:梓真弓、白拍子小手毬:小柳久子、蕨御前:丹阿弥谷津子、卿御前:香川桂子、磯ノ禅師:萬代峰子、北条政子:神代錦、佐藤忠信:大山克己、源頼朝:高橋幸治

▶「日本美女絵巻」シリーズの第3作。人間・静御前の生きざまを3部構成で描く。榎本滋民は「一途な信頼の美しさ、無償の愛の尊さを強調したい」と語っている。

### 4月5日〜5月28日
**《菊田一夫演劇祭 帝劇グランド・ロマン》風と共に去りぬ**

原=マーガレット・ミッチェル 脚=菊田一夫 演=中村哮夫 美=伊藤熹朔、中島八郎 音=古関裕而 衣=パットン・キャンベル、真木小太郎 照=穴沢喜美男 振=坂上道之助 音指=大谷義一 効=本間明 特殊技術監督=円谷英二、的場徹 製=佐藤勉、長谷山太刀夫 出=レット・バトラー:宝田明、スカーレット・オハラ:上月晃、アシュレイ・ウィルクス:横内正、メラニー・ハミルトン:淀かおる、ジェラルド・オハラ:三國連太郎、エレン・オハラ:川口敦子、ベル・ワトリング:真木洋子、召使マミー:葦原邦子、召使プリシー:宮城まり子、ピティパット叔母:新井みよ子、ミード夫人:東郷晴子、ミード博士:益田喜頓

▶菊田一夫の一周忌にあたる4月公演はその業績を偲び、帝劇、東京宝塚劇場、芸術座、新宿コマ劇場にて"菊田一夫演劇祭"と銘打って行われた。帝劇では『風と共に去りぬ 第1部』を上演。

### 6月4日〜28日
**《帝劇新歌舞伎特別公演》花の御所始末**

作・演=宇野信夫 演補=平山一夫 美=守屋多々志 照=杉原卓二 音=芝祐靖、川瀬白秋 製=池野満、小島亢 出=足利義教:市川染五郎、妹入江:三田佳子、土御門有世:中村芝鶴、足利吉満:花柳喜章、正室廉子:明石照子、足利義嗣:中村万之丞、道淵僧主:中村吉十郎、北野の方:丹阿弥谷津子、安積行秀:中村又五郎、畠山満家:松本幸四郎

▶"悪将軍"の異名をとった室町幕府・第六代将軍足利義教が主人公。権勢欲のために悪事を重ねて、権力の座につくや専横を極め、因果応報の末、死に追いやられる。染五郎が悪役として演じた。

### 7月5日〜31日
**美空ひばり帝劇7月特別公演 鏡山競艶録 お初絵巻**

作・演=沢島忠 作=岡本育子 美=浜田右二郎 音=いずみ進 邦=杵屋花叟 照=有馬裕人 効=三原浩 陣=谷明憲 製=黒田耕司 出=美空ひばり、香山武彦、黒川彌太郎、香川良介、星十郎、梅沢昇、江波隆、旭輝子、桃山みつる、月村圭井子、中村芳子、藤波洸子、西尾恵美子、嵐芳夫、進藤英太郎、谷剣友会

▶浄瑠璃『鏡山競艶録』をベースに、忠義の御殿女中"お初"を新しい視点でとらえた意欲作。幸せを求めて生きるひとりの女の清廉な物語として舞台化。

**歌は我が命**

企構=加藤喜美枝 演=加藤和枝 脚=池田春彦 演補=水谷幹夫 美=小林雅夫 音=半間厳一 振=村越保彦、矢倉鶴雄 照=有馬裕人 衣=神取宏全 音効=本間明 製=黒田耕司 奏(交互出演)=小野満とスイング・ビーバーズ、ダン池田とニューブリード 出=美空ひばり

### 8月4日〜28日
**パノラマ島奇譚 夢の国・虹の島**

江戸川乱歩原作より 案=菊田一夫 改訂・演=井上梅次 脚本協力=安永貞利、山下修平、貴島研二、岡田教和 装=中嶋八郎 照=浅沼貢 衣=堀井康明 音=小川寛興、半間厳一、岩代浩一 振=清水秀男 効=本間明 水中バレエシーン・特撮提供=(株)よみうりランド、(株)スペイス・エイジ 踊り=近藤玲子バレエ団

### 【 主な出来事 】

- 1月2日　東京宝塚劇場、開場40周年。記念公演『東宝歌舞伎』を上演(〜2月5日)。
- 4月1日　東宝現代劇附属研究所設立。
- 4月　"菊田一夫演劇祭"特別公演、各劇場で始まる。
- 8月29日　宝塚歌劇『ベルサイユのばら』(演出=長谷川一夫)宝塚大劇場で初演(〜9月26日)。
- 11月2日　宝塚歌劇『ベルサイユのばら』東京宝塚劇場公演開始。以後、各公演とも歌劇団史上最高の大ヒット(〜27日)。
- 11月3日　山田五十鈴主演『浮世節 立花家橘之助 たぬき』芸術座にて初演(〜12月27日)。のちに芸術祭演劇部門大賞を受賞(昭和50年1月17日)。
- 12月31日　田中良(舞台美術家)没。享年90。

（振＝近藤玲子）　ショウ構成＝原田博行　奏＝沖裕士とハードメンオーケストラ　製＝佐藤勉、長谷山太刀夫　出＝水前寺清子、宝田明、磯村みどり、重山規子、川口恒、佐々木功、南美江、益田喜頓、フランキー堺

▶昭和32（1957）年、東京宝塚劇場で上演された江戸川乱歩原作、菊田一夫脚色・演出の『パノラマ島奇譚』のリメイク。第二幕の17場は水前寺清子ショーで、益田喜頓も出演し、歌を披露。

### 9月1日～29日
### 勝海舟　怒濤飛翔篇
原＝子母沢寛　脚＝中江良夫　演＝稲垣浩　美＝浜田右二郎　照＝吉井澄雄　音＝岩代浩一　効＝本間明　陣＝安川勝人　蘭語指導＝ランベール・ファン・ベールス　製＝津村健二、酒井喜一郎　出＝勝海舟：市川染五郎、井上孝雄、内田朝雄、加藤和夫、佐山俊二、頭師佳孝、財津一郎、内山恵二、赤岡都、小鹿ミキ、林美智子、水谷良重

▶映画界の巨匠・稲垣浩の演出。長崎の海軍伝習所を出て、築地の軍艦操練所教授方頭取を経て、咸臨丸でサンフランシスコに渡るまでの勝麟太郎（勝海舟）の青春を描く。

### 10月3日～27日
### にっぽんサーカス物語
### 道化師の唄
作・演＝小幡欣治　美＝中嶋八郎　音＝いずみたく　照＝氏伸介　効＝本間明　製＝大原由紀夫、長谷山太刀夫　出＝森繁久彌、上月晃、浜畑賢吉、今陽子、十勝花子、峯京子、青木玲子、伊藤亨治、村田美佐子、三上真一郎、内山恵二、安部徹、あがた森魚、山田五十鈴

『勝海舟』市川染五郎

▶作・演出の小幡欣治が、サーカス芸人たちを丹念に取材して舞台化。昭和の初期から、戦争へ向かう時代の日本。流転のサーカス団を通して、庶民の苦楽哀感を描く。

『道化師の唄』森繁久彌、上月晃

### 11月3日～28日
### 美空ひばり
### 帝劇11月特別公演
### 江島
原＝川口松太郎　脚・演＝沢島忠

脚＝岡本育子　美＝浜田右二郎　音＝いずみ進　振＝藤間勘五郎　照＝有馬裕人　効＝三原浩　陣＝谷明憲　製＝黒田耕司　出＝美空ひばり、香山武彦、黒川彌太郎、香川良介、星十郎、梅沢昇、河上健太郎、藤波洸子、桃лみつる、月村圭井子、坂東好太郎、一の宮あつ子、里見浩太朗

### 歌は我が命
企構＝加藤喜美枝　演＝加藤和枝　脚＝池田春彦　演補＝水谷幹夫　美＝小林雅夫　音＝青木望、佐々永治、成田由多可　邦＝杵屋花叟　振＝藤間勘五郎、藤間暢夫、村越保彦、矢倉鶴雄　陣＝谷明憲　照＝有馬裕人　衣＝堀井康明　効＝三原浩　音効＝本間明　製＝黒田耕司　出＝美空ひばり、日劇ダンシングチーム、新宿コマ・ミュージカルチーム

▶この年の〈歌は我が命〉は、ステージ上でバンドを使わない新趣向の演出で歌を披露。最後は、第1回広島平和音楽祭参加曲〈一本の鉛筆〉（作詞：松山善三、作曲：佐藤勝）が歌いあげられ、会場の涙を誘った。

### 12月2日～25日
### 帝劇大歌舞伎12月特別公演
〈昼の部〉
### 艶容女舞衣〔酒屋〕
奏＝竹本近衛太夫、鶴沢清好　出＝茜屋半七：市川染五郎、半七女房お園：中村又五郎、お園の父 宗岸：助高屋小伝次、茜屋半兵衛：中村吉十郎、半兵衛女房 お幸：中村万之丞、半七娘 お通：的場栄利子、美濃屋三勝：大谷友右衛門

### 御存知　鈴ヶ森
出＝幡随院長兵衛：中村吉右衛門、白井権八：大谷友右衛門

### 辨天娘女男白浪
〔浜松屋より稲瀬川勢揃まで〕

出＝弁天小僧菊之助：市川染五郎、南郷力丸：中村吉右衛門、忠信利平：市川高麗蔵、赤星十三郎：中村雀右衛門、浜松屋幸兵衛：中村吉十郎、浜松屋倅宗之助：松本錦吾、鳶頭清次：中村又五郎、日本駄右衛門：松本幸四郎

### 京鹿子娘道成寺
振＝藤間勘十郎　出（奏）＝杵屋花叟、中山小十郎、望月長佐久　社中＝竹本近衛太夫、竹本常太夫、竹本和喜太夫　三味線＝鶴沢清好、野沢市造、竹沢弥造、豊沢宗三郎　出＝花子：中村雀右衛門、静念坊：大谷友右衛門、安念坊：中村万之丞、照中村吉之助：智念坊：松本錦吾

〈夜の部〉
### 堀部弥兵衛
作・演＝宇野信夫　演補＝平山一夫　美＝長瀬直諒　照＝小木直樹　効＝本間明　出＝堀部弥兵衛：松本幸四郎、中山安兵衛：市川染五郎、女房たね：中村又五郎、丈念：助高屋小伝次、娘さち：大谷友右衛門、寺坂吉右衛門：市川高麗蔵、菅野六郎左衛門：松本高麗五郎、半田判右衛門：中村万之丞

「帝劇大歌舞伎12月特別公演」『堀部弥兵衛』松本幸四郎、市川染五郎

### 其面影二人椀久
振＝藤間藤子　美＝守屋多々志　出（奏）＝杵屋花叟、松永鉄芳郎改め杵屋五叟、望月長佐叟　出＝椀屋九兵衛：市川染五郎、傾城松山：中村雀右衛門、傾城：大谷友右衛門、傾城：中村吉之助

### 与話情浮名横櫛〔源氏店〕
出＝向疵の与三郎：中村吉右衛門、お富：中村雀右衛門、蝙蝠の安五郎：市川八百蔵、和泉屋の番頭多左衛門：松本幸四郎

▶高麗屋、播磨屋一門総出演に、京屋（雀右衛門）の顔合わせが注目された。先代吉右衛門の当たり役『鈴ヶ森』の幡随院長兵衛を二代目中村吉右衛門が初役で演じた。

「帝劇大歌舞伎12月特別公演」『辨天娘女男白浪』中村吉右衛門、中村雀右衛門、市川高麗蔵、市川染五郎、松本幸四郎

12月31日　第16回　輝く！日本レコード大賞

# 昭和50年 1975

## 旧帝劇で話題となった『真夏の夜の夢』を アレンジし、現代によみがえらせ上演

4月末、サイゴンが陥落し、ベトナム戦争に終止符が打たれた。昭和天皇皇后両陛下がアメリカを訪問。
日本赤軍がクアラルンプールのアメリカ、スウェーデン両大使館を占拠し、過激派7人の釈放を要求。日本政府は5人を釈放。
映画「タワーリング・インフェルノ」(監督=ジョン・ギラーミン)、「JAWS ジョーズ」(監督=スティーヴン・スピルバーグ)、「絶唱」(監督=西河克己)などがヒット。

『ビルマの竪琴』市川染五郎

『ザ・サウンド・オブ・ミュージック』淀かおると子供たち

### 1月2日~2月28日
**勝海舟 激動開国篇**

原=子母沢寛 脚・演=津上忠 演=稲垣浩 美=浜田右二郎 照=吉井澄雄 音=岩代浩一 効=本間明 陣=安川勝人 振=藤間勘紫乃 製=津村健二、酒井喜一郎 出=勝安房守:市川染五郎、藤村志保、山口果林(1月)、音無美紀子(2月)、岩井友美、江崎英子(1月)、進千賀子(2月)、中村公三郎、西岡徳美、頭師孝雄、井上孝雄、神山繁、中村又五郎、西郷吉之助:中村富十郎(1月特別参加)、松本幸四郎(2月特別参加)

▶大政奉還から江戸無血開城までの激動期に生き、日本の未来のため粉骨砕身の働きをした勝海舟の後半生を描く。

### 3月5日~30日
**《日本美女絵巻》お市の方**

作・演=榎本滋民 美=織田音也 照=浅沼貢 音=堅田喜佐久、富崎富美代 効=本間明 振=中村又五郎 陣=湯浅謙太郎 ナ=高橋博 製=大原由紀夫、細川潤一 出=お市の方(信長の妹・浅井長政、柴田勝家の妻):山田五十鈴、小村小四郎(信長の近習):片岡孝夫、おいぬ(お市の姉):丹阿弥谷津子、おねね(のちの北の政所):神代錦、お茶々(のちの淀君):紀比呂子、おふく(お茶々の乳母のちの大蔵卿国):香川桂子、浅井久政:中村吉十郎、佐久間盛政:島田順司、木下藤吉郎:日下武史、柴田勝家:田中明夫、織田信長:中村又五郎、浅井長政:田村高廣

▶昭和49(1974)年、山田五十鈴は『浮世節 立花家橘之助 たぬき』(芸術座)で文化庁芸術祭賞演劇部門大賞、毎日芸術賞を受賞。榎本滋民は、「日本美女絵巻」シリーズごとにイメージの色を決めている。和泉式部は朱色、丹前勝山は紫色、静御前は純白、今回のお市は緑色。戦国の世を女として強く生き抜いた浅井長政"柴田勝家の妻、のちの淀君(茶々)の母となった、三国一の美女"お市の方の生涯を描く。

### 4月3日~28日
**《菊田一夫演劇祭》ビルマの竪琴**

原=竹山道雄 脚・演=菊田一夫 演=津村健二 美=河野国夫、岡田道哉 照=小川昇 音=古関裕而 振=榊原帰逸 効=本間明 製=池野満、大原由紀夫 出=市川染五郎、岡federation友紀、千石規子、城所守、三上春樹、小林誠、頭師佳孝、東屋源喜、小鹿番、内田朝雄、芦田伸介

▶菊田一夫は、生前の昭和33(1958)年に新宿コマ劇場で新国劇公演『ビルマの竪琴』を脚本・演出で上演したが、この作品を「ぜひ染五郎主演で、帝劇で上演したい」と熱望していた。今回、"菊田一夫演劇祭"として実現。

### 5月4日~30日
**《喜劇》鶴亀屋二代**

脚=平岩弓枝 演=津村健二 装=中嶋八郎 音=小川寛興 照=浅沼貢 衣=堀井康章 効=本間明 振=西川右近、坂上道之助 製=佐藤勉、細川潤一 出=森繁久彌、京塚昌子、山岡久乃、田武謙三、益田喜頓、和泉雅子、堺正章

▶東京本郷・旅館"鶴亀屋"の主と二代目候補の養子をめぐる悲喜こもごものホームコメディ。さまざまな個性を持った人物が登場する和製"グランド・ホテル形式"の舞台である。

### 6月3日~30日
**剣客商売**

作・演=池波正太郎 演補=佐藤浩史 美=中嶋八郎 照=氏伸介 音=いずみたく 効=本間明 舞台効果=渡部和郎 特殊効果=丸山弘 陣=宮本曠二朗 製=辰巳嘉則 出=秋山大治郎:加藤剛、伊東正江:藤村志保、おはる:真木洋子、伊藤三弥:志垣太郎、伊東彦太夫:郡司良、柿本源七郎:宮本曠次朗、嶋岡礼蔵:清水彰、佐々木三冬:香川桂子、秋山小兵衛:中村又五郎、田沼意次、伊藤郁太郎:辰巳柳太郎

▶「小説新潮」連載中の自身の小説を池波正太郎が脚色・演出して舞台化。主人公の老剣客・秋山小兵衛と息子大治郎の活躍を描く。秋山小兵衛役は中村又五郎が演じたが、池波正太郎は、そもそも又五郎をイメージして小説を書いた、と言われている。

### 【 主な出来事 】

- 1月16日 八代目坂東三津五郎急死。享年68。
- 2月4日 日生劇場にて森繁久彌主演『屋根の上のヴァイオリン弾き』を再演。翌年には地方公演も大成功。
- 3月28日 十四代目守田勘弥没。享年68。
- 4月4日 故・菊田一夫(菊田数男専務)の3回忌を記念し、商業演劇発展のため"菊田一夫演劇賞"を制定。
  主要規約は以下の通り。
  一.対象は大衆演劇の舞台で優れた業績を示した芸術家(作家、演出家、俳優、舞台美術家、振付、効果、照明、その他のスタッフ)。一.期間は毎年一月一日より、十二月三十一日までとし、翌年の四月四日に発表。一.賞は、菊田一夫演劇賞壱名、新人賞弐名、特別賞を授与することもあり得る。一.賞は正賞を記念品とし、副賞として賞金を授与する。演劇賞五拾万円、新人賞弐拾五万円。四月四日に発表と同時に授賞式を行う。
- 11月3日 森繁久彌、紫綬褒章を受章。

[貸館] 1月31日・2月1日《鐘紡(株)》カネボウ・ファッション・フェスティバル/ 5月6日 高英男リサイタル/ 5月12日《花弦会》琴と舞 日本のしらべ/

## 7月5日～30日

### 《ミュージカル》
### ザ・サウンド・オブ・ミュージック

音＝リチャード・ロジャース　詞＝オスカー・ハマースタインⅡ世　脚＝ハワード・リンゼイ、ラッセル・クラウス　演＝広部貞夫　訳＝竹内寿美子　訳詞＝滝弘太郎　音監＝南安雄　振＝山田卓　装＝高橋秀雄　衣＝真木小太郎　照＝浅沼貢　音響監督＝依田征矢夫　製＝池野満、小島尭　出＝マリア：淀かおる、トラップ大佐：瑳川哲朗、リーズル：岡ъ友紀、エルザ：沢たまき、尼僧院長：城君子、シュミット夫人：中町由子、ロルフ：藤島新、シスター・ソフィア：高野美代子、シスター・ベルテ：山吹まゆみ、シスター・マルガレッタ：荒井洸子、ヘル・ツェラー：草薙幸二郎、執事・フランツ：西田昭市、エルバーフェルト男爵：樋口輝剛、フォン・シュライバー提督：平田昭彦、マックス：小池朝雄、二期会合唱団

▶昭和40（1965）年、芸術座での日本初演以来の再演。世界初演は昭和34（1959）年、メリー・マーチンのマリアで、ラント・フォンティーン劇場で開幕。昭和37（1962）年、マーク・ヘリンジャー劇場に移し、翌年6月15日まで続演。映画は昭和40（1965）年、ロバート・ワイズ監督、ジュリー・アンドリュース主演で20世紀フォックスが製作し、アカデミー賞を受賞。マーチンは昭和40（1965）年に来日し、東京宝塚劇場で『ハロー・ドーリー！』の公演を行った。

## 8月5日～29日

### 真夏の夜の夢

作＝W.シェイクスピア　訳＝小田島雄志　音＝メンデルスゾーン　演＝ジョン・デイビッド　振＝貝谷八百子　装＝伊藤嘉朔、中嶋八郎　衣＝真木小太郎、堀井康明　照＝吉井澄雄　効＝本間明　音監＝福田一雄、滝弘太郎　音指＝中村兼藤　訳詞＝滝弘太郎　製＝佐藤勉、細川潤一　出＝シーシュース、オーベロン：宝田明、ヒポリタ、タイターニア：上月晃、ヘレナ：酒井和歌子、ハーミア：中山麻理、ライサンダー：浜田東一郎、ディミトリアス：佐々木功、イージアス：山田芳夫、フィロストレート：小美野欣治、パック：木の実ナナ、スナウト：小鹿番、スターヴリング：三上直也、スナッグ：沼田爆、クインス：宮口精二、フルート：友竹正則、ボトム：フランキー堺

▶同作は、帝劇では昭和3（1928）年7月、築地小劇場で公演を行った。

『真夏の夜の夢』宝田明、木の実ナナ

昭和21（1946）年には、新劇人合同公演として坪内逍遥翻訳版で上演。今回は昭和21年制作の伊藤熹朔版の装置がベース。帝劇で初めて小田島雄志が翻訳した台本が使用された。

## 9月2日～28日

### 元禄太平記 天下競宴の巻

原＝南條範夫　脚・演＝津上忠　美＝浜田右二郎　照＝吉井澄雄　音＝岩代浩一　振＝今井栄子　陣＝安川勝人　効＝松下喜郎　製＝酒井喜一郎、津村健二　出＝柳沢保明：林与一、近藤正臣、伊吹吾郎、夏川静枝、長谷川稀世、吉良上野介：中村公三郎、郡司良、小山明子、浅野内匠頭：井上孝雄、甲にしき、徳川綱吉：島田正吾

▶時は元禄。徳川幕府の重鎮・柳沢保明（のちの吉保）と次第に経済力を増してくる商人を中心に、江戸町人と忠臣蔵事件を織り混ぜたドラマを前後二編にわけて舞台化。前編は、『忠臣蔵』でいえば刃傷松の廊下から赤穂城明け渡しまで。後編で、大石内蔵助が登場。

## 10月2日～27日

### 松旭斎天勝 魔術の女王

作・演＝小幡欣治　美＝中嶋八郎、賀原夏子　音＝いずみたく　和楽＝加納米一　振＝荒川和子　照＝浅沼貢　効＝本間明　奇術設計＝坂本種芳、柳沢義胤　奇術後見＝山崎金之助　他　製＝佐藤勉、細川潤一　出＝山田五十鈴、財津一郎、園佳也子、内山恵二、門田美恵子、松旭斎正恵、上月晃、桜むつ子、立原博、小柳久子、伊藤亨治、山口勝美、南原宏治

▶明治中期から昭和初期にかけて、妖艶な"魔術の女王"として君臨した初代松旭斎天勝の一代記。奇術はもとより、日舞に、洋舞に、芝居にと、エンターテイナーとして活躍した業績とその裏に秘められた葛藤を描く。女優・賀原夏子が衣裳の特別コンサルタントとして参加。

## 11月3日～28日

### 美空ひばり 帝劇11月特別公演 千姫

作・演＝沢島忠　作＝岡本育子　演補＝伊藤万寿夫　美＝浜田右二郎　音＝いずみ進　振＝藤間勘五郎　照＝有馬裕人　陣＝谷明憲　効＝三原浩、渡辺邦男　製＝黒田耕司、渡辺光矩　出＝美空ひばり、香山武彦、黒川彌太郎、香川良介、星十郎、梅沢昇、長島隆一、江波隆、中村芳子、月村圭井子、中野賀子、清水郁子、藤波洸子、井上孝雄、里見浩太朗、山形勲

▶本作は沢島忠作・演出で、昭和47（1972）年に新宿コマ劇場で初演。

### 歌は我が命

企構＝加藤喜美枝　演＝水谷幹夫　脚＝池田春彦　美＝小林雅夫　音＝半間厳一、佐伯亮、佐々永治　照＝有馬裕人　アカデミーステージング＝星野隆　音効＝本間明、サウンドエース　奏＝ダン池田とニューブリード、原信夫とシャープアンドフラッツ　出＝美空ひばり、ミュージカルアカデミー

▶"フォークの神様"岡林信康が作詞・作曲した〈風の流れに〉、〈月の夜汽車〉を披露。

## 12月2日～25日

### 吉例帝劇大歌舞伎 12月特別公演

〈昼の部〉

### 義経千本桜
〔下市村椎の木の場〕〔下市村小金吾討死の場〕〔釣瓶ずしの場〕

美＝釘町久磨次　出（奏）＝竹本君太夫、豊沢孝次郎、竹本米太夫、鶴沢清好、竹本重太夫、鶴沢扇糸　出＝いがみの権太：市川染五郎、お里：

「吉例帝劇大歌舞伎12月特別公演『さぶ』」市川染五郎、中村吉右衛門

坂東玉三郎、女房小せん、すし屋弥左衛門：中村又五郎、主馬の小錦吾、弥助実は三位中将維盛：澤村訥升、若葉の内侍：中村万之亟、おくら：市川福之助、猪熊大之進：市村吉五郎、梶原平三景時：中村吉右衛門

### 井伊大老 雪の雛

作・演＝北條秀司　美＝浜田右二郎　演補＝臼杵信春　照＝杉原卓三　効＝本間明　出＝井伊直弼：中村吉右衛門、側室お静：坂東玉三郎、長野主膳：中村又五郎、宇津木六之丞：中村吉五郎、仙英禅師：中村吉十郎、正室昌子：大谷友右衛門、腰元秋篠：坂東田門、腰元梅野：坂東佳秀、腰元若木：坂東守、側役宇左衛門：市川謹也

### 《舞踊》
振＝藤間勘十郎　出（奏）＝清元志寿太夫

### 上 お祭り
出＝芸者：澤村訥升、若い者：中村又五郎

### 下 文屋
出＝文屋：市川染五郎、官女：坂東弥五郎、官女：中村吉五郎、官女：市川中蔵、官女：市川中之助、官女：中村又蔵、官女：松本孝太郎、官女：市川謹也、官女：松本錦弥

〈夜の部〉

### さぶ

原＝山本周五郎　脚・演＝宇野信夫　演補＝平山一夫　美＝山本富二夫　音＝杵屋花叟　照＝小木直樹　効＝本間明　出＝栄二：市川染五郎、さぶ：中村吉右衛門、おのぶ：澤村訥升、おすえ：坂東玉三郎、芳古堂主芳兵衛：中村吉十郎、おみつ：市川福之助、おくみ：大谷友右衛門、おしん：中村吉之助、彦七：中村万之亟、与平：坂東弥五郎、岡安喜兵衛：中村又五郎

▶『さぶ』は昭和43（1968）年、芸術座で菊田一夫の脚本・演出、市川染五郎、中村吉右衛門の出演で上演。今回は宇野信夫の脚本・演出の歌舞伎版。

# 昭和51年

## ミュージカル『ピピン』が日本初演
## 染五郎・吉右衛門現・帝劇最後の大歌舞伎

2月にロッキード事件が発覚。「記憶にございません」が流行語となり、7月には田中角栄前首相が逮捕された。
モントリオール・オリンピックでは男子体操団体、女子バレーボールなどで金メダルを獲得。
映画「オーメン」(監督=リチャード・ドナー)、「キングコング」(監督=ジョン・ギラーミン)、「犬神家の一族」(監督=市川崑)などがヒット。

### 1月2日～29日
#### 元禄太平記 忠臣快挙の巻
原=南條範夫　脚・演=津上忠　美=浜田右二郎　音=岩代浩一　照=吉井澄雄　振=今井栄子　陣=安川勝人　効=松下喜郎　製=酒井喜一郎、津村健二　出=大石内蔵助:市川染五郎、大石りく:八千草薫、堀部安兵衛:大山勝巳、浮橋大夫、おしん:甲にしき、おとき:三林京子、お妙:土田早苗、吉良上野介:中村公三郎、柳沢吉保:井上孝雄、吉田忠左衛門:中村又五郎、大石無人:島田正吾(特別出演)

▶前年9月の「天下競宴の巻」に続く完結編。大石内蔵助と妻のりく、将軍御側御用人として権勢をほしいままにした柳沢吉保との対立を伏線に、ついに討ち入りの本懐を遂げるまでを描く。

### 2月5日～29日
#### 東西女才覚 可愛い「おとこ」
演=有吉佐和子　脚=大藪郁子　美=古賀宏一　音=杵屋正邦　振=花柳錦之輔　照=浅沼貢　効=本間明　陣=市川中之助　演補=臼杵吉春、本間忠良　製=佐藤勉、小島亢　出=市川染五郎、中村富十郎、草笛光子、宮城まり子、長谷川稀世、三林京子、田武謙三、萬代峰子、芦屋小雁、中村吉十郎、中村又五郎、益田喜頓

▶前年6月、有吉佐和子は『真砂屋お峰』(東京宝塚劇場)の原作・脚本・演出で高い舞台成果をあげた。その成功を受け、本作で帝劇での初演出。西の井原西鶴の描く『好色一代男』の世之助(中村富十郎)と東は山東京伝の描く『江戸生艶気樺焼(えどうまれうわきのかばやき)』の艶男・艶二郎(市川染五郎)が京都・島原で出会い意気投合。連れだって"色"の修行、東下りの旅に出る。

### 3月5日～29日
#### 《日本美女絵巻 五周年記念特別公演》愛染め高尾
作・演=榎本滋民　美=織田音也　照=山内晴雄　音=富崎富美代、堅田喜三久　効=本間明　振=中村又五郎　陣=湯浅謙太郎　語り=高橋博　演補=臼杵吉春　製=池野満、細川潤一　出=山田五十鈴、中村又五郎、江守徹、甲にしき、三林京子、林成年、梓真弓、中村吉十郎、小柳久子、緋多景子、田中明夫、神代錦、柳永二郎

▶「日本美女絵巻」シリーズ5周年記念特別公演。今回の色のテーマは、藍。「すべての絵具を混ぜ合わせると藍になると聞いた覚えがある。あらゆる色彩、すべての装飾に勝り水をくぐればくぐるほど、おもむきますます深く、香りいよいよゆかしい、愛染め物語をお送りしたい」と榎本滋民は、プログラムに寄稿。また、山田五十鈴が劇中で披露する胡弓の腕前も話題に。四幕二場は、お祝いの方々が交替でゲスト出演。

### 4月5日～28日
#### 《ミュージカル》ピピン
作=ロジャー・ハーソン　詞・曲=ステファン・シュワルツ　オリジナルプロダクション演出・振=ボブ・フォッシー　訳=倉橋健、関根勝　訳詞=滝弘太郎　演・振=堀内完、古川清　音監=福田一雄、滝弘太郎　音指=福田一雄　装=妹尾河童　衣=緒方規矩子　照=吉井澄雄　効=本間明　特殊技術=坂本種芳　演補=宮﨑紀夫　製=佐藤勉、永野誠　出=チャールズ:上條恒彦、ファストラーダ:草笛光子、ピピン:津坂匡章、ルイス:松橋登、主席俳優:財津一郎、三上直也、鹿島とも子、宮野忠善、安宅忍、蘭千子、山中堂司、将軍:友竹正則、キャサリン:今陽子、パーサ:三益愛子(特別参加)

▶昭和47(1972)年10月23日にブロードウェイのインペリアル劇場にて初演。オリジナルプロダクション・演出・振付のボブ・フォッシーは、この作品でトニー賞最優秀演出賞を獲得。若き神聖ローマ帝国の王位後継者ピピン王子の遍歴、錯誤、挫折を通じた成長のドラマが迫力に満ちたスピーディな踊りと歌とともに展開されるミュージカル・コメディだ。

### 5月2日～30日
#### 津軽三味線 ながれぶし
作=藤本義一　演=津村健二　美=浜田右二郎　音=岩代浩一、三橋美智也　照=吉井澄雄　振=花柳寿美　効=松下喜郎　考=斎藤真一　製=大原由紀夫、細川潤一　出=山田五十鈴、市原悦子、浜畑賢吉、花紀京、西岡慶子、田島義文、赤木春恵、一の宮あつ子、三橋美智也(特別出演)、片岡仁左衛門

▶津軽三味線弾きの父と盲目の離れ瞽女(ごぜ)を母に、花柳界で育った女。昭和の初め東京から大阪へと太棹一丁を頼りに生きていく姿を描いた物語。本企画は藤本義一が三味線のルーツをたどるドキュメンタリーを製作したことから生まれた。沖縄から津軽に北上する三味線の旅を観た山田五十鈴が「芝居に生かせないものか」と藤本に願い出て、作品の種が誕生。山田五十鈴は三橋美智也について、津軽三味線を特訓した。

### 6月5日～30日
#### 《ミュージカル》王様と私
原=マーガレットハウエル・ランドン「アンナとシャム王」より　曲=リチャード・ロジャース　作=オスカー・ハマースタインⅡ世　訳=森岩雄、高田蓉子　訳詞=岩谷時子　演=宮﨑紀夫　音監=福井峻、滝弘太郎　音指=伊沢一郎　振=石井カンナ、坂上道之助　装=渡辺正男　衣=真木小太郎　照=大庭三郎　効=本間明

『愛染め高尾』山田五十鈴、江守徹

『ピピン』財津一郎、上條恒彦、津坂匡章

---

【主な出来事】
- 3月22日　藤原義江(歌手・俳優)没。享年77。
- 4月2日　第1回菊田一夫演劇賞発表。同賞には小幡欣治が、同新人賞を安宅忍、木の実ナナ、同特別賞を益田喜頓、真木小太郎、大庭三郎が受賞。以降、毎年開催。
- 7月2日　南北ベトナム統一。

[貸館]5月10日 高英男リサイタル／6月8日 名和好子美容生活40周年・名和会創立25周年記念・ヘヤーショー／6月27日 第5回東京音楽祭 世界大会／
7月1日 1976年ミス・インターナショナル、ミス・ワールド、ミス・パシフィック日本代表選出大会／7月2日 1976年ミス・インターナショナル世界大会／

『王様と私』草笛光子、市川染五郎

製=佐藤勉、長谷山太刀夫　出=王様:市川染五郎、アンナ:草笛光子、タプチム:由紀さおり、ルンタ:池田鴻、オルトン船長:丸山博一、フラ・アラック:安宅忍、通訳:右下恭彦、チュラロンコン王子:和栗正明、ルイス:マーク・デントン、総理大臣:田中明大、チャン大人:淀かおる、ラムゼイ卿:益田喜頓

▶東洋と西洋……文化や価値観、宗教、生活は異なるが、人間性、ヒューマニズムのもとではひとつ。こうした哲学が内包されていることが、本作が多くの人々に愛されているゆえんか。初演でアンナ役を演じたガートルード・ローレンスの強い希望により、ロジャース＆ハマースタインによって原作の「アンナとシャム王」のミュージカル化が行われた。

### 7月6日〜30日

### 台所太平記

原=谷崎潤一郎　脚=平岩弓枝　演=津村健二　美=古賀宏一　音=小川寛興　照=吉井澄雄　効=本間明　製=菅野悦晴　出=中村勘三郎、新珠三千代、井上順、松原智恵子、十勝花子、久遠利三、緋多景子、清水郁子、麻丘めぐみ、乙羽信子

▶谷崎潤一郎の原作は、昭和11〜12(1936〜1937)年ごろから昭和33(1958)年までの長きにわたり、谷崎とおぼしき作家・千倉磊吉と妻、女中たちとの交流を洒脱なタッチで描写。舞台化にあたり時代を現代に置き換えたため、女中がお手伝いさんになるなど、現代風俗とのギャップに平岩弓枝が悩みながら脚色し、"続 台所太平記"ともいえるホームコメディとなった。『台所太平記』は劇団新派で初舞台化され、昭和38(1963)年には豊田四郎監督、森繁久彌主演で映画化も。昭和43(1968)年に松山善三脚本、菊田一夫演出で芸術座でも上演。

### 8月5日〜30日

### 《森繁久彌芸能生活40周年記念ミュージカル》
### 屋根の上のヴァイオリン弾き
### ショラム・アレイハムの小説による

台=ジョセフ・スタイン　音=ジェリー・ボック　詞=シェルドン・ハーニック　オリジナルプロダクション演出・振=ジェローム・ロビンス　日本再演の演出・振=サミー・ベイス　訳=倉橋健　訳詞=若谷和子、滝弘太郎　演補=古川清、佐藤浩史　振補=坂上道之助　音監=福井峻、滝弘太郎　装=ボリス・アロンソン、真木小太郎　衣=真木小太郎　照=大庭三郎　効=本間明　指=大谷義一　製=佐藤勉、永野誠　出=テヴィエ:森繁久彌、ゴールデ:上月晃、ツァイテル:淀かおる、ホーデル:倍賞千恵子、チャヴァ:大原ますみ、ラザール・ウォルフ:谷啓、イエンテ:賀原夏子、パーチック:村井国夫、モールチャ:友竹正則、モーテル:富松千代志、クラリネット吹き:安田伸、巡査部長:須賀不二男、司祭:益田喜頓

▶森繁久彌は昭和11(1936)年、"東宝新劇団"にて中野実作『細君三日天下』で、商業演劇初舞台を踏む。本公演は"森繁久彌芸能生活40周年記念"として上演。昭和50(1975)年に日生劇場で再演され、中日劇場、神戸文化会館を経た後、10年ぶりに帝劇に。森繁久彌が日本人にはなじみの薄いユダヤ人の物語を家族愛、隣人愛をからませ、豊かな表現力で演じた。

### 9月4日〜27日

### 《帝国劇場新開場10周年記念特別公演》風と雲と虹と

原=海音寺潮五郎　脚=水谷幹夫　演=今日出海　美=織田音也　音=芝祐靖　照=山内晴雄　効=本間明　陣=富山一憲　演補=小野操　製=池埜満、長谷山太刀夫　出=平将門:市川染五郎、大山勝巳、村松英子、甲にしき、長谷川稀世、高田敏江、中村吉十郎、内田朝雄、中村又五郎、将門の母 薫:三益愛子(特別出演)、菅原景行:松本幸四郎(特別出演)

▶帝劇新開場10周年記念特別公演として上演。武家台頭の時代、関東の草原に生まれ育った若き英雄・平将門の恋と夢と冒険を描く。

### 10月1日〜28日

### 《山田五十鈴舞台生活40周年記念公演》千姫曼荼羅

作・演=榎本滋民　美=織田音也　照=吉井澄雄　音=富崎富美代、堅田喜三久　効=本間明　振=中村又五郎　陣=湯浅謙太郎　美術協力(版画)=寺司勝次郎演補=臼杵吉春　製=細川潤一　出=お市の方、お茶々、千姫:山田五十鈴、豊臣秀頼:田村高廣、北村和夫、志垣太郎、金田龍之介、本田忠刻:平田昭彦、田中明夫、香川桂子、内山恵司、菅野忠彦、丹阿弥谷津子、甲にしき、春日局:神代錦、お江の方:春日野八千代、徳川秀忠:中村又五郎

▶山田五十鈴は、お市とお茶々、千姫の三役を演じた。千姫は、徳川秀忠の長女であり、豊臣秀頼、本多忠刻の正室、母はお江の方。お江は、茶々(のちの淀君)の妹。戦国の世を生き抜いたひとりの女性のドラマである。

### 11月4日〜30日

### 《芸能生活30周年記念》
### 美空ひばり特別公演
### 愛は哀しく

川内康範作詞〈熱禱〉より　作・演=沢島忠　作=岡本育子　演補=伊藤万寿夫　美=古賀宏一　音=いずみ進、佐々永治　照=有馬裕人斗=香山武彦　効=三原浩、渡部邦男　製=黒田耕二　出=美空ひばり、香山武彦、黒川弥太郎、香川良介、藤波洸子、梅沢昇、江並隆、井上孝雄、犬塚弘、京塚昌子

### 歌は我が命

企構=加藤喜美枝　演=水谷幹夫　脚=池田春彦　美=小林雅夫　音=佐々永治　振=松原貞夫　衣=神取宏全　響=松下喜郎　効=サウンドエース　照=有馬裕人　奏=松本文男とミュージックメーカーズ　ギター奏者=木村好夫　製=黒田耕二　出=美空ひばり、ミュージカルアカデミー

▶美空ひばりの芸能生活は、昭和21(1946)年9月、横浜のアテネ劇場『スター美空楽団演奏会 豆歌手美空和枝出演』から始まり、この年30周年に。『愛は哀しく』の初演は昭和44(1969)年、東京宝塚劇場。主人公が白血病で命を落とす原因を広島での原爆の被爆によるもの、と書き変えられた。

### 12月3日〜25日

### 吉例帝劇大歌舞伎
### 12月特別公演
〈昼の部〉

### 一谷嫩軍記
〔一谷軍門の場〕〔須磨浦組討場〕
出(奏)=竹本米太夫、竹本重太夫、豊沢猿若、鶴沢政一郎、鶴沢孝二郎　出=熊谷次郎直実:中村吉右衛門、小次郎直家:尾上菊五郎、平山武者李重:片岡市蔵、玉織姫:市川門之助、無官太夫敦盛:尾上菊五郎

《舞踊》
### 上 羽根の禿
振=藤間友章　装=山本冨士夫

### 下 まかしょ
出=禿、寒参り:中村又五郎

### 辨天娘女男白浪
〔浜松屋店先の場〕
出=早瀬主水娘お浪実は弁天小僧菊之助:尾上菊五郎、若徒四十八実は南郷力丸:中村吉右衛門、浜松屋幸兵衛:片岡市蔵、倅宗之助:市川門之助、鳶頭政次:尾上菊蔵、玉島逸当実は日本駄右衛門:市川染五郎〔稲瀬川勢揃いの場〕　出=日本駄右衛門:市川染五郎、弁天小僧菊之助:尾上菊五郎、南郷力丸:中村吉右衛門、赤星十三郎:坂東八十助、忠信利平:中村又五郎

〈夜の部〉
### 鳥辺山心中
〔祇園茶屋の場〕〔四条河原の場〕
作=岡本綺堂　演=岸井良衞　装=釘町久磨次　照=山内晴雄　出=菊池半九郎:市川染五郎、堺田市之助:中村吉右衛門、若松屋遊女お花:市川門之助、お染の父与平:中村又五郎、仲居お雪:中村万之丞、若松屋遊女お染:尾上菊五郎　出(奏)=豊竹和佐太夫、豊竹猿若 胡弓=豊沢宗之助〔祇園茶屋の場〕　出(奏)=豊竹和佐太夫、竹本清太夫、鶴沢政一郎、豊沢孝二郎〔四条河原の場〕

### [歌舞伎十八番の内] 勧進帳
出(奏)=和歌山富十郎、今藤長十郎社中　出=富樫:中村吉右衛門、義経:尾上菊五郎、弁慶:市川染五郎

▶「軍門・組討」での"熊谷"を中村吉右衛門が初役を務める。尾上菊五郎は、五代目、六代目、父梅幸と受け継がれた"弁天小僧"を演じた。

「吉例帝劇大歌舞伎12月特別公演」『勧進帳』市川染五郎、中村吉右衛門

---

7月31日・8月1日 布施明リサイタル／10月29日・30日《貝谷バレエ団》白鳥の湖／サロメの死／11月12日 朝丘雪路リサイタル／11月19日 速報 第18回 輝く！日本レコード大賞／12月31日 第18回 輝く！日本レコード大賞

# 昭和52年 (1977)

## 蜷川幸雄が『三文オペラ』で帝劇に初進出
## 『愛染め高尾』、芸術祭演劇部門大賞受賞

読売ジャイアンツ・王貞治が本塁打756号の世界記録を達成し、初の国民栄誉賞を受賞。9月に日本赤軍によるダッカ事件が発生。当時の福田赳夫首相の超法規的措置により身代金が支払われ、赤軍派を含む6人が釈放。5月に成田空港建設反対のデモが起き、警官隊と衝突。平均寿命が男性72.69歳で世界第1位となり、女性が77.95歳でスウェーデンと並び第1位に。
映画「ロッキー」（監督＝ジョン・G・アヴィルドセン）、「八甲田山」（監督＝森谷司郎）、「八つ墓村」（監督＝野村芳太郎）などがヒット。

### 1月2日～28日
**安珍清姫**
作・演＝榎本滋民　美＝織田音也　音＝富崎富美代、堅田喜佐久　振＝中村又五郎　照＝山内晴雄　陣＝湯浅謙太郎　効＝本間明　演補＝臼杵吉春　製＝大原由紀夫、酒井喜一郎　出＝清姫：山田五十鈴、安珍：片岡孝夫、加茂さくら、大路三千緒、香川桂子、梓真弓、小柳久子、三林京子、中村又五郎、覚全：市川染五郎

▶「今昔物語」の道成寺説話をモチーフにした新たな安珍、清姫の『娘道成寺』。おどろおどろしい妄執と怨念の塊のような大蛇の中に、いじらしい純愛への憧れが息づいているさまを描く。

### 2月1日～28日
**日本人萬歳！**
作・演＝有吉佐和子　音＝内藤法美　按舞＝関矢幸雄　振＝山下康夫　照＝松浦光次郎　美＝古賀宏一　効＝本間明　演補＝本間忠良　衣デ＝森英恵　宝飾品提供＝（株）ミキモト　映画撮影＝福沢康道　製＝小島亮、安達隆夫　出＝中村富十郎、緒形拳、宮城まり子、友竹正則、前田美波里、安宅忍、あぜち守、新珠三千代

▶有吉佐和子が、パリの"メゾン・サツマ"と呼ばれる留学生会館で聞いた"バロン・サツマ"こと薩摩治郎八の逸話をヒントに書き下ろし。オペラ座で、アルト歌手のためにソプラノ曲を無理矢理編曲した『蝶々夫人』を上演するなどのエピソードを交え、両世界大戦間のレ・ザネ・フォール華やかなりしパリに実在した痛快無比の日本人が主人公の喜劇作品。

### 3月4日～4月24日
**津軽三味線 ながれぶし**
作＝藤本義一　脚＝大藪郁子　演＝津村健二　美＝浜田右二郎　音＝岩代浩一、三橋美智也　照＝吉井澄雄　振＝花柳寿美、榊原帰逸、桜川ぴん助　効＝本間明、松下喜郎　美術協力＝斎藤真一　製＝大原由紀夫、細川潤一　出＝山田五十鈴、市原悦子、浜畑賢吉、花紀京、西岡慶子、田島義文、高橋とよ、東郷晴子、三橋美智也（特別出演）、片岡仁左衛門

▶前年5月に上演され、好評につき再演。大藪郁子により大胆な改定が施された、新たな"ながれぶし"だ。放浪の旅は、越後－津軽－大阪。訪問団員としてルソン島にまで至る。山田五十鈴と三橋美智也は初演では親子役であったが、再演では夫婦役となった。

### 4月30日～5月29日
《東宝創立45周年記念特別公演》
**百三代さま**
作・演＝小幡欣治　美＝織田音也　照＝氏伸介　音＝いずみたく　効＝本間明　振＝花柳錦之輔　演補＝本間忠良　製＝大原由紀夫、古川清　出＝森繁久彌、京塚昌子、芦屋雁之助、船戸順、麻丘めぐみ、岡本信人、小島三児、荒木道子、高橋とよ、益田喜頓

▶造り酒屋・榊原家の当主は百三代目、御年100歳。80歳を超える息子を筆頭に、榊原家は子供、孫、玄孫、23人の大所帯。そんな榊原家の生活様式と、家族の一世紀にわたる歴史をドラマにしたいと小幡欣治が書き下ろし、演出。

### 6月3日～29日
《東宝創立45周年記念》
**長谷川一夫帝劇特別公演**
**砂の花『若き日の成吉思汗』より**
原＝牧逸馬　脚・演＝窪田篤人　美＝渡辺正男　音＝寺田瀧男　照＝吉井澄雄　衣＝小西松茂　効＝本間明　製＝前田昭、酒井喜一郎　出＝長谷川一夫、安奈淳、林成年、垂水悟郎

**歌麿**
振・演＝西川鯉三郎　脚・演＝植田紳爾　演補＝伊藤寿朗　美＝渡辺正男　音＝橋場清　邦＝野沢勝平、富崎富美代、日本橋きみ栄　鳴物＝住田長三郎　振＝喜多弘　照＝今井直次　効＝本間明　製＝前田昭、酒井喜一郎　出＝長谷川一夫、春日野八千代、甲にしき、長谷川稀世、松永てるは、朝丘雪路、中村又五郎、尾上梅幸（特別出演）

『ながれぶし』山田五十鈴

▶東宝創立45周年記念、長谷川一夫帝劇特別公演として、『砂の花』、『歌麿』の2本立で上演。『砂の花』は、東宝歌舞伎では実現できない企画を帝劇の新しい舞台機構をうまく使って作りたい、との故・菊田一夫との約束の実現である。宝塚歌劇団花組のトップスター安奈淳がジュリア姫役として出演し、長谷川一夫演じるチンギス・ハンの相手役を務めた。『歌麿』はスーパーヒーロー・歌麿を長谷川一夫に重ね合わせた"歌麿五人女"といえる。江戸で評判を集めた5人の美女が勢ぞろい。『ベルサイユのばら』シリーズで長谷川一夫と共同演出をした宝塚歌劇団の植田紳爾の脚本と演出による作品。

### 7月7日～31日
**新 台所太平記**
原＝谷崎潤一郎「台所太平記」より　脚＝平岩弓枝　演＝津村健二　美＝古賀宏一　音＝小川寛興　照＝吉井澄雄　効＝本間明　製＝菅野悦晴　出＝中村勘三郎、新珠三千代、井上順、和泉雅子、立原博、一の宮あつ子、山本學、京塚昌子

▶谷崎潤一郎の小説「台所太平記」は昭和37（1962）年に、「サンデー毎日」に連載。小説家・千倉磊吉を主人公としたホームドラマだ。好評につき、「新 台所太平記」としてシリーズ化された。前作と同じように、原作の年代を現代に置き変えた設定をもとにニセ磊吉騒動などを盛り込んで平岩弓枝が脚本化。

### 8月4日～30日
**三文オペラ**
脚＝ベルトルト・ブレヒト　曲＝クルト・ワイル　訳＝小塩節、小田島雄志　訳詞＝滝弘太郎　演＝蜷川幸雄　装＝朝倉摂　照＝吉井澄雄　衣＝小峰リリー　小道具＝堀井康章　音監＝内藤孝敏、滝弘太郎　振＝中川久美　効＝本間明　指＝伊沢一郎

### 【 主な出来事 】

- 3月30日　日劇ダンシングチームの大おどり最終公演『ボンジュール・パリ』、"ドリス・ガールズ・オブ・ムーランルージュ"と共演（～4月24日）。
- 8月15日　大島渚「愛のコリーダ」わいせつ文書図画販売で起訴［昭和54（1979）年10月19日、無罪判決］。
- 9月3日　王貞治、本塁打756本の世界記録を達成（9月5日、国民栄誉賞第1号受賞）。

---

[貸館] 2月14日《富士通（株）》富士通コンピューター新製品発表会／3月31日 第13回 あゆみの箱チャリティ・ショウ東京大会／5月12日 高英男リサイタル／5月25日《富士通（株）》富士通コンピューター新機種発表会／6月30日 1977年ミス・インターナショナル、ミス・ワールド、ミス・パシフィック 日本代表選出大会

『三文オペラ』左／カーテンコール　右／平幹二朗、上月晃　　　　　　　　　　　　　　　　　　　　　　　　『恋ごよみ京の花嫁』中村富十郎、美空ひばり

演補＝佐藤浩史　製＝中根公夫、細川潤一　出＝マックヒース：平幹二朗、ポリー：栗原小巻、ルーシー：根岸とし江、ジェニー：上月晃、シリア：根岸明美、ブラウン：財津一郎、ピーチャム：若山富三郎

▶蜷川幸雄、帝劇初進出作。新劇のレパートリーである『三文オペラ』を帝劇で上演。舞台の額縁を左右に大きくはみ出し、4層からなる巨大な装置を組み上げた。階級社会であるイギリスを視覚化したこの装置には80もの部屋が組み込まれ、上層から最下層へ、貴族、ブルジョア、小市民、貧民とそれぞれの衣装を身につけた150体の人形が立ち並び、観客の目を奪った。

### 9月3日〜27日
#### 夕映えの彼方に
一心不乱物語

作＝柴田錬三郎　演＝津上忠　美＝舞台美術研究会　照＝山内晴雄　音＝杵屋正邦　効＝本間明　振＝児島日出夫　陣＝安川勝人　製＝池野満、柏原正一　出＝市川染五郎、十朱幸代、和泉雅子、志垣太郎、頭師佳孝、内田朝雄、中村又五郎、三益愛子

▶幕末から西南戦争にかけて、刀鍛冶の青年と、彼が創った一振りの刀の運命を描いた柴田錬三郎オリジナル脚本。"剣豪作家"と呼ばれた作者の日本刀に対する思い入れが込められている。市川染五郎も実際に刀鍛冶を体験してから、この作品に挑んだ。

### 10月1日〜27日
#### 《日本美女絵巻》愛染め高尾

作・演＝榎本滋民　美＝織田音也　照＝山内晴雄　音＝富崎富美代、堅田喜佐久　効＝本間明　振＝中村又五郎　陣＝湯浅謙太郎　語り＝高橋博　演補＝臼杵吉春　製＝池野満、細川潤一　出＝山田五十鈴、中村又五郎、江守徹、甲にしき、三林京子、夏川かほる、緋多景子、小柳久子、西田昭市、江戸屋猫八、梓真弓、田中明夫、神代錦

▶「日本美女絵巻」シリーズ、東宝創立45周年記念作品として上演され、同作品の成果に対し、東宝株式会社が昭和52年度文化庁芸術祭演劇部門大賞を受賞。名もない紺屋（染物）の職人が"大名道具"と呼ばれた人気花魁"高尾太夫"に恋をする。その誠実さに打たれた花魁は他の身受けを断り、約束通り、年期があけると職人のもとに嫁ぐ。落語の人情噺『紺屋高尾』が題材。

### 11月3日〜28日
#### 美空ひばり11月特別公演
おさん茂兵衛
恋ごよみ京の花嫁

原＝近松門左衛門　依田義賢シナリオより　作・演＝沢島忠　作＝岡本育子　演補＝伊藤万寿夫　美＝浜田右二郎　音＝いずみ進　陣＝香山武彦　照＝有馬裕人　効＝三原浩、渡辺邦男　邦＝杵屋花叟　振＝藤間勘五郎　製＝黒田耕司　賛＝ひばりプロダクション　出＝美空ひばり、香山武彦、黒川弥太郎、香川良介、藤波洸子、梅沢昇、榎並隆、右下恭彦、高田美和、山形勲、中村富十郎（特別参加）

#### 歌は我が命

企構＝加藤喜美枝　脚＝いずみ進　演＝水谷幹夫　美＝小稚雅大　音＝佐々永治　振＝松原貞夫　照＝有馬裕人　衣＝神取宏全　響＝松下喜郎　効＝サウンドエース　奏＝松本文男とミュージックメーカーズ　製＝黒田耕司　賛＝ひばりプロダクション　出＝美空ひばり、ダンサー：松原貞夫、ミュージカル・アカデミー

▶東宝創立45周年記念、美空ひばり11月特別公演として2部構成で上演。『おさん茂兵衛』の初演は昭和43（1968）年、新宿コマ劇場。今回は、帝劇版に練り直されての上演となった。

### 12月2日〜26日
#### モルガンお雪

脚＝早坂暁　演＝津村健二　装＝古賀宏一　音＝いずみたく　照＝吉井澄雄　衣＝ルリ落合　陣＝安川勝人　振＝河上五郎　効＝本間明　参考資料＝小坂井澄著『モルガンお雪』　製＝大原由紀夫、酒井喜一郎　出＝小川真由美、山口崇、ジェリー伊藤、舞小雪、西川純代、東けんじ、宮城けんじ、大路三千緒、藤波洸子、樹木希林、前田美波里、芦屋雁之助、ハナ肇

▶『モルガンお雪』といえば、昭和26（1951）年に上演された菊田一夫脚本のミュージカルが有名だが、本作は早坂暁脚本によるストレート・プレイである。胡弓の名手だった祇園の芸妓で、のちにモルガン財閥の家に嫁いだ実在の人物"お雪"の物語を描く。

『夕映えの彼方に』市川染五郎　　　　　『愛染め高尾』江守徹、山田五十鈴

## 昭和53年

### 橋田壽賀子×石井ふく子のコンビ作が帝劇初登場
### 蜷川幸雄の『ハムレット』も視覚効果が際立った

6月12日、宮城県沖地震で死傷者多数。キャンディーズが解散。原宿で"竹の子族"が増加。新東京国際(成田)空港が開港。
映画「スター・ウォーズ」(監督=ジョージ・ルーカス)、「未知との遭遇」(監督=スティーヴン・スピルバーグ)、
「サタデー・ナイト・フィーバー」(監督=ジョン・バダム)などがヒット。

### 1月2日～29日
#### 紀ノ川
原=有吉佐和子　脚=大藪郁子　演=本間忠良　美=古賀宏一　音=杵屋正邦　照=浅沼貢　振=花柳錦之輔　効=松下喜郎　製=小島亢、安達隆夫　出=司葉子、片岡孝夫、江原真二郎、紀比呂子、船戸順、緋多景子、吉川雅恵、大路三千緒、林美智子、沢村貞子、島田正吾(特別参加)

▶有吉佐和子が故郷・紀州を題材に20代で執筆した小説の舞台化。祖母をモデルとした主人公"花"を筆頭に、娘、孫の三代が紀ノ川に沿って生きる姿を描く。脚本は、有吉佐和子の大学の同級生・大藪郁子が担当。22歳から68歳までの女の一生を花役・司葉子の熱演。昭和41(1966)年の映画「紀ノ川」(松竹／監督:中村登)で主演した司葉子は、多くの映画賞を受賞。

『花の巴里の橘や』京マチ子、中村勘九郎

『さすらいの旅路』佐久間良子、大鹿次代

### 2月2日～28日
#### 花の巴里の橘や
脚=橋田壽賀子　渡辺紳一郎原作より　演=石井ふく子　振=藤間勘十郎　美=古賀宏一　衣=真木小太郎、ルリ落合　音=佐良直美　編=小川寛興　邦=杵屋花叟　振=藤間勘紫乃　照=氏伸介　効=本間明　演補=佐藤浩史　製=佐藤勉、安達隆夫　出=京マチ子、中村勘九郎、井上順、南利明、ジュディ・オング、沢田雅美、佐山俊二、一の宮あつ子、沖雅也、市川翠扇、益田喜頓

▶パリを訪れた十五代目市村羽左衛門の随筆をヒントに橋田壽賀子が脚本を書き、石井ふく子が演出。橋田、石井のゴールデンコンビの帝劇初進出作だ。下谷芸者の"君龍"は惚れた恋人の見合いの席でひと騒動。子を宿していた君龍は、芸者ゆえに身を引くが……。

### 3月4日～29日
#### 菊櫻　加賀百万石の夫婦
作・演=小幡欣治　美=織田音也　音=いずみたく　照=氏伸介　効=本間明　陣=湯浅謙太郎　資料提供=筆内幸子　製=菅野悦晴　出=前田利家:中村吉右衛門、お松:市原悦子、家康:中村又五郎、三林京子、門田美恵子、伊藤亨治、内山恵司、清水郁子、久遠利三、横沢祐一、秀吉:田村高廣、寧々:乙羽信子

▶菊桜とは加賀や越前にだけ見られる八重桜の名。一代にして、加賀百万石の大大名に出世した前田利家と妻・まつの半生を小歴史劇として舞台化。

### 4月3日～29日
《日本美女絵巻》
#### 逢坂屋花鳥　島千鳥沖津白浪
作・演=榎本滋民　美=織田音也　照=吉井澄雄　音=杵屋花叟、鶴賀伊勢太夫　振=中村又五郎　効=本間明　陣=湯浅謙太郎　演補=臼杵吉春　製=大原由紀夫、細川潤一　出=山田五十鈴、中村富十郎、中村又五郎、香川桂子、夏川かほる、梓真弓、曾我廼家鶴蝶、芦屋雁之助、山形勲(急病のため内山恵二代役)

▶「日本美女絵巻」シリーズのひとつ。人情噺「千鳥沖津白浪」に登場する吉原につけ火をした"逢坂屋花鳥"の物語を榎本滋民が舞台化、歌舞伎仕立てで上演。山田五十鈴が悪女・花鳥を演じた。榎本滋民は、「悪女毒婦とは人間としてパワーの大きい、女としてのヴォルテージの高い女ということになる。すこぶる女っぽい女、きわめて女くっさい女ともいえる(中略) 主演の山田五十鈴さんには、今までの積み重ねを土台に、女優でもできる歌舞伎ではなく、女優でなければできない歌舞伎を創造し、大輪の悪の華を咲かせてくれることを期待している」とプログラムに寄稿。

### 【主な出来事】
- 4月1日　宝塚バウホール開場。
- 6月23日　長谷川一夫の芸道65年の功績と精進に対し文部大臣表彰。
- 7月25日　古賀政男(作曲家)没(8月4日、二人目の国民栄誉賞受賞)。享年73。
- 10月1日　東京銀座・博品館劇場、開場。
- 11月3日　松本幸四郎、文化功労者に。長谷川一夫、勲三等瑞宝章受章。
- 12月1日　東京池袋・サンシャイン劇場開場。

### 5月6日～30日
**さすらいの旅路**
脚＝橋田壽賀子　演＝石井ふく子　音＝木下忠司　美＝品川洋一　照＝氏伸介　効＝本間明　製＝小島亢、安達隆夫　出＝佐久間良子、林与一、髙橋昌也、曾我廼家鶴蝶、大鹿次代、永井秀和、水沢麻也、甲にしき、金田龍之介、一の宮あつ子、片岡仁左衛門（特別参加）
▶昭和52（1977）年、日本テレビ系で高視聴率を記録した佐久間良子主演のドラマを橋田、石井のコンビが異なった視点で舞台化。佐久間良子の帝劇初出演作。愛に殉じた女の生涯を描く。

### 6月4日～30日
**長谷川一夫帝劇6月特別公演**
**中国夜話 楊貴妃**
作・演＝窪田篤人　美＝渡辺正男　音＝鈴木邦彦　照＝今井直次　振＝河上五郎　衣＝小西松茂　効＝本間明　考＝五味充子　唄＝宮原麻子　製＝前田昭、酒井喜一郎　出＝長谷川一夫、高峰三枝子、長谷川稀世、嵐芳夫、谷口完、江波隆、和田幾子、神崎一人、西川純代、真島茂樹、柳永二郎

**世之介櫻**
作＝萩原雪夫　演・振＝西川鯉三郎　演補＝伊藤寿朗　美＝渡辺正男　音＝橋場清　邦＝野沢勝平、富崎富美代、住田長三郎　照＝今井直次　効＝本間明　製＝前田昭、酒井喜一郎　出＝長谷川一夫、高峰三枝子、長谷川稀世、嵐芳夫、谷口完、江波隆、和田幾子、柳永二郎、中村又五郎、尾上梅幸（特別出演）
▶『楊貴妃』は、"傾国"の美女と謳われた楊貴妃と、亡き夫寿王に似た面影を持つローランとの恋物語。『世之介櫻』は桜の成長と、世之介の生涯を絡め構成した舞踊劇。

### 7月4日～30日
**本日休診**
原＝井伏鱒二　脚＝平岩弓枝　演＝津村健二　美＝古賀宏一　音＝小川寛興　照＝吉井澄雄　効＝本間明　製＝菅野悦晴　出＝中村勘三郎、新珠三千代、井上順、一の宮あつ子、門田美恵子、立原博、吉沢京子、京塚昌子
▶井伏鱒二の名作を平岩弓枝が脚本化。"本日休診"の札を掲げて昼寝しようとする八春先生のもとに、次々と押し寄せる急患や事件を描く。原作を東京の蒲田から北海道の無医村に置き換えてつづるヒューマン・コメディ。

### 8月3日～28日
**ハムレット**
作＝ウィリアム・シェイクスピア　訳＝小田島雄志　演＝蜷川幸雄　アートディレクター＝辻村ジュサブロー　装＝朝倉摂　照＝吉井澄雄　衣裳担当＝小峰リリー　効＝本間明　剣技＝亀井恒　ステージング＝青山克己　演補＝横山美次　製＝中根公夫、細川潤一　出＝ハムレット：平幹二朗、オフィーリア：中野良子、ポローニアス：田中明夫、墓掘り：山谷初男、フォーティンブラス：高岡健二、ホレーショ：池田鴻、レアティーズ：横内正、クローディアス：金田龍之介、ガートルード：山岡久乃
▶蜷川幸雄による、華麗にして過激な『ハムレット』。舞台は、客席面からそびえ立った30段の階段。この階段舞台のエルシノア城で『ハムレット』が繰り広げられる。中でも観客を驚かせたのは、劇中劇『ねずみとり』のシーン。緋毛氈が敷かれ桃の節句の雛段飾りが舞台上に再現。視覚効果を重視する蜷川らしい卓抜したアイデアであった。

### 9月1日～26日
**さつき館の鬼火**
**おじゅん御寮人**
作・演＝小幡欣治　美＝織田音也　音＝いずみたく、堅田喜佐久　照＝氏伸介　振＝花柳寿美　陣＝安川勝人　効＝本間明　演補＝本間忠良　製＝大原由紀夫、酒井喜一郎　出＝山田五十鈴、中村嘉葎雄、藤代佳子、夏川かおる、山吹まゆみ、伊藤亨治、小柳久子、樋口輝剛、山田芳雄、山口勝美、三上春樹、西郷輝彦、有馬稲子
▶甲斐武田家の内紛と滅亡に翻弄される女性"於順御寮人"の悲劇を劇化。於順御寮人は武田家の滅亡という史実を背景に、小幡が山田五十鈴のために創り出した架空の人物。

### 10月1日～26日
**黄金のヒットパレード**
**ひとすじの道**
**第一部 艶姿ひばり絵巻**
企構＝加藤喜美枝　作・演＝沢島正継　美＝小林雅夫　音＝佐伯亮、佐々永治　邦＝杵屋花叟　振＝藤間勘五郎　陣＝菅原俊夫　振＝松原貞夫、浦辺日佐夫　照＝有馬裕人　衣＝神取宏全　響＝松下喜郎　効＝依田征矢夫、サウンド・エース　製＝黒田耕司　出＝美空ひばり、香山武彦、藤波洸子、梅沢昇、松原貞夫、花ノ本寿（1日～15日）、東千代之介（17日～26日）

**第二部 悲しき口笛より三十年 新しき出発**
企構＝加藤喜美枝　脚＝かとう哲也　演＝水谷幹夫　奏＝ダン池田とニューブリード、松本文男とミュージックメーカーズ（交互出演）　出＝美空ひばり、松原貞夫、村越恒彦、矢倉鶴夫
▶今までのショーの2本立から、映画と演劇の名場面を取り入れ、お芝居仕立てで進めていく新趣向。第1部は人生を詞に託した『不死鳥』という舞踊で締めくくり。第2部は"歌の饗宴"。

### 11月2日～12月26日
**《ミュージカル》**
**屋根の上のヴァイオリン弾き**
**ショラム・アレイハムの小説による**
台＝ジョセフ・スタイン　音＝ジェリー・ボック　詞＝シェルドン・ハーニック　オリジナルプロダクション演出・振＝ジェローム・ロビンス　日本再演の演出・振＝サミー・ベイス　訳＝倉橋健　訳詞＝若谷和子、滝弘太郎　演補＝宮崎紀夫、佐藤浩史　振補＝坂上道之助　音監＝福井峻、滝弘太郎　装＝ボリス・アロンソン、真木小太郎　衣＝真木小太郎　照＝大庭三郎　効＝本間明　指＝大谷義一　製＝佐藤勉、永野誠　出＝テヴィエ：森繁久彌、ゴールデ：淀かおる、ツァイテル：大空眞弓、ホーデル：安奈淳、チャヴァ：松岡由利子、ラザール・ウォルフ：谷啓、パーチック：井上孝雄、モールチャ：友竹正則、イエンテ：賀原夏子、モーテル：富松千代志、ユッセル、クラリネット吹き：安田伸、巡査部長：須賀不二男、司祭：益田喜頓
▶昭和51（1976）年の帝劇公演後、森繁久彌の発案により、東北・北海道を巡演。出演者・オーケストラを含めると総勢100名を超える大所帯。昭和53（1978）年には森繁久彌の出身地、大阪の梅田コマ劇場で涙の凱旋興行。東宝（株）が『屋根の上のヴァイオリン弾き』の成果に対し、昭和53年度文化庁芸術祭賞大衆芸能部門優秀賞を受賞。

『楊貴妃』長谷川一夫、高峰三枝子

『ハムレット』山岡久乃、平幹二朗、金田龍之介

# 蜷川幸雄と東宝——その軌跡

日本を代表する演出家として文字通り世界に名を馳せた蜷川幸雄（1935—2016）。
1983年『王女メディア』のヨーロッパ公演を皮切りに
毎年のように海外公演を行い、シェイクスピアからギリシャ劇、
日本の古典から現代劇まで、晩年に至ってもなお枯れることのない創作意欲で
作品を放ち続けた。その蜷川は、帝国劇場（以下、帝劇）の歴史においても
忘れることのできない足跡を刻んでいる。

蜷川幸雄 ©ニナガワカンパニー

　俳優からスタートし、1969年に演出家デビュー。小劇場を中心に先鋭的な舞台で注目されていた蜷川が、初めて大劇場の演出を手掛けたのが、1974年、日生劇場における東宝製作・市川染五郎（現・松本白鸚）主演『ロミオとジュリエット』だった。当初演出予定だったイタリアの名匠フランコ・ゼッフィレッリが来日できなくなり、急遽候補に挙げられた日本人演出家の1人だったのである。当時東宝のプロデューサーだった中根公夫が、京都で時代劇の撮影中だった（当時はまだ俳優業も続けていた）蜷川を訪ねると、蜷川はその場で『ロミオ～』の演出プランを滔々と語り出した。

元プロデューサー中根公夫

　「演劇論も何もない。『ブリューゲルの絵みたいにしたい』と言って、彼は芝居の冒頭から具体的な演出プランを述べたんです。それが決め手でした。舞台の出来も期待以上で素晴らしかった。稽古中にさんざん蜷川さんに怒鳴られていた役者たちも、『中根さん、いい演出家見つけましたね』なんて言うんです。この演出家ならついていこう、と役者に信頼される資質を彼は持っていました」（中根）

　以降、日生劇場で染五郎主演の『リア王』（1975年）、『オイディプス王』（1976年）を手掛けたのち、1977年『三文オペラ』で帝劇に初登場。クルト・ワイル音楽によるブレヒト作品を、平幹二朗、栗原小巻、上月晃、若山富三郎らの顔合わせで上演し、多くの観客を集めた。翌年、帝劇での平主演による『ハムレット』で、蜷川は生涯8度演出を手掛けたシェイクスピアの傑作に初めて挑んでいる。

## 大ヒット作『近松心中物語』の誕生

　それまで大劇場で蜷川が演出した作品は全てヨーロッパの古典・近代古典劇だったが、ここで大きな転換期が訪れる。
　「蜷川さんとはヨーロッパ古典劇を日本のお客さんに現代劇として届けるという仕事をしてきましたが、今度は日本の古典を現代劇としてやろう、と。そこで秋元松代さんに近松門左衛門作品を題材にした新作をお願いすることにしました」（中根）
　『常陸坊海尊』『七人みさき』などの骨太な戯曲で知られる秋元は「蜷川ならば」と依頼を承諾する。そして誕生したのが、1979年、帝劇で初演された『近松心中物語』だった。近松の『冥途の飛脚』や『ひぢりめん卯月の紅葉』などを下敷きに、秋元は"梅川・忠兵衛"（太地喜和子・平幹二朗）と"お亀・与兵衛"（市原悦子・菅野忠彦〈現・菜保之〉）という対照的な二組の恋人たちの心中の行方を、迸る愛の物語として描き出した。スタッフもアートディレクターに辻村ジュサブロー、装置に朝倉摂、照明に吉井澄雄、効果に本間明、振付に花柳錦之輔という才能が結集し、猪俣公章作曲、森進一による主題歌も大きな話題を呼んだ。以後、再演を繰り返し、上演1000回以上を数える蜷川の代表作の一つとなったのである。
　自作の上演に厳しく、稽古中も気の抜けた芝居をする役者には

『近松心中物語』（1979）平幹二朗、太地喜和子
降りしきる雪の中、心中へと突き進む忠兵衛と梅川のクライマックスに観客は陶然となった。森進一が歌う主題歌〈それは恋〉の相乗効果も絶大

「機関銃でぶち殺したい」などと容赦がなかった秋元も、舞台成果を誰よりも喜んだ。特に演出家としての蜷川の才能が冴え渡ったのは、一人生き残った与兵衛が、幕開けと同じ廓の喧騒の中に消えてゆく幻想的なラストシーンだ。当初の台本は「済まんけど、寿命のくるまで生かしといてや」という与兵衛の台詞で幕切れとなっていた。

「稽古中に蜷川さんが、『最後は幕開けの大坂新町のセットに戻して、群衆をもう一度揃えたい。その中に一人きりになった与兵衛が彷徨って消えていきたいんだ』と。これを聞いた時に、この人は天才だと思いました。キャスター付きの2階建てのセットを動かさないといけないから大ごとです。でもスタッフもみんな蜷川さんがそう言うならと協力してくれて、幕切れの名シーンが生まれた。秋元先生も膝を叩いて納得して、最後に『幻影の揚屋町と群衆』と書き足した生原稿を蜷川さんにあげていました」(中根)

『近松心中物語』の成功を受けて、帝劇では同じく〈秋元・作×蜷川・演出〉の顔合わせによる『元禄港歌』(1980年)、『南北恋物語—人はいとしや』(1982年)が続けて登場。

大劇場の公演といえばまずキャストの顔ぶれが観客動員を左右すると言われていた時代に、蜷川は演出家の名前で話題も観客も集められる稀有な存在となっていった。

## "ミューズ"浅丘ルリ子とのタッグ

そんな蜷川と中根が1985年、帝劇で久々に秋元作品以外の芝居を手掛けたのが、浅丘ルリ子主演、堀井康明脚本の『にごり江』だ。誰もが知る映画界の大スター・浅丘の初舞台は1979年、やはり蜷川演出による日生劇場での『ノートルダム・ド・パリ』だった。若山富三郎の熱心な誘いもあり挑戦したものの、「生きた仔ヤギを抱えて客席から登場する」など初舞台の浅丘にはいささか刺激が強すぎたようで、以後しばらく舞台からは遠ざかっていた。それでも蜷川演出ならばと、1984年、樋口一葉原作による久保田万太郎脚本を堀井康明が翻案した『にごり江』を日生劇場で初演し、翌年、帝劇で再演の運びとなったのだった。

浅丘の大きな魅力は、凛とした佇まいと、そのか細い身体にもかかわらず、大劇場の天辺までピンと届く透き通った声にある。

「浅丘さんは、蜷川さんが要求する声を持つ数少ない女優さん。蜷川さんとの相性が良くて、何度も出ていただきました」(中根)

浅丘自身、初めて帝劇の舞台に立つ際には「嬉しさと、本当に自分にできるのかという怖さと、両方が入り混じっていた」と振り返るが、そんな浅丘に対して蜷川は自ら舞台に立ち、声の出し方から動きの見え方まで、全てをまずデモンストレーションして見せた。

『にごり江』(1998)浅丘ルリ子 1985年以来の帝劇再演となった蜷川×浅丘コンビの名作。樋口一葉の世界に生きる薄幸の女性像が浅丘によく似合う。気だるく煙草を吸う姿も美しい

「私を客席に座らせて、『このくらいの声でしゃべると、こんな感じで聞こえます』などと、何から何まで見せてくださったんです。『こんなに大きな劇場でやるのだから、声はもっと張らないとダメですか』と訊くと、『無理して大きな声を出す必要はありません。いつも通りで結構です』と仰って。今の私が持っているものを出せばいいんだ、と安心しました。"大きな芝居"が苦手な私のことをよく分かってくださって、嬉しかった。蜷川さんとのお仕事はいつも無理なくやらせていただくことができました」(浅丘)

蜷川にとっても浅丘との出会いは、情熱的な秋元戯曲とはまた趣の違う、いわば"静"の世界での女優劇と向き合う新たな機会でもあった。

そして長年女優劇を上演してきた帝劇にとっても、斬新な手法で大きな舞台空間を作り上げた蜷川の『にごり江』は、商業演劇と新劇、アングラのボーダーを取り払うきっかけの一つになったといえるだろう。その後、栗山民也や江守徹など様々なフィールドの演出家が帝劇に進出し、それぞれのアプローチで帝劇にふさわしい女優劇を演出することになる。

蜷川は更に、泉鏡花の初期作品を原作にした『貧民倶楽部』(1986年)で、浅丘と沢田研二というスターの共演を実現させた。

「沢田さんは大変な人気でしたから、そんな方と一緒にやれるなんて嬉しかったですよ。でも彼は芝居で目立とうとするところが全くなくて、それがとっても素敵だったんです。蜷川さんも『こういう人はいない』ってすごく喜んでいらした」(浅丘)

浅丘と蜷川は、テネシー・ウィリアムズの傑作を、日本を舞台に翻案した『欲望という名の市電』(1988年)、『カルメンと呼ばれた女』(1997年／井上思との共同演出)、『にごり江』の再演(1998年)まで、帝劇での共同作業が続いた。

## 演出家名を冠した『NINAGAWA・マクベス』

少し時計の針を巻き戻す。1978年から1980年まで、蜷川は『王女メディア』『近松心中物語』『NINAGAWA・マクベス』という、のちに再演を繰り返す代表作の初演を3年連続で放っている。このうち帝劇で初演したのは前述の『近松心中物語』だけだが、1980年に日生劇場で初演、1985年にはオランダ、英国・エジンバラ公演、1987年には英国ロンドン・ナショナル・シアター公演で観客を熱狂の渦に巻き込んだ『NINAGAWA・マクベス』は、ロンドン凱旋公演として帝劇にも登場している(1987年)。『マクベス』といえば、黒澤明監督が戦国時代の日本に翻案した映画「蜘蛛巣城」(1957年)が有名だが、蜷川演出版では絢爛豪華な安土桃山時代に舞台を移し、かつ役名や地名などはシェイクスピア戯曲そのままに演じられた。「NINAGAWA」という演出家名を冠した大胆なタイトルは、当初から蜷川演出が世界標準であると確信していた中根プロデューサーのアイディアだ。

「日本を舞台にした蜷川幸雄が作るシェイクスピアだということを、題名ではっきりさせたかったんです。蜷川さんは渋っていましたが、押し通しました。『マクベス』のご当地エジンバラでの上演後、『シェイクスピアが生きていたらこのように上演したいと思っただろう』と書かれたカードを観客からもらったことも忘れられません。当時、蜷川作品は日本の批評家には8割がた貶されていましたが、普遍的でグローバルなものだと証明したかった。厳しいロンドンをはじめ海外では批評家から軒並み絶賛されたので、"世界のニナガワ"というキャッチフレーズを東宝宣伝部が付けたんです」(中根)

舞台は巨大な仏壇。2人の老婆がその扉を開けると、満開の桜の下で異形の魔女3人が舞っている——という幕開きから日本人の美意識に強く訴えかける演出は、帝劇公演でも固唾をのんで迎えられた(装置=妹尾河童)。魔女とコミカルな門番という異質な2役を持ち役とした大門伍朗は蜷川作品には欠かせない俳優で、赤ふんどしの門番は特に海外公演で大評判に。「履いていた高下

『NINAGAWA・マクベス』(1987)世界に衝撃を与えた蜷川版シェイクスピア。巨大な仏壇の扉が開き、禍々しいほど美しく満開に咲く桜の下で3人の魔女はマクベスにある予言を与える。欲望と野心から自滅していくマクベス夫妻の凄絶な悲劇

駄の歯が1本欠けちゃって、そのままトントンって歩いたら笑いがきてね。『テンペスト』でもふんどしに唐草模様の前掛けで海外では大受けでした。蜷川さんが『なんでお前はシェイクスピアなのにふんどしなの?』って」(大門)

大衆演劇出身で、歌に踊りにと芸の素養があり、三木のり平の舞台でも重宝された大門は、『近松心中物語』の初演から太鼓持ち役で参加している。『南北恋物語』では、本番中に舞台から客席に落下した山岡久乃を救出する珍事も。「舞台上の泥田んぼに山岡さんが足を滑らせてね。でも平気な顔で芝居を続けていましたよ。金田龍之介さんが『大正の女は強いね』って」(大門)

蜷川作品での当たり役を多く持つ大門のような存在が、西洋の古典作品であっても、日本人の土着的な感性を刺激する蜷川演出の大きな強みとなっていたことは間違いない。

『近松心中物語 それは恋』(1981)山岡久乃(左端)、大門伍朗(中央左)
出演者数100人近くが舞台上に溢れ、大坂新町の喧騒を具現化。群衆シーンは蜷川演出の真骨頂だが、蜷川自身は「群衆」という言葉を嫌い、一人一人に廓町を行き交う人間としてのリアリティーを求めた

## 人生を変えた蜷川との出会い

蜷川作品になくてはならない俳優がいる一方で、蜷川との出会いで大きく運命が変わった俳優もいる。本田博太郎は蜷川も輩出した劇団青俳の研究生時代に、日生劇場『リア王』(1975年)のオーディションに合格。以来、蜷川作品に若手俳優の1人として参加していた。『近松心中物語』の初演にはあぶれ者役などで出演。ところが公演中盤、主演の平幹二朗が腰痛で急遽休演せざるを得なくなり、代役として本田に白羽の矢が立ったのだ。出番がない時も毎日袖で食い入るように舞台を見つめる本田の姿を知っていた、蜷川と中根による抜擢だった。

「人生最大の大事件でした。無名の演劇青年が、帝劇という大きな劇場でそんな出会いを持てたことが奇跡です。当時役者としては食えず、大工の棟梁から腕前を買われ腹を括っていました。でもこの舞台だけはやり遂げたいと、稽古から素晴らしかった平さんの芝居を舞台袖から見て勉強させてもらっていたんです。それを蜷川さんがご覧になっていた。一晩で台詞を覚えて、命懸けでした。『毅然として、心だけでやればいいんだ』と言ってくださった蜷川さん、出番の前に舞台袖に置いた氷水のバケツで手足を冷やして心中に向かう心の震えを体現していた梅川役の太地さんをはじめ、皆さんが無名の兄ちゃんを何とか引っ張り上げようとしてくださった。全員が演劇に対する純粋な心で一つの方向に向かっていたのだと思います。田舎から出てきた青年が遊女に惚れて突っ走るという忠兵衛のキャラクターに、僕自身がダブって見えたのかもしれません。演劇の魂、演劇の原点を教わりました」(本田)

『近松心中物語』(1979)本田博太郎、太地喜和子
一晩で台詞を叩き込み平幹二朗の代役を千穐楽まで務めた本田は「夢の中にいるようだった」と振り返る。それを受けた太地も覚悟を決めたすごみを見せた

それほど本田にとって『近松〜』の経験は大きかった。「燃焼し尽くしました。今、この思い出を話す機会をいただいて、『原点回帰しろよ』と蜷川さんに言われている気がします」(本田)

現在、東宝のプロデューサーとして数多くの作品を手掛ける岡本義次は、初期蜷川作品の多くに演出補、演出助手として携わった。『近松心中物語』初演の代役事件時には本田の台詞覚えに徹夜で付き合うなど、その顛末も鮮明に覚えている。蜷川の芝居づくりを間近で眺め、共にしていた1人だ。

「蜷川演劇の魅力は、過剰なほどのイメージの氾濫です。"幕開き3分"で観客の心を掴むために蜷川さんが考え抜いてきたイメージの説明を稽古場で聞くのも楽しかった。俳優には『大事なのは想像力だ』と言っていました。舞台稽古で裸足になって舞台と客席を駆け回っていた蜷川さんの姿、『俺たちは演劇で世界と繋がっているんだ』と語っていた言葉もよく覚えています。演劇に携わる人間は皆同じだと思いますが、演劇に対する愛情を感じる人でした」(岡本)

後にプロデューサーに転じた岡本は再び帝劇で蜷川演出『にごり江』の上演を模索した。しかし蜷川が他劇場の芸術監督を務めていたこと、また脚本家の堀井康明が亡くなったことから叶わなかったという。

## 劇場空間を使いこなす"鳥の眼"

帝劇時代の蜷川と仕事を共にしたスタッフの中でも、110本に及ぶ蜷川作品で照明デザインを手掛けた原田保は、今なお劇団☆新感線公演をはじめ第一線で活躍を続けている。帝劇では、『欲望という名の市電』『テンペスト』(1988年)、『仮名手本忠臣蔵』(1991年)、『カルメンと呼ばれた女』を担当。多くの蜷川作品で活躍した師匠の吉井澄雄から、PARCO西武劇場(現・PARCO劇場)の『黒いチューリップ』(1983年)でプランを任されたことが蜷川との出会いだった。

「吉井さんが、蜷川さんと僕は合うんじゃないかと思ったようです。『欲望〜』の時は30代半ばの生意気盛り。回想シーンでフランス人形の写真をゆらゆら揺れるカレイドマシーンで壁中に映したり、初めての帝劇でやりたいようにやらせてもらいました。蜷川さんは黙って見ていましたね。どの作品でも蜷川さんと照明の打ち合わせはしません。蜷川さんのリクエストは"真っ赤に""燃えるように""情緒的に"といった言葉。演出家が作品をどう見せたいのかを稽古の中で見抜いていく力を付けさせてもらいました。蜷川さんは劇場の器に合わせて作品の大きさを的確に作る演出家で、"鳥の眼"で俯瞰して見るという視点が、大きな特質だったと思います」(原田)

ダイナミックで強烈なビジュアルで観る者を圧倒した蜷川だが、才能豊かな各スタッフから生まれるものを掛け合わせ、ぶつけ合わせることで、蜷川演劇の魅力が構築されていったといえるだろう。

「蜷川さんは戯曲を読む力がある一方で、本質的には美術で言うインスタレーション作家だったと思います。空間をいかに面白く見せられるかを追求した演出家でした」(中根)

21世紀を目前にした帝劇での約20年を彩った蜷川演劇の記憶は、携わったキャスト・スタッフと観客の心にいつまでも残り続ける。

(市川安紀)

『欲望という名の市電』(1988)テネシー・ウィリアムズの原作を日本に翻案した浅丘ルリ子主演作。蝶がピンで留められた巨大な標本箱を表現した舞台セットの中、出演者12名という少数精鋭がヒリヒリと胸を締め付けられる繊細な心理劇を演じた

# 昭和54年 1979

## 秋元松代×蜷川幸雄による斬新な『近松心中物語』が誕生
## 『ラ・マンチャの男』、文化庁芸術祭大衆芸能部門優秀賞受賞

第2次オイルショックが起こり、国内では徹底した省エネ政策がとられた。インベーダーゲームが人気。ソニーからウォークマン、日本電気からパーソナルコンピュータ"PC8001"がそれぞれ発売。3月にアメリカのスリーマイル島の原発放射能漏れ事故が発生。12月、ソ連軍のアフガニスタン侵攻が開始。"口裂け女"の都市伝説が全国に。映画「スーパーマン」（監督＝リチャード・ドナー）、「チャンプ」（監督＝フランコ・ゼフィレッリ）、「銀河鉄道999」（監督＝りんたろう）、「あゝ野麦峠」（監督＝山本薩夫）などがヒット。

### 1月2日～29日
### 《日本美女絵巻》女役者

作・演＝榎本滋民　美＝織田音也　照＝山内晴雄　音＝富崎富美代、堅田喜佐久、杵屋花叟　振＝中村又五郎　効＝本間明　演補＝臼杵吉春　製＝大原由紀夫　出＝山田五十鈴、春日野八千代、神代錦、甲にしき、藤間弓子、香川桂子、市村家橘、田中明夫、英太郎、中村又五郎、片岡孝夫

▶"女團十郎"ともたたえられた女役者"市川九女八"を主人公に榎本滋民が書き下ろし。明治初期という時代背景から女優の地位は恵まれていなかった。明治後期、まさに"帝国劇場"の誕生とともに女優の地位は向上。しかし九女八の場合、誕生が早すぎたために"女優"の流れに乗れず"女歌舞伎役者"

『近松心中物語』平幹二朗、太地喜和子

に留まった。榎本は、「こういった人間を捨て石にして、歴史は前に進むことを、恵まれた状況にいる後世の人間は、ことに日本演劇界の後輩たちは忘れてはならないと思う」とプログラムに寄稿。

### 2月2日～3月8日
### 近松心中物語

脚＝秋元松代（近松門左衛門作品より）　演＝蜷川幸雄　アートディレクター＝辻村ジュサブロー　装＝朝倉摂　照＝吉井澄雄　音＝猪俣公章　振＝花柳錦之輔　効＝本間明　衣裳担当＝堀井康明　考＝林美一　劇中歌唱＝森進一　演補＝岡本義次　製＝中根公夫、安達隆夫　出＝亀屋忠

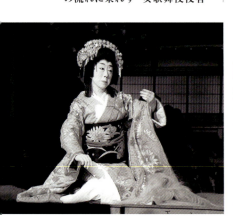
『女役者』山田五十鈴

【 主な出来事 】
- 2月2日　谷口吉郎（建築家）没。享年74。
- 3月22日　国立劇場演芸場、開場。
- 4月13日　新橋演舞場にて、"澤田正二郎50年祭新国劇公演"と銘打ち『極付国定忠治』ほか上演（～30日）。
- 9月3日　六代目三遊亭圓生没。享年79。
- 9月3日　『おもろい女』を芸術座で上演（～10月28日）。のちに、森光子と芦屋雁之助が昭和54年度文化庁芸術祭演劇部門大賞を受賞（昭和55年1月25日）。
- 10月1日　初代水谷八重子没。享年74。
- 10月5日　新国劇、負債を負って倒産。

兵衛：平幹二朗、梅川：太地喜和子、傘屋与兵衛：菅野忠彦、お亀：市原悦子、砂塚英夫、緋多景子、塩島昭彦、三戸部スエ、大門伍朗、人形出遣い：辻村ジュサブロー、金田龍之介、山岡久乃、本田博太郎（23日より平幹二朗の代役）

▶近松門左衛門の『冥土の飛脚』、『ひぢりめん卯月の紅葉』とその続編『跡追心中卯月のいろあげ』に材を採り、秋元松代が劇作。心中に成功した"梅川・忠兵衛"と、女だけが死に男が残される"お亀・与兵衛"という二組を対比して描きドラマに奥行きをもたらした。秋元作詞、猪俣公章作曲、森進一唄による劇中歌も効果をあげ、主題歌〈それは恋〉がヒット。途中、平幹二朗が腰痛で休演するが、本田博太郎が一晩でセリフを覚え2週間にわたり代役を務めた。

### 3月12日～4月25日
### 女の園

作・演＝小幡欣治　装＝織田音也　照＝氏伸介　音＝小川寛興　衣＝朝倉摂　効＝本間明　振＝松原貞夫　演補＝水谷駿夫　製＝細川潤一　出＝山田五十鈴、新珠三千代、中村勘九郎、和泉雅子、藤波洸子、小柳久子、夏川かおる、衣通月子、吉田日出子、芦屋雁之助、岡田嘉子

▶前年、東宝（株）が小幡欣治作・演出の喜劇『隣人戦争』（芸術座）の企画と成果に対し、昭和53年度文化庁芸術祭演劇部門大賞を受賞。昭和2（1927）年から昭和18（1943）年までにおける服飾の世界を描きつつ、同時に社会なり、生活なりを舞台化したい、と小幡は記している。和装から洋装へと変わってゆく服飾の世界は、女たちの華やかな戦いの場所。しかし戦時色が濃くなり、洋服は国民服に、着物はモンペにと、ファッションは追いやられていく。

### 5月1日～29日
### 《菊田一夫追慕演劇祭》暖簾

原＝山崎豊子　脚・演＝菊田一夫　美＝浜田右二郎　照＝小木直樹　音＝古関裕而　効＝辻亨二　演補＝本間忠良　製＝津村健二、永野誠　出＝森繁久彌、司葉子、西郷輝彦、芦屋雁之助、入川保則、大原ますみ、横沢祐一、荒木将久、古川緑九、富松千代志、内田朝雄、曾我廼家鶴蝶、林美智子

▶「大阪もの」に定評のあった菊田一夫の七回忌を追慕して上演。昭和32（1957）年、芸術座の柿落し作品で、山崎豊子の生家の昆布屋をモデルとした小説処女作でもあった。「暖簾は商売人の命だす……」と頑なに暖簾を守り通す、利にさとい大阪商人の奮闘ぶりを森繁久彌がユーモアたっぷりに演じた。

### 6月2日～27日
### 長谷川一夫帝劇6月特別公演　吹けよ川風　新説梅暦

原＝為永春水　脚＝三田純市、堀井康明　詞＝西沢裕子　演＝長谷川一夫　作舞・振＝西川鯉三郎　振＝喜多弘　演補＝伊藤寿朗　美＝渡辺正男　音＝橋場清　清元＝清元栄三郎　新内＝鶴賀朝大夫　俗曲＝日本橋きみ栄　鳴物＝住田長三郎

左/『百年目の幽霊』草笛光子、中村勘三郎、益田喜頓
右/『下関くじら屋』十朱幸代、浜木綿子、乙羽信子

照=今井直次 効=本間明 製=前田昭、酒井喜一郎 出=長谷川一夫、波乃久里子、林成年、谷口完、江波隆、中村又五郎、長谷川季子、長谷川稀世、三浦布美子、春日野八千代、尾上梅幸(特別出演)
▶江戸時代の戯作者・為永春水の『春色梅児誉美』を新解釈のもとに舞台化。江戸の町は春水の人情本「春色梅児誉美」の主人公丹二郎の二枚目ぶりに沸いていた。ところが、作者の春水(長谷川一夫)は堅物で女性に縁がない。心配した姉のお勝(尾上梅幸)は春水を吉原に遊びに行かせるが……。

### 7月3日〜29日
#### 《喜劇》百年目の幽霊
作・演=平岩弓枝 美=古賀宏一 音=小川寛興 照=吉井澄雄 効=本間明 振=坂上道之助、西川左近 衣デ=小峰リリー 魔術監督=渚晴彦 陣=安川勝人 演補=小野田正 製=菅野悦晴 出=中村勘三郎、草笛光子、安奈淳、一の宮あつ子、有川博、立原博、益田喜頓、新珠三千代
▶江戸時代、日本の風習に習い父親の仇打ちに出かけたフランス人伯爵は、あえなく返り討ちにあう。天国で仏教とキリスト教の縄張り争いに巻き込まれ、哀れ幽霊に。100年後、その伯爵の居城を買い取るために訪ねた日本人は、江戸で伯爵との縁の深い子孫たちだった。

### 8月2日〜30日
#### ロミオとジュリエット
作=ウィリアム・シェイクスピア 訳=小田島雄志 演=蜷川幸雄 装=朝倉摂 照=吉井澄雄 音=福井峻 振=川西清彦 衣=小峰リリー 効=本間明 剣技=亀井恒 演補=岡本義次 製=中根公夫、細川潤一 出=ロミオ:本田博太郎、ジュリエット:藤真利子、ティボルト:尾藤イサオ、パリス:松橋登、マキューシオ:青山達三、大道芸人:清水イサム、ベンヴォーリオ:菅生隆之、モンタギュー:瀬下和久、キャピュレット夫人:檜よしえ、モンタギュー夫人:井守ヒロミ、エスカラス:池田鴻、ジュリエットの乳母:山谷初男、キャピュレット:横内正、ローレンス神父:金田龍之介
▶日本のシェイクスピアの歴史を変えたと言われた想像力豊かな蜷川版『ロミオとジュリエット』は、昭和49(1974)年5月、市川染五郎、中野良子のコンビで日生劇場にて初演。『近松心中物語』で、アンサンブルの中から抜擢されて、代役を務めた本田博太郎と藤真利子という新しい才能による斬新な舞台となった。

### 9月3日〜30日
#### 下関くじら屋
作・演=小幡欣治 美=織田音也 音=内藤孝敏 照=氏伸介 効=本間明 振=花柳錦之輔 邦=芳村伊十七 作調=堅江喜佐久 歌舞伎指導=中村又蔵 演補=佐藤浩史 製=酒井喜一郎 出=浜木綿子、十朱幸代、浅野ゆう子、深江章喜、門田美恵子、山本學、三上直也、山田芳夫、伊藤享治、一の宮あつ子、乙羽信子、中村翫右衛門(特別出演)
▶下関の妓楼"くじら屋"の盛り返しに賭ける女たちの奮闘劇。したたかに生きる女たちをユーモアと人情でつづる。

### 10月5日〜29日
#### ひとすじの道 歌声は世界をめぐる
企構=加藤喜美枝 脚=かとう哲也 演=水谷幹夫 美=小林雅夫 音=南安雄、佐伯亮、佐々永治 振=浦辺日佐夫、松原貞夫 照=有馬裕人 衣=神取宏全 響=松下雷郎、タチバナ音響 効=サウンドエース 製=黒田耕司 賛=ひばりプロダクション(株) 出=美空ひばり、香山武彦、松原貞夫(ダンサー)、宇都宮グループ(大正琴)、酒田宏聡(尺八)、瀬上養之助(パーカッション)、湯藤温夫(ギター)、松本文男とミュージックメーカーズ、東宝ストリングス(演奏)、松本文男、佐伯亮(指揮)、ミュージカルアカデミー、浦部ダンシングチーム、新宿コマ・ダンシングチーム、劇団東宝現代劇
▶美空ひばりの芸能生活33周年と帝劇連続10回出演を記念して上演。公演のすべてがショー形式で、日本民謡の数々や波止場メドレーのみならず、タイトル通りに世界中の歌を歌いあげた。

### 11月2日〜28日
#### 《ミュージカル》ラ・マンチャの男
脚=デール・ワッサーマン 詞=ジョオ・ダリオン 音=ミッチ・レイ 訳=森岩雄、高田蓉子 訳詞=福井峻 オリジナル演出・振=アルバート・マール、ジャック・コール 演=中村哮夫 振・演協=エディ・ロール、坂上道之助、マリー・ベッティーニ 振助=森田守恒 装=ハワード・ベイ、真木小太郎 照=吉井澄雄 衣=ハワード・ベイ、パットン・キャンベル、真木小太郎 音監=滝弘太郎、内藤孝敏 音指=伊沢一郎 効=依田征矢夫 演補=宮崎紀夫 製=佐藤勉、安達隆夫 出=セルバンテスとドン・キホーテ:市川染五郎、アルドンザ:上月晃、サンチョ:小鹿番、カラスコ博士:西沢利明、アントニア:江崎英子、隊長:原田清人、家政婦:村島寿深子、マリア:冨田恵子、床屋:木島新一、ムーア人の娘:蘭千子、神父:友竹正則、牢名主と宿屋の主人:上條恒彦
▶この年、東宝(株)が『ラ・マンチャの男』の成果に対し、昭和54年度文化庁芸術祭賞大衆芸能部門優秀賞を受賞。「事実とは真実の敵なり」、「狂気とは……あるべき姿のために戦わないことだ」といった名台詞の数々が、ミュージカルといえど、男性客からも多くの支持を得たのか。

### 12月2日〜26日
#### 大石内蔵助 おれの足音
原=池波正太郎 脚=小野田勇 演=高瀬精一郎 美=浜田右二郎 音=尾上和彦 照=吉井澄雄 陣=湯浅謙太郎 効=本間明 振=花柳美香衛 邦=杵屋佐之忠 演補=臼杵吉春 製=柏原正一 出=大石内蔵助:中村梅之助、大石りく:草笛光子、於千:河原崎国太郎、お幸:三浦布美子、堀部安兵衛:嵐圭史、浅野内匠頭:嵐芳三郎、浮橋太夫:和田幾子、瑤泉院:いまむらいづみ、恵比須屋市兵衛:市川岩五郎、服部小平次:三木のり平、鶴見内蔵助、堀部弥兵衛:中村翫右衛門
▶東宝・前進座提携作品。前進座は33年ぶりの帝劇登場。NHK大河ドラマ「元禄太平記」の脚本を手掛けた小野田勇が池波正太郎の小説「おれの足音」を基に脚本を担当。「人というものは食べて眠ってほどよき女を抱いて暮らすことが幸せ」という大石内蔵助の平凡な願いは、内匠頭殿中刃傷の知らせによって破られる。歴史上のヒーローを新たな視点でとらえた舞台化だ。

『ラ・マンチャの男』市川染五郎

# 1980 昭和55年

## 『近松心中物語』チームによる『元禄港歌』が登場
## オールキャスト『女たちの忠臣蔵』上演

ステージ上にマイク1本を残し、山口百恵が引退。
西側諸国と中国がソ連のアフガニスタン侵攻に抗議し、モスクワ・オリンピックをボイコット。9月、イラン・イラク戦争が勃発。12月にジョン・レノンが射殺。
映画「地獄の黙示録」（監督＝フランシス・F・コッポラ）、「影武者」（監督＝黒澤明）、「復活の日」（監督＝深作欣二）などがヒット。

### 1月2日～30日
#### 草燃える
原＝永井路子「北条政子」より　脚・演＝小幡欣治　美＝織田音也　照＝吉井澄雄　音＝小川寛興、富崎富美代　効＝本間明　振＝中村又五郎　陣＝湯浅謙太郎　演補＝水谷幹夫　製＝細川潤一　出＝北条政子：山田五十鈴、北条時政：中村又五郎、北条保子：小山明子、牧の方：甲にしき、静御前：多岐川裕美、源義経：江藤潤、大姫：久保にしき、志水冠者義高：長谷川裕二、捨丸：小島三兒、磯禅師：長谷川季子、源頼朝：田村高廣

▶脚本の小幡欣治は、肉親が北条政子の深い愛を裏切るかのごとくかたわらをすり抜けていく悲劇を3時間の舞台に凝縮するため、頼朝の死をもって終章とした。タイトルについて、原作の永井路子は「草深い平野に炎が燃え広がるように、新しい時代が作られてゆくその情熱と、自身もまたその炎の中で我が身を焼き尽くさずにはいられなかった政子その人を象徴したものです」と書いている。

### 2月2日～28日
#### 《ミュージカル》ラ・マンチャの男
脚＝デール・ワッサーマン　詞＝ジョオ・ダリオン　音＝ミッチ・レイ　訳＝森岩雄、高田蓉子　訳詞＝福井峻　オリジナル演出・振＝アルバート・マール、ジャック・コール　演＝中村哮夫　振・演協＝エディ・ロール、坂上道之助、マリー・ベッティーニ　振助＝森田守恒　装＝ハワード・ベイ、真木小太郎　照＝吉井澄雄　衣＝ハワード・ベイ、パットン・キャンベル、真木小太郎　音監＝滝弘太郎　音指＝伊沢一郎　音効＝本間明　演補＝宮﨑紀夫　製＝佐藤勉、安達隆夫　出＝セルバンテスとドン・キホーテ：市川染五郎、アルドンサ：上月晃、サンチョ：小鹿番、カラスコ博士：西沢利明、アントニア：江崎英子、隊長：原田清人、家政婦：村島寿深子、マリア：冨田恵子、床屋：木島新一、ムーア人の娘：蘭千子、神父：友竹正則、牢名主と宿屋の主人：上條恒彦

▶前年11月公演の大入りに加え昭和54年度文化庁芸術祭優秀賞受賞を記念したアンコール上演。前回から3ヵ月という異例の早さでの公演となった。市川染五郎が演じわけるセルバンテス、田舎郷士・アロンソ・キハーノ、ドン・キホーテの三重構造の舞台。人生の意義を問う哲学性あふれるテーマに共感して、帝劇に多くの観客が足を運んだ。

### 3月5日～30日
#### 《日本美女絵巻》顔世御前
作・演＝榎本滋民　美＝織田音也　照＝山内晴雄　音＝富崎富美代、堅田喜三久　効＝本間明　振＝中村又五郎　陣＝湯浅謙太郎　朗読＝神田山陽　演補＝臼杵吉春　製＝細川潤一　出＝顔世：山田五十鈴、待女八雲：司葉子、塩路判官高貞：江原真二郎、二条忍子：神代錦、侍従の局：香川桂子、道芝：名取裕子、命松丸：久保にしき、吉田兼好：中村又五郎、高武蔵守師直：江守徹

▶「太平記」を新解釈で榎本滋民が書き下ろし。『仮名手本忠臣蔵』は「太平記」のパロディだが、『仮名手本忠臣蔵』は「大序」、「鶴岡八幡宮の兜改めの場」で、顔世御前の美貌に一目ぼれした師直が横恋慕するのが発端。今回の「日本美女絵巻」は、太平記の時代に戻す設定で、オリジナル史劇を紡いでいる。塩路判官高貞という夫がありながらも、高武蔵守師直に邪恋を強いられ苦悩する顔世御前の悲劇

『とりかへばやものがたり』中村勘三郎、京塚昌子、立原博

を、山田五十鈴が貫録たっぷりに演じた。

### 4月3日～6月30日
#### 《ミュージカル》屋根の上のヴァイオリン弾き
ショラム・アレイハムの小説による

台＝ジョセフ・スタイン　音＝ジェリー・ボック　詞＝シェルドン・ハーニック　オリジナルプロダクション演出・振＝ジェローム・ロビンス　日本再演の演出・振＝サミー・ベイス　訳＝倉橋健　訳詞＝若谷和子、滝弘太郎　演補＝宮﨑紀夫、佐藤浩史　振補＝坂上道之助　音監＝滝弘太郎、福井峻　装＝ボリス・アロンソン　装・衣＝真木小太郎　照＝大庭三郎　効＝本間明　指＝大谷義一　製＝佐藤勉、永野誠　出＝テヴィエ：森繁久彌、ゴールデ：淀かおる、ツァイテル：音無美紀子、ホーデル：安奈淳（4月）、倍賞千恵子（5月）、岡崎友紀（6月）、チャヴァ：松岡由利子、ラザール・ウォルフ：上條恒彦、パーチック：井上孝雄、イエンテ：賀原夏子、モールチャ：石田英二、モーテル：富松千代志、ツァイテル婆さん：冨田恵子、フョードカ：谷岡弘規、ユッセル、クラリネット吹き：安田伸、巡査部長：須賀不二男、

## 【 主な出来事 】

- 1月2日　浅草公会堂にて、昭和33(1958)年以来、『浅草歌舞伎』が復活。
- 2月4日　『NINAGAWA・マクベス』日生劇場にて上演（～ 28日）。
- 3月4日　市川染五郎、日本芸術院賞を受賞。
- 5月30日　天津乙女（宝塚歌劇団月組・宝塚歌劇団理事）没。享年73。
- 8月31日　東宝演芸場閉館。以降の「東宝名人会」は芸術座で不定期公演。
- 10月1日　東京宝塚劇場にて、東宝歌舞伎50回記念公演、舞踊『春夏秋冬』1本立〈春〉『寿式三番叟』、〈夏・秋〉『暗闇の丑松』、〈冬〉『再春雪顔見勢』開幕（～ 29日）。
- 11月3日　中村勘三郎、文化勲章を受章。
- 11月7日　越路吹雪（俳優・歌手）没。享年56。

司祭：益田喜頓
▶昭和54（1979）年9月〜12月、西日本、沖縄巡演後の3ヵ月公演。通算上演回数456回に達した。上條恒彦が初参加。6月10日、貸館の『カネボウ化粧品全国表彰式典』リハーサル中にボヤが発生し、3日間休館、3公演が休演。しかし、森繁久彌が気力で、昼に1回、千穐楽の翌日30日に2回振替公演を行い、予定通り456回の公演を達成。

### 7月4日〜29日
### とりかへばやものがたり

作・演＝平岩弓枝　振＝藤間勘十郎　音＝宮川泰　美＝古賀宏一　照＝吉井澄雄　効＝本間明　振＝ジュン・キョウヤ　コーディネーター＝西川左近　指＝伊沢一郎　演補＝小野田正　製＝酒井喜一郎、菅野悦晴　出＝中村勘三郎、新珠三千代、沢田亜矢子、佐藤佑介、室町あかね、立原博、高橋昌也、真島茂樹、中村梅枝、草笛光子、京塚昌子
▶平安の世を舞台に、天狗のいたずらから男と女を取り違えたことで起こる珍騒動を「今本とりかえばや物語」をベースに平岩弓枝が書き下ろし。左大臣家の女装の兄に中村梅枝、男装の妹姫は草笛光子。男装の妹が嫁（新珠三千代）を迎えるが当然何も起こらない。しかし女装の兄がこの嫁に惚れ、隣の大納言（中村勘三郎）までが惚れ込んで……。勘三郎が歌を披露、コメディ仕立ての和製ミュージカルとなった。

### 8月2日〜9月28日
### 元禄港歌

作＝秋元松代　演＝蜷川幸雄　アートディレクター＝辻村ジュサブロー　装＝朝倉攝　照＝吉井澄雄　音＝猪俣公章　振＝花柳錦之輔　効＝本間明　考＝林美一　劇中歌＝美空ひばり　演補＝岡本義次　製＝中根公夫、安達隆夫　出＝平幹二朗、太地喜和子、菅野忠彦、市原悦子、内山恵司、瀬下和久、中村又蔵、人形出遣い：辻村ジュサブロー、松山政路、嵐徳三郎、金田龍之介、山岡久乃
▶『近松心中物語』と同じスタッフ・キャストで「葛の葉子別れ伝説」を下敷きに作り上げられた意欲作。時は元禄、活気回船問屋の人々と年に一度やってくる旅芸人瞽女（ごぜ）の一団が出会い、思いがけない出来事が起こり、過去が露わに。今回の蜷川演出のイメージは海と椿。咲き乱れる椿の森、その奥に海、劇中常に椿の花が落下し続ける。美空ひばりによる劇中歌〈舟唄〉も、瞽女の三味線とともに観客の心を揺さぶった。

### 10月2日〜29日
### 《喜劇》かえる屋
### 越中富山の萬金丹

作・演＝小幡欣治　美＝織田音也　音＝橋場清　照＝氏伸介　効＝本間明　浄瑠璃指導＝竹本素八　演補＝本間忠良　製＝酒井喜一郎、安達隆夫　出＝浜木綿子、香山美子、園佳也子、深江章喜、門田美恵子、横沢祐一、内山恵司、三上直也、大和田信也、穂積隆信、浅香光代、金子信雄

『元禄港歌』太地喜和子、平幹二朗

▶江戸末期から明治にかけての薬問屋"かえる屋"が舞台。"先用後利"、つまり使った分だけ後で代金をいただく薬売りのシステムが、明治に入り、西洋の新薬の登場という時代の波の中に呑みこまれ……。そんな薬売りを支えたかかあ天下の女たちの機知を描く。

### 11月2日〜28日
### 《ミュージカル》王様と私

作＝オスカー・ハマースタインⅡ世　曲＝リチャード・ロジャース　原＝マーガレット・ランドン（「アンナとシャム王」より）　訳＝森岩雄、高田蓉子　訳詞＝岩谷時子　演＝中村哮夫　演補＝宮﨑紀夫　振＝坂上道之助、森田守恒　音監＝滝弘太郎　音指＝伊沢一郎　装＝渡辺正男　衣＝真木小太郎　照＝吉井澄雄　効＝本間明　製＝佐藤勉、大原由紀夫　出＝王様：市川染五郎、アンナ：安奈淳、タプチム：斉藤昌子、ルンタ：布埜秀坊、総理大臣：金井大、オルトン船長：原田清人、通訳：木島新一、イライザ：室町あかね、チュラロンコン王子：内田慎一、ルイス：萩原純、チャン夫人：淀かおる、ラムゼイ卿：益田喜頓
▶西洋と東洋の対立を描きながらも、人間として普遍の愛の存在を気付かせる。そんなテーマ性がこの作品の息を長くしている。何より歌舞伎俳優でありながら、日本初演で、

『女たちの忠臣蔵』草笛光子、香川京子

初めて王様役を演じ、『ラ・マンチャの男』に続きミュージカルに新風を吹き込んだ市川染五郎の情熱が、この作品に多くの支持をもたらした。

### 12月2日〜27日
### 女たちの忠臣蔵

作＝橋田壽賀子　劇化＝田井洋子　演＝石井ふく子　美＝古賀宏一　音＝木下忠司　照＝氏伸介　効＝本間明　斗＝國井正廣　演補＝佐藤浩史　製＝佐藤勉、安達隆夫　出＝山村聰、草笛光子、岡村清太郎、宮口精二、大空眞弓、松原智恵子、篠田三郎、香川京子、荻島真一、佐藤英夫、岡本信人、坂東八十助、和泉雅子、河原崎次郎、清水郁子、大鹿次代、立原博、三上直也、大路三千緒、中村又五郎、山田五十鈴（特別参加）
▶忠臣蔵四十七士の活躍の陰に隠れ、男たちを支えた女たちを描こうと石井ふく子が発案。前年の12月にテレビ放映された折には、新趣向が評判に。義のために死ぬ男たちはそれでいいだろう。だが、残された女たちはどうなるのか。本懐を遂げさせるため、あるものは吉原に身を沈め、あるものは死を選ぶ。豪華俳優が繰り広げる人間ドラマに、客席からはすすり泣きが途切れなかった。

## 1981 昭和56年

# 帝劇開場70周年、『近松心中物語 それは恋』
# 文化庁芸術祭賞演劇部門大賞を受賞

イギリスのチャールズ皇太子とダイアナ・スペンサーとのロイヤルウェディングに世界が沸いた。スペースシャトル"コロンビア号"の打ち上げが成功。福井健一がフロンティア電子理論によりノーベル化学賞を受賞。2月にローマ法王ヨハネ・パウロ2世、4月にマザー・テレサが来日。8月に向田邦子が航空機事故により台湾で死亡。
映画「エレファント・マン」（監督=デヴィッド・リンチ）、「連合艦隊」（監督=松林宗恵、特技監督=中野昭慶）などがヒット。

### 1月2日〜28日
### 華麗なる遺産

作・演=小幡欣治　美=古賀宏一　照=氏伸介　音=岩代浩一　効=本間明　振=花柳錦之輔　製=津村健二、細川潤一　出=森繁久彌、竹脇無我（1月）、西郷輝彦（2月）、甲にしき、荒木将久、白都真理、神保共子、中村又蔵、滝奈保栄、内山恵司、左とん平、芦屋雁之助、山田五十鈴

▶帝劇開場70周年記念。森繁久彌、山田五十鈴共演、竹脇無我と西郷輝彦のWキャストという豪華な顔合わせで上演。戦後の混乱期にひょんなことから"祭り屋"という商売を始めた夫婦。ふたりの生きざまを、戦後から現代までの社会の変遷とともにつづる。公演タイトルの『華麗なる遺産』とは、祭りのこと。日本人の心の原点である祭りを守り続ける姿を笑いと涙の中に描いた。

### 3月4日〜30日
### 一絃の琴

作=宮尾登美子　脚=大藪郁子　演=増見利清　演補=宮崎紀夫　美=石井康博　音=池辺晋一郎　照=浅沼貢　効=本間明　振=花柳音二郎　製=大原由紀子　出=司葉子、安奈淳、ジュディ・オング、萩尾みどり、清水郁子、梶三和子、丹阿弥谷津子、米倉斉加年、益田喜頓

▶帝劇開場70周年記念。原作は宮尾登美子の直木賞小説。土佐藩の習事であった"一弦琴"と士族の奏者"高橋苗"の生涯を扱った同作に材をとり、明治半ばから大正に凝縮して劇化。一本の糸に託された女心の哀しさを描く。

### 4月3日〜29日
### 芸能生活35年美空ひばり
### 帝劇4月特別公演
### 歌ひとすじの道

企構=加藤喜美枝　脚=かとう哲也　演=水谷幹夫　美=小林雅夫　音=佐伯亮、佐々永治、成田由多可　振=松原貞夫、家城比呂志　陣=菅原俊夫　照=有馬裕人　衣=神取宏全　音効=松下喜郎、タチバナ音響　製=黒田耕二　製協=ひばりプロダクション　出=美空ひばり、香山武彦、湯藤温夫（ギター）、成田由多可（キーボード）、酒田誠山（尺八）、山内喜美子（琴）、ミュージカルアカデミー、東映剣劇会（アンサンブル）、松原貞夫（ダンサー）、日劇ダンシングチーム、松本文雄とミュージックメーカーズ、東宝ストリングス（演奏）　音指=松本文男、伊沢一郎

▶帝劇開場70周年記念。幕が上がると、裃をつけた美空ひばりが舞台の中央で口上を述べる。3部構成の民謡、殺陣を交えたヒットパレードによる美空ひばり渾身のエンターテインメントショー。

『歌ひとすじの道』美空ひばり

『笹森お仙』江守徹、山田五十鈴

### 【 主な出来事 】
- 1月5日　芸術座での「東宝名人会」開幕。
- 2月15日　日本劇場閉館。
- 2月24日　日本劇場内の日劇ミュージック・ホール閉館。
- 3月5日　日劇ミュージック・ホール、東京宝塚劇場5階に新装開場。
- 5月25日　早稲田大学創立百年を記念した『屋根の上のヴァイオリン弾き』特別公演を大隈講堂で上演。
- 9月1日　浅草国際劇場の経営不振によりSKD（松竹歌劇団）が松竹から分離、松竹土地興行（株）（子会社）所属となる。
- 10月2日　八代目松本幸四郎、初代松本白鸚と改名。九代目幸四郎、七代目染五郎と高麗屋三代の襲名興行を歌舞伎座で行う（〜11月25日）。

### 5月4日〜30日
### 笠森お仙

作・演=榎本滋民　美=織田音也　照=山内晴雄　音=堅田喜久、鶴賀伊勢太夫　効=依田征矢夫　陣=湯浅謙太郎　里神楽・作調振付=松本源之助　演補=北村文典　製=細川潤一　出=山田五十鈴、江守徹、江原真二郎、神代錦、香川桂子、小鹿みき、甲にしき、英太郎、三浦布美子、朝丘雪路、中村又五郎

『スウィーニィ・トッド』鳳蘭、市川染五郎

『佐渡島他吉の生涯』森繁久彌

▶帝劇開場70周年記念。時は江戸時代明和期。江戸随一の美女と称された谷中感應寺裏門際、笠森稲荷鳥居前の水茶屋"鍵屋のお仙"を主人公にした榎本滋民の書き下ろし。お仙は、浮世絵、読売、芝居、浄瑠璃にも取り上げられるアイドル的存在であったが、身を隠すことが必務の将軍家御庭番の妻となり、人々の前から姿を消す。

### 6月3日～28日

#### 雁金屋光琳
かりがねやこうりん

作=松本醇　演=増見利清　美=織田音也　音=池辺晋一郎　照=吉井澄雄　効=依田征矢夫　考=白崎秀雄　衣協=中野忠男　協=生田流協会　演補=伊藤万寿夫　製=酒井喜一郎、細川潤一　出=田村高廣、岡田茉莉子、樋口可南子、児玉利和、大路三千緒、藤代佳子、瀬川新蔵、西山嘉孝、吉行和子、淡島千景

▶帝劇開場70周年記念。放蕩のため京都の実家"雁金屋"を左前にする一方で、大屏風から小物まで、その筆を染めた"尾形光琳"。上演当時の宣伝コピーには"江戸のサンローラン"とあるが、光琳はまさに現在のデザイナーである。型に収まらない光琳の新たな人間像に迫る意欲作。作者の松本醇は東宝現代劇養成所戯曲科出身。

### 7月3日～8月30日

#### 《ミュージカル》
#### スウィーニィ・トッド
#### フリート街の奇妙な床屋

音・詞=スティーブン・ソンドハイム　台=ヒュー・ホウィーラー　原=クリストファー・ボンド　訳=倉橋健、甲斐萬里江　訳詞=滝弘太郎、青井陽治　演=鈴木忠志　振=森田守恒　装=高田一郎　衣=真木小太郎　照=吉井澄雄　音効=依田征矢夫　音監=滝弘太郎　指=伊沢一郎　演補=宮崎紀夫　製=佐藤勉、安達隆夫　出=市川染五郎、鳳蘭、市原悦子、火野正平、山谷初男、沢田矢子、立川光貴、斎藤忠生、坂本長利、木島新一、新宅明、小畑あや、高野美千代、中丸忠雄

▶帝劇開場70周年記念。昭和54(1979)年、ブロードウェイ初演。3月1日～6月29日、ユーリス劇場にて上演。トニー賞8部門ノミネート。ベスト・ミュージカル賞、ミュージカル演出賞(ハロルド・プリンス)を受賞。妻を横取りされ、島流しになっていた床屋のトッドが復讐に燃えてロンドンにたどり着く。トッドはパイ屋の2階で床屋を始めるが、やがて復讐の惨劇の幕が上がる。ソンドハイムの難曲に彩られ、ブラック・ユーモアに満ちた異色作。早稲田小劇場の鈴木忠志が演出。

### 9月3日～26日

#### 大文字屋の嫁

作=堀越真、佐藤京子　演=増見利清　美=古賀宏一　音=池辺晋一郎　照=吉井澄雄　効=本間明　陣=安川勝人　資料提供=田井友季子　演補=佐藤浩史　製=古川清、酒井喜一郎　出=司葉子、中村勘九郎、酒井和歌子、金内喜久夫、立原博、三上直也、竹内幸子、瀬川新蔵、坂東太三郎、有馬稲子、淀かおる、岡田嘉子

▶帝劇開場70周年記念。東宝現代劇戯曲科研究生ふたりのデビュー脚本。仙台藩御用達の米問屋"大門字屋"は「代々嫁は美人たれ」という家訓があり、嫁選びの際のドラマが描かれている。

### 10月2日～30日

#### 佐渡島他吉の生涯

原=織田作之助「わが町」より　脚=椎名龍治　潤・演=森繁久彌　美=浜田右二郎　音=小川寛興　照=浅沼貢　効=秦和夫　演補=永野誠　製=佐藤勉、津村健二　出=森繁久彌、野川由美子、松山英太郎、大村昆、柳川慶子、久慈あさみ、曾我廼家鶴蝶、芦屋雁之助

▶帝劇開場70周年記念。『屋根の上のヴァイオリン弾き』と双璧をなす森繁久彌の和物代表作。昭和34(1959)年、大阪・新歌舞伎座で初演以来、上演を重ね、9演目にして初の帝劇公演となった。第一部『ベンゲットの他ぁやん』、第二部『風雪の人力車』、第三部『浪花の空の南十字星』。無学で無鉄砲で、夢想家で人情家、佐渡島他吉の貧しく、さわやかな一代記。「笑うもんは笑え、わしはこうして生きているのが、わしの一生や」の台詞通り、他人からは喜劇のように見えても、他吉にとっては一心不乱の生きざまなのだ。

### 11月4日～12月26日

#### 近松心中物語 それは恋

脚=秋元松代(近松門左衛門作品より)　演=蜷川幸雄　装=朝倉摂　照=吉井澄雄　音=猪俣公章　振=花柳錦之輔　効=本間明　考=林美一　アートディレクター=辻村ジュサブロー　劇中歌唱=森進一　演補=岡本義次　製=中根公夫、安達隆夫　出=忠兵衛:平幹二朗、梅川:太地喜和子、与兵衛:菅原忠彦、お亀:市原悦子、緋多景子、塩島昭彦、大門伍朗、瀬下和久、水澤摩耶、嵐徳三郎、人形出遣い:辻村ジュサブロー、金田龍之介、山岡久乃

▶帝劇開場70周年記念。『近松心中物語 それは恋』の成果に対し、昭和56年度文化庁芸術祭賞演劇部門大賞を東宝(株)が受賞。初演のヒットに続く再演。

『近松心中物語』太地喜和子、平幹二朗

# 1982 昭和57年

## 有吉佐和子自ら『乱舞』を演出
## 『屋根の上のヴァイオリン弾き』6ヵ月ロングラン

2月、ホテル・ニュージャパンの火災から、防火対策の基準が見直される。日航機DC-8型機の人為的な墜落事件が発生。
上越新幹線が開業。イギリス・アルゼンチン間でフォークランド紛争が勃発。
映画「E.T.」（監督＝スティーヴン・スピルバーグ）、「ブッシュマン」（監督＝ジャミー・ユイス）、「セーラー服と機関銃」（監督＝相米慎二）などがヒット。

### 1月2日～31日
**《喜劇》パリ歌舞伎亭**
作＝小野田勇　演＝三木のり平　演補＝本間忠良　美＝古賀宏一　音＝小川寛興　照＝浦川明郎　効＝依田征矢夫　歌舞伎指導＝中村又蔵　箏曲＝生田流協会　製＝菅野悦晴、細川潤一　出＝山田五十鈴、芦屋雁之助、浅茅陽子、近藤洋介、宮川洋一、三戸部スエ、大路三千緒、門田みえ子、三上直也、クロード・チアリ、井上孝雄、三木のり平

▶小野田勇・作、山田五十鈴、三木のり平による大型新春喜劇。パリにある日本料理の小料理屋"歌舞伎亭"が舞台。下町育ちの江戸っ子女将と大阪育ちの板前の凸凹コンビが巻き起こすエピソードの数々。生田流箏曲が演奏され、山田五十鈴の弁天小僧菊之助、三木のり平の南郷力丸、芦屋雁之助の日本駄右衛門による劇中劇『白波五人男』が上演される。

### 2月4日～28日
**乱舞（みだれまい）**
原・演＝有吉佐和子　脚＝大藪郁子　演補＝臼杵吉春　美＝古賀宏一　照＝氏伸介　効＝依田征矢夫　音＝山本丈晴　邦＝富崎冨美代　振＝西川左近　製＝津村健二、小島亢　出＝山本富士子、三浦布美子、緋多景子、門田みえ子、藤代佳子、平田昭彦、岩井半四郎、安芸秀子、江並隆、山田芳夫、萬代峰子、有馬稲子

▶日本舞踊"梶川流"家元が交通事故で急死。跡目を巡ってさまざまな女の人生が変貌する。残された妻"秋子"を山本富士子が演じる。おとなしく優しかった秋子がそれまでの生き方を一変させ、積極的に家元騒動に立ち向かう。有吉佐和子の原作小説を大藪郁子が脚本化。有吉自らが演出を手掛けた。

### 3月6日～4月1日
**絵島の恋**
原・脚・演＝平岩弓枝　美＝古賀宏一　照＝吉井澄雄　音＝小川寛興　効＝本間明　振＝西川左近　邦＝富崎冨美代　演補＝小野田正　製＝津村健二、田口豪孝　出＝山本陽子、田村亮、叶和貴子、門田みえ子、東郷晴子、横沢祐一、財津一郎、立原博、村田美佐子、一の宮あつ子、林与一、新珠三千代（特別出演）

▶山本陽子が帝劇に初出演。山本の初舞台は、昭和36（1961）年、芸術座『放浪記』での悠紀役だ。大奥の芝居見物がご法度であった時代に、これを起因とした"絵島事件"が起こる。その史実をもとに点と点をつないで、この事件に端を発した大奥の大粛清の顛末を描く。

『パリ歌舞伎亭』山田五十鈴、三木のり平

『乱舞』山本富士子

『鹿鳴館』佐久間良子

## 【 主な出来事 】
- 1月11日　初代松本白鸚（八代目松本幸四郎）没。享年71。昭和50（1975）年、重要無形文化財保持者（人間国宝）に各個認定。昭和53（1978）年、文化功労者、昭和56（1981）年、文化勲章を受章。
- 1月18日　三益愛子（俳優）没。享年81。
- 4月2日　新橋演舞場新装竣工。
- 4月5日　浅草国際劇場でのSKD（松竹歌劇団）レビュー公演が45年の幕を閉じる。
- 5月3日　皇太子同妃両殿下（現上皇上皇后両陛下）、『屋根の上のヴァイオリン弾き』プレミアショーをご観劇。

### 4月5日～30日
**鹿鳴館**
作＝三島由紀夫　演＝石井ふく子　美＝古賀宏一　照＝吉井澄雄　音＝内藤法美　振＝松山樹子　効＝本間明　衣＝西村治瑯　演補＝佐藤浩史　製＝菅野悦晴、安達隆夫　出＝佐久間良子、乙羽信子、奈良岡

朋子、東てる美、江藤潤、伊藤孝雄、小林トシ子、青木玲子、細川俊之、芦田伸介
▶『鹿鳴館』は、かつて杉村春子、初代水谷八重子も演じた名戯曲。佐久間良子の初舞台は昭和44(1969)年、芸術座での『春の雪』であった。それに続き三島文学に挑戦。衣裳費用2000万円、舞踏会のシーンには、ダンス・バンドと100名の出演者を起用する豪華版の舞台となった。

### 5月4日～10月30日

《ミュージカル》
**屋根の上のヴァイオリン弾き**
ショラム・アレイハムの小説による
台=ジョセフ・スタイン 音=ジェリー・ボック 詞=シェルドン・ハーニック オリジナルプロダクション演出・振=ジェローム・ロビンス 日本再演の演出・振=サミー・ベイス 訳=倉橋健 詞=若谷和子、滝弘太郎 演補=佐藤浩史 振補=坂上道之助 音監=滝弘太郎、福井峻 装・衣=ボリス・アロンソン、真木小太郎 照=大庭三郎 効=本間明 指=大谷肇 製=佐藤勉、永野誠、古川清 出=テヴィエ:森繁久彌、ゴールデ:淀かおる、ツァイテル:江崎英子、ホーデル:安奈淳(5月～6月)、大竹しのぶ(7月)、いしだあゆみ(8月～9月)、倍賞千恵子(10月)、チャヴァ:松岡由利子、パーチック:井上孝雄、ラザール・ウォルフ:上條恒彦、モールチャ:田中明夫(5月～6月)、横沢祐一(7月～8月)、友竹正則(9月～10月)、イエンテ:賀原夏子、ツァイテル婆さん:冨田恵子、モーテル:富松千代志、ユッセル、クラリネット吹き:安田伸、巡査部長:須賀不二男、司祭:益田喜頓
▶帝劇初の6ヵ月連続公演。全公演売切となり、日本型ロングランの先駆けに。のちの『レ・ミゼラブル』や『ミス・サイゴン』などの長期公演に大きな指針を与えた。中日、北日本巡演、梅田コマ劇場公演を経て、通算上演回数708回。

### 11月5日～12月26日

**南北恋物語 人はいとしや**
作=秋元松代 演=蜷川幸雄 装=朝倉攝 照=吉井澄雄 音=猪俣公章 振=花柳錦之輔 効=本間明 陣=安川勝人 歌指=大倉由起枝 考=林美一 アートディレクター辻村ジュサブロー 主題歌=〈人はいとしや〉 演補=岡本義次 製=中根公夫、田口豪孝 出=平幹二朗、加賀まりこ、嵐徳三郎、市原悦子、桜むつ子、三谷昇、瀬下和久、吉川雅恵、菅野忠彦、平淑恵、金田龍之介、山岡久乃
▶「江戸三部作」と呼ばれる『近松心中物語』、『元禄港歌』に続く秋元松代・蜷川幸雄による作品。作者は鶴屋南北から離れ、南北の生きた文化・文政期の爛熟した時代の、現代にも通じる人々を創作し、劇化した。蜷川は今回も奇抜な演出プランをぶつけてきた。巨大なのぞきからくりを老婆がのぞくと、やがて両国の盛り場となる。見世物小屋が立ち並ぶその足元は泥田圃。帝劇の舞台に三段階にぬかるみ加減の違う泥田圃が作られた。舞台袖には泥落としのための水槽が用意され、衣裳は泥で汚れるため通常公演の3倍の数が必要となった。毎回、評判となった主題歌は前川清が歌った。

『屋根の上のヴァイオリン弾き』大竹しのぶ、森繁久彌

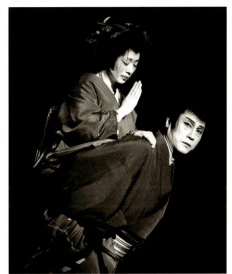

『南北恋物語』加賀まりこ、平幹二朗

---

## COLUMN

## 有吉佐和子と帝国劇場

「私の小説『紀ノ川』が、帝劇という大舞台一杯に流れるのかと思うと、感慨無量なものがあります。青く、優しく、戦争があっても、戦争に敗けても、平然として流れ続けている紀ノ川。それは若い私が、『国破れて山河あり』と気負って筆を持っていたときのことをまざまざと思い出させてくれます」
(『紀ノ川』プログラムより)

　有吉佐和子は幼児期を海外で暮らし、父母から聞く美しい日本に憧れてきた。しかし大戦前夜に帰国した日本は夢見た日本とは全く違っていた。「幻滅、幻滅、がっかりしたわよ。私は異邦人だった」と言っていた。その言葉通り、彼女は異邦人の目で日本と日本人を見つめ続けた作家になった。その視点が幅広い分野の作品に結実した。帝劇でも有吉作品が多数上演されている。『紀ノ川』『乱舞』『香華』『華岡青洲の妻』『芝櫻』などだが、どの作品も背後に彼女の日本と日本人論があった。

　無類の芝居好きだった有吉は女子大時代に歌舞伎研究会に所属し「演劇界」の懸賞論文に応募して3回連続入賞。卒業後、「演劇界」の嘱託として訪問記事を書いた。ニューヨーク留学中も、足繁く観劇していたという。

　娘で大阪芸術大学教授の有吉玉青は「母はふだんからよく劇場に足を運んでいましたし、自分の作品がかかると毎日観に行き、ときにはまだ小さかった私を帝劇にも連れていったものです」と振り返る。

　「開幕ベルは華やかに」は帝劇を舞台にしたサスペンス小説である。歌舞伎の大御所と商業演劇の大スターが初共演する話題の舞台の開幕直前に劇作家が突如降板した。急遽代役に起用されたのが新進の劇作家。彼女は劇作家だった元の夫(今は推理作家)に演出を依頼し、様々なトラブルの末やっと開幕にこぎつけるが、そこへ突如怪電話が入り殺人事件が起こった。演劇界の表も裏も熟知した有吉らしく、舞台作りの裏で起こる演劇人の嫉妬、愛憎、尊敬などを巧みに綴っている。俳優、興行者など様々な人物が登場するが、それぞれにモデルがあり戯画化されている。彼女にはそんな悪戯心もあった。

山本富士子、有吉佐和子

(水落潔)

# 1983 昭和58年

## 森繁久彌主演スペクタクル作品『孤愁の岸』
## 鈴木忠志の異色ギリシャ劇『悲劇』初演

"東京ディズニーランド"がオープン。半年で入場者数615万人を記録。ロッキード事件の田中角栄元首相に実刑判決。任天堂から"ファミリーコンピュータ"が発売され、日本の家庭用ゲーム機産業の嚆矢になる。NHKで「おしん」が放映。映画「フラッシュダンス」(監督=エイドリアン・ライン)、「南極物語」(監督=蔵原惟繕)、「時をかける少女」(監督=大林宣彦)、「探偵物語」(監督=根岸吉太郎)などがヒット。

### 1月2日～30日
**喧嘩三味線**
作=小野田勇　演=戌井市郎　振=藤間勘十郎　演補=北村文典　美=古賀宏一　音=小川寛興　照=山内晴雄　効=依田征矢夫　製=菅野悦晴、細川潤一　出=山田五十鈴、中村扇雀、三戸部スエ、大路三千緒、芦屋雁之助、中村智太郎、英太郎、五大路子、司葉子

▶三味線の名手の柳橋芸者と華族出身の新橋芸者が妍を競う。中村扇雀、智太郎親子の共演など話題づくしの芝居。これまで山田五十鈴は数多くの役を演じてきていたが、この企画を決める席上で、本人自らの口から「東宝に来てから、芸者の主役は一度もやったことがない」と聞き、一同が驚いた。「『本当ですかぁ？』と演劇担当の重役が驚いているのだから世話はない」と小野田勇がプログラムに寄稿。山田の芸者役として広く知られている『三味線お千代』は、昭和61(1986)年、東京宝塚劇場が初演である。

### 2月3日～27日
**乱舞(みだれまい)**
原・脚・演=有吉佐和子　脚=大藪郁子　演補=臼杵吉春　美=古賀宏一　照=氏伸介　効=依田征矢夫　音=山本丈晴　邦=富崎冨美代　振=西川左近、司このみ　ドラム=萩原忠利　製=小島亢　出=山本富士子、三浦布美子、平田昭彦、緋多景子、藤代佳子、安芸秀子、阿井美千子、萬代峰子、中村竹弥、曾我廼家明蝶

▶有吉佐和子が大藪郁子とともに脚本を練り直し、再演にあたった。劇中に登場する舞踊発表会の会場は帝劇だ。

### 3月3日～29日
**明治一代女**
原=川口松太郎　脚・演=平岩弓枝　振=劇中『鷺娘』藤間勘十郎　演補=小野田正　美=古賀宏一　照=小木直樹　音=小川寛興　効=本間明　製=田口豪孝　出=山本陽子、中村勘九郎、安奈淳、田村亮、門田みえ子、横沢祐一、奈月ひろ子、松原千明、立原博、一の宮あつ子、金田龍之介、淡島千景(特別出演)

▶新派の名狂言の脚本を潤色するのではなく、同名小説をもとに平岩弓枝が脚本と演出を担当した、『新版 明治一代女』ともいえる作品。柳橋芸者の叶家"お梅"と若手歌舞伎役者"沢村仙枝"との恋路を描く。

### 4月5日～5月1日
**唐人お吉**
作=服部佳　演=石井ふく子　演補=宮﨑紀夫　美=古賀宏一　音=小川寛興　照=吉井澄雄　効=森本義　製=菅野悦晴　出=佐久間良子、乙羽信子、伊藤孝雄、小林トシ子、門田みえ子、宮川洋一、前田昌明、立原博、一の宮あつ子、芦田伸介

『唐人お吉』乙羽信子、佐久間良子

▶日本開国の犠牲となった"お吉"の波乱の人生を服部佳が描き出す。佐久間良子の汚れ役の鬼気迫る演技に注目が集まった。

### 5月5日～29日
**大奥最後の日**
作・演=小幡欣治　美=織田音也　音=加納光記　照=浦川明郎　効=本間明　振=花柳錦之輔　演補=臼杵吉春　製=柏原正一　出=衣橋：司葉子、桜田淳子、松あきら、天璋院：久慈あさみ、萬代峰子、若原瞳、小野寺昭、辰巳柳太郎(特別出演)、滝山：南田洋子

▶大奥取締り"滝山の局"と天璋院に仕えるお年寄り"衣橋の局"とは日ごろ対立。ところが時は幕末、徳川幕府は今や風前の灯、大奥といえど例外ではない。やがて、衣橋と滝山は共同戦線を張る。官軍に対して徹底抗戦を唱える天璋院に、衣橋と滝山は説得にあたり、城を立ち退くよう進言。大奥の誇りを守り、江戸の町を救うために、天璋院とふたりの局は江戸城を出立する。笑いも盛り込み、従来の"大奥もの"と一線を画した。

### 6月2日～27日
**ロミオとジュリエット'83**
作=ウィリアム・シェイクスピア　訳=小田島雄志　演=マイケル・ボグダノフ(英国ナショナルシアター)　美=クリス・ダイマー　照=吉井澄雄　音=佐藤寛、野口五郎　音効=本間明　振=家城比呂志　演補=尾崎洋一　製=古川清、田口豪孝　出=ロミオ：野口五郎、ジュリエット：古手川祐子、ティボルト：細川俊之、マキューシオ：近藤正臣(特別出演)、ジュリエットの乳母：淀かおる、キャピュレット夫人：松金よね子、キャピュレット：内田朝雄、モンタギュー夫人：一の宮あつ子、モンタギュー：加藤和夫、ベンヴォーリオ：清水幹雄、エスカラス：田中明夫、パリス：重田尚彦、ロレンス：高木均

『ロミオとジュリエット'83』古手川祐子、野口五郎

## 【 主な出来事 】

- 4月13日　二代目中村鴈治郎没。享年81。
- 7月14日　平幹二朗男優による『王女メディア』演=蜷川幸雄、アテネの野外円形劇場にて上演(～15日)。
- 9月2日　芸術座で『放浪記』4ヵ月ロングラン公演スタート(～12月26日)。のちに、昭和58年度文化庁芸術祭賞(演劇部門)で、奈良岡朋子が優秀賞を受賞(昭和59年1月24日)。
- 10月3日　花登筺(小説家・脚本家)没。享年55。
- 10月　新緞帳2張[4日、鐘紡(株)寄贈、26日、富士ゼロックス(株)寄贈]懸垂。
- 11月11日　劇団四季『キャッツ』、東京・西新宿のキャッツシアター(仮設劇場)で初演。無期限上演開始。
- 12月22日　白井鐵造(演出家)没。享年83。

[貸館]3月30日・31日　高峰三枝子リサイタル／12月31日　第25回 輝く！日本レコード大賞

昭和55(1980)年、芸術座で『かもめ』を演出したマイケル・ボクダノフを再び招聘。公演タイトルに"'83"とあるように、シェイクスピアの世界を大胆に現代に置き換えた。バイクやスポーツカーが舞台を交差し、舞踏会はディスコパーティーに、剣はジャックナイフにという具合。ロミオ役の野口五郎が自作の主題歌〈愛をすべてに変えて〉で公演に花を添えた。

### 7月1日〜29日
### 《ミュージカル》ラ・マンチャの男

脚＝デール・ワッサーマン　詞＝ジョオ・ダリオン　音＝ミッチ・レイ　訳＝森岩雄、高田蓉子　訳詞＝福井峻　演＝中村哮夫　振・演協＝エディ・ロール　演補＝宮﨑紀夫　振補＝坂上道之助、森田守恒　装＝ハワード・ベイ　照＝吉井澄雄　衣＝ハワード・ベイ、パットン・キャンベル、真木小太郎　音監＝滝弘太郎　音指＝伊沢一郎　効＝本間明　製＝佐藤勉、安達隆夫　出＝セルバンテスとドン・キホーテ：松本幸四郎、アルドンサ：上月晃、サンチョ：小鹿番、神父：友竹正則、カラスコ博士：西沢利明、隊長：原田樹世士、家政婦：志摩すみ子、マリア：野中マリ子、アントニア：沢田亜矢子、床屋：木島新一、ムーア人の娘：長谷川恵子、牢名主と宿屋の主人：平野忠彦

▶騎士が自己研鑽の修行のため、旅に出ることを「Qest」という。台詞では「諸国遍歴の旅」と翻訳。「Qest」の果て、ドン・キホーテは"憂い顔の騎士"の称号を宿屋の主人から受ける。しかし"鏡の騎士"の出現によって、その妄想は破られる。「妄想と理想」、「事実と真実」との境をうごめく観客の心に向け、"あるべき姿"のために戦う"勇気"を訴えるミュージカルとして支持を得てきた。六代目市川染五郎が九代目松本幸四郎を襲名し、帝劇へ初お目見え。

### 8月2日〜9月27日
### 近松心中物語　それは恋

脚＝秋元松代　演＝蜷川幸雄　装＝朝倉摂　照＝吉井澄雄　音＝猪俣公章　振＝花柳錦之輔　効＝木間明　考＝林美一　アートディレクター＝辻村ジュサブロー　劇中歌唱＝森進一　演補＝岡本義次　製＝中根公夫、細川潤一　出＝忠兵衛：平幹二朗、梅川：太地喜和子、与兵衛：菅野忠彦、お亀：市原悦子、人形出遣い：辻村ジュサブロー、塩島昭彦、大門伍朗、瀬下和久、水澤摩耶、嵐徳三郎、大塚道子、金田龍之介、山岡久乃

▶「戦後最高の舞台」と評された傑作の帝劇3度目の上演。名古屋御園座、近松劇発祥の地・大阪朝日座に続く凱旋公演。終盤、雪の降り続けるシーンで、通常の公演では舞台上に吊った雪かごを揺らして紙の雪を降らせるが、蜷川幸雄はそれに満足せず、巨大な送風機が用意された。7月には、平幹二朗の『王女メディア』がギリシャ、イタリアの野外劇場で上演され、激賛。かくして"世界の蜷川"の名が世に広がっていった。

### 10月1日〜11月28日
### 孤愁の岸

原＝杉本苑子　脚＝杉山義法　演＝森谷司郎　演協＝津村健二　時考・衣＝浜田右二郎　装＝金井俊一郎　照＝吉井澄雄　音＝池辺晋一郎　振＝若柳禄寿　効＝本間明　斗＝伊吹聡太朗　ナ＝加藤道子　琵琶＝半田淳子　撮＝岸本正広（東宝映画）　特監＝川北紘一（東宝映像）　演補＝佐藤浩史　製＝佐藤勉、永野誠　出＝森繁久彌、竹脇無我、野川由美子、小山明子、松山英太郎、叶和貴子（10月）、浅野ゆう子（11月）、金田賢一、速水亮、石山律雄、三上直也、山口勝美、浜田東一郎、林与一、蟇目亮、須賀不二男、内田朝雄、藤岡琢也、西郷輝彦（10月）、田中健（11月）

▶杉本苑子の直木賞受賞作をNHKラジオ「日曜名作座」で朗読した森繁久彌が自ら企画。濃尾三川の治水工事を幕府から命じられ、難工事を成し遂げる薩摩藩士たちの姿を描く。スケールの大きな芝居ゆえに舞台化は不可能と言われていたが、映画監督の森谷司郎を迎え、特撮を駆使した洪水シーン

『近松心中物語』左／平幹二朗、太地喜和子　右／菅野忠彦、市原悦子

での映像と芝居の合体が迫力を呼ぶ。「男が哭く芝居で女が泣かぬはずがない」と森繁が語った意欲作。

### 12月2日〜26日
### 悲劇　アトレウス家の崩壊

構・演・音楽構成＝鈴木忠志　原＝アイスキュロス、ソフォクレス、エウリピデス　訳＝呉茂一、田中美知太郎、松平千秋、松本仁助、潤＝佐々木幹郎　装＝高田一郎　照＝吉井澄雄　衣＝真木小太郎　効＝依田征矢夫　演補＝小野田正　製＝安達隆夫、田口豪孝　出＝鳳蘭、順みつき、永島敏行、白石加代子

▶昭和56(1981)年の『スウィーニィ・トッド』で反響を呼んだ鈴木忠志によるギリシャ悲劇。帝劇の歴史の中でも群を抜く異色作。トロイア戦争に敗れたトロイアの王女は、アトレウス家の当主アガメムノンに連れられ、ギリシャへ。しかし、アガメムノンの留守中に妻は愛人と懇ろになり、帰国早々夫と王女を殺してしまう。娘のエレクトラは父の敵を討つため、母を手にかけようと弟に訴え……。鈴木独特の身体訓練"鈴木メソッド"を身につけるため、出演者たちは富山県の利賀村で合宿を行い、稽古に励んだ。

『ラ・マンチャの男』松本幸四郎、上月晃

『孤愁の岸』竹脇無我、森繁久彌

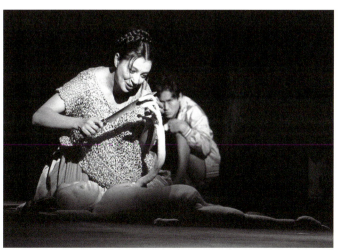

『悲劇』鳳蘭、永島敏行

# 1984 昭和59年

## RSC演出家による『櫻の園』上演
## 森繁久彌、文化功労者に

グリコ・森永事件が発生。日本人の平均寿命が男性74.20歳、女性79.78歳となり世界一に。
10000円、5000円、1000円の新紙幣が発行。アップルコンピュータが"マッキントッシュ"を発表。
映画「風の谷のナウシカ」(監督=宮﨑駿)、「インディ・ジョーンズ 魔宮の伝説」(監督=スティーヴン・スピルバーグ)、
「里見八犬伝」(監督=深作欣二)、「メイン・テーマ」(監督=森田芳光)、「愛情物語」(監督=角川春樹)などがヒット。

『御宿かわせみ』浜木綿子、田村亮

### 1月2日~29日
#### 御宿かわせみ
原・脚・演=平岩弓枝　演=小野田正　振=花柳寿楽　美=古賀宏一　照=吉井澄雄　音=小川寛興　陣=湯浅謙太郎　効=本間明　製=田口豪孝　出=るい:浜木綿子、神林東吾:田村亮、お信:宮崎美子、小田ひろ:松あきら、お柳:園佳也子、お雪:奈月ひろ子、畝源三郎:寺泉哲章、番頭嘉助:立原博、おとり:一の宮あつ子、松吉:大村崑、神林通之進:高橋昌也、治助:益田喜頓
▶ 昭和48(1973)年から平成17(2005)年にわたり発表された人気小説を作者自らが「湯の宿」と「七夕の客」の2作品を選び脚色、演出。幕末の江戸、旅籠"かわせみ"を営む庄司るいと八丁堀道場の神林東吾との恋を縦糸に、ふたりの親友の常廻り同心・畝源三郎とともに難事件を解決していく「捕物帳」。

### 2月2日~28日
#### 序の舞
原=宮尾登美子　脚=田中喜三　演=松浦竹夫　演補=宮﨑紀夫　美=織田音也　照=今井直次　効=本間明　音=山本丈晴　邦=芳村伊十七　振=花柳寿楽　詞=萩原雪夫　製=小島充　出=山本富士子、朝丘雪路、中村玉緒、中尾彬、宗方勝巳、清水郁子、萬代峰子、香川桂子、菅原謙次、芦田伸介

【 主な出来事 】
- 1月29日　第1回「東宝シンデレラ・スカウト」でシンデレラに沢口靖子。
- 3月24日　日劇ミュージックホール、『ザ・ミュージックホール』をもって閉館、32年の歴史に幕。
- 4月6日　長谷川一夫(俳優・演出家)没。享年76。昭和53(1978)年、勲三等瑞宝章。国民栄誉賞追贈。青山葬儀所にて東宝演劇葬(22日)。
- 6月6日　新緞帳[出光興産(株)寄贈]懸垂。
- 8月30日　作家・有吉佐和子急死。享年53。
- 11月3日　森繁久彌、尾上松緑、文化功労者に。
- 11月11日　日比谷映画劇場・有楽座閉館。関係者による"日比谷映画・有楽座さよなら懇親会"開催。

▶ 女流日本画家"上村松園"をモデルにした宮尾登美子作の長編小説の舞台化。テレビ版は1月2日に放映され、映画版(東映/監督=中島貞夫)も、昭和60(1985)年に公開。主人公のモデル・松園は女流画家として初めて文化勲章を受章し、美人画「序の舞」は記念切手として知られる。大詰めでは山本富士子による舞踊『序の舞』が披露。

### 3月3日~29日
#### 松屋のお琴
作=杉本苑子「埋み火―近松門左衛門の生涯」より　脚・演=小幡欣治　演補=本間忠良　美=織田音也　音=いずみたく　照=吉井澄雄　効=本間明　振=花柳錦之輔　義=野沢松也　製=菅野悦晴　出=お琴、お象:佐久間良子、近松門左衛門:中村吉右衛門、泉ピン子、竹本義太夫:山口崇、五大路子、中村万之亟、中村吉五郎、中村吉三郎、清水郁子、新井みよ子、内山恵司、山口勝美、荒木将久、一の宮あつ子、金田龍之介
▶ 江戸の劇作家"近松門左衛門"。彼の伝記の空白を埋めながら、その生涯を克明に描いた杉本苑子の原作を舞台化。佐久間良子が近松を支えたふたりの女、妻"お琴"と遊女"お象"の二役を演じた。

### 4月1日~6月30日
《ミュージカル》
#### 屋根の上のヴァイオリン弾き
#### ショラム・アレイハムの小説による
台=ジョセフ・スタイン　音=ジェリー・ボック　詞=シェルドン・ハーニック　オリジナルプロダクション演出・振=ジェローム・ロビンス　日本再演の演出・振=サミー・ベイス　訳=倉橋健　訳詞=若谷和子、滝弘太郎　演補=佐藤浩史　振補=坂上道之助　音監=滝弘太郎、福井峻　装・衣=ボリス・アロンソン、真木小太郎　照=大庭三郎　効=本間明　指=大谷肇　製=佐藤勉、永野誠　出=テヴィエ:森繁久彌、ゴールデ:淀かおる、ツァイテル:江崎英子、ホーデル:安奈淳(4月)、森山良子(5月~6月)、チャヴァ:松岡由利子(4月)、ジュディ・オング(5月~6月)、パーチック:井上孝雄、ラザール・ウォルフ:上條恒彦、モールチャ:横沢祐一、ユッセル、クラリネット吹き:安田伸、モーテル:本田博太郎、フョードカ:金田賢一(4月)、墓目亮(5月~6月)、イエンテ:賀原夏子、巡査部長:須賀不二男、司祭:益田喜頓
▶ 通算上演回数816回を数え、日本型ロングランを定着させた。歳月を経て観客層も変化し、「親から子へ感動を伝えてください」が今回のテーマ。一方、不振を伝えられた本場ブロードウェイだが、この時期は

『花の吉原つき馬屋』森光子、浜木綿子、中村勘三郎

『元禄港歌』太地喜和子、金田龍之介、平幹二朗、菅野菜保之、山岡久乃

『生きていく私』大出俊、山本陽子

『キャッツ』、『ラ・カージュ・オ・フォール』、『コーラス・ライン』などにより輝きを取り戻しつつあった。

### 7月4日〜31日
#### 花の吉原つき馬屋
作・演＝小幡欣治　演補＝本間忠良　美＝石井康博　照＝吉井澄雄　音＝内藤孝敏　効＝本間明　振＝花柳錦之輔　製＝菅野悦子、細川潤一　出＝中村勘三郎、森光子、坂口良子、三戸部スエ、横沢祐一、丸山博一、松山英太郎、中村又五郎、一の宮あつ子、浜木綿子
▶中村勘三郎、森光子、浜木綿子の豪華顔合わせで描く、小幡欣治のオリジナル作品。"つき馬"とは、吉原で遊んだ勘定の足りない客についていき、不足分を取り立てる仕事のこと。ケチな日本橋の大旦那を中村勘三郎、その妻で、夫に輪をかけた締まり屋を浜木綿子、つき馬屋役は、森光子が演じた。

### 8月5日〜9月28日
#### 元禄港歌 千年の恋の森
作＝秋元松代　演＝蜷川幸雄　劇中歌＝美空ひばり　装＝朝倉摂　照＝吉井澄雄　音＝猪俣公章　振＝花柳錦之輔　効＝本間明　三味線指導＝杵屋栄三郎　能楽指導＝櫻間金太郎　衣＝辻村ジュサブロー　考＝林美一　演補＝岡本義次　製＝中根公夫、堀井康明　出＝平幹二朗、太地喜和子、菅野菜保之、市原悦子、人形出遣い：辻村ジュサブロー、内山恵二、瀬下和久、松山政路、嵐徳三郎、金田龍之介、山岡久乃
▶蜷川演出の"三種の神器"は「花と群衆と音楽」。『元禄港歌』では、椿の巨木で覆われた港町の船着き場で、港人足、問屋の番頭、客引きたちが活気ある情景を繰り広げる。その背後に美空ひばりによる主題歌〈舟唄〉が流れる。「開演の五分間が勝負」と言う蜷川は、ファーストシーンで観客をくぎ付けに。蜷川演出は、客席通路を使った登場、退場も特徴的。瞽女（ごぜ）の旅芸人たちが客席後方から現れ、港町にやってくる。終幕、目をつぶされた主人公が瞽女たちに手をひかれ港町を去る時、きた時とは別の通路を使い客席に降り退場。舞台上の人々は、その姿が見えなくなるまで見送る。初演以上に練り上げられた演出技を観客は涙と拍手で称えた。

### 10月2日〜30日
#### 櫻の園
作＝アントン・チェーホフ　訳＝倉橋健　演・美＝クリフォード・ウィリアムス（ロイヤル・シェイクスピア・カンパニー／RSC）　衣＝ルリ・落合　音＝内藤孝敏　照＝吉井澄雄　響＝本間明　装補＝畑野一恵　HD＝山田康夫　通訳＝久米小百合　製＝古川清、神谷忠司　出＝ラネーフスカヤ：佐久間良子、ガーエフ：細川俊之、ロパーヒン：高橋悦史、トロフィーモフ：篠田三郎、シャルロッタ：南風洋子、ヤーシャ：寺田農、ワーリャ：遥くらら、アーニャ：荻野目慶子、ドゥニャーシャ：神保共子、ピーシチク：庄司永建、エピホードフ：清水幹雄、フィルス：宮口精二
▶イギリスのロイヤル・シェイクスピア・カンパニーよりクリフォード・ウィリアムスを招聘。舞台には一本の桜の大木だけというシンプルな舞台。終幕、桜の園から人々が去ると、桜がゆっくり回る……そこには葉は落ち、枝は枯れ、美しい花をつけていた時とは対照的な無残な姿が。佐久間良子は、美しい口跡を駆使し、移り気なラネーフスカヤを情感たっぷりに演じた。養女ワーリャ役の遥くららは宝塚歌劇団退団後の初舞台。

### 11月3日〜30日
#### 生きて行く私
原＝宇野千代　脚・演＝小幡欣治　美＝織田音也　音＝いずみたく　照＝浦川明郎　効＝本間明　着物提供＝（株）宇野千代　演補＝尾崎洋一　製＝柏原正一、横山美次　出＝宇野千代：山本陽子、市毛良枝、丹阿弥谷津子、若原瞳、横沢祐一、卿啓子、横山あきお、青木玲子、清水郁子、尾崎士郎：西岡徳馬、北原武夫：大出俊、東郷青児：中山仁、安奈淳、南田洋子
▶前年、「毎日新聞」で連載された同名小説の舞台化。作家、衣裳デザイナーとして自由に生きた宇野千代の人生を自ら描いた原作を基に、"愛"を中心軸に女の一生を舞台化。原作者と親しい山本陽子の千代役が好評となり、昭和62（1987）年、芸術座で上演。

### 12月4日〜26日
#### 女たちの忠臣蔵
作＝橋田壽賀子　劇化＝田井洋子　演＝石井ふく子　美＝古賀宏一　音＝木下忠司　斗＝國井正廣　照＝吉井澄雄　効＝本間明　ナ＝森光子　演補＝佐藤浩史　製＝佐藤勉、安達隆夫　出＝山村聰、池内淳子、岡村菁太郎、香川京子、荻島眞一、新克利、大空眞弓、和泉雅子、坂東八十助、大鹿次代、三上直也、三上春樹、佐藤英夫、岡本信人、大路三千緒、中村又五郎、金田龍之介、長谷川稀世、司葉子（特別参加）
▶初演は昭和55（1980）年。再演にあたり脚本も手直しされ、配役も新たに。仇打ちは美談だが、残された者たちにとっては悲劇である。暴力によって物事を解決することの空しさを女たちの生きざまを通して伝える舞台。舞台の主役・大石りくはテレビドラマでも演じた池内淳子。浅野内匠頭も吉良上野介も登場しない、まさに"女たちの忠臣蔵"だった。

『櫻の園』細川俊之、荻野目慶子、佐久間良子

# EVERGREEN

## 細雪 ささめゆき
### 美と品格を備えた女優陣の競演

大阪・船場の旧家・蒔岡家の四姉妹を主人公にした『細雪』は1600回以上の上演回数を記録する、東宝の大劇場演劇を代表するヒット作である。原作は谷崎潤一郎の同名小説で菊田一夫脚本・演出により、1966年に芸術座で初演された。

初演の10年ほど前に、菊田はミュージカル化を思い立ち、谷崎に願い出て快諾を得たが歌唱力のある女優を得られず、また劇化も未完となり企画流れに。初演時は改めて台詞劇として脚色、上演した。その後、同じ脚本で2度舞台にかけられたが、1976年を最後に上演は途絶えた。その作品に新たな光を当てたのが、1984年2月の東京宝塚劇場公演。以降今日までコンスタントに上演が続けられている。

「菊田先生が作られたのは小劇場スタイルなので、大劇場では発想を変えなければならない。ベテラン作家だと自分のやり方を変えられないし、菊田先生への遠慮もあるでしょうから、全く新しい発想でやろうと思いました」と制作にあたった元東宝プロデューサーの酒井喜一郎は話す。

潤色に堀越真、演出に水谷幹夫が起用された。

『細雪』（東京宝塚劇場 1985）左から桜田淳子、新珠三千代、淡島千景、遥くらら

「一緒に仕事をし、信頼していた2人でしたので、思い切って任せました。まず蒔岡家という上方の上流社会を見せ、その生活が時代によって滅びてゆく"滅びの美学"を表す。着物はどんどん使う。そういう注文を出しました。それと、作品をご存じない人もいるでしょうから、俳優の魅力でもお客を呼ばなければならない。1人でも主役をできるような女優を4人揃えました。新版初演の長女鶴子は大女優の淡島千景さん、次女幸子は映画で売れている新珠三千代さん、三女雪子はテレビで人気の多岐川裕美さん、四女妙子は売れっ子の桜田淳子さん。いい配役だったと思います」

原作の流れに近かった菊田版の骨子を生かしながらも場割りは大胆に変更された。芦屋の分家から始まっていた冒頭は、新版では大阪上本町の蒔岡本家に亡父の七回忌法事のために四姉妹が集まる場面に変わった。

往時の旧家の賑わいが示されると同時に四姉妹の美しい着物姿が印象付けられ、次の場面の舞台となる洋風でモダンな芦屋の分家との対比も効果的に示されるようになり、また雪子の縁談相手の御牧の登場を妙子の人形展に持ってくるなど、運びはスピーディーになった。最大の改変が時間設定。鶴子は銀行勤務となった夫と東京に向かうため、本家を手放す。その時期を新版では原作や菊田版よりも遅らせ、終幕に持っていった。

家財道具が次々と処分される閑散とした本家に集まった四姉妹は、思い出にひたる中で、蒔岡家最盛期の行事であった京都での花見を振り返る。その台詞通りにいつしか舞台は本家から幻想的な花見の場面に変わり、四姉妹は着物姿で満開の桜の中を客席に背を向けて舞台後方に歩み去る。旧家の没落がより強く印象付けられるようになった。

「演出家のアイディアで生まれた、"滅びの美学"を象徴する場面です。ところが淡島さんと新珠さんからは『なんでお客様にお尻を見せるんですか』と抵抗がありました。家の崩壊を表現するために屋台（家）が消えてゆく。そこに暮らしていた人物も家と共に後ろ姿を見せた方が哀しみが一層深く美しく表現される、と言って2人を収めました」

舞台は大好評で以降も、酒井曰く「その時の旬の女優で、一人一人が美しさと品格がある」4人の顔合わせによる上演が続いた。

2000年1月の帝国劇場から6公演で鶴子を演じた佐久間良子は「市川崑監督の映画で幸子、舞台で鶴子を演じました。映画では芝居を運ぶ狂言回し的な役で、監督から『もっと動きをオーバーに』と指示がありました。監督の美的感覚が素晴らしく、照明と装置に時間をかけられ、ラッシュを見ては撮り直し、完璧な仕上がりでした。舞台では船場言葉に苦労しましたが、夫の辰雄役の磯部勉さんの声が素晴らしく、お相手をしていても気持ちが良かったです。舞台一面に飾られた桜の中の四姉妹の場面は皆様に楽しんでいただけたようです」と振り返った。

『細雪』(2001) 佐久間良子

「着物のファッションショー」と酒井が表現するように4人の女優は次々と衣裳を変える。総数23枚。背景となる1937年から1939年の着物の再現も必要であった。衣裳部の反物だけでは到底足りない。酒井はタイアップ先の呉服店を求めて銀座を歩いた。

その時蘇ったのが「今日は帝劇、明日は三越」という1911年の帝国劇場開場時のキャッチコピー。飛び込みで三越百貨店の宣伝部を訪ねたところ、同社パリ店のPRに合わせてシャンゼリゼ通りを着物姿の4人に歩かせたらどうか、と提案を受けた。勇んで社に持ち帰ったが、「飛行機事故があったらどうする」という上層部の反対で断念した。

多くの観客に観てもらう工夫も随時施した。妙子の人形展の場面の来場者を一般公募したこともある。

「昭和初期にふさわしい着物を自前で着るのが条件で出演料もありませんでしたが、出たい方がたくさんいらして、オーディションをしました。その方たちのお知り合いもたくさん劇場に足を運んでくださいました」

酒井は今、『細雪』をオペラとして上演することを夢見る。菊田一夫が当初、思い描いていた音楽との融合だ。

「鶴子の家の古手の女中を、ちょうど『蝶々夫人』のスズキのような役にして……」

はたして次の帝劇で花開くのであろうか。　（小玉祥子）

『細雪』(2000) 左から純名里沙、沢口靖子、古手川祐子、佐久間良子

# 長谷川一夫と東宝歌舞伎

　川端康成の小説「女であること」(新潮社刊)では、主人公の1人、市子が東京宝塚劇場の「東宝歌舞伎」を観て、「長谷川一夫と扇雀を中心に、越路吹雪や宝塚の南悠子なども加へた、この『東宝歌舞伎』は歌舞伎と客種もちがってゐて、劇場に軽い花やかさがあった」という感想を持つ。1956年の第2回公演を指すが、当時の人気ぶりがよく分かる。

　昭和史に残る大スター長谷川一夫は1908年に京都で生まれ、10歳で関西歌舞伎の初代中村鴈治郎に入門し、長男・林又一郎の弟子となった。映画界入りして林長二郎の芸名でデビューすると人気が沸騰。その後、本名の長谷川一夫で、映画「雪之丞変化」など多くの作品に主演。映画から次第に舞台に軸足を移して活躍を続け、1984年に76歳で没した。国民栄誉賞も受賞している。

　その長谷川の舞台を代表する公演が1955年から1983年まで東京宝塚劇場で54回上演された「東宝歌舞伎」である。

　長谷川がゲストを迎える形式で、芝居と舞踊『春夏秋冬』で構成された。第1回は1955年7月の東京宝塚劇場で六世中村歌右衛門、十七世中村勘三郎、二世中村扇雀(四世坂田藤十郎)という、演劇界を代表する錚々たる顔ぶれに、プロデューサーは俳優の序列を決めかね、一計を案じた。パンフレットの冊子には写真を印刷せずに、俳優のブロマイドが挟まれた。アルバムのように自由に写真を貼ることのできる仕掛けだ。俳優の順位付けは観客に委ねられたというわけだ。

　「東宝歌舞伎」を命名したのは阪急東宝グループの創始者、小林一三といわれる。矢野誠一は著書「二枚目の疵」(文藝春秋刊)で「小林一三は(中略)様式性の強い従来の歌舞伎をもう一歩発展させた新しい大衆性のある演劇の創造を、長谷川一夫に託したのである」と分析する。

　長谷川伸作品の『一本刀土俵入』や『沓掛時次郎』から川口松太郎、北條秀司らの新作まで幅広い作品が取り上げられた。中でも人気を博したのが映画でも演じた岡っ引・半七が主役の『半七捕物帳』。長谷川一夫は脚本家の育成を考え、しばしばシノプシスのアイディア出しの会議を行った。若い製作担当として「東宝歌舞伎」に参加していた酒井喜一郎が証言する。

　「1つの題材につき、7、8回ぐらい会議が重ねられました。こだわられたのが登場と退場と"いい台詞"。長谷川さんの出の前に他の役者がどういう話か、長谷川さんの役がどんなに魅力的かを語ります。待ちに待った観客が、長谷川さんの登場を、わっと拍手で迎え、長谷川さんも観客からエネルギーをもらって芝居をするんです」

　舞踊の『春夏秋冬』は藤間勘十郎(二世藤間勘祖)、西川鯉三郎ら名舞踊家が構成・演出し、洋楽も入れた。

　「長唄、清元、オーケストラの3つを使いまし た。清元は清元志寿太夫さん、長唄は芳村伊十郎さん、どちらも人間国宝です。長谷川さんの提案で近藤真彦さんの歌った〈ギンギラギンにさりげなく〉など流行歌も使いました」と酒井。

　共演の多かった林与一は長谷川が各劇場の照明の色まで熟知し、合わせた化粧をしていたと証言する。

　「『この劇場はピンクを利かせた方がいい。この色の白粉を混ぜて』と教えてくださいました。出演経験のない劇場まで、よくご存じでした」

　長谷川は各所にアンテナを張り巡らし、貪欲に芝居に取り込む姿勢を貫いた。

　林によると衣裳にも独自の工夫があったという。

　「例えば長谷川さんの着物の格子縞です。遠目には全部同じ色に見えますが、近くで見ると横が薄く、縦が濃い。着物の幅は狭い。そうするとすらっと見える」

　大ヒットとなった1974年8月初演の宝塚歌劇団公演『ベルサイユのばら』では請われて演出を担当し、培ってきた舞台技法を生徒に伝授した。

　「一挙手一投足で視線を俳優に惹きつけるやり方を心得て、ピンスポットも効果的に使っていらした。特に淡島千景さんと京マチ子さんは長谷川さんに傾倒し、忠実に演じられていた」(酒井)

『楊貴妃』(1978)

　帝国劇場の「長谷川一夫特別公演」の『楊貴妃』(1978年)では映画の大スター、高峰三枝子が初舞台で楊貴妃を演じた。高峰は楊貴妃の衣裳にふさわしいチャイナシルクを求めて、買い付けのために香港へ飛び、意欲的に役作りに励んだ。長谷川はインドからやってきた楽隊の奏者で、妃と恋仲になるローランを演じた。身分違いの恋には悲劇的な結末が訪れる。大詰、心中を予感させる楊貴妃とローランの川下りが舞台最大の見せ場だ。

　「慣れない高峰を長谷川は丁寧に教え、高峰もそれに応え謙虚に指導を受けていた」(酒井)

　舞台に光が降り注ぎ、女優は輝き、その全ての反射を長谷川がその身にまとって眩しく輝き、観客を魅了する。長谷川一夫の舞台は、当時の商業演劇の白眉といえる。(小玉祥子)

東宝歌舞伎『半七捕物帳―女いろは歌留多―』
(1983 東京宝塚劇場)富岡八幡宮での取材会。
左から林与一、月岡夢路、有馬稲子、長谷川、淡島千景、小山明子

東宝歌舞伎『徳川の獅子―恋の秀康―』(1976 東京宝塚劇場)
左から京マチ子、長谷川一夫、淡島千景

『宮本武蔵』(1970)

# 森繁久彌

## その大衆性、観客を涙させる演技

帝劇の森繁久彌といえばまず『屋根の上のヴァイオリン弾き』のテヴィエを挙げねばなるまい。著書「こぼれ松葉」によると、当時の盛田昭夫ソニー会長がブロードウェイの舞台を観て「これこそ森繁さんにピッタリ」と思い東宝に上演を進言したという。帝政時代のロシアの寒村のユダヤ人集落を舞台に、親と子、夫と妻、家族と隣人の絆や世代間の溝を描いたミュージカルである。1幕2時間、2幕1時間半、幕間を入れて4時間、ほとんど出ずっぱりのテヴィエは森繁にとって肉体的に大変な負担だったと思う。事実「三日に一度は深夜にうなされて目が覚めた」(「こぼれ松葉」)と書いている。1回も休むことなく900回演じ切った。なぜこの作品が人気を集めたのか。森繁は作品の良さと共に「現代の観客の気持ちと同調した」ことを挙げている。今失いつつある家族の姿や親子の情愛などへの郷愁が観客の心を打ったのだ。森繁のテヴィエはユダヤ人でありながら日本の親父になっていた。次男の建は「父は最後にはこの作品を『和物』にしたと思いますよ」と同じ思いを語る。森繁が1991年に文化勲章を受章した直後、筆者が毎日新聞でインタビューしたが、森繁は「自分の原点は大衆性。それしかないですよ。日本には分かりやすいことは卑俗だという考え方がある。それはやめていただきたい。分かりやすくてしかも魂を揺さぶる芸というものがあるはずだ」と語った。

森繁は帝劇で多くの作品を演じた。いずれも自分の道を独り行く男くさい役なのだが、中でも代表作を挙げると『佐渡島他吉の生涯』と『孤愁の岸』になろう。『佐渡島他吉』は織田作之助の「わが町」を脚色した舞台で「ベンゲットの他ぁやん」こと人力車夫の他吉の明治から昭和に至る人生を妻、娘、孫の3代にわたる女との物語に仕立てた作品で、ドブ板人生を送った男のロマンと哀歓を森繁は笑いと涙で包んで見せた。『孤愁の岸』は森繁の舞台生活50周年記念の舞台で、長年温めてきた杉本苑子の直木賞受賞作の劇化であった。江戸中期、幕命を受けた薩摩藩が莫大な犠牲を払って濃尾三川の治水工事を行った史実を題材に、地元のエゴイズム、幕府の横暴、疫病との闘いといった困難を乗り越え、ついに難事業を成し遂げる男たちのドラマであった。森繁は薩摩っぽの気骨を持った老武士・伊集院十蔵を演じた。

建は森繁が「役者は舞台で燃え尽くす。燃え尽きた後は忘れる。これが大切だ」とした言葉を記憶する。情熱家である一方、醒めた目を持っていたのだ。青年期、中国で死生の境を彷徨い、人の世の地獄を見た体験、様々な苦労の末に独力で演劇界の頂点に上り詰めた森繁が到達した人生観だったと思う。やっと売れ始めて初主演映画の出演料が入った時、その金で自分の墓を作ったと書いている。森繁の観客の思いをかわす巧みな話術と間は、醒めていないとできない芸である。1985年から森繁公演のスタッフだった演出家の山田和也は「1986年の『ヴァイオリン弾き』の最後の公演は全員ピリピリしていましたが、森繁さんは気負いも感傷もなかったですね。いつも通りの演技でした。1997年まで演出スタッフとして参加したのですが、一座のアンサンブルを大切にして、楽屋で座員に食事を振る舞い、若い役者に『お前この頃良くなったぞ』と声を掛けておられました。その一方、雑なことをした人間には『俺は命を懸けて芝居をしているんだぞ』とえらい剣幕で怒りました」と振り返る。

森繁は後継者を育てようと努めた。『孤愁の岸』では竹脇無我、『蘆火野』では西郷輝彦、『栄花物語』では林与一を主役に据え、自身は脇に回って舞台を盛り立てた。しかし舞台に森繁が出てくると一番偉い人に見えたのも事実で、そう言うと「それじゃ困るんだ」と苦笑いしていた。

北大路欣也が森繁と初めて同じ舞台に立ったのが『明治太平記 碧血の波濤』(1992年)だった。「それまでも映画やドラマで応援してくださっていました。おじいちゃん(森繁)の芝居を何度も見て感動していました」。そんな姿を見た森繁から「君は、そんなに芝居が好きなのか」と声を掛けられ、舞台初共演が実現した。しかし稽古場で森繁から「君の芝居は面白くない」と告げられる。

「台本は"台"なんだよ。しっかり台を踏んで、その上に立って自分で発想しなきゃならない。臨機応変に自分が受け答えできる広さを持て。相手の言うことも聞けるし、言える、台本の読み方を工夫してみて」

『明治太平記 碧血の波濤』(1992)

森繁の台本にない台詞にモタモタしていると北大路は怒られた。突然に詩吟を歌い出しもする。「そうやって僕をテストしていたんですね」。数年後、森繁に呼ばれ、「今度、『佐渡島』をお前がやるんだよ」と告げられた。森繁や山田五十鈴、三木のり平らが丁寧に積み上げた芝居。初演からずっと観てきた憧れの芝居に、北大路は1997年に初めて挑んだ。

1、2幕を自身が他吉を演じ、他吉の晩年である3幕は森繁に演じてもらった。「その頃、おじいちゃんは舞台に上がっていなかったけれど、僕はもう1度見たいと思って」。主治医が舞台裏に控え、森繁は昼の部限定の出演だった。舞台袖で北大路の演技を観ていた森繁が言う。「この芝居は面白いんだよ」。

自身の芝居で観客を笑わせた経験のなかった北大路が、森繁の呼吸を掴もうと努力する。初日から4日目あたりで笑いが起きた。笑いがあっての終幕の涙、と必死に演じた。日に日に笑いが大きくなる。

森繁の千穐楽に北大路は花束を渡して労をねぎらった。翌日昼の部の北大路の千穐楽には、森繁が紋付き袴姿で舞台上に現れたという。

NHKのドラマで着物の染み抜き屋の老人の役を演じている時が、筆者の最後の取材となった。83歳の森繁は「台詞に『わしの仕事は何も作らない』とある。たしかに染みを抜く仕事はそうで、役者と似ていますね」と言って笑った。ラジオ、テレビ、映画、舞台で活躍する一方、歌を作り文章を書き読書家でもあった。一言で言い表せない巨人で、あえて言えば文人俳優が一番ふさわしいように思う。

(水落潔)

『佐渡島他吉の生涯』(1981)

# 山田五十鈴
## 多彩な人物を自在に演じ分ける"女役者"

『香華』　『しぐれ茶屋おりく』　　　　　『女坂』　『淀どの日記』

　山田五十鈴も帝劇で数々の名舞台を演じた女優である。1930年に映画デビューして以来、60余年にわたって映画、舞台、テレビのスターとして活躍してきた。初舞台は1935年。その後、長谷川一夫の新演伎座、東宝歌舞伎、森繁劇団、東宝劇団などで多彩な役を演じてきた。1987年にそんな永年の舞台歴から「五十鈴十種」を選び、翌年の帝劇1月公演から記念公演がスタートした。選ばれた10作品とは北條秀司作『狐狸狐狸ばなし』、有吉佐和子原作『香華』、円地文子原作『女坂』、井上靖原作『淀どの日記』、川端康成原作『千羽鶴』、池田蘭子原作『女紋』、松本清張原作『菊枕』、榎本滋民作『たぬき』、川口松太郎作『しぐれ茶屋おりく』、平岩弓枝作『三味線お千代』である。10作品それぞれ作者が違う。ということは、これだけ多くの作家が彼女のために作品を提供したのである。『狐狸狐狸ばなし』は昼間から茶碗酒をあおっている悪女、『淀どの日記』は大坂城落城で散った美女淀どの、『女坂』は明治の高官の妻で家のためにひたすら耐える母、『香華』は同じ母でも母性が欠落し奔放に生きる女、『菊枕』は師に偏執的な思慕を寄せる女流俳人、『しぐれ茶屋おりく』は田舎出の小娘が妓楼の亭主の妻になった後、向島に料理屋を出すまでの一代記といった具合に1つずつ役柄が違う。これだけ多彩な女を自在に演じ分けた女優は他にいない。相手役も歌舞伎、新派から新劇まで幅が広かった。「テレビで(二世尾上)松緑さんと『修禅寺物語』を演じた時ですよ。歌舞伎の女形さんと同じようにやったら、女形と同じじゃ、お前さんとやっている意味がないじゃないかって叱られたんですよ」と笑いながら言っていた。つまり彼女は歌舞伎の芸もこなせたのである。幼時から清元や踊りを習い日本の古典芸能の素養があるからで、"女役者"と呼ばれた所以でもある。浮世節の立花家橘之助を演じた『たぬき』では舞台で長唄、清元、浄瑠璃と様々な音曲を取り交ぜた浮世節を15分以上も弾き語りして観客を魅了した。永年にわたり東宝現代劇の俳優たちに踊りや三味線を習わせ、自身が世話人になって「東宝ゆかた会」という発表会を開催してきた。彼女ならではの仕事だった。

　十種以外にも多くの当たり役がある。有吉作品では『華岡青洲の妻』、平岩作品では『紅梅館おとせ』、榎本作品で1972年から始まった帝劇での「日本美女絵巻」の連作がある。『伊達小袖』『静御前』『愛染め高尾』など、年に1回、波乱な人生を送って美女たちを演じ続けた。小幡欣治、小野田勇、吉屋信子の作も演じている。

　山田五十鈴には様々な機会で話を聞いたが、印象に残っているのは「舞台はお客様と一緒に作るものですよ」という言葉である。十種の1つ『狐狸狐狸ばなし』の初演の時の話で「私の亭主が元旅芝居の女形だった森繁(久彌)さん、浮気相手の生臭坊主が中村屋(十七世勘三郎)さん、うすのろの奉公人が(三木)のり平さんで、男と女が騙し騙され合う話なんですが、舞台稽古ではごく普通の喜劇だったんですよ。ところが初日が開くと客席は笑いの渦。森繁さんも中村屋さんも自分が行くわけにはいかないので、お弟子さんに他の人がどんなことをやってるのか見に行かせるのです。皆さん芸達者な方でしょ。負けてたまるかとお客さんにサービスするから舞台が盛り上がる。面白くなるわけですよ。舞台の醍醐味ですね」と語った。そんなキャリア充分の彼女が1993年に文化功労者に選ばれた時の記者会見で「私のような弱輩がこんな栄誉を頂いて……」と言ったので思わず頬がゆるんだ。しかし本人は本気でそう思っていたのだ。内示を受けた時、親しくしていた劇作家に受けていいのかどうか相談した。というのが、この栄誉が「ご苦労さん、もうやめていいよ」という性質のものなら辞退しようと思ったというのである。

　山田五十鈴はいつまでも気が若かった。舞台に出ることを楽しんでいた。文化功労者に選ばれる直前、目にウイルスが入る病気にかかり痛くてたまらなかった。それでも十種の1つの『しぐれ茶屋おりく』を演じた。「不思議ですね。舞台に出ているうちに良くなったんです。働いていると元気。休みが続くと良くない。役者は1ついい台詞があると舞台に出られます。それを言うのが楽しいんですよ」と言い、「この間病院で検査してもらったんですが、脳の中は40だって言われました。だから当分は40で過ごします」と笑っていた。晩年まで健康を維持するために水泳をしていた。「横歩きや後歩きで全身を動かすでしょ。それに水の中にいるとリラックスして全てを忘れる。それがいいんです」と言い、毎年流行の水着をオーダーしていた。

　女の可愛さ、艶やかさ、妖しさ、怖さ、すごさ、悲しさを演じ分けた名女優だった。

（水落潔）

『千羽鶴』

『女紋』

『菊枕』

『たぬき』

『狐狸狐狸ばなし』　『三味線お千代』

# 昭和60年 1985

## 『ラ・カージュ・オ・フォール』、『シカゴ』と
## ミュージカル路線への舵を切り始める

8月、日航ジャンボ機123便が群馬県御巣鷹の尾根に墜落。国際科学技術博覧会(つくば科学万博)が開催。阪神タイガースが21年ぶりにリーグ優勝。日本シリーズも制した。ソ連では、ゴルバチョフが共産党書記長に就任。映画「ゴーストバスターズ」(監督=アイヴァン・ライトマン)、「ビルマの竪琴」(監督=市川崑)、「乱」(監督=黒澤明)などがヒット。

### 1月2日～30日

**《山田五十鈴舞台生活50周年記念》**
**紅梅館 おとせ**

作・演=平岩弓枝　演=小野田正美・古賀宏一　照=吉井澄雄　音=小川寛興　箏曲=富崎冨美代　効=本間明　振=西川左近　衣考=八代泰二　製=菅野悦晴、細川潤一　出=山田五十鈴、新珠三千代、多岐川裕美、菅野菜保之、松山政路、立原博、奈月ひろ子、田村亮、淡島千景、山村聰

▶山田五十鈴の芸名は伊勢神宮の内宮を流れる"五十鈴川"にちなんだもの。和宮降嫁に伴い、琴と舞に優れた"おとせ"がお供に選ばれる。将軍家茂の冗談がおとせの運命を変え、上野山裏に居を構え琴や諸芸を教えることに。勝海舟はその塾を"紅梅館"と命名。

### 2月3日～28日

**《ミュージカル》**
**ラ・カージュ・オ・フォール**
**籠の中の道化たち**

曲・詞=ジェリー・ハーマン　脚=ハーヴェイ・ファイアスタイン　原=ジャン・ポワレ　訳=丹野郁弓　訳詞=岩谷時子、滝弘太郎、青井陽治　振=リンダ・ヘイバーマン　オリジナル振付=スコット・サーモン　演=青井陽治、リンダ・ヘイバーマン　演補=宮﨑紀夫　音監=滝弘太郎　装=デヴィッド・ミッチェル、小林雅夫　衣=セオニ・アルドリッジ、真野誠二　照=沢田祐二　響設=本間明　HD=山田康夫　指=伊沢一郎　通訳=垣ヶ原美枝　製=佐藤勉、神谷忠司　出=ジョルジュ:岡田眞澄、アルバンとザザ:近藤正臣、ジャン・ミッシェル:金田賢一、アンヌ:遥くらら、ダンドン議員:上條恒彦、ダンドン夫人:森公美子、舞台監督フランシス:水木誠一、侍女ジャコブ:蟇目亮、ジャクリーヌ:秋川リサ、ルノー夫人:山吹まゆみ、ムッシュ・ルノー:友竹正則、カジェル:裕拳二、平野ジョージ、関武史、真島茂樹、大塚雅夫、守田日記、野口あきら、加藤真太郎、室町あかね、石丸貴志、平尾良樹、米良厚志

▶昭和48(1973)年に製作されたジャン・ポワレによるフランス舞台劇のミュージカル版。ポワレの舞台劇は昭和53(1978)年、フランスで映画化され、「Mr.レディ Mr.マダム」の邦題で日本でも公開。昭和58(1983)年、ニューヨーク・パレス劇場でミュージカルとして上演され、トニー賞を受賞。ショーアップされているが、テーマは"家族愛"、人間の"平等な愛"。一昨年、劇団四季による『キャッツ』の日本上演も始まり、帝劇もミュージカルの路線に大きく舵を切っていく時代となった。

### 3月4日～30日

**浮舟『源氏物語』より 神田祭**
**浮舟『源氏物語』より**

作・演=北條秀司　演=辻亨二　演補=北村文典　美=林悌三、高浜満次　照=小川昇　曲=杵屋正邦　音=渡辺浩風、川瀬白秋　録音効果=岡田俊道(S・B・S)　ナ=村石尚美　製=菅野悦晴、長谷山太刀夫　出=中村勘三郎、佐久間良子、中村勘九郎、五大路子、一の宮あつ子、二宮さよ子、岡本信人、岡田嘉子、木暮実千代

▶北條秀司には"北條源氏"と呼ばれる作品群がある。『浮舟』は宇治十帖をモチーフとした一作で、奔放な匂宮と清廉な薫との間で板挟みとなる浮舟の悲劇をつづる。

**神田祭**

振=藤間勘十郎、藤間伊佐舞　美=高浜満次　照=小木直樹　清元=清元志寿太夫社中　立師=中村四郎五郎　つけ打=入井信男　狂言方=竹柴徳太朗　製=菅野悦晴、長谷山太刀夫　出=中村勘三郎、佐久間良子、中村勘九郎、若い衆:中村四郎五郎、中村助五郎、中村中助、中村仲一朗、中村仲二朗、中村修司

▶いなせな鳶頭・勘三郎と勘九郎が粋な芸者・佐久間良子と踊る名作舞踊。

### 4月3日～29日

**花舞(はなまい)**

作=山本周五郎「めおと蝶」より　脚・演=小幡欣治　演補=水谷幹夫　美=織田音也　音=橋場清　照=浦川明郎　振=花柳錦之輔　衣=中野忠男　効=本間明　陣=安川勝人　製=酒井喜一郎、田口豪孝　出=山本陽子、音無美紀子、穂積隆信、小野寺昭、内山恵司、門田みえ子、林成年、淀かおる、中村又五郎、乙羽信子

▶原作は、山本周五郎の武家物の短編で夫婦の愛情物語を女性の側から描いた作品。小幡欣治はプログラムに「筋や運びが違っていても女性を主人公とした場合は、ほとんど一貫して一人の女性がこの世を生きるとはどういうことなのか、真実の愛とはどういうものなのか――という人生と愛の問題が大きなテーマとなっている」と記している。

### 5月3日～6月30日

**孤愁の岸**

原=杉本苑子(第48回直木賞受賞作品)　脚=杉山義法　演=森谷司郎、津村健二　時考・衣=浜田右二郎　装=金井俊一郎　照=吉井澄雄　音=池辺晋一郎　振=若柳禄寿　効=本間明　斗=伊吹聰太朗　ナ=加藤道子　琵琶=半田淳子　撮=岸本正広(東宝映画)　特監=川北紘一(東宝映像)　演補=増田邦彦　製=佐藤勉、永野誠　出=森繁久彌、竹脇無我、野川由美子(～5月25日)、宮本信子(5月26日～)、松山英太郎、根本律子(5月)、叶和貴子(6月)、金田賢一、蟇目亮、船戸順、舞小雪、伊吹聰太朗、浜田東一郎、三上直也、横沢祐一、五代俊介、山口勝己、林與一、

『ラ・カージュ・オ・フォール』近藤正臣

## 【 主な出来事 】

- 1月3日　日生劇場にて『にごり江』初演。演=蜷川幸雄(～28日)。
- 4月1日　十代目市川海老蔵、十二代目市川團十郎を襲名。
- 6月9日　川口松太郎(小説家・劇作家)没。享年85。
- 8月31日　宝塚歌劇団月組トップスター・大地真央の"さよなら公演"千穐楽。
- 8月　『NINAGAWA・マクベス』アムステルダム市立劇場、エジンバラ・フェスティバルで公演。
- 12月24日　加藤唐九郎(陶芸家)没。享年88。

『神田祭』中村勘九郎、中村勘三郎、佐久間良子

[貸館]8月31日・9月1日　森進一リサイタル

松山政路、須賀不二男、内田朝雄、小山明子、曾我廼家明蝶、西郷輝彦
▶昭和59(1984)年初演。映画「日本沈没」(73)や「八甲田山」(77)で知られた演出の森谷司郎は、同年12月、53歳で逝去。その後を受け、脚本も修正され、今回の再演に森繁久彌は"一座建立"(主客に一体感を生じること)の意欲を示す。利休七哲のひとり"古田織部"がある日の茶会で教えたことで、現在でも知られる言葉になった。

### 7月4日～8月29日
#### 《ミュージカル》ラ・マンチャの男
脚＝デール・ワッサーマン　詞＝ジョオ・ダリオン　音＝ミッチ・レイ　訳＝森岩雄、高田蓉子　訳詞＝福井峻　振・演協＝エディ・ロール　演＝中村哮夫　振＝坂上道之助　演補＝宮﨑紀夫　装＝ハワード・ベイ、真木小太郎　照＝吉井澄雄　衣＝ハワード・ベイ、パットン・キャンベル、真木小太郎　音監＝滝弘太郎　音指＝伊沢一郎　響設＝本間明　製＝佐藤勉、古川清　出＝セルバンテスとドン・キホーテ：松本幸四郎、アルドンサ：上月晃、サンチョ：小鹿番、神父：友竹正則、アントニア：毬谷友子、隊長：原田樹世士、家政婦：森公美子、マリア：荒井洸子、ムーア人の娘：伊藤裕子、床屋：木島新一、カラスコ博士：井上孝雄、牢名主と宿屋の主人：上條恒彦
▶松本幸四郎は平成2(1990)年9月、イギリスに招かれ、『王様と私』の王様役を英語で演じた。また翌年2～3月には、サドラーズウェルズ劇場で『王様と私』のロンドン公演を成功させた。

### 9月5日～29日
#### 伯爵夫人の肖像
原＝杉本苑子　脚＝堀井康明　演＝臼杵吉春　美＝朝倉摂　照＝吉井澄雄　効＝本間明　振＝坂上道之助　音＝山本丈晴　衣デ＝伊藤すま子、美坂葉子　演補＝佐田民夫　製＝菅野悦晴、細川潤一　出＝山本富士子、山口崇、江原真二郎、冨士眞奈美、一の宮あつ子、萬代峰子、清水郁子、内山恵司、丸山博一、村田美佐子、佐藤富造、松橋登、吉川雅恵、五大路子、淀かおる、高峰三枝子(特別出演)
▶原作では伯爵家の家付き娘"芳村多満子"こと芳川鎌子の鉄道自殺事件を東京朝日新聞の記者の目を通して描写。伯爵家四姉妹の側から事件にスポットを照射。

### 10月3日～29日
#### にごり江
原＝樋口一葉　脚＝(久保田万太郎作品より)堀井康明　演＝蜷川幸雄　音＝宇崎竜童　装＝朝倉摂　照＝吉井澄雄　詞＝阿木燿子　振＝花柳錦之輔　効＝本間明　衣＝辻村ジュサブロー　劇中歌唱＝宇崎竜童　演補＝岡本義次　製＝中根公夫、神谷忠　出＝浅丘ルリ子、原田大二郎、根岸明美、新橋耐子、神保共子、財津一郎、市川夏江、青山裕一、山形明子、根岸季衣、和栗正896、信欣三、佐々木すみ江、三田和代、近藤正臣
▶初演は昭和59(1984)年、日生劇場。朝倉摂が『にごり江』の装置に対し、昭和60年度文化庁芸術祭賞を受賞。東京は本郷・菊坂、一葉の旧居跡に残る井戸とそれを囲むように位置するしもた屋を再現。背後から照らす巨大な月が樋口一葉の世界、薄幸な女性たちの心情を象徴。劇中歌〈十六夜夜曲(いざよいセレナーデ)〉は、作詞＝阿木燿子、作曲・歌唱＝宇崎竜童。

### 11月2日～30日
#### シカゴ ミュージカル・ボードビル
脚＝フレッド・エッブ、ボブ・フォッシー(モーリン・ダラス・ワトキンズの戯曲『シカゴ』にもとづく)　曲＝ジョン・カンダー　詞＝フレッド・エッブ　演・振＝トニー・スティーブンス(ボブ・フォッシーの演出・振付による)　訳＝酒井洋子　訳詞＝岩谷時子　演補＝宮﨑紀夫　音監・指＝内藤孝敏　装＝トニー・ウォルトン、小林雅夫　衣＝緒方規矩子　照＝吉井澄雄　響＝本間明　通訳＝三田地里穂　製＝古川清、田口豪孝　出＝鳳蘭、麻実れい、小鹿番、L・やまもと(交互出演)、J・鵜山(交互出演)、淀かおる、若林豪
▶オリジナル演出・振付のボブ・フォッシーが作り上げた、ボードビリアン(寄席芸人)たちに寄せるオマージュで風刺のきいたハイセンスなショー。禁酒法時代のシカゴ、そこは犯罪の町。殺人事件でさえもがエンターテインメントであり、殺人者は花形スターである。悪徳弁護士がふたりの殺人犯の無罪を勝ち取るため、奥の手を使うが……。主演はともに宝塚歌劇団の元トップスター・鳳蘭と麻実れい。麻実は宝塚歌劇団雪組退団後、初の舞台出演。

『シカゴ』鳳蘭、麻実れい

### 12月4日～28日
#### 花の吉原雪の旅
作＝小山内美江子　脚＝小山内美江子、岡本育子　演＝石井ふく子　演補＝佐藤浩史　美＝古賀宏一　音＝小川寛興　照＝吉井澄雄　効＝本間明　振＝西川左近　陣＝國井正廣　製＝菅野悦晴、神谷忠司　出＝佐久間良子、竹脇無我、中村時蔵、浅田美代子、矢崎滋、前田昌明、三上直也、山口勝美、磯野洋子、大鹿次代、一の宮あつ子、小島秀哉、岩井半四郎、香川京子
▶前年、TBS系列で放映された2時間ドラマを舞台化。全盛を誇る花魁"薄雪太夫"が身受けにより、雪国の武士の家に嫁ぎ、"ゆき"として生きていく。

---

## COLUMN

### 帝劇に新風『ラ・カージュ・オ・フォール』そして、真島茂樹

『ラ・カージュ・オ・フォール』はすべての人にとって愛と笑いと涙にあふれた最高のミュージカルだった。男同士の夫婦役は、岡田眞澄さんと近藤正臣さん。ゲイクラブのオーナー役の岡田さんと大スター・ザザ(女役)の近藤さんは適役だった。唯一、ニューヨークから振付のリンダ女史が来日。12名のカジェル(女装のダンサー)は、大変な評判だった。だがそれより大評判だったのは、近藤さんの女装の美しさに誰もが圧倒され、公演は大盛況だった。大変だったのは、男性ダンサー達が如何に、美しい女性になれるか。実は12名のカジェルのうち2名は女性がいた。女性のふるまい、お化粧やヘアースタイルなど、身近で学べる対策だったと、リンダ女史から聞いた。
　一番大変だったのは、1幕のショー場面。カジェル達は、3ツか4ツの早替り。かつらをかえ、衣裳をかえ、靴をかえ、ほぼ1分以内。カジェル達が引込んで来ると、舞台裏は、一瞬にして戦場のような大騒ぎとなった。1日、2回公演が週4回。だが、来年の夏、帝劇で再演決定の知らせに、裏方も俳優も、泣いて喜んだ。
　もうひとり、75才までカジェルで踊った真島茂樹も忘れがたい。あらゆるジャンルのダンス、クラシック、ジャズ、モダン、タップ、日舞などを完璧にマスター。劇団東宝現代劇に所属して演技の勉強も欠かさなかった。マジーのすべてをライフワーク『ラ・カージュ』にぶつけた。
　「生涯踊り子」が口癖だった。

2022年日生劇場公演より真島茂樹

(宮﨑紀夫)

# 1986 昭和61年

## 『屋根の上のヴァイオリン弾き』上演900回を達成し
## 森繁〝テヴィエ〟感動のファイナル公演

1月、アメリカでのスペースシャトル"チャレンジャー"の爆発事故、4月にソ連のチェルノブイリ原発事故。
また、伊豆大島の三原山が大噴火。イギリスのチャールズ皇太子とダイアナ妃が来日。社会党党首に土井たか子が当選。
映画「バック・トゥ・ザ・フューチャー」(監督＝ロバート・ゼメキス)、「子猫物語」(監督＝畑正憲)などがヒット。

### 1月2日～28日
**恋歌（こいうた）**

作・演＝平岩弓枝　演＝小野田正　装＝古賀宏一　照＝小木直樹　音＝小川寛興　効＝本間明　衣＝八代泰二　陣＝安川勝人　太鼓指導＝宮内千博　製＝細川潤一　出＝山田五十鈴、名高達郎、高橋昌也、内山恵司、新珠三千代、草笛光子、立原博、松山政路、司葉子

▶平岩弓枝が恩師・長谷川伸から「芝居の素材にあげよう」と、手渡された小説「まむしのお政」を下敷きに、オリジナル脚本として仕上げた。明治12(1879)年から、鹿鳴館華やかなりし時代までを背景に、能登の船大工の娘"おまさ"がたどった人生の変転を描く。

### 2月1日～24日
**花のこころ**

作＝橋田壽賀子　脚＝田井洋子　演＝石井ふく子　音＝木下忠司　装＝古賀宏一　照＝吉井澄雄　効＝本間明　演補＝佐藤浩史　振＝杉昌郎　衣デ＝小泉清子　映像技術＝東京放送　ナ＝奈良岡朋子　製＝佐藤勉、津村健二　出＝池内淳子、波乃久里子、いまむらいづみ、仲谷昇、菅野菜保之、土田早苗、浅田美代子、上村香子、五大路子、林与一、大鹿次代、井上英以子、上中はるか、佐藤英夫、小島秀哉、山岡久乃、芦田伸介

▶前年、テレビ放映された「東芝日曜劇場」1500回記念番組の3時間ドラマを舞台化。橋田壽賀子がNHK大河ドラマ「いのち」を執筆中だったため、舞台の脚本は田井洋子が執筆。徳川時代、貧しい家の出ながらも春日局に見いだされ、三代将軍家光の寵愛を受け、四代将軍家綱の生母となった"おらん"。のちのお楽の方の数奇な運命を中心に、"女の幸せ"とは何かを探る舞台。

### 3月1日～5月31日
**《ミュージカル》**
**屋根の上のヴァイオリン弾き**
ショラム・アレイハムの小説による

台＝ジョセフ・スタイン　音＝ジェリー・ボック　詞＝シェルドン・ハーニック　オリジナルプロダクション演出・振＝ジェローム・ロビンス　日本版演出・振＝サミー・ベイス　訳＝倉橋健　訳詞＝若谷和子、滝弘太郎　演補＝佐藤浩史　振補＝坂上道之助　編＝ドン・ウォーカー　音監＝滝弘太郎、福井岐　装・衣＝ボリス・アロンソン、真木小太郎　照＝大庭三郎　効＝本間明　指＝大谷肇　製＝佐藤勉、津村健二　出＝テヴィエ：森繁久彌、ゴールデ：淀かおる、ツァイテル：江崎英子、ホーデル：岩崎宏美、チャヴァ：田中好子(3月1日～4月15日)、毬谷友子(4月16日～5月31日)、パーチック：井上孝雄、ラザール・ウォルフ：上條恒彦、モーテル：西郷輝彦、モールチャ：横沢祐一、ユッセル、クラリネット吹き：安田伸、フョードカ：蟇目亮、ツァイテル婆さん：冨田恵子、イエンテ：賀原夏子、巡査部長：須賀不二男、司祭：益田喜頓

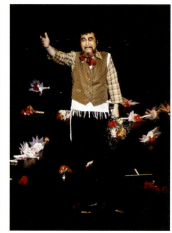

『屋根の上のヴァイオリン弾き』森繁久彌

▶帝劇開場75周年記念。本公演に先駆け、2月28日にはチャリティ特別公演が行われ、NHK厚生文化事業団に売上金全額を寄付。森繁久彌は、千秋楽で900回の公演を達成。万感の想いとともに最後のテヴィエ役を演じた。
〈マチネ公演〉
出＝テヴィエ：上條恒彦、ラザール・ウォルフ：横沢祐一
❖マチネ特別公演は7回上演された。

### 6月4日～30日
**滝の白糸**

原＝泉鏡花　脚＝堀越真　演＝水谷幹夫　演補＝北村文典　装＝高田一郎　照＝沢田祐二　音＝橋場清　振＝花柳錦之輔　効＝本間明　陣＝安川勝人　衣＝堀井康明　衣考＝八代泰二　製＝酒井喜一郎、田口豪孝　出＝佐久間良子、古谷一行、中田喜子、尾藤イサオ、藤吉久美子、横沢祐一、荒木将久、大橋芳枝、菅野菜保之、曾我廼家鶴蝶、芦田伸介

▶泉鏡花の「義血狭血」をもとにした、新派の名作を新たな視点で舞台化。クレーンとレーザーを使った水芸のシーンが目を引く。脚本の堀越真にとっては"菊田一夫演劇賞"受賞後の第1回作品。

『屋根の上のヴァイオリン弾き』900回達成千穐楽カーテンコール

『滝の白糸』佐久間良子

【 主な出来事 】
- 5月1日　築地本願寺特設舞台にて、『オイディプス王』上演。演＝蜷川幸雄(～8日)。
- 7月17日　『レ・ミゼラブル』東宝初の全役オーディション・システムを採用。応募総数1万1274人の中から男性5役、女性4役、アンサンブル46人の出演者を決定。
- 8月23日　『王女メディア』演＝蜷川幸雄　出＝平幹二朗ほか。イギリスを皮切りにニューヨーク、カナダで公演(～9月20日)。
- 10月3日　帝国劇場3階に、演劇公演用電話予約センター"東宝テレザーブ"完成。
- 12月7日　「『レ・ミゼラブル』コンサート」を東京宝塚劇場で開催。

### 7月4日～8月31日

《ミュージカル》
**ラ・カージュ・オ・フォール　籠の中の道化たち**
詞・曲＝ジェリー・ハーマン　脚＝ハーヴェイ・ファイアスティン　原＝ジャン・ポワレ　訳＝丹野郁弓　訳詞＝岩谷時子、滝弘太郎、青井陽治　演・振＝リンダ・ヘイバーマン　オリジナル振付＝スコット・サーモン　演＝青井陽治　演補＝宮﨑紀夫　音監＝滝弘太郎　装＝デヴィッド・ミッチェル、小林雅夫　衣＝セオニ・アルドリッジ、真野誠二　照＝沢田祐二　響設＝本間明　HD＝山田康夫　指＝伊沢一郎　通訳＝垣ヶ原美枝　製＝佐藤勉、粟村勝久　出＝ジョルジュ：岡田眞澄、アルバンとザザ：近藤正臣、ジャン・ミッシェル：川﨑麻世、ダンドン議員：上條恒彦、ダンドン夫人：森公美子、アンヌ：毬谷友子、ル・ノー夫人：山吹まゆみ、舞監フランシス：野垣真実生、侍女ジャコブ：蟇目亮、ムッシュ・ルノー：友竹正則、ジャクリーヌ：上月晃、カジェル：真島茂樹、菊間清二、関武史、村田香織、大塚正夫、米良厚志、野口あきら、加藤真太郎、石丸貴志、森田日記、平尾良樹、中村隆男

▶ベスト・ミュージカル賞、ベストミュージカル台本賞（ハーベイ・ファイアスティン）、ベストミュージカルスコアー賞（ジェリー・ハーマン）、ミュージカル優秀演出賞（アーサー・ローレンツ）、最優秀衣装賞（セオニ・アルドリッチ）、ミュージカル優秀男優賞（ジョージ・ハーン）というトニー賞6部門受賞作の再演。同性愛の夫婦である夫の息子の結婚を巡る家族の物語。異色の愛を普遍的な愛の姿としてとらえ、好評を博した。

### 9月4日～29日

**お与津御寮人**
原＝川口松太郎　脚＝田村多津夫　演＝臼杵吉春　美＝古賀宏一　照＝今井直次　効＝田村忠彦　邦楽作曲＝山本邦山　詩＝萩原雪夫　作調＝堅田喜三久　邦＝水野好子　音＝山本丈晴　振＝花柳寿楽、花柳錦之輔　演補＝佐々民夫　製＝菅野悦晴　出＝山本富士子、山口崇、岩井友見、雪代敬子、吉川雅恵、新井みよ子、宗方勝巳、山田芳夫、丸山博一、甲にしき、淀かおる、丹阿弥谷津子

▶後水尾天皇を支え、一途な愛に殉じた"お与津御寮人"が繰り広げる絵巻物語。箏の合奏で舞う与津、和子入内の大行列といった情景描写も話題に。大詰めは山本富士子の"幻想の舞"。

### 10月3日～29日

**シカゴ ミュージカル・ボードビル**
脚＝フレッド・エッブ、ボブ・フォッシー（モーリン・ダラス・ワトキンズの戯曲『シカゴ』にもとづく）　曲＝ジョン・カンダー　詞＝フレッド・エッブ　演・振＝トニー・スティーブンス（ボブ・フォッシーの演出・振付による）　訳＝酒井洋子　訳詞＝岩谷時子　演補＝宮﨑紀夫　音監＝内藤孝敏　装＝トニー・ウォルトン、小林雅夫　衣＝緒方規矩子　照＝吉井澄雄　響＝本間明　ヘヤー＝両角梅生　通訳＝北川相子　音指＝内藤孝敏　製＝古川清、横山美次　出＝鳳蘭、麻実れい、小鹿番、L・やまもと／J・鵜山（交互出演）、加茂さくら、若林豪

▶熱望に応えてのアンコール上演。鳳蘭が『シカゴ』の演技に対し、昭和61年度文化庁芸術祭賞を受賞した。

### 11月2日～29日

**椿姫**
原＝アレクサンドル・デュマ・フィス　脚＝パム・ジェムス　訳＝新谷忠彦　修辞＝堀越真　演＝増見利清　演補＝井上思　衣デ＝鳥丸軍雪　装＝石井みつる　照＝立木定彦　音＝池辺晋一郎　振＝水品崇　効＝本間明　衣協＝（株）モードファムインターナショナル　製＝酒井喜一郎、岡本義次　出＝マルグリット：佐久間良子、アルマン：役所広司、クレマンス：甲にしき、ジャニーヌ：かたせ梨乃、ソフィ：汀夏子、ガストン：三木敏彦、ロシアのプリンス：塩島昭彦、ドルフタイム伯爵：津村隆、老侯爵：高木均、ベラ：速水亮、イベット：後藤加代、サン・ブリュー公爵：北村和夫、プリュダンス：乙羽信子

▶パム・ジェムスによる『椿姫』は、昭和59（1984）年、ロイヤル・シェイクスピア・カンパニーのストラットフォードにある小劇場のために書き下ろされ、大好評。翌年、ロンドンの中劇場に進出し、5ヵ月のロングランを果たす。ヴェルディのオペラでは、"薄幸の佳人"マルグリットの印象が強いが、本作では、現実を見すえながら、激しい愛に命を燃焼したマルグリットとして現代によみがえらせた。日本のトップデザイナー・鳥丸軍雪（yukiブランド）の衣装デザインも話題となった。

### 12月3日～28日

**貧民倶楽部**
原＝泉鏡花　脚＝堀井康明　演＝蜷川幸雄　装＝朝倉摂　照＝吉井澄雄　音＝宇崎竜童、竜童組　詞＝阿木燿子　効＝本間明　衣＝河原彰　振＝花柳錦之輔　陣＝國井正廣　演補＝山田孝之　製＝中根公夫、横山美次　出＝浅丘ルリ子、沢田研二、山谷初男、神保共子、二宮さよ子、菅生隆之、不破万作、大門伍朗、篠倉伸子、川形明子、影山仁美、佐々木すみ江、津嘉山正種、金田龍之介

▶「貧民倶楽部」、「黒百合」、「照葉狂言」といった泉鏡花の初期作品をベースに堀井康明が脚本化。蜷川幸雄の演出により、シュールで詩的な"鏡花ワールド"がエンターテインメントとして結実した。主題歌の〈桃源郷（シャングリラ）〉（作詞＝阿木燿子、作曲＝宇崎竜童、唄＝沢田研二）が挿入。

『貧民倶楽部』左／舞台全景　右／沢田研二、浅丘ルリ子

『椿姫』役所広司、佐久間良子

---

## COLUMN

### 中日パーティーの思い出

　当時、公演の中日には、帝劇地下の大食堂でパーティーをすることが恒例だった。浅丘ルリ子はその思い出を懐かしく振り返る。「大門伍朗さんが女方で芝居のパロディをしたり、いろんなことをして盛り上げてくれるんです。みんな喜んでいましたね。『貧民倶楽部』の時には、中日パーティーや打ち上げで沢田研二さんも歌って踊って。私も見てるだけじゃつまらないから、みんなと一緒に踊りましたよ。蜷川さんも"こんなの見たことない"って楽しそうにしていました」

　浅丘主演作品の常連俳優だった大門は、「ほかの劇場の人にも"浅丘さんの舞台は余興が面白い"と言われていたんですよ」。余興の出し物を考え、メンバーを決めるのも大門のミッション。ところが『濹東綺譚』の初日、袖で出番を待っていると、通りかかったプロデューサーに中日パーティーの日程が決まったと告げられ、途端に頭の中は余興のことで一杯に。あげく自分の出番を忘れる"出トチり"をやらかした。「舞台で私の出を今か今かと待っていた藤間紫さんに、"あんた何してたの"って言われました」（大門）

　そんなプチ事件も含めて、慰労と親睦を兼ねた中日パーティーは関係者のよき思い出となっている。　　　　（市川安紀）

1986 — 昭和61年

## 1987 昭和62年

# 人生を変えるミュージカル『レ・ミゼラブル』が開幕
# 異色セットが際立つ『NINAGAWA・マクベス』登場

日本経済は"バブル景気"に突入し、東京の商業地の地価が前年比上昇率76%を記録。
一方、ニューヨークの株式市場では、株価が一気に下落する"ブラック・マンデー"が。4月、国鉄の分割民営化が行われ、新たにJR7社が発足。
利根川進マサチューセッツ工科大学教授がノーベル医学・生理学賞を受賞。
映画「トップガン」(監督=トニー・スコット)、「ハチ公物語」(監督=神山征二郎)、「竹取物語」(監督=市川崑)、「マルサの女」(監督=伊丹十三)などがヒット。

『風と共に去りぬ』松平健、大地真央

### 1月2日～2月27日
#### 遙かなり山河 －白虎隊異聞－
作=杉山義法　演=瀬木宏康、佐藤浩史　演補=井上思　美=中嶋八郎　照=吉井澄雄　音=池辺晋一郎　効=本間明　振=若柳禄寿斗　國井正廣　邦=堅田喜三久　琵琶=半田淳子　ナ=来宮良子　製=津村健二、堀井康明　出=森繁久彌、多岐川裕美、あおい輝彦、叶和貴子、岩崎良美、山岡久乃、赤塚真人、神津はづき、三上直也、横沢祐一、浜田東一郎、国広富之、志垣太郎、松山政路、船戸順、井上孝雄、芦屋雁之助、司葉子
▶"白虎隊"で知られる会津戦争は、会津藩にとって男女を問わぬ総力戦であった。日本史に残るこの内戦の悲劇を、大型歴史時代劇として上演。

### 3月7日～4月27日
#### 風と共に去りぬ
原=マーガレット・ミッチェル　脚=菊田一夫　演=篠崎光正　演補=宮﨑紀夫　音=古関裕而、鈴木行一　振=謝珠栄　音監=滝弘太郎　装=伊藤熹朔、小林雅大　衣=真木小太郎、宮里あんこ、小田切祐二　HD=山田康夫　MU=福田高弘　照=沢田祐二　効=本間明　斗=林邦史朗　特監=円谷英二、的場徹、川北紘一　映像協力=東宝映像(株)　馬調教=山崎正俊　指=大谷肇　製=佐藤勉、粟村勝久　出=スカーレット・オハラ:大地真央、レット・バトラー:松平健、アシュレイ・ウィルクス:田中健、メラニー・ハミルトン:遥くらら、ジェラルド・オハラ:ハナ肇、エレン・オハラ:富田恵子、スエレン・オハラ:生田智子、キャリーン・オハラ:五代眞弓、ジョン・ウィルクス:船戸順、フランク・ケネディ:麦草平、チャールズ・ハミルトン:三上直也、ベル・ワトリング:前田美波里、ピィティパット叔母:塩沢とき、召使いマミー:角田淑子、召使いプリシィ:木の葉のこ、メリーウェザー夫人:大路三千緒、ワイティング夫人:大原あすみ、ミード博士:益田喜頓
▶『風と共に去りぬ』作品発表50周年記念。大地真央の帝劇初出演作。上演台本は『風と共に去りぬ第1部』。伝説の舞台の再登場と新たなスカーレット&バトラーのコンビなどに注目が集まった。

### 5月1日～28日
#### 唐人お吉
作=服部佳　演=石井ふく子　演補=宮﨑紀夫　美=古賀宏一　照=吉井澄雄　音=小川寛興　振=西川左近　陣=國井正廣　効=森本義　製=安達隆夫　出=佐久間良子、中村勘九郎、北村和夫、前田昌明、上村香子、菅野菜保之、乙羽信子
▶漁村の娘だったおきちが"唐人お吉"とされ、アル中の乞食にまで落ちていく。それでもなお鶴松への愛を貫き、後追い心中で愛を完結させることで、"個"として生きる人間の尊厳を貫く。お吉の大詰めでの衣裳は、流転の人生を象徴するかのように各場の衣裳のつぎはぎで作られている。

### 6月11日～10月30日(プレビュー含む)
#### 《ミュージカル》レ・ミゼラブル
❖6月17日初日
製協=キャメロン・マッキントッシュ(オーバーシーズ)リミテッド　作=アラン・ブーブリル&クロード=ミッシェル・シェーンベルク　原=ビクトル・ユゴー　音=クロード=ミッシェル・シェーンベルク　詞=ハーバート・クレッツマー　オリジナル・フランス語テキスト=アラン・ブーブリル、ジャン・マルク・ナテル　資料提供=ジェームス・フェントン　編=ジョン・キャメロン　響=アンドリュー・ブルース　衣=アンドレアーヌ・ネオフィトウ(衣補=宇野善子)　照=デヴット・ハーシー(照補=ベッツィー・プール、小木直樹)　装=ジョン・ネピア(装補=キース・ゴンザレス、小林敬典)　潤・演=ジョン・ケアード、トレバー・ナン　訳=酒井洋子　訳詞=岩谷時子、吉岡治　響=本間明　音響コンサルタント=アンドリュー・ブルース　日本公演スーパーバイザー=増見利清　音監=内藤孝敏　声指=山口琇也、林アキラ　指=内藤孝敏、松岡究　通訳=垣ヶ原美枝　PC=江見和子　製=古川清、田口豪孝　協=資生堂　後=フジテレビジョン　出=バルジャン、ジャベール:鹿賀丈史、滝田栄、ジャベール:佐山陽規、エポニーヌ:島田歌穂、白木美貴子、ファンテーヌ:岩崎宏美、伊東弘美、石富由美子、コゼット:斉藤由貴、柴田夏乃、鈴木ほのか、マリウス:野口五郎、安崎求、テナルディエ:斎藤晴彦、新宅明、マダム・テナルディエ:鳳蘭、阿知波悟美、アンジョルラス:内田直哉、福井貴一
▶"スターを創るミュージカル"の名の下に、プロ・アマ問わず、オールキャストオーディションが行われた。公募による応募総数は11274人。1音1音符にこだわった日本語台本や"クローン方式"と呼ばれるロンドンの舞台をそのまま再現させた舞台作りをはじめ、何もかもが初めてだった。東京・五反田の資生堂ビューティー・サイエンス研究所内に"エコール レ・ミゼラブル"が開設され、9ヵ月前から上演に向けてのさまざまな学習とトレーニングがなされた。『レ・ミゼラブル』の成果に対し、昭和62年度文化庁芸術祭賞を東宝株式会社が受賞。また、公演準備のために来日していた主要

### 【主な出来事】
- 3月5日　日生劇場にて『テンペスト』上演。演=蜷川幸雄(～28日)。
- 6月17日　皇太子同妃両殿下(現上皇上皇后両陛下)、浩宮さま(現天皇陛下)をお迎えし、『レ・ミゼラブル』開幕(～10月30日)。のちに、昭和62年度文化庁芸術祭賞を受賞(昭和63年1月22日)。
- 8月20日　大衆演劇の雄・新国劇創立70周年公演(～31日)。劇団の解散決定(9月7日)。
- 9月17日　ロンドンのナショナル・シアターにて『NINAGAWA・マクベス』、『王女メディア』上演。演=蜷川幸雄。
- 10月8日　東宝日比谷ビル(日比谷シャンテ)竣工。合歓の広場の手形除幕式挙行、62人のスターの手形を埋設。
- 11月3日　森繁久彌が勲二等瑞宝章、尾上松禄が文化勲章、それぞれ受章。
- 11月14日　『放浪記』、芸術座公演で初演以来、通算800回上演を達成。

『レ・ミゼラブル』内田直哉

『レ・ミゼラブル』鹿賀丈史、滝田栄

『レ・ミゼラブル』滝田栄、鹿賀丈史

『レ・ミゼラブル』左／滝田栄　右／鹿賀丈史

『レ・ミゼラブル』岩崎宏美

『レ・ミゼラブル』野口五郎、島田歌穂

『レ・ミゼラブル』エピローグ
中央左から　島田歌穂、野口五郎、斉藤由貴、鹿賀丈史、岩崎宏美、内田直哉

『レ・ミゼラブル』斎藤晴彦、鳳蘭

スタッフのもとにトニー賞8部門受賞の吉報も。全編が歌を通して進行することから、"ポップ・オペラ"とも呼ばれた。"東宝テレザーブ"が導入され、コンピューターによるチケット管理システムが稼働したのも本作から。

### 11月4日～30日
#### 松風の家
原＝宮尾登美子　脚＝村松欣二　演＝阿部廣次　演補＝宮﨑紀夫　美＝石井みつる　音＝橋場清　照＝吉井澄雄　振＝花柳芳次郎　効＝本間明　製＝酒井喜一郎、安達隆夫　出＝佐久間良子、安井昌二、南風洋子、横沢祐一、荒木将久、中村千彌、橋本宣三、原田清人、中村美代子、櫻田千枝子、夏川かほる、舞小雪、三田和代、菅野菜保之、草刈正雄

▶明治から昭和の茶道の名門"後之伴家"。沈落してゆく家の再興にかけた人々を描く。宮尾登美子の連載小説を連載中にいち早く舞台化したため、原作中前半のみを採用。翌年1月、テレビドラマが制作された。

### 12月4日～28日
#### NINAGAWA・マクベス
作＝ウィリアム・シェイクスピア　訳＝小田島雄志　演＝蜷川幸雄　装＝妹尾河童　照＝吉井澄雄　音＝甲斐正人　効＝本間明　振＝花柳錦之輔　陣＝國井正廣　衣＝辻村ジュサブロー　演補＝山田孝行　製＝中根公夫、横山美次　出＝津嘉山正種、栗原小巻、嵐徳三郎、山谷初男、瀬下和久、若松武、畠山久、菅生隆之、篠倉伸子、青山達三、角間進、大門伍朗、妹尾正文、松重豊、清家栄一、原田大二郎（12月4日～9日）、麦草平（12月10日～28日）、金田龍之介

▶初演は、昭和55（1980）年、日生劇場。昭和62（1987）年9月17日～22日、ナショナル・シアター内リトルトン劇場で7ステージが公演され、絶賛を博する。その凱旋公演として帝劇で上演された。セットは巨大な仏壇。ふたりの老婆がその扉をあけて舞台が始まる。マクベスを戦国時代に置き換えるが、役名は原作通り。"バーナムの森が動く"描写では、兵士たちが桜の枝を身にまとい、マクベスが窓から見て「バーナムの森が動いた！」の台詞を言う。観客のイメージで、桜の大軍が城に押し寄せる様子を美的に表現したとして、評判に。挿入曲には、フォーレのレクイエムから〈サンクトゥ〉とバーバーの〈アダージョ〉が効果的に使われた。

『NINAGAWA・マクベス』津嘉山正種、栗原小巻

EVERGREEN

TOHO COMPANY LTD
presents
CAMERON MACKINTOSH'S
acclaimed production of

BOUBLIL &
SCHÖNBERG'S

# Les Misérables

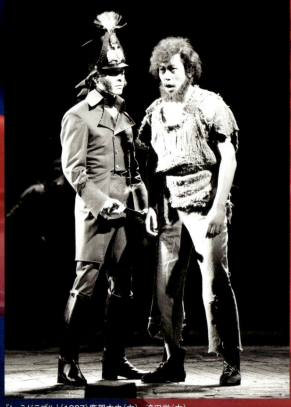

『レ・ミゼラブル』(1987) 鹿賀丈史(左)、滝田栄(右)

## 東宝ミュージカルの金字塔、『レ・ミゼラブル』の40年

フランスで生まれた原型を元に1985年の英国で初演され、1987年に帝国劇場で日本初演の幕を開けた『レ・ミゼラブル』。今ではミュージカルの代名詞的存在となり、またミュージカル俳優を志す若者が必ずと言っていいほどオーディションに挑戦する夢の舞台ともなった。だが遡ること約40年、東宝初の試みとなる全役オーディションが始まった頃。当時のことを、「何しろ日本は、世界で3番目の上演国。何もかもが初めてで、今では考えられないほど何も情報がなく、オーディションという言葉自体も認知されていませんでした」と、当時から2024〜25年公演に至るまで携わり続ける唯一のスタッフとなった音楽監督・山口琇也は振り返る。

### 開幕前夜

オーディションとは俳優の優劣ではなく、役に必要な資質を備えているかどうかを見極める場所だ。今となっては常識のこのことがまだ浸透していなかったため、名のある俳優に受けてもらうためには東宝側から声を掛けるだけでなく、プライバシーを考慮する必要もあった。ホテルの部屋にピアノを持ち込み、俳優同士が鉢合わせしないよう注意しながら一人一人と対面。『レ・ミゼラブル』の楽曲を聴いたことのある挑戦者は多くなく、自分の得意な歌で勝負する俳優もいたという。クラシック歌手の中には譜面を見ながら『レ・ミゼラブル』の楽曲を歌う者もあったが、〈彼を帰して〉を最初からフルボイスで歌い上げるようなオペラの歌唱法は、作者であるアラン・ブーブリルとクロード゠ミッシェル・シェーンベルクの求めるものではなかった。「あの時に彼らが言った『これは役者が歌うオペラなんだ』という言葉は、この作品を的確に定義した名言だと思います」。

出演者が決定したところで始まったのが、本作に必要な声の出し方や物語の背景を学ぶ「エコール(フランス語で「学校」の意)レ・ミゼラブル」と、故・岩谷時子による本格的な訳詞の作業。英語をそのまま日本語に置き換えると倍以上の長さになるため、取捨選択して美しい歌詞にするだけでも大変な上に、ブーブリル&シェーンベルクはさらに、「1音につき1音節、かつなるべく英語と同じ母音を当てる」という難題を課した。岩谷が山口と共に試行錯誤を重ねて作り上げた歌詞を、山口がブーブリル&シェーンベルクの前で全曲歌って聴かせた場所こそ、帝劇9階の稽古場。「訳詞に対する指摘をもらうと同時に、1曲1曲の歌い方やニュアンスを細かく指導されました。僕が40年間キャストに伝え続けているのは、あの時に作者本人たちから言われたことなんです」。やがて稽古が始まってからも、ブーブリル&シェーンベルクはトニー賞授賞式に出席するためアメリカに渡った数日間以外、日本の稽古場に常駐。岩谷もまたほぼ常駐し、付いた演出に合わせて取捨選択する箇所を変えていった。

2カ月に及んだ稽古の指揮を執っていたのは、オリジナル演出家の1人であるジョン・ケアード。通訳を務めた故・垣ヶ原美枝は、山口曰く「まるでジョン本人が喋っているように」ケアードの言葉を伝え、やがて本人のいない場でもキャストからの相談に乗るようになり、ケアードから全幅の信頼を得て演出家アシスタントの肩書を得るまでになった。そして山口も、「開幕を見届けて帰国するシェーンベルクさんから『あとは君に任せたよ』との言葉を頂き、大きな責任を感じました」。日本側の誰も『レ・ミゼラブル』を知らなかったように、本国側も日本の言葉や慣習を誰も知らなかった初演時。両者が協働し、長い時間を掛けて歩み寄って信頼関係を築き上げたからこそ、日本版『レ・ミゼラブル』はその後40年も愛され続けるミュージカルの金字塔となったと言えるだろう。

### 40年での変化

オペラのように壮大な楽曲を、しかしオペラの歌唱法ではなく芝居として歌える俳優は、

初演当時の日本には数えるほどしかいなかった。その数少ない2人だった鹿賀丈史と滝田栄は、初演からの数年間、ジャン・バルジャンとジャベールの2役を兼任。「滝田さんは公演を重ねるたびに振り出しに戻って一から作ろうとし、鹿賀さんは前回公演を踏まえて積み重ねていくタイプ」と、稽古場での姿勢からして対照的だった2人は、舞台上でも全く異なる個性を見せ、バルジャンとジャベールという役の可能性を示していく。やがて2人の背中を追う俳優たちが育つと、2人は彼らに後を託し、1988年にまずはジャベールを、そして2001年にはバルジャンを共に卒業していった。

次々と登場する新キャストと、周年などを機に刷新される演出によって、『レ・ミゼラブル』は常にフレッシュであり続ける。特に2013年は、セットや衣裳がビビッドになった"新演出版"の日本初演と、前年末に公開された映画版のヒットが重なり、若い世代の新規ファンを多く獲得する革新的な年となった。この前後から、求められる歌い方も変わってきたと山口は証言する。「ミュージカルを観慣れていない人にも伝わりやすいように、より日常会話のスタイルに近い、自然な歌い方が求められるようになったんです。メロディーを崩すことなく喋るように歌うのは、特に日本語では非常に難しく、どうすればそう聞こえるかは俳優によっても違う。エコールや稽古で一人一人の感性と向き合い、ワンフレーズずつ検証するより他に道はありません」。

山口の奮闘は、2024〜25年公演の開幕を控えた今も続いている。初演時と比べると、歌える俳優が格段に増え、楽曲が浸透し、海外の俳優が歌う音声や映像も簡単に入手できるようになった現在。ロンドン初演のオリジナルキャスト盤すらまだ出回っていなかった頃とは比べ物にならない状況だが、それ故の難しさもある。「声の豊かさに頼って感性を疎かにしたり、他の俳優の芝居や歌い方に寄せようとしてしまったり。大事なのは、自分自身の才能と個性を育てていくことだといつも伝えています。それは作者たちが初演時から言っていたことでもあり、例えば音符を伸ばす長さや強弱、休符の挟み方は、常に俳優それぞれが芝居の感性を軸に作っていくものなんです」。昔も今も変わらない、俳優を決して型にはめない姿勢。それが『レ・ミゼラブル』を、"過去の遺物の復元"ではなく、常に"今を生きる名作"たらしめている。

## 『レ・ミゼラブル』よ、永遠に

とはいえ、いかに良い俳優を集めて丁寧な稽古をしようとも、彼らが表現する作品自体に力がなければ40年は続かない。その"力"の正体の1つが音楽であることは言うまでもなく、同じフレーズが繰り返し登場する構成の妙は特によく語られるが、山口が何より強調するのはメロディーだ。「感情の波にメロディーが合っているところが、本当に素晴らしいと思います。例えば〈彼を帰して〉は、冒頭の『♪神よ〜』でいきなり1オクターブ上がるという通常では考えられない音運びですが、そこには特別な願いがあるから。〈カフェ・ソング〉の『♪歌った歌の誓い〜』で急に音が上がるのはマリウスの張り裂けんばかりの胸の内を、〈夢やぶれて〉の『♪夢は悪夢に〜』から音がどんどん下がっていくのはファンテーヌの耐え難い気持ちを、見事に表現しています。急に上がるのも、下がっていく音を最後までエネルギーを保って歌うのも容易ではないですが、メロディーと感情を融合できれば、それだけでストーリーが全て伝わるようにできているんです」。

ヴィクトル・ユゴーの生んだ普遍的な物語を、ブーブリル&シェーンベルクらが3時間のミュージカルにまとめ上げ、英日のスタッフが協働して作り上げた日本版に、その時々のキャストが持てる力を十二分に発揮してパワーアップさせてきた『レ・ミゼラブル』の40年。その歴史は、常に帝劇と共にあった。初演からの数年間、本作が"夏の忠臣蔵"の異名を取っていたのは帝劇の夏休み興行として定着していたからで、2000〜01年公演がその異名に逆らうように冬休みの帝劇で行われたのは、21世紀の幕開けを飾るにふさわしい名作だからという理由による。山口にとっても、帝劇は9階の稽古場が思い出深いだけではなく、「劇場内部の多くの箇所で木材が使われているため音の響きが良く、聞こえ方も見え方も使い勝手も素晴らしい劇場」だ。

そのクロージングが迫っているが、「帝劇が生まれ変わっても、『レ・ミゼラブル』は永遠であってほしい」と山口は祈る。「日本での上演が決まってすぐ、ロンドンに飛んで初めて観た時から、これは自分が理想として思い描いていたミュージカルの様式だと思いました。それから40年が経ちますが、これほどの重さと格式を持った作品には未だに出会ったことがない。上演が続く限り、僕も全力で向き合い続けたいと思っています」。

『レ・ミゼラブル』よ、永遠に──。山口と同じように祈るファンが、日本各地にどれだけいることだろう。その祈りがある限り、この金字塔はこれからも高くそびえ立ち続けるに違いない。

(町田麻子)

『レ・ミゼラブル』(1987) 島田歌穂(中央左)、鹿賀丈史(中央)、岩崎宏美(中央右)、野口五郎(前左)、斉藤由貴(前右)

『レ・ミゼラブル』(1987) 島田歌穂(後左)、鹿賀丈史(後中央)、岩崎宏美(後右)

『レ・ミゼラブル』(2019) 濱田めぐみ(後左)、佐藤隆紀(後中央)、屋比久知奈(後右)、熊谷彩春(前左)、三浦宏規(前右)

『レ・ミゼラブル』(2021) 木内健人(中央)、生田絵梨花(同左)、竹内將人(同右)、上原理生(右から6番目)

# 1988 昭和63年

## ファン投票で〝五十鈴十種〟が選定され
## 『女坂』と『新版 香華』(芸術祭賞を受賞)を上演

青函トンネル(53.85km)や瀬戸大橋(海峡部9368m)といった世界最長の建造物が開通。"東京ドーム"が開業。
7月に"リクルート疑惑"が発覚。横須賀沖で自衛隊潜水艦"なだしお"と釣り船が衝突。
ソウル・オリンピックでは、ベン・ジョンソンが薬物使用で金メダルを剥奪される一方、小谷美可子ら女子シンクロチームに注目が集まった。
映画「ラストエンペラー」(監督=ベルナルド・ベルトルッチ)、「となりのトトロ」「火垂るの墓」(監督=宮崎駿)などがヒット。

### 1月2日〜27日
**《五十鈴十種第一回記念》女坂**
原=円地文子 脚=菊田一夫 潤=堀越真 演=水谷幹夫 演補=阿部照義 装=石井みつる 照=沢田祐二 音=橋場清 効=本間明 衣=八代泰二 製=酒井喜一郎、細川潤一 出=山田五十鈴、新珠三千代、桜田淳子、清水幹雄、和田弘子、安宅忍、曾我廼家鶴蝶、松山政路、江原真二郎、司葉子、声の出演=杉村春子
▶前年、山田五十鈴の長年にわたる舞台歴の中で、特に際立った作品を観客のアンケートをもとに10本選定し、"五十鈴十種"と名付けた。今回はその第1回記念公演となった。『女坂』の初演は、昭和45(1970)年、芸術座。明治・鹿鳴館時代、家を守るため、夫の姿を探す妻を山田が演じる。『女坂』が描く女の人生には悲しみが続き、その苦悩はだらだらと長い坂を登るようにも見えるのであった。

### 1月31日〜2月26日
**陽暉楼**
原=宮尾登美子 脚・演=小幡欣治 演=本間忠良 演補=山崎圓 美=織田音也 照=浦川明郎 音=小川寛興 効=本間明 振=若柳禄寿 製=細川潤一 出=胡遊:浜木綿子、桃若:大空眞弓、叶和貴子、奈月ひろ子、頭師孝雄、中村玉緒、横沢祐一、三浦リカ、金子信雄
▶宮尾登美子が描く"土佐もの"の代表作のひとつ。舞台は土佐随一の遊興社交場"陽暉楼"。一見華やかで艶めかしい芸妓の世界の中で描かれる女の性と情念、そして人間の修羅。舞台では、小説の主人公"桃若"のライバルとして登場する"胡遊"を主役に。悲劇的な状況に追い込まれても、屈することなく、逆に、エネルギッシュに運命と対峙。そんな女のしたたかさが、胡遊を通して描かれる。

### 3月1日〜28日
**欲望という名の市電**
原=テネシー・ウィリアムズ 脚=堀井康明 演=蜷川幸雄 装=鈴木俊朗 照=原田保 衣=小峰リリー 効=本間明 ステージング=花柳錦之輔 AC=國井正廣 音=宇崎竜童、千野秀一 演補=山田孝行 製=中根公夫、横山美次 出=浅丘ルリ子、隆大介、佳那晃子、辻萬長、大門伍朗、不破万作、市川夏江、山本美千代、藤崎卓也、瀬下和久、片瀬佐知子、佐々木すみ江
▶テネシー・ウィリアムズの原作の題名は『欲望という名の電車』が一般的。しかし劇化に当たり、舞台を1920年代〜30年代のアメリカから日本とし、さらに、原題も"STREETCAR"であるために"市電"という言葉が用いられた。蝶がピンで留められた巨大な標本箱を表現した舞台セットで、演劇としては新帝劇史上最も少ない12名の出演者が演じた。

### 4月1日〜27日
**おはん**
原=宇野千代 脚・演・美=堀井康明 演補=井上思 照=吉井澄雄 音=千野秀一、竹澤団六 効=本間明 装補=鈴木俊朗 製=酒井喜一郎、岡本義次 出=おはん:山本陽子、おかよ:池上季実子、曾我廼家鶴蝶、大路三千緒、新田恵利、児玉利和、青木玲子、舞小雪、林成年、金子信雄、加納屋:津川雅彦、文楽特別出演:吉田文昇、吉田清三郎、桐竹勘寿
▶宇野千代の同名小説の舞台初演。原作にある加納屋の語りで進む部分を節付けした義太夫で表わす一方、文楽人形で主人公のデリケートな心のゆらめきを伝えた。昭和59(1984)年、市川崑監督で映画化もされている。

### 5月1日〜27日
**櫻姫**
原=鶴屋南北 脚=堀越真 演=水谷幹夫 演補=井上思 照=沢田祐二 装=石井みつる 衣=河原彰 音=橋場清 効=本間明 陣=安川勝人 製=酒井喜一郎、安達隆夫 出=佐久間良子、江守徹、平淑恵、藤堂新二、西沢利明、井上孝雄、加茂さくら、山岡久乃
▶脚本の基となったのは鶴屋南北の『櫻姫東文章』。それをベースに舞台をスペイン、マカオ、日本といったグローバルに脚色し、上演された。

### 6月6日〜8月31日
**《ミュージカル》レ・ミゼラブル**
製協=キャメロン・マッキントッシュ(オーバーシーズ)リミテッド 原=ビク

『おはん』山本陽子、津川雅彦

トル・ユゴー 作=アラン・ブーブリル&クロード=ミッシェル・シェーンベルク 衣補=宇野善子 照補=ベッツィー・プール 装補=キース・ゴンザレス、小林敬典 潤・演=ジョン・ケアード、トレバー・ナン 訳=酒井洋子 訳詞=岩谷時子、吉岡治、青井陽治 響=本間明 音響コンサルタント=アンドリュー・ブルース 日本公演スーパーバイザー=増見利清 音監=内藤孝敏 指=松岡究 通訳・演出部=垣ヶ原美枝 PC=江見和子 製=

## 【主な出来事】

- 1月9日　宇野重吉(俳優)没。享年73。
- 2月7日　『放浪記』、芸術座公演で通算900回突破。
- 3月23日　昭和62年度芸術選奨文部大臣賞に演出家の蜷川幸雄、新人賞を俳優の島田歌穂が受賞。
- 4月16日　十七代目中村勘三郎没。享年78。
- 4月29日　劇団四季『オペラ座の怪人』、日生劇場で初演。
- 8月31日　『レ・ミゼラブル』3ヵ月公演終了。3ヵ月で21万人を動員。8月の帝劇興収新記録を達成したことを受けて、"感謝の夕べ"開催(24日)。

『櫻姫』左／佐久間良子　右／ポスターカット

古川清、田口豪孝　賛＝資生堂　後＝フジテレビジョン　出＝バルジャン、ジャベール：鹿賀丈史、滝田栄、ジャベ：佐山陽規、エポニーヌ：島田歌穂、白木美貴子、三浦丘美子、ファンテーヌ：岩崎宏美、伊東弘美、コゼット：柴崎夏乃、鈴木ほのか、マリウス：野口五郎、安崎求、テナルディエ：斎藤晴彦、新宅明、マダム・テナルディエ：鳳蘭、阿知波悟美、荒井洸子、アンジョルラス：内田直哉、福井貴一
▶物語をわかりやすくするため、初演と比べて歌詞が大きく変更。極力、英語を日本語にしたことも特徴のひとつ。また、一音一音符をより正確にするための作業が行われた。バルジャンの囚人番号が"24601"から"24653"に変わったのが、その一例。一幕終りの〈ワン・ディ・モア〉は、「朝が、明日が、来れば」と訳し、"ワン・ディ・モア"が持つすべての意味を表わしたのはまさに名訳といえる。

### 9月5日〜30日
#### 天満の恋
原＝近松門左衛門『女殺油地獄』より　脚・演＝江守徹　装＝朝倉攝　照＝吉井澄雄　音＝堅田啓輝　効＝本間明　衣＝河原彰　ステージング＝花柳芳次郎　陣＝國井正廣　MU協＝マックスファクター青木満寿子　製＝酒井喜一郎、岡本義次　出＝お吉：佐久間良子、与兵衛：役所広司、二宮さよ子、大場久美子、富田恵子、沢本忠雄、菅原謙次、淡島千景
▶近松門左衛門晩年の作品『女殺油地獄』。脚本・演出の江守徹は"お吉"と"与兵衛"の出会いに焦点を合わせた。近松作品が人間の情念の不可解さを観客に突き付けるのをテーマとしている点に、改めて近松の現代性が感じられる。

### 10月4日〜28日
#### 新版 香華 五十鈴十種より
原＝有吉佐和子　脚＝大藪郁子　演＝増見利清　演補＝北村文典　美＝織田音也　照＝山内晴雄　音＝池辺晋一郎　効＝本間明　振＝荒川和子　製＝細川潤一　出＝郁代：山田五十鈴、朋子：山本陽子、八郎：田村高廣、内山恵司、丸山博一、山田芳夫、中島久之、浅利香津代、叶楼の女将：曾我廼家鶴蝶、太郎丸：淡島千景
▶"五十鈴十種"のひとつ。今回の『新版 香華』の上演成果に対し、東宝株式会社が昭和63年度文化庁芸術祭賞（演劇部門）を受賞。『香華』の初演は、昭和38（1963）年、芸術座。原作者・有吉佐和子の生前からの要望「凝縮して、現代に近づけ楽しいものを」に応えるべく、大藪郁子（脚本）と増見利清（演出）が"新版"に足る新機軸で挑んだ。見どころは、母娘を軸に話が進みつつも、母親の男性遍歴を通じ、やがて浮かび上がってくる"人生の悲喜劇"。8月、東京・日本橋の高島屋で「山田五十鈴展」が行われ、森繁久彌との対談のコーナーでは『屋根の上のヴァイオリン弾き』を山田が「屋根の下〜」と言ってしまい、「"屋根の下の三味線弾き"はあんただろう」と森繁に突っ込まれて、会場が爆笑に包まれた。

### 11月1日〜26日
#### 夢の宴 −女傑長尾よねの生涯−
原＝白崎秀雄「当世畸人伝」より　脚＝小幡欣治　演＝本間忠良　演補＝北村文典　美＝織田音也　照＝山内晴雄　音＝いずみたく　振＝若柳禄寿　効＝本間明　製＝菅野悦晴、岡本義次　出＝森光子、小林桂樹、酒井和歌子、南風洋子、金田賢一、小鹿番、佐野浅夫、富田恵子、横沢祐一、林与一、丹阿弥谷津子、芦田伸介
▶"わかもと製薬"の創業者である"長尾よね"の生涯を劇化。明治から昭和を背景に描く一代記だ。劇中にわかもとの宣伝の花電車が仕掛けとして登場。また、戦犯として逮捕間際に服毒自殺を遂げた近衛文麿との交流も描かれる。

### 12月3日〜28日
#### テンペスト
作＝ウィリアム・シェイクスピア　訳＝小田島雄志　演＝蜷川幸雄　装＝鈴木俊朗　照＝原田保　音＝宇崎竜童　衣＝小峰リリー　効＝本間明　振＝花柳錦之輔　邦楽監修＝西川啓光　演補＝山田孝行　製＝中根公夫、横山義次　出＝津嘉山正種、田中裕子、松田洋治、畠山久、大門伍朗、石井愃一、松重豊、若松武、青山達三、辻萬長、瀬下和久、嵐徳三郎
▶1988年度文化庁派遣・エジンバラ国際フェスティバル招待作品として8月、エジンバラ・プレイハウスで6回の公演が催され、凱旋公演として帝劇で上演。佐渡ヶ島の朽ちかけた能舞台をセットに、役名は原作通りに演じられた。

『新版 香華』山田五十鈴

『夢の宴』森光子

1988ー昭和63年

## 昭和64年 平成元年 1989

# 京都の四季が麗しい『古都憂愁』が上演
# 『レ・ミゼラブル』リピーター客の支持が増える

1月7日、天皇陛下が崩御。皇太子明仁親王が即位され"平成"へと改元。4月には消費税がスタート。11月、"ベルリンの壁"が崩壊。12月、多くの東欧共産主義諸国で民主化が進められる一方で、中国では天安門事件が勃発。漫画の神様・手塚治虫、昭和の歌姫・美空ひばりが逝去。映画「インディ・ジョーンズ 最後の聖戦」（監督＝スティーヴン・スピルバーグ）、「魔女の宅急便」（監督＝宮﨑駿）、「レインマン」（監督＝バリー・レヴィンソン）などがヒット。

### 1月2日〜30日
### 孤愁の岸
原＝杉本苑子　脚＝杉山義法　演＝森谷司郎、津村健二　音＝池辺晋一郎　時考・衣＝浜田右二郎　装＝金井俊一郎　照＝吉井澄雄　振＝若柳禄寿　効＝本間明　斗＝伊吹聡太朗　ナ＝加藤道子　琵琶＝半田淳子　撮＝岸本正広（東宝映画）特監＝川北紘一（東宝映像美術）特殊効果＝田中義彦（アトリエ・カオス）演補＝井上思、村松欣　製＝佐藤勉、粟村勝久　出＝森繁久彌、司葉子、竹脇無我、藤岡琢也、藤吉久美子、松山英太郎、須賀不二男、三上真一郎、横沢祐一、浜田東一郎、山口勝己、五代俊介、林与一、野川由美子、東千晃、船戸順、金田賢一、志垣太郎、井上孝雄、内田朝雄、西郷輝彦

▶帝劇では3度目、名古屋・御園座上演、と合わせ5回目の上演。杉本苑子は、森繁久彌の"一座建立"の意気込みを聞き、世阿弥の「衆人の愛敬を持って一座長久の寿福とする」という言葉に相通ずると述べている。

### 2月3日〜28日
### 古都憂愁
原＝川口松太郎　脚＝堀越真　演＝鴨下信一　演補＝佐藤浩史　装＝古賀宏一　音＝桑原研郎　照＝室伏生大　効＝森本義　地唄舞"十二月"振＝今井栄子　邦楽演奏＝米川敏子社中　製＝田口豪孝、堀井康明　出＝八千草薫、中田喜子、樹木希林、山本學、菅野菜保之、光本幸子、三條美紀、小栗一也、吉川雅恵、藤村志保、乙羽信子

『孤愁の岸』西郷輝彦、竹脇無我、森繁久彌

『古都憂愁』乙羽信子、八千草薫

仁和寺、月の銀閣寺、紅葉の東福寺、雪の金閣寺など京都の四季が楽しめる舞台。装置を担当した古賀宏一は、第17回伊藤熹朔賞を受賞。平成6（1994）年1月、東京宝塚劇場で再演。

### 3月4日〜4月27日
### 王様と私
作＝オスカー・ハマースタインⅡ世　曲＝リチャード・ロジャース　原＝マーガレット・ランドン（「アンナとシャム王」より）訳＝森岩雄、高田蓉子　訳詞＝岩谷時子　演＝中村哮夫　演補＝宮﨑紀夫　音監＝滝弘太郎　音指＝福田一雄　振＝ユリコ、森田守恒　装＝渡辺正男　衣＝真木小太郎　照＝吉井澄雄、奥畑康夫　響設＝本間明、渡辺邦男　HD＝山田康夫　製＝佐藤勉、長谷山太刀夫　出＝王様：松平健、アンナ：鳳蘭、チャン夫人：淀かおる、総理大臣：金田龍之介、通訳：山下敬介、フラ・アラック：

【 主な出来事 】
- 1月7日　昭和天皇崩御。皇太子明仁親王践祚。平成と改元（8日施行）。
- 1月25日　小林一三の33回忌にあたり、宝塚大劇場で"逸翁に捧げる夕べ"を開催。
- 4月　『ミス・サイゴン』、オリジナル公演がロンドンのドゥルリー・レーン劇場で開幕。
- 6月24日　美空ひばり（歌手・俳優）没。享年52。国民栄誉賞（女性初）追贈（7月6日）。
- 6月25日　二代目尾上松緑没。享年76。
- 8月18日　古関裕而（作曲家）没。享年80。
- 8月30日　東急Bunkamuraオープン。
- 9月22日　千代の富士、史上最多965勝。国民栄誉賞受賞（29日）。
- 10月25日　宝塚歌劇団創立75周年記念ニューヨーク公演（〜11月29日）。
- 11月11日　宝塚歌劇『ベルサイユのばら』、通算834回で200万人を達成。

『王様と私』鳳蘭、金田龍之介、松平健

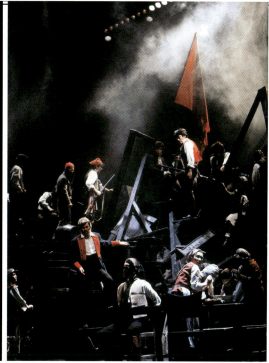

『レ・ミゼラブル』左／内田直哉　右／バリケードにて

金田拓三、タプチム：久野綾希子、ルンタ：羽賀研二、チュラロンコン王子：小野真理子、ルイス：岩崎まゆ子、王妃：舞小雪、サイモン：真島茂樹、楽士：服部恭一郎、オルトン船長：園田裕久、ラムゼイ卿：益田喜頓
▶帝劇での上演は、昭和55（1980）年以来。松平健と鳳蘭による『王様と私』は、昭和63（1988）年、東京宝塚劇場にて。今回はアンコール上演となった。

### 5月1日～28日

#### 真砂屋お峰

原＝有吉佐和子　脚・演＝小幡欣治　演補＝増田邦彦　美＝古賀宏一　音＝小川寛興　照＝浦川明郎　効＝本間明　衣＝河原彰　MU＝マックスファクター青木満寿子　製＝酒井喜一郎　出＝佐久間良子、水野久美、香坂みゆき、林成年、藤代佳子、舞小雪、松山政路、曾我廼家鶴蝶、塩島昭彦、近藤洋介、金田龍之介、乙羽信子
▶初演は昭和50（1975）年、東京宝塚劇場。脚本・演出有吉佐和子により上演。それに対し本作は小幡欣治の脚本・演出による"新版"とも言える。

### 6月5日～8月31日

#### 《ミュージカル》レ・ミゼラブル

製協＝キャメロン・マッキントッシュ（オーバーシーズ）リミテッド　原＝ビクトル・ユゴー　作＝アラン・ブーブリル＆クロード＝ミッシェル・シェーンベルク　衣補＝宇野善子　照補＝ベッツィー・プール　装補＝キース・ゴンザレス、小林敬典　潤・演＝ジョン・ケアード、トレバー・ナン　訳＝酒井洋子　訳詞＝岩谷時子、吉岡治、青井陽治　響＝本間明　音響コンサルタント＝アンドリュー・ブルース　日本公演スーパーバイザー＝増見利清　音監＝内藤孝敏　指＝松岡究　通訳・演出部＝垣ヶ原美枝　PC＝江見和子　製＝古川清、田口豪孝　賛＝資生堂　援＝フジテレビジョン　出＝バルジャン：鹿賀丈史、滝田栄、ジャベール：佐山陽規、村井国夫、エポニーヌ：島田歌穂、三浦丘美子、ファンテーヌ：安奈淳、伊東弘美、コゼット：鈴木ほのか、白木美貴子、マリウス：野口五郎、田代久雄、テナルディエ：斎藤晴彦、新宅明、マダム・テナルディエ：松金よね子、阿知波悟美、アンジョルラス：内田直哉、福井貴一
▶ダブルキャスト制も浸透し、何度も繰り返し観るリピーターが増えた。終演時にキャストのローテーション表を配るのだが、ほとんどの観客がそれを受け取り、次はどの組み合わせで観ようか、とラインマーカーで線を引き、日程を選ぶ姿がみられるように。多くの観客から「感動した」との手紙が連日届けられ、その文面から『レ・ミゼラブル』が持つ力に改めて驚かされた。

### 9月5日～28日

#### 女たちの夜明け

作＝小幡欣治　演＝井上思　装＝石井強司　照＝原田保　音＝橋場清　効＝本間明　衣デ＝伊藤すま子、中野忠男　振＝西川瑞扇　MU＝マックスファクター青木満寿子　資料＝水戸藩奥女中・西宮秀「落葉の日記」　資料提供＝二見実樹　製＝酒井喜一郎、岡本義次　出＝山本陽子、市毛良枝、沢本忠雄、菅原謙次、舞小雪、児玉利和、安宅忍、酒井和歌子、高峰三枝子（特別出演）
▶水戸藩主の姉・芳徳院の奥女中として仕えていた"お秀"が御一新（明治維新）で庶民となり、さまざまなアイデアで、商売を成功させてたくましく生きていくさまを小幡欣治が書き下ろした。

### 10月2日～28日

#### 蘆火野

原＝船山馨　脚＝杉山義法　演＝津村健二　演補＝増田邦彦　装＝川口直次　衣＝中嶋八郎　照＝吉井澄雄　音＝池辺晋一郎　音効＝本間明　振＝若柳禄寿　斗＝安川勝人　ナ＝加藤道子　製＝佐藤勉、長谷山太刀夫　出＝森繁久彌、水谷良重、竹脇無我、遥くらら、井上孝雄、三上真也、浜田東一郎、小野武彦、嵐市太郎、東銀之助、団時朗、船戸順、松山英太郎、かとうかずこ、西郷輝彦
▶森繁久彌は自身の舞台芸の経験を若い俳優たちに託す必要性を感じていた。『孤愁の岸』で事実上の主人公が竹脇無我であったように、今回は西郷輝彦を選んだ。武士の身分を捨て、フランス料理のシェフを目指す"河井準之助"を中心とした青春群像劇。動乱の函館からパリ・コミューンのフランスへ。一流シェフを目指す若者の姿は、近代化にまい進する当時の日本と重なる。準之助が人生の指針としたパリの市標「漂（たゆた）えども沈まず」という言葉が印象的。

### 11月1日～28日

#### 日本橋

原＝泉鏡花　脚・演＝堀井康明　衣デ＝辻村ジュサブロー　装＝石井康博　照＝吉井澄雄　音＝千野秀一　効＝本間明　ステージング＝西川鯉之亟　演補＝山田孝行　製＝横山美次、岡本義次　出＝浅丘ルリ子、布施明、手塚理美、大橋芳枝、神保共子、竹内幸子、草薙かおり、舞小雪、大路三千緒、塩島昭彦、近藤洋介、淡島千景
▶泉鏡花没後50年。日本橋芸者と若い医学士の恋を描き、辻村ジュサブローの衣裳で、唯美主義に満ちた鏡花の世界を舞台化。舞台一面に咲く紫陽花の花が観客を鏡花の世界へと誘う。

『日本橋』浅丘ルリ子

### 12月2日～28日

#### 春日局

原・脚＝橋田壽賀子　演＝石井ふく子　演補＝佐藤浩史　美＝古賀宏一　音＝小川寛興　照＝吉井澄雄　効＝森本義　振＝花柳寿美　陣＝國井正廣　製＝菅野悦晴　出＝春日局（おふく）：佐久間良子、香川京子、竹千代のちの徳川家光：坂東八十助、大鹿次代、丸山博一、お江与：長山藍子、東てる美、浅田美代子、中島久之、林啓二、徳川秀忠：篠田三郎、徳川家康：北村和夫、赤木春恵
▶放映中だったNHK大河ドラマを早くも舞台化。春日局こと"おふく"が徳川家康に見込まれ三代将軍家光の乳母となり、実母、お江与の方との相剋の中、家光を将軍に育て上げるまでを描く。

# 1990 平成2年

## 大地真央主演版『マイ・フェア・レディ』初演
## ミュージカル『オリバー!』を日本語版で上演

3月、大蔵省から金融機関の不動産向け融資の総量規制が出され、金融・不動産バブルに歯止め。"バブル崩壊"の実質的スタートである。
6月、礼宮さまが川嶋紀子さんとご成婚され、秋篠宮家を創設。8月、イラク軍のクウェート侵攻、10月、東西ドイツ統一。
映画「バック・トゥ・ザ・フューチャーPART3」(監督=ロバート・ゼメキス)、「ダイ・ハード2」(監督=レニー・ハーリン)、「天と地と」(監督=角川春樹)、「タスマニア物語」(監督=降旗康男)などがヒット。

### 1月2日~2月27日
#### 新版 香華
原=有吉佐和子　脚=大藪郁子　演=増見利清　演補=北村文典　美=織田音也　照=山内晴雄　音=池辺晋一郎　効=本間明　振=荒川和子　製=細川潤一、岡本義次　出=郁代:山田五十鈴、朋子:山本陽子(1月)、遥くらら(2月)、中島久之、内山恵司、山田芳夫、丸山博一、叶楼の女将:曾我廼家鶴蝶、浅利香津代、太郎丸:水谷良重(1月)、新橋耐子(2月)、八郎:田村高廣
▶ "五十鈴十種"より。昭和63年度芸術祭賞受賞記念上演。本作では敗戦直後の焼け跡の場が書き足され、"郁代"と"朋子"が戦争の荒波をくぐり抜けて生きるさまが強調されている。

### 3月4日~4月27日
#### 《ミュージカル》マイ・フェア・レディ

『マイ・フェア・レディ』
左/大地真央、細川俊之　右/益田喜頓、大地真央、細川俊之

原=バーナード・ショウ(『ピグマリオン』より)　脚・詞=アラン・ジェイ・ラーナー　音=フレデリック・ロウ　訳=倉橋健　訳詞=滝弘太郎、若谷和子　演=ジョン・ファンリー　振=謝珠栄　演協=佐藤浩史　演補=増田邦彦　装=小林雅夫　装補=田中直樹　衣=真木小太郎、真野誠二、宮里あんこ　照=吉井澄雄　響設=本間明　アートフラワー構成=朝倉攝　アートフラワーデザイン制作=飯田倫子　音監=滝弘太郎　音指=福田一雄　通訳=垣ヶ原美枝　製=佐藤勉、宮﨑紀夫　賛=JCB　出=イライザ:大地真央、ヒギンズ教授:細川俊之、ピアス夫人:三田和代、フレディ:川﨑麻世、ドゥーリトル:小野武彦、アインスフォード・ヒル夫人:冨田恵子、ハリイ:三上直也、ジョージ:宮琢磨、ホクストンの男:木島新一、執事:服部恭一郎、ジェミイ:松樹重雄、傍の男:安西正弘、街の男:小林アトム、ホプキンス夫人:荒井洸子、トランシルバニア女王:一の宮あつ子、ゾルタン・カーパシー:友竹正則、ヒギンズ夫人:丹阿弥谷津子、ピッカリング大佐:益田喜頓
▶ 大地真央は宝塚歌劇団退団後、「今後やってみたい役は?」という問いに対し、「『風と共に去りぬ』のスカーレットと『マイ・フェア・レディ』のイライザ」と答えていたが、早くもそのふたつが実現。低音主体の宝塚男役から、高音のファルセットまであるイライザ役をボイス・トレーニングを重ね見事に演じた。

### 5月1日~28日
#### 栄花物語
原=山本周五郎　脚=堀井康明　演=井上思　装=川口直次　衣=中嶋八郎　照=吉井澄雄　音=池辺晋一郎　効=本間明　陣=國井正廣　振=尾上菊一郎　製=古川清、粟村勝久　出=田沼意次:森繁久彌、水谷良重、林与一、新井春美、寺泉憲、山本みどり、三上直也、横沢祐一、目黒祐樹、井上孝雄、志垣太郎、土田早苗、中田喜子、西郷輝彦
▶ 悪人のイメージが強い"田沼意次"を、改革を進める有能な政治家として描写。その努力と苦悩は、上演当時の旧ソ連のペレストロイカを思わせた。題名は、意次の「忙しさのあまり、花の栄りを観ることもな

『栄花物語』森繁久彌

### 【 主な出来事 】
- 1月31日　新緞帳[富士ゼロックス(株)寄贈]懸垂。
- 2月14日　ローリング・ストーンズ初来日公演。
- 2月25日　SKD、『東京踊り』(16日~)を最後に2年間休演。レビュー劇団からミュージカル劇団への変革を目指す。
- 5月30日　梅田コマ劇場、茶屋町への移転。梅田コマ劇場は"劇場飛天"に、中劇場"シアター・ドラマシティ"新設を発表。
- 7月2日　ミュージカル『ミス・サイゴン』の製作を発表。全役オーディションの浸透を図るため、チラシ配布等を実施。
- 9月17日　『ミス・サイゴン』、全役オーディションの申し込み締め切り。応募総数15087人で、『レ・ミゼラブル』を上回る。
- 9月26日　『放浪記』、通算1000回上演の大記録を達成。
- 11月12日　天皇陛下(現上皇陛下)、即位の礼挙行。

かった」という言葉に由来。『孤愁の岸』、『蘆火野』の考えに基づき、今回の準主役は、林与一。

### 6月1日〜27日
### 終着駅
脚＝菊田一夫　潤＝堀越真　演＝江守徹　演補＝井上思　装＝石井強司　音＝小川寛興　照＝原田保効＝本間明　衣＝渡辺雪三郎　製＝酒井喜一郎、臼杵吉春　出＝佐久間良子、役所広司、三田寛子、新田純一、塩島昭彦、富田恵子、舞小雪、近藤洋介、横山道代、南風洋子、菅原謙次

▶初演は昭和40（1965）年、芸術座。映画「終着駅」（53／監督ヴィットリオ・デ・シーカ）のチェザーレ・ザヴァッティーニとトルーマン・カポーティによる脚本をベースに舞台化。帝劇版は、菊田一夫の手による芸術座版の脚本を堀越真が潤色。衣裳は、ミッチ・ブランドの渡辺雪三郎が担当。本作品と『細雪』の潤色で堀越真が芸術選奨新人賞を受賞。

『終着駅』役所広司、佐久間良子

### 7月5日〜8月31日
### 《ミュージカル》オリバー！
原＝チャールズ・ディケンズ『オリバー・ツイスト』より　脚・曲・詞＝ライオネル・バート　訳＝ノブコ・アルベリー　演＝ジェフ・フェリス　訳詞＝ノブコ・アルベリー、滝弘太郎　演協＝佐藤浩史、坂上道之助　音監＝滝弘太郎　音指＝梅村榮　装＝ショーン・ケニー　装置協力＝ロジャー・ハードウィック　衣協＝真野誠二、ベロニカ・ハードウィック　照＝吉井澄雄響設＝本間明　通訳＝三田地里穂、佐伯玲子、松村佐知子　製＝佐藤勉、宮﨑紀夫　賛＝JR東日本　後＝英国大使館　出＝フェイギン：津嘉山正種、ナンシー：前田美波里、オリバー：黒田勇樹、林哲平、ドジャー：岡本平、土師部歩、バンブル氏：友竹正則、コーニイ夫人：森公美子、ベット：金山美菜子、吉川京子、シャーロット：立原ちえみ、ノア・クレイポール：古本新之輔、サワベリー：三上直也、サワベリー夫人：荒井洸子、グリムウィッグ先生：渡辺晃三、盲人：木島新一、老婆サリィ：山田三恵、女：崎田美也、夜警：安西正弘、音頭取り：小林アトム、ビル・サイクス：安岡力也、ベドウィン夫人：高林由紀子、ブラウンロウ氏：滝田裕介、ほか子役：紅組・青組各19名

▶昭和43（1968）年の日英親善公演では招聘キャストによる英語上演だったが、今回は日本語版で上演。オリバー役は、一般公募の結果、黒田勇樹が選ばれた。同時に選ばれた子役の中から、稽古を見て林哲平がオリバー役のダブルキャストに抜擢。労働基準法による子供の夜間出演時間に制限があったため、夜の部の開演時間は、平日は17時30分、土日17時。

### 9月5日〜30日
### 吉野太夫の恋
原＝吉川英治「吉野太夫」より　脚＝田中喜三　潤・演＝堀井康明　美＝織田音也　照＝秋本道男　音＝山本丈晴　振＝花柳寿楽　効＝辻亨二　陣＝湯浅謙太郎　演補＝佐田民夫　製＝臼杵吉春　出＝山本富士子、山口崇、小山明子、土田早苗、立原博、萬代峰子、林啓二、横沢祐一、内山恵司、大山克巳、岩井半四郎、江原真二郎、芦田伸介

▶江戸時代、京都で絶世の美女と謳われた吉野太夫の常照寺への楼門寄進と、そこで生まれる刀鍛冶の名もない弟子"時安"との恋物語。田中喜三脚本により劇化された『吉野太夫』の初演は、昭和45（1970）年、明治座。今回は堀井康明が潤色・演出し、帝劇初演。

『吉野太夫の恋』山口崇、山本富士子

### 10月4日〜30日
### 華岡青洲の妻
作＝有吉佐和子　色＝大藪郁子　演＝水谷幹夫　演補＝山崎圓　美＝石井みつる　照＝沢田祐二　音＝橋場清　効＝本間明　衣＝八代泰二　製＝細川潤一　出＝於継：山田五十鈴、加恵：十朱幸代、華岡青洲：萬屋錦之介、友里千賀子、東郷晴子、奈月ひろ子、内山恵司、吉川雅恵、松山政路

▶初演は昭和42（1967）年、芸術座、於継役は山田五十鈴。潤色の大藪郁子は、幕切れの台詞の持つ意味、「嫁も自分の子を持ってみると、姑が自分の子を愛したパターンと同じになる」という普遍性を掘り下げて、丁寧に描いた。舞台上では、麻酔薬の主成分である白い蔓陀羅華の花が一面に咲く。

### 11月3日〜28日
### 真砂屋お峰
原＝有吉佐和子　脚・演＝小幡欣治美＝古賀宏一　音＝小川寛興　照＝浦川明郎　効＝本間明　衣＝河原彰　MU＝マックスファクター青木満寿子　演補＝増田邦彦　製＝酒井喜一郎、安達隆夫　出＝佐久間良子、水野久美、曾我廼家鶴蝶、古手川伸子、藤代佳子、塩島昭彦、中村又蔵、舞小雪、大出俊、金田龍之介、乙羽信子

▶御禁制の豪華な衣裳比べのシーンが話題となったが、小幡欣治は「美しいものにあこがれ、その美しい物を身にまといたいと願うのは女の性、とは言いながらも、虚栄からではなく、庶民の抵抗感情から発したものだけに、江戸人の支持もあったし、また喝采を博したのだろう。断罪され、赦免船にのせられたお峰の顔に、明るさがあったのは、だから当然なのかもしれない」とプログラムに記している。

### 12月2日〜26日
### 雪の華 ―忠臣蔵いのちの刻―
作＝服部ケイ　演＝石井ふく子　演補＝佐藤浩史　装＝古賀宏一　照＝吉井澄雄　音＝小川寛興　陣＝國井正廣　効＝森本義　製＝田口豪孝、宮﨑紀夫　出＝大石りく：浜木綿子、片平なぎさ、中田喜子、沢田雅美、沢竜二、三ツ木清隆、大石主税：松田洋治、藤堂新二、上村香子、三上直也、平野稔、深江章喜、大鹿次代、小島秀哉、大石内蔵助：北村和夫、吉良上野介：金田龍之介、香川京子

▶『女たちの忠臣蔵』で義士の裏に隠れた女たちの苦悩を描いた石井ふく子が演出。行動的な"大石りく"を中心としたもうひとつの"忠臣蔵"が誕生した。

『華岡青洲の妻』萬屋錦之介、十朱幸代、山田五十鈴

『雪の華』浜木綿子、中田喜子、香川京子

# EVERGREEN

## 翻訳ミュージカルの原点『マイ・フェア・レディ』

アスコット競馬場でのイライザ（大地真央）

日本で上演されているミュージカルについて語る時、絶対に外せない作品がある。それは『マイ・フェア・レディ』だ。

『マイ・フェア・レディ』は、日本初のブロードウェイ・ミュージカルとして、1963年9月に開幕した。現在、数えきれないほど上演されている翻訳ミュージカルの第1作目なのである。

『マイ・フェア・レディ』は、バーナード・ショーの戯曲『ピグマリオン』を原作に、アラン・ジェイ・ラーナーの脚本・歌詞、フレデリック・ロウの音楽で1956年にブロードウェイ初演、トニー賞作品賞はじめ6部門を受賞した、今も世界各国で上演されている不朽の名作だ。1964年にはオードリー・ヘップバーン主演で映画化もされている。

ロンドンの下町の花売り娘イライザが言語学者ヒギンズ教授と出会い、彼のレッスンを受けて本物のレディへと変貌する。イライザの成長と自立の物語が珠玉のミュージカル・ナンバーに彩られて展開していく。

### 6代目のイライザ、大地真央

イライザ役は、日本初演の江利チエミから、那智わたる、上月晃、雪村いづみ、栗原小巻と受け継がれ、1990年の帝国劇場公演、そこから20年にわたってイライザ役を演じ続ける大地真央が登場した。

宝塚の退団公演千穐楽後の会見でこれからやりたい役を問われて「『マイ・フェア・レディ』のイライザと『風と共に去りぬ』のスカーレットです」と答えた大地。

「実は何も考えてなくて、とっさに出たのがイライザとスカーレットだったんです。でも潜在意識としてどこかにあったのだと思います。イライザ役のお話を頂いた時は嬉しかったですね。日本で初めて上演された翻訳ミュージカルという歴史ある『マイ・フェア・レディ』、自分がやりたいと公言したイライザ役を6代目として務めさせていただけることにものすごく気合いが入ったことを覚えています」

### 唯一無二のイライザの誕生

イライザを演じるにあたり、「ただ汚い子が綺麗になりましたという変わり身の話ではなく、イライザがどう成長していくのか、その時々の心情を大切にしたいと思いました」。深く細やかな役作りと情感豊かな歌声に加え、大地ならではのアプローチが唯一無二のイライザを生み出した。まず冒頭の花売り娘のシーン、イライザの顔が汚れていない。

「花屋の店員になりたいイライザは、ショーウィンドウにいつも自分を映して顔が汚れていないかを確認していたはず。そういう向上心や美意識がなければレッスンを受けて半年後に王女様と見間違えられるほどになれるとは思えなかったんです。汚れていた顔を綺麗にする方が分かりやすいのですが、私は、最初は素顔に見えるようなブラウンのメイクとナチュラルなリップ、そこからだんだん加えて競馬場のシーンを一番派手にして、今度はそこから少しずつ減らしていきました。そして最後、ピンクのドレスの本物のレディになったシーンは淡くフワッとしたメイクと指には付け爪をして所作の美しさも意識しました」

コックニー訛りの表現も変えてきた。

「言葉を聞くとその人の階級が分かる時代のイギリスの話を日本で上演する時、それを方言で表現するのは違うなと思い、イライザはHの発音ができないので、それを日本語に置き換えて階級を表すしかないと考えたんです。例えば"はなや"が"あなや"に、"ヒギンズ"が"イギンズ"になるとか。演出家の方をはじめ、皆さんにご相談しながら歌詞も含めて変えていきました。（ヒギンズ教授の友人の）ピッカリング大佐役でいつもは厳しい益田喜頓さんが『それいいね』と、とても感心してくださって自信がつきました。そうすることで、ちゃんとした言葉を話さなくてはいけないというヒギンズ教授にも説得力が生まれたと思います」

美しく着こなされた衣裳も観客の目を楽しませてくれた。

「宮里あんこ先生のお衣裳はどれも本当に素敵で、千穐楽を終えるごとにクリーニングできないドレスは先生ご自身が洗い張りをして、スワロフスキーのクリスタルなども濁るから

と全て付け替えてくださっていました」
　衣裳についても大地のこだわりがある。
「〈今に見てろ〉から〈踊り明かそう〉に繋がるレッスンのシーン、本当は茶系のワンピース1着なのですが、ヒギンズ教授の邸宅にいて、(家政婦の)ピアス夫人がイライザを着た切り雀でレッスンさせるかな?と思い、緑のワンピースに着替えることで日にちの経過とレッスンの成果を伝えられたらと重ね着をしていました。それが分からないようにするのは大変だったんです」
　このように、花売り娘の愛らしさから競馬場での華やかさ、舞踏会での眩いばかりの美しさ、ヒギンズ教授の母を訪ねた上品な佇まい……と大地真央演じるイライザは見事な成長を遂げ、本物のレディになったのである。このイライザ役で第15回菊田一夫演劇賞を受賞した。

レディになったイライザ(大地真央)を
ヒギンズ教授(石井一孝)がエスコート

### イライザと共に成長するヒギンズ教授

「ヒギンズ教授のことは反発しながらも尊敬していて、恋心も芽生えます。イライザの成長と共に、実は彼自身も成長していくと思うんです。そして最後、2人がどうなるのか結末をはっきりさせない、お客様に想像していただく終わり方が私は大好きです」
　ヒギンズ教授役を、細川俊之、村井國夫、草刈正雄に続いて演じた石井一孝は「真央さんのイライザは世界一だと思います。イライザは、字も読めず言葉もちゃんと話せなかった女の子が教育を受けることによって崇高な人物になっていくという二面性を表現する難しい役ですが、成長のプロセスが本当に素晴らしく、それにふさわしい芝居をしなくてはいけないと思いました」と言う。
「カズちゃん(石井)とは『アイリーン』(1995年)での共演以来、気心が知れているので、作品と役についてかなり密な話し合いをしま

した。歌える強みがあるのでどのナンバーも説得力があり、特にちょっと崩した感じで歌う〈あの娘が忘れられない〉が素敵でした」

### 珠玉のミュージカルナンバー

「イライザの歌う〈踊り明かそう〉をはじめ、お父さん(ドゥーリトル)を中心に歌い踊る〈教会へ連れて行け〉などのビッグナンバーも楽しく、(イライザを慕う)フレディの〈君住む街〉もいい歌で、名曲揃いです」
　音楽に詳しい石井は、「『ピグマリオン』のミュージカル化にあたり、まずリチャード・ロジャース(『回転木馬』『王様と私』などの作曲家)が着手したけど上手くできず、最終的にフレデリック・ロウが書き上げた。名作『ピグマリオン』を音にすることがいかに難しいかが分かる話で、だからこそ『マイ・フェア・レディ』の音楽は素晴らしく、非の打ちどころがないんです」と話す。

### 愛され続ける『マイ・フェア・レディ』

「『マイ・フェア・レディ』は、時代と共に反戦運動や女性解放などいろいろな要素が加わったりもしていますが、世界中で愛され続けている理由は、しっかりしたドラマ展開と魅力的な音楽の中でイライザの成長が描き出されていくところではないかと思います」
　2010年11月、上演回数615回をもって大地真央のイライザ役は千穐楽を迎えた。
「20年の中で、本の読み込み方や台詞の感じ方に変化があったり、再演をさせていただくことの貴重さを感じました。イライザ役から歌、踊り、お芝居全てを学び、私自身も成長させていただきました。イライザ役を20年間1人で演じたのは世界で1人だけのようでとても光栄です」と大地。
　唯一無二のイライザ像を創り上げ、高い評価を得た大地真央の『マイ・フェア・レディ』が幕を閉じ、今は、翻訳・訳詞・楽曲のタイトル・演出を変えた新たな『マイ・フェア・レディ』が上演されている。「素晴らしい作品ですから上演が続いていくことは嬉しいです。20年かけて創ってきたものは私にとって大切な宝なので、そこを基本にして、できれば超えていってほしいと思っています」。

2010年、博多座にて大地真央はイライザ主演600回を達成

### 神田沙也加の中に宿ったイライザ

　大地の後を受けてイライザを演じた1人、神田沙也加。可愛らしさと品の良い美しさでイライザをみずみずしく演じた神田にとって、大地は憧れてやまない存在だった。
「さや(神田)は1人でキャリーを引いて地方公演まで私の舞台をよく観に来てくれました。『マイ・フェア・レディ』も何度も観てくれて、歌も台詞も全部覚えていたので、イライザを演じられることになって喜んでいましたが、(訳詞や演出)全てが変わっていたので大変だったと言っていました。特に自分の想いと口に出す言葉が違うところでは苦労したようです。あまりにも私のイライザがさやの中に入っていたんだと思います。いなくなってとても切ないです」
　現・帝劇への出演回数は864回にのぼる。
「そんなに立たせていただいているんですね。いつかはという憧れがあり、『風と共に去りぬ』(1987年)で初めて帝国劇場に出演させていただくことになった時は、いよいよかと胸が高鳴りました。2回目の出演が『マイ・フェア・レディ』です。重厚感の漂う歴史ある帝国劇場でイライザを長く演じられたことは私の誇りです」
　　　　　　　　　　　　(山内佳寿子)

愛らしい花売り娘のイライザ(神田沙也加)

## 1991 平成3年

# 帝劇開場80周年！森繁久彌、文化勲章受章
# 蜷川版『仮名手本忠臣蔵』が帝劇初登場

年明けの湾岸戦争から夏の旧ソ連保守派のクーデター、12月の旧ソ連崩壊まで、海外の政治的緊張が続いた。国内では景気動向指数が前年末をピークに下落。2月に関西電力美浜原発で事故が発生し、日本で初めて緊急炉心冷却装置が作動。4月、東京都庁が新宿副都心に移転したのもこの年。映画「ターミネーター2」（監督＝ジェームズ・キャメロン）、「おもひでぽろぽろ」（監督＝高畑勲）などがヒット。

### 1月2日～30日
#### 赤ひげ診療譚
原＝山本周五郎　脚・演＝沢島正継　演補＝井上思　美＝浜田右二郎　照＝吉井澄雄　音＝岩代浩一　効＝秦和夫　振＝花柳禄寿　斗＝安川勝人　琵琶作詞＝森繁久彌　琵琶作曲＝半田淳子　製＝津村健二、細川潤一　出＝森繁久彌、竹脇無我、川中美幸、奥村公延、横沢祐一、頭師佳孝、三上直也、村田美佐子、芦屋雁之助、山田五十鈴

▶帝劇創立80周年記念作。初演は、昭和53（1978）年、東京宝塚劇場。江戸時代、長崎で蘭学を学んだ若者が小石川療養所の新出去定と出会い、人間の命の尊厳を学び成長していく姿を描く。森繁・山田の豪華顔合わせで上演。

『赤ひげ診療譚』山田五十鈴、森繁久彌

### 2月3日～27日
#### 夜の鶴
原＝芝木好子　脚＝大藪郁子　演＝石井ふく子　演補＝佐藤浩史　美＝古賀宏一　照＝吉井澄雄　音＝小川寛興　効＝森本義　振＝花柳梅静　衣＝小泉清子　製＝細川潤一、宮﨑紀夫　出＝池内淳子、山口崇、宅麻伸、小川範子、山下規介、上村香子、海老名美どり、三上直也、大鹿次代、松下砂稚子、光本幸子、山岡久乃

▶東京・下町の花柳界を舞台に親子や男と女の普遍的な愛を描く。原作の芝木好子が石井ふく子の母をモデルにして描いた作品を石井自らが演出した。タイトルの『夜の鶴』とは、子を思う親の愛情の深さをたとえて言う言葉。

### 3月3日～28日
#### 桜月記 ―女興行師 吉本せい
原＝矢野誠一　脚＝小幡欣治　演＝北村文典　演補＝阿部照義　装＝石井康博　照＝山内晴雄　音＝いずみたく　衣＝八代泰二　効＝本間明　振＝林啓二　製＝古川清、岡本義次　出＝森光子、林与一、美保純、青山良彦、長江健次、金沢碧、赤木春恵、芦屋雁平、桂木文、芦屋小雁、二宮さよ子、田村高廣

▶『放浪記』とは別に、1年に1本の新作舞台を続ける森光子の新作。吉本興業創業者で御寮人さんと言われた"吉本せい"の一代記だ。彼女をモデルにしたと言われる舞台に『花のれん』がある。森光子は昭和33年（1958）年、同作のお茶子役で芸術座に初登場。原作者・矢野誠一の「吉本せい役はぜひ森光子さんで」との希望がかなった一作。

### 4月1日～30日
#### 《ミュージカル》心を繋ぐ6ペンス
H・Gウェルズ原作「キップス」より　曲・詞＝デヴィッド・ヘネカー　台＝ビヴァリィ・クロス　訳＝倉橋健　訳詞＝岩谷時子　演＝井上思　演補＝釜紹人　編＝栗田信生　振＝名倉加代子　装＝和田平介　照＝原田保　響＝渡辺邦男　衣＝宇野善子　音指＝塩田明弘　製＝田口豪孝、宮﨑紀夫　出＝アーサー・キップス：田原俊彦、アン・ボーニック：鈴木ほのか、シッド・ポーニック：渋谷哲平、バギンズ：川平慈英、ピアス：黒崎輝、ウォーシンガム夫人：篠井英介、ウィリアム・ウォーシンガム：諸角憲一、ローラ：西田伊公子、ボッティング夫人：大橋芳枝、カーショット：橋本宣三、シャルフォード：中丸忠雄、チッタロウ：原田大二郎、ヘレン・ウォーシンガム：剣幸

▶日本初演は昭和41（1966）年、芸術座で、市川染五郎のアーサー・キップス、淀かほるのアン・ボーニック、加茂さくらのヘレン・ウォーシンガム。その年の"テアトロン賞（東京演劇記者会賞）"を受賞。翌年、帝劇で受賞記念として再演されて以来、24年ぶりの上演。田原俊彦が帝劇初登場。剣幸が宝塚歌劇団退団後初の作品となった。

『心を繋ぐ6ペンス』鈴木ほのか、田原俊彦

### 【 主な出来事 】
- 2月4日　『ミス・サイゴン』全キャストが決定し、公式発表。
- 3月19日　平成2年度芸術選奨新人賞を堀越真（東宝現代劇養成所戯曲科出身）が受賞。
- 4月　『ミス・サイゴン』、ニューヨーク公演がブロードウェイ劇場で開幕。
- 5月13日　"ミス・サイゴン・スクール"開校式。翌日から10ヵ月にわたり帝劇9階稽古場で週2回のレッスンを実施。
- 6月17日　南アフリカ、アパルトヘイト終結宣言。
- 7月31日　20世紀最後の『ベルサイユのばら』、東京宝塚劇場でフィナーレ。
- 10月14日　『ミス・サイゴン』前売記念コンサート開催。
- 10月27日　『ミス・サイゴン』前売券（翌年8月分まで）発売開始。従来の社内制作作品の記録を大幅に上回る10万8330枚（電話予約分含む）の新記録達成。
- 11月3日　森繁久彌、現代劇俳優として初の文化勲章受章。

### 5月4日〜6月25日
#### 蘆火野
原＝船山馨　脚＝杉山義法　演＝津村健二　演補＝増田邦彦　装＝川口直次　衣＝中嶋八郎　照＝吉井澄雄　音＝池辺晋一郎　音効＝本間明　振＝若柳禄寿　斗＝安川勝人　ナ＝加藤道子　製＝佐藤勉、長谷山太刀夫　出＝森繁久彌、水谷良重（5月）、淡路恵子（6月）、竹脇無我、遥くらら、井上孝雄、三上真也、小野武彦、浜田東一郎、鈴木正勝、村田美佐子、東銀之助、団時朗、中島久之、船戸順、平淑恵、西郷輝彦

▶平成元（1989）年初演作の再演。原作に「青年たちよ、日本は、これから嵐になるだろう。かってない激しい嵐だろう。それに巻き込まれたもうな。嵐の先のことを考えて生きたまえ。それが去った時、輝きをはなつ人間になっていてほしい」とある。この一文がすべてを表すような感動的な作品となった。

### 7月2日〜8月31日
#### 《ミュージカル》レ・ミゼラブル
製協＝キャメロン・マッキントッシュ（オーバーシーズ）リミテッド　原＝ビクトル・ユゴー　作＝アラン・ブーブリル＆クロード＝ミッシェル・シェーンベルク　衣補＝宇野善子　照補＝ベッツィー・プール　装補＝キース・ゴンザレス、小林敬典　潤・演＝ジョン・ケアード、トレバー・ナン　訳＝酒井洋子　訳詞＝岩谷時子、吉岡治、青井陽治　響＝本間明　音響コンサルタント＝アンドリュー・ブルース　日本公演スーパーバイザー＝増見利清　音監＝内藤孝敏　指＝松岡究　通訳・演出部＝垣ヶ原美枝　PC＝江見和子　製＝古川清、田口豪孝　賛＝資生堂　後＝フジテレビジョン　出＝バルジャン：鹿賀丈史、滝田栄、ジャベール：村井国夫、今井清隆、エポニーヌ：島田歌穂、比企理恵、ファンテーヌ：安奈淳、石富由美子、コゼット：鈴木ほのか、白木美貴子、マリウス：野口五郎、田代久雄、テナルディエ：斎藤晴彦、新宅明、マダム・テナルディエ：松金よね子、阿知波悟美、アンジョルラス：内田直哉、福井貴一

▶平成元（1989）年に梅田コマ劇場、平成2年（1990）年に仙台8回、北海道15回公演。通算上演回数768回。早くも"夏の忠臣蔵"と異名のつくほどの人気役目となる。再演よりアンサンブルで出演していた、劇団東宝現代劇出身の今井清隆がジャベールに抜擢さ

『レ・ミゼラブル』鹿賀丈史、村井国夫

れ、まさにスターを創るミュージカルとなった。

### 9月5日〜30日
#### 華岡青洲の妻
作＝有吉佐和子　色＝大薮郁子　演＝水谷幹夫　演補＝山崎圓　美＝石井みつる　照＝沢田祐二　音＝橋場清　効＝本間明　衣＝八代泰二　製＝細川潤一、坂本義和　出＝於継：山田五十鈴、加恵：十朱幸代、華岡青洲：平幹二朗、友里千賀子、東郷晴子、奈月ひろ子、内山恵司、新井みよ子、江藤潤

▶前年の好評を受けての再演。華岡青洲役は萬屋錦之介から平幹二朗に、青洲の弟子役は江藤潤に、吉川雅恵の役は新井みよ子が務めた。

### 10月4日〜30日
#### 絵島疑獄
原＝杉本苑子　脚＝堀井康明　演＝井上思　演補＝伊藤万寿夫　装＝石井強司　照＝吉井澄雄　音＝甲斐正人　衣＝八代泰二　効＝渡辺邦男　ステージング＝西川鯉之亟　MU協＝マックスファクター青木満寿子　製＝酒井喜一郎、岡本義次　出＝佐久間良子、安奈淳、戸川京子、嵐圭史、大路三千緒、藤代佳子、若林豪、新井みよ子、和田幾子、永光基乃、菅野菜保之、丹阿弥谷津子、乙羽信子

▶「絵島・生島事件」を調べ上げた杉本苑子の結論は、1000名もの連座者を出したこの事件が派閥抗争の中で生まれた、冤罪。そのため、絵島を時代の背景にある閨閥・学閥の争いにより、後半30年を高遠流刑の罪を背負わされた犠牲者として描いている。プログラムに次の一文が載せられている。「女ゆえの甘えから油断して、狙い撃ちの目標とされると、当人の失脚にとどまらず、所属する派閥や会社までも、共倒れの苦境に落としかねない。『絵島疑獄』は、その危険を教えてくれる先駆的な事件といえよう」。

### 11月3日〜27日
#### 濹東綺譚
永井荷風原作より　脚＝菊田一夫　潤＝堀越真　演＝佐藤浩史　美監＝毛利臣男　照＝吉井澄雄　音＝桑原研郎　効＝本間明　演補＝小野田正　製＝田口豪孝、坂本義和、安達隆夫　出＝浅丘ルリ子、加賀まりこ、長谷川哲夫、寺田農、桜田淳子、菅生隆之、大門伍朗、下元勉、藤間紫

▶初演は昭和39（1964）年、芸術座。脚本・演出は菊田一夫。潤色者の堀越真は菊田の脚本を読み、次のように考えた。「荷風が描いた幻想的な玉ノ井とはちがい、脚色者（菊田一夫）の社会の最下層に生きる人間への深い同情が感じられる」。それゆえ潤色を施す際に基の脚本の魅力を損

『濹東綺譚』藤間紫、浅丘ルリ子

なわないよう心掛け、同時に、平成版としての脚本を書くことに努めた。浅丘ルリ子は、踊り子志望の奔放な少女・千代美と薄幸の娼婦お雪の二役を見事に演じ分けた。美術監督はスーパー歌舞伎で活躍する世界的デザイナー・毛利臣男が担当。

### 12月1日〜26日
#### 仮名手本忠臣蔵
脚＝堀井康明　演＝蜷川幸雄　装＝鈴木俊朗　照＝原田保　音＝宇崎竜童、千野秀一　衣＝小峰リリー　効＝本間明　振＝花柳錦之輔　陣＝國井正廣　演補＝山田孝行　製＝中根公夫、横山美次　出＝近藤正臣、太地喜和子、加茂さくら、青山良彦、戸川京子、松田洋治、蜷川有紀、仁科有理、清家栄一、武田てい子、井上倫宏、衣通真由美、壌晴彦、瀬下和久、早崎文司、菅野菜保之、大和田信也、金田龍之介

▶初演は昭和63（1988）年、新神戸オリエンタル劇場開場記念。この舞台で特徴的だったのが、ギリシャ悲劇で"コロス"と呼ばれる老婆の群れ。彼女たちは"忠臣蔵"の観劇者であり、集団の動きで客席に感情を伝える役を負った。彼女たちの持つ無数の提灯やろうそく、セットを象徴する巨大な赤い月などの視覚効果も見事。『仮名手本忠臣蔵』の大序から11段目までを、3幕3時間余で見せたことも快挙といえよう。

『仮名手本忠臣蔵』右／近藤正臣

# 1992 平成4年

## 東宝創立60周年記念ミュージカル超大作『ミス・サイゴン』がロングランを敢行

"バブル"に沸いていた日本の景気は調整局面に入り、誰の目にも減速が明らかに。6月には、PKO(国連平和維持活動)協力法案が成立。9月、自衛隊のカンボジア派遣第1陣が出発。バルセロナ・オリンピックの200m平泳ぎで、岩崎恭子のが金メダル獲得。映画「紅の豚」(監督=宮﨑駿)、「フック」(監督=スティーヴン・スピルバーグ)、「おろしや国酔夢譚」(監督=佐藤純彌)などがヒット。

### 1月2日～30日
#### 明治太平記 碧血の波濤

原=海音寺潮五郎 脚=中江良夫、堀井康明 演=井上思 装=浜田右二郎、田中直樹 照=吉井澄雄 音=池辺晋一郎 衣=中嶋八郎 効=渡辺邦男 陣=菅原俊夫 振=真島茂樹 演補=山田和也 製=佐藤勉、粟村勝久、津村健二 出=森繁久彌、北大路欣也、多岐川裕美、井上孝雄、土田早苗、西川忠志、三上直也、横沢祐一、林与一、金田龍之介、佐藤輝、村田美佐子、岡本信人、船戸順、大空眞弓、司葉子

▶前年11月、森繁久彌は文化勲章を受章。受章後初の帝劇出演作。明治初頭に材を採った本作は、昭和43(1968)年初演だが、本年版から「碧血の波濤」の副題がついた。森繁が命名したもので、「碧血」は"忠誠心に富む者の流す血は碧玉(緑色の玉、宝石のこと)に変わる"との故事に由来。その含意をくんで、堀井康明は「命の受け渡しをテーマにしたい」と述べ、井上思は「新しい日本のために流された夥しい血と共に駆け抜けていった明治初頭の人々と、その理想に散った血を受け継ぎ、さらなる明日に突き進んでいった次代の人々のドラマとなるよう目指した」という。

### 2月3日～29日
#### 源氏物語夜話 女三の宮

脚=小池倫代 演=鵜山仁 装=石井強司 照=吉井澄雄 音=甲斐正人 効=本間明 衣デ=任田幾英 衣=八代泰二 振=水品崇 考=樋口輝剛 茶道指導=藤村麗 MU協=マックスファクター青木満寿子 演補=伊萬万寿夫 製=酒井喜一郎、坂本義和 出=女三の宮:佐久間良子、六条:叶和貴子、柏木:辰巳琢郎、花散里:上村香子、朧月夜:遠藤真理子、朱雀宮:菅野菜保之、紫:淡島千景、小侍従:冨田恵子、頭の左大臣:北町嘉朗、霞:永光基乃、惟光:藤木孝、夕霧:川﨑麻世、光の宮:萬屋錦之介

▶『源氏物語』の若菜下の巻と柏木の巻を原拠とした創作戯曲。東宝現代劇養成所戯曲科出身の小池倫代が脚本、『源氏物語』の世界を明治時代に置き換えて描いている。

『女三の宮』萬屋錦之介、佐久間良子

### 4月23日～平成5(1993)年9月12日(プレビュー含む)
#### 《ミュージカル》ミス・サイゴン
❖5月5日初日

製協=キャメロン・マッキントッシュ・プロダクション 作=アラン・ブーブリル&クロード=ミッシェル・シェーンベルク 音=クロード=ミッシェル・シェーンベルク 詞=リチャード・モルトビー, Jr.、アラン・ブーブリル 訳=ノブコ・オルベリー 訳詞=岩谷時子 オリジナル版フランス語テキスト=アラン・ブーブリル 資料提供=リチャード・モルトビー, Jr. 編=ウィリアム・D・ブローン 音監=デイヴィッド・キャディック、ボブ・ビリグ 音監助=山口琇也 キャスティング=ジョンソン:リフ&ザーマン 響=アンドリュー・ブルース 音響助手=渡辺邦男 照=デイヴィッド・ハーシー 照助=ジェフ・ウィトセット、ケン・ラマーズ、津久井修一 衣=アンドレアーヌ・ネオフィトウ、スージー・ベイジンガー 衣助=宇野善子 装=ジョン・ネピア 装助=キース・ゴンザレス、島川とおる、田中直樹 振=ボブ・エイビアン 振補=ジョディ・モチア 振助=西田伊公子 演=ニコラス・ハイトナー 演補=ミッチェル・レムスキー 演助=増田邦彦 音指=塩田明弘、田代俊文 通訳=垣ヶ原美枝 製=古川清、田口豪孝、岡本義次 賛=JR東日本 出=エンジニア:市村正親、笹野高史、キム:本田美奈子、入絵加奈子、伊東恵里(本田美奈子休演中)、クリス:岸田智史、安崎求、宮川浩(岸田智史休演中)、エレン:鈴木ほのか、石富由美子、岡田静、ジョン:園岡新太郎、今井清隆、トゥイ:山本あつし、山形ユキオ、留守晃、ジジ:岡田静、北村岳子、園山晴子(岡田静は石富由美子出演終了に伴いエレン役およびジジ役を兼任)

▶ある日、自宅で雑誌を見ていたクロード=ミッシェル・シェーンベルクの眼は1枚のモノクローム写真にく

『ミス・サイゴン』
上/中央、山形ユキオ 下/市村正親、タム、本田美奈子

【主な出来事】
- 3月18日　平成3年度芸術選奨新人賞を鈴木ほのか(『レ・ミゼラブル』出演)が受賞。
- 4月25日　尾崎豊(シンガーソングライター)急死。享年26。
- 5月5日　『ミス・サイゴン』開幕。皇太子殿下(現天皇陛下)、紀宮さま(現黒田清子さん)オープニング・ナイトをご観劇。
- 9月28日　新・宝塚大劇場(阪急電(株))竣工。
- 10月13日　太地喜和子(俳優)事故死。享年48。
- 11月2日　"劇場飛天"開場、柿落しは『孤愁の岸』。"シアター・ドラマシティ"開場、柿落しは『ミスター・アーサー』。
- 11月3日　森光子、秋の叙勲、勲三等瑞宝章受章。
- 11月24日　宝塚大劇場(旧)フィナーレ、68年の歴史に幕。

[休館] 2月29日～4月22日『ミス・サイゴン』上演のため、改装休館。

『ミス・サイゴン』

ぎ付けとなった。そこには、サイゴン（現・ベトナム国ホーチミン市）のタイソンニュイット空港で泣きじゃくる幼い少女が写っていた。傍らにはベトナム人女性。少女は元アメリカ兵の父親と暮らすため、祖国と母親と別れなければならないのだろう。泣き叫ぶ娘を前に、うら若き母親の顔は哀惜に満ちていた。二人は二度と会うことはできまい。この写真に衝撃を受けたシェーンベルクは、アラン・ブーブリルのもとを訪れ、ミュージカル化への話し合いに入った。かくして1枚の写真から『ミス・サイゴン』が始まったのである。『ミス・サイゴン』は戦争を描いた作品ではない。子供の未来のために命をも捧げる母と、その子の"究極の愛"の物語であり、ミュージカルには珍しい"悲劇"である。平成元（1989）年9月、ロンドンのドゥルリー・レーン劇場で開幕。翌平成2（1990）年7月、東宝は創立60周年記念作品として同作を帝劇にて公演すると発表。ニューヨークに続いて3番目、英語圏以外では初の上演であること、東宝演劇史上初の1年半におよぶ長期ロングラン公演に踏み切ったことなどが明らかに。入場料金は、米ドル換算で100ドル以下。直前のニューヨーク公演では、作品の質の高さにもかかわらず入場料金が高いと不評だったのだ。当時の為替レートは1ドル150円から160円だったが、最終的にS席14500円に着地。これまた日本では珍しい全役一般公募によるオーディションも注目を集め、応募総数は15087人に達した。平成3年（1991）年2月、ダブルキャスト・システムによる全配役の発表記者会見を実施。同5月より"ミス・サイゴン・スクール"が開校。週2回のペースでトレーニングが開始。歌稽古のほか、エアロビクスによる身体トレーニング、ベトナム戦争の背景・経緯の座学などが行われた。また装置・舞台機構が巨大で複雑なため、帝劇は約2ヵ月にわたり休館、大規模な改装工事を施行。平成4（1992）年3月、ミッチェル・レムスキー（演出補）、ジョディ・モチア（振付補）が来日、本格的な稽古に入った。さらに開幕に向けてブーブリル、シェーンベルクをはじめ、ニコラス・ハイトナー（演出）といった各セクションの担当者が来日。

『ミス・サイゴン』左／市村正親　右／本田美奈子、山本あつし

シェーンベルクは叫び声にも、その音楽性を大切にすることを出演者に教え、装置は、カメラのズームアップでも耐えられる緻密さを要求したとされる。平成4年4月、プレビュー公演を敢行。ついに5月5日、当時の皇太子殿下、紀宮さまにご来臨賜り、初日の幕が上がった。話題が話題を呼び、プレビューを含め通算508日間745公演、111万人が"究極の愛"を体感。こうして一葉の"写真"は、帝劇で"伝説"となった。

『ミス・サイゴン』右端　市村正親

1992――平成4年

『ミス・サイゴン』
本田美奈子、クロード＝ミッシェル・シェーンベルク、アラン・ブーブリル、入絵加奈子

---

## COLUMN

## 微笑みの訳詞家・岩谷時子

　『レ・ミゼラブル』の初演が終わり、翌年再演のための稽古が始まる。台本を見て出演者は愕然。訳詞が大幅に変更になっていたのだ。より日本語版として推敲され不自然のない訳詞が採用されていた。岩谷時子先生とロンドンスタッフの間で、歌詞として日常に近い言葉に置き換えられた。英語のテキストから日本語に訳してそれをまた英語にして許可を得る、岩谷先生の気の遠くなる作業が続けられたに違いない。先ず台本から英語の歌詞が消えた。例えばバルジャンの囚人番号が24601と英語で歌われていたものが、24653と日本語となった。末尾のワンとサンを同じ韻にしたのだ。一幕終わりの〈ワン・デイ・モア〉は最後"ワンデイモア"の3連呼で終わったのが、"朝が、明日が、くれば"というドラマチックな名訳に代わっていた。そして、より口語体の歌詞が多用された。〈夢やぶれて〉の出だしの歌詞は、"私は夢見た"という散文の歌詞から、"夢を見てたのね"という口語体に変わった。出演者は一言ずつこの歌詞を覚えて歌った。今日よりも明日は良い日になる。この作品のテーマを思い起こされた。名訳だった。岩谷先生はいつも微笑みを絶やさず、より良い歌詞を求め続けた。

　そして、『ミス・サイゴン』の上演が決まった。また岩谷先生の気の遠くなる作業が待っていた。スコアブックを稽古場に持ち込み、一行ずつできた歌詞を音楽監督補の山口琇也さんと吟味してより良い歌詞を求め続けていった。ミュージカルであり悲劇であるため、叫び声一つにも音楽が求められた。一年半の大ロングラン。岩谷先生の歌詞から、ミセスになれなかった悲しいミス・サイゴンの究極の愛のミュージカルが生まれた。

（飯田眞一）

前方左から鹿賀丈史、岩崎宏美、垣ヶ原美枝、ジョン・ケアード、村井国夫、岩谷時子、斎藤晴彦

EVERGREEN

## 表も裏もドラマに満ちた日本版『ミス・サイゴン』の歴史

『レ・ミゼラブル』のキャメロン・マッキントッシュ（プロデューサー）とアラン・ブーブリル＆クロード＝ミッシェル・シェーンベルク（脚本・音楽）が放つ二の矢として大きな話題を集める中で、1992年の帝国劇場で開幕した日本版『ミス・サイゴン』。2022年に30周年を迎えるまでの歴史は、1回1回がドラマに満ちている。その全てを音楽監督として見守ってきた山口琇也は、本作がまだロンドンで世界初演の幕を開ける前、『レ・ミゼラブル』のために来日したシェーンベルク自らが稽古の合間に「次回作だよ」と言って弾き出した序曲によって本作を知った、という稀有な体験の持ち主だ。

### 伝説の日本初演

その山口によれば、『ミス・サイゴン』日本初演の成功はやはり、『レ・ミゼラブル』の成功あってこそ。『レ・ミゼラブル』同様に公募で行われた全役オーディションも、「エコール レ・ミゼラブル」に倣って開講された「ミス・サイゴン スクール」も、1音につき1音節という難題に故・岩谷時子と共に再び挑んだ訳詞も、「もちろん大変ではありましたが、『レ・ミゼラブル』で本国側の要求に納得していた分、いくらかスムーズでした」。『レ・ミゼラブル』では帝劇9階の稽古場で、ブーブリル＆シェーンベルクの目の前で山口が歌って聴かせる形だった訳詞の検証も、彼らの信頼を勝ち取った後の『ミス・サイゴン』では録音して送る形だったという。ただし初演の『ミス・サイゴン』には、別の苦労があった。何しろ、「100億円ミュージカル」と騒がれたほど大規模な公演であり、後にも先にも例がない、帝劇での1年半にも及ぶ大ロングランである。実物大のヘリコプターをはじめとする大掛かりなセットを導入するために、帝劇の舞台機構は約1カ月をかけて改修され、そしてそのセットが本番中に上手く動かずトラブルが起きることもあった。

わけても山口にとって忘れ難いのは、故・本田美奈子.がセットに巻き込まれて負傷したことだ。トップアイドルから、『ミス・サイゴン』のオーディションでキム役を射止めたことを機にミュージカル俳優へと転身を遂げた本田は、音楽監督と俳優の枠を越え、山口の教え子でもあった。「出会った頃の美奈子は、自分の持ち歌で限られた音域のみで歌っていたため、裏声の出し方を知らなかったんです。でもと

『ミス・サイゴン』(1992) 本田美奈子.(右)

にかく一生懸命で、僕のところに度々『教えてください』とやってきて、いつしか美しい裏声を駆使して様々なジャンルの歌も歌えるようになっていきました。『私にできるかしら？』が口癖で、キムを演じながらも、その後『レ・ミゼラブル』に出演するためにレッスンを受けに来た時

ミス・サイゴン スクールより

にもよく言っていましたね。自信がないというより、自分自身を鼓舞するための言葉だったのだと思います」。『レ・ミゼラブル』ではエポニーヌ役を演じ、次のファンテーヌ役が決まっていた中で病魔に襲われた本田だが、「実はファンテーヌの歌も一通りレッスンしていて、彼女なら立派に"できる"というところまで達していたんですよ」。『ミス・サイゴン』本番中に負傷した際、全治3カ月と診断されたにもかかわらず1カ月で復帰を果たしたのも、「私にできるかしら？」という口癖の奥に隠された、「絶対にやってみせる」という強い意志の賜物だったのだろう。

この時の負傷については、舞台上でまさに共演していた市村正親もこう振り返る。「1幕の終盤で美奈子の足が滑車に轢かれて、靴が血で赤黒くなっていくのを見た時には、これは大変なことになったと。でも1カ月後に復帰した美奈子は、ますます強くなっていたんです」。市村が特に力強さを増したと感じたのは、1幕最後のキムのソロナンバー〈命をあげよう〉だったという。「美奈子の中から抽出された、いろいろなエキスが固まってあのナンバーになるようでね。すごい子だなと思いましたよ。大きなミュージカルは初めてだったと思うけれども、稽古場だけじゃなく本番をやりながら、足を怪我しながら役の内面を作り上げて鍛えて、見事なキムになっていった感じがしますよね」。

その市村もまた、長きにわたる『ミス・サイゴン』出演の中で大きな危機を2度乗り越えている。2014年公演を病で途中降板したことは広く知られるが、実は2012年公演でも本番の2カ月前に喉の近くを手術し、声が出なくなって山口に助けを求めたことがあった。新しい発

『ミス・サイゴン』(1992) 市村正親

『ミス・サイゴン』(2016) 市村正親(中央)

声方法でレッスンした時のことを、山口はこう振り返る。「いっちゃんが熱心で貪欲なことは、初演の歌稽古の時から分かっていました。既に十分なキャリアがあったのに、それまでに築いてきたものをかなぐり捨てて、シェーンベルクさんに必死で食らいついていましたからね。声が出なくなった時も、『今までの発声は捨てて新しく覚えるから、とにかく教えてくれ』と。その時に教えた、声帯の周りの筋肉を調整するための運動を今でもやっているほど、彼は真面目で一生懸命な人なんです」。こうして市村は、初演から2022年公演に至るまでエンジニア役を演じ続け、いつしか"ミスター・サイゴン"と呼ばれるようになっていった。

## 1回1回が節目のような再演たち

市村と本田らが1年半の大ロングランを完走した伝説の初演から、実に11年ぶりの再演となった2004年公演。セットや人物造形が刷新され、新曲も加わった"新演出版"がイギリスで誕生して各国に広がり始めていたことを受け、オリジナル演出版ファイナルとして行われた2008～09年公演。いよいよ新演出版が上陸し、セットがコンパクトになり様々な劇場での上演が可能となったことから、初の全国ツアーが実現した2012～13年公演。1989年の世界初演から25周年を迎えたことを機に、セットや歌詞にさらなるリニューアルが施され、"新演出版の新バージョン"の様相を呈した2014年公演。コロナ禍前最後の再演で、結果的にその後5年ものブランクが空くことになった2016～17年公演。1回1回が節目のような再演を重ねながら、日本版『ミス・サイゴン』は30周年へと向かっていく。

その間に裏で起こった変化は、概ね『レ・ミゼラブル』のそれと共通していると山口。新演出版が登場した頃から、より日常会話のスタイルに近い歌い方が求められるようになり、また日本で入手できる情報も、楽曲を歌いこなせる俳優も増えた。「『ミス・サイゴン』は、『レ・ミゼラブル』よりも全体的にキーが高いんです。それは物語の緊迫感を表現するためでもあると思いますが、シェーンベルクさんはご自身で歌いながら作曲される方。『レミゼ』が成功して乗りに乗っている時に『サイゴン』を書いたのですから、その高揚感から生まれたメロディーでもあるのでしょうね。そんなに高くは聞こえない曲も譜面上では全て高く、それが本作の魅力の1つであり難しさでもある。初演当時は高音が出せる人を探すだけで一苦労でしたが、今は日本人の、特に男性全般の高音域に余裕が出てきて、その苦労はなくなっています」。そして苦労がなくなったと言えば、本作ならではのこんなエピソードも。「『サイゴン』ではアジアの音階と、それを奏でるための楽器が多用されているのですが、初演の頃は送られてきた使用楽器リスト表を見てもどんな楽器なのか誰にも分からず、僕が個人的にベトナムで買って持っていた打楽器を使ったこともあったんです(笑)。それが今では、全ての楽器がメーカーから取り寄せられるようになりました」。

表でも裏でも変化を重ね、幾多の危機も乗り越えながら、日本ミュージカル界に徐々に定着していった『ミス・サイゴン』。しかし2020年の危機は、誰にも乗り越えられないものだった。全世界を襲ったパンデミックにより、予定されていた3年ぶりの再演は、既に稽古も進んでいた中で全公演中止に。2022年に実現した"リベンジ公演"でも、コロナの猛威により開幕が遅れ、開幕後も出演者の交替が相次いだ。『ミス・サイゴン』激動の30年の中でも最大の試練となったが、そんな2022年公演が熱い盛り上がりを見せたことは、P86～89のキャスト座談会でも語られている通り。かつて本田美奈子.のキムがそうであったように、試練をも力に変えて強さを増す作品、それが『ミス・サイゴン』なのだ。既にオーディションが始まっている2026～27年公演や、やがて新帝劇に帰ってきて行われるであろうその先の再演では、果たしてどんなドラマが生まれるのだろうか。

(町田麻子)

『ミス・サイゴン』(2022)

『ミス・サイゴン』(2022)

# 1993 平成5年

## 『ミス・サイゴン』が9月12日までの大ロングランを完走し、感動の大千穐楽

バブル経済崩壊後の長引く不況で倒産が相次ぎ、多くの企業でリストラが断行。にっかつ（現・日活）が会社更生法を申請して事実上倒産。
2月、アメリカ・ニューヨークでの世界貿易センター爆破事件や各地での国際紛争が深刻化するなど暗鬱なニュースも多かった。
一方、6月には皇太子殿下（現天皇陛下）と小和田雅子さんのご成婚、8月、レインボーブリッジが開通という明るい話題も。
映画「ジュラシック・パーク」（監督＝スティーヴン・スピルバーグ）、「ゴジラVSモスラ」（監督＝大河原孝夫、特技監督＝川北紘一）などがヒット。

『ミス・サイゴン』市村正親

『ミス・サイゴン』岸田智史、本田美奈子

『ミス・サイゴン』笹野高史

### 10月2日～30日
### 孤愁の岸

原＝杉本苑子　脚＝杉山義法　演＝森谷司郎、津村健二、佐藤浩史　音＝池辺晋一郎　時考・衣＝浜田右二郎　装＝金井俊一郎　照＝吉井澄雄　効＝本間明　振＝若柳禄寿斗＝伊吹聡太朗　ナ＝加藤道子　琵琶＝半田淳子　特技＝川北紘一（東宝映像美術）　製＝佐藤勉、粟村勝久　出＝伊集院十蔵：森繁久彌（夜）、西村晃（昼）、竹脇無我、酒井和歌子、藤岡琢也、根本りつ子、中島久之、青山裕一、団時朗、林与一、土田早苗、東千晃、船戸順、須賀不二男、井上孝雄、内田朝雄、西郷輝彦
▶平成4（1992）年11月、"劇場飛天"での柿落し公演の後、今回の帝劇、御園座と上演を重ね、通算7度目の公演となった。伊集院十蔵役は森繁久彌の年齢と体調を鑑み、西村晃とのダブルキャストとなった。

『孤愁の岸』森繁久彌

### 【 主な出来事 】
- 1月1日　新・宝塚大劇場、柿落し。
- 1月22日　平成4年度文化庁芸術祭賞演劇部門、市村正親（帝国劇場『ミス・サイゴン』における演技に対し）が受賞。
- 5月15日　Jリーグ開幕。
- 9月19日　淀かおる（俳優）没。享年63。
- 10月15日　ネルソン・マンデラらノーベル平和賞受賞。
- 11月3日　山田五十鈴、文化功労者に。
- 12月1日　益田喜頓（俳優）没。享年84。

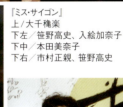

『ミス・サイゴン』
上／大千穐楽
下左／笹野高史、入絵加奈子
下中／本田美奈子
下右／市村正親、笹野高史

### 11月3日～29日

#### 名残の雪 村山たか女抄

作＝小幡欣治　演＝鵜山仁　演補＝村松欣　装＝石井みつる　照＝塚本悟　効＝本間明　音＝甲斐正人　衣＝八代泰二　振＝井上三千子　陣＝菊池竜志　MU＝青木満寿子　製＝酒井喜一郎　製補＝吉田訓和　出＝佐久間良子、篠田三郎、畠田理恵、冨田恵子、荒木将久、近藤洋介、安宅忍、山田芳夫、大川婦久美、永吉京子、三田和代、南風洋子、江守徹

▶安政の大獄の渦中で、数奇な運命をたどったひとりの女・村上たか（佐久間良子）の悲劇を描いた作品。彼女については謎が多く、一説には大老・井伊直弼の女間諜であったとも。桜田門外の変で井伊直弼（江守徹）が天誅の名の下に暗殺されると、関係の深かったたかは攘夷派の敵視の的となり、生き晒しの刑に処せられたという。

### 12月3日～28日

#### 濹東綺譚

永井荷風原作より　脚＝菊田一夫　潤＝堀越真　演＝佐藤浩史　美監＝毛利臣男　照＝吉井澄雄　音＝桑原研郎　効＝本間明　演補＝小野田正　斗＝渥美博　製＝田口豪孝、坂本義和　出＝浅丘ルリ子、加賀まりこ、宮崎淑子、青山良彦、田中健、大門伍朗、仲谷昇、藤間紫

▶舞台上に24軒の家が建てこまれ、盆の回転とともに、昭和11(1936)年の私娼街・玉ノ井が再現。複雑な舞台装置が市井の隅々までを描き出している。

『名残の雪』佐久間良子、江守徹

# 平成6年 1994

## 『細雪』が帝劇にお目見え、『屋根の上のヴァイオリン弾き』西田敏行〝テヴィエ〟で平成版として登場

細川護熙から羽田孜、そして村山富市と政権が2度もめまぐるしく交代。6月、一連の事件の発端ともなる松本サリン事件が発生。
また、少年少女のいじめ自殺問題が深刻化。年末には、"セガサターン"、"プレイステーション"と相次いでテレビゲームの新型ハードが発売される。
9月、旅客・航空貨物を24時間運用できる関西国際空港(日本初の人工島空港)が開港。
映画「クリフハンガー」(監督=レニー・ハーリン)、「トゥルーライズ」(監督=ジェームズ・キャメロン)、「平成狸合戦ぽんぽこ」(監督=高畑勲)などがヒット。

『御いのち』東山紀之、森光子

### 1月2日～29日

**横浜どんたく 富貴楼おくら**

作=小幡欣治　演=北村文典　演補=阿部照義　美=織田音也　照=山内晴雄　音=いずみたく、近藤浩章　効=秦和夫　振=三代目花柳錦之輔　陣=波戸敏徹　衣=八代泰二　製=細川潤一　製補=吉良正明　出=山田五十鈴、涼風真世、神保共子、内山恵司、丸山博一、小野寺昭、青木玲子、岩本千春、三浦リカ、立原博、芦屋雁之助

▶実在の人物、富貴楼の"おくら"について小幡欣治が綿密な取材を行ない、書き下ろし。初演は昭和45(1970)年、東京宝塚劇場での2本立上演だったため、大幅に加筆された。山田五十鈴は前年の11月、文化功労者に。涼風真世は、宝塚歌劇団退団後の初舞台。

### 2月2日～28日

**御いのち**

作=橋田壽賀子　演=石井ふく子　演補=佐藤浩史　装=古賀宏一　照=塚本悟　音=甲斐正人　邦=芳村伊十七　作調=堅田喜三久　効=森本義　陣=國井正廣　振=梅津貴昶　製=臼杵吉春、岡本義次　出=森光子、東山紀之、中田喜子、松本友里、青山良彦、小島秀哉、井上順

▶森光子・東山紀之舞台初共演。命短き踊りの師匠と若き侍の芸の伝承を通じて、"命の意味"を問う。橋田壽賀子は製作意図として次のように台本に記述。「命とはなんだろう。たとえ肉体は滅びても誰かの胸の中で、生き続けられたら、それが本当の命なのではないだろうか……これは、愛する人の胸で生き続けようとした女の命の物語である」。

### 3月4日～27日

**細雪**

原=谷崎潤一郎　脚=菊田一夫　潤=堀越真　演=水谷幹夫　演補=北村文典　美=古賀宏一　照=沢田祐二　音=橋場清　効=佐藤日出夫　振=今井栄子　衣デ=小泉清子　衣考=八代泰二　洋服デザイン=宇野善子　製=酒井喜一郎　製補=吉良正明　出=鶴子:淡島千景、幸子:新珠三千代、雪子:多岐川裕美、妙子:熊谷真実、奥畑啓三郎:大和田伸也、板倉:加納竜、お久:冨田恵子、貞之助:沢本忠雄、辰雄:近藤洋介

▶昭和41(1966)年、芸術座初演、今回が帝劇初登場。初演の芸術座は原作に忠実な展開だったが、東京宝塚劇場で大劇場版となり、大胆な潤色が施された。終幕の花見のシーンは四姉妹の豪華な衣裳とともに、大劇場版『細雪』を印象づける壮麗な場面。情深く、やさしさも充分たたえながら、取りつきにくい気位の高さを持つ四姉妹を四女優は見事に演じ切り、以降、帝劇の定番になる。

『細雪』熊谷真実、新珠三千代、淡島千景、多岐川裕美

### 4月2日～30日

**《ミュージカル》**
**屋根の上のヴァイオリン弾き**
ショラム・アレイハムの小説による

台=ジョセフ・スタイン　音=ジェリー・ボック　詞=シェルドン・ハーニック　オリジナルプロダクション演出・振=ジェローム・ロビンス　日本版演出・振=サミー・ベイス　訳=倉橋健　訳詞=若谷和子、滝弘太郎　演=佐藤浩史　振=坂上道之助　音監=滝弘太郎、塩田明弘　音指=福田一雄　装=ボリス・アロンソン　装補=田中直樹　衣=真木小太郎、真野誠二　照=大庭三郎、小木直樹　響設=本間明　音響設計補=渡辺邦男　製=佐藤勉、宮崎紀夫　出=テヴィエ:西田敏行、ゴールデ:上月晃、ツァイテル:涼風真世、ホーデル:本田美奈子、チャヴァ:小高恵美、ラザール・ウォルフ:上條恒彦、イエンテ:今井和子、モーテル:松橋登、パーチック:岸田智史、ツァイテル婆さん:冨田恵子、モールチャ:石鍋多加史、巡査部長:船戸順、帽子屋ユッセル:安田伸、司祭:森塚敏

▶西田敏行版"テヴィエ"が誕生。西田は家長としての尊厳を保ちながらも、意に沿わぬ家族の行動を許してしまうような、今日的で等身大の父親像を投影したテヴィエを作り出した。多くの中高年男性は森繁テヴィエには自分たちの父親を、西田テヴィエには自分たちを見ているような思いがしたのでは。

### 【 主な出来事 】

- 5月1日　F1サンマリノGPでアイルトン・セナ事故死。
- 5月10日　南アフリカで、ネルソン・マンデラが黒人初の大統領に就任。
- 7月8日　日本人初の女性飛行士・向井千秋搭乗のスペースシャトル"コロンビア"打ち上げ。
- 9月9日　宝塚歌劇80周年記念式典『夢を描いて華やかに』開催。
- 9月20日　イチロー(オリックス)、日本プロ野球史上初となる1シーズン200本安打を記録(シーズン末には210本)。
- 10月13日　大江健三郎、ノーベル文学賞受賞。
- 12月22日　乙羽信子(俳優)没。享年70。

『屋根の上のヴァイオリン弾き』左／西田敏行　右／西田敏行、上月晃

## 5月4日～30日

### 津和野の女－炎の女優 伊沢蘭奢の生涯

原＝夏樹静子「女優X」より　脚＝堀越真　演＝江守徹　演補＝村松欣　装＝朝倉摂　照＝吉井澄雄　音＝甲斐正人　効＝本間　衣デ＝渡辺雪三郎　MU＝青木満寿子　製＝酒井喜一郎　製補＝吉田訓和　出＝佐久間良子、榎木孝明、松山政路、曾我廼家鶴蝶、大路三千緒、内山恵司、荒木将久、大川婦久美、永吉京子、安宅忍、佐藤富造、近藤洋介、伊藤孝雄、杜けあき、古手川祐子

▶伊沢は病気により38歳の若さで急逝した大女優で、昭和2(1927)年に帝劇の舞台を踏んでいる。その短くも情熱的な人生の軌跡を堀越真が戯曲化し本公演に至った。劇中、松井須磨子が出演した『人形の家』を上演する草創期の帝劇も描かれている。

## 6月3日～29日

### お夏狂乱

作＝寺内小春　演＝石井ふく子　演補＝佐藤浩史　装＝古賀宏一　照＝吉井澄雄　音＝小川寛興　振＝花柳壽美　響＝本間明　衣デ＝ホリ・ヒロシ　衣＝八代泰二　作調＝堅田喜三久　陣＝國井正廣　MU＝青木満寿子　製＝佐藤勉、宮崎紀夫　出＝大原麗子、市村正親、小島秀哉、水原英子、神保共子、奈良岡朋子、三上直也、森本健介、梅野泰靖、浜畑賢吉、山村聰

▶大原麗子の帝劇初登場作品。歌舞伎、浄瑠璃などで有名な『お夏清十郎』を基に寺内小春が新たな視点で脚本を書き下ろし。封建時代の掟やしがらみに抗して、自分の手で幸福をつかみ取ろうとした女として、"お夏"を現代の女性にも通じる姿で描いた。

## 7月6日～8月30日

### 《ミュージカル》レ・ミゼラブル

製協＝キャメロン・マッキントッシュ（オーバーシーズ）リミテッド　作＝アラン・ブーブリル＆クロード＝ミッシェル・シェンベルク　原＝ビクトル・ユゴー　衣補＝宇野善子　装補＝キース・ゴンザレス、田中直樹、小林敬典　潤・演＝ジョン・ケアード、トレバー・ナン　訳＝酒井洋子　訳詞＝岩谷時子、吉岡治、青井陽治　響設＝本間明　音響コンサルタント＝アンドリュー・ブルース、オートグラフ・ロンドン　日本公演スーパーバイザー＝増見利清　音監補＝山口琇也　音指＝田代俊文、関谷弘志　演ア＝垣ヶ原美枝　演補＝増田邦彦　PC＝江見和子　製＝古川清、田口豪孝　出＝バルジャン：鹿賀丈史、滝田栄、ジャベール：村井国夫、今井清隆、エポニーヌ：島田歌穂、入絵加奈子、ファンテーヌ：絵馬優子、伊東弘美、コゼット：佐渡寧子、宮本裕子、マリウス：宮川浩、石井一孝、テナルディエ：斎藤晴彦、笹野高史、本間識重、マダム・テナルディエ：杉村理加、高谷あゆみ、アンジョルラス：留守晃、岡幸二郎

▶キャストに若いメンバーが加わり、新鮮さが増した。プリンシパルのキャストは、ファーストとセカンドの垣根を取り払いすべて宣伝チラシに顔写真が掲載されるように。

## 9月4日～30日

### 《ミュージカル》マイ・フェア・レディ

原＝バーナード・ショウ（『ピグマリオン』より）　脚・詞＝アラン・ジェイ・ラーナー　音＝フレデリック・ロウ　アメリカ版製作＝ハーマン・レヴィン　オリジナルプロダクション演出＝モス・ハート　訳＝倉橋健　訳詞＝滝弘太郎、若谷和子　演＝ジョン・ファンリー、佐藤浩史　振＝謝珠栄　音監＝滝弘太郎　装＝小林雅夫、田中直樹　衣＝真野誠二、宮里あんこ　照＝吉井澄雄　響設＝本間明　音指＝坂本和彦　演補＝伏見悦男　製＝佐藤勉、宮崎紀夫　出＝イライザ：大地真央、ヒギンズ：村井国夫、ドゥーリトル：上條恒彦、フレディ：羽賀研二、ゾルタン・カーパシー：小野武彦、アインスフォード・ヒル夫人：冨田恵子、ハリイ：三上直也、ジェミイ：佐藤輝、ジョージ：宮野磔磨、ホクストンの男：木島新一、執事：服部恭一郎、ホプキンス夫人：塚本理佳、ピアス夫人：荒井洸子、トランシルバニア女王：青木玲子、ヒギンズ夫人：丹го弥谷津子、ピッカリング大佐：金田龍之介

▶大地真央イライザの再演。アメリカで公民権運動が盛んだった時代に誕生した本作のテーマは、今日でもなお多くの人々の共感を呼ぶ。「イライザのような向上心を持った女性なら普段から身だしなみを整えているはずだ」という解釈から大地のイライザは花売り娘の時も顔を汚していない。

『お夏狂乱』大原麗子、市村正親

## 10月4日～30日

### 唐人お吉

作＝服部佳　演＝石井ふく子　演補＝佐藤浩史　装＝古賀宏一　照＝吉井澄雄　音＝小川寛興　効＝森本義　陣＝國井正廣　製＝臼杵吉春　製補＝吉田訓和　出＝佐久間良子、林与一、伊藤孝雄、長谷川哲夫、金内喜久夫、三上直也、宮川洋一、大路三千緒、安南潤、草笛光子

▶幕末の下田、いわれなき偏見から人生を奪われてしまうお吉。その壮絶かつ哀切極まりない史実の女を、観客は佐久間良子の躰越しに目撃する。本作の迫真の演技により、佐久間は平成6年度芸術祭賞（演劇部門）を受賞。

## 11月3日～29日

### 恋紅

原＝皆川博子「恋紅」「散りしきる花」より　脚＝堀井康明　演＝井上思　衣デ・人形製作＝辻村ジュサブロー　装＝石井強司　照＝原田保　音＝甲斐正人　衣＝河原彰　効＝佐藤日出夫　陣＝國井正廣　演補＝山田孝行　製＝横山美次、坂本義和　出＝浅丘ルリ子、近藤正臣、細川直美、冨田恵子、大門伍朗、筑前翠瑶、小柳久子、石井愃一、荒木将久、西川鯉之亟、竹内幸子、渡辺陽子、永吉京子、手塚秀彰、今村ねずみ、すまけい、紺野美沙子、江波杏子

▶本歌舞伎と場末のかけ芝居小屋、吉原の大店と最下等の女郎のいる西河岸の切見世、いわば世の中のピンとキリの狭間でおぼれかけている人間を描く。

## 12月3日～28日

### 女系家族

原＝山崎豊子　脚＝金子成人　演＝小野田正　美＝中嶋八郎　照＝小木直樹　音＝甲斐正人　効＝本間俊哉　振＝花柳寿美　衣＝八代泰二　演補＝山崎圓　製＝細川潤一、坂本義和　出＝八千草薫、香山美子、市毛良枝、野村真美、冨田恵子、白川和子、赤木春恵、曾我廼家文童、中丸新将、鈴木慎平、東良仲、安宅忍、田村高廣

▶初演は、昭和55(1980)年、芸術座。昭和60(1985)年、芸術座での再演を経て、帝劇初登場。養子婚の父の遺言状を巡って繰り広げられる三姉妹の物欲とかつて父と愛し合った女性の行動を通して、遺産相続の顛末と、人の内面を描く。

# 1995 平成7年

## 阪神・淡路大震災が発生、劇場で義援金を募り『回転木馬』ではチャリティー公演を開催

阪神・淡路大震災や地下鉄サリン事件、高速増殖原型炉"もんじゅ"でナトリウム漏れ事故が発生するなど、日本の安全保障、危機管理の大きな疑義が露呈した。
また太平洋戦争終結50周年にあたる年ながら、沖縄県でアメリカ兵3人による少女暴行事件が発生。
映画「ダイ・ハード3」(監督=ジョン・マクティアナン)、「耳をすませば」(監督=近藤喜文)、「学校の怪談」(監督=平山秀幸)などがヒット。

### 1月2日〜29日
**《日本美女絵巻》愛染め高尾**
作=榎本滋民　演=北村文典　美=織田音也　照=山内晴雄　音=富崎冨美代、堅田喜三久　効=本間明　衣=八代泰二　陣=波戸崎徹　演補=阿部照義　製=細川潤一、坂本義和　出=山田五十鈴、土田早苗、長谷川稀世、上村香子、奈月ひろ子、南風洋子、江原真二郎、田口計、松山政路、古今亭志ん駒、丸山博一、内山恵司、山口勝己、中村又蔵、中村又五郎

▶「日本美女絵巻」シリーズの中でも最も人気が高く、2年前から演出を北村文典が担当。18年ぶり帝劇公演となった。劇中の本藍の衣裳は、岐阜県重要無形文化財「郡上本染」の渡辺庄吉が染めたもの。また、二種の補襟(うちかけ)"もみじ葉"、"雪月花"は丸山扇丘作。

### 2月2日〜28日
**新版 滝の白糸**
原=泉鏡花　脚=堀越真　演=堀井康明　演補=山田和也　装=石井康博　照=塚本悟　音=千野秀一　効=佐藤日出夫　振=西川瑞扇　衣=河原彰　陣=渥美博　製=酒井喜一郎、田口豪孝　出=佐久間良子、田中健、杜けあき、松山政路、比企理恵、冨田恵子、内山恵司、江波杏子、丹阿弥谷津子、金田龍之介、北村和夫

▶『滝の白糸』として昭和61(1986)年、堀越真の脚本で初演された作品の再演。もとの脚本は鏡花の小説「義血侠血」を基にしているが、同作は鏡花の師である尾崎紅葉の大幅な朱筆が加えられている。そのため初演時の脚本執筆に際し、堀越は慶応義塾大学に保存されていた鏡花の自筆原稿を基に脚本を書いた。今回、脚本も手直しをし、演出が堀井康明となって、より人間の内面を描く作品に。出演者も、佐久間良子以外刷新され、"新版"のクレジットがついた。

### 3月4日〜29日
**ゆずり葉の井戸**
原=杉本苑子　脚=堀越真　演=井上思　演補=小島靖　美=石井強司　照=塚本悟　音=甲斐正人　効=佐藤日出夫　衣=八代泰二　陣=國井正廣　製=細川潤一、吉良正明　出=富司純子、南野陽子、加藤武、新橋栄作、神保共子、大沢健、小鹿番、新橋耐子、夏樹陽子、丹阿弥谷津子

▶平成5(1993)年、芸術座での初演タイトルは『ゆずり葉』。江戸の水不足と水争いを描いた作品である。阪神・淡路大震災が起こり、水の存在の大きさを改めて問う作品となった。

### 4月2日〜28日
**《ミュージカル》サウンド・オブ・ミュージック**
音=リチャード・ロジャース　詞=オスカー・ハマースタインⅡ世　脚=ハワード・リンゼイ、ラッセル・クラウス　訳=竹内寿美子　訳詞・演・振=宮本亜門　音監=竹本泰蔵　編=小塚憲二　装=和田平介　照=塚本悟　響=大坪正仁　衣=緒方規矩子　音指=平田英共　演補=伏見悦男　製=酒井喜一郎、宮﨑紀夫　出=マリア:大地真央、ロルフ:国分太一、リーズル:小川範子、シュミット夫人:冨田恵子、修道院長:妻鳥純子、シスター・ベルテ:杉村理加、シスター・マルガレッタ:羽根知里、フランツ:児玉利和、エルバー・フェルド男爵:青山達三、ツェラー:大谷朗、エルザ:前田美波里、マックス:尾藤イサオ、トラップ大佐:若林豪

▶平成4(1992)年、大地真央・宮本亜門のコンビで青山劇場で上演。好評を得て、帝劇へ。ふたりの出会いは平成元(1989)年、日生劇場の『エニシング・ゴーズ』で観客を熱狂させた。オリジナル脚本のハワード・リンゼイとラッセル・クラウスは『エニシング・ゴーズ』の作者でもある。日本初演は淀かほるのマリアで昭和40(1965)年、芸術座。帝劇では昭和50(1975)年以来の上演。

### 5月19日〜9月24日(プレビュー含む)
**《ミュージカル》回転木馬**
❖6月26日初日
製協=キャメロン・マッキントッシュ・リミテッド、ロイヤル・ナショナル・シアター上演版　曲=リチャード・ロジャース　詞・脚=オスカー・ハマースタインⅡ世　原=フェレンツ・モルナール『リリオム』より　潤=ベンジャミン・F・グレイザー

『愛染め高尾』山田五十鈴の高尾太夫

### 【 主な出来事 】
- 1月17日　兵庫県南部地震(阪神・淡路大震災)発生、死者6432人。
- 2月18日　「宝塚へとどけ 愛の唄声」宝塚チャリティコンサート、東京宝塚劇場で開催。
- 2月28日　宝塚歌劇団、バウホール公演を再開。
- 3月20日　東京で地下鉄サリン事件発生。死者12人。
- 3月24日　七代目尾上梅幸没。享年79。
- 3月31日　宝塚歌劇団、大劇場の公演を再開。
- 5月16日　オウム真理教教祖・麻原彰晃(松本智津夫)ら幹部、信者逮捕。
- 6月19日　『回転木馬』、"阪神・淡路大震災チャリティ公演"を開催。
- 11月24日　劇団四季『美女と野獣』、赤坂ミュージカル劇場(現・赤坂ACTシアター)で初演。

『サウンド・オブ・ミュージック』

[宣伝イベント] 3月17日『回転木馬』グランド・コンサート

『回転木馬』左／涼風真世、石川禅　中／『回転木馬』　右／宮川浩、鈴木ほのか

訳＝酒井洋子　訳詞＝岩谷時子　音監＝マーチン・イェーツ　音監補＝山口琇也　編＝ウィリアム・D・ブローン　響＝ポール・グルーティアス、マイク・ウォーカー　照＝ポール・パイアント　美＝ボブ・クロウリー　振＝サー・ケネス・マクミラン　振補＝ジェーン・エリオット　振助＝佐々保樹、西田伊公子　衣裳スーパーバイザー＝黒須はな子　照助＝西川園代　演＝ニコラス・ハイトナー　演補＝マシュウ・ホワイト　演助＝増田邦彦　通訳＝曽根原美穂、日向美夢、江見和子　音指＝河原哲也、関谷弘志　製＝古川清、田口豪孝　協＝JR東日本　出＝ジュリー・ジョーダン：涼風真世、鈴木ほのか、ビリー・ビグロウ：石川禅、宮川浩、キャリー・ピパレッジ：吉岡小鼓音、佐渡寧子、イノック・スノウ：林アキラ、岸田智史、ジガー・クレイギン：市村正親、早川正、ネティー・ファウラー：清水菜穂子、荒井洸子、マリン夫人：大空眞弓、夏木陽子、ルイーズ：下村由理恵、宮内真理子、渡部美咲、フェアグランド・ボーイ：森田健太郎、李波、大寺資二、スター・キーパー、ドクター・セルドン：滝田裕介、バスコム氏：金田龍之介

▶イギリスのナショナル・シアターでのワンシーズン公演後、ウエストエンドのシャフツベリー劇場で上演。1993年度ローレンス・オリヴィエ賞4部門、1994年度トニー賞5部門を受賞。死んだ青年が1日だけこの世に戻り、16歳に成長した愛娘に初めて出逢い……演出家ニコラス・ハイトナーが描き出す"贖罪"をテーマとした感動巨編。〈カルーセル・ワルツ〉を短調にしたオープニング曲、青を基調にしたセットなど、スタッフ陣の高度な技と斬新な演出を観客は支持。劇中歌〈You'll Never Walk Alone〉はサッカーの応援歌や東日本大震災の際に復興メッセージBGMとしても多用。日本初演に向け、全キャストをオーディションで選考したが、難航したのがバレエのパ・ド・ドゥを踊るシーンに出る俳優。オーディションでハイトナーは、世界レベルの技術と表現力を持つダンサーを要求した。

### 10月2日〜29日
### 天井桟敷の人びと

原＝ジャック・プレヴェール、マルセル・カルネ　脚＝堀井康明　演＝江守徹　衣＝芦田淳（浅丘ルリ子・原田美枝子デザイン）　装＝小川富美夫　照＝山内晴雄　音＝池辺晋一郎　衣裳コーディネーター＝宇野善子　効＝深川定次　闘＝渥美博　振＝川原あけ未　演助＝滝澤辰也、山田和也　製＝田口豪孝、岡本義次　出＝ギャランス：浅丘ルリ子、バチスト・トゥビュロー：錦織一清、ナタリー：原田美枝子、エドゥアール・ド・モントレー伯爵：江守徹、ピエール・フランソワ・ラスネール：清水紘治、フレデリック・ルメートル：近藤正臣

▶ジャック・プレヴェール脚本、マルセル・カルネ監督のフランス映画「天井桟敷の人々」は、昭和20（1945）年3月、パリで公開。これを基に、堀井康明の脚本、江守徹の演出で舞台化。モノクロームの映画が総天然色の舞台としてよみがえった。

### 11月2日〜28日
### 白蓮れんれん

原＝林真理子　脚＝小池倫代　演＝鴨下信一　演補＝山田孝行　装＝石井康博　照＝吉井澄雄　音＝鈴木邦彦　効＝伴田六和　衣＝河原彰、宇野善子　製＝酒井喜一郎、吉田訓和　出＝柳原白蓮：佐久間良子、宮崎龍介：榎木孝明、岡田麗子、冨田恵子、荒木将久、安宅忍、鷹西雅裕、松田隆男、大川婦久美、永吉京子、香山美子、二宮さよ子、伊藤伝右衛門：金田龍之介、九条武子：草笛光子

▶大正10（1921）年、歌人"柳原白蓮"は夫への絶縁状を新聞に掲載。愛人"宮崎龍介"とともに出奔する。"姦通罪"が存在した時代。このセンセーショナルな出来事に至るまでの百蓮と龍介の恋文を林真理子が調べ上げ、小説化した。同作で林はこの年の"柴田錬三郎賞"を受賞。

### 12月3日〜28日
### 《ミュージカル》シー・ラブズ・ミー

台＝ジョー・マスタロフ　音＝ジェリー・ボック　詞＝シェルドン・ハーニック　訳＝酒井洋子　訳詞＝大場公之　演＝釜紹人　音監＝栗田信生　声監＝北川潤　演補＝山田和也　装＝堀尾幸男　照＝原田保　振＝前田清実　衣＝宇野善子　響＝渡辺邦男　音指＝長田雅人　製＝古川清、岡本義次　出＝ジョージ・ノワック：市村正親、アマリア・バラッシュ：涼風真世、イローナ・リター：島田歌穂、アルパ・ラズロー：石井一孝、香水店の客：杉村理加、カフェインペリアルのウェイター：藤木理孝、ラディスラフ・シーポス：菱谷紘二、ミスター・マラチェック：斎藤晴彦、スティーブン・コダリー：村井国夫

▶文通で知り合った相手は理想の人。ところが、そのふたり、実は同じ香水店で働く仲が悪い店員同士。クリスマスにピッタリのロマンチックコメディー。『屋根の上のヴァイオリン弾き』で知られるジェリー・ボック＆シェルドン・ハーニックの作品で、平成5（1993）年5月、ブロードウェイのラウンドアバウト劇場でリバイバル上演された。日本版はアールヌーボーを基調とし、香水瓶をイメージした香水店のセットがロマンチック。

『白蓮れんれん』草笛光子、佐久間良子

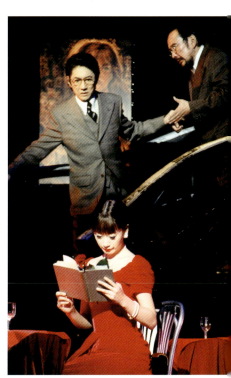

『シー・ラブズ・ミー』涼風真世、市村正親、菱谷紘二

# 1996 平成8年

## 『風と共に去りぬ』上演30周年を記念し 続編の『スカーレット』を劇化

1月、連立橋本内閣が発足。消費税引き上げや緊縮財政政策をとり再び景気は悪化。各地で病原性大腸菌"O-157"による集団食中毒が発生。
12月、ペルーで日本大使公邸人質事件が発生し、翌年4月に特殊部隊の突入により解決。
映画「ミッション:インポッシブル」(監督=ブライアン・デ・パルマ)、「Shall we ダンス?」(監督=周防正行)などがヒット。

### 1月2日〜29日
#### 浪花恋ごよみ

原=郷田恵　脚=土井行夫　潤・演=堀井康明　装=古賀宏一　照=今井直次　音=山本丈晴　効=本間明　演補=山崎圓　振=花柳寿楽　詩=萩原雪夫　邦楽作曲=芳村伊十七　作調=堅田喜三久　製=臼杵吉春、吉良正明　出=山本富士子、田村亮、遠藤直人、松本友里、西川鯉之亟、三上直也、横沢祐一、若林豪、荒木雅子、大津嶺子、生稲晃子、音無美紀子、赤木春恵

▶原型は、30年ほど前の明治座にて上演された『浪花一代女』。それを堀井康明の潤色・演出による新作として舞台化した。主人公は、明治末の大阪に実在した名妓・富田屋八千代。名声を捨て、当時無名だった画家・菅楯彦に嫁ぎ、内助の功を尽くした女の半生記である。一幕の終盤、踊りの名手だった八千代の"あしべ踊り"が披露されるのもお楽しみ。

### 2月6日〜4月26日
#### スカーレット

原=マーガレット・ミッチェル原作の「風と共に去りぬ」の続編、アレクサンドラ・リプリーの原作による　訳=香西史子、曽根原美保　脚=堀越真　演=中村哮夫　演協=坂上道之助　音=池辺晋一郎　振=謝珠栄　振補=相良まみ　装=川口直次　装補=田中直樹　衣=真野誠二、宮里あんこ　照=吉井澄雄　照補=林順之　響設=本間明　音響設計補=本間俊哉　特=東宝映像美術、川北紘一　特殊美術=アトリエカオス、田中義彦　演補=江口正昭　製協=大平和登　製=佐藤勉、宮﨑紀夫　出=レット・バトラー:松平健、スカーレット:大地真央、コラム神父:錦織一清、アン・ハンプトン:毬藻えり、チャールズ:藤堂新二、ヘンリー・ハミルトン:園田裕久、モーランド卿:安西正弘、フィッツ夫人:後藤加代、フェニアン団・ジム:田代隆秀、ペギーン:前田美波里、フェントン伯爵:浜畑賢吉、牧師:越智則英、キャサリン:永吉京子、アシュレ:井上倫宏、インディア:紫城いずみ、サリー:藤田美保子、カイリャハ:大路三千緒、ミード博士:仲谷昇、エレノア:丹阿弥谷津子

▶アレクサンドラ・リプリー原作の「風と共に去りぬ」のその後を舞台化したストレートプレイ。レット・バトラーとの別離の後、スカーレットはアトランタから、祖先の地アイルランドに渡る。バトラーとの運命的な絆、アイルランド独立運動と、彼女の運命は意外な展開へ……。松平健・大地真央の共演が話題に。嵐の中を木の葉のように舞うヨット、特殊撮影で描き出される映像と舞台が合体した演出が楽しめる一級エンターテインメント。東宝の演劇インターネット発信第1号作。技術は原始的で、パソコン上でチラシ画像が見られるというものだった。劇場に取りに行かなくても告知内容が見られる利点があり、インターネットは欠かせない宣伝媒体となっていく。

『スカーレット』松平健、大地真央

### 5月1日〜29日
#### 唐人お吉

作=服部佳　演=石井ふく子　演補=佐藤浩史　装=古賀宏一　照=吉井澄雄　音=小川寛興　効=森本義　陣=國井正廣　製=臼杵吉春、吉田訓和　出=佐久間良子、林与一、伊藤孝雄、長谷川哲夫、宮川洋一、児玉利和、寺田農、大路三千緒、安奈淳、草笛光子

▶佐久間良子の代表作。お吉が鶴松(林与一)の後追い自殺をする幕切れは、淵に身を沈め、次第に見えなくなっていくお吉の姿、鶴松からもらった赤い珊瑚珠のかんざしが哀切の輝きを放ちながら消えいく。後日談だが、お吉の遺体は引き取り手がなく、下田・宝福寺が引き取り、今は鶴松の碑のかたわらに寄り添うように眠っている。

『浪花恋ごよみ』松本友里、田村亮、音無美紀子、山本富士子

【 主な出来事 】
- 2月14日　羽生善治、将棋で史上初の7冠。
- 6月3日　『エリザベート』(宝塚歌劇版)、初の日本上演を宝塚歌劇雪組トップスター・一路真輝のサヨナラ公演として上演。トップの退団と劇中の物語が話題を呼び、大盛況。
- 6月30日　SKD(松竹歌劇団)解団、68年の歴史に幕。
- 10月11日　森光子主演『放浪記』、通算1300回達成(芸術座)。
- 10月22日　"東京宝塚ビル再開発計画"発表、総工費220億円、工期3年の大プロジェクト。

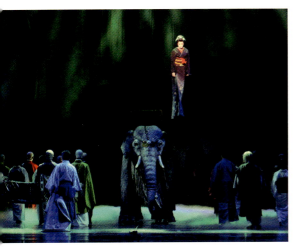
『芍薬の歌』浅丘ルリ子

### 6月2日～29日
**芍薬の歌**
原＝泉鏡花「芍薬の歌」「霊象」より　脚＝堀井康明　演＝井上思　衣デ＝辻村ジュサブロー　演補＝釜紹人　装＝石井強司　照＝原田保　音＝甲斐正人　効＝佐藤日出夫　陣＝國井正廣　衣裳コーディネーター＝川崎員奥　象制作＝(株)ホリオ　夜鷹人形制作＝岩城竹男　宙乗り＝Flying by Foy　製＝田口豪孝、吉田訓和　出＝浅丘ルリ子、根津甚八、池上季実子、野村真美、榎木孝明、大門伍朗、鷲尾真知子、南田洋子、北村和夫

▶Flying by Foyによる浅丘ルリ子の宙乗り、観音菩薩の使いと思える白い象の装置など、奇想天外な鏡花の宇宙を舞台化した。

### 7月4日～8月31日
**《ミュージカル》**
**屋根の上のヴァイオリン弾き**
ショラム・アレイハムの小説による

台＝ジョセフ・スタイン　音＝ジェリー・ボック　詞＝シェルドン・ハーニック　オリジナルプロダクション演出・振＝ジェローム・ロビンス　日本再演の演出・振＝サミー・ベイス　訳＝倉橋健　訳詞＝若谷和子、滝弘太郎　演＝佐藤浩史　振＝坂上道之助　音監＝滝弘太郎　音指＝塩田明弘　装＝ボリス・アロンソン　装補＝田中直樹　衣＝真木小太郎、真野誠二　照＝大庭三郎、小木直樹　響設＝本間明　演補＝山田和也　製＝佐藤勉、宮﨑紀夫　出＝テヴィエ：西田敏行、ゴールデ：上月晃、ツァイテル：床嶋佳子、ホーデル：毬谷友子、チャヴァ：小高恵美、モーテル：松橋登、パーチック：福井貴一、イエンテ：今井和子、ラザール・ウォルフ：上條恒彦、モールチャ：石鍋多加史、ツァイテル婆さん：冨田恵子、巡査部長：船戸順、帽子屋ユッセル：安田伸、司祭：森塚敏

▶通算上演回数1000回を8月13日の夜の部に達成。ユッセル役の安田伸が闘病しながらも出演。チャヴァが「私たちポーランドのクラクフへいくの」という台詞がある。ある時、観客の外国人の女性が「No!」と呟いた。今になって、その呟きの意味がわかる。クラクフは、映画「シンドラーのリスト」(93年／監督＝スティーヴン・スピルバーグ)の舞台となった街である。この台詞一言がチャヴァやユダヤ人の未来を暗示している。

### 9月4日～29日
**ヨコハマ物語**
**夢草紙 —明治編—**

原＝大和和紀「ヨコハマ物語」　脚＝堀越真　演＝水谷幹夫　主題歌作詞＝山口洋子　主題歌作曲＝津島利章　唄＝前川清　演補＝阿部照義　美＝石井みつる　照＝沢田祐二　音＝津島利章　効＝本間明　衣＝中野忠男、ジェニー・テイト　振＝竹下江里子　斗＝國井正廣　製＝細川潤一、坂本義和　出＝十朱幸代、坂口良子、田中健、永島敏行、篠田三郎、加賀まりこ、加賀千景、佐藤恵利、川﨑麻世、五大路子、赤木春恵、芦田伸介

▶原作は、「あさきゆめみし」、「ハイカラさんが通る」に並ぶ女流漫画家大和和紀の代表作。コミックス全8巻をもとに、文明開化の横浜が舞台の青春ロマンを舞台化。主題歌は、作詞＝山口洋子、作曲＝津島利章、唄＝前川清。

### 10月3日～29日
**波の鼓**
原＝近松門左衛門『堀川波鼓』より　脚＝大薮郁子　演＝石井ふく子　演補＝佐藤浩史　装＝古賀宏一　照＝吉井澄雄　音＝小川寛興　効＝森本義　陣＝國井正廣　振＝花柳寿美　作調＝藤舎呂船　笛作曲＝藤舎名生　製＝臼杵吉春　出＝佐久間良子、中田喜子、遠藤直人、小川範子、山田芳夫、小林茂樹、江原真二郎、原田優一、堀裕晶、林啓二、中村寿治郎、冨田恵子、宝生あやこ、中村甑雀、竹脇無我

▶武家の妻としての女の苦悩を主軸にした近松らしい情念の世界。それに材を採った大薮郁子は、宝暦年間の島津藩を取材し大幅な潤色を加え、夫婦愛をメインテーマとするオリジナリティあふれる作品に仕立て、石井ふく子の絶妙な演出が応えた。役作りにこだわりを持つ佐久間良子は、鼓と和笛の指導を受けて本番稽古に臨んだ。

### 11月2日～28日
**芝櫻**
原＝有吉佐和子　脚＝小幡欣治　演＝堀井康明　演補＝山田孝行　装＝石井康博　照＝塚本悟　音＝甲斐正人　効＝本間明　振＝若柳禄寿　製＝酒井喜一郎、吉田訓和　出＝浜木綿子、大空眞弓、叶和貴子、長谷川哲夫、横澤祐一、松田隆男、荒木将久、小林誠、披岸喜美子、丹阿弥谷津子、中条きよし

▶昭和51(1976)年、芸術座で初演。今回が初の帝劇公演。小幡欣治は「戦前の古き良き時代の花柳界を背景に、蔦代(浜)と正子(大空眞弓)という二人の女性の生き方を対称的に描いた作品。(略)しかし、この作品が俗に言う『花柳物』とは、一味も、ふた味も違うのは、因習の世界から抜け出そうとする二人の女性の生き方を行動的に描いている点である」とプログラムに寄稿。

### 12月2日～28日
**女たちの忠臣蔵**
作＝橋田壽賀子　劇化＝田井洋子　演＝石井ふく子　ナ＝森光子　音＝木下忠司　演補＝佐藤浩史　美＝古賀宏一　衣＝石井ふく子　邦指＝藤舎呂船、富崎冨美代　斗＝國井正廣　照＝吉井澄雄　効＝本間明　MU＝青木満寿子　製＝佐藤勉、長谷山太刀夫　出＝池内淳子、長山藍子、青山裕一、和泉雅子、山口崇、佐藤охов、岡本信人、波乃久里子、浜畑賢吉、大鹿次代、大路三千緒、正木慎也、安井昌二、山村聰、香川京子

▶昭和54(1979)年12月9日に3時間ドラマとして放映。翌年12月と昭和59(1984)年12月に舞台化。橋田はプログラムに次のように寄稿。「『女たちの忠臣蔵』は、一つの歴史的ドラマを女の立場から見つめるということで、新しい視点であった。私は、豊臣秀吉の時代を、秀吉の妻"寧々"を通して描くことを教えてもらった。(略)『女たちの忠臣蔵』がなかったら、おそらく『おんな太閤記』も生まれなかったに違いない」。

『ヨコハマ物語』十朱幸代

『芝櫻』叶和貴子、大空眞弓、浜木綿子

# 平成9年

## 『レ・ミゼラブル』上演10周年
## 演出に大きく手直しが加えられ、上演1000回を達成

中学生による神戸連続児童殺傷事件（酒鬼薔薇事件）など猟奇的事件が起きたものの、映画「もののけ姫」（監督＝宮﨑駿）のメガヒットやサッカーW杯初出場など明るい話題も。経済も回復の兆しが見え始めた矢先、政府は消費税率を5％へ上げ、デフレ不況"失われた20年"を決定づけた。誇り高き大和魂を体現した俳優・三船敏郎が逝去（享年77）。映画「インデペンデンス・デイ」（監督＝ローランド・エメリッヒ）、「ロスト・ワールド／ジュラシック・パーク」（監督＝スティーヴン・スピルバーグ）、「失楽園」（監督＝森田芳光）などがヒット。

### 1月2日～29日
#### 徳川の夫人たち
原＝吉屋信子作・小説「徳川の夫人たち」、秋元松代作・戯曲『徳川の夫人たち』　脚＝堀越真　演＝北村文典　演補＝阿部照義　美＝織田音也　照＝山内晴雄　音＝甲斐正人、堅田喜三久　効＝秦和夫　考＝中村又五郎　振＝花柳寿美　衣＝八代泰二　製＝細川潤一　出＝春日局：山田五十鈴、お万の方：片平なぎさ、長谷川稀世、内山惠司、丸山博一、徳川家光：西郷輝彦、柴田侊彦、中村又蔵、金沢碧、藤尾：池内淳子
▶初演は昭和43（1968）年、東京宝塚劇場。同年3月、帝劇で9日間のアンコール上演を果たした。その後、昭和44（1969）年、『続 徳川の夫人たち』が東京宝塚劇場。さらに平成7（1995）年、同劇場で"山田五十鈴舞台生活60周年記念"として上演された。今回は、原作小説と初演の秋元松代の脚本を基に、春日局に焦点を絞り、堀越真が脚本を執筆した平成7（1995）年版を踏まえたもの。

### 2月2日～28日
#### 源氏物語夜話 女三の宮
脚＝小池倫代　潤＝佐々木猛　演＝鵜山仁　装＝石井強司　照＝吉井澄雄　音＝甲斐正人　効＝本間明　衣デ＝任田幾英　衣＝八代泰二　振＝水品崇　考＝樋口輝剛　MU協＝青木満寿子　演補＝東和始　製＝酒井喜一郎、臼杵吉春　出＝女三の宮：佐久間良子、六条：叶和貴子、花散里：岩崎良美、小侍従：冨田恵子、朧月夜：永吉京子、霞：永光基乃、紫：香山美子、光の宮：中山仁、頭の左大臣：松田隆男、夕霧：加納朋之、朱雀の宮：内山惠司、惟光：松山政路、柏木：錦織一清
▶初演は平成4年（1992）。佐久間良子、叶和貴子以外の主要キャストを一新しての再演。

『徳川の夫人たち』池内淳子、山田五十鈴

### 3月4日～30日
#### 《喜劇》あさき夢みし
作＝橋田壽賀子　演＝石井ふく子　演補＝佐藤浩史　装＝古賀宏一　照＝室伏生大　音＝小川寛興　効＝森本義一　陣＝國井正廣　MU協＝青木満寿子　製＝臼杵吉春、吉良正明　出＝文乃：泉ピン子、井上順、倉田てつを、沖直未、山田芳雄、児玉利和、赤木春恵、佐藤英夫、琴姫：石野真子、林与一
▶お家騒動から逃れ、江戸に身を隠す琴姫を守る文乃。帝劇初座長の泉ピン子に、橋田壽賀子があて書きをし、武家の姫君と江戸庶民との交流を描いた。「渡る世間は鬼ばかり」で辛口のホームドラマを描いている橋田は、この舞台からのメッセージとして、「今自由を当然と思っている人たちに、今の自由を感謝して、もっと大事にしてほしいという、ささやかな願いを込めて書きました」とプログラムに記している。

### 4月3日～29日
#### 《ミュージカル》マイ・フェア・レディ
原＝バーナード・ショウ（原作『ピグマリオン』）、ガブリエル・パスカル製作映画「ピグマリオン」より　脚・詞＝アラン・ジェイ・ラーナー　音＝フレデリック・ロウ　アメリカ版製作＝ハーマン・レヴィン　オリジナルプロダクション演出＝モス・ハート　訳＝倉橋健　訳詞＝滝弘太郎、若杉和子　演＝ジョン・ファンリー、佐藤浩史　振＝謝珠栄　装＝小林雅夫、田中直樹　衣＝真野誠二、宮里あんこ　照＝吉井澄雄　響設＝本間明　音監＝滝弘太郎　音指＝塩田明弘　演補＝伏見悦男　製＝佐藤勉、宮﨑紀夫　出＝イライザ：大地真央、ヒギンズ教授：草刈正雄、ドゥーリトル：上條恒彦、フレディ：福井貴一、ゾルタン・カーパシー：小野武彦、ハリイ：石鍋多加史、ジェミイ：佐藤輝、ジョージ：宮野琢磨、ホクストンの男：木島新一、執事：服部恭一郎、ホプキンス夫人：塚本理佳、ヒル夫人：三谷侑未、アスコットの紳士：新井武宣、トランシルバニア女王：青木玲子、ヒギンズ夫人：南風洋子、ピアス夫人：林美智子、ピッカリング大佐：金田龍之介
▶演出のジョン・ファンリーは、平成6（1994）年11月29日に逝去。今回の演出は、ファンリーの名を残しつつ、彼の表現に基づき、佐藤浩史が行った。

### 5月4日～31日
#### 深川しぐれ
原＝北原亞以子「深川澪通り木戸番小屋」、「新地橋―深川澪通り木戸

『マイ・フェア・レディ』福井貴一、大地真央、草刈正雄

### 【 主な出来事 】
- 3月22日　秋田新幹線（盛岡―秋田間）開業。
- 4月4日　杉村春子（俳優）没。享年91。
- 6月8日　『レ・ミゼラブル』がジャン・バルジャン役に山口祐一郎を加え、トリプルキャストに。
- 7月1日　香港、イギリスから中国に返還。
- 7月15日　小野田勇（脚本家・劇作家）没。享年77。
- 8月31日　ダイアナ元イギリス皇太子妃、パリで事故死。
- 9月27日　『ラ・マンチャの男』、青山劇場公演で通算750回上演達成。
- 10月10日　新国立劇場（東京・初台）開場、演劇部門開幕（22日）。
- 12月12日　宝塚歌劇団、新しい組の名前が「宙組」に決定。

『深川しぐれ』深沢敦、森光子、田根楽子

番小屋」 脚＝マキノノゾミ 演＝栗山民也 装＝堀尾幸男 照＝勝柴次朗 音＝甲斐正人 陣＝渥美博 衣＝八代泰二 振＝前田清実 効＝深川定次 演補＝滝澤辰也 製＝岡本義次、吉田訓和 出＝森光子、岡田健一、小高恵美、山谷初男、金内喜久夫、田根楽子、深沢敦、三上直也、浅野和之、小松正一、山本學、段田安則、中田喜子、東山紀之
▶森光子が木戸番小屋の女房お捨と女スリのおえんの二役を演じた。木戸番小屋は江戸市中の辻々に建てられ、防犯と防火にひと役買っていた。木戸は江戸庶民の哀歓がにじむ場所だったのでもあろう。同時期に、NHKが「深川澪通り木戸番小屋」を原作とした連続ドラマ「とうりゃんせ」を放映。

### 6月8日〜10月28日
### 《ミュージカル》レ・ミゼラブル
日本初演10周年記念
製協＝キャメロン・マッキントッシュ（オーバーシーズ）リミテッド 作＝アラン・ブーブリル＆クロード＝ミッシェル・シェーンベルク 原＝ビクトル・ユゴー 衣補＝宇野善子 照補＝テッド・メイザー、津久井修一 装補＝小林敬典 潤・演＝ジョン・ケアード、トレバー・ナン 訳＝酒井洋子 訳詞＝岩谷時子、青井陽治 響設＝本間明 音響コンサルタント＝アンドリュー・ブルース、オートグラフ・ロンドン 音監補＝山口琇也、新井久雄 演ア＝垣ヶ原美枝 演補＝増田邦彦 PC＝江見和子 製＝古川清、田口豪孝 出＝バルジャン：鹿賀丈史、滝田栄、山口祐一郎、ジャベール：村井国夫、川﨑麻世、加納竜、エポニーヌ：島田歌穂、本田美奈子、ファンテーヌ：岩崎宏美、鈴木ほのか、コゼット：早見優、純名里沙、マリウス：石川禅、石井一孝、テナルディエ：山形ユキオ、斎藤晴彦、マダム・テナルディエ：夏木マリ、森公美子、前田美波里、アンジョルラス：岡幸二郎、森田浩貴
▶平成7（1995）年、ロンドンのロイヤル・アルバート・ホールで、10周年記念特別コンサートが開催。フルオーケストラと200人のコーラスから成る豪華なコンサートで、世界から17人のバルジャン役のキャストが集い、〈ピープルズ・ソング〉を各国の母国語で歌いついだ。日本からは鹿賀丈史が渡英。帝劇では10周年記念日の6月17日、上演1000回を達成した6月24日昼の部に特別カーテンコールを実施。日本では作品自体を充実させよう、というジョン・ケアードの意向により大幅な演出の手直しが行われた。森でのバルジャンとコゼットの出会いの追加、ABCカフェの場面の配置変更などが代表的だが、演出がいちから手直しされて、新演出版となった。キャスティングも大幅に変更。山口祐一郎のバルジャン役初参加に加え、『ミス・サイゴン』のキム役を務めた本田美奈子がエポニーヌ役に、アンサンブルから石川禅がマリウス役、森田浩貴がアンジョルラス役にそれぞれ配された。また、初演時コゼットを演じていた鈴木ほのかがファンテーヌ役となるなどは、本作が長きにわたり支持され続けてきた重みをも感じさせた。

### 11月3日〜28日
### カルメンと呼ばれた女
作・詞＝横内謙介 演＝蜷川幸雄、井上思 演補＝寺崎秀臣 装＝堀尾幸男 照＝原田保 音監・編＝笠松泰洋 響＝本間明 衣＝辻村ジュサブロー、小峰リリー HM＝嶋田ちあき 振＝前田清実 陣＝國井正廣 衣裳コーディネーター＝川崎員奥、徳舛浩美 指＝齋藤一郎 製＝細川潤一、横山美次 出＝浅丘ルリ子、三田村邦彦、牧瀬里穂、高畑淳子、大門伍朗、石井愃一、池畑慎之介、西岡徳馬、近藤正臣
▶劇団"扉座"を主宰する横内謙介の書き下ろし。大正初期、浅草オペラ、キネマの時代に生きた元旅芸人の女優が主人公。恋の遍歴から、ドン・ホセを絶望の淵に追いやり、命を絶たれるカルメンのような女を浅丘ルリ子が演ずる。劇中、

『カルメンと呼ばれた女』浅丘ルリ子、西岡徳馬

ビゼー作のオペラ『カルメン』の〈闘牛士の歌〉などの楽曲がオーケストラの生演奏とともに歌われた。

### 12月2日〜26日
### 花影の花 －大石内蔵助の妻－
原・脚＝平岩弓枝 演＝小野田正 演補＝盛田光紀 装＝石井みつる 照＝小木直樹 音＝甲斐正人 効＝本間明 陣＝東郷秀信 振＝西川徹 衣＝八代泰二 製＝田口豪孝、吉田訓和 出＝大石りく：八千草薫、大石内蔵助：柴俊夫、大石主税、大三郎：長野博、内山恵司、丸山博一、巌弘志、武士真大、淡路恵子、土田早苗、渡辺陽子、木村理恵、岩本千春、中島久之、浜畑賢吉、丹阿弥谷津子、金田龍之介
▶平岩弓枝の脚本は、赤穂浪士事件を"家族愛"の視点から捉える。大石内蔵助の妻・りくを中心に、平和な家庭に降りかかった危機に立ち向かう家族と周囲の人々を通して"真の家族、愛のあり方"を語りかけた。

『レ・ミゼラブル』本田美奈子、石井一孝、鹿賀丈史、岩崎宏美

『花影の花』八千草薫

# 1998 平成10年

## 『レ・ミゼラブル』、『屋根の上のヴァイオリン弾き』の各2ヵ月公演を中核とし、女性路線の作品が並んだ

経営破綻した山一證券が全店舗を閉鎖するなど、日本経済は回復の見通しも暗く、個人消費は落ち込む。
5月、インドやパキスタンで核実験が行われ、8月、北朝鮮では弾道ミサイルが発射されるなど、世紀末の閉塞感が世界に浸透。
映画「タイタニック」(監督=ジェームズ・キャメロン)、「踊る大捜査線 THE MOVIE」(監督=本広克行)、「劇場版ポケットモンスター ミュウツーの逆襲」(監督=湯山邦彦)などがヒット。

### 1月2日〜29日
**晶子曼荼羅**
原=佐藤春夫 脚=小池倫代、佐々木猛 演=堀井康明 演補=山田孝行 美=石井康博 照=塚本悟 音=千野秀一 効=呉東彰 衣=河原彰、渡辺雪三郎 振=西川瑞扇 製=酒井喜一郎、細川潤一 出=与謝野晶子：佐久間良子、片平なぎさ、毬藻えり、冨田恵子、丹阿弥谷津子、江波杏子、与謝野鉄幹：宅麻伸、内海光司、河野鉄南：若林豪
▶与謝野晶子の半生を舞台化。「明星」に参加するや晶子の天賦の才は一気に開花。妻子ある鉄幹との激しい恋から生み出された「みだれ髪」は、明治中期のロマンチシズムの開幕を告げるように大反響を巻き起こした。しかし晶子は、12人の母親となったのちも生涯、浪漫的香りあふれる歌を詠み、ひたすら自らの"生"を生き続ける人間であった。

### 2月2日〜28日
**ねぶたの女**
作=宮川一郎 戯曲=野田昌志 演=井上思 演補=小須靖 装=石井強司 照=塚本悟 音=甲斐正人 効=佐藤日出夫 振=若柳禄寿 製=田口豪孝、吉田訓和 出=浜木綿子、野川由美子、目黒祐樹、あき竹城、春日宏美、大路三千緒、林成年、武士真大、荒木将久、すまけい、衣通真由美、二代目高橋竹山、加藤武、赤木春恵
▶芝居の大詰め、巨大なねぶたが登場し、熱狂的な祭りのシーンが展開された。初代・高橋竹山は、伴奏楽器に過ぎなかった津軽三味線を独立した舞台芸に磨き上げた第一人者で、その名跡は平成9(1997)年、2代目が襲名。

『ねぶたの女』浜木綿子

### 3月4日〜30日
**宝塚歌劇星組公演《グランド・ミュージカル》ダル・レークの恋**
作=菊田一夫 潤・演=酒井澄夫 曲・編=西村耕次、入江薫、鞍富真一 録音音楽指揮=岡田良機 編=小高根凡平 振=羽山紀代美、名倉加代子、ダレン・リー、御織ゆみ乃、若央りさ 装=石濱日出雄、関谷敏昭 衣=有村淳 照=勝柴次朗 響=加門清邦 小道具=万波一重、伊集院徹也 効=扇野信夫 演助=齋藤吉正、児玉明子 制=木場建之 制作著作=宝塚歌劇団 出=麻路さき、星奈優里、稔幸、絵麻緒ゆう、彩輝直、久城彬、音羽椋

### 4月3日〜30日
**宝塚歌劇雪組公演《宝塚ミュージカル・ロマン》春櫻賦**
作・演=谷正純 曲・編=吉﨑憲治、宮原透 編=前田繁実 録音音楽指揮=佐々田愛一郎 和太鼓=林英哲 三味線=木下伸市 尺八・篠笛=竹井誠 振=西崎真由美 装=新宮有紀、阪本保 衣=任田幾英、所治海、中川菊枝 照=勝柴次朗 響=加門清邦 小道具=伊集院徹也 効=木多美生 演助=大野拓史、児玉明子 制=植田孝 制作著作=宝塚歌劇団
**《グランドショー》LET'S JAZZ 踊る五線譜**
作・演=草野旦 曲・編=高橋城、宮原透、鞍富真一、宮川彬良 録音音楽指揮=野村陽児 振=羽山紀代美、尚すみれ、名倉加代子、上島雪夫、伊賀裕子 装=大橋泰弘 衣=任田幾英 照=勝柴次朗 響=加門清邦 小道具=万波一重 効=中屋民生 演助=児玉明子、大野拓史 制=植田孝 制作著作=宝塚歌劇団 出=轟悠、月影瞳、香寿たつき、汐風幸、安蘭けい、貴城けい、貴咲美里
▶東京宝塚劇場は、平成10(1998)年1月18日、建て替えのため一旦閉鎖。その間、平成10年5月30日〜平成12(2000)年12月13日まで"TAKARAZUKA1000days劇場"に活動拠点を移すが、直前の2ヵ月間、帝劇にて公演を行った。

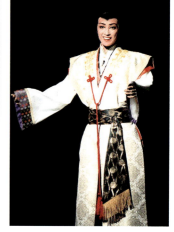

宝塚歌劇雪組公演『春櫻賦』轟悠
©宝塚歌劇団 ❖写真は宝塚大劇場公演より

### 5月4日〜31日
**花迷宮 昭和異人館の女たち**
作=久世光彦 演=栗山民也 装=堀尾幸男 照=勝柴次朗 音=甲斐正人 衣=宇野善子、今西春治 陣=渥美博 振=前田清実 効=深川定次 演補=山田和也 製=岡本義次、吉田訓和 出=森光子、細川直美、藤真利子、荻野目慶子、梅沢昌代、白木美貴子、山路和弘、浅野和之、金内喜久夫、田根楽子、団時朗、草刈正雄、いかりや長介

## 【 主な出来事 】
- 1月18日 東京宝塚ビル再開発のため、東京宝塚劇場『Johnny's IN TAKARAZUKA』をもってフィナーレ。
- 1月19日 東京宝塚劇場閉館、日比谷スカラ座2000年12月末日まで休館。
- 2月7日 長野・冬季オリンピック開幕(〜22日)。開閉会式を浅利慶太演出。
- 5月30日 "TAKARAZUKA1000days劇場"開場。
- 9月6日 黒澤明(映画監督・脚本家)没。享年88。国民栄誉賞追贈(10月1日)。
- 10月1日 ミュージカル『ローマの休日』、青山劇場で世界初演、大盛況。のちに大地真央が平成10年度文化庁芸術祭賞(演劇部門)で大賞受賞(平成11年1月18日)。
- 11月3日 森光子が文化功労者に。
- 12月20日 劇団四季『ライオンキング』初演、四季劇場[春]の柿落し。

『花迷宮』森光子

『花のうさぎ屋』富司純子、山田五十鈴

▶平成2(1990)年、フジテレビ新春ミステリースペシャルとして放映された番組(脚本＝寺内小春、演出＝久世光彦)の舞台版。新たに久世光彦が書き下ろし、栗山民也が演出した。公演中、森光子は足を怪我するというアクシデントに見舞われたが、千穐楽まで務めあげた。この年、森は文化功労者に列せられた。

### 6月7日〜7月30日
《ミュージカル》レ・ミゼラブル

製協＝キャメロン・マッキントッシュ(オーバーシーズ)リミテッド　作＝アラン・ブーブリル＆クロード＝ミッシェル・シェーンベルク　原＝ビクトル・ユゴー　衣補＝宇野善子　照補＝津久井修一　装補＝小林敬典　潤・演＝ジョン・ケアード、トレバー・ナン　訳＝酒井洋子　訳詞＝岩谷時子　響設＝本間明　音響コンサルタント＝アンドリュー・ブルース、オートグラフ・ロンドン　音監補＝山口琇也　音指＝松岡究、佐藤和男　ミュージカル・ムーブメント＝ケイト・フラット　演ア＝垣ヶ原美枝　PC＝江見和子　演補＝増田邦彦　製＝古川清、田口豪孝　出＝バルジャン：鹿賀丈史、滝田栄、山口祐一郎、ジャベール：村井国夫、川崎麻世、エポニーヌ：島田歌穂、本田美奈子、ファンテーヌ：岩崎宏美、鈴木ほのか、コゼット：早見優、純名里沙、マリウス：石川禅、石井一孝、テナルディエ：斎藤晴彦、山形ユキオ、マダム・テナルディエ：夏木マリ、前田美波里、アンジョルラス：岡幸二郎、森田浩貴

▶本公演の時点で、『レ・ミゼラブル』は世界26ヵ国、14ヵ国語で翻訳上演され、世界中を席巻。今回はミュージカル・ステージングを担当するケイト・フラットが来日し、登場人物の細かな所作を指導した。このように、進化を重ねるところが『レ・ミゼラブル』が長く、こよなく愛されるゆえんであろう。「神が創りしミュージカル」、「人生を変えるミュージカル」などと形容をされるのもうなずける。

### 8月5日〜9月30日
《ミュージカル》
屋根の上のヴァイオリン弾き
ショラム・アレイハムの小説による

台＝ジョセフ・スタイン　音＝ジェリー・ボック　詞＝シェルドン・ハーニック　オリジナルプロダクション演出・振＝ジェローム・ロビンス　日本再演演出・振＝サミー・ベイス　訳＝倉橋健　訳詞＝若谷和子、滝弘太郎　演＝佐藤浩史　振＝坂上道之助　音監＝滝弘太郎　指＝塩田明弘　装＝ボリス・アロンソン　装補＝田中直樹　衣＝真木小太郎、真野誠二　照＝小木直樹　響設＝本間明　振助＝真島茂樹　演補＝伏見悦男　製＝宮﨑紀夫、酒井喜一郎　出＝テヴィエ：西田敏行、ゴールデ：上月晃、ツァイテル：杜けあき、ホーデル：本田美奈子、チャヴァ：小高恵美、モーテル：岸田智史、パーチック：福井貴一、イエンテ：今井和子、モールチャ：石鍋多加史、ラザール・ウォルフ：上條恒彦、巡査部長：船戸順、司祭：森塚敏

▶ユッセル、クラリネット吹き役を演じていた安田伸が平成8(1996)年11月5日に逝去。西田テヴィエ版初演パーチック役だった岸田智史がモーテル役として、4年ぶりに復帰した。

### 10月4日〜29日
花のうさぎ屋 −みちのく女合戦−

作＝堀越真　演＝北村文典　演補＝阿部照義　美＝石井みつる　照＝五十嵐正夫　音＝甲斐正人　作調＝望月朴清　効＝本間明　振＝松井誠、田中宗一　陣＝波戸崎徹　衣＝八代泰二　製＝細川潤一　出＝山田五十鈴、富司純子、高嶺ふぶき、佐藤恵利、京唄子、松井誠、内山恵司、丸山博一、龍虎、藤岡琢也

▶戊辰戦争直前、会津の架空の町・花津。突然店を開いた女郎屋"うさぎ屋"は、小さいながら平和な町とまるで場違い。堀越真いわく「気取っていえば、時代劇の形を借りたファンタジー」。山田、富司、松井の豪華顔合わせも話題となる。

### 11月2日〜28日
風の盆恋歌

原＝髙橋治　脚＝堀越真　演＝堀井康明　演補＝増田邦彦　装＝倉本政典　照＝塚本悟　音＝鈴木邦彦　振＝西川瑞扇　洋服デザイン＝宇野善子　衣裳コーディネーター＝江木良彦　効＝呉東彰　音楽提供＝日本コロムビア社　越中おわら節演奏＝富山県民謡おわら保存会　製＝酒井喜一郎、臼杵吉春　出＝佐久間良子、南野陽子、小林綾子、松山政路、青山良彦、丹阿弥谷津子、松田隆男、永吉京子、藤夏子、大橋芳枝、名古屋章、永島敏行

▶おわら風の盆は、富山県八尾町で9月1日〜3日、毎年開催される祭り。胡弓の調べに乗せたおわら節の踊りが披露される。昭和60(1985)年の原作小説「風の盆恋歌」刊行に続き、平成元(1989)年、石川さゆりの同名の歌が発表されるや注目の的に。人口3万の町に、30万人の観光客が祭りの期間中に訪れるようになった。劇中でも大勢のおわら踊りの踊り手が登場し、祭りを再現。

### 12月3日〜26日
にごり江

原＝樋口一葉　脚＝(久保田万太郎作品より)堀井康明　演＝蜷川幸雄　装＝朝倉摂　照＝吉井澄雄　効＝本間明　振＝花柳錦之輔　音＝宇崎竜童　詞＝阿木燿子　衣裳コーディネーター＝川崎員奥　衣＝辻村ジュサブロー　劇中歌唱＝宇崎竜童〈十六夜セレナーデ〉　演補＝井上思　製＝田口豪孝、細川潤一　協＝ポイント東京　出＝浅丘ルリ子、田中健、根岸明美、神保共子、市川夏江、江守徹、松下恵、髙橋一生、加賀まりこ、高橋洋、北村和夫、菅野菜保之、蜷川友紀、丹阿弥谷津子

▶初演は昭和59(1984)年、日生劇場。その後、昭和60(1985)年、帝劇での再演に続き、3度目の上演となる。宣伝キャンペーンで蜷川幸雄と浅丘ルリ子は、一葉が暮らしていた郷の地を訪問。往時と変わらぬその光景は、舞台装置として再現された。

『にごり江』浅丘ルリ子、江守徹

# 1999 平成11年

## 森・東山の『花も嵐も』、山田・佐久間の『春朧』〝花組芝居〟との『西鶴一代女』など話題作が並んだ

五島勉著「ノストラダムスの大予言」に端を発した"世紀末予言ブーム"の年に当たり、"世紀末"というキーワードに人々の関心が集まった。EUでは、単一通貨"ユーロ"が11ヵ国で導入。映画「アルマゲドン」(監督=マイケル・ベイ)、「スター・ウォーズ エピソード1／ファントム・メナス」(監督=ジョージ・ルーカス)、「劇場版ポケットモンスター 幻のポケモン ルギア爆誕」(監督=湯山邦彦)などがヒット。

### 1月20日〜30日
#### 『からっぽの金庫から』より
#### あばれ女将
原=佐藤幸子「からっぽの金庫から」 脚=宮川一郎 戯曲=野田昌志 演=井上思 演補=寺﨑秀臣 装=石井強司 照=塚本悟 音=甲斐正人 効=佐藤日出夫 振=若柳禄寿、夏貴陽子 製=田口豪孝、臼杵吉春 出=浜木綿子、涼風真世、塩沢とき、春日宏美、大橋芳枝、豊川博子、赤木春恵、ガッツ石松、小野寺丈、武士真大、荒木将久、深江章喜、中条きよし

▶全国の旅館の女将80余名が交互出演。また、"浜木綿子を囲む心の会"の元タカラジェンヌ20名が芸者衆として参加した。「からっぽの金庫から」とは、空っぽから始めて最後は金庫がいっぱいになる、という含意がある。一方で劇場の支配人から、この仮題では、あまりに縁起が悪い、という意見が。そこで、八面六臂の活躍をしなければ旅館経営は成り立たない、という意味を込めて脚本の宮川一郎が『あばれ女将』というタイトルをつけた。

### 2月4日〜3月28日
#### 《ミュージカル》
#### マイ・フェア・レディ
原=バーナード・ショウ(原作『ピグマリオン』)&ガブリエル・パスカル製作映画「ピグマリオン」より 脚・詞=アラン・ジェイ・ラーナー 音=フレデリック・ロウ 訳=倉橋健 訳詞=滝弘太郎、

『あばれ女将』浜木綿子、涼風真世

若谷和子 アメリカ版製作=ハーマン・レヴィン オリジナルプロダクション演出=モス・ハート 演=佐藤浩史(ジョン・ファンリー演出に基づく) 振=謝珠栄 装=田中直樹 照=吉井澄雄 響設=本間明 衣=真野

『マイ・フェア・レディ』浜畑賢吉、草刈正雄、川﨑麻世、大地真央

誠二、宮里あんこ 音監=滝弘太郎 指=塩田明弘 演補=江口正昭 製=宮﨑紀夫、酒井喜一郎 出=イライザ:大地真央、ヒギンズ教授:草刈正雄、ドゥーリトル:上條恒彦、フレディ:川崎麻世、ゾルタン・カーパシー:菅野菜保之、ハリイ:石鍋多加史、ジェミィ:下馬二五七、ジョージ:宮野琢磨、執事:服部恭一郎、ホプキンス夫人:塚本理佳、アスコットの紳士:新井武宣、ヒル夫人:麻志奈純子、トランシルバニア女王:青木玲子、ピアス夫人:冨田恵子、ピッカリング大佐:浜畑賢吉、ヒギンズ夫人:丹阿弥谷津子

▶大地真央がイライザ役となって、帝劇4度目の上演。浜畑賢吉が3代目のピッカリング大佐役として登場。

### 4月2日〜30日
#### 花も嵐も
#### サトと圭介の結婚サギ師物語
作=松原敏春 演=栗山民也 装=堀尾幸男 照=勝柴次朗 音=甲斐正人 効=深川定次 衣=宇野善子、椎名アニカ 振=前田清実 ア=渥美博 演補=滝澤辰也 製=岡本義次、吉田訓和 出=森光子、東山紀之、赤坂晃、金内喜久夫、田根楽子、三上直也、丸山博一、浅野和之、熊谷真実、越智静香、剣幸、井上順

▶森・東山のコンビが結婚詐欺師の絶妙な演技を見せる。「あの姿にだまされて、あの笑顔にだまされた」という宣伝コピー。キャンペーンを神前の結婚式場で行なおうとしたが、結婚詐欺師の話、と説明すると多くの式場で断られた。ところが、プリンスホテルだけが好意で使わせてくれることに。式場の名は西宝殿。"東宝"殿は会場が狭かったため断念した。おみやげとして森光子から記者にお赤飯が配られた。

### 5月8日〜8月29日
#### 《ミュージカル》レ・ミゼラブル
製協=キャメロン・マッキントッシュ(オーバーシーズ)リミテッド 作=アラン・ブーブリル&クロード=ミッシェル・シェーンベルク 原=ビクトル・ユゴー 衣補=宇野善子 照補=津久井修一 装補=小林敬典 潤・演=ジョン・ケアード、トレバー・ナン 訳=酒井洋子 訳詞=岩谷時子 響設=

### 【主な出来事】
- 1月9日　芦田伸介(俳優)没。享年81。
- 1月20日　新緞帳[富士ゼロックス(株)寄贈]懸垂。
- 1月25日　三木のり平(俳優・演出家)没。享年74。
- 2月15日　山岡久乃(俳優)没。享年72。
- 3月25日　上月晃(俳優)没。享年59。
- 5月30日　博多座、劇場開場記念式典挙行。
- 9月9日　『ラ・マンチャの男』、青山劇場公演で、通算800回上演を達成。
- 12月17日　森光子主演『放浪記』、芸術座公演昼の部で、通算1500回上演を達成。

『花も嵐も』森光子、東山紀之

『レ・ミゼラブル』石川禅、早見優、山口祐一郎、鈴木ほのか

本間明　音響コンサルタント＝アンドリュー・ブルース、オートグラフ・ロンドン　音監補＝山口琇也　音指＝佐藤和男、平田英夫　ミュージカル・ステージング＝ケイト・フラット　演ア＝垣ヶ原美枝　演補＝増田邦彦　PC＝江見和子　製＝古川清、田口豪孝　出＝バルジャン：鹿賀丈史、滝田栄、山口祐一郎、ジャベール：村井国夫、川﨑麻世、エポニーヌ：島田歌穂、本田美奈子、ファンテーヌ：鈴木ほのか、岩崎宏美、コゼット：早見優、純名里沙、マリウス：石川禅、石井一孝、戸井勝海、テナルディエ：斎藤晴彦、山形ユキオ、マダム・テナルディエ：大浦みずき、前田美波里、森公美子、アンジョルラス：岡幸二郎、今拓哉

▶7月1日に上演1500回を達成、通算上演回数1584回を記録。"平成10年度菊田一夫演劇賞"では、初演以来、舞台の中核として活躍してきた功績に対して、"菊田一夫演劇賞特別賞"が鹿賀丈史と滝田栄に与えられた。

### 9月4日〜29日
### 八木節の女
#### 上州かかあ天下物語

原＝宮川一郎　脚＝佐々木猛　演＝山田孝行　演補＝田中大蔵　装＝石井康博　照＝阿部典夫　音＝甲斐正人　効＝岡田俊道　振＝若柳禄寿　陣＝安川勝人　製＝田口豪孝　出＝浜木綿子、大空眞弓、小野寺昭、真織由季、横沢祐一、赤城太郎、臼間香世、荒木将久、小野寺丈、菅井きん、愛川欽也、桐生八木節保存会

▶上州を舞台に八木節のルーツをたどるフィクション。上州名物も数々登場。"人生の応援歌"と評判の浜木綿子の魅力が詰まった舞台。大詰め、桐生八木節保存会のさまざまなチームが競うようにして、八木節を日替わりで披露した。

### 10月3日〜29日
### 春朧（はるおぼろ）

原＝髙橋治　脚＝堀越真　演＝山田和也　装＝田中直樹　照＝成瀬一裕　音＝鈴木邦彦　効＝呉東彰衣＝八代泰二、宇野善子　振＝西川瑞扇　演補＝小島靖　製＝酒井喜一郎、横山美次　出＝佐久間良子、涼風真世、西岡徳馬、冨田恵子、丹阿弥谷津子、安宅忍、松田隆男、高橋ひとみ、大川婦久美、永吉京子、中村又一、石原良純、綿引勝彦、北村和夫、山田五十鈴

▶山田五十鈴と佐久間良子の初共演が話題となった本作。舞台は近代化の波が押し寄せる京都の老舗旅館。大規模な近代化を主張する大女将・松乃（山田）と、こじんまりした経営を望む若女将・紗衣子（佐久間）ら嫁、姑、娘三代の葛藤と夢を描く。

『春朧』山田五十鈴、佐久間良子

### 11月2日〜28日
### 西鶴一代女

原＝井原西鶴『好色一代女』『好色五人女』より　作＝堀井康明　演＝加納幸和　衣＝辻村寿三郎　装＝古川雅之　照＝吉沢耕一　音＝村治崇光　響＝山本浩一　振＝七々扇左恵、佐藤誓、加納幸和　陣＝山下禎啓　演補＝鈴木ひがし　製＝田

口豪孝、吉田訓和　出＝浅丘ルリ子、片平なぎさ、山下真司、大門伍朗、阿知波悟美、鈴鹿景子、佐藤誓（花組芝居）、植本潤（花組芝居）、桂憲一（花組芝居）、柄沢次郎、大沢さやか、山谷初男、佐藤B作、園佳也子

▶西鶴の代表作群を基に、堀井康明が書き下ろし、花組芝居の加納幸和が演出。花組芝居はネオ歌舞伎として知られる劇団で、東宝の演劇と初のコラボレーションが行われた。本年は浅丘ルリ子にとって、昭和54（1979）年に『ノートルダム・ド・パリ』日生劇場公演で東宝の舞台に初出演してから20年目。

### 12月2日〜26日
### 《ミュージカル》王様と私

原＝マーガレット・ランドン「アンナとシャム王」より　作＝オスカー・ハマースタインII世　曲＝リチャード・ロジャース　訳＝森岩雄、高田蓉子　訳詞＝岩谷時子　演＝中村哮夫　振＝森田守恒　装＝石井康博、田中直樹　照＝吉井澄雄　響＝大坪正仁　衣＝宇野善子　MU＝青木満寿子　HD＝スタジオAD、服部真樹　音監＝八幡茂　指＝伊澤一郎　演補＝江口正昭　製＝宮﨑紀夫、酒井喜一郎　出＝アンナ：一路真輝、王様：髙嶋政宏、タプチム：本田美奈子、チャン夫人：秋山恵美子、ルンタ：安崎求、総理大臣：松山政路、ラムゼイ卿：藤木孝、オルトン船長：鈴木良一、サイモン王：真島茂樹、チュラロンコン王子：中川隆介、千代将太、ルイス：加賀屋一肇、小野泰隆

▶一路真輝、髙嶋政宏の『王様と私』の初演は、平成8（1996）年9月の日生劇場。帝劇公演になり、〈シャル・ウィ・ダンス？〉のシーンでは、一路の衣裳がピンクのドレスから、パープルのデコルテになった。また、髙嶋は自身の集中力高揚のため、スキンヘッドに。そんなふたりの真摯な役作りが大きな成果につながった。

『西鶴一代女』浅丘ルリ子

『王様と私』髙嶋政宏、一路真輝

# 平成12年

## 『エリザベート』と『MILLENNIUM SHOCK』が登場 帝劇の歴史に新たな1ページを加えた

世紀末と新世紀の狭間"ミレニアム"、20世紀最後の年。前年末に懸念された"Y2K問題（2000年問題）"も大きな混乱はなし。
"プレイステーション2"発売やBSデジタル放送開始など次世代メディアの発展により娯楽形態は多様化。
映画「M:I-2」（監督＝ジョン・ウー）、「グリーンマイル」（監督＝フランク・ダラボン）、「ホワイトアウト」（監督＝若松節朗）などがヒット。

### 1月2日〜29日
#### 細雪
原＝谷崎潤一郎　脚＝菊田一夫　潤＝堀越真　演＝水谷幹夫　装＝石井みつる　照＝塚本悟　音＝鈴木邦彦　衣＝河原彰、宇野善子　効＝呉東彰　振＝西川瑞扇　邦＝米川裕枝　演補＝東和始　製＝酒井喜一郎、横山美次　出＝鶴子：佐久間良子、幸子：古手川祐子、雪子：沢口靖子、妙子：純名里紗、番頭音吉：安宅忍、戸祭吾助：松田隆男、お春：永吉京子、お久：冨田恵子、井谷夫人：木村有里、奥畑啓三郎：太川陽介、御牧：橋爪淳、板倉：新藤栄作、貞之助：川野太郎、辰雄：磯部勉
▶初演は昭和41（1966）年、芸術座。帝劇では平成6（1994）年以来の上演。四姉妹はすべて初役となり、装置・照明・音楽が新たなスタッフによって創作。"演劇の王道"ともいうべき作品。

### 2月2日〜27日
#### 人生は、ガタゴト列車に乗って……
原＝井上マス　脚＝堀越真　演＝山田孝行　装＝古賀宏一　照＝塚本悟　音＝鈴木邦彦　効＝呉東彰　演補＝東和始　製＝酒井喜一郎、臼杵吉春　出＝浜木綿子、野川由美子、生稲晃子、三浦リカ、大川婦久美、左とん平、荒木将久、小野寺丈、深江章喜、光本幸子、山城新伍
▶平成元（1989）年、芸術座で初演。この作品で浜木綿子は平成元年度菊田一夫演劇大賞を受賞した。不屈の精神と発想力で生き抜いた

『ローマの休日』大地真央、山口祐一郎

作家・井上ひさしの母マスの自伝小説を舞台化。浜木綿子は、かねて"目と耳が不自由な人でも芝居を楽しんでもらいたい"と、各公演200人ずつ4度、計800人を招待。手話を使える人を客席に配置した上で上演してきたが、今回で他公演とあわせて30回目となった。

### 3月4日〜4月30日
#### 《ミュージカル》ローマの休日
原＝パラマウント映画「ローマの休日」　協＝パラマウント・ピクチャーズ・コーポレーション、ヴァイアコム・コンシューマー・プロダクツ、株式会社サンワールド　脚＝堀越真　演＝山田和也　音＝大島ミチル　詞＝斉藤由貴　振＝謝珠栄　衣＝渡辺雪三郎　装＝堀尾幸男　照＝服部基　響＝大坪正仁　指＝伊澤一郎　HD＝嶋田ちあき　ア＝渥美博　演補＝矢野学　製＝酒井喜一郎、坂本義和　出＝アン王女：大地真央、ジョー・ブラッドレー：山口祐一郎、アーヴィング（カメラマン）：宮川浩、プロヴノ将軍：中丸新将、マリオ（美容師）：太川陽介、大使：藤堂新二、警察署長：北川潤、ルイザ（ジョバンニの女房）：冨田恵子、ジョバンニ（大家）：花房徹、ボナコーベン（医師）：青山達三、花屋：安宅忍、ヘネシー（編集長）：近藤洋介、ヴィアバーグ伯爵夫人：南風洋子
▶日本の優れたスタッフ＆キャストが結集し、平成10（1998）年10月1日、青山劇場で初演されたオリジナル・ミュージカル。11月に劇場飛天、翌年5月に中日劇場、7月に博多座と上演を繰り返すたびに、修正が加えられ、凱旋公演である帝劇版では、スクーターがクレーンで客席にせり出す演出が加えられた。大地真央は、初演時の演技に対し、平成10年度芸術祭賞演劇部門大賞を受賞した。

### 5月4日〜31日
#### ビギン・ザ・ビギン
作＝マキノノゾミ　演＝栗山民也　装＝堀尾幸男　照＝勝柴次朗　音＝甲斐正人　振＝前田清実　衣＝宇野善子　効＝深川定次　ア＝渥美博　演補＝滝澤辰也　製＝岡本義次、吉田訓和　出＝森光子、風間杜夫、土居裕子、白木美貴子、田根楽子、山本學、三上直也、石井愃一、山路和弘、熊谷真実、井上順
▶昭和56（1981）年に閉館した日本劇場へのオマージュ作品。日本劇場は戦時中、風船爆弾の工場として接収されていたが、空襲で少女が死亡。ゴーストとなって戦後の日本劇場を見守る。大詰めは、日劇ダンシングチームで愛された〈ビギン・ザ・ビギン〉の総踊り。オリジナル曲〈レビュー・歌う日劇〉も加えたステージは、ミュージカルさながら。

### 6月6日〜8月30日
#### 《ミュージカル》エリザベート
脚・詞＝ミヒャエル・クンツェ　音＝シルヴェスター・リーヴァイ　オリジナルプロダクション＝ウィーン劇場協会　制作協力＝宝塚歌劇団　演・訳詞＝小池修一郎　東宝プロダクション監修＝ウィーン劇場協会　訳＝黒﨑勇、迫光　音監＝甲斐正人　ダンス演出・振＝大島早紀子　振＝麻咲梨乃　装＝堀尾幸男　照＝勝柴次朗　衣＝朝月真次郎　響＝渡邊邦男　指＝伊澤一郎、塩田明弘　演助＝佐藤万里、寺﨑秀臣　製＝岡本義次、坂本義和　賛＝住友VISAカード　後＝オーストリア大使館　協＝ハウス食品　出＝エリザベート：一路真輝、トート：内野聖陽、山口祐一郎、ゾフィー：初風諄、ルドルフ：井上芳雄、マックス：寺泉憲、ルドヴィカ：阿知波悟美、リヒテンシュタイン伯爵夫人：伊東弘美、ヴィンデッシュ：岡田静、マダム・ヴォルフ：シルビア・グラブ、エルマー：今拓哉、シュヴァルツェンベルク侯爵：塚田三喜夫、グリュンネ伯爵：治田敦、フランツ・ヨーゼフ：鈴木綜馬、ルキーニ：髙嶋政宏、トートダンサー：清水隆伍、須田英幸、鴇田芳紀、縄田晋、NÎRO、東山義久、藤浦功一、吉川哲
▶東宝版初演。日本初演は平成8（1996）年、宝塚歌劇団雪組トップスター・一路真輝の"サヨナラ公演"として上演された。一路はトート役であり、〈愛と死の輪舞（ロンド）

## 【 主な出来事 】
- 4月12日　ウィーン発ミュージカル『エリザベート』、オーストリア大使館で東宝版の製作記者会見。
- 6月13日　初の南北朝鮮首脳会談。ピョンヤンで金大中と金正日が会談。
- 10月10日　筑波大名誉教授白川英樹、ノーベル化学賞受賞。
- 11月3日　山田五十鈴が文化勲章受章。
- 11月9日　『レ・ミゼラブル』、本舞台と客席を使用し、"公開ワークショップ"開催。

『エリザベート』左／山口祐一郎、一路真輝　右／一路真輝、内野聖陽

『MILLENNIUM SHOCK』堂本光一

が加曲、副題にも。東宝版初演にあたり、ナンバー〈夢とうつつの狭間に〉が追加。世界初演は平成4（1992）年、ウィーンのアン・デア・ウィーン劇場。オーストリア・ハプスブルク家の最後の皇后エリザベート。100年以上続くエリザベートの暗殺者・ルイジ・ルキーニの黄泉の国での裁判から、彼女の人生が再現されていく。トート（死）を擬人化して存在させ、エリザベートの波乱の人生と帝国の黄昏を描き出す。ルドルフ役でデビューした井上芳雄の人気が急上昇。

『売らいでか!』左とん平、浜木綿子

### 9月3日〜29日
《喜劇》
**売らいでか！-亭主売ります-**
原＝岸宏子「ある開花」より　脚＝花登筐　潤＝野田昌志　演＝井上思　装＝石井強司　音＝甲斐正人　照＝浦川明郎　効＝佐藤日出夫　振＝若柳禄寿　演補＝八木千寿子　製＝田口豪孝、横山美次　出＝浜木綿子、光本幸子、宮崎美子、深江章喜、小野寺丈、神保美喜、臼間香世、山賀教弘、愛川裕子、詩笛立季、梅津栄、三笑亭夢之助、清水よし子、菅井きん、左とん平、浜木綿子を囲む心の宝18名

▶初演は昭和43（1968）年、芸術座。平成10（1998）年、野田昌志・潤色版で再演。今回は帝劇用にバージョンアップ。浮気相手に"亭主売ります。50万円"（舞台となっ

ている昭和31（1956）年当時の値段）。"ついでに姑もおまけ付き"という浜木綿子の痛快コメディ。浜の宝塚時代の同期の仲間中心で作る"浜木綿子を囲む心の宝"の18人も出演。

『鏡花幻想』近藤正臣、浅丘ルリ子

### 10月3日〜28日
**鏡花幻想 恋女房すゞという女**
原＝竹田真砂子　脚＝堀井康明　演＝江守徹　衣＝辻村寿三郎　美＝小川富美夫　照＝塚本悟　音＝池辺晋一郎　効＝内藤博司　衣裳コーディネーター＝川崎員奥　振＝西川瑞扇　演補＝田島准　製＝田口豪孝、細川潤一　出＝桃太郎（伊藤すゞ）：浅丘ルリ子、ミス・ボートル（ミリヤアド）、尾崎喜久：田中美里、お巳代：熊谷真実、泉きて：披岸喜美子、八重吉：高畑淳子、相良礼、他賀：江波杏子、泉鏡花：近藤正臣、小えん、喜多村緑郎：松井誠、富の市、お源婆、花屋：大門伍朗、尾崎紅葉：江守徹

▶今まで浅丘ルリ子は「日本橋」、「夜叉ヶ池」などの泉鏡花の作品世界を数多く表現してきたが、今回は趣を変えて、鏡花に尽くした恋女房すゞをしっとりと演じた。幼き日に母を亡くした鏡花は、母を追慕する気持ちを生涯持っていた。鏡花は

母と同じ名（すゞ）を持つ芸者桃太郎と惹かれあう。鏡花の師・尾崎紅葉は、女は文学の道の妨げである、と鏡花を叱責。すゞは耐え、繊細な鏡花を支え続けた。

### 11月2日〜26日
《ショー・劇》
**MILLENNIUM SHOCK**
作・構・演＝ジャニー喜多川　音＝チャールズ・ストラウス、ヘンリー・クリーガー、ドン・セベスキー、マーク・デイヴィス　振＝トラヴィス・ペイン、名倉加代子、SANCHE、前田敦、HIDEBOH　AC＝山岡淳二　FC＝松藤和広　MC＝駒田はじめ　PC＝小林清孝　装＝石井みつる、野村真紀　衣＝宇野善子、北川和子　響＝今村太志　効＝成富永通　照＝勝柴次朗　潤・演補＝森泉博行　製＝田口豪孝、古川清　出＝堂本光一、赤坂晃、今井翼、M.A.、鈴木ほのか、篠井英介、東山紀之

▶『SHOCK』シリーズ第1弾。あの衝撃的なミュージカルを"ショー・劇"と呼ぶ、というキャッチフレーズのもとに作られた新たなるエンターテインメント。まさに劇中の台詞「Show must go on!」が示すように、次々と観客を楽しませる演出がふんだんに盛り込まれた。チケットは事前応募制がとられたが、全座席数約7万枚に対して、80万件の応募があった。

### 12月3日〜平成13（2001）年2月21日
《ミュージカル》**レ・ミゼラブル**
製協＝キャメロン・マッキントッシュ（オーバーシーズ）リミテッド　作＝アラン・ブーブリル＆クロード＝ミッシェル・シェーンベルク　原＝ビクトル・ユゴー　装補＝小林敬典　衣補＝宇野善子　照補＝津久井修一　潤・演＝ジョン・ケアード、トレバー・ナン　訳＝酒井洋子　訳詞＝岩谷時子　響設＝本間明　音響設計補＝本間俊哉　音響コンサルタント＝アンドリュー・ブルース、オートグラフ・ロンドン　音監補＝山口琇也　音指＝佐藤和男、平田英夫　演ア＝垣ヶ原美枝　演補＝増田邦彦　PC＝江見和子　製＝古川清、田口豪孝　出＝バルジャン：鹿賀丈史、滝田栄、山口祐一郎、ジャベール：村井国夫、川﨑麻世、鈴木綜馬、エポニーヌ：島田歌穂、本田美奈子、ファンテーヌ：岩崎宏美、鈴木ほのか、コゼット：安達祐実、tohko、堀内敬子、マリウス：石井一孝、戸井勝海、津田英佑、テナルディエ：斎藤晴彦、徳井優、マダム・テナルディエ：大浦みずき、森公美子、アンジョルラス：岡幸二郎、今拓哉

▶夏休み定番興行だったが、帝劇の21世紀最初の興行にふさわしい名作という意見から、今回は冬の上演に。12月31日公演で"ミレニアム年越しイベント"を敢行。終演後、出演者の発案でパロディ寸劇が行われた。パロディではあるのだが、各役のキーをそれぞれが守り、大真面目に演じ大いに受けた。チャリティ・オークションや21世紀を迎えるカウントダウンも開催。

『レ・ミゼラブル』左／本田美奈子　右／鈴木ほのか、安達祐実、滝田栄

# 平成13年

## 帝劇開場90周年
## オリジナル・ミュージカル『風と共に去りぬ』を上演

21世紀の幕開けとなった本年。新たな100年の歴史を築くための記念すべき年だったが、"テロとの戦い"の幕開けでもあった。
9月11日、アメリカでイスラム教過激派による同時多発テロが発生。
国内では、中央省庁の再編により1府12省庁となり、4月に第1次小泉内閣が発足。初めて狂牛病(BSE)に感染した牛が発見された。
7月20日、映画「千と千尋の神隠し」(監督=宮崎駿)が日本公開し興行収入300億円超となる空前のヒット。

### 2月27日～3月24日
### 花のれん

原=山崎豊子 脚=菊田一夫 潤=佐々木猛 演=小島靖 装=中嶋正留 照=林順之 音=甲斐正人 効=本間俊哉 振=若柳禄寿 演補=鈴木ひがし 製=田口豪孝、村松欣 出=浜木綿子、涼風真世、宮川大助、宮川花子、山内としお、植田チコ、山口京子、臼間香世、島木譲二、荒木将久、佐々木一哲、野本博、高橋耕次郎、深江章喜、小野寺丈、田村亮、藤田まこと(特別出演)
▶初演は昭和33(1958)年、芸術座。山崎豊子の直木賞受賞作を菊田一夫の脚本・演出、三益愛子の主演で上演した。今回は、佐々木猛が潤色した新版。吉本興業の創業者"吉本せい"をモデルとした作品と言われる。

### 3月30日～4月28日
### 《ミュージカル》エリザベート

脚・詞=ミヒャエル・クンツェ 音=シルヴェスター・リーヴァイ オリジナルプロダクション=ウィーン劇場協会 制作協力=宝塚歌劇団 演・訳詞=小池修一郎 東宝プロダクション監修=ウィーン劇場協会 訳=黒崎勇、迫光 音監=甲斐正人 ダンス演出・振=大島早紀子 振=麻咲梨乃 装=堀尾幸男 照=勝柴次朗 衣=朝月真次郎 響=渡邉邦男 指=塩田明弘 演助=佐藤万里、寺崎秀臣 製=岡本義次、坂本義和 賛=三井住友VISAカード 後=オーストリア大使館 協=ハウス食品 出=エリザベート:一路真輝、トート:内野聖陽、山口祐一郎、ゾフィー:初風諄、ルドルフ:井上芳雄、マックス:寺泉憲、ルドヴィカ:阿知波悟美、リヒテンシュタイン伯爵夫人:伊東弘美、ヴィンデッシュ:岡田静、マダム・ヴォルフ:シルビア・グラブ、エルマー:今拓哉、シュヴァルツェンベルク侯爵:塚田三喜夫、グリュンネ伯爵:治田敦、フランツ・ヨーゼフ:鈴木綜馬、ルキーニ:髙嶋政宏、トートダンサー:清水隆伍、須田英幸、鴇田芳紀、縄田晋、NÎRO、東山義久、藤浦功一、吉川哲
▶帝劇3～4月、名古屋・中日劇場5月、大阪・梅田コマ劇場8月、福岡・博多座10月と4大都市縦断公演を敢行した。『エリザベート』初演の成果に対し、小池修一郎は第3回千田是也賞を、甲斐正人は第8回読売演劇大賞最優秀スタッフ賞をそれぞれ受賞。さらに第26回菊田一夫演劇大賞を上演関係スタッフ、キャスト一同が受賞し、受賞花盛りの公演となった。

### 5月2日～28日
### 細雪

原=谷崎潤一郎 脚=菊田一夫 潤=堀越真 演=水谷幹夫 装=石井みつる 照=塚本悟 音=鈴木邦彦 衣=河原彰、宇野善子 効=呉東彰 振=西川瑞扇 邦=米川裕枝 演補=東和始 製=酒井喜一郎、横山美次 出=鶴子:佐久間良子、幸子:山本陽子、雪子:沢口靖子、妙子:南野陽子、番頭音吉:安宅忍、戸祭吾助:松田隆男、お春:永吉京子、辰雄:磯部勉、奥畑啓三郎:太川陽介、お久:冨田恵子、井谷夫人:木村有里、板倉:新藤栄作、御牧:橋爪淳、貞之助:篠田三郎
▶帝劇で3度目の上演。横長の東京宝塚劇場からタッパの高い帝劇に適応し、重厚感を増した。特に、感慨深げに見遣る辰雄の後ろ姿越しに広がる、無人となった蒔岡家の巨大な姿が印象的だ。戦争へ向けて動き出す不穏な世の中、"滅びの美学"を感じさせる。

### 6月1日～30日
### 《ミュージカル》
### 屋根の上のヴァイオリン弾き
### ショラム・アレイハムの小説による

台=ジョセフ・スタイン 音=ジェリー・ボック 詞=シェルドン・ハーニック オリジナルプロダクション演出・振=ジェローム・ロビンス 日本再演出・振=サミー・ベイス 訳=倉橋健 訳詞=若谷和子、滝弘太郎 演=佐藤浩史 振=坂上道之

『花のれん』浜木綿子、藤田まこと

『エリザベート』井上芳雄、山口祐一郎

『細雪』南野陽子、山本陽子、佐久間良子、沢口靖子

## 【 主な出来事 】

- 1月1日　東京宝塚劇場新装開場(オープニングは月組公演『いますみれ花咲く』、『愛のソナタ』)。
- 2月2日　『ラ・マンチャの男』、日生劇場公演で通算900回上演を達成。
- 3月31日　六代目中村歌右衛門没。享年84。
- 7月8日　十七代目市村羽左衛門没。享年84。
- 10月28日　堂本光一主演『ショー・劇SHOCK』、2ヵ月公演分14万枚が即日完売。
- 11月4日　劇団四季『キャッツ』、通算5000回上演達成。
- 12月1日　敬宮愛子内親王ご誕生。

[貸館] 12月31日 年末ドリームジャンボ宝くじ抽選会

助 音監＝滝弘太郎 指＝塩田明弘 副指揮＝若林裕司 装＝ボリス・アロンソン、田中直樹 衣＝真木小太郎、真野誠二 照＝小木直樹 響設＝本間明 演補＝伏見悦男 製＝宮﨑紀夫、古川清 出＝テヴィエ：西田敏行、ゴールデ：順みつき、ツァイテル：島田歌穂、ホーデル：堀内敬子、チャヴァ：小林さやか、モーテル：岸田敏志、パーチック：吉野圭吾、イエンテ：今井和子、モールチャ：石鍋多加史、ラザール・ウォルフ：上條恒彦、巡査部長：船戸順、司祭：森塚敏

▶この回を以て大劇場バージョンであるサミー・ベイス演出版は終了。初演からの出演者も、モーテルの母役の高橋郁子のみとなった。その後、テヴィエ役は市村正親に引き継がれ、寺崎秀臣の演出により中劇場バージョンとして、平成16（2004）年、東京芸術劇場から地方公演で復活。その後、平成18（2006）年、平成21（2009）年と日生劇場で上演。

### 7月6日〜8月27日
### 《ミュージカル》風と共に去りぬ

原＝マーガレット・ミッチェル 脚＝菊田一夫 潤＝堀越真 演＝山田和也 音＝佐橋俊彦 詞＝秋元康 装＝堀尾幸男 照＝服部基 振＝上島雪夫 衣＝緒方規矩子 響＝大坪正仁 音協＝塩田明弘 指＝伊澤一郎 HD＝嶋田ちあき ア＝渥美博 演補＝寺崎秀臣 製＝酒井喜一郎、坂本義和 賛＝三井住友VISAカード 協＝テレビ東京 出＝スカーレット：大地真央、レット・バトラー：山口祐一郎、メラニー：杜けあき、アシュレー：今井清隆、ベル・ワトリング：寿ひずる、ミード博士：沢木順、召使いマミー：花山佳子、ピティパット叔母：木村有里、エルシング夫人：冨田恵子、メリーウェザー夫人：大橋芳枝、フランク・ケネディ：藤堂新二、チャールズ・ハミルトン：安崎求、ジェラルド・オハラ：林アキラ、召使いプリシー：植田チコ、成金、船長：石波義人、募金係、農園地主：青山達三

▶『風と共に去りぬ』を日本の優れたクリエイターのみが結集し、製作すること。その菊田一夫の悲願は、全編日本人スタッフ、キャストによるオリジナル・ミュージカルである本作で実現した。ただし、本作はミュージカル『スカーレット』とは別バージョン。また、プリンシパル以外は、複数の役をこなす"アンサンブル形式"がとられた。マグノリアの花の香りを出す芳香器が導入され、〈マグノリア〉の歌の時に花の香りを客席に伝え、五感で舞台を感じられる作品となった。

### 8月31日〜9月25日
### 鶴屋南北 悪の華
### 灼熱の恋に身を焦がした女たち

作・演＝堀井康明 美＝石井康博 照＝塚本悟 音＝千野秀一、野澤松也 衣＝川崎員奥 効＝岡田俊道 陣＝國井正廣 MU＝青木満寿子 演補＝阿部照義 製＝田口豪孝、細川潤一 出＝浅丘ルリ子、多岐川裕美、新橋耐子、山崎銀之丞、長門裕之、大門伍朗、芦田由夏、鳩笛真希、永島敏行、藤間紫

▶鶴屋南北作『隅田川花御所染（すみだがわはなのごしょぞめ）』、『杜若艶色紫（かきつばたいろともえどぞめ）』、『櫻姫東文章（さくらひめあずまぶんしょう）』の3作品を基に、堀井康明が作・演出。人間の持つ"業"を見つめる。

『質屋の女房』森光子、佐藤アツヒロ

### 9月29日〜10月27日
### 質屋の女房
### 麻布陽だまり愛の町

原＝林真理子 脚＝堀越真 演＝水谷幹夫 演補＝北村文典 装＝石井みつる 照＝服部基 音＝甲斐正人 効＝本間俊哉 衣＝宇野善子 製＝宮﨑紀夫、臼杵吉春 出＝森光子、佐藤アツヒロ、米倉斉加年、黒田アーサー、鶴水瑠衣、深江章喜、田根楽子、寺島信子、友里千賀子、坂口良子、矢崎滋

▶「戦争の足音が遠く聞こえる昭和十年といっても、庶民の暮らしはまだのんびりしたものである……」というコンセプトで、林真理子が森光子の新作用に書き下ろしたシノプシスをもとに、堀越真が脚本化。平凡だが、幸せに暮らしていた質屋の女房には、人知れず産み、生き別れた息子がいた。ある日、質屋に青年将校が訪ねてくる。質屋の女房は、それが我が子であることを知る。そして運命の昭和11（1936）年2・26事件。雪の降り積む舞台でのふたりの別れは、客席の感涙を呼んだ。"日本のお母さん"森光子の母子人情舞台。

### 10月31日〜11月25日
### 長崎ぶらぶら節

原・修＝なかにし礼 脚＝堀越真 演＝堀井康明 美＝石井康博 照＝塚本悟 音＝甲斐正人 邦＝本條秀太郎 振＝市川紅梅 衣＝八代泰二、江木良彦 効＝呉東彰 MU＝青木満寿子 演補＝伏見悦男 製＝酒井喜一郎、村松均 出＝佐久間良子、中田喜子、高嶺ふぶき、神田紫、紫城いずみ、冨田恵子、丹阿弥谷津子、松坂慶子、尾藤イサオ、松山政路、古谷一行

『長崎ぶらぶら節』佐久間良子、古谷一行

▶長崎の丸山芸者・愛八が吹き込んだ〈長崎ぶらぶら節〉を偶然聴いたなかにし礼が、それに触発されて書いた同名小説（第122回直木賞受賞作）の舞台化。失われて久しいこの唄を探し求める学者を主人公に、探索の旅と切ない愛を描く。丸山は江戸初期から続く花街だったが、昭和31（1956）年成立の売春防止法により豪奢華麗な遊郭の様子は遠い幻影となった。

### 12月1日〜平成14年（2002）年1月27日
### 《ショー・劇》SHOCK

作・構・演＝ジャニー喜多川 音＝チャールズ・ストラウス、ヘンリー・クリーガー、ドン・セベスキー、マーク・デイヴィス 振＝SANCHE、HIDEBOH、Tetsu、トラヴィス・ペイン、名倉加代子 照＝勝ެ次朗 照明ムービング＝梅村純 装＝石井みつる 響＝今村太志 音響オペレーター＝奥山茂之 効＝成富永通 衣＝宇野善子、長谷川繭子、市川英治 AC＝山岡淳二 FC＝松藤和広 MC＝北見伸 イリュージョン＝フランツ・ハラーレイ 舞監＝齋藤安彦 潤・演補＝森泉博行 製＝田口豪孝 出＝堂本光一、今井翼、M.A.、KAT-TUN、樹里咲穂、今拓哉

▶堂本光一を座長にメンバーを一新して上演。コウイチの兄役も、堂本が二役で演じた。演出面でも細かい手直しがされ、前作とは異なる新たな作品として見えるように。今回も事前応募制がとられ、応募数は162万件に達した。劇中劇は、12月を『忠臣蔵』、1月を『新撰組』とし、時節とあうように構成。

『風と共に去りぬ』大地真央、山口祐一郎

## 平成14年

# 日生劇場で初演されたウィーン発のミュージカル『モーツァルト！』が帝劇で凱旋公演

前年の9.11同時多発テロを受けたアメリカ・ブッシュ大統領の"テロとの戦い"というスローガンのもと、各国が新たな世界秩序の確立を模索。
日本でも北朝鮮による日本人拉致事件被害者の帰国交渉など、予断を許さない国際情勢にあった。
日韓両国でサッカーW杯が開催。雪印食品をはじめ食への偽装工作も発覚。
映画「ハリー・ポッターと賢者の石」（監督＝クリス・コロンバス）、「モンスターズ・インク」（監督＝ピート・ドクター）、「猫の恩返し」（監督＝森田宏幸）などがヒット。

### 2月1日〜26日
**憎いあんちくしょう**
案＝鈴木聡　脚・演＝久世光彦　装＝堀尾幸男　照＝服部基　音＝甲斐正人　衣＝川崎員奥　効＝本間俊哉　ステージング＝前田清実　ア＝渥美博　演助＝山田和也　製＝岡本義次、坂本義和　出＝浅丘ルリ子、斉藤由貴、加納幸和、大門伍朗、若松武史、三木さつき、植田チコ、名古屋章、江波杏子、蟹江敬三
▶"劇団ラッパ屋"の鈴木聡の原案で、北原白秋の詩に登場する"紺屋のおろく"がモチーフ。大正期の東京の人情を描き、細かなギャグのセンスがつまった小粋な作品だ。

### 3月3日〜30日
**《ミュージカル》パナマ・ハッティー**
詞・曲＝コール・ポーター　脚＝ハーバート・フィールズ、B.G.デ・シルヴァ　訳＝新谷忠彦　訳詞＝及川眠子　演＝吉川徹　振＝川崎悦子　タップ振付＝藤井真梨子　音監・指＝塩田明弘　編＝上柴はじめ　フイナーレ・レビュー編曲＝八幡茂　装＝倉本政典　照＝塚本悟　響＝大坪正仁　衣＝有村淳　HD＝嶋田ちあき　演補＝寺崎秀臣　製＝酒井喜一郎、宮﨑紀夫　協＝テレビ東京　出＝大地真央、今井清隆、堀内敬子、今井翼哉、吉野圭吾、飯塚雅弓（夜の部）、小此木麻里（昼の部）、林アキラ、シルビア・グラブ、尾藤イサオ、草刈正雄
▶昭和15（1940）年、コール・ポーター作詞・作曲による作品。"熱帯ハリケーン娘"に扮する大地真央がパナマ運河爆破をもくろむテロリストと対決する痛快ラブ・コメディ・ミュージカルだ。

### 4月4日〜30日
**《ミュージカル》チャーリー・ガール**
詞・曲＝ジョン・テイラー、ディヴィッド・ヘネカー　原＝ロス・テイラー　脚＝ヒュー＆マーガレット・ウィリアムズ、レイ・クーニー　訳＝丹野郁弓　訳詞＝高橋亜子　演＝山田和也　音監＝甲斐正人　音協＝塩田明弘　振＝麻咲梨乃　装＝大田創　照＝高見和義　衣＝宇野善子　響＝大坪正仁　指＝佐藤和男　演補＝田島准　EP＝酒井喜一郎　製＝古川清　賛＝三井住友VISAカード　出＝愛華みれ、森公美子、初風諄、春風ひとみ、植田チコ、太川陽介、鈴木綜馬、錦織一清
▶愛華みれ宝塚歌劇団退団後の初舞台。世界初演は昭和40（1965）年、ロンドン・アデルフィ劇場で、昭和61（1986）年、ビクトリアパレス劇場でリバイバル上演。没落貴族の家に登場する、男まさりの女主人公と貴族の名誉がほしい金持ち夫人、宝くじの大金が転がり込んだ使用人の面々。恋とお金がこんがらがったラブ・コメディ。

### 5月4日〜29日
**からくりお楽**
作＝宮川一郎　脚＝佐々木猛　演＝山田孝行　演補＝田中大蔵　装＝石井康博　照＝阿部典夫　音＝甲斐正人　効＝岡田俊道　振＝若柳禄寿　製＝田口豪孝、細川潤一　出＝浜木綿子、杜けあき、五月みどり、星奈優里、深江章喜、丹羽貞仁、高嶺ふぶき、佐野浅夫、中条きよし
▶明治維新直後、革新派知事が原因の"梅村騒動"がモチーフ。明治の末、ひとりの女として母として、強く健気に生きたお楽を"日本の元気印"浜木綿子が演じた。舞台の花道には、岐阜県立高山工業高校の生徒が作った高山祭の屋台が配置。

### 6月4日〜28日
**《ショー・劇》SHOCK**
作・構・演＝ジャニー喜多川　音＝チャールズ・ストラウス、ヘンリー・クリーガー、ドン・セベスキー、マーク・デイヴィス　振＝トラヴィス・ペイン、SANCHE、HIDEBOH、倉倉加代子、Tetsu　音楽プロデューサー＝鎌田俊哉　音楽ディレクター＝長谷川雅大　照＝勝柴次朗　照明ムービング＝梅村純　装＝石井みつる　響＝今村太志　音響オペレーター＝奥山茂之　効＝成富永通　衣＝長谷川繭子　AC＝山岡淳二　FC＝松藤和広　MC＝松山秀生　アドバイザー＝フランツ・ハラーレイ　舞監＝齋藤安彦　潤・演＝森泉博行　PM＝小林清孝　製＝田口豪孝、坂本義和　出＝堂本光一、今井翼、風間俊介、秋山純、KAT-TUN、今拓哉、樹里咲穂
▶熱望に応えて、本年2度目の公演。エンターテインメントにこだわった舞台作りが観る者を熱くする。エンディングの音楽《ONE》は聞いているうちに、ふっと落涙。ブロードウェイに対するオマージュが舞台を通して感じられる。

### 7月3日〜27日
**《ミュージカル》キス・ミー, ケイト**
詞・曲＝コール・ポーター　脚＝サム＆ベラ・スプワック　訳詞＝なかにし礼　訳＝丹野郁弓（劇中劇『じゃじゃ馬馴らし』訳＝小田島雄志）　演＝吉川徹　振＝セルジオ・トゥルヒーヨ　装＝和田平介　照＝服部基　響＝大坪正仁　衣＝宇野善子　音監＝甲斐正人　指＝塩田明弘、佐藤和男　演補＝寺崎秀臣　AC＝渡辺智　EP＝酒井喜一郎　製＝宮﨑紀夫　賛＝三井住友VISAカード　協＝テレビ東京　出＝一路真輝、赤坂晃、伊織直加（宝塚歌劇団）、春風ひとみ、本間憲一、林アキラ、井上仁司、沢木順、吹吾郎、太川陽介、今井清隆
▶世界初演は、昭和23（1948）年、ブロードウェイ・センチュリー劇場。トニー賞ミュージカル部門の初代最優秀賞受賞作品。平成11（1999）

---

## 【 主な出来事 】
- **1月** 蜷川幸雄（演出家）が名誉大英勲章第3位（CBE）受章。
- **9月17日** 日朝首脳会談。小泉首相、ピョンヤンで金正日総書記と会談。
- **10月5日** ウィーン発ミュージカルのヒットメーカーコンビ、ミヒャエル・クンツェ（脚本・作詞）とシルヴェスター・リーヴァイ（作曲）の第2弾『モーツァルト！』が日生劇場で開幕。のちに中川晃教が平成14年度文化庁芸術祭賞（演劇部門）で新人賞受賞（平成15年1月16日）。
- **10月8日** 小柴昌俊東大名誉教授、ノーベル物理学賞受賞。9日、島津製作所田中耕一、ノーベル化学賞受賞。
- **10月15日** 北朝鮮による拉致被害者5人帰国。

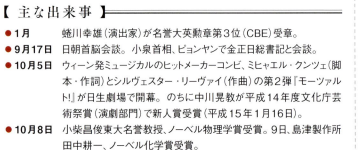

左／『ラ・マンチャの男』松たか子、松本幸四郎
右／『ラ・マンチャの男』1000回達成特別カーテンコール

年、ブロードウェイ・マーチンベック劇場でリバイバル上演。トニー賞ミュージカル部門リバイバル作品賞ほか5部門を受賞。日本では昭和41(1966)年、東京宝塚劇場で、菊田一夫演出、江利チエミ、宝田明、岡田眞澄出演で上演。今回は平成11年のブロードウェイ版の翻訳版。

### 7月31日〜8月30日
#### 《ミュージカル》ラ・マンチャの男
脚＝デール・ワッサーマン　詞＝ジョオ・ダリオン　音＝ミッチ・リー　オリジナル演出＝アルバート・マーリ　訳＝森岩雄、高田蓉子　訳詞＝福井峻　日本初演振付・演＝エディ・ロール　演＝松本幸四郎、江口正昭　振＝森田守恒　装＝ハワード・ベイ、田中直樹　照＝吉井澄雄　衣＝ハワード・ベイ、パットン・キャンベル、真木小太郎　衣協＝宇野善子　MU＝稲垣亮弐　音監＝山口琇也　音監・指＝塩田明弘　響設＝本間明　修＝中村啌夫、坂上道之助、滝弘太郎　協＝テレビ東京　製＝宮﨑紀夫、古川清　出＝セルバンテスとドンキホーテ：松本幸四郎、アルドンサ：松たか子、サンチョ：佐藤輝、アントニア：松本紀保、神父：石鍋多加史、家政婦：荒井洸子、床屋：駒田一、ペドロ：大塚雅夫、隊長：大石剛、ギター弾き：水村直也、ムーア人の娘：萩原季里、テノリオ：新井武宣、ディエゴ：中村隆男、アンセルモ：祖父江進、カラスコ博士：福井喜一、宅名主と宿屋の主人：上條恒彦
▶ 5月の博多座公演から松本幸四郎が演出を担当し、リアリズムの演劇的処理をより追求した出来に。博多座公演以降、幸四郎の次女・松たか子が、アントニアからアルドンサへ役を変更。アントニア役には長女の松本紀保。上演1000回の達成は、8月19日、松本幸四郎、60歳の誕生日であった。

### 9月3日〜28日
#### 残菊物語
原＝村松梢風　脚＝川口松太郎　潤＝堀越真　演＝佐藤浩史　装＝毛利臣男　音＝加藤和彦　照＝塚本悟　衣＝桜井久美　効＝本間明　演補＝増田邦彦　製＝田口豪孝、横山美次　出＝お徳：十朱幸代、菊之助：市川右近、おつる：遠野凪子、福助：市川春猿、菊五郎：杉浦直樹、お梅：藤間紫
▶ 新派の名作純愛物語で、溝口健二監督の映画でも知られる。堀越

『モーツァルト！』左／井上芳雄　右／中川晃教　右下／『モーツァルト！』

真が潤色、スーパー歌舞伎などで活躍した市川右近が帝劇初出演。

### 10月2日〜28日
#### てるてる坊主の照子さん
#### 浪花の若草物語
原・演＝なかにし礼　脚＝堀越真　演＝堀井康明　音＝甲斐正人　装＝倉本政典　照＝塚本悟　衣＝宇野善子　効＝呉東彰　振＝森本麻祐子　演補＝伏見悦男　EP＝酒井喜一郎　製＝宮﨑紀夫　出＝岩田照子：佐久間良子、次女夏子：南野陽子、長女春子：宮崎優子、三女秋子：星奈優里、岩田ヨネ：冨田恵子、四女冬子：小此木麻里、岩瀬かおる：多岐川裕美、鹿取（運動具店店主）：松山政路、水田（池田消防署署員）：穂積隆信、岩田春雄：江守徹
▶ 主人公のモデルは、オリンピック選手とスター歌手を生み、育てたひとりの母（なかにし礼の義姉・いしだあゆみの母）。なかにしは、次のようにプログラムに寄稿。「夢を見ることは誰にでもできる。しかし本当に目覚めて、行動し、持続し、希望をかなえ、しかも金になる人は、そう滅多にいるものではない」。

### 11月1日〜28日
#### ビギン・ザ・ビギン
作＝マキノノゾミ　演＝栗山民也　装＝堀尾幸男　照＝勝柴次朗　音＝甲斐正人　振＝前田清実　衣＝宇野善子　効＝深川定次、秦大介ア＝渥美博　演補＝滝澤辰也　製＝岡本義次、吉田訓和　賛＝エステー化学　後＝フジテレビジョン　出＝森光子、風間杜夫、土居裕子、金内喜久夫、田根楽子、高嶺ふぶき、熊谷真実、山路和弘、石井恒一、山本學、井上順
▶ 日劇——日本劇場へのオマージュ作品の再演。かつて"陸の龍宮"

と謳われた日本劇場。昭和8(1933)年竣工。昭和10(1935)年、東洋一のアミューズメント・スポットとして（株）東京宝塚劇場が買取。秦豊吉を総支配人に任命した。ニューヨークのラジオシティ・ミュージックホールを手本にダンサーを募集。宝塚歌劇団やSKDとはひと味違う大人のレビューを目指し、"日劇ダンシングチーム（NDT）"を作り上げた。昭和26(1951)年から始まったNDTの春、夏、秋の"三大おどり"は東京名物に。昭和56(1981)年、閉館。〈ビギン・ザ・ビギン〉は、日本劇場における数多くのショーで使われたコール・ポーターの名曲。

### 12月3日〜29日
#### 《ミュージカル》モーツァルト！
脚・詞＝ミヒャエル・クンツェ　曲＝シルヴェスター・リーヴァイ　製＝東宝、シアター・ドラマシティ　オリジナルプロダクション＝ウィーン劇場協会　演・訳詞＝小池修一郎　音監＝甲斐正人　美＝堀尾幸男　照＝勝柴次朗　衣＝有村淳　振＝前田清実　響＝大坪正仁　HM＝宮内宏明　指＝塩田明弘　舞監＝廣田進　演助＝佐藤万里、八木千寿子　PC＝小熊節子　製＝岡本義次、坂本義和（東宝）、古沢真、渡辺裕（ドラマシティ）後＝オーストリア大使館　出＝ヴォルフガング・モーツァルト：井上芳雄、中川晃教、コンスタンツェ：西田ひかる、ナンネール・モーツァルト：高橋由美子、セシリア・ウエーバー：阿知波悟美、アルコ伯爵：花王おさむ、エマヌエル・シカネーダー：吉野圭吾、ヴァルトシュテッテン男爵夫人：久世星佳、コロレド大司教：山口祐一郎、レオポルト・モーツァルト：市村正親、アマデ：石川楓、内野明音、鶴岡良
▶ 世界初演は平成11(1999)年〜平成13(2001)年、オーストリアのアン・デア・ウィーン劇場。日本初演は平成14(2002)年の日生劇場およびシアター・ドラマシティ。コンスタンツェ役は松たか子であった。「どんな子供もある意味で天才であり、いかなる天才もある意味において子供である」という哲学者アルトゥル・ショーペンハウアーの言葉が台本の1ページ目に書いてある。その言葉通り、モーツァルトの天賦の才能が擬人化され、幼いモーツァルト（アマデ）として、モーツァルトとともに常に登場し、青年モーツァルトの葛藤を表現。

『ビギン・ザ・ビギン』井上順、森光子、風間杜夫

# 平成15年

## 初演以来となる大規模オーディションを行い大幅にリニューアルされた『レ・ミゼラブル』を上演

イラク戦争に突入。中国で新型肺炎"SARS"が流行。景気低迷は続き、3年連続で完全失業率が5％を超えた。
韓国ドラマ「冬のソナタ」(02)が一大"冬ソナ"ブームを巻き起す。
映画「千と千尋の神隠し」(監督＝宮崎駿)が、前年の第52回ベルリン国際映画祭金熊賞に続き、
第75回アカデミー賞長編アニメーション部門賞を受賞。

### 1月8日～2月25日

**《ショー・劇》SHOCK is Real Shock**

作・構・演＝ジャニー喜多川　音＝チャールズ・ストラウス、ヘンリー・クリーガー、ドン・セベスキー、マーク・デイヴィス　振＝トラヴィス・ペイン、名倉加代子、SANCHE、川崎悦子、HIDEBOH　音楽プロデューサー＝鎌田俊哉　音楽ディレクター＝長谷川雅大　照＝勝柴次朗　照明ムービング＝梅村純　装＝石井みつる　音響デザイナー＝今村太志　音響プランナー＝奥山茂之　衣＝長谷川繭子　AC＝村上潤　FC＝松藤和広　MC＝DUKE松山　アドバイザー＝フランツ・ハラーレイ　舞監＝齋藤安彦　演補＝森泉博行　PM＝小林清孝　製＝田口豪孝、坂本義和　出＝堂本光一、KAT-TUN、生田斗真、風間俊介、東新良和、秋山純、A.B.C.、Yah-Yah-yah、未唯、井上順
▶観客席をも巻き込んだ、よりリアルな"ショック"を求めてブラッシュ・アップ。ショー的な要素の多い「World Adventure」のシーンを1幕から2幕に変更した。

### 3月2日～30日

**《ミュージカル》ミー＆マイガール**

作・脚＝L・アーサー・ローズ&ダグラス・ファーバー　曲＝ノエル・ゲイ　改訂＝スティーブン・フライ　改訂協力＝マイク・オクレント　訳＝丹野郁弓　訳詞＝高橋亜子　演＝山田和也　音監＝佐橋俊彦　振＝玉野和紀　装＝大田創　照＝高見和義　衣＝小峰リリー　HM＝武田千巻　響＝山本浩一　音監補・指＝塩田明弘　指＝若林裕治　演助＝佐藤万里、鈴木ひがし　製＝古川清、吉田訓和　出＝ビル・スニブソン：唐沢寿明、サリー・スミス：木村佳乃、ジャッキー：涼風真世、ジェラルド：本間憲一、弁護士パーチェスター：武岡淳一、バターズビー卿：山賀教弘、ジャスパー・トリング卿：花房徹、執事チャールズ：丸山博一、家令：大須賀ひでき、バターズビー夫人：白木美貴子、ミセス・ブラウン：有希九美、マリア公爵夫人：初風諄、ジョン・トリメイン卿：村井国夫
▶世界初演は昭和12(1937)年、ロンドンのビクトリア・パレス劇場で1646回のロングランを記録した。リバイバル公演は昭和60(1985)年、ロンドンのアデルフィ劇場。翌年、再開発が進むブロードウェイにオープンした、ホテル・マリオット・マーキース内"マーキース劇場"の柿落し作品に。今回が東宝版の初演。日本では昭和62(1987)年、63(1988)年、平成7(1995)年に宝塚歌劇団月組公演が行われた。同版初演で涼風真世は同じくジャッキー役を演じている。映画「史上最大の作戦」(62年／監督＝ケン・アナキン、ベルンハルト・ヴィッキ、アンドリュー・マートン、エルモ・ウィリアムズ)で、ノルマンディーに奇襲をかけるイギリス空挺隊員が緊張をほぐすために、輸送グライダーの中で、劇中歌〈ランベス・ウォーク〉を歌っている。

### 4月3日～30日

**春は爛漫**

作＝松原敏春　潤＝堀越真　演＝栗山民也　装＝石井強司　照＝勝柴次朗　音＝甲斐正人　衣＝宇野善子　振＝前田清実　陣＝渥美博　効＝深川定次、秦大介　大衆演劇監修＝梅沢武生　演補＝鈴木ひがし　製＝岡本義次、臼杵吉春　後＝フジテレビジョン　出＝春日春：森光子、尾上仙太郎、忘れ形見のロック歌手昌也：東山紀之、娘・弥生：藤谷美紀、橘すみれ：大鳥れい、市川雪之丞：大門伍朗、相沢組組長：深江章喜、中村乙女：田根楽子、小屋主・堀川：青山良彦、中村貧雀：金内喜久夫、嵐鯉之助：段田安則、座長・尾上菊太夫：赤木春恵
▶初演は平成7(1995)年、東京宝塚劇場。森光子が演じる、上から読んでも"春日春"、下から読んでも"春日春"の昭和の半生記。東山紀之が春の憧れる旅役者"尾上仙太郎"と、その忘れ形見である春の息子・ロカビリー歌手の"佐伯昌也"の二役に扮する。

### 5月5日～31日

**《ミュージカル》風と共に去りぬ**

原＝マーガレット・ミッチェル　脚＝菊田一夫　潤＝堀越真　演＝山田和也　音＝佐橋俊彦　詞＝秋元康　装＝堀尾幸男　照＝服部基　振＝上島雪夫　衣＝緒方規矩子　響＝大坪正仁　指＝塩田明弘　HD＝嶋田ちあき　ア＝渥美博　演補＝寺崎秀臣　製＝坂本義和　協＝テレビ東京　出＝スカーレット：大地真央、レット・バトラー：今井清隆、メラニー：杜けあき、アシュレー：石井一孝、岡幸二郎、ベル・ワトリング：寿ひづる、召使マミー：花山佳子、ピティパット叔母：木村有里、フランク・ケネディ：藤堂新二、チャールズ・ハミルトン：安崎求、召使プリシー：植田チコ、ミード博士：福沢良一
▶平成13(2001)年、帝劇で初演。その後、バトラー役が今井清隆になり、アシュレー役が石井一孝と岡幸二郎のダブルキャストに。平成14(2002)年、大阪・梅田コマ劇場、4月の名古屋・中日劇場公演を経た、帝劇凱旋公演。

### 6月4日～28日

**《喜劇》口八丁手八丁！**

作＝谷崎杏子　演＝山田孝行　装＝

『ミー＆マイガール』木村佳乃、唐沢寿明

【 主な出来事 】
- 1月16日　榎本滋民(劇作家)没。享年72。
- 2月1日　スペースシャトル"コロンビア"、発射直後に空中分解。乗員7人全員死亡。
- 2月25日　東宝(株)、(株)ヴァージン・シネマズ・ジャパンを買収(4月に"TOHOシネマズ(株)"に商号変更)。
- 5月30日　OSK日本歌劇団、解散式。(翌年4月「New OSK日本歌劇団」として再結成。平成19(2007)年、再び「OSK日本歌劇団」に改称し現在に至る)
- 9月21日　森光子主演『放浪記』、博多座で通算1600回上演を達成。
- 12月1日　東京、大阪、名古屋で地上波デジタル放送開始。
- 12月13日　アメリカ軍、イラクでフセイン元大統領拘束。

『春は爛漫』東山紀之、森光子

『レ・ミゼラブル』山口祐一郎、今井清隆、別所哲也、石井一孝

石井康博　音＝ボブ佐久間　照＝阿部典夫　響＝岡田俊道　振＝若柳禄寿　演補＝田中大蔵　製＝田口豪孝　出＝浜木綿子、大空眞弓、内海光司、津川友美、小野寺丈、深江章喜、臼間香世、光木幸子、丹阿弥谷津子、加藤茶、左とん平

▶身寄りのない子供たちの世話をし、夜は寺の台所を助けるためにおでん屋を営む"口八丁手八丁"の肝っ玉母さんを浜木綿子が演じる。仏教の教えに"和顔愛語"がある。笑顔で人に接することは尊い行為。まさに浜の"和顔愛語"が楽しめる舞台だ。

『口八丁手八丁!』浜木綿子

### 7月6日〜9月28日（プレビュー含む）
《ミュージカル》レ・ミゼラブル
❖7月11日初日

オリジナルプロダクション製作＝キャメロン・マッキントッシュ　作＝アラン・ブーブリル＆クロード＝ミッシェル・シェーンベルク　原＝ビクトル・ユゴー　照補＝津久井修一　衣補＝宇野善子　音響設計補＝本間俊哉　潤・演＝ジョン・ケアード、トレバー・ナン　訳＝酒井洋子　訳詞＝岩谷時子　音

『十二夜』大地真央、本田美奈子

監補＝山口琇也　指＝塩田明弘、井村誠貴　演ア＝垣ヶ原美枝　演補＝増田邦彦　PC＝江見和子　製＝古川清、田口豪孝　出＝バルジャン：山口祐一郎、別所哲也（7月、8月）、今井清隆、石井一孝（7月、9月）、ジャベール：内野聖陽、今拓哉（7月、9月）、岡幸二郎（7月、8月）、髙嶋政宏、エポニーヌ：ANZA（7月、9月）、坂本真綾（7月、8月）、笹本玲奈（8月、9月）、新妻聖子、ファンテーヌ：井料瑠美、高橋由美子、マルシア、コゼット：剱持たまき、河野由佳、マリウス：岡田浩暉、山本耕史（7月、8月）、泉見洋平（9月）、テナルディエ：駒田一、三遊亭亜郎、マダム・テナルディエ：峰さを理（7月、8月）、瀬戸内美八（9月）、森公美子、アンジョルラス：坂元健児、吉野圭吾

▶演出家のジョン・ケアードが来日し、役の細かい心理描写や反応を修正。キャストは"クワトロ・バージョン（4人交代制）"となり、稽古時間中も緊密に打ち合わせが行われた。この公演からロンドン版にあわせた演出となり、上演時間が短縮され、説明的な台詞はカット。森でのコゼットとの出会いのシーンは、日本側スタッフからの「お願いだからカットしないで!」という要請が通った結果である。

### 10月5日〜11月24日
《ミュージカル》十二夜

原＝ウィリアム・シェイクスピア　訳＝小田島雄志　脚＝堀越真　演＝鵜山仁　音＝八幡茂　詞＝斉藤由貴　振＝セルジオ・トゥルヒーヨ　装＝堀尾幸男　照＝塚本悟　響＝大坪正仁　音監・指＝塩田明弘　衣＝小瀬川雅敏　HD＝嶋田ちあき　ファイティング・コーディネーター＝渥美博　イリュージョン・コーディネーター＝DUKE松山　シルクアクト・コーディネーター＝今村哲也　演補＝寺﨑秀臣　EP＝酒井喜一郎　製＝宮﨑紀夫　賛＝三井住友VISAカード　後＝フジテレビジョン　出＝ヴァイオラ、シザーリオ：大地真央、オーシーノー公爵：鈴木綜馬、ネコ：本田美奈子、道化：川﨑麻世、セバスチャン：岡幸二郎、サー・トビー：安崎求、フェービアン：治田敦、マルヴォーリオ：上條恒彦、サー・アンドルー：山形ユキオ、アントーニオ：越智則英、レオナート：秋川雅史、マライア：鷲尾真知子、オリヴィア：愛華みれ

▶シェイクスピアの『十二夜』をオリジナル・ミュージカル化。秋川雅史は翌年5月にシングル〈千の風になって〉を発売し、大ブレイク。本田美奈子の役は台詞のないネコ。『十二夜』の楽曲の中で、最後に完成したのがまるでネコが天使のように歌う〈ララバイ〉。この作品が彼女の東宝最後の出演作となった。

### 12月2日〜29日
《ミュージカル》イーストウィックの魔女たち

製協＝キャメロン・マッキントッシュ・リミティッド　原＝ジョン・アップダイク（小説）、ワーナー・ブラザーズ（映画）　脚・詞＝ジョン・デンプセイ　曲＝ダナ・P・ロウ　編＝ウィリアム・ディビット・ブラウン　オリジナル・ロンドンプロダクション製作＝キャメロン・マッキントッシュ　訳＝丹野郁弓　訳詞＝竜真知子　演＝山田和也　音監＝甲斐正人　振＝前田清実　装＝松井るみ　照＝高見和義　衣＝黒須はな子　HD＝宮内宏明　響＝渡邉邦男　指＝永野裕之　演助＝鈴木ひがし　舞監＝廣田進　製＝坂本義和、吉ял訓和　賛＝エーザイ株式会社　出＝ダリル：陣内孝則、アレクサンドラ：一路真輝、ジェーン：涼風真世、スーキー：森公美子、フェリシア・ガブリエル：大浦みずき、クライド・ガブリエル：安原義人、ジェニファー・ガブリエル：笹本玲奈、マイケル：新納慎也、フィデル：及川健、少女：小此木麻里

▶田舎町に住む30代後半の3人の女性の前に、魅力的な男"ダリル"が現れる。その魔力に3人は惹かれていくが、この悪魔の悪行を見かね反乱が始まる。3人の魔女が客席までフライングするため、複雑な軌道で動くフライング用マシンをロンドンから輸入。森公美子は当初、ジェーン役だったが、超低空で客席すれすれを飛ぶスーキー役に変更。なお、体重108キロの森公美子は"空飛ぶ除夜の鐘"と新聞に報じられた。

左／『イーストウィックの魔女たち』森公美子、一路真輝、涼風真世
右／『イーストウィックの魔女たち』森公美子、陣内孝則、一路真輝、涼風真世

# 2004 平成16年

## ミュージカル『ミス・サイゴン』11年ぶりに復活
## 新潟県中越地震発生、ロビーで義援金を募集

アテネ・オリンピックでの日本勢の活躍に沸いた年。だが、10もの台風上陸、記録的な猛暑、新潟県中越地震など天災に苦しんだ年でもあった。スマトラ沖地震など悲惨な出来事が続いた。小泉純一郎首相が2度目の訪朝を果たし、拉致被害者家族の帰国が実現。
映画「ラストサムライ」(監督=エドワード・ズウィック)、「ファインディング・ニモ」(監督=アンドリュー・スタントン)、「世界の中心で、愛をさけぶ」(監督=行定勲)、「いま、会いにゆきます」(監督=土井裕泰)などがヒット。

### 1月8日〜31日

**《マジカルミュージカル》DREAM BOY**

オリジナル作・構・演=ジャニー喜多川　音=堂本光一　振=SANCHE、川崎悦子、前田敦、Tetsu　照=勝柴次朗　照明ムービング=梅村純　装=石井みつる　イリュージョンアドバイザー=フランツ・ハラーレイ　サーカス・コーディネーター=西村源一郎　AC=諸鍛冶裕太　FC=松藤和広　音楽プロデューサー=鎌田俊哉　音楽ディレクター=長谷川雅大　音響デザイナー=今村太志　音響プランナー=奥山茂之　衣=柳田明子　技術監督=田中義彦　演補=森泉博行　演助=齋藤安彦　舞監=日暮努　PM=小林清孝　製=田口豪孝、坂本義和　出=滝沢秀明、KAT-TUN(亀梨和也、赤西仁、田口淳之介、田中聖、上田竜也、中丸雄一)、関ジャニ∞(横山裕、村上信五、渋谷すばる、安田章大、丸山隆平、大倉忠義)、薬師寺保栄、真琴つばさ

▶滝沢秀明が帝劇初主演にして帝劇史上最年少座長。"KAT-TUN VS 関ジャニ∞"とも呼べる東と西の対決を伏線におき、両グループの舞台での成長を期した。人気を受け、1日3回公演を5日間追加公演として敢行。客席へ向けてのバンジー・ジャンプが話題となる。

### 2月6日〜29日

**《ショー・劇》Shocking SHOCK**

作・構・演=ジャニー喜多川　音=堂本光一、チャールズ・ストラウス、ヘンリー・クリーガー、ドン・セベスキー、マーク・デイヴィス　振=トラヴィス・ペイン、名倉加代子、SANCHE、川崎悦子、HIDEBOH　照=勝柴次朗　照明ムービング=梅村純　装=石井みつる　AC=諸鍛冶裕太　FC=松藤和広　イリュージョンアドバイザー=フランツ・ハラーレイ　MC=DUKE松山　音楽プロデューサー=鎌田俊哉　音楽ディレクター=長谷川雅大　音響デザイナー=今村太志　音響プランナー=奥山茂之　衣=出川淳子　演補=森泉博行　演助=齋藤安彦　舞監=小暮努　技術監督=田中義彦　PM=小林清孝　製=田口豪孝、坂本義和　出=堂本光一、今井翼、M.A.、A.B.C.、風間俊介、伊織直加、尾ощイサオ

▶公演ごとに、観客のリクエストにより劇中劇を決める試みを実施。『エレクトラ』、『曽根崎心中』、『リチャード三世』、『新撰組』、『ノートルダム・ド・パリ』、『東海道四谷怪談』、『ハムレット』、『忠臣蔵』、『白鯨』といった演目に、「御存知堂本光一九変化相勤申候」と題し、ギリシャ悲劇から歌舞伎など多彩なジャンルの舞台を演じた。平成12(2000)年から続く《ショー・劇SHOCK》は、『Endless SHOCK』へと継承。

### 3月6日〜5月30日

**《ミュージカル》エリザベート**

脚・詞=ミヒャエル・クンツェ　音=シルヴェスター・リーヴァイ　オリジナルプロダクション=ウィーン劇場協会　制作協力=宝塚歌劇団　演・訳詞=小池修一郎　東宝プロダクション監修=ウィーン劇場協会　訳=黒﨑勇、迫光　音監=甲斐正人　美=堀尾幸男　照=勝柴次朗　振=島崎徹、麻咲梨乃　衣=朝月真次郎　響=渡邉邦男　映像=奥秀太郎　指=塩田明弘　舞監=廣田進　演助=小川美也子、末永陽一　PC=小熊節子　製=岡本義次、坂本義和　賛=三井住友VISAカード　後=オーストリア大使館　出=エリザベート:一路真輝、トート:内野聖陽、山口祐一郎、フランツ・ヨーゼフ:鈴木綜馬、石川禅、ルドルフ:浦井健治、パク・トンハ、エルマー:今拓哉、藤本隆宏、シュヴァルツェンベルク侯爵:塚田三喜夫、グリュンネ伯爵:治田敦、リヒテンシュタイン伯爵夫人:小笠原みち子、ヴィンデッシュ:河合篤子、マダム・ヴォルフ:伊東弘美、ルドヴィカ:春風ひとみ、ゾフィー:初風諄、マックス:村井国夫、ルキーニ:髙嶋政宏、トートダンサー:櫛田祥光、桜木涼、佐々木信彦、原田みのる、東山竜彦、森内遼、山田茂樹、山中大輔

▶新たなスタッフ・キャスト、舞台装置、振付を変更し、演出にも進化を加えた3ヵ月公演。フランツ・ヨーゼフ役とエルマー役がダブルキャストに。今回も4大都市縦断公演を敢行。東宝初演版で追加された曲〈夢とうつつの狭間に〉が割愛され、平成13(2001)年、ドイツ公演で創られた〈私が踊る時〉が追加。なお平成14(2002)年9月3日は同作の世界初演10周年に当たり、ヨーロッパで記念イベントが開催。ドイツのエッセン市コロセウム劇場でのセレモニーに、エリザベート役を演じた各国の女優たちが集結。日本から招かれた一路真輝は〈夢とうつつの狭間に〉を日本語で披露。その後、日本、ハンガリー、スウェーデン、オランダのエリザベートたちが〈私だけに〉をワンフレーズずつ歌い、最後に本場ドイツ語が加わり大合唱に。10月21日には、ウィーン・コンツェルトハウスでの記念コンサート。一路は〈愛と死の輪舞〉と〈夢とうつつの狭間に〉を日本語で歌った。各国トート役俳優が登場し〈最後のダンス〉を大合唱するパート、6ヵ国のエリザベートによる〈私だけに〉の合唱にも参加。

### 6月3日〜27日

**細雪**

原=谷崎潤一郎　脚=菊田一夫　潤=堀越真　演=水谷幹夫　演補=伏見悦男　装=石井みつる　照=塚本悟　音=橋場清　衣=河原彰、

『DREAM BOY』滝沢秀明

## 【 主な出来事 】

- **4月3日** 『屋根の上のヴァイオリン弾き』、東京芸術劇場中ホールで上演(〜30日)。3代目テヴィエ役に市村正親を迎えた21世紀版。
- **6月29日** 東宝本社ビル再開発計画発表(下層階に演劇劇場、上層階にホテル)。
- **7月2日** 『レ・ミゼラブル in コンサート』、東京芸術劇場中ホールで上演(〜20日)。
- **11月1日** 新紙幣発行。10000円札(福沢諭吉)、5000円札(樋口一葉)、1000円札(野口英世)。
- **11月3日** 四代目中村雀右衛門が文化勲章受章。
- **11月26日** 島田正吾(俳優)没。享年98。

[貸館]12月31日 年末ドリームジャンボ宝くじ抽選会

宇野善子　効＝呉東彰　振＝西川瑞扇　邦＝米川裕枝　EP＝酒井喜一郎　出＝鶴子：佐久間良子、幸子：山本陽子、雪子：紺野美沙子、妙子：南野陽子、お久：冨田恵子、井谷夫人：木村有里、番頭音吉：安宅忍、下妻夫人：大川婦久美、お春：永吉京子、辰雄：磯部勉、奥畑啓三郎：太川陽介、板倉：新藤栄作、御牧：橋爪淳、貞之助：篠田三郎

▶ファンからの熱望に応えてのアンコール上演。脚色の菊田一夫は詩人でもあったため、船場言葉の台詞が音楽のような効果を発揮。古き良き時代が戦争へと向かう世相の中で、四姉妹が奏でるカルテットは一見"滅びの美学"に凝縮されているように感じられる。同時に、いつの世でも"美"は不変であるという"希望"に満ちたテーマでしめくくられている。この明確なテーマがこの作品が長く愛されるゆえんか。

## 7月1日〜25日

### 喝采　愛のボレロ

作＝池田政之　演＝山田孝行　装＝田中直樹　照＝阿部典夫　音＝甲斐正人　効＝岡田俊道　振＝若柳禄寿、広崎うらん、羽山紀代美　衣＝有村淳　演補＝田中大蔵　製＝田口豪孝、細川潤一　出＝浜木綿子、紫吹淳、目黒祐樹、風花舞、大路三千緒、臼田香世、伊織直加、池畑慎之介、左とん平

▶紫吹淳の宝塚歌劇団退団後の初舞台。トニー賞候補にまであがった往年の大スターが、かつて在籍していた舞踊団の再建を胸に帰国するも急死。その場しのぎで選ばれた双子の妹が東奔西走。つぶれかけた舞踊団を復活させるまでをユーモアと浜木綿子の鉄火肌で描く。

『喝采』
風花舞、紫吹淳、浜木綿子、池畑慎之介

『ミス・サイゴン』筧利夫、市村正親、別所哲也、橋本さとし

『ミス・サイゴン』松たか子、新妻聖子、笹本玲奈、知念里奈

## 8月10日〜11月23日（プレビュー含む）

### 《ミュージカル》ミス・サイゴン
❖ 8月15日初日

製協＝キャメロン・マッキントッシュ・リミテッド　作＝アラン・ブーブリル＆クロード・ミッシェル・シェーンベルク　音＝クロード・ミッシェル・シェーンベルク　詞＝リチャード・モルトビーJr,.、アラン・ブーブリル　オリジナルフランス語テキスト＝アラン・ブーブリル　追補＝リチャード・モルトビーJr,.　訳＝信子・アルベリー　訳詞＝岩谷時子　編＝ウィリアム・D・ブローン　響＝アンドリュー・ブルース　衣＝アンドレアーヌ・ネオフィトウ　照＝デヴィッド・ハーシー　装＝ジョン・ネピア　振＝ボブ・エイビアン　演＝ニコラス・ハイトナー　［04年日本版製作に関するスタッフ］演＝フレッド・ハンソン　音楽スーパーバイザー＝ポール・レイマン　振＝ジョディ・モチア　音監＝山口琇也　振補＝西田伊公子　照＝ジェニー・ケイガン　照補＝津久井修一　響＝ニック・リドスター　響補＝本間俊哉　衣補＝スージー・ベイジンガー、宇野善子　指＝塩田明弘、若林裕治　演補＝小島靖　演助＝寺崎秀臣　スーパーバイザー＝増田邦彦　PM＝矢野学　PC＝江見和子　製＝田口豪孝、齋藤安彦　後＝フジテレビジョン　出＝エンジニア：市村正親、筧利夫、橋本さとし（8月、9月、11月）、別所哲也（8月〜10月）、キム：笹本玲奈、知念里奈（8月〜10月）、新妻聖子（8月、9月、11月）、松たか子、クリス：石井一孝（8月、9月、11月）、井上芳雄、坂元健児（9月〜11月）、ジョン：石井一孝（10月）、今井清隆、岡幸二郎（9月〜11月）、坂元健児（8月）、エレン：ANZA（8月、9月、11月）、石川ちひろ（8月、10月、11月）、高橋由美子（8月〜10月）、トゥイ：泉見洋平（8月〜10月）、tekkan、戸井勝海（11月）、ジジ：杵鞭麻衣、高島みほ、平澤由美

▶全役公募オーディションを行ない、4月27日、前回の千穐楽から11年を経て、待望の再演の製作発表を行う。一方、年明けより"ミス・サイゴン・スクール"において、新メンバーの基礎的訓練を実施。今回は、終了したロンドン公演で使用されたイギリス製セットを輸入。仕込み時間がスケジュールの関係から2週間と短いため、当時、完成したばかりの日本最大規模の東宝スタジオ"No.7ステージ"を使い、帝劇の舞台そのもののセットが建て込まれた。スタッフもイギリス人、アメリカ人、日本人と国際的だが、"いい舞台を作ろう"という心意気は同じ。コンピューター制御で進行していく装置の転換が何度もテストされた。7月15日から24日まではキャストも入り、稽古。さらに、これを解体し、帝劇に搬入して万全な稽古を行い、初日に臨んだ。9月13日には、通算上演回数800回を達成。終演後、記念の特別カーテンコールが行われた。

## 12月7日〜29日

### SHINKANSEN☆RX
### SHIROH

制協＝ヴィレッヂ　作＝中島かずき　演＝いのうえひでのり　音＝岡崎司　詞＝デーモン小暮閣下、山野英明、中島かずき、いのうえひでのり　振・ステージング＝川崎悦子　美＝堀尾幸男　照＝原田保　響＝井上哲司、山本能久　音効＝大木裕介　ア・殺陣指導＝田尻茂一、川原正嗣、前田悟　アクション監督＝川原正嗣　衣＝竹田団吾　HM＝高橋功亘　小道具＝高橋岳蔵　特殊効果＝南義明　タイトル映像＝樋口真嗣　音楽アレンジメント＝松崎雄一　演助＝小池宏史　舞監＝芳谷研　製＝吉田訓和（東宝）、市村朝一（東宝芸能）、細川展裕、柴原智子（ヴィレッヂ）　出＝中川晃教、上川隆也、高橋由美子、杏子、大塚ひろの、高田聖子、橋本じゅん、植本潤、粟根まこと、吉野圭吾、泉見洋平、池田成志、秋山菜津子、江守徹

▶"東宝meets劇団☆新感線"をコンセプトに、天草の乱を題材とし、ふたりの"SHIROH"が織りなすロックミュージカル。神の言葉を歌う青年として天草四郎が登場する。日本版『ジーザス・クライスト＝スーパースター』ともいえる作品。

『SHIROH』中川晃教、上川隆也

## 平成17年

# 森光子 帝劇出演時に文化勲章受章の報
# 『レ・ミゼラブル』通算2000回上演を達成

2005年日本国際博覧会(愛知万博)「愛・地球博」が開催。4月、JR福知山線で脱線事故が発生し、死者107名を出す大惨事となった。郵政民営化法案の参議院否決によって、小泉純一郎首相が衆議院を解散する混乱があったものの、10月に郵政民営化法案が可決、成立。「ハウルの動く城」(監督＝宮崎駿)、映画「宇宙戦争」(監督＝スティーヴン・スピルバーグ)などがヒット。

### 1月8日〜2月28日
### Endless SHOCK

作・構・演＝ジャニー喜多川　音＝堂本光一、船山基紀、佐藤泰将、チャールズ・ストラウス、マーク・デイヴィス　振＝SANCHE、川崎悦子、HIDEBOH、加賀谷香　イリュージョン＝フランツ・ハラーレイ　AC＝諸鍛冶裕太　FC＝松藤和広　フライング・コリオグラファー＝山中陽一　照＝勝柴次朗　照明ムービング＝梅村純　装＝石井みつる　衣＝長谷川繭子、四方周平　衣裳グラフィックデザイン＝古波津陽　音響デザイナー＝奥山茂之　潤・演補＝斉藤淳哉　音楽プロデューサー＝鎌田俊哉　音楽ディレクター＝長谷川雅大　演補＝齋藤安彦　演助＝寺崎秀臣　舞監＝落石明憲　PM＝小林清孝　製＝田口豪孝、坂本義和　出＝堂本光一、今井翼(1月8日、9日、19日および2月公演)、錦戸亮(1月8日、9日、19日を除く1月公演)、M.A.、A.B.C.、黒木メイサ、小宮山実花(交互出演)、石川直

▶まさにニューバージョンといえる『SHOCK』。堂本光一が演出、音楽にも加わり、自分の意見を入れながら作り上げていった。世界的パーカッショニスト石川直が参加し、華麗なテクニックを披露。エンディング曲も〈ONE〉から〈CONTINUE〉に変わった。

『Endless SHOCK』堂本光一

### 3月8日〜5月29日
### 《ミュージカル》レ・ミゼラブル

オリジナルプロダクション製作＝キャメロン・マッキントッシュ　作＝アラン・ブーブリル＆クロード＝ミッシェル・シェーンベルク　原＝ビクトル・ユゴー　照補＝津久井修一　衣補＝宇野善子　音響設計補＝本間俊哉　潤・演＝ジョン・ケアード、トレバー・ナン　訳＝酒井洋子　訳詞＝岩谷時子　音監補＝山口瑛也　指＝塩田明弘、井村誠貴　演ア＝垣ヶ原美枝　演補＝増田邦彦　PC＝江見和子　製＝田口豪孝、坂本義和　賛＝読売新聞　後＝フジテレビジョン　出＝バルジャン：山口祐一郎、別所哲也、今井清隆、石井一孝、ジャベール：岡幸二郎、今拓哉、鈴木綜馬、鹿賀丈史(S)、エポニーヌ：ANZA、坂本真綾、笹本玲奈、新妻聖子、島田歌穂(S)、ファンテーヌ：井料瑠美、シルビア・グラブ、マルシア、岩崎宏美(S)、コゼット：剱持たまき、河野由佳、知念里奈、マリウス：泉見洋平、岡田浩暉、藤岡正明、石川禅(S)、テナルディエ：駒田一、コング桑田、佐藤正宏、徳井優、斎藤晴彦(S)、マダム・テナルディエ：森公美子、瀬戸内美八、アンジョルラス：岸祐二、小鈴まさ記、坂元健児、東山義久、岡幸二郎(S)

▶5月24日〜29日は、上演2000回記念公演の位置づけ。この間は、初演時のメンバーがスペシャルキャスト(S)として出演。ほかに、バルジャンは今井清隆、コゼットは知念里奈、マダム・テナルディエは森公美子。岡幸二郎は本公演でジャベール、記念公演ではアンジョルラスを演じた。ちなみにアンジョルラスのタイの色は、平成15(2003)年より黒に変更されたが、以前と同じ赤いタイでの出演となった。3月23日昼の部で通算上演1900回、5月24日昼の部で通算上演2000回を達成。一方で、当初ファンテーヌ役で出演予定だった本田美奈子.が1月に急性骨髄性白血病で入院。ロビーには、彼女の闘病を励ますメッセージボードが出演者により設置さ

『レ・ミゼラブル』2000回達成カーテンコール

れ、ファンにもメッセージ書き込み用のそれが用意された。しかし願いは届かず、11月6日、本田は自らのエポニーヌ役に導かれるように天に召された。38歳の若さだった。

### 6月4日〜29日
### 《ミュージカル》ラ・マンチャの男

脚＝デール・ワッサーマン　詞＝ジョオ・ダリオン　音＝ミッチ・リー　日本初演の演出・振＝エディ・ロール　訳＝森岩雄、高田蓉子　訳詞＝福井峻　演＝松本幸四郎、江口正昭　演補＝松本紀保　振＝森田守恒　装＝ハワード・ベイ、田中直樹　照＝吉里澄雄　響設＝本間明　衣＝ハワード・ベイ、パットン・キャンベル、真木小太郎　衣協＝宇野善子　音監＝山口瑛也　音監・指＝塩田明弘　音監＝福井峻　製＝宮崎紀夫、齋藤安彦　後＝スペイン大使館　出＝セルバンテスとドン・キホーテ：松本幸四郎、アルドンサ：松たか子、サンチョ：佐藤輝、アントニア：山崎直子、神父：石鍋多加史、家政婦：荒井洸子、床屋：駒田一、ペドロ：大塚雅夫、隊長：大石剛、ギター弾き：水村直也、ムーア人の娘：萩原季里、ファン：美濃良、ディエゴ、馬：中村隆男、アンセルモ：祖父江進、カラスコ博士：福井貴一、牢名主と宿屋の主人：上條恒彦

▶松本幸四郎にとって記念すべき1年となった。まずは昭和40(1965)年の『王様と私』以来、ミュージカル出演40周年を迎えたこと。これは「ミュージカル出演通

---

### 【 主な出来事 】

- **2月10日**　東宝名人会、芸術座閉館にともない第1260回公演を"お名残り公演"と銘打ち開催、長い歴史に一区切り。
- **3月27日**　芸術座、48年の大千穐楽。森光子主演『放浪記』1759回目の上演を最後に商業演劇の殿堂が閉館。
- **3月31日**　(株)コマ・スタジアムが(株)アミューズ、阪急電鉄(株)と包括的業務提携に関する基本合意を締結。梅田コマ劇場、シアター・ドラマシティを阪急電鉄(株)に譲渡。
- **4月8日**　日比谷映画劇場(元千代田劇場)、48年間の歴史を刻み閉館。東宝映画劇場伝統の劇場名も消える。
- **5月21日**　『レ・ミゼラブル』上演2000回を記念し、懸賞論文「私とミュージカル『レ・ミゼラブル』」を募集。応募総数1175。最優秀賞1、優秀賞5。
- **11月3日**　森光子、文化勲章受章。
- **11月6日**　本田美奈子.(俳優)没。享年38。
- **12月1日**　ミヒャエル・クンツェとシルヴェスター・リーヴァイによる新作ミュージカル『マリー・アントワネット』製作発表。

算2000回」、さらに「ミュージカルにおける同一主演者の出演回数記録」を1086回に更新という結果にも表れた。こうした業績は広く認められ、スペインの「カスティーリャ・ラ・マンチャ栄誉賞」が授与。セルバンテスの「ドン・キホーテ」初版本発表400周年にあたり、日本の地にて35年以上の長きにわたってセルバンテスとドン・キホーテを演じ続けてきた幸四郎を讃えるもの。さらに、この年の紫綬褒章受章に至る。

### 7月4日～8月26日
### 《ミュージカル》モーツァルト！

脚・詞＝ミヒャエル・クンツェ　曲＝シルヴェスター・リーヴァイ　オリジナルプロダクション＝ウィーン劇場協会　演・訳詞＝小池修一郎　音監＝甲斐正人　美＝堀尾幸男　照＝勝柴次朗　振＝前田清実　衣＝有村淳　響＝大坪正仁　HM＝宮内宏明　映像＝奥秀太郎　指＝西野淳（7月）、塩田明弘（8月）　舞監＝廣田進　演助＝小川美也子、末永陽一　PC＝小熊節子　製＝岡本義次、坂本義和　後＝オーストリア大使館　出＝ヴォルフガング・モーツァルト：井上芳雄、中川晃教、コンスタンツェ：西田ひかる（7月4日～29日）、木村佳乃（7月30日～8月26日）、アルコ伯爵：花王おさむ、エマヌエル・シカネーダー：吉野圭吾、セシリア・ウエーバー：阿知波悟美、ナンネール・モーツァルト：高橋由美子、ヴァルトシュテッテン男爵夫人：久世星佳（7月4日～29日）、香寿たつき（7月30日～8月26日）、コロレド大司教：山口祐一郎、レオポルト・モーツァルト：市村正親、アマデ：伊藤渚、川綱加加来、黒沢ともよ、高橋愛子

▶「大阪・梅田芸術劇場、東京・帝国劇場、名古屋・中日劇場、福岡・博多座と4大都市縦断公演」および「ミヒャエル・クンツェ＆シルヴェスター・リーヴァイ作品2作品連続上演」の第1弾。主演のふたりがさまざまな作品を経験してきた故に、円熟した舞台となった。ミヒャエル・クンツェは哲学博士でもあり、『エリザベート』の"トート（死）"のように抽象的概念が擬人化され、物語を支える。その抽象的存在が「天使の如き純白さと神の如き天賦の才に対する人間の憧憬を象徴する可愛らしいロココ風イコン」のアマデ。神童・ヴォルフガングの原点でありながら、常に人間として成長し生きてゆくヴォルフガングの分身として、時に対立し、時に助けていく。

### 9月1日～30日
### 《ミュージカル》エリザベート

脚・詞＝ミヒャエル・クンツェ　音＝シルヴェスター・リーヴァイ　オリジナルプロダクション＝ウィーン劇場協会　制作協力＝宝塚歌劇団　演・訳詞＝小池修一郎　東宝プロダクション監修＝ウィーン劇場協会　訳＝黒崎勇、迫光　音監＝甲斐正人　美＝堀尾幸男　照＝勝柴次朗　振＝島崎徹、麻咲梨乃　衣＝朝月真次郎　響＝渡邉邦男　映像＝奥秀太郎　指＝西野淳　舞監＝廣田進　演助＝小川美也子、末永陽一　PC＝小熊節子　製＝岡本義次、坂本義和　賛＝三井住友VISAカード　後＝オーストリア大使館　出＝エリザベート：一路真輝、トート：内野聖陽、山口祐一郎、フランツ・ヨーゼフ：鈴木綜馬、石川禅、ルドルフ：浦井健治（9月1日～11日）、パク・トンハ（9月12日～21日）、井上芳雄（9月22日～30日）、エルマー：藤本隆宏、シュヴァルツェンベルク侯爵：塚田三喜夫、グリュンネ伯爵：治田敦、リヒテンシュタイン伯爵夫人：小笠原みち子、ヴィンデッシュ：河合篤子、マダム・ヴォルフ：伊東弘美、ルドヴィカ：春風ひとみ、ゾフィー：寿ひずる、マックス：村井国夫、ルキーニ：髙嶋政宏、トートダンサー：櫛田祥光、桜木涼、佐々木信彦、原田みのる、東山竜彦、森内遼、山田茂樹、山中大輔

▶『レ・ミゼラブル』など現代のミュージカルでよく使われる手法だが、同じ旋律を全く違う場面に入れ、歌詞も変わるがその旋律の残像が残り、より印象的なシーンとなることがある。『エリザベート』でいえば、レマン湖畔で齢を重ねたエリザベートと皇帝が歌う〈夜のボート〉のシーン。皇帝の主旋律は〈皇帝の義務〉で人生の最後は寄り添いたいと歌いかけ、エリザベートは〈あなたが側にいれば〉を主旋律に、ふたりはすれ違う夜のボートのようにそれぞれの道を行くもの、と歌う。ふたつの主旋律が結婚時に歌われる希望に満ちた曲なのに対し、〈夜のボート〉のシーンでは、ともに歩めなくなったふたりの哀感が2曲の残像の中で、より強く浮き彫りにされていく。

### 10月5日～30日
### ツキコの月 そして、タンゴ

原＝伊集院静「ツキコの月」、〈主題歌〈月夜のタンゴ〉詞＝竹内まりや　曲＝山下達郎　編＝ヴィクター・ラヴァレン〉　演＝栗山民也　演補＝鈴木ひがし　装＝堀尾幸男　照＝勝柴次朗　音＝福井峻、周水　タンゴ振付＝フェルナンダ・ギー、ギジェルモ・メルロ　効＝秦大介　衣＝宇野善子　ステージング＝田井中智子　ア＝渥美博　製＝臼杵吉春、岡本義次　出＝森光子、東山紀之、雛形あきこ、馬渕英里何、深江章喜、田根楽子、野村昭子、フェルナンダ・ギー、ギジェルモ・メルロ、中丸新将、武岡淳一、中田喜子、山本學、石田純一

『ツキコの月』
上／東山紀之、森光子
下／森光子、文化勲章受章の報を受けて祝福の拍手

▶伊集院静が森光子をイメージした主人公による長編小説を執筆。山下達郎と竹内まりやが楽曲を提供する形で舞台化された。"ツキコ"という名前は、森光子が「私お月さんが好きなんです。お月さんを見るとありがとうございますと拝むんです」といったことがきっかけ。そこで、伊集院の中で、月→タンゴ→ブエノスアイレス→姉と弟→大正から昭和といったイメージが広がっていったという。公演中に森光子の文化勲章受章が決まり、発表の日にはカーテンコールで"文化勲章受章おめでとうございます"の大看板が舞台に掲げられた。

### 11月4日～28日
### 《ミュージカル》マイ・フェア・レディ

原＝バーナード・ショウ（原作『ピグマリオン』）＆ガブリエル・パスカル製作映画「ピグマリオン」より　脚・詞＝アラン・ジェイ・ラーナー　音＝フレデリック・ロウ　アメリカ版製作＝ハーマン・レヴィン　オリジナルプロダクション演出＝モス・ハート　訳＝倉橋健　訳詞＝滝弘太郎、若谷和子　演＝西川信廣　振＝上島雪夫　装＝堀尾幸男　照＝塚本悟　響＝大坪正仁　衣＝宮あんこ　HD＝嶋田ちあき　音監＝八幡茂、塩田明弘　指＝井村誠貴　演補＝岡本栄策　EP＝酒井喜一郎　製＝宮﨑紀夫　出＝イライザ：大地真央、ピッカリング大佐：羽場裕一、フレディ：浦井健治、ゾルタン・カーパシー：藤木孝、ピアス夫人：春風ひとみ、ハリィ：安崎求、ジェミィ：治田敦、トランシルバニア女王：月丘夢路、ヒギンズ夫人：草村礼子、ドゥーリトル：上條恒彦、ヒギンズ教授：石井一孝

▶"新版 マイ・フェア・レディ"が帝劇に初登場。新演出を託されたのが、西川信廣。初演時、舞台作品として完成の域にあったクオリティはもちろん、その娯楽性やテーマを失うことなく、西川は現代人の心にフィットする21世紀版の創造に成功した。平成14（2002）年の中日劇場公演を皮切りに、博多座、梅田コマ劇場を巡演し、満を持しての帝劇お目見えに至った。11月6日、大地真央はイライザ役450回を達成し、21日には、東宝ミュージカル主演2100回の記録も達成。

### 12月2日～24日
### 《喜劇》大吉夢家族ー恋はいつでもサンバのリズムで！ー

原＝上原きみ子「華子さん日記」　脚＝岡本さとる　演＝伏見悦男　振＝真島茂樹　装＝倉本政典　音＝甲斐正人　照＝林順之　効＝岡田俊道　振＝若柳禄寿、真島茂樹　製＝田口豪孝、細川潤一　出＝浜木綿子、赤坂晃、彩輝直、田中美里、小野寺丈、臼間香世、星奈優里、月影瞳、加藤茶、赤木春恵

▶6回の結婚歴があり、11人の子供を育て、現在では踊りの家元で、恋も仕事も一所懸命な女が主人公の痛快コメディ。日本劇場のトップダンサーで、〈マツケン・サンバ〉で知られる真島茂樹の振付によるフィナーレも盛り上がりをみせた。

# 平成18年

## 『マリー・アントワネット』世界初演、『放浪記』帝劇初登場
## 『ダンス オブ ヴァンパイア』日本初演

1月にライブドア社長・堀江貴文が証券取引法違反の容疑で逮捕され、東京証券取引所は一時、取引全面停止に。
一方、第1回ワールド・ベースボール・クラシック(WBC)で日本が優勝するという明るい話題も。
映画「パイレーツ・オブ・カリビアン デッドマンズ・チェスト」(監督=ゴア・ヴァービンスキー)、「ゲド戦記」(監督=宮崎吾朗)などがヒット。

### 1月3日～29日
#### KAT-TUN vs KANJANI∞ DREAM BOYS

オリジナル作・構・演=ジャニー喜多川　振=SANCHE、HIDEBOH、植田成吾、鈴木ただ子　AC=諸鍛冶裕太　FC=松藤和広　フライング・コリオグラファー=山中陽子　マジック・アドバイザー=北見伸　装=石井みつる　照=勝柴次朗　照明ムービング=梅村純　S-Lecデザイン=横山洋一　音響プランナー=奥山茂之　衣=四方修平　音楽プロデューサー=鎌田俊哉　音楽ディレクター=長谷川雅大　演補=森泉博行　演助=齋藤安彦　PM=小林清孝　製=田口豪孝、坂本義和　出=KAT-TUN(亀梨和也、赤西仁、田口淳之介、田中聖、上田竜也、中丸雄一)、関ジャニ∞(渋谷すばる、錦戸亮、丸山隆平、安田章大、大倉忠義、村上信五、横山裕)

▶平成16(2004)年初演の舞台を、本公演では"KAT-TUN VS KANJANI∞"とし、まさに東と西の対決として上演された。

### 2月6日～3月29日
#### Endless SHOCK

作・構・演=ジャニー喜多川　音=堂本光一、船山基紀、佐藤泰将、チャールズ・ストラウス、マーク・デイヴィス　振=SANCHE、川崎悦子、HIDEBOH　イリュージョン=フランツ・ハラーレイ　AC=諸鍛冶裕太　FC=松藤和広　フライング・コリオグラファー=山中陽子　照=勝柴次朗　照明ムービング=梅村純　装=石井みつる　衣=長谷川繭子　音響デザイナー=奥山茂之　音楽プロデューサー=鎌田俊哉　音楽ディレクター=長谷川雅大　演補=齋藤安彦　舞監=富田聡　PM=小林清孝　製=田口豪孝、坂本義和　出=堂本光一、今井翼(交互出演)、錦戸亮(交互出演)、M.A.、M.A.D.、田畑亜弥、石川直

▶22段、高さ8メートルからの階段落ち、堂本光一と石川直の迫力ある打楽器共演、天井から降りる梯子を使ったラダーフライング、舞台上を舞う実物の車のイリュージョン……まさに、観る者を3分に1度「あっ!」と言わせる。テーマは"Show must go on!"。「ひとつの目的に向かって突き進めるものを見つけるきっかけとなっていただければ」と堂本光一は語る。

『ダンス オブ ヴァンパイア』左／山口祐一郎　右／市村正親

### 6月2日～26日
#### 《ミュージカル》ミー＆マイガール

詞・脚=L・アーサー・ローズ＆ダグラス・ファーバー　曲=ノエル・ゲイ　改訂=スティーブン・フライ　改訂協力=マイク・オクレント　訳=丹野郁弓　訳詞=高橋亜子　演=山田和也　音監=佐橋俊彦　振=玉野和紀　装=大田創　照=高見和義　衣=小峰リリー　HM=宮内宏明　響=山本浩一　音監補・指=塩田明弘　演助=寺﨑秀臣　製=岡本義次、吉田訓和　出=ビル・スニブソン：井上芳雄、サリー・スミス：笹本玲奈、ジャッキー：純名りさ、ジェラルド：本間憲一、執事チャールズ：丸山博一、弁護士パーチェスター：武岡淳一、ジャスパー・トリング卿：花房徹、バターズビー卿：阿部裕、ミセス・ブラウン：伊東弘美、バターズビー卿夫人：福麻むつ美、公爵夫人マリア：涼風真世、ジョン卿：村井国夫

▶主演の若いふたりを絶対ブレイクさせよう、という意気込みに満ちた作品だった。観客により楽しんでもらうため、開演前、ロビーで指揮者の塩田明弘が楽器を使ったミニトークを行い、ランベスの住人役の俳優たちが観客に〈ランベス・ウォーク〉の振付を教授。一幕終りの〈ランベス・ウォーク〉の合唱は、オーケストラピットがせりあがり、出演者が客席の通路に入って、観客総立ちのダンスが繰り広げられた。オケピ上の塩田は"踊るマエストロ"として人気者に。インターネット技術の革新が目覚ましく、本作から製作過程をブログで発信するとともに、観客の声が直接届く、双方向コミュニケーションを実践。

### 7月2日～8月27日
#### 《ミュージカル》ダンス オブ ヴァンパイア

原=映画「The Fearless Vampire Killers」Courtesy of Turner Entertainment.Co.　音・追補=ジム・スタインマン　脚・訳詞=ミヒャエル・クンツェ　ヴォーカル・ダンス編曲=マイケル・リード　オーケストレーション=スティーブ・マルゴーシュ　オリジナルプロダクション=ウィーン劇場協会　訳=迫光　訳・訳詞=竜真知子

『ミー＆マイガール』井上芳雄、笹本玲奈、純名りさ

【 主な出来事 】
- 4月7日　ミュージカル俳優の養成スクール"東宝ミュージカルアカデミー"開校。
- 9月13日　旧東宝本社ビル跡地に建設される新劇場名"シアタークリエ THEATRE CREATION"と決定。"クリエ"は"Creation=創造"からインスパイアされ、「変える、変わる、新しい発想」で芝居を創り出すことがメインコンセプト。
- 11月6日　『レ・ミゼラブル』日本初演20周年を翌年に控え、キャストオーディションを実施し、"エコール レ・ミゼラブル"開校。

[休館] 4月1日～5月31日 人体に影響がないものの微量のアスベストを除去するため、改装休館。

『マリー・アントワネット』新妻聖子、山口祐一郎、山路和弘

『マリー・アントワネット』涼風真世、新妻聖子

『マリー・アントワネット』笹本玲奈

演=山田和也 音監=甲斐正人 振=上島雪夫 美=堀尾幸男 照=服部基 衣=有村淳 HM=宮内宏明 響=大坪正仁 舞監=廣田進 演助=小川美也子 指=西野淳 PC=小熊節子 製=岡本義次、齋藤安彦 出=クロロック伯爵：山口祐一郎、サラ：大塚ちひろ、剱持たまき、アルフレート：泉見洋平、浦井健治、シャガール：佐藤正宏、レベッカ：阿知波悟美、マグダ：宮本裕子、伯爵化身：新上裕也、サラの化身：加賀谷香、ヘルベルト：吉野圭吾、クコール：駒田一、アブロンシウス教授：市村正親

▶おそらく帝劇史上最も観客と劇場が一体化した作品。ノリのいいロックミュージック、自らの役を掘り下げ魅力的なキャラクターを創造した俳優陣の努力はもちろんだが、理由のひとつにインターネットがあるのは間違いない。一幕終りで降らせた雪の紙吹雪。観客から見える舞台部分の掃除をどうしようか、と相談していた時、「俺がやろうか？」とクコール役の駒田一。幕間に掃除していると、観客からは「ご苦労様」の声がかかり、一発ギャグで返したら受けた。これが毎回続き、ブログで映像を流すと、"クコール劇場"として大反響。本件も含め、観客の声や意見はネットを介して巨大な口コミ効果として波及。劇場側もその意見を即座に取り入れる……そんなネットによる共有空間の出現が一体感を生んだのだろう。ファンの間でこの公演中は、"帝国劇城"と呼ばれた。

### 9月1日〜28日
### 放浪記

作=菊田一夫 潤・演=三木のり平 演補=本間忠良 美=古賀宏一、中嶋正留 音=古関裕而、小川寛興 照=山内晴雄 効=秦和夫、秦人介 ナ=小鹿番 製=臼杵吉春、岡本義次 賛=エステー化学 後=フジテレビジョン 出=林芙美子：森光子、白坂五郎：米倉斉加年、悠起：有森也実、菊田一夫：斎藤晴彦、福地貢：大出俊、田村伍平：深江章喜、伊達春彦：原康義、上野山光晴：丸山博一、村野やす子：青木玲子、女占い師：新井みよ子、義父謙作：鷹西雅裕、藤山武士：武岡淳一、安岡信雄：山本學、香取恭介：中島久之、母きし：大塚道子、日夏京子：奈良岡朋子

▶『放浪記』初めての帝劇公演。これまで芸術座をホームグラウンドとしてきたが、中劇場向きの芝居を博多座、梅田芸術劇場公演で、大劇場でも堪能できるものに作りあげた。9月4日、昼の部で通算上演回数1800回を達成。この舞台を最後に劇中の"でんぐり返し"は封印。初演から菊田一夫役を演じ続けてきた小鹿番は、平成16（2004）年4月29日、急性腎不全で逝去。享年71。今回は長年、観客に愛されてきた彼のナレーションを使用した。

### 10月2日〜25日
### ご存知 夢芝居一座-大笑い!さくら＆まこと劇団 奮闘記-

作=小池倫代 演=伏見悦男 美=石井みつる 音=甲斐正人 照=林順之 効=岡田俊道 振=若柳禄寿、玉置千砂子 演補=岡本栄策 製=田口豪孝、細川潤一、齋藤安彦 出=浜木綿子、小野真弓、篠田三郎、臼間香由、荒木将久、丹阿弥谷津子、曾我廼家文童、コロッケ

▶浜木綿子、コロッケというサービス精神あふれるふたりの競演。大衆演劇の"さくら＆まこと劇団"が繰り広げる笑いとペーソスを交えた人情喜劇。

『夢芝居一座』コロッケ、浜木綿子

### 11月1日〜12月25日
### 《ミュージカル》
### マリー・アントワネット

原作=遠藤周作「王妃マリー・アントワネット」より 脚・詞=ミヒャエル・クンツェ 音=シルヴェスター・リーヴァイ 訳=浦山剛、迫光 訳・訳詞=竜真知子 演=栗山民也 音監=甲斐正人 振=前田清実 美=島次郎 照=勝柴次朗 衣=有村淳 HM=坂井一夫 響=大坪正仁 ア=渥美博 指=塩田明弘 舞監=廣田進 演助=鈴木ひがし PC=小熊節子 P=岡本義次、小林香、横田優希 後=読売新聞 出=マリー・アントワネット：涼風真世、マルグリット・アルノー：新妻聖子、笹本玲奈、アクセル・フェルセン：井上芳雄、ルイ16世：石川禅、ボーマルシェ：山路和弘、アニエス・デュシャン：土居裕子、ローズ・ベルタン：春風ひとみ、ラパン夫人：北村岳子、ロベスピエール：福井貴一、ランバル公爵夫人：河合篤子、ラ・フェルテ：tekkan、ペメール、エベール：広田勇二、レオナール、ロアン大司教：林アキラ、ギヨタン博士：佐山陽規、オルレアン公：髙嶋政宏、カリオストロ：山口祐一郎

▶東宝が遠藤周作原作の「王妃マリー・アントワネット」のミュージカル化を、クンツェ＆リーヴァイに依頼して出来上がったオリジナル・ミュージカル。錬金術師"カリオストロ"が、フランス革命の時代を舞台上に再現していく。物語は、同じ頭文字を持つマリー・アントワネットと極貧の少女マルグリット・アルノーの人生の対比、心の変化を中心に展開。正式タイトルが決まるまでの仮題は『M.A.』。日本人の多くは、フランス革命に対し明るいイメージを抱くが、実際は"自由"という美名のもとに民衆と政治の混乱が引き起こした凄惨な暴力であったことが描かれる。幕切れの〈自由〉という大合唱が不協和音で終了し、それを象徴した。新妻聖子がミュージカル『マリー・アントワネット』の演技と歌唱に対し、平成18年度芸術祭賞演劇部門新人賞を受賞。

『放浪記』森光子　86歳、最後のでんぐり返し

『放浪記』森光子

# 平成19年 2007

## 『レ・ミゼラブル』が上演20周年の節目
## 『マリー・アントワネット』のドイツ公演が決定

不二家などによる食品偽装問題などから食への不安は深刻化。
参議院議員選挙で自民党が惨敗、民主党が第一党に躍進し、与野党が逆転。
7月、新潟県中越沖地震が発生し、柏崎刈羽原発が緊急停止。10月より日本郵政公社が民営化。
映画「HERO」（監督＝鈴木雅之）、「ALWAYS続・三丁目の夕日」（監督＝山崎貴）などがヒット。

### 1月6日～2月28日
**Endless SHOCK**
作・構・演＝ジャニー喜多川　音＝堂本光一、船山基紀、佐藤泰将、チャールズ・ストラウス、マーク・デイヴィス　振＝SANCHE、川崎悦子、HIDEBOH、花柳錦之輔　イリュージョン＝フランツ・ハラーレイ　AC＝諸鍛冶裕太　FC＝松藤和広　フライング・コリオグラファー＝山中陽子　照＝勝柴次朗　照明ムービング＝梅村純　装＝石井みつる　衣＝長谷川繭子　音響デザイナー＝亀井敦夫　音楽プロデューサー＝鎌田俊哉　音楽ディレクター＝長谷川雅大　PM＝小林清孝　演補＝齋藤安彦　舞監＝富田聡　製＝田口豪孝、坂本義和　出＝堂本光一、生田斗真、M.A.、M.A.D、松本まりか、石川直
▶今回も入場券は即日完売。当初、予定していた76回公演から5回追加して、1・2月の2ヵ月間で驚異の81回公演に。生田斗真の出演は『SHOCK is Real Shock』以来。本公演で「SHOCK」シリーズの上演回数は499回に達し、単独主演では最速ペースを記録。

### 3月7日～31日
**雪まろげ**
作＝小野田勇　演＝マキノノゾミ　美＝中嶋正留　照＝服部基　音＝甲斐正人　効＝秦大介　振＝花柳錦之輔　衣（洋装）＝宇野善子　ア＝亀山ゆうみ　演補＝郷田拓実　劇中詩＝伊奈かっぺい　P＝岡本義次、吉田訓和　後＝フジテレビジョン　出＝森光子、森口博子、山田まりや、金内喜久夫、田根楽子、米倉斉加年、武岡淳一、若杉宏二、角間進、芝村洋子、大塚道子、中田喜子、石田純一
▶初演は昭和55（1980）年、芸術座。「私、嘘つきの役をやってみたい」という森光子の要望を受け、小野田勇が書き下ろし。演出は、三木のり平に代わりマキノノゾミが担当。調子のいい芸者の夢子がちょろっと言った嘘が、転がり落ちる雪球のように大きくなり、ついには周りを巻き込んでの大騒動に。これが『雪まろげ』のタイトルの由来。芸術座でシリーズ化され、「北海道編」、「山陰編」と作られた。初演の「青森編」がその後、上演を重ね、帝劇初登場。

### 4月6日～5月30日
**《ミュージカル》マリー・アントワネット**
原＝遠藤周作『王妃マリー・アントワネット』より　脚・詞＝ミヒャエル・クンツェ　音＝シルヴェスター・リーヴァイン　訳＝浦山剛、迫光　訳・訳詞＝竜真知子　演＝栗山民也　音監＝甲斐正人　振＝前田清実　美＝島次郎　照＝勝柴次朗　衣＝有村淳　HM＝坂井一夫　響＝大坪正仁　ア＝渥美博　指＝塩田明弘　舞監＝廣田進　演助＝鈴木ひがし　PC＝小熊節子　P＝岡本義次、横田優希　賛＝読売新聞　出＝マリー・アントワネット：涼風真世、マルグリット・アルノー：新妻聖子、笹本玲奈、アクセル・フェルセン：今拓哉、ルイ16世：石川禅、ボーマルシェ：山路和弘、アニエス・デュシャン：土居裕子、ローズ・ベルタン：春風ひとみ、ラパン夫人：北村岳子、ロベスピエール：福井貴一、ランバル公爵夫人：河合篤子、ラ・フェルテ：tekkan、ベメール、エベール：広田勇二、レオナール、ロアン大司教：林アキラ、ギヨタン博士：佐山陽規、オルレアン公：鈴木綜馬、カリオストロ：山口祐一郎
▶博多座、梅田芸術劇場公演を経ての凱旋公演。カーテンコールが変更され、最後に処刑されたマリー・アントワネットが早替りのドレスで再登場する。カリオストロのソロ〈ILLUSION―あるいは希望―〉が加曲。今回の開幕と同時に、平成21（2009）年、ドイツ・ブレーメンのミュージカル・シアター・ブレーメンでの上演が決定し、演出は栗山民也が担当することが発表された。

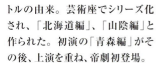

『マリー・アントワネット』ドイツ公演決定記者発表。笹本玲奈、新妻聖子、ヴォルフガング・バッツエルト、ハンス＝ヨアヒム・フライ（シアター・ブレーメン総合芸術監督）、涼風真世、栗山民也、山口祐一郎

### 6月8日～8月27日
**《ミュージカル》レ・ミゼラブル**
オリジナルプロダクション製作＝キャメロン・マッキントッシュ　作＝アラン・ブーブリル＆クロード＝ミッシェル・シェーンベルク　原＝ビクトル・ユゴー　照補＝津久井修一　衣補＝宇野善子　音響設計補＝本間俊哉　潤・演＝ジョン・ケアード、トレバー・ナン　訳＝酒井洋子　訳詞＝岩谷時子　音監補＝山口琇也　指＝塩田明弘、若林裕治　演ア＝垣ヶ原美枝　演補＝増田邦彦、鈴木ひがし　製＝田口豪孝、坂本義和　賛＝読売新聞　後＝フジテレビジョン　出＝バルジャン：山口祐一郎、別所哲也、今井清隆、橋本さとし、ジャベール：阿部裕、石川禅、今拓哉、岡幸二郎、鹿賀丈史（S）、エポニーヌ：坂本真綾、笹本玲奈、知念里奈、新妻聖子、島田歌穂（S）、ファンテーヌ：今井麻緒子、シルビア・グラブ、渚あき、山崎直子、岩崎

### 【主な出来事】
- 5月16日　『マイ・フェア・レディ』、山形県県民会館公演で大地真央主演通算500回上演を達成。
- 6月1日　新演劇興行システム"東宝ナビザーブ"が稼動。インターネットによる券売開始。
- 10月3日　逸翁美術館開館50周年記念式典開催。
- 11月7日　シアタークリエ開場。オープニングシリーズ第1弾、三谷幸喜・演出の『恐れを知らぬ川上音二郎一座 The Fearless Otojiro's Company』で華々しく開幕。

[宣伝イベント] 3月12日『レ・ミゼラブル』日本初演20周年記念ファン感謝デー

『レ・ミゼラブル』左／鹿賀丈史、今井清隆 右／日本初演20周年記念日特別カーテンコール

宏美（S）、コゼット：辛島小恵、菊地美香、富田麻帆、マリウス：泉見洋平、藤岡正明、小西遼生、山崎育二郎、石川禅（S）、テナルディエ：安崎求、駒田一、徳井優、三谷六九、斎藤晴彦（S）、マダム・テナルディエ：森公美子、田中利花、瀬戸内美八、阿知波悟美、アンジョルラス：岸祐二、坂元健児、原田優一、東山義久、岡幸二郎（S）

▶上演20周年記念公演。スペシャルキャスト（S）が日替わりで登場。石川禅、岡幸二郎は本公演ではジャベール役、スペシャルキャストとしては、それぞれマリウス役とアンジョルラス役を演じた。ファンサービスも実施。3月12日に"『レ・ミゼラブル』日本初演20周年記念ファン感謝デー"を帝劇にて開催し、応募者1万人以上の中から選ばれた観客1000人が来場。5月23日には"『レ・ミゼラブル』日本初演20周年記念ファン感謝デー2"を帝劇稽古場にて開催。応募者4400人の中から選ばれた100人が稽古風景見学、キャストとともに劇中歌4曲を歌った。そして6月11日、日本初演20周年記念日特別カーテンコールが実施された。

### 9月5日〜30日

## DREAM BOYS

オリジナル作・構・演＝ジャニー喜多川　振＝SANCHE、川崎悦子、植田成吾、井島剛、SHIN、浅井みどり　AC＝諸鍛冶裕太　FC＝松藤和広　フライング・コリオグラファー＝山中陽子　装＝石井みつる　照＝勝柴次朗　照明ムービング＝梅村純　S-Lecデザイン＝鈴木岳人　音響プランナー＝中島聡　衣＝四方修平　音楽プロデューサー＝鎌田俊哉　音楽ディレクター＝長谷川雅大　PM＝小林清孝　演補＝森泉博行　演助＝齋藤安彦、宮田聡　舞監＝長久保裕二　製＝田口豪孝、坂本義和　出＝亀梨和也（KAT-TUN）、田中聖（KAT-TUN）、屋良朝幸（M.A.）、A.B.C.（戸塚祥太、河合郁人、五関晃一、塚田僚一）、Kis-My-Ft2（北山宏光、千賀健永、宮田俊哉、横尾渉、藤ヶ谷太輔、玉森裕太、二階堂高嗣）、前田美波里、真琴つばさ

▶映像と舞台が合体し、亀梨和也が夜の街をフライングで飛翔するウォール・ウォークは圧巻。同じ手法が後年、北京オリンピックの聖火リレーの最終走者の演出として使われていた。

### 10月9日〜11月12日

## 《ミュージカル》
## イーストウィックの魔女たち

原＝ジョン・アップダイク（小説）、ワーナーブラザーズ（映画）　製協＝キャメロン・マッキントッシュ・リミティッド　脚・詞＝ジョン・デンプセイ　曲＝ダナ・P・ロウ　編＝ウィリアム・ディビッド・ブローン　オリジナル・ロンドンプロダクション製作＝キャメロン・マッキントッシュ　訳＝丹野郁弓　訳詞＝竜真知子　演＝山田和也　音監＝甲斐正人　振＝前田清実　装＝松井るみ　照＝高見和義　衣＝黒須はな子　HD＝宮内宏明　響＝渡邊邦男　指＝塩田明弘　演助＝寺﨑秀臣　舞監＝廣田進　P＝坂本義和、吉田訓和　出＝ダリル：陣内孝則、ジェーン：涼風真世、スーキー：森公美子、アレクサンドラ：マルシア、フェリシア・ガブリエル：大浦みずき、クライド・ガブリエル：安原義人、ジェニファー・ガブリエル：黒木マリナ、皆本麻帆、マイケル：中川賢、フィル：及川健、少女：小此木麻里

▶客席に入ると、女体をモチーフとしたエロティックな舞台装置が目に飛び込んでくる。演出の山田和也が「生きることに自信が持てないでいる私たちのための寓話」と記しているように、魔女となることで自分を解放し、自我を確立していく女性たちへのファンタジーのように思える。この作品から東宝ナビザーブによるインターネット販売が開始された。

### 11月19日〜12月25日

## 《ミュージカル》モーツァルト！

脚・詞＝ミヒャエル・クンツェ　音＝シルヴェスター・リーヴァイ　オリジナルプロダクション＝ウィーン劇場協会　演・訳詞＝小池修一郎　音監＝甲斐正人　美＝堀尾幸男　照＝勝柴次朗　振＝前田清実　衣＝有村淳　響＝大坪正仁　HM＝宮内宏明　映像＝奥秀太郎　指＝西野淳　舞監＝廣田進　演助＝小川美也子、末永陽一　PC＝小熊節子　P＝岡本義次、坂本義和　賛＝三井住友VISAカード　後＝オーストリア大使館　出＝ヴォルフガング・モーツァルト：井上芳雄、中川晃教、ナンネール・モーツァルト：高橋由美子、コンスタンツェ：hiro、エマヌエル・シカネーダー：吉野圭吾、アルコ伯爵：武岡淳一、セシリア・ウエーバー：阿知波悟美、ヴァルトシュテッテン男爵夫人：香寿たつき（11月19日〜12月5日）、涼風真世（12月6日〜25日）、コロレド大司教：山口祐一郎、レオポルト・モーツァルト：市村正親、アマデ：田澤有里朱、野本ほたる、真嶋優

▶10月29日、応募者4962人の中から選ばれたオーディエンス200人も参加し、新主要キャストのお披露目を兼ねた製作発表を開催。初演から5年。出演者も、それぞれの"才能（アマデ）"を自らが背負うように円熟の演技を披露してくれた。12月3日、夜の部で通算上演回数300回を達成。

『モーツァルト！』中川晃教、市村正親、山口祐一郎

2007 ── 平成19年

## 平成20年

# 堂本光一『SHOCK』初日に500回達成
# ワイルドホーン作曲の『ルドルフ』日本初演

大手証券会社リーマン・ブラザーズが破綻。"リーマン・ショック"によって金融不安が本格化し"大恐慌一歩手前"の事態に。
南部陽一郎、小林誠、益川敏英がノーベル物理学賞、下村脩がノーベル化学賞をそれぞれ受賞。
映画「崖の上のポニョ」(監督＝宮﨑駿)、「インディ・ジョーンズ クリスタル・スカルの王国」(監督＝スティーヴン・スピルバーグ)などがヒット。

### 1月6日〜2月26日
### Endless SHOCK

作・構・演＝ジャニー喜多川　音＝堂本光一、船山基紀、佐藤泰将、チャールズ・ストラウス、マーク・デイヴィス　振＝SANCHE、川崎悦子、HIDEBOH、花柳錦之輔　イリュージョン＝フランツ・ハラーレイ　AC＝諸鍛冶裕太　FC＝松藤和広　フライング・コリオグラファー＝山中陽子　照＝勝柴次朗　照明ムービング＝梅村純　装＝石井みつる　衣＝長谷川繭子　音響デザイナー＝山口剛史　音楽プロデューサー＝鎌田俊哉　音楽ディレクター＝長谷川雅大　PM＝小林清孝　演補＝齋藤安彦　舞監＝長久保裕二　製＝田口豪孝、坂本義和　出＝堂本光一、屋良朝幸、町田慎吾、米花剛史、大倉忠義(スペシャル・ゲスト)、M.A.D、RiRiKA、石川直

▶︎初日に、8年目という驚異のスピードで上演500回を達成。その初日、シアタークリエで『放浪記』上演1900回を目指し、舞台稽古に励む森光子がお祝いに駆けつけ、エールを交換。「マジで来たんですか」と堂本光一も驚いていた。第33回菊田一夫演劇大賞をスタッフ・出演者一同が受賞。

### 3月4日〜30日
### DREAM BOYS

オリジナル作・構・演＝ジャニー喜多川　振＝SANCHE、川崎悦子、植田成吾、井島剛、SHIN.、浅井みどり　AC＝諸鍛冶裕太　FC＝松藤和広　フライング・コリオグラファー＝半澤友美　装＝石井みつる　照＝勝柴次朗　照明ムービング＝梅村純　映像ディレクター＝鈴木岳人　音響プランナー＝山口剛史　衣＝四方修平　音楽プロデューサー＝鎌田俊哉　音楽ディレクター＝長谷川雅　PM＝小林清孝　演補＝森泉博行　演助＝齋藤安彦　舞監＝長久保裕二　製＝田口豪孝、坂本義和　出＝亀梨和也(KAT-TUN)、田中聖(KAT-TUN)、薮宏太(Hey! Say! JUMP)、A.B.C.(戸塚祥太、河合郁人、五関晃一、塚田僚一)、Kis-My-Ft2(北山宏光、千賀健永、宮田俊哉、横尾渉、藤ヶ谷太輔、玉森裕太、二階堂高嗣)、鳳蘭(3月14日〜15日のみ休演)、真琴つばさ

▶︎この公演より屋良朝幸から薮宏太にバトンが渡された。熱狂を呼ぶ舞台となり、帝劇の人気演目として定着。

『ラ・マンチャの男』1100回カーテンコール

### 4月5日〜30日
### 《ミュージカル》ラ・マンチャの男

脚＝デール・ワッサーマン　詞＝ジョオ・ダリオン　音＝ミッチ・リー　訳＝森岩雄、高田蓉子　訳詞＝福井峻　日本初演の振付・演＝エディ・ロール　演＝松本幸四郎　演補＝松本紀保　振＝森田守恒　装＝ハワード・ベイ、田中直樹　照＝吉井澄雄　響設＝本間明　衣＝宇野善子　音監＝山口琇也　音監・指＝塩田明弘　歌指＝櫻井直樹　製＝齋藤安彦、宮﨑紀夫　出＝セルバンテスとドン・キホーテ：松本幸四郎、アルドンサ：松たか子、サンチョ：佐藤輝、アントニア：月影瞳、神父：石鍋多加史、家政婦：荒井洸子、床屋：駒田一、ペドロ：大塚雅夫、隊長：鈴木良一、ギター弾き：水村直也、ムーア人の娘：萩原季里、ファン：美濃良、パコ：佐嶋宣美、アンセルモ：祖父江進、テノリオ：中尾和彦、ホセ、ロバ：山本真裕、カラスコ博士：福井貴一、牢名主と宿屋の主人：瑳川哲朗

▶︎この年は八世松本幸四郎27回忌にあたり、2月に歌舞伎座で追善公演を行った。松本幸四郎はプログラムの中で、新帝劇誕生に関する過程を次のように寄稿。「菊田先生は、とても大きな構想を描いていらっしゃいました。それは、父とともに新作の東宝歌舞伎をつくり、現代劇やミュージカルを手掛けたいというものでした。歌舞伎は歌舞伎ファン、新劇は新劇ファンしか見ないという時代のこと。菊田先生と父は、日本演劇界における未知数の夢にかけていたのです」。そして「この作品も父に対するレクイエムとして捧げられたら」とも記している。4月15日、昼の部で通算1100回上演を達成。一方、脚本のデール・ワッサーマンが12月21日逝去。享年94。新聞の訃報欄には、以下のフレーズのみ使うように、と遺言を残した。「彼は『見果てぬ夢』を創り上げた。そして、そのように生きた」。

### 5月6日〜6月1日
### 《ミュージカル》ルドルフ ザ・ラスト・キス

原＝フレデリック・モートン「A Nervous Splendor」　音＝フランク・ワイルドホーン　脚・詞＝ジャック・マーフィ　色＝フランク・ワイルドホーン、フィービー・ホワン　案＝フランク・ワイルドホーン、スティーブ・キューデン　追加歌詞＝ナン・ナイトン　編＝キム・シャーンバーグ　追加編曲＝クン・シュッツ　演・訳詞＝宮本亜門　訳＝小嶋麻倫子　訳・訳詞＝竜真知子　音監＝八幡茂　振＝上島雪夫　装＝松井るみ　照＝高見和義　衣＝有村淳　HM＝坂井一夫、川端恵理子　響＝山本浩一　指＝塩田明弘　舞監＝廣田進　演助＝寺﨑秀臣　PC＝小熊節子　P＝岡本義次、吉田訓和　出＝ルドルフ：井上芳雄、マリー・ヴェッツェラ(男爵令嬢)：笹本玲奈、皇太子妃ステファニー：知念里奈、ラ

『SHOCK』シリーズ500回達成カーテンコール

【 主な出来事 】
- 1月7日　森光子主演『放浪記』、シアタークリエで1〜3月公演開幕。"でんぐり返し"のない新演出が話題となる。
- 2月23日　『放浪記』、通算1900回上演を達成。さらに単独主演2000回の大台に向って邁進を誓う。
- 8月3日　新生『エリザベート』、4都市縦断公演が中日劇場で開幕(〜28日)。
- 11月4日　アメリカ、バラク・オバマ(民主党)、大統領選に当選。黒人初の大統領に。
- 12月31日　新宿コマ劇場が閉館。52年間の歴史に幕。

『ルドルフ』井上芳雄、笹本玲奈

『ミス・サイゴン』左／ソニン　右／筧利夫

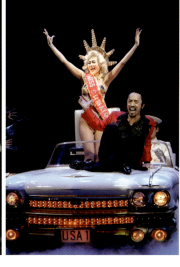

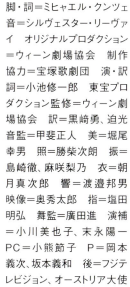

リッシュ：香寿たつき、ヨハン・ファイファー：浦井健治、ツェプス（ウィーン日報編集者）：畠中洋、プロイセン皇帝ウィルヘルム、カーロイ：岸祐二、英国皇太子エドワード：新納慎也、ブラット・フィッシュ：三谷六九、オーストリア首相ターフェ：岡幸二郎、オーストリア皇帝フランツ・ヨーゼフ：壤晴彦

▶『ジキル＆ハイド』の作曲家・フランク・ワイルドホーン作品、帝劇初登場。『エリザベート』、または映画「うたかたの戀」（35年／監督＝アナトール・リトヴァク）ほかで知られるオーストリア皇太子の心中事件。世にいう"マイヤーリンク事件"を題材にした物語をミュージカル化。世界初演は平成18（2006）年5月26日のハンガリー。ウィーンでは平成21（2009）年2月26日、ライムント劇場。

### 6月5日～6月30日

#### 細雪

原＝谷崎潤一郎　脚＝菊田一夫　潤＝堀越真　演＝水谷幹夫　装＝石井みつる　照＝塚本悟　音＝橋場清　衣＝河原彰、宇野善子　効＝呉東彰　振＝西川瑞扇　邦＝米川敏子　MU＝青木満寿子　演補＝伏見悦男　製作統括＝酒井喜一郎　P＝坂本義和　出＝鶴子：高橋惠子、幸子：賀来千香子、雪子：檀れい、妙子：中越典子、お久：冨田恵子、番頭・音吉：安宅忍、戸祭吾朗：松田隆男、井谷夫人：大川婦久美、お春：永吉京子、辰雄：磯部勉、奥畑啓三郎：太川陽介、板倉：新藤栄作、御牧：橋爪淳、貞之助：篠田三郎

▶「どんな世の中になってもこの花だけは咲き続けますのやろな」。大詰めで語る鶴子の台詞のように『細雪』は、新帝劇が開場した年に芸術座で初演され、平成6（1994）年からは帝劇で上演される人気演目に。今回は四姉妹が新たなキャストに変わり、再び舞台に大輪の花を咲かせた。

### 7月14日～10月23日（プレビュー含む）

#### 《ミュージカル》ミス・サイゴン
❖7月18日初日

製協＝キャメロン・マッキントッシュ・リミテッド　作＝アラン・ブーブリル＆クロード＝ミッシェル・シェーンベルク　音＝クロード＝ミッシェル・シェーンベルク　詞＝リチャード・モルトビー, Jr.、アラン・ブーブリル　オリジナルフランス語テキスト＝アラン・ブーブリル　追補＝リチャード・モルトビー, Jr.　訳＝信子・アルベリー　訳詞＝岩谷時子　編＝ウィリアム・D・ブローン　響＝アンドリュー・ブルース　衣＝アンドレアーヌ・ネオフィトウ　照＝デヴィット・ハーシー　装＝ジョン・ネピア　振＝ボブ・エイビアン　演＝ニコラス・ハイトナー　［08年版製作に関するスタッフ］演＝フレッド・ハンソン　振＝ジョディ・モチア　音監＝山口琇也　装＝スー・ジェイキンソン-ディ アミーコ　照＝リチャード・パポルスキー　照補＝津久井修一　ムービングプログラマー＝梅村純一　響＝ニック・リドスター　音響設計補＝本間俊哉　振補＝西田伊公子　衣補＝宇野善子　指＝塩田明弘、若林裕治　演補＝小島靖　演助＝寺崎秀臣　スーパーバイザー＝増田邦彦　PM＝矢野学　製＝田口豪孝、齋藤安彦、小嶋麻倫子　賛＝読売新聞　後＝フジテレビジョン　出＝エンジニア：市村正親、筧利夫、橋本さとし、別所哲也、キム：笹本玲奈、知念里奈、ソニン、新妻聖子、クリス：井上芳雄、照井裕隆、原田優一、藤岡正明、ジョン：岡幸二郎、岸祐二、坂元健児、エレン：浅野実奈子、シルビア・グラブ、鈴木ほのか、RiRiKA、トゥイ：石井一彰、泉見洋平、神田恭兵、ジジ：池谷祐子、桑原麻希、菅谷真理恵

▶9月4日、昼の部で上演1000回を達成。7月31日、初代キム役であった故・本田美奈子.（その日は彼女の誕生日でもあり、初演で大怪我を負いながらも、懸命のリハビリで舞台復帰した日だった）を偲び、在りし日の彼女の映像を流し冥福を祈った。

### 11月3日～12月25日

#### 《ミュージカル》エリザベート

脚・詞＝ミヒャエル・クンツェ　音＝シルヴェスター・リーヴァイ　オリジナルプロダクション＝ウィーン劇場協会　制作協力＝宝塚歌劇団　演・訳詞＝小池修一郎　東宝プロダクション監修＝ウィーン劇場協会　訳＝黒崎勇、迫光　音監＝甲斐正人　美＝堀尾幸男　照＝勝柴次朗　振＝島崎徹、麻咲梨乃　衣＝朝月真次郎　響＝渡邉邦男　映像＝奥秀太郎　指＝塩田明弘　舞監＝廣田進　演補＝小川美也子、末永陽一　PC＝小熊節子　P＝岡本義次、坂本義和　後＝フジテレビジョン、オーストリア大使館　出＝エリザベート：涼風真世、朝海ひかる、トート：山口祐一郎、武田真治、フランツ・ヨーゼフ：鈴木綜馬、石川禅、ルドルフ：浦井健治、伊礼彼方、グリュンネ伯爵：治田敦、シュヴァルツェンベルク侯爵：阿部裕、リヒテンシュタイン伯爵夫人：小笠原みち子、ヴィンデッシュ：河合篤子、エルマー：中山昇、ルドヴィカ：春風ひとみ、マダム・ヴォルフ：伊東弘美、ゾフィー：初風諄、寿ひずる、マックス：村井国夫、ルキーニ：髙嶋政宏、トートダンサー：飯田一徳、佐々木信彦、柴一平、白髭真二、遠山大輔、遠山裕介、西田健二、東山竜彦

▶エリザベート役は、涼風真世、朝海ひかるのダブルキャスト。平成18（2006）年、日生劇場公演からトート役は山口祐一郎と武田真治が務め、ゾフィー役もダブルキャストのため、主要キャストでシングルはマックスとルキーニ役のみに。

『エリザベート』左／朝海ひかる、山口祐一郎　右／涼風真世、武田真治

2008 — 平成20年

233

# 平成21年

## 『放浪記』2000回達成の森光子 国民栄誉賞受賞
## ミュージカル『パイレート・クィーン』日本初演

平成21年衆議院議員総選挙で民主党が圧勝。民主党、社会民主党、国民新党による連立政権である鳩山由紀夫内閣が発足。
新型インフルエンザの感染が拡大。裁判員制度が始まったのも本年。
アメリカでは、GM（ゼネラル・モーターズ）、フォード、クライスラー"BIG3"と称された大手自動車会社のうち、GMとクライスラーが経営破綻に。
映画「ハリー・ポッターと謎のプリンス」（監督＝デイビッド・イェーツ）、「ROOKIES―卒業―」（監督＝平川雄一朗）などがヒット。

### 1月1日～27日
#### 新春 滝沢革命

作・構・演＝ジャニー喜多川　振＝SANCHE、川崎悦子、八木雅、井島剛、村上慎一、SEIJI、HIDEBOH　イリュージョン・アドバイザー＝フランツ・ハラーレイ　AC＝諸鍛冶裕太　FC＝松藤和広　フライング・コーディネーター＝山中陽子　装＝石井みつる　照＝勝柴次朗　照明ムービング＝梅村純　映像ディレクター＝鈴木岳人　音響プランナー＝山口剛史　衣＝桜井久美、四方修平　音楽プロデューサー＝鎌田俊哉　音楽ディレクター＝長谷川雅大　PM＝小林清孝　演補＝森泉博行　演助＝齋藤安彦　P＝田口豪孝、坂本義和　出＝滝沢秀明、錦織一清（特別出演）、A.B.C-Z（橋本良亮、戸塚祥太、河合郁人、五関晃一、塚田僚一）、Kis-My-Ft2（北山宏光、千賀健永、宮田俊哉、横尾渉、藤ヶ谷太輔、玉森裕太、二階堂高嗣）、山科愛
▶オーケストラピットをプールとして、舞台上から水がカーテンのように落下。その落下速度にあわせて、水のカーテンに文字や図形が現れる新装置"ウォーターピクチャー"が導入され、高度な映像と合体して、観る者を「あっ!」と言わせる新たなエンターテインメント・ステージが誕生した。

### 2月5日～3月30日
#### Endless SHOCK

作・構・演＝ジャニー喜多川　音＝堂本光一、船山基紀、佐藤泰将、チャールズ・ストラウス、マーク・デイヴィス　振＝SANCHE、川崎悦子、HIDEBOH、花柳錦之輔、植田成吾　イリュージョン＝フランツ・ハラーレイ　AC＝諸鍛冶裕太　FC＝松藤和広　フライング・コリオグラファー＝山中陽子　照＝勝柴次朗　照明ムービング＝梅村純　装＝石井みつる　映像ディレクター＝鈴木岳人　音響プランナー＝山口剛史　衣＝長谷川繭子　音楽プロデューサー＝鎌田俊哉　音楽ディレクター＝長谷川雅大、伊豫部準二　演補＝齋藤安彦　PM＝小林清孝　P＝田口豪孝、坂本義和　出＝堂本光一、屋良朝幸、町田慎吾、米花剛史、M.A.D、佐藤めぐみ、石川直、植草克秀（特別出演）
▶"Show must go on!"のテーマに厚みが出てきた。堂本光一のライバル役は、前年に引き続き屋良朝幸。クラブのオーナー役で植草克秀が特別出演。3月12日、夜の部で通算626回上演を達成。従来の帝劇単独主演記録625回（森繁久彌『屋根の上のヴァイオリン弾き』）を更新し、新記録を樹立した。

### 4月5日～5月1日
#### 《ミュージカル》マイ・フェア・レディ

原＝バーナード・ショー作・戯曲『ピグマリオン』＆ガブリエル・パスカル製作映画「ピグマリオン」より　脚・詞＝アラン・ジェイ・ラーナー　音＝フレデリック・ロウ　アメリカ版製作＝ハーマン・レヴィン　オリジナルプロダクション演出＝モス・ハート　訳＝倉橋健　訳詞＝滝弘太郎、若谷和子　演＝西川信廣　振＝上島雪夫　装＝堀尾幸男　照＝塚本悟　響＝大坪正仁　衣＝宮里あんこ　HD＝嶋田ちあき　音監＝八幡茂、塩田明弘　編＝八幡茂　指＝井村誠貴　演補＝岡本栄策　P＝吉田訓和、宮﨑紀夫　出＝イライザ：大地真央、ピッカリング大佐：羽場裕一、フレディ：姜暢雄、ジェミイ：渡辺隆、ジョージ：岡智、ハリイ：治田敦、アインスフォード・ヒル夫人、トランシルバニア女王：ちあきしん、ゾルタン・カーパシー：藤木孝、ピアス夫人：春風ひとみ、ヒギンズ夫人：草村礼子、ドゥーリトル：モト冬樹、ヒギンズ教授：石井一孝
▶菊田一夫生誕101年。日本初のブロードウェイ・ミュージカルとして産声を上げた『マイ・フェア・レディ』が4月28日夜の部で上演1000回を達成。大地真央も4月9日昼の部でイライザ役550回に。ゾルタン・カーパシーの藤木孝は初演のフレディ役である。今回をもって大地イライザ最後の帝劇公演となったが、翌年10月29日の博多座でイライザ役600回を達成。平成22（2010）年11月20日の東京・JCBホール公演、上演615回をもって大地はイライザ役を卒業した。

『マイ・フェア・レディ』上／大地真央
下／上演1000回達成

『新春 滝沢革命』滝沢秀明

### 5月5日～29日
#### 放浪記

作＝菊田一夫　潤・演＝三木のり平　演＝北村文典　美＝中嶋正留　音＝古関裕而、小川寛興　照＝山内晴雄　効＝秦和夫、秦大介　演協＝本間忠良　演補＝郷田拓実　ナ＝小鹿番　P＝岡本義次、臼杵吉春　賛

### 【 主な出来事 】

- 1月30日　『マリー・アントワネット』をドイツのミュージカル・シアター・ブレーメンで初演。東宝オリジナル・ミュージカルの海外ロングランが実現。
- 7月1日　森光子、国民栄誉賞受賞。現役女優では初。文化勲章と両方の受賞は故・黒澤明監督に次いで史上2人目という快挙。
- 11月10日　森繁久彌（俳優）没。享年96。昭和62（1987）年、勲二等瑞宝章。昭和59（1984）年、文化功労者。平成3（1991）年、文化勲章（現代劇俳優としては史上初）。没後、国民栄誉賞追贈、従三位に叙せられる。
- 11月28日　『パイレート・クィーン』、日本初演にあわせ、作詞アラン・ブーブリル、作曲クロード＝ミッシェル・シェーンベルグが来日。

『放浪記』2000回達成特別カーテンコール

『パイレート・クィーン』保坂知寿、涼風真世

=エステー株式会社　後=フジテレビジョン　出=林芙美子:森光子、白坂五郎:米倉斉加年、悠起:有森也実、菊田一夫:斎藤晴彦、福地貢:大出俊、渡辺一郎:金内喜久夫、伊達春彦:原康義、女給浅子:田根楽子、上野山光晴:丸山博一、村野やす子:青木玲子、女占い師:新井みよ子、義父謙作:鷹西雅裕、藤山武士:武岡淳一、田村伍平:若杉究二、助川汎、安岡信雄:山本學、香取恭介:中島久之、母きし:大塚道子、日夏京子:山本陽子

▶"でんぐり返し"がいつの間にか、作品の見せ場に。しかし森光子の身体の安全を守るため、シアタークリエ公演からは封印。それでも『放浪記』は一層の輝きを放った。5月9日昼の部、森89歳の誕生日に前人未到の上演2000回を達成。終演後にはゲストを招き、特別カーテンコールが行われた。5月11日には政府から国民栄誉賞を授与する方針が表明され、7月1日に授与。存命中の俳優に贈られたのは初のこと。本公演終了時での通算上演回数は2017回。翌年5、6月、シアタークリエでの上演も予定されていたが、高齢の森にこれ以上の負担をかけるのは忍びない、との東宝の判断で中止とした。

### 6月3日～28日

《ミュージカル》**ミー＆マイガール**

詞・脚=L・アーサー・ローズ&ダグラス・ファーバー　曲=ノエル・ゲイ　改訂=スティーブン・フライ　改訂協力=マイク・オクレント　訳=丹野郁弓　訳詞=高橋亜子　演=山田和也　音監=佐橋俊彦　振=玉野和紀　装=大田創　照=高見和義　衣=小峰リリー　HM=宮内宏明　響=山本浩一　音監補・指=塩田明弘　演補=寺崎秀臣、落石明憲　製=岡本義次、吉田訓和　出=ビル・スニブソン:井上芳雄、サリー・スミス:笹本玲奈、ジャッキー:貴城けい、ジェラルド:本間憲一、執事チャールズ:丸山博一、弁護士パーチェスター:武岡淳一、ジャスパー・トリング卿:花房徹、バターズビー卿:阿部裕、ミセス・ブラウン:伊東弘美、バターズビー卿夫人:福麻むつ美、公爵夫人マリア:涼風真世、ジョン卿:草刈正雄

▶熱望に応えてのアンコール上演。開幕に先駆けて行われたグランドプリンスホテル赤坂でのイベントでは、777の席を巡り6022名もの応募があった。〈ランベス・ウォーク〉で舞台と客席が一緒になって踊る楽しい作品。

### 7月5日～8月26日

《ミュージカル》**ダンス オブ ヴァンパイア**

原=映画「The Fearless Vampire Killers」Courtesy of Turner Entertainment.Co.　音・追補=ジム・スタインマン　脚・歌詞=ミヒャエル・クンツェ　ヴォーカル・ダンス編曲=マイケル・リード　オーケストレーション=スティーブ・マルゴーシュ　オリジナル・プロダクション=ウィーン劇場協会　訳=迫光　訳・訳詞=竜真知子　演=山田和也　音監=甲斐正人　振=上島雪夫　美=堀尾幸男　照=服部基　衣=有村淳　HM=宮内宏明　響=大坪正仁　舞監=廣田進　演助=小川美也子　指=西野淳　PC=小熊節子　P=岡本義次、齋藤安彦　出=クロロック伯爵:山口祐一郎、サラ:大塚ちひろ、知念里奈、アルフレート:泉見洋平、浦井健治、シャガール:安崎求、レベッカ:阿知波悟美、クコール:駒田一、ヘルベルト:吉野圭吾、新上裕也、マグダ:シルビア・グラブ、アブロンシウス教授:石川禅

▶帝劇の天井を飛び回るこうもりのリー君。柱に張られたキャストの肖像写真が終演時には、みな牙が生えたヴァンパイアになっているのもお約束。フィナーレの音楽は、映画「ストリート・オブ・ファイア」（84年／監督=ウォルター・ヒル）のエンディングで流れる〈Tonight Is What It Means To Be Young〉である。原作映画は、邦題「ロマン・ポランスキーの吸血鬼」（67年）。哲学博士のミヒャエル・クンツェは、コミカルな内容の中に深淵な問いを観客に投げかけている。〈神は死んだ〉と歌う伯爵は永遠の命を持つがための孤独に苦しむ。勝つのは「人類の英知」か、「人類の尽きることのない欲望」かという奥深いテーマも本作の魅力の一つ。

### 9月4日～29日

**DREAM BOYS**

オリジナル作・構・演=ジャニー喜多川　振=SANCHE、川崎悦子、植田成吾、八木雅　AC=諸鍛冶裕太　FC=松藤和広　フライング・コリオグラファー=半澤友美　装=石井みつる　照=勝柴次朗　照明ムービング=梅村純　映像ディレクター=鈴木岳人　音響プランナー=山口剛史　衣=四方修平　音楽プロデューサー=鎌田俊哉　音楽ディレクター=長谷川雅大　演補=森泉博行　演助=齋藤安彦　PM=小林清孝　舞監=長久保裕二　製=田口豪孝、坂本義和、田中利尚　出=亀梨和也（KAT-TUN）、渋谷すばる（関ジャニ∞）、手越祐也（NEWS）、A.B.C-Z（橋本良亮、戸塚祥太、河合郁人、五関晃一、塚田僚一）、Mis Snow Man、FiVe、峰さを理、真琴つばさ

▶常に出演者の個性を活かしながら、ストーリーや構成を練り上げてきた本作。今回も主演3人の競演が実現し、笑いあり、アクロバティックなシーンあり、感動ありの磨き上げられた作品となった。

### 10月6日～11月20日

《ミュージカル》**レ・ミゼラブル**

オリジナルプロダクション製作=キャメロン・マッキントッシュ　作=アラン・ブーブリル＆クロード=ミッシェル・シェーンベルク　原=ビクトル・ユゴー　照補=津久井修一　衣補=宇野善子　音響設計補=本間俊哉　潤・演=ジョン・ケアード、トレヴァー・ナン　訳=酒井洋子　訳詞=岩谷時子　音監補=山口琇也　指=塩田明弘、若林裕治　演補=鈴木ひがし　PC=江見和子　製=田口豪孝、坂本義和　賛=読売新聞　後=フジテレビジョン　出=バルジャン:山口祐一郎、別所哲也、今井清隆、橋本さとし、ジャベール:阿部裕、石川禅、岡幸二郎、今拓哉、エポニーヌ:坂本真綾、笹本玲奈、知念里奈、新妻聖子、ファンテーヌ:今井麻緒子、シルビア・グラブ、山ів直子、コゼット:辛島小恵、菊地美香、神田沙也加、マリウス:泉見洋平、藤岡正明、小西遼生、山崎育三郎、テナルディエ:安崎求、駒田一、三谷六九、マダム・テナルディエ:森公美子、田中利花、阿知波悟美、アンジョルラス:坂元健児、原田優一、松原剛志

▶通算上演回数2400回を4月18日、まつもと市民芸術館にて達成。6月24日、オーディエンス1000人を招待し「上演2400回達成記念！ファン感謝デー IN 帝国劇場」が行われた。9月21日には、シアタークリエで「帝国劇場開幕直前イベント」が敢行された。

### 11月28日～12月25日

《ミュージカル》**パイレート・クィーン**

作=アラン・ブーブリル、クロード=ミッシェル・シェーンベルク　脚=アラン・ブーブリル、クロード=ミッシェル・シェーンベルク、リチャード・モルトビー, Jr.　音=クロード=ミッシェル・シェーンベルク　歌詞=アラン・ブーブリル、リチャード・モルトビー, Jr.、ジョン・デンプセイ　原=モーガン・リウェリン著「GRANIA: She-King of the Irish Seas」　オリジナル・プロダクション製作=モヤ・ドハーティ、ジョン・マコルガン　訳=吉田美枝　訳詞=竜真知子　演=山田和也　アイリッシュダンス振付=キャロル・リーヴィ・ジョイス　音監=山口琇也　装=松井るみ　照=高見和義　響=山本浩一　衣=小峰リリー　HM=宮内宏明　ステージング=青木美保　AC=渥美博　指=山口琇也　演助=小川美也子　製=田口豪孝、坂本義和　賛=読売新聞　出=グレイス・オマリー:保坂知寿、グレイスの恋人・ティアナン:山口祐一郎、女王エリザベス:涼風真世、族長ドゥブダラ:今井清隆、ビンガム卿:石川禅、グレイスの夫ドーナル:宮川浩

▶世界初演は平成18（2006）年、シカゴでのトライアウト。翌年、ブロードウェイのヒルトン劇場で開幕。16世紀アイルランドに実在した女海賊グレイス・オマリーと、イングランド女王の対決と心の結びつきを描く。演出家の山田和也は、アラン・ブーブリルとクロード=ミッシェル・シェーンベルクに「アイルランドの歌舞伎をつくってくれ」と託されたという。全編に登場する"アイリッシュ・ダンス"が圧巻。涼風真世は女王・エリザベスⅠ世を演じることで、皇后・エリザベート、王妃・マリーアントワネットというヨーロッパ三大強国のトップレディ役を務める希有な女優となった。

2009 ── 平成21年

# 帝劇で生まれた大記録
# 森光子と堂本光一

森光子と堂本光一。世代が大きく違う2人はなぜ分かり合えたのか。それは2人が、世界にも類を見ない、代役なしの単独主演記録を帝国劇場で達成したからで、そこには経験した者にしか分からない重責があったからだ。2人の軌跡を辿る。

### 森光子が41歳で演じた『放浪記』

『放浪記』は森光子にとって41歳で射止めた初の主演舞台だった。作は菊田一夫。作家・林芙美子の若き日から疲れ果てて晩年を迎えるまで、詩や小説と格闘した孤独な人生が描かれている。遅筆で知られる菊田が珍しく初日の1週間前に台本を仕上げ、1961年10月に『放浪記』は芸術座で開幕した。

『放浪記』初演(1961)

森は10代の頃、松竹歌劇団の水の江瀧子に憧れ、1度だけ観たレビューの歌詞を終生忘れなかった。両親が相次いで亡くなった15歳の夏、成績優秀だった学校からも足が遠ざかり、従兄の嵐寛寿郎を頼りに映画デビューを果たす。憧れの歌劇ではなく、時代劇の4、5番手として年間10本の映画に出演した。太平洋戦争中は歌手として戦地慰問に参加し、兵隊が好むセンチメンタルな〈湖畔の宿〉などを歌う。戦後、客は日本に駐留するアメリカ兵に変わり、英語の歌を耳で覚えた。ラジオ、喜劇への出演、テレビの時代がやってくる。テレビバラエティー「びっくり捕物帖」(朝日放送)で漫才師中田ダイマル・ラケットの丁々発止の間で奮闘し、一躍お茶の間に知られる。梅田コマ場劇での ダイマル・ラケットとの舞台共演でのこと。森が流行歌4曲のサビをアドリブで一息に歌い上げた。客席の後ろでたまたまそれを見ていた菊田は、森に東京の芸術座への出演を持ちかける。菊田の見立て通り、森は勘の良さ、感情表現、間合いの絶妙さで数々の舞台、テレビドラマで活躍するが、なぜか主役の声は掛からない。ようやく『放浪記』に出会ったのが41歳の時だった。2年前に菊田の自伝的舞台『がしんたれ』での2場しか出番のない林芙美子役の好演から菊田が着想した。

『放浪記』は高度経済成長期の1961年の観客にとって、ついこの間まで経験しながら心に閉じ込めていた日本の貧しさを思い出させた。芙美子が自身の幼少期の姿を重ねる、貧しい行商の女子の切実な「ライスカレーいうのん食べたあの」に泣き、芙美子の懸命さに共感した。

10年後、再演の折、森の演技に「10年間無駄飯食ってなかったな」と菊田が珍しく褒めた。菊田はその2年後に亡くなる。日本人が貧困を忘れる中、森光子が演じる林芙美子はその後も人々の心を捉えて離さなかった。1981年から三木のり平が台本を短縮し、場面転換もスピーディーにして、現代のテンポに合う演出に変わった。そして森にとって念願だった、米倉斉加年、奈良岡朋子ら新劇の俳優も登用され、華やかな商業演劇の世界とは一線を画す『放浪記』が芸術座で公演を重ねていく。森は、共演者や観客に反応しながら、日本人が心の奥底に宿す林芙美子を呼び覚ますように生き生きと演じた。

2000年頃、女優が演じる従来からの商業演劇が演劇の多様化、団体観劇の減少などにより下火となったものの、『放浪記』はヒットを続けた。作家を目指しながらも芙美子の気迫に押され、自身の限界を感じて筆を折るライバル・日夏京子役は、浜木綿子、有馬稲子、いしだあゆみ、樫山文枝、黒柳徹子、池内淳子らが多様に演じた。森は日夏のキャッチャーを自認し、80歳を超えても健康を保ち、芙美子役を演じ続けた。

### 堂本光一の美しくはかない『SHOCK』

その頃、森は帝国劇場で『MILLENNIUM SHOCK』を観る。青山劇場で毎年上演されたエンターテインメント・ショー『PLAYZONE』のようなショーを帝劇でも、という東宝のリクエストが結実したものだ。森はひと月で2度観劇した。

帝劇で初めて観るエンターテインメント・ショーが、10代の頃の自分の心を蘇らせた。元々、地元大阪でエンターテインメントに興味を抱いて上京、アイドルとして活躍していた堂本光一の帝劇初出演作だ。帝劇の大きな懐に抱かれるように、堂本は帝劇の客席上空高くをワイヤーアクションで舞う。4時間近くに及ぶ、堂本の美しくはかないパフォーマンスに、森も感化された。同じ年、森は栗山民也演出による帝劇での新作『ビギン・ザ・ビギン』で日劇に住まう幽霊を演じ、ショーの場面を華やかに演じた。その後も栗山らと共に、帝劇のスケールに適った商業演劇に挑み続ける。芸術座の不動のヒット作『放浪記』との両輪で演じる大劇場の新作に、森は意欲を燃やした。

2005年に『Endless SHOCK』の脚本・演出に関与することになった堂本光一は、パフォーマンスと共にストーリーを重視した。ニューヨークのオフの小劇場でカンパニーと共に舞台を志すコウイチに、オン・ブロードウェイからのオファーが舞い込む。今まで純粋にショーに懸けてきたカンパニーの気持ちに乱れが生じ、公演中に最大の悲劇が訪れる。悲劇のきっかけとなるコウイチのライバルは、幼き日に、雨の中で稽古を続けるコウイチの姿を目の当たりにして敗北感を感じつつ、いつかコウイチを追い越そうとパフォーマンスを追求してきた。

「俺達は1つ苦しめば1つ表現が見つかる。1つ傷つけばまた1つ表現が創れる、ボロボロになる、その分だけ輝けるんだぞ」。堂本はゲネプロで靭帯を断裂し、舞台袖からきっかけの台詞を飛ばしながらしのぎ、2時間後に初日を演じ

『MILLENNIUM SHOCK』(2000)

たこともある。その後も数々のアクシデントを乗り越え、堂本光一が輝き続ける理由が台詞に込められた。

堂本は自身が構築したストーリーの各場面に、それまで演じていたパフォーマンスを織り込んだ。ライバルとの対立の場には激しい殺陣を、最大の挫折には階段落ちを。カンパニーの熱と一体感は、一糸乱れぬダンスと太鼓で表現され、赤い布のフライングはコウイチのはかない命の象徴に見えた。2019年まで新曲を継ぎ足しながら、登場人物の気持ちが細やかに表現されるように心を砕いた。

同じ2005年、芸術座は『放浪記』を最後に閉館した。

ホームグラウンドを失った森は『放浪記』を帝劇で演じるようになった。86歳を迎えた森は、渋谷の木賃宿の場面で、林芙美子が自身の小説が雑誌に採用された時の歓喜の「でんぐり返し」を帝劇の大舞台で演じた。本人は押し隠したつもりだったが、手の力はなくなり、頭を支点に倒れ込む形にもなった。うまくでんぐり返しができない時は布団の上で複数回取り組んだ。森は「まだできるし、お客様は待っていてくださる」と譲らなかったが、東宝演劇部、演出を担当した北村文典の半年かけての説得により、でんぐり返しは木賃宿に居合わせた人々の万歳三唱に変わった。周囲の万歳について、森は『(木賃宿の) あんな暗がりで皆が同じ思いで万歳はしないと思います。何だか分からないけど、真ん中で喜んでいる人 (芙美子) がいる。自分もおこぼれにあずかれるのでは、と万歳をしているのではないでしょうか』。菊田の台本を変えたとしても作品のリアリティーが維持されるように考え抜いた。そして、毎公演の通り、自身の台詞を紙に書き込んで新たな気持ちで舞台を演じ続けた。

2009年、89歳の森光子は前人未踏となる『放浪記』単独主演2000回を達成した。そして森は国民栄誉賞を受賞した。

## 『放浪記』と『SHOCK』の終幕 今の帝劇で生まれた大記録

翌年の新春から2月上旬にかけて、森光子は帝劇で『新春 人生革命』に滝沢秀明と共に主演した。帝劇客席上に上がるゴンドラで『放浪記』の台詞を披露し、京都を舞台にした劇中劇や歌を披露しながら、吉本興業の創業者吉本せいを演じた『桜月記』の名台詞で締めるエンターテインメント・ショーだ。開幕時、体調は優れなかったが、公演を重ねるたびに持ち前の元気を取り戻し、幕切れのチャールストンは軽やかだった。結果として森にとっての最後の舞台となった。

2月、森の5・6月『放浪記』(シアタークリエ) の降板が発表された。森は既に身の回りの共演者と台詞合わせを始めていたので、不本意な降板となった。降板の発表後、1週間食事もとらず寝室から出てこなかった。翌月、10代からの友人である裏千家の千玄室大宗匠との雑誌対談には何とか臨んだが気力は戻らなかった。2000回公演達成の頃、演劇評論家の矢野誠一は、芙美子が初恋の人を訪ね、恋の終わりを思い知るまでの3幕「尾道」の場面だけでも、1幕もので観たいと随筆で書き、森も興味を示したが、実現には至らなかった。

2012年2月、この年も『SHOCK』は初日を迎えた。『放浪記』を降板した後、森は帝劇に一切顔を見せなくなった。ただ堂本のことは気に掛けて、ずっと昼夜公演の間には弁当を差し入れていた。2012年の1月、森は帝国ホテルへ出向いて撮影した近影――『SHOCK』のポスターを高らかに掲げた――を初日に堂本へ届けさせた。堂本は自身の楽屋に写真を掲げて、公演に臨んだ。

『Endless SHOCK』(2024)

その9カ月後、森は亡くなった。

そして2024年5月9日、森の104回目の誕生日に、堂本光一の『SHOCK』は森の『放浪記』の回数を超え、2018回目に達した。代役なしの単独主演記録では世界にも類を見ない。舞台機構の不具合による事故や、東日本大震災での中断もあったが、堂本光一のリーダーシップで公演は毎年積み上げられ、11月、帝劇の休館を目前に『SHOCK』は終幕を迎えた。

替えの利かない単独主演者による大舞台は少なくなった。大作ミュージカルの主役は3〜4名の俳優が交互に演じるケースも増えた。またアクロバットのパフォーマンスは事故のリスクについて確認された上で舞台演出に組みこまれる。新作を生み出すために必要とされた、夜を徹しての作業はなくなった。舞台仕込み中、帝劇のロビーにスタッフの布団が並べられたのは随分前のことだ。

「今の時代に新たな『SHOCK』は生まれない」と堂本光一は言う。1人の座長に負わせる単独主演公演が24年間、2128回に達することはもうないだろう。また89歳の俳優が商業演劇の主演を務めることも現在の興行会社は勧めないだろう。

森光子と堂本光一。今の帝国劇場で2人が命を削らなければ、そして2人が重責を自覚した座長でなければ生まれなかった、演劇の大記録についてここに記す。

ただし、菊田一夫の申し子である森光子の背中を見て育ち、また菊田の悲願であったオリジナルミュージカルを成功に導いた堂本光一には、新たな帝劇で、新たなオリジナルミュージカルを創り上げる、その義務があるように思う。

『放浪記』最終公演 (2009)

# 平成22年 2010

## 89歳森光子、念願のショー舞台に主演
## 本年、ウィーン発の人気ミュージカルが一挙上演

日本航空(＝JAL)が会社更生法を申請、事実上の経営破綻。9月、尖閣諸島沖で海上保安庁の巡視船と中国漁船が接触。建設中の"東京スカイツリー"が国内で最も高い建造物となる。6月13日、小惑星探査機"はやぶさ"が地球へ帰還。映画「アバター」(監督＝ジェームズ・キャメロン)、「アリス・イン・ワンダーランド」(監督＝ティム・バートン)、「借りぐらしのアリエッティ」(監督＝米林宏昌)、「THE LAST MESSAGE 海猿」(監督＝羽住英一郎)などがヒット。

### 平成21(2009)年12月31日～2月5日

**新春 滝沢革命**

作・構・演＝ジャニー喜多川　振＝SANCHE、川崎悦子、HIDEBOH、坂見誠二、八木雅、Ryosuke、飛鳥左近　AC＝諸鍛冶裕太　FC＝松藤和広　フライング・コリオグラファー＝山中陽子　人形遣い＝吉田和生　邦楽協力＝村治崇光　装＝石井みつる　照＝勝柴次朗　照明ムービング＝梅村純　映像ディレクター＝鈴木岳人　音響プランナー＝山口剛史　衣＝桜井久美、四方修平　音楽ディレクター＝長谷川雅大、伊豫部準二、渡邊孝徳　PM＝小林清孝　舞監＝長久保裕二　演助＝齋藤安彦　演補＝森泉博行　P＝田口豪孝、坂本義和　出＝滝沢秀明、錦織一清(特別出演)、A.B.C-Z(橋本良亮、戸塚祥太、河合郁人、五関晃一、塚田僚一)、Kis-My-Ft2(北山宏光、千賀健永、宮田俊哉、横尾渉、藤ヶ谷太輔、玉森裕太、二階堂高嗣)
▶『新春 人生革命』と同時期に上演。舞台で使用する水の量が5トンから7トンに増量。大好評を受け、1月30日から2月5日まで公演が延長された。

### 1月8日～2月6日

❖昼の部のみ

**新春 人生革命 森光子自伝─人生はロングランより**

作・構・演＝ジャニー喜多川　振＝SANCHE、川崎悦子、HIDEBOH、坂見誠二、八木雅、Ryosuke、飛鳥左近　AC＝諸鍛冶裕太　FC＝松藤和広　フライング・コリオグラファー＝山中陽子　人形遣い＝吉田和生　邦楽協力＝村治崇光　装＝石井みつる　変面指導＝張春祥　照＝勝柴次朗　照明ムービング＝梅村純　映像ディレクター＝鈴木岳人　音響プランナー＝山口剛　衣＝桜井久美、四方修平　音楽ディレクター＝長谷川雅大、伊豫部準二、渡邊孝徳　PM＝小林清孝　舞監＝長久保裕二　演助＝齋藤安彦　演補＝森泉博行　P＝田口豪孝、坂本義和　主題歌〈人生革命〉詞＝森光子　曲・編＝マーク・デイヴィス　挿入歌〈人生半ばです〉詞＝森光子　曲＝羽場仁志　出＝森光子、滝沢秀明、A.B.C-Z(橋本良亮、戸塚祥太、河合郁人、五関晃一、塚田僚一)、Kis-My-Ft2(北山宏光、千賀健永、宮田俊哉、横尾渉、藤ヶ谷太輔、玉森裕太、二階堂高嗣)、田根楽子、武岡淳一、角間進、諏訪ひろ代、錦織一清(特別出演)
▶森光子の自伝「人生はロングラン」をもとに、ひたすら芸をつらぬく大女優とその大女優に母の面影を求める若者との絆を描いた物語。夜の部は『新春 滝沢革命』を上演。森光子の半生を究極のエンターテインメントとして上演。彼女の代表作である『放浪記』、『桜月記』などの名台詞、名場面も盛り込みつつ華やかな舞台となった。

### 2月14日～3月30日

**Endless SHOCK**

作・構・演＝ジャニー喜多川　音＝堂本光一、船山基紀、佐藤泰将、チャールズ・ストラウス、マーク・デイヴィス　振＝SANCHE、川崎悦子、HIDEBOH、花柳寿楽、植田成吾　イリュージョン＝フランツ・ハラーレイ　AC＝諸鍛冶裕太　FC＝松藤和広　フライング・コリオグラファー＝山中陽子　照

『新春 人生革命』滝沢秀明、森光子

『レベッカ』山口祐一郎、大塚ちひろ

### 【 主な出来事 】

- 2月26日　シアタークリエ5、6月公演『放浪記』、森光子の健康配慮のため公演中止を発表。
- 6月18日　『ミヒャエル・クンツェ＆シルヴェスター・リーヴァイの世界 クリエ ミュージカルコンサート』、シアタークリエで開幕(～27日)。
- 9月26日　池内淳子(俳優)没。享年76。
- 10月6日　鈴木章、根岸英一、ノーベル化学賞受賞。
- 10月29日　大地真央、イライザ役600回を博多座昼の部で達成。
- 12月4日　『マイ・フェア・レディ』、5大都市全国ツアー東京公演(JCBホール)千穐楽。大地真央のイライザ役がファイナル。

『マイ・フェア・レディ』大地真央

[宣伝イベント]11月29日『レ・ミゼラブル』製作発表

『キャンディード』井上芳雄、市村正親　　『モーツァルト！』山崎育三郎

=勝柴次朗　照明ムービング=梅村純　装=石井みつる　映像ディレクター=鈴木岳人　音響プランナー=山口剛史　衣=長谷川繭子　音楽ディレクター=長谷川雅大、伊豫部準二　演補=齋藤安彦　PM=小林清孝　P=田口豪孝、坂本義和　出=堂本光一、屋良朝幸、米花剛史、町田慎吾、M.A.D.、佐藤めぐみ、石川直、植草克秀（特別出演）
▶初演から10年。観客の年齢層も大きく広がった。メモリアルイヤーに初の年間100公演に挑戦し、3月21日、昼の部で通算700回上演を達成。

### 4月7日～5月24日
《ミュージカル》レベッカ

脚・詞=ミヒャエル・クンツェ　音=シルヴェスター・リーヴァイ　原=ダフネ・デュ・モーリア　訳・訳詞=竜真知子　演=山田和也　音監=甲斐正人　美=伊藤保恵　照=成瀬一裕　衣=小峰リリー　HM=川端恵理子　響=本間俊哉　ステージング=田井中智子　指=西野淳　舞監=廣田進　演助=末永陽一　PC=小熊節子　P=岡本義次、服部優希　出=マキシム・ド・ウィンター：山口祐一郎、「わたし」：大塚ちひろ、フランク・クロウリー：石川禅、ジャック・ファヴェル：吉野圭吾、ベン：tekkan、ジャイルズ：KENTARO、ジュリアン大佐：阿部裕、ベアトリス：伊東弘美、ヴァン・ホッパー夫人：寿ひずる、ダンヴァース夫人：シルビア・グラブ、涼風真世
▶世界初演は平成18(2006)年、ウィーン・ライムント劇場。日本では、平成20(2008)年、"シアタークリエオープニングシリーズ"として上演。"マンドレイ"は、主人公・マキシムの広大な敷地を持つ大邸宅カントリー・ハウスの名。そのいたるところに存在する、レベッカの光と影、罪と赦し、悪意と愛の争いが観客の心のひだに入る。

### 6月1日～27日
《ジョン・ケアード版 ミュージカル》
キャンディード

原=ヴォルテール　曲=レナード・バーンスタイン　台=ヒュー・ホイラー　詞=リチャード・ウィルバー　歌詞補作=スティーブン・ソンドハイム、ジョン・ラトゥーシュ、リリア・ヘルマン、ドロシー・パーカー、レナード・バーンスタイン　台本改訂・演=ジョン・ケアード　訳=吉田美枝　訳詞=松田直行　装=ユン・ペ　装置原案=ジョン・ネピア　音監=山口琇也　照=中川隆一　響=本間俊哉　衣=半田悦子　HM=宮内宏明　振=広崎うらん　演助=鈴木ひがし　指=塩田明弘　P=田口豪孝、坂本義和　出=ヴォルテール、パングロス：市村正親、キャンディード：井上芳雄、クネゴンデ：新妻聖子、マーティン：村井国夫、マキシミリアン：坂元健児、老女：阿知波悟美、ヴァンデルデンデュール：安崎求、カカンボ：駒田一、パケット：須藤香菜
▶初演は、昭和31(1956)年のブロードウェイ。73回でクローズしたがカルト的人気は絶えず、昭和48(1973)年のブルックリンでハロルド・プリンス版にヒュー・ホイラーが新脚本、スティーブン・ソンドハイムが追歌詞を施し上演。翌年、ブロードウェイへ。その後、ニューヨーク・シティ・オペラやイギリスのスコティッシュ・オペラ版も好評を得る。バーンスタイン自ら改訂に加わり、タクトを振ったコンサート・バージョンも人気に。平成11(1999)年、ジョン・ケアード演出のミュージカル・ニューバージョンがナショナル・シアターのオリヴィエ劇場で上演され高評価を得た。今回はその翻訳版。

### 7月4日～31日
Endless SHOCK

作・構・演=ジャニー喜多川　音=堂本光一、船山基紀、佐藤泰将、チャールズ・ストラウス、マーク・デイヴィス　振=SANCHE、川崎悦子、HIDEBOH、花柳寿楽、植মু成吾　イリュージョン=フランツ・ハラーレイ　AC=諸鍛冶裕太　FC=松藤和広　フライングコリオグラファー=山中陽子　照=勝柴次朗　照明ムービング=梅村純　装=石井みつる　映像ディレクター=鈴木岳人　音響プランナー=山口剛史　衣=長谷川繭子　音楽ディレクター=長谷川雅大、伊豫部準二　演補=齋藤安彦　PM=小林清孝　P=田口豪孝、坂本義和　出=堂本光一、内博貴、町田慎吾、米花剛史、M.A.D.、佐藤めぐみ、石川直、植草克秀（特別出演）
▶この年、2度目の『Endless SHOCK』上演にあたり、ライバル役は内博貴に。本年の上演回数は、3ヵ月トータルで100回。新作さながらに1ヵ月間の稽古を重ね、全シーンを再検討、さらなる進化を遂げた。

### 8月9日～10月30日
《ミュージカル》エリザベート

脚・詞=ミヒャエル・クンツェ　音=シルヴェスター・リーヴァイ　オリジナルプロダクション=ウィーン劇場協会　制作協力=宝塚歌劇団　演・訳詞=小池修一郎　訳=黒崎勇、迫光　音監=甲斐正人　美=堀尾幸男　照=勝柴次朗　振=島崎徹、麻咲梨乃　衣=朝月真次郎　HM=坂井一夫　響=渡邉邦男　映像=奥秀太郎　指=塩田明弘　舞監=廣田進　演助=小川美也子、末永陽一　PC=小熊節子　P=岡本義次、坂本義和　賛=読売新聞　後=オーストリア大使館　出=エリザベート：朝海ひかる、瀬奈じゅん、トート：山口祐一郎、石丸幹二、城田優、フランツ・ヨーゼフ：石川禅、ゾフィー：寿ひずる、杜けあき、ルドルフ：田代万里生、伊礼彼方、浦井健治、ルドヴィカ：阿知波悟美、春風ひとみ、エルマー：岸祐二、マダム・ヴォルフ：伊東弘美、リヒテンシュタイン伯爵夫人：小笠原みち子、ヴィンデッシュ：河合篤子、グリュンネ伯爵：治田敦、シュヴァルツェンベルク侯爵：阿部裕、スゼップ：広瀬彰勇、マックス：村井国夫、ルキーニ：髙嶋政宏、トートダンサー：飯田一徳、加賀屋一肇、佐々木信彦、柴一平、白髭真二、西田健二、東山竜彦、宮垣祐也
▶日本初演10周年。キャストも10年変わらぬ者、新参入した者、それぞれが刺激しあい、質の高い舞台となった。瀬奈じゅんがエリザベート役初役。トート役、ルドルフ役はトリプルキャストに。城田優が本作の演技と歌唱に対し、平成22年度芸術祭賞演劇部門新人賞を受賞。

### 11月6日～12月24日
《ミュージカル》モーツァルト！

脚・詞=ミヒャエル・クンツェ　音=シルヴェスター・リーヴァイ　演・訳詞=小池修一郎　オリジナルプロダクション=ウィーン劇場協会　音監=甲斐正人　美=堀尾幸男　照=勝柴次朗　振=前田清実　響=大坪正仁　衣=有村淳　HM=宮内宏明　映像=奥秀太郎　指=西野淳　舞監=廣田進　演助=小川美也子、末永陽一　PC=小熊節子　P=岡本義次、坂本義和　賛=読売新聞　後=オーストリア大使館　出=ヴォルフガング・モーツァルト：井上芳雄、山崎育三郎、ナンネール・モーツァルト：高橋由美子、コンスタンツェ：島袋寛子、エマヌエル・シカネーダー：吉野圭吾、アルコ伯爵：武岡淳一、セシリア・ウェーバー：阿知波悟美、ヴァルトシュテッテ男爵夫人：涼風真世、香寿たつき、コロレド大司教：山口祐一郎、レオポルト・モーツァルト：市村正親、アマデ：黒木璃七、坂口湧久、松田亜美
▶帝劇の人気演目として定着し、円熟味を感じさせる舞台に。山崎育三郎がヴォルフガング役初役。平成17(2005)年以来の『エリザベート』、『モーツァルト！』の連続上演となった。

2010 — 平成22年

## 平成23年 2011

# 帝劇開場100周年、未曾有の災害が日本を襲う
# 『レ・ミゼラブル』ロンドンオリジナル版最終公演

3月に帝劇開場100年を迎えた本年、日本は未曾有の災害に襲われた。3月11日午後2時46分ごろ、東日本大震災（3.11）が発生。
死者・行方不明者は2万人近くにものぼり、福島第一原子力発電所において放射能漏れ事故も発生。
映画「ハリー・ポッターと死の秘宝 PART2」（監督＝デイビッド・イェーツ）、「コクリコ坂から」（監督＝宮崎吾朗）などがヒット。

『新春 滝沢革命』滝沢秀明

### 1月1日～27日
**新春 滝沢革命**

作・構・演＝ジャニー喜多川　振＝SANCHE、川崎悦子、HIDEBOH、坂見誠二、八木雅　イリュージョンアドバイザー＝フランツ・ハラーレイ　AC＝諸鍛冶裕太　FC＝松藤和広　フライング・コリオグラファー＝山中陽子　装＝石井みつる　変面指導＝張春祥　照＝勝柴次朗　照明ムービング＝梅村純　映像ディレクター＝鈴木岳人　音響プランナー＝山口剛史　衣＝桜井久美　音楽ディレクター＝長谷川雅大、伊豫部準二、川崎竜太　PM＝小林清孝　演補＝森泉博行　演助＝齋藤安彦　P＝田口豪孝、坂本義和　出＝滝沢秀明、中山優馬、A.B.C-Z（橋本良亮、戸塚祥太、河合郁人、塚田僚一、五関晃一）、Mis Snow Man、大空眞弓、桜乃彩音、錦織一清（特別出演）

▶「男と女のLOVEを革命という」のキャッチフレーズのもと、17トンの本水を使用。さらに進化し、より"愛"のテーマが浸透した舞台となった。

### 2月5日～3月11日
**Endless SHOCK**

作・構・演＝ジャニー喜多川　音＝堂本光一、船山基紀、佐藤泰将、チャールズ・ストラウス、マーク・デイヴィス　振＝SANCHE、川崎悦子、HDEBOH、花柳寿楽、稙田成吾　イリュージョン＝フランツ・ハラーレイ　AC＝諸鍛冶裕太　FC＝松藤和広　フライング・コリオグラファー＝山中陽子　照＝勝柴次朗　照明ムービング＝梅村純　装＝石井みつる　映像ディレクター＝鈴木岳人　音響プランナー＝山口剛史　衣＝長谷川繭子　音楽ディレクター＝長谷川雅大、伊豫部準二　演補＝齋藤安彦　PM＝小林清孝　P＝田口豪孝、坂本義和　出＝堂本光一、内博貴、米花剛史、町田慎吾、松崎祐介、越岡裕貴、辰巳雄大、福田悠太、原田夏希、石川直、植草克秀（特別出演）

▶3月11日の東日本大震災発生時、東京も震度5強の揺れに襲われた。幕間だったため、ロビーの観客は警察の指導により一時皇居前に避難。余震が続き、3月31日までの全公演が中止に。チケットの払い戻しに訪れた観客より預かった、東日本大震災の被災者への義援金約62万円を日本赤十字社に寄付。

### 4月8日～6月12日（プレビュー含む）
**《ミュージカル》レ・ミゼラブル**
✤4月12日初日

オリジナル・プロダクション製作＝キャメロン・マッキントッシュ　作＝アラン・ブーブリル＆クロード＝ミッシェル・シェーンベルク　原＝ビクトル・ユゴー　照補＝古澤英紀　衣補＝宇野善子　音響設計補＝本間俊哉　潤・演＝ジョン・ケアード、トレバー・ナン　訳＝酒井洋子　訳詞＝岩谷時子　音監補＝山口琇也　歌指＝山口琇也、船橋研二　指＝塩田明弘、若林裕治　演補＝鈴木ひがし　P＝田口豪孝、坂本義和　賛＝読売新聞　出＝バルジャン：山口祐一郎、別所哲也、今井清隆、吉原光男、ジャベール：石川禅、岡幸二郎、今拓哉、KENTARO、鹿賀丈史（S）、エポニーヌ：笹本玲奈、Jennifer、平田愛咲、島田歌穂（S）、ファンテーヌ：知念里奈、新妻聖子、和音美桜、岩崎宏美（S）、コゼット：神田沙也加、中山エミリ、稲田みづ紀、折井理子、マリウス：山崎育三郎、原田優一、野島直人、石川禅（S）、テナルディエ：駒田一、三波豊和、斎藤晴彦（S）、マダム・テナルディエ：森公美子、阿知波悟美、鳳蘭（S）、アンジョルラス：上原理生、阿部よしつぐ、岡幸二郎（S）、司教：林アキラ（S）

▶帝劇開場100周年を記念し、5月10日から6月12日までスペシャルキャストを招いた公演が行われた。4月22日昼の部で通算2500回上演を達成し、特別カーテンコールを実施。ロンドン・オリジナル版は今回をもって終了し、ニューバージョンが創られることに。5月31日昼の部に、旧グランドプリンスホテル赤坂に一時避難中の東日本大震災と福島第一原子力発電所事故による福島県の被災者119名を招待。ロビーに義援金募金箱を設置し、出演者が募金を募り、収益の一部をあわせてチャリティーコンサートとは別に、約1031万円を日本赤十字社に寄付。

『レ・ミゼラブル』今井清隆、林アキラ

『レ・ミゼラブル』中山エミリ、山口祐一郎、山崎育三郎、知念里奈

『レ・ミゼラブル』島田歌穂、今井清隆、石川禅、神田沙也加、岩崎宏美

### 6月18日～7月10日
**風と共に去りぬ**

原＝マーガレット・ミッチェル　脚＝菊田一夫　色＝堀越真　演＝山田和也　装＝松井るみ　照＝高見和義　音＝佐橋俊彦　響＝渡邊邦男　衣＝小峰リリー　HM＝宮内宏明　ア＝渥美博　ステージング＝広崎うらん　特殊効果＝田中義彦　演助＝寺崎秀臣　舞監＝菅田幸夫　P＝田口豪孝、齋藤安彦　製補＝関恭一　アライアンス＝POLA　賛＝読売新聞　後＝都民劇場　協＝EPSON　出＝スカーレット：米倉涼子、レット・バトラー：寺脇康文、メラニー・ハミルトン：紫吹淳、アシュレー・ウィルクス：岡田

### 【主な出来事】
- 3月11日　東日本大震災発生。『Endless SHOCK』昼の部上演中止。シアタークリエ『ウェディング・シンガー』も中止。交通機関が麻痺したため、帰宅困難な観劇者を劇場内に収容、宿泊場所として提供。
- 3月12日　東京電力福島第一原子力発電所1号機の原子炉を覆う建屋が水素爆発で倒壊。のちに放射能漏れが発覚。
- 3月14日　計画停電（輪番停電）を東京電力管内の関東1都6県ほかで実施。
- 4月1日　上野動物園の2頭のジャイアントパンダ"カカ（リーリー）"と"真真（シンシン）"を公開。
- 7月18日　FIFA女子ワールドカップ・ドイツ大会で、サッカー日本女子代表（"なでしこジャパン"）が初優勝。

[イベント]5月2日　東日本大震災『レ・ミゼラブル』チャリティーコンサート▶東日本大震災義援金募集のため開催され、歴代の出演者も参加。第1部コンサート、第2部チャリティーイベント。

『風と共に去りぬ』寺脇康文、米倉涼子

『三銃士』橋本さとし、井上芳雄、石井一孝、岸祐二

『ニューヨークに行きたい!!』

浩暉、ベル・ワトリング：高橋ひとみ、召使マミー：池谷のぶえ、ミード博士：坂口芳貞、フランク・ケネディ：近江谷太朗、チャールズ・ハミルトン：敦士、スエレン・オハラ：叶千佳、ジェラルド・オハラ：丸山博一、召使プリシー：田島ゆみか、キャリーン・オハラ：本田有花、メリーウェザー夫人：岡千絵、エルシング夫人：荒木里佳、ウィティング夫人：仲手川由美、ピティパット叔母：棟方寿恵

▶「総集篇」、「ミュージカル版」を基に堀越真が菊田一夫の脚本を潤色したストレート・プレイ。菊田は『風と共に去りぬ』上演に、新帝劇建設とともに心血を注いだ。まさに開場100周年にふさわしい演目となった。また南北戦争で荒廃した南部の再生のテーマは、東日本大震災の復興に相通ずるものが。6月25日夜の部に、旧グランドプリンスホテル赤坂に一時避難中の東日本大震災と福島第一原子力発電所事故による福島県の被災者153名を招待。義援金募金箱を設置し、収益の一部を含め約1334万円を日本赤十字社に寄付。

### 7月17日～8月26日

### 《ミュージカル》三銃士

原＝アレクサンドル・デュマ　音・歌詞＝ロブ・ボーランド＆フェルディ・ボーランド　脚＝アンドレ・ブリードラン　オリジナル・プロダクション製作＝ステージ・エンターテインメント　訳＝迫光　訳・訳詞＝竜真知子　演＝山田和也　音監＝八幡茂　ア＝渥美博　振＝田井中智子　美＝太田創　照＝服部基　衣＝前田文子　HM＝林みゆき　響＝山本浩一　特殊小道具デザイン＝升平香織、村上亜紀子　指＝西野淳　舞監＝廣田進　演助＝末永陽一　PC＝小熊節子　P＝岡本義次、吉田訓和　出＝ダルタニアン：井上芳雄、アトス：橋本さとし、アラミス：石井一孝、ポルトス：岸祐二、アンヌ王女：シルビア・グラブ、コンスタン＝和音美桜、ルイ13世：今拓哉、進行役、ジェイムス：坂元健児、バッキンガム侯爵：伊藤明賢、ロシュフォール：吉野圭吾、ミレディ：瀬奈じゅん、リシュリュー枢機卿：山口祐一郎

▶平成15(2003)年にオランダのロッテルダムで初演。フランス・ガスコーニュ地方出身の青年ダルタニアンは、花の都パリで銃士隊に加わることと素敵な恋に出会うことを夢見て故郷を飛び出す。三人の銃士たちと「オール・フォー・ワン　ワン・フォー・オール」を合言葉に、リシュリュー枢機卿の陰謀に立ち向かう冒険活劇。出演者がロビーで募った義援金募金および収益の一部、合計約1530万円を桃・柿育英会、宮城子供育英基金、いわての学び希望基金、(財)宮城県文化振興財団に寄付。

『DREAM BOYS』亀梨和也

### 9月3日～25日

### DREAM BOYS

オリジナル作・構・演＝ジャニー喜多川　振＝SANCHE、川崎悦子、八木雅、SHIGE、鶴園正和、野村奈々AC＝諸鍛冶裕太　ボクシング指導＝富永研司　FC＝松藤和広　フライング・コリオグラファー＝半澤友美　バンジー指導＝轟二中、趙徳　装＝石井みつる　照＝勝柴次朗　照明ムービング＝梅村純　映像ディレクター＝鈴木岳人　音響プランナー＝山口剛史　衣＝四方修平　音楽プロデューサー＝長谷川雅大、伊豫部順二、川崎竜太、飯塚章又　PM＝小林清彦　演補＝森泉博行　演助＝齋藤安彦　P＝田口豪孝、坂本義克　出＝亀梨和也、田中聖、中丸雄一、田中樹、深澤辰哉、岩本照、佐久間人介、渡辺翔太、宮舘涼太、鳳蘭、真琴つばさ

▶本公演のみの限定でKAT-TUNの名称を"勝運"と変更。見どころは、中国・河北省滄州市雑技団直伝の新フライング。バンジージャンプを使った亀梨和也の"大車輪険勝好運舞空大回転"に客席は息をのんだ。東日本大震災の義援金募金はMarching Jに託された。

### 10月5日～22日

### 細雪

原＝谷崎潤一郎　脚＝菊田一夫　潤＝堀越真　演＝水谷幹夫　装＝石井みつる　照＝塚本悟　音＝橋場清　衣＝河原彰、宇野善子　効＝呉東彰　振＝西川瑞扇　邦＝米川敏子　MU＝青木満寿子　HD＝石渡英男　演補＝伏見悦男　制作統括＝酒井喜一郎　出＝鶴子：高橋惠子、幸子：賀来千香子、雪子：水野真紀、妙子：中越典子、井谷夫人：紫城いずみ、お春：有沢比呂子、辰雄：磯部勉、奥畑啓三郎：太川陽介、板倉：進藤栄作、御牧：橋爪淳、貞之助：篠田三郎

▶新帝劇開場年に初演されて以来の歳月を刻む不朽の名作。東日本大震災で変化を余儀なくされた今日の日本。不易流行をテーマに抱きつつ描く、美しい日本回帰への願望と憧憬。日本人の真の想いを感じられる舞台となった。東日本大震災の義援金募金は日本赤十字社に寄付。

### 10月29日～11月20日

### 《ミュージカル》ニューヨークに行きたい!!

音＝ウド・ユルゲンス　脚＝ガブリエル・パリリ　歌詞＝ミヒャエル・クンツェ、ウルフガング・ホーファー、トーマス・ヘルビガー、エッカート・ハッファフェルト、フレッド・ジェイ、ジークフリート・ラベ、ヴォルフガング・シュパール、ウド・ユルゲンス　オリジナル・プロダクション製作＝ステージ・エンターテインメント　演＝山田和也　訳＝迫光　訳詞＝高橋亜子　上演台本＝飯島早苗　音監＝八幡茂　振＝KAZUMI-BOY、人澄賢也、田井中智子　美＝太田創　照＝成瀬一裕　衣＝前田文子　HM＝富岡克之　響＝山本浩一　指＝塩田明弘　演助＝末永陽一　舞監＝廣田進　PC＝小熊節子　P＝岡本義次、服部優希　出＝リサ・ヴァルトベルク：瀬奈じゅん、アクセル・スタウダッハ：橋本さとし、フレッド・ホフマン：泉見洋平、コスタ・アントニディス：戸井勝海、フロリアン・スタウダッハ：吉井一肇、石川新太、船長：阿部裕、主任客席長：武岡淳一、オットー・スタウダッハ：村山国夫、マリア・ヴァンルベルク：浅丘ルリ子

▶平成19(2007)年、ドイツのハンブルグで初演。ウド・ユルゲンスの曲でつづるジュークボックス・ミュージカル。ニューヨーク行きの船の中で繰り広げられる恋と人情の大混戦を描く。同年、旭日小綬章を受章した浅丘ルリ子がミュージカルに挑戦。東日本大震災の義援金募金約320万円が桃・柿育英会に贈られた。

### 11月27日～12月24日

### 《ミュージカル》ダンス オブ ヴァンパイア

原＝映画「The Fearless Vampire Killers」Courtesy of Turner Entertainment. Co.　音＝ジム・スタインマン　脚・歌詞＝ミヒャエル・クンツェ　ヴォーカル・ダンス編曲＝マイケル・リード　オーケストレーション＝スティーブ・マルゴーシュ　オリジナル・プロダクション＝ウィーン劇場協会　訳＝迫光　訳・訳詞＝竜真知子　演＝山田和也　音監＝甲斐正人　振＝上島雪夫　美＝堀尾幸男　照＝服部基衣＝有村淳　HM＝宮内宏明　音＝大坪正仁　歌指＝矢部玲司、ちあきしん　舞監＝廣田進　演助＝小川美也子　指＝西野淳　PC＝小熊節子　P＝岡本義次、齋藤安彦　出＝クロロック伯爵：山口祐一郎、サラ：知念里奈、高橋愛、アルフレート：浦井健治、山崎育三郎、シャガール：コング桑田、レベッカ：阿知波悟美、クコール：駒田一、ヘルベルト：馬場徹、伯爵の化身：新上裕也、森山開次、マグダ：Jennifer、アブロンシウス教授：石川禅

▶平成18(2006)年初演時、千穐楽には当日券を求めて劇場に1200人の観客が詰めかけた。そんな熱狂的ヒット作が帝劇開場100周年の掉尾を飾った。東日本大震災の義援金募金、約600万円は、みやぎ子供育英募金、いわての学び希望基金、「ふんばろう東日本支援プロジェクト」に寄付。

売上金の全額、約1318万円を日本赤十字社に全額寄付／[宣伝イベント]10月14日「ニューヨークに行きたい!!」

## 2012 平成24年

# 新たな100年スタート

## ユーミン×帝劇シリーズがスタート
## 松本幸四郎の『ラ・マンチャの男』は通算1200回達成

竹島や尖閣諸島の問題がクローズアップ、5月には国内原発が全て停止するなど国民が政治を注視する中、12月には政権交代も。演劇界では、山田五十鈴、森光子、春日野八千代ら昭和を彩った大女優たちが鬼籍に入り、中村雀右衛門、中村勘三郎と歌舞伎界の大看板が相次いで他界。映画「テルマエ・ロマエ」(監督=武内英樹)、「アベンジャーズ」(監督=ジョス・ウェドン)などがヒット。

『新春 滝沢革命』中山優馬、滝沢秀明、錦織一清

『Endless SHOCK』
上／越岡裕貴、堂本光一、福田悠太
左／堂本光一、神田沙也加

### 1月1日～29日

**《ミュージカル》**
**新春 滝沢革命**

作・構・演=ジャニー喜多川　振=SANCHE、川崎悦子、HIDEBOH、坂見誠二、八木雅　イリュージョン・アドバイザー=フランツ・ハラーレイ　AC=諸鍛治裕太　FC=松藤和広　フライング・コリオグラファー=山中陽子　装=石井みつる　照=勝柴次朗　照明ムービング=梅村純　映像ディレクター=鈴木岳人　音響プランナー=山口剛史　衣=桜井久美　音楽ディレクター=長谷川雅大、伊豫部準二、川崎竜太　演補=森泉博行　演助=齋藤安彦、山崎あきら　PM=小林清孝　P=田口豪孝、坂本義和　出=滝沢秀明、中山優馬、戸塚祥太(A.B.C-Z)、They武道、岩本照、深澤辰哉、佐久間大介、渡辺翔太、宮舘涼太、木南晴夏、紫吹淳(特別出演)、錦織一清(特別出演)

▶滝沢秀明作曲の15分48秒にも及ぶ大作、〈滝沢組曲〉披露。滝沢の音楽的な才を表しただけでなく、紀伊国熊野を舞台とした物語をサウンドに取り入れ、壮大な世界観を音楽と舞踊で魅せた名シーンに。また、滝沢らが得意とする殺陣のシーンでお馴染みなのが水の演出。水量は初演より5トン、7トン、15トンと帝劇舞台の限界へ到達したが、本作では地下プールから水を吸い上げるホースの数を倍増させ、放水量毎分30トンを実現。滝、雨、噴水、霧と演劇史上最大の水演出を得て、超絶限界なスペクタル・エンターテインメント作品となった。

### 【主な出来事】

- 5月22日 東京スカイツリーが開業。自立電波塔として世界一の高さ。
- 8月29日 宝塚歌劇団の重鎮・春日野八千代(俳優)没。享年96。
- 7月1日 東京・めぐろパーシモンホールを皮切りに、新演出版『ミス・サイゴン』開幕。
- 10月8日 山中伸弥教授がノーベル生理学・医学賞を受賞。
- 11月10日 森光子(俳優)没。享年92。
- 11月28日 12月21日の映画「レ・ミゼラブル」公開に先立ち、映画版と舞台版のコラボイベント開催。ヒュー・ジャックマン、アン・ハサウェイ、アマンダ・セイフライド、トム・フーパー監督、キャメロン・マッキントッシュ、日本版『レ・ミゼラブル』舞台キャストが登壇。舞台版キャストによる楽曲披露、観客2500人による〈民衆の歌〉の合唱も。
- 12月5日 十八代目中村勘三郎没。享年57。

### 2月7日～4月30日

**Endless SHOCK**

作・構・演=ジャニー喜多川　音=堂本光一、船山基紀、佐藤泰将、チャールズ・ストラウス、マーク・デイヴィス　振=トラヴィス・ペイン、ステイシー・ウォーカー、SANCHE、川崎悦子、HIDEBOH、花柳寿楽、稙田成吾、赤坂麻里　イリュージョン=フランツ・ハラーレイ　AC=諸鍛治裕太　FC

『エリザベート』上段左／瀬奈じゅん　上段中／平方元基、山口祐一郎　上段右／マテ・カマラス　中段左／石川禅　中段左から2番目／春野寿美礼　中段中／大野拓朗
下段左／髙嶋政宏、加藤清史郎　下段中／岡田浩暉　下段右／今井清隆、瀬奈じゅん

=松藤和広　照=勝柴次朗　照明ムービング=梅村純　装=石井みつる　映像ディレクター=鈴木岳人　音響プランナー=山口剛史　衣=泉繭子　音楽ディレクター=長谷川雅大、伊豫部準二　PM=小林清孝　P=田口豪孝、坂本義和　演補=齋藤安彦　出=堂本光一、内博貴、町田慎吾、米花剛史、ふぉ〜ゆ〜、神田沙也加、石川直、植草克秀（特別出演）他
▶初の博多座公演で幕を開けた平成24（2012）年は、2月7日から4月30日の3ヵ月に渡って帝劇公演を開催。リカ役を神田沙也加が務めたこの年の公演回数は105回。『SHOCK』シリーズ史上最多を記録した。トラヴィス・ペイン氏振付による〈Higher〉も登場。コウイチとライバル役のコントラストをより際立たせる名シーンになり、これ以降も上演され続けることになった。また2月7日の帝劇公演初日には療養中の森光子から堂本光一へ笑顔の写真が贈られる出来事が。『SHOCK』シリーズを愛し続けた森は、11月10日に逝去した。

### 5月9日〜6月27日

**ウィーン初演20周年記念公演**
**《ミュージカル》エリザベート**

脚・詞=ミヒャエル・クンツェ　音・編=シルヴェスター・リーヴァイ　オリジナルプロダクション=ウィーン劇場協会　制作協力=宝塚歌劇団　演・訳詞=小池修一郎　音監=甲斐正人　美=堀尾幸男　照=勝柴次朗　振=島﨑徹、麻咲梨乃　衣=朝月真次郎　HM=坂井一夫、富岡克之　響=渡邉邦夫　映像=奥秀太郎　演助=小川美也子、末永陽一　舞監=廣田進　指=西野淳　PC=小熊節子　P=岡本義次、坂本義和　後=オーストリア大使館　協=オーストリア航空　ウィッグ製作技術協力=アデランス　賛=読売新聞　出=エリザベート：春野寿美礼、瀬奈じゅん、トート：山口祐一郎、石丸幹二、マテ・カマラス、フランツ・ヨーゼフ：石川禅、岡田浩暉、ルドルフ：大野拓朗、平方元基、古川雄大、ゾフィー：寿ひずる、杜けあき、マックス：今井清隆、ルイジ・ルキーニ：髙嶋政宏 他
▶エリザベート役は前回公演に続いての瀬奈じゅんと、初参加の春野寿美礼。トート役は初演から務める山口祐一郎、前回から続投の石丸幹二に加え、ハンガリー版・ウィーン再演版でトート役を演じ、ウィーン・カンパニーの『エリザベート』来日公演のトート役として日本のファンにも人気があったマテ・カマラスが全編日本語で挑んだ。またトリプルキャストのルドルフ役は全員が新キャストとなり、大野拓朗、平方元基、古川雄大の3人が抜擢。さらにこの頃、子役として圧倒的知名度を誇っていた加藤清史郎が少年ルドルフ役として出演したのも注目を集めた。

### 7月5日〜29日

**《ミュージカル》**
**ルドルフ ザ・ラスト・キス**

原=フレデリック・モートン著「A Nervous Splendor」「ルドルフ ザ・ラスト・キス」（集英社文庫刊）　音=フランク・ワイルドホーン　脚・詞=ジャック・マーフィ　追加歌詞=ナン・ナイトン　演=デヴィッド・ルヴォー　訳=迫光　訳・詞=竜真知子　装=マイク・ブリットン　振=ジョン・オコ

2012 ── 平成24年

243

『ルドルフ ザ・ラスト・キス』左／井上芳雄、和音美桜　右／井上芳雄（上）

ネル　照＝小川幾雄　衣＝前田文子　HM＝野澤幸雄　響＝山本浩一　指＝塩田明弘　舞監＝廣田進　演助＝上田一豪　PC＝小熊節子　P＝岡本憲次、吉田訓和、小嶋麻倫子　出＝ルドルフ：井上芳雄、マリー・ヴェッツェラ：和音美桜、ステファニー：吉沢梨絵、ターフェ：坂元健児、ラリッシュ：一路真輝、フランツ・ヨーゼフ：村井國夫　他

▶オーストリア皇太子ルドルフが男爵令嬢マリー・ヴェッツェラとマイヤーリンクで心中した事件を題材にした、ウィーン制作のミュージカル。日本では宮本亜門の演出、井上芳雄主演で平成20（2008）年に初演されたが、主演の井上はそのままに、ウィーン版を手掛けたデヴィッド・ルヴォーの演出で装いも新たに再登場。演出だけでなく脚本・訳詞、登場人物含めストーリー構成も大きく刷新された。ウィーンから空輸した、深紅の美しい舞台装置もインパクトがあった。

### 8月3日〜25日
《ミュージカル》ラ・マンチャの男

脚＝デール・ワッサーマン　詞＝ジョオ・ダリオン　音＝ミッチ・リー　訳＝森岩雄、高田蓉子　訳詞＝福井峻　演＝松本幸四郎　演出スーパーバイザー＝宮﨑紀夫　振・演出＝エディ・ロール（日本初演）振＝森田守恒　装＝田中直樹　照＝吉井澄雄　音響設計＝本間明　衣＝宇野善子　音監・歌指＝山口琇也　音監・指＝塩田明弘　演助＝岡本栄策　舞監＝菅田幸夫　P＝齋藤安彦　賛＝読売新聞　出＝セルバンテス／ドン・キホーテ：松本幸四郎、アルドンザ：松たか子、従僕／サンチョ：駒田一、アントニア：松本紀保、神父：石鍋多加史、家政婦：荒井洸子、床屋：祖父江進、カラスコ：福井貴一、宿屋の主人：上條恒彦　他

▶松本幸四郎がライフワークとしてきた不朽の名作ミュージカル。約10年ぶりに松本紀保がアントニア役として出演、アルドンザ役の松たか子とともに、久々の父娘3人の共演となった。8月19日、幸四郎70歳の誕生日当日に公演は通算1200回に到達。脚本の故デール・ワッサーマンの「この作品にふさわしい人に渡してほしい」という遺志により、）昭和41（1966）年にトニー賞を受賞した際のトロフィーがワッサーマン夫人から幸四郎に贈られた。

### 9月3日〜29日
DREAM BOYS

オリジナル作・構・演＝ジャニー喜多川　振＝SANCHE、川崎悦子、八木雅、野村奈々、TAMMY LYN、中村圭祐　AC＝諸鍛治裕太　FC＝松藤和広　フライング・コリオグラファー＝半澤友美　装＝石井みつる　照＝勝柴次朗　照明ムービング＝梅村純　映像＝鈴木岳人　響＝山口剛史　衣＝四方

左／『ラ・マンチャの男』駒田一、松本幸四郎、松たか子　右／『DREAM BOYS』亀梨和也

修平　音楽プロデューサー＝長谷川雅大、伊豫部準二　PM＝小林清孝　P＝田口豪孝、齋藤安彦　演出補＝森泉博行　出演＝亀梨和也、玉森裕太、八乙女光、ジャニーズJr.、樹里咲穂、鳳蘭 他

▶中国河北省滄州市雑技団直伝の新しいフライングを学び、舞台上で成功させてきた亀梨和也がさらなる進化を遂げ、今作では客席前方で大回転。ポスターデザインにも携わり、後輩たちの話にも耳を傾け、進化し続ける『DREAM BOYS』の新しい礎を作り上げた亀梨は本公演で主演卒業となった。ストーリーの核にある"絆"を明確に打ち出し、同テーマはその後の『DREAM BOYS』にも引き継がれている。またこの年、初めてチャンプ役を担った玉森裕太は自身の個性を活かして"静なるチャンプ"を生み出した。

### 10月7日〜31日

《ユーミン×帝劇》
**純愛物語 meets YUMING 8月31日 〜夏休み最後の日〜**

脚・演＝松任谷正隆　脚本補綴・演出アドバイザー＝荻田浩一　音監＝武部聡志　振＝森上"Tomato"英樹　美＝松井るみ　ライティング・デザイナー＝林光政　響＝山本浩一　衣＝金澤見映　HM＝宮内宏明　松任谷由実HM＝Eita　舞監＝岡野克己、菅田幸夫　演助：鈴木ひがし　P＝小嶋麻倫子　スーパーバイザー＝坂本義和　賛＝読売新聞後＝フジテレビジョン　協＝雲母社　出＝歌・ストーリーテリング：松任谷由実、髙木千佳：貫地谷しほり、柏木一彦：吉沢悠、川口冴子：陽月華、入絵加奈子、伊藤明賢、細見大輔、小澤真利奈 他

▶これまでサーカスやシンクロナイズドスイミングなど様々なパフォーミングアーツとコラボしてきた松任谷由実が、初めて演劇とコラボレーション。松任谷正隆が脚本・演出を務め、芝居の各シーンでユーミンが自身の楽曲を熱唱するという、ミュージカルともコンサートとも異なる新たなステージが誕生した。物語は、交通事故で意識不明となった元カレが運ばれた病院になぜか呼び出された主人公が、彼の夢の中に入り、記憶の中へ旅をするというもの。貫地谷しほり、吉沢悠が中心となって贈る切ない純愛物語を、ユーミンの歌がさらに輝かせた。

『8月31日 〜夏休み最後の日〜』上／松任谷由実、吉沢悠、貫地谷しほり　下左／松任谷由実　下右／松任谷由実、貫地谷しほり

### 11月10日〜平成25(2013)年1月27日

**JOHNNYS' World**

作・構・演＝ジャニー喜多川　振＝ブライアント・ボールドウィン、SANCHE、川崎悦子、八木雅、植田成吾、鶴園正和、Take、TAMMY LYN、野村奈々　イリュージョン＝フランツ・ハラーレイ　AC＝諸鍛治裕太　FC＝松藤和広　エアリアル・コーディネーター＝多田誠　フライング・コリオグラファー＝山中陽子　装＝石井みつる　照＝勝柴次朗　照明ムービング＝梅村純　映像ディレクター＝鈴木岳人　響＝山口剛史　衣＝桜井久美　音楽プロデューサー＝長谷川雅大、伊豫部淳二　PM＝小林清孝　演助＝齋藤安彦、佐藤まゆみ　P＝田口豪孝、坂本義和　演補＝森泉博行　出＝Hey! Say! JUMP、A.B.C-Z、Sexy Zone、NYC、Kis-My-Ft2、ジャニーズJr.、滝沢秀明（1月1日〜6日）

▶"Show must go on!"の精神と、悲しみの果てにもし13月があったら……とユートピアを探し求める若者たちが歌い踊り、跳んで舞うエンターテインメントショー。Hey! Say! JUMP、A.B.C-Z、Sexy Zoneと新世代を中心にキャスティングされ、アドバイザーとして堂本光一、滝沢秀明、亀梨和也が名を連ねた。赤いスーツを纏った〈Not Enough〉やエンディングの名ナンバー〈Let's Go To Earth〉など今ではお馴染みのパフォーマンスは本公演で初披露。1月正月公演は、『JOHNNYS' World 正月はタッキーと共に』となり、滝沢秀明、中山優馬を迎えたSP公演も行われた。

『JOHNNYS' World』左／河合郁人、山田涼介　右／中島健人、佐藤勝利、菊池風磨

## 平成25年

### 新演出・新キャストで『レ・ミゼラブル』第二章スタート
### 映画のヒットも影響し"レミゼ・イヤー"に

「今でしょ!」「お・も・て・な・し」「じぇじぇじぇ」「倍返し」など、インパクトある流行語が世相を反映した2013年。
震災の影響は重く世の中を覆う中ではあるが、楽天イーグルスが初の日本一に輝き東北復興のシンボルになるなど復興への光も見えてきた。
映画「風立ちぬ」(監督=宮﨑駿)、「レ・ミゼラブル」(監督=トム・フーパー)などがヒット。

#### 2月4日~3月31日
#### Endless SHOCK

作・構・演=ジャニー喜多川　音=堂本光一、船山基紀、佐藤泰将、チャールズ・ストラウス、マーク・デイヴィス　振=トラヴィス・ペイン、ステイシー・ウォーカー、ブライアント・ボールドウィン、SANCHE、川崎悦子、花柳寿楽、八木雅、稙田成吾、赤坂麻里、ただこ、Batt　イリュージョン=フランツ・ハラーレイ　AC=諸鍛治裕太　FC=松藤和広　エアリアル・コリオグラファー=山中陽子　照=勝柴次朗　照明ムービング=梅村純　装=石井みつる　映像ディレクター=鈴木岳人　音響プランナー=山口剛史　衣=泉繭子　音楽ディレクター=長谷川雅大、伊豫部準二　PM=小林清孝　P=田口豪孝、坂本義和　演=齋藤安彦　出=堂本光一、屋良朝幸、ふぉ〜ゆ〜、山本亮太、岸優太、サントス・アンナ、石川直、前田美波里 他
▶2~3月に帝劇、4月に博多座、そして9月に初めて大阪・梅田芸術劇場での上演が行われた本年は、3月21日の公演で『SHOCK』シリーズが通算1000回公演を達成。初演『MILLENIUM SHOCK』に兄役で特別出演した東山紀之とKinKi Kidsの堂本剛がお祝いに訪れた。今やこの作品に欠かすことのできない存在となった前田美波里が初登場。また、トラヴィス・ペイン氏振付による〈Dead or Alive〉と、同氏の振付と和太鼓、パーカッション、フライングを融合した〈夢幻MUGEN〉という2つの新シーンも登場した。

#### 4月23日~7月10日(プレビュー含む)
#### 《ミュージカル》レ・ミゼラブル
❖5月3日初日

オリジナル・プロダクション製作=キャメロン・マッキントッシュ　作=アラン・ブーブリル、クロード=ミッシェル・シェーンベルク　原=ヴィクトル・ユゴー　音=クロード=ミッシェル・シェーンベルク　詞=ハーバート・クレッツマー　オリジナルフランス語脚本=アラン・ブーブリル、ジャン=マルク・ナテル　訳=酒井洋子　訳詞=岩谷時子　オリジナル・ロンドンプロダクション潤・演=トレバー・ナン、ジョン・ケアード　オリジナル編曲=ジョン・キャメロン　新編曲=クリストファー・ヤンキー　追加編曲=スティーヴン・メトカーフ、スティーヴン・ブルッカー　ミュージカル・ステージング=マイケル・アシュクロフト　映像制作=59プロダクションズ　追加衣デ=クリスティーヌ・ローランド　響=ミック・ポッター　照=ポーリー・コンスタブル　衣=アンドレアーヌ・ネオフィトウ　装・映像デザイン=マット・キンリー　原画=ヴィクトル・ユゴー　演=ローレンス・コナー、ジェームズ・パウエル　装補=アダム・ウィルトシャイアー　[日本プロダクション]　響補=アダム・フィッシャー　照補=リチャード・パホルスキー、サイモン・シェリフ　ミュージカル・スーパーヴァイザー=スティーヴン・ブルッカー、山口琇也　演補=エイドリアン・サーブル　AC=トマス・シェーンベルク　プロダクション・コンサルタント=ジェリー・ドナルドソン　演助=鈴木ひがし、渡邉さつき　舞監=菅田幸夫　指=若林裕治　P=田口豪孝、坂本義和　賛=読売新聞　後=フジテレビジョン　協=日本航空　出=ジャン・バルジャン:キム・ジュンヒョン、福井晶一、吉原光夫、ジャベール:川口竜也、吉原光夫、福井晶一、鎌田誠樹、エポニーヌ:笹本玲奈、昆夏美、平野綾、綿引さやか、ファンテー

『Endless SHOCK』堂本光一、屋良朝幸

### 【 主な出来事 】

- 1月11日　政府が大型の緊急経済対策を打ち出す。「アベノミクス」具現化へ。
- 1月21日　「『レ・ミゼラブル』ファンの集い~新たなキャストを迎えて~」を帝劇で開催。
- 4月2日　東京・銀座の歌舞伎座が新開場。建物としては5代目。
- 5月5日　日生劇場で「マイ・フェア・レディ」開幕。日本初演から50年のアニバーサリーイヤー公演で、イライザ役は霧矢大夢と真飛聖。
- 5月8日　井上芳雄、浦井健治、山崎育三郎によるユニット「StarS」がCDデビュー。11月11日には日本武道館での公演も。
- 6月26日　富士山が世界文化遺産に登録される。
- 9月7日　2020年夏季オリンピックの開催都市が日本の東京に決定。

『レ・ミゼラブル』左上／プロローグ　左下／福井晶一　右／鎌田誠樹、笹本玲奈、上原理生、山崎育三郎

『レ・ミゼラブル』左／山崎育三郎　中／福井晶一　右／吉原光夫

『レ・ミゼラブル』左／吉原光夫、福井晶一　右上／加藤清史郎　右下／駒田一、森公美子

ヌ：知念里奈、和音美桜、里アンナ、コゼット：青山郁代、磯貝レイナ、若井久美子、マリウス：山崎育三郎、原田優一、田村良太、テナルディエ：駒田一、KENTARO、萬谷法英、マダム・テナルディエ：森公美子、浦嶋りんこ、谷口ゆうな、アンジョルラス：上原理生、野島直人、杉山有大　他

▶長年愛されたロンドン・オリジナル演出版での上演が前回で終わり、ロンドン25周年を機に登場した"新演出版"がこの年から登場。舞台装置、照明、音響、衣裳からキャラクターの描き方まで一新された。新演出にともない、全キャストがオーディションで決定。応募総数15000人という激戦の中、選ばれた出演者はバルジャン役にキム・ジュンヒョン、吉原光夫、福井晶一（山口祐一郎は上演前に体調不良で降板）、ジャベール役に吉原、福井、川口竜也、鎌田誠樹。またガブローシュ役に大人気子役の加藤清史郎もキャスティング。大いに盛り上がり、この公演の出演者・スタッフ一同で、第39回菊田一夫演劇賞大賞を受賞した。

『二都物語』左／井上芳雄、すみれ、浦井健治　右／井上芳雄、浦井健治

### 7月18日～8月26日
#### 《ミュージカル》二都物語

原＝チャールズ・ディケンズ　脚・詞・曲＝ジル・サントリエロ　追加音楽＝フランク・ワイルドホーン　訳・演＝鵜山仁　訳詞＝佐藤万里　音監＝八幡茂　ステージング＝田井中智子　美＝島次郎　照＝服部基　衣＝前田文子　HM＝富岡克之　響＝渡邉邦夫　ア＝渥美博　演助＝末永陽一　舞監＝廣田進　指＝西野淳　P＝岡本義次、吉田訓和　賛＝読売新聞　出＝シドニー・カートン：井上芳雄、チャールズ・ダーニー：浦井健治、ルーシー・マネット：すみれ、マダム・ドファルジュ：濱田めぐみ、ドファルジュ：橋本さとし、ドクター・マネット：今井清隆、バーサッド：福井貴一、ジェリー・クランチャー：宮川浩、サン・テヴレモンド侯爵：岡幸二郎　他

▶文豪チャールズ・ディケンズの小説をミュージカル化し、平成19（2007）年にアメリカで初演され、翌年にはブロードウェイに進出した作品の日本初演。フランス革命期の動乱の中、パリとロンドンを舞台に、ふたりの青年とひとりの美しい娘のドラマチックなラブロマンスが描かれた。主人公のシドニー・カートンは井上芳雄、フランスの亡命貴族チャールズ・ダーニー役は浦井健治。この春「StarS」としてCDデビューを果たした彼らがミュージカルの舞台としては5年ぶりに共演し、大いに話題になった。

『二都物語』濱田めぐみ、橋本さとし

### 9月5日～29日
#### DREAM BOYS JET

作・構・演＝ジャニー喜多川　振＝SANCHE、川崎悦子、八木雅、鶴園正和、Shin.1、TAMMY LYN、PERA　AC＝諸鍛治裕太　FC＝松藤和広　フライング・コリオグラファー＝宮内敦子　装＝石井みつる　照＝勝柴次朗　照明ムービング＝梅村純　映像＝鈴木岳人　響＝山口美鈴　衣＝桜井久美　音楽プロデューサー＝長谷川雅大、伊豫部淳二　音楽ディレクター＝蓮井真人　P＝田口豪孝、坂本義和　演補＝森泉博行　出＝玉森裕太、千賀健永、宮田俊哉、鳳蘭、近藤真彦（特別出演）、ジャニーズJr.　他

▶亀梨和也から玉森裕太座長、千賀健永、宮田俊哉の3人が受け継いだ新生『DREAM BOYS』は近藤真彦を迎え、モータースポーツ界に舞台を移して『DREAM BOYS JET』に。近藤主宰のレーシングチームの協力によって、実物のレーシングカーが帝劇のステージに登場。疾走感をフルに感じさせ、Kis-My-Ft2の3人はローラースケートパフォーマンスでもスピーディーな技を見せた。実物のレーシングカーを使用したレースシーンは近藤が監修を務め、ドライバーを玉森、千賀、メカニックを宮田が担当し繰り広げられた。

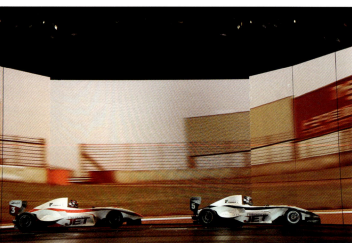

『DREAM BOYS JET』左／宮田俊哉、千賀健永、玉森裕太、近藤真彦　右／舞台上を疾走するレーシングカー

『エニシング・ゴーズ』上／田代万里生、瀬奈じゅん、鹿賀丈史　左下／鹿賀丈史、瀬奈じゅん、田代万里生　右下／大澄賢也、保坂知寿

### 10月7日〜28日
《ミュージカル》
#### エニシング・ゴーズ
詞・曲＝コール・ポーター　オリジナル脚＝P・G・ウドハウス、ガイ・ボルトン、ハワード・リンゼイ、ラッセル・クラウス　新脚＝ティモシー・クラウス、ジョン・ワイドマン　新版製作＝リンカーンセンター・シアター　上演台本・演＝山田和也　訳詞＝高橋亜子　音監＝甲斐正人　振＝KAZUMI-BOY、大澄賢也　振・タップ指導＝佐々木有子　装＝松井るみ　照＝髙見和義　衣＝前田文子　HM＝富岡克之　響＝山本浩一　舞監＝廣田進　演助＝末永陽一　指＝塩田明弘　P＝岡本義次　ウィッグ製作技術協力＝アデランス　出＝リノ：瀬奈じゅん、ビリー：田代万里生、ホープ：すみれ、アーマ：玉置成実、オークリー卿：吉野圭吾、ホイットニー：大澄賢也、ハーコート夫人：保坂知寿、ムーンフェイス：鹿賀丈史 他

▶昭和9(1934)年にブロードウェイで初演、平成23(2011)年にはトニー賞でリバイバル・ミュージカル賞ほか3冠に輝いたミュージカル・コメディの傑作。コール・ポーターの名曲に乗せ、豪華客船を舞台に、ナイトクラブのスター歌手リノや指名手配中のギャング・ムーンフェイスら個性的な登場人物が繰り広げる、恋ありドタバタありの楽しい物語。日本では）平成元(1989)年の日生劇場公演以降、大地真央主演でたびたび上演されているが、キャストを一新して17年ぶりに登場。主役のリノは瀬奈じゅんが務めた。

### 11月4日〜27日
《ミュージカル》
#### レ・ミゼラブル 凱旋公演
作＝アラン・ブーブリル、クロード＝ミッシェル・シェーンベルク　原＝ヴィクトル・ユゴー　詞＝ハーバード・クレッツマー　オリジナル・プロダクション製作＝キャメロン・マッキントッシュ　演＝ローレンス・コナー、ジェームズ・パウエル　訳＝酒井洋子　訳詞＝岩谷時子　P＝田口豪孝、坂本義和　賛＝読売新聞　後＝フジテレビジョン　協＝日本航空　出＝ジャン・バルジャン：福井晶一、吉原光夫、ジャベール：川口竜也、吉原光夫、福井晶一、鎌田誠樹、エポニーヌ：笹本玲奈、昆夏美、平野綾、綿引さやか、ファンテーヌ：知念里奈、和音美桜、里アンナ、コゼット：青山郁代、磯貝レイナ、若井久美子、マリウス：山崎育三郎、原田優一、田村良太、テナルディエ：駒田一、KENTARO、萬谷法英、マダム・テナルディエ：森公美子、浦嶋りんこ、谷口ゆうな、アンジョルラス：上原理生、野島直人、杉山有大 他

▶約3ヵ月の帝劇公演が即日完売した新演出版『レ・ミゼラブル』が福岡、大阪、名古屋を経て凱旋。12年末に公開されたヒュー・ジャックマン主演の映画版もロングヒットを続け、舞台版も演出が一新されての上演と"レミゼ・イヤー"となった平成25(2013)年の締めくくりを華々しく飾った。初日には劇場ロビーでオープニングイベントも開催。

### 12月7日〜平成26(2014)年1月27日
#### JOHNNYS' 2020（トニトニ）WORLD
作・構・演＝ジャニー喜多川　振＝ブライアント・ボールドウィン、SANCHE、川崎悦子、八木雅、鶴園正和、Take、中村圭祐、野村奈々　イリュージョン＝フランツ・ハラーレイ　AC＝清水大輔　FC＝松藤和広　エアリアル・コーディネーター＝多田誠　装＝石井みつる　照＝勝柴次朗　照明ムービング＝梅村純　映像ディレクター＝鈴木岳人　響＝山口剛史　衣＝桜井久美　音楽プロデューサー＝長谷川雅大、伊豫部淳二　P＝田口豪孝、坂本義和　演補＝森泉博行　出＝Sexy Zone（佐藤勝利、中島健人、菊池風磨）、A.B.C-Z（橋本良亮、戸塚祥太、河合郁人、五関晃一、塚田僚一）、藪宏太(HeySayJUMP!)、ジャニーズJr.

▶令和2(2020)年の東京オリンピックにいち早く注目し、スポーツやアクロバットの演出をふんだんに取り入れた。平和の祭典は悲劇を乗り越えてきたからこそ……というメッセージは変わらず、タイタニック号沈没、ヒンデンブルク号爆発、戦争からの復興など、歴史的な演出は初演から引き継がれ、シリーズの要になっていく。主演はSexy Zone、A.B.C-Z。プロデューサー役には藪宏太。若さの煌めきと、恐るべき身体能力が一体となって迫力満点。フライングの数々にも目を奪われたショーとなった。

『JOHNNYS' 2020（トニトニ）WORLD』河合郁人、戸塚祥太、橋本良亮、中島健人、佐藤勝利、塚田僚一、菊池風磨、五関晃一

# 平成26年

## 新作ミュージカル『レディ・ベス』世界初演
## 『ミス・サイゴン』は新演出版が帝劇に初登場

国内ではSTAP細胞をめぐる騒動に国民の関心が集まり、広島豪雨や御嶽山噴火など大きな自然脅威も立て続けに発生し、落ち着かない一年。
韓国で大型旅客船セウォル号が全羅南道珍島沖で転覆・沈没。
エンタメ界では長寿番組「笑っていいとも！」が終了、「アナと雪の女王」(監督=クリス・バック、ジェニファー・リー)が大ヒット。
映画はほかに「永遠の0」(監督=山崎貴)、「トランスフォーマー/ロストエイジ」(監督=マイケル・ベイ)などがヒット。

『Endless SHOCK』堂本光一、屋良朝幸

『Endless SHOCK』入来茉里、森公美子、屋良朝幸、堂本光一

### 2月4日～3月31日

### Endless SHOCK

作・構・演=ジャニー喜多川　音=堂本光一、船山基紀、佐藤泰将、チャールズ・ストラウス、マーク・デイヴィス　振=トラヴィス・ペイン、ステイシー・ウォーカー、ブライアント・ボールドウィン、SANCHE、川崎悦子、花柳寿楽、赤坂麻里、ただこ、Batt　イリュージョン=フランツ・ハラーレイ　AC=諸鍜治裕太　FC=松藤和広　エアリアルコリオグラファー=山中陽子　照=勝柴次朗　照明ムービング=梅村純　装=石井みつる　映像ディレクター=鈴木岳人　音響プランナー=山口剛史　衣=泉繭子　音楽ディレクター=長谷川雅大、伊豫部準二　舞監=三宅崇司　P=田口豪孝、坂本義和　演補=齋藤安彦　出=堂本光一、屋良朝幸、ふぁ～ゆ～、山本亮太、岸優太、入来茉里、石川直、森公美子　他

▶前年に続き、帝劇、梅田芸術劇場(9月)、博多座(10月)の3ヶ所で上演。10月26日の博多座公演で『SHOCK』シリーズ通算1208回公演を達成。当時の単独主演記録だった松本幸四郎主演『ラ・マンチャの男』(1207回)を超え、堂本光一がミュージカル単独主演記録の第1位を樹立した。

### 4月11日～5月24日(プレビュー含む)

### 《ミュージカル》レディ・ベス
✧ 4月13日初日

脚・詞=ミヒャエル・クンツェ　音・編=シルヴェスター・リーヴァイ　演・訳詞=小池修一郎　訳=薛珠麗　音監=甲斐正人　振=桜木涼介　美=二村周作　照=笠原俊幸　響=山本浩一　映像=奥秀太郎　衣=生澤美子　HM=富岡克之　指=上垣聡　ジャグリング指導=謳歌-Ouka-　演助=小川美也子、末永陽一　舞監=廣田進　PC=小熊節子　P=岡本義次、服部優希、篠崎勇己　賛=読売新聞　ウィッグ製作技術協力=アデランス　出=レディ・ベス：平野綾、花總まり、ロビン・ブレイク：山崎育三郎、加藤和樹、メアリー・チューダー：未来優希、吉沢梨絵、フェリペ：平方元基、古川雄大、アン・ブーリン：和音美桜、シモン・ルナール：吉野圭吾、ガーディナー：石川禅、キャット・アシュリー：涼風真世、ロジャー・アスカム：石丸幹二、山口祐一郎　他

▶『エリザベート』『モーツァルト！』などを手掛けたウィーン発ミュージカルのクリエイター、ミヒャエル・クンツェとシルヴェスター・リーヴァイのコンビによる新作が帝劇で誕生。約45年もの長きにわたってイギリスを統治した女王・エリザベス1世の青春時

### 【主な出来事】

- 4月1日　17年ぶりに消費税が増税、5％から8％に。
- 4月5日　100周年を迎えた宝塚歌劇団が「100周年記念式典」を開催。秋篠宮同妃両殿下も列席した。
- 6月27日　『レ・ミゼラブル』を日本初演から支えた斎藤晴彦(俳優)没。享年73。
- 10月7日　ノーベル物理学賞に、青色発光ダイオードを開発した赤崎勇、天野浩、中村修二3教授が決定。
- 11月1日　宝塚歌劇団OGが"世界初・女性のみ"でブロードウェイミュージカル『CHICAGO』を東京国際フォーラム・ホールCで上演。翌々年7月にはニューヨーク公演も実施。
- 11月10日　高倉健(俳優)没。享年83。

『レディ・ベス』花總まり　　『レディ・ベス』加藤和樹、平野綾　　『レディ・ベス』

『レディ・ベス』山口祐一郎、山崎育三郎　　『レディ・ベス』涼風真世、石丸幹二、平野綾

代を描く。タイトルロールには、平野綾と花總まり。相手役の吟遊詩人ロビンは、着実にキャリアを積んできた山崎育三郎と、これが帝劇初出演となる加藤和樹が務めた。またベスの家庭教師であるアスカムはダブルキャストで山口祐一郎と石丸幹二が演じるなど、錚々たるキャストが揃い、世界初演の大作を届けた。

### 6月1日〜7月8日

《ミュージカル》
**シスター・アクト**
〜天使にラブ・ソングを〜
音＝アラン・メンケン　歌＝グレン・スレイター　脚＝チェリ・シュタインケルナー、ビル・シュタインケルナー　演＝山田和也　訳・訳詞＝飯島早苗　音監＝八幡茂　美＝松井るみ　照＝髙見和義　響＝山本浩一　衣＝前田文子　振＝田井中智子、大澄賢也　HM＝富岡克之　指＝塩田明弘　演助＝鈴木ひがし　舞監＝佐藤博　PC＝小熊節子　P＝岡本義次、関恭一　賛＝読売新聞　後＝テレビ朝日　出＝デロリス・ヴァン・カルティエ：瀬奈じゅん、森公美子、エディ・サウザー：石井一孝、カーティス・ジャクソン：大澄賢也、吉原光夫、オハラ神父：村井國夫、修道院長：鳳蘭　他

▶『天使にラブ・ソングを…』の邦題で大ヒットした映画をもとに、平成21（2009）年にロンドンで初演されたミュージカル。黒人クラブ歌手のデロリスが、ある殺人事件を目撃したことでギャングに追われ、逃げ込んだ修道院で巻き起こる大騒動を描く。元宝塚トップスターの瀬奈じゅんと、バラエティ番組などでも親しまれている森公美子、まったくタイプの異なるふたりの女優がダブルキャストで主演したことも話題に。ノリが良く楽しい音楽と爽快なストーリーで大いに盛り上がり、客席が総立ちになるカーテンコールはもはやライブ！　以降、再演を重ねる作品へ成長していく。

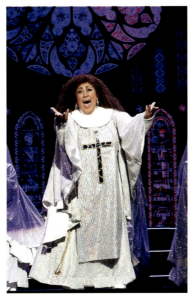

『シスター・アクト』森公美子　　『シスター・アクト』瀬奈じゅん、村井國夫、鳳蘭

『ミス・サイゴン』
左／市村正親
上／筧利夫
下／駒田一

『ミス・サイゴン』笹本玲奈

『ミス・サイゴン』知念里奈

『ミス・サイゴン』昆夏美

愛の尊さを描き出す物語。平成24（2012）年にはキャラクター造形がリアルになっただけでなく、新曲も追加、舞台装置、衣裳、照明などを刷新した"新演出版"が日本上陸。劇場設備の制約を受けず上演が可能になったため日本各地で上演、絶賛を浴びた。その"新演出版"が帝劇に初登場。エンジニア役は初演から演じ続けている市村正親と、この年から初参加の駒田一のダブルキャストだったが、市村が開幕直後に胃がんを公表し降板。8月より筧利夫が新たに加わり公演を繋いだ。なおツアー公演では映像だったヘリコプターは、帝劇では実物大のセットとして出現した。

### 7月21日～8月26日（プレビュー含む）
#### 《ミュージカル》ミス・サイゴン
❖ 7月25日初日

オリジナル・プロダクション製作＝キャメロン・マッキントッシュ　作＝アラン・ブーブリル、クロード＝ミッシェル・シェーンベルク　音＝クロード＝ミッシェル・シェーンベルク　演＝ローレンス・コナー　詞＝リチャード・モルトビー・ジュニア、アラン・ブーブリル　ミュージカル・ステージング＝ボブ・エイヴァン　オリジナルフランス語テキスト＝アラン・ブーブリル　追加振付＝ジェフリー・ガラット　追加歌詞＝マイケル・マーラー　舞台美術原案＝エイドリアン・ヴォー　訳＝信子アルベリー　訳詞＝岩谷時子　映像制作＝ルーク・ホールズ　編＝ウィリアム・デヴィッド・ブローン　衣＝アンドレアーヌ・ネオフィトウ　ミュージカル・スーパーヴァイザー＝スティーヴン・ブルッカー　照＝デヴィッド・ハーシー、ブルーノ・ポエット　響＝ミック・ポッター　舞台美術＝トッティ・ドライヴァー、マット・キンリー　響補＝アダム・フィッシャー　照補＝リチャード・ポホルスキー　演補＝ダレン・ヤップ　演助＝寺﨑秀臣　訳詞補綴＝松田直行　音監＝山口琇也　指＝若林裕治　P＝田口豪孝、齋藤安彦　賛＝読売新聞　協＝日本航空　出＝エンジニア：市村正親、筧利夫、駒田一、キム：笹本玲奈、知念里奈、昆夏美、クリス：原田優一、上野哲也、ジョン：岡幸二郎、上原理生、エレン：木村花代、三森千愛、トゥイ：泉見洋平、神田恭兵、ジジ：池谷祐子、吉田玲菜 他
▶ベトナム戦争を背景に、引き裂かれた恋人たちや混乱のサイゴンで"アメリカン・ドリーム"を追い求める者たちの姿から、戦争の虚しさ、

### 9月4日～30日
#### DREAM BOYS

作・構・演＝ジャニー喜多川　振＝SANCHE、川崎悦子、八木雅、TADAKO、TAMMY LYN、PERA　AC＝宮崎剛　FC＝松藤和広　フライング・コリオグラファー＝吉浜愛梨

『DREAM BOYS』千賀健永、玉森裕太、宮田俊哉

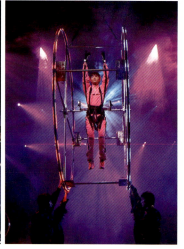

『DREAM BOYS』玉森裕太

『あなたがいたから私がいた』松任谷由実

『あなたがいたから私がいた』渡部豪太、比嘉愛未

装=石井みつる 照=勝柴次朗 照明ムービング=梅村純 映像=鈴木岳人 響=嶋田孝之 衣=桜井久美 音楽プロデューサー=長谷川雅大、蓮井真人 P=田口豪孝、坂本義和 演補=森泉博行 出=玉森裕太、千賀健永、宮田俊哉、平野紫耀、永瀬廉、髙橋海人、紫吹淳、鳳蘭、ジャニーズJr. 他

▶従来通り、物語の舞台をボクシングと芸能界に戻し、主演は玉森裕太、チャンプに千賀健永、2人の間に立つアイドルプロデューサーに宮田俊哉。想い合いながらもこじれてしまった幼なじみ3人の心情を丁寧に描き、"Kis-My-Ft2の『DREAM BOYS』は芝居色が濃い"と言われるオリジナリティを確立。チャンプの仲間役としてジュニア時代のSnow Manが活躍し、岩本照はナイフシーンで印象的な役に。また平野紫耀、永瀬廉、髙橋海人がそれぞれに役を得て、帝劇での顔見せにもなった。なお玉森の新技は"玉フラ"と名付けられた。

### 10月8日～31日
**《ユーミン×帝劇vol.2》あなたがいたから私がいた**

脚・演=松任谷正隆 美=松井るみ ライティングデザイナー=林光政、髙見和義 響=山本浩一 衣=金澤見映 振=深沢諭貴 HM=宮内宏明 松任谷由実HM=遠山直樹 映像製作=佐々木和郎、吉葉龍志郎 映像=栗山聡之 演助=鈴木ひがし、渡邉さつき 舞監=菅田幸夫 P=小嶋麻倫子 スーパーバイザー=坂本義和 賛=読売新聞 後=フジテレビジョン 協=雲母社 出=歌・ストーリーテリング:松任谷由実、園子(過去):比嘉愛未、春子:福田沙紀、栄一:渡部豪太、妙子:入絵加奈子、牧師:奥田達士、信二:石黒賢、園子(現代):藤真利子 他

▶ユーミンこと松任谷由実が演劇とのコラボで贈る、ミュージカルでもコンサートでもない「ユーミン×帝劇」シリーズ第2作。現代と太平洋戦争の末期の二つの時代を行き来する純愛物語を、ユーミンとのダブル主演に抜擢された比嘉愛未をはじめ、福田沙紀、渡部豪太、石黒賢、藤真利子らが紡いだ。劇中ではユーミンの〈守ってあげたい〉や〈春よ、来い〉などの名曲たちが歌われた。

### 11月8日～12月24日
**《ミュージカル》モーツァルト！**

脚・詞=ミヒャエル・クンツェ 音・編=シルヴェスター・リーヴァイ オリジナルプロダクション=ウィーン劇場協会 演・訳詞=小池修一郎 音監=甲斐正人 振=前田清実 美=堀尾幸男 照=勝柴次朗 響=大坪正仁 衣=有村淳 HM=宮内宏明 映像=奥秀太郎 指=西野淳 舞監=廣田進 演補=小川美也子 PC=小熊節子 P=岡本義次、坂本義和 後=オーストリア大使館 協=オーストリア航空 ウィッグ製作技術協力=アデランス 出=ヴォルフガング・モーツァルト:井上芳雄、山崎育三郎、ナンネール:花總まり、コンスタンツェ:平野綾、ソニン、ヴァルトシュテッテン男爵夫人:香寿たつき、春野寿美礼、コロレド大司教:山口祐一郎、レオポルト:市村正親 他

▶人気ミュージカルの5度目の上演。日本初演から主演している井上芳雄がヴォルフガング役として最後の出演であると告知されたこともあり、例年以上の注目が集まった。もう一人のヴォルフガングは2度目の挑戦である山崎育三郎。こちらも充実のステージを見せた。また同年の『ミス・サイゴン』を胃がん手術のため降板した市村正親がレオポルト役で本作から復帰。変わらぬ存在感で作品を包んだ。

『モーツァルト！』山崎育三郎

『モーツァルト！』井上芳雄、花總まり、市村正親

## 平成27年

# 『Endless SHOCK』が15周年
# 『エリザベート』は約10年ぶりに演出を刷新

2020年東京五輪の公式エンブレムをめぐる盗作疑惑や新国立競技場建設計画の白紙撤回など、政治不信と"炎上"構造が浮き彫りに。
演劇界では"2.5次元舞台"が大劇場でも存在感を増し、のちにヒットする『刀剣乱舞』が初めてミュージカル化されたのもこの年。
映画「ジュラシック・ワールド」(監督=コリン・トレヴォロウ)、「ベイマックス」(監督=ドン・ホール、クリス・ウィリアムズ)、
「バケモノの子」(監督=細田守)などがヒット。

『2015 新春 JOHNNYS' World』左／マリウス葉、永瀬廉、佐藤勝利、平野紫耀、中島健人、髙橋海人　右／橋本良亮、中島健人、戸塚祥太

### 1月1日〜27日

**2015 新春 JOHNNYS' World**

作・構・演＝ジャニー喜多川　振＝ブライアント・ボールドウィン、SANCHE、八木雅、鶴園正和、Take、TAMMY LYN、中村圭祐、野村奈々　TAP＝HIDEBOH、Batt　イリュージョン＝フランツ・ハラーレイ　AC＝諸鍛治裕太　FC＝松藤和広　エアリアル・コーディネーター＝多田誠　装＝石井みつる　照＝勝柴次朗　照明ムービング＝梅村純　映像＝鈴木岳人　響＝嶋田孝之　衣＝桜井久美　音楽プロデューサー＝長谷川雅大、伊豫部準二　演助＝齋藤安彦、山崎あきら　P＝田口豪孝、齋藤安彦　演補＝森泉博行　出＝Sexy Zone(佐藤勝利、中島健人)、A.B.C-Z(橋本良亮、戸塚祥太、河合郁人、五関晃一、塚田僚一)、KING(平野紫耀、永瀬廉、髙橋海人)、マリウス葉、ジェシー、ジャニーズJr.、錦織一清(特別出演)

▶初演『JOHNNYS' World』より急成長を遂げた佐藤勝利と中島健人がW座長となった。プロローグには、客席上空でキャストが輪をつくるサークルフライングが出現。客席上空で彼らが吊られて回る演出は驚きの華やかさ。プロデューサー役には錦織一清が登板し、ショーの世界を熟知した彼の言葉は深く観客の心に刺さり、エンタメの真髄が香るものに。A.B.C-Zは暦の案内人として、12のショーで表現される世界へ佐藤と中島を誘う。アクロバット、変面、噴水や壁を使ったフライングなど、目まぐるしく展開し、観る者を圧倒した。

### 2月3日〜3月31日

**Endless SHOCK 15th Anniversary**

作・構・演＝ジャニー喜多川　音＝堂本光一、船山基紀、佐藤泰将、チャールズ・ストラウス、マーク・デイヴィス　振＝トラヴィス・ペイン、ステイシー・ウォーカー、ブライアント・ボールドウィン、SANCHE、川崎悦子、花柳寿楽、赤坂麻里　イリュージョン＝フランツ・ハラーレイ　AC＝諸鍛治裕太　FC＝松藤和広　エアリアル・コリオグラファー＝山中陽子　照＝勝柴次朗　照明ムービング＝梅村純　装＝石井みつる　映像ディレクター＝鈴木岳人　音響プランナー＝山口剛史　衣＝泉蘭子　音楽ディレクター＝長谷川雅大　舞監＝三宅崇司　P＝田口豪孝、坂本義和　演補＝齋藤安彦　出＝堂

『Endless SHOCK 15th Anniversary』上／福田悠太、ラフルアー宮澤エマ、堂本光一、屋良朝幸、越岡裕貴　下／岸孝良、岸優太、福田悠太、堂本光一、越岡裕貴、諸星翔希、野澤祐樹　後方に屋良朝幸

### 【 主な出来事 】

- 1月31日　東京・渋谷にある青山劇場が閉館。
- 3月12日　渡辺謙、ミュージカル『王様と私』でブロードウェイデビュー。その後トニー賞ミュージカル部門主演男優賞にもノミネートされる。
- 3月17日　帝劇にて「『レ・ミゼラブル』×帝劇 のどじまん・思い出じまん大会」開催。
- 4月6日　ホリプロ制作『デスノート THE MUSICAL』が日生劇場で開幕。6月には韓国で、日本版のライセンス輸出による韓国人キャストによる上演も。
- 4月17日　新宿東宝ビル開業。8階に設置された実物大のゴジラヘッドも話題に。
- 10月5日　マイナンバー制度が運用開始。
- 10月5日　大村智がノーベル生理学・医学賞を受賞。翌6日には梶田隆章がノーベル物理学賞を受賞。
- 10月14日　シアタークリエにて『放浪記』開幕。長年森光子が演じてきた林芙美子役を、新たに仲間由紀恵が演じた。
- 10月7日　人気漫画を歌舞伎にしたスーパー歌舞伎Ⅱ『ワンピース』が新橋演舞場で開幕。

『レ・ミゼラブル』
左／駒田一　右／昆夏美、上山竜治、海宝直人、岸祐二

本光一、屋良朝幸、福田悠太、越岡裕貴、野澤祐樹、岸優太、諸星翔希、岸孝良、ラフルアー宮澤エマ、石川直、前田美波里　他

▶3月19日昼の部公演中に、舞台上で使用していたLEDパネルが倒れる事故が発生。翌20日の夜の部より、安全を確保するために一部演出を変更した上で公演を再開した。さらに梅田芸術劇場公演中の9月17日には、オーナー役で出演していた前田美波里が負傷し途中降板する事態に。だが、翌18日夜の部より、平成21（2009）年から平成24（2012）年までオーナー役で出演していた植草克秀が急きょ代役を務めることで公演を続行。様々なアクシデントが起こった年ではあったものの、それにより改めて『SHOCK』カンパニーの絆を感じた年にもなった。

**4月13日～6月1日（プレビュー含む）**

《ミュージカル》レ・ミゼラブル
❖ 4月17日初日

オリジナル・プロダクション製作・キャメロン・マッキントッシュ　作＝アラン・ブーブリル、クロード＝ミッシェル・シェーンベルク　原＝ヴィクトル・ユゴー　音＝クロード＝ミッシェル・シェーンベルク　詞＝ハーバート・クレッツマー　オリジナルフランス語脚本＝アラン・ブーブリル、ジャン＝マルク・ナテル　資料提供＝ジェームズ・フェントン　潤＝トレヴァー・ナン、ジョン・ケアード　訳＝酒井洋子　訳詞＝岩谷時子　オリジナル編曲＝ジョン・キャメロン　新編曲＝クリストファー・ヤンキー、スティーヴン・メトカーフ、スティーヴン・ブルッカー　ミュージカル・ステージング＝マイケル・アシュクロフト　映像制作＝59プロダクションズ　響＝ミック・ポッター　照＝ポーリー・コンスタブル　衣＝アンドレアーヌ・ネオフィトウ、クリスティーヌ・ローランド　装・映像デザイン＝マット・キンリー　原画＝ヴィクトル・ユゴー　演＝ローレンス・コナー、ジェームズ・パウエル　［日本プロダクション］響補＝ニック・グレイ　照補＝リチャード・パホルスキー　ミュージカル・スーパーヴァイザー＝スティーヴン・ブルッカー、山口琇也　演補＝エイドリアン・サーブル　AC＝トーマス・シェーンベルク　プロダクション・コンサルタント＝ジェリー・ドナルドソン　歌指＝船橋研二　演助＝鈴木ひがし、渡邉さつき　舞監＝菅田幸夫　指＝若林裕治　P＝田口豪孝、坂本義和　賛＝読売新聞　協＝日本航空　出＝ジャン・バルジャン：福井晶一、吉原光夫、ヤン・ジュンモ、ジャベール：川口竜也、吉原光夫、岸祐二、鎌田誠樹、エポニーヌ：笹本玲奈、昆夏美、平野綾、綿引さやか、ファンテーヌ：知念里奈、和音美桜、里アンナ、コゼット：若井久美子、磯貝レイナ、清水彩花、マリウス：原田優一、田村良太、海宝直人、テナルディエ：駒田一、KENTARO、萬谷法英、マダム・テナルディエ：森公美子、浦嶋りんこ、谷口ゆうな、アンジョルラス：上原理生、野島直人、上山竜治　他

▶バルジャン役は前回公演に続き吉原光夫と福井晶一、そして韓国のヤン・ジュンモが初参加。ジャベール役は二役務める吉原と、ほかに川口竜也と岸祐二と鎌田誠樹。マリウス役で海宝直人が初出演。4月16日には世界初代バルジャン役のコルム・ウィルキンソンが公演を観劇し出演者たちと交流をはかった。帝劇公演後の9月20日、静岡公演中に国内上演回数3000回に到達。

## COLUMN

## 「『レ・ミゼラブル』×帝劇 のどじまん・思い出じまん大会」

　帝国劇場は、この劇場への出演を目標とする俳優も多い、演劇人たちの聖地である。言い換えればこの舞台に立つこと＝一流の俳優の証。だが過去3度、この舞台で一般の人がパフォーマンスを行ったことがある。それが「のどじまん大会」だ。最初は2015年3月に開催された『「レ・ミゼラブル」×帝劇 のどじまん・思い出じまん大会』。ロンドン初演から30年と世間的にも『レミゼ』が盛り上がる中開催されたこの大会には、海外から含め1823通の応募があり、書類審査と2次審査を通過したファイナリスト25組が帝劇の舞台で本格的、あるいは個性的な歌唱を披露した。好評を受け2018年10月には第二回も開催、この時はなんと2024通の応募が集まった。また対象を『レミゼ』外に拡大したバージョンも開催されている。2016年5月の『集まれ！ミュージカルのど自慢』だ。こちらは地方予選も開催する力の入れようで、そのせいもあってか『レミゼのどじまん』より一層"本格派"が多かった印象だ。

　いずれも"ファン感謝祭"的要素の濃い、楽しいイベントではあっ

たが、主催者サイドは「あわよくば未来のミュージカルスターを発掘できたら」という狙いもあったのではないか。実際『レミゼのどじまん』第一回では藝大在学中の竹内将人が〈星よ〉で読売新聞社賞を受賞、『ミュージカルのど自慢』で最優秀賞に輝いた屋比久知奈は、すぐにミュージカル界で引っ張りだこになったのはご存じのとおり。『レ・ミゼラブル』アンサンブルキャスト等にも多くの人材を輩出している。このようなミュージカル界の裾野を広げる楽しい試みを、新帝劇でも期待したい。

（平野祥恵）

『エリザベート』上段左／花總まり　上段中央／城田優　上段右／井上芳雄　中段左／山崎育三郎　中段中央／蘭乃はな、古川雄大　中段右／蘭乃はな、京本大我　下段左／尾上松也　下段右／花總まり

### 6月11日～8月26日（プレビュー含む）

**《ミュージカル》エリザベート**
❖ 6月13日初日

脚・詞＝ミヒャエル・クンツェ　音・編＝シルヴェスター・リーヴァイ　オリジナルプロダクション＝ウィーン劇場協会　制作協力＝宝塚歌劇団　演・訳詞＝小池修一郎　音監＝甲斐正人　美＝二村周作　照＝笠原俊幸　衣＝生澤美子　振＝小尻健太、桜木涼介　響＝渡邉邦夫　映像＝奥秀太郎　HM＝富岡克之　演助＝小川美也子、末永陽一　舞監＝廣田進　PC＝小熊節子　P＝岡本義次、坂本義和、篠﨑勇己　後＝オーストリア大使館　協＝オーストリア航空　ウィッグ製作技術協力＝アデランス　出＝エリザベート：花總まり、蘭乃はな、トート：城田優、井上芳雄、フランツ・ヨーゼフ：田代万里生、佐藤隆紀、ルドルフ：古川雄大、京本大我、ルドヴィカ、マダム・ヴォルフ：未来優希、ゾフィー：剣幸、香寿たつき、ルイジ・ルキーニ：山崎育三郎、尾上松也　他
▶キャスト、演出、舞台美術、衣裳が一新された"新しい『エリザベート』"。タイトルロールは花總まりと蘭乃はな。これまで宝塚男役トップスター出身の俳優が演じてきた役だが、初めて娘役出身の俳優をキャスティング。トート役は平成22（2010）年版にも出演した城田がメインキャストでは唯一続投し、初演時からルドルフ役として人気を誇った井上芳雄が初めてトート役に挑んだ。ほか、ルキーニ、フランツ、ルドルフ、ゾフィーと主要キャラクターのほとんどが初役の俳優になった。

### 9月3日～30日

**DREAM BOYS**

作・構・演＝ジャニー喜多川　振＝SANCHE、川崎悦子、八木雅、Tammy Lyn、鶴園正和、野村奈々、Ryosuke　AC＝諸鍛治裕太　ボクシング・コリオグラファー＝富永研司　FC＝松藤和広　フライング・コリオグラファー＝半澤友美、松林篤美　チャイナバンジー・コーディネーター＝聶二

『DREAM BOYS』左／千賀健永、玉森裕太、宮田俊哉　右／菊池風磨、中山優馬

『ダンス オブ ヴァンパイア』左／山口祐一郎、神田沙也加　右／山口祐一郎、舞羽美海

中　装＝石井みつる　照＝勝柴次朗　照明ムービング＝梅村純　映＝鈴木岳人　響＝嶋田孝之　衣＝桜井久美　音＝長谷川雅大、蓮井真人　P＝田口豪孝、坂本義和　演補＝森泉博行　出＝玉森裕太、千賀健永、宮田俊哉、中山優馬、菊池風磨、マリウス葉、紫吹淳、鳳蘭、ジャニーズJr. 他

▶Kis-My-Ft2ツアースケジュールの都合で、玉森裕太／中山優馬、千賀健永／菊池風磨／宮田俊哉／マリウス葉という豪華なダブルキャストが実現。弟役も（現）少年忍者の川崎皇輝、ヴァサイェガ渉がダブルで務め、どちらのバージョンもメインキャストたちはのちの帝劇作品でも大活躍。同じ作品でも役の魅力を引き出すキャストが違えば、こんなにも味わいが違うものかと話題になり、あらためて本作がスターを輩出し育てる作品であることを知る。

### 10月4日～27日

### 《ミュージカル》ラ・マンチャの男

演＝松本幸四郎　脚＝デール・ワッサーマン　詞＝ジョオ・ダリオン　音＝ミッチ・リー　訳＝森岩雄、高田蓉子　訳詞＝福井峻　振・演出＝エディ・ロール（日本初演）　演出スーパーバイザー＝宮﨑紀夫　振＝森田守恒　装＝田中直樹　照＝吉井澄雄　音響設計＝本間明　衣＝宇野善子　音監＝山口琇也　音監・指＝塩田明弘　演助＝宗田良一　舞監＝菅田幸夫　P＝齋藤安彦　賛＝読売新聞　出＝セルバンテス／ドン・キホーテ：松本幸四郎、アルドンザ：霧矢大夢、従僕／サンチョ：駒田一、アントニア：ラフルアー宮澤エマ、神父：石鍋多加史、家政婦：荒井洸子、床屋／ムーア人の男：祖父江進、カラスコ博士：宮川浩、牢名主／宿屋の主人：上條恒彦 他

▶昭和40（1965）年のブロードウェイ初演から50周年、日本では初演から松本幸四郎が主演し続けている伝説のミュージカル。アルドンザ役の霧矢大夢、アントニア役のラフルアー宮澤エマが初参加。この年、幸四郎は73歳で主役のセルバンテス／ドン・キホーテを演じ、故・森繁久彌が保持していた帝劇ミュージカル公演男性座長最年長記録を更新。また本作の演技に対し、幸四郎は第70回文化庁芸術祭賞・演劇部門関東参加公演の部で大賞を受賞した。

### 11月3日～30日

### 《ミュージカル》ダンス オブ ヴァンパイア

脚・詞＝ミヒャエル・クンツェ　音＝ジム・スタインマン　オリジナル・プロダクション＝ウィーン劇場協会　演＝山田和也　訳＝迫光　訳・訳詞＝竜真知子　音監＝甲斐正人　振＝上島雪夫　美＝堀尾幸男　照＝服部基　衣＝有村淳　HM＝富岡克之　響＝大坪正仁　舞台監督＝廣田進　演助＝小川美也子　指＝西野淳　PC＝小熊節子　P＝岡本義次、篠﨑勇己　賛＝アデランス　出＝クロロック伯爵：山口祐一郎、サラ：神田沙也加、舞羽美海、アルフレート：平方元基、良知真次、マグダ：ソニン、シャガール：コング桑田、レベッカ：阿知波悟美、出雲綾、ヘルベルト：上口耕平、クコール：駒田一、ヴァンパイア・ダンサー・伯爵の化身：新上裕也、森山開次、アブロンシウス教授：石川禅 他

▶日本初演より山口祐一郎が主演する人気のミュージカルが4年ぶり4度目の登場。クロロック伯爵役の山口と、ライバル・アブロンシウス教授の石川禅は続投ながら、ヒロイン・サラと、サラに恋する青年・アルフレートはともにダブルキャストで全員が初参加。サラ役を神田沙也加と舞羽美海、アルフレート役を平方元基、良知真次が務めた。ほか、衣裳が一新されるなど細部までブラッシュアップ。初日直前の10月31日にはキャスト総出でのハロウィン・イベントが開催されるなど、ファンも巻き込み熱狂の1ヵ月公演となった。

### 12月11日～平成28(2016)年1月27日

### JOHNNYS' World

作・構・演＝ジャニー喜多川　振＝ウィリアム・ハリス、SANCHE、本床千穂、八木雅、鶴園正和、TAMMY LYN、中村圭祐、野村奈々　TAP振付＝Batt　イリュージョン＝フランツ・ハラーレイ　AC＝向田翼　FC＝松藤和広　エアリアル・コーディネーター＝多田誠　装＝石井みつる　照＝勝柴次朗　照明ムービング＝梅村純　映像ディレクター＝鈴木岳人　響＝嶋田孝之　衣＝桜井久美、吉田つた枝　音監＝長谷川雅大　演助＝齋藤安彦、山崎あきら　舞監＝馬淵だいき　P＝田口豪孝、坂本義和　演補＝森泉博行　出＝Sexy Zone（佐藤勝利、中島健人）、A.B.C-Z（橋本良亮、戸塚祥太、河合郁人、五関晃一、塚田僚一）、Mr.KING（平野紫耀、永瀬廉、髙橋海人）、内博貴、ジャニーズJr.

▶佐藤勝利、中島健人の〈New Day〉などシリーズ最多16曲の新曲が披露され、ジュニア陣はMr.KING、SixTONES、Snow Manら次世代の精鋭たちが集結して、フレッシュさと経験値が融合したパワー全開のステージ。HiHi Jetの新曲〈HiHi Jet〉はキーナンバーとなり、隅から隅までエンターテナーだらけの宴であった。プロデューサー役には内博貴、舞台での表現はお手の物のA.B.C-Zも活躍。また森進一がゲスト出演し、この公演に贈った〈ありがとう・今〉を出演者と共に歌うサプライズもあった。

『ラ・マンチャの男』左／松本幸四郎　右／霧矢大夢、上條恒彦　　　『JOHNNYS' World』

## 平成28年 2016

### 『1789 -バスティーユの恋人たち-』『王家の紋章』が初演
### 1980年代生まれの俳優たちが台頭、主演を果たす

2代目帝劇の建物竣工から50年を迎えた本年、蜷川幸雄、松本雄吉、平幹二朗と演劇界の巨星が相次いで逝去。
世界でもデヴィッド・ボウイ、プリンス、ジョージ・マイケルなど20世紀を代表するロックスターがこの世を去り、エンタメ界の世代交代を意識させられた。
映画「君の名は。」(監督＝新海誠)、「シン・ゴジラ」(総監督＝庵野秀明、監督・特技監督＝樋口真嗣)などがヒット。

#### 2月4日〜3月31日

**Endless SHOCK**

作・構・演＝ジャニー喜多川　音＝堂本光一、船山基紀、佐藤泰将、チャールズ・ストラウス、マーク・デイヴィス　振＝トラヴィス・ペイン、ステイシー・ウォーカー、ブライアント・ボールドウィン、SANCHE、川崎悦子、花柳寿楽、赤坂麻里、ただこ、BATT　イリュージョン＝フランツ・ハラーレイ　AC＝諸鍛治裕太　FC＝松藤和広　エアリアル・コリオグラファー＝山中陽子　照＝勝柴次朗　照明ムービン

『Endless SHOCK』堂本光一

『1789』夢咲ねね、加藤和樹

『1789』小池徹平

『1789』神田沙也加

『1789』広瀬友祐、花總まり

『1789』ソニン

『1789』上原理生、渡辺大輔、古川雄大

グ＝梅村純　装＝石井みつる　映像ディレクター＝鈴木岳人　音響プランナー＝山口剛史　衣＝泉繭子　音監＝長谷川雅大　舞監＝三宅崇司　P＝田口豪孝、坂本義和　演補＝齋藤安彦　出＝堂本光一、屋良朝幸、辰巳雄大・越岡裕貴(2月公演)、福田悠太・松崎祐介(3月公演)、野澤祐樹、諸星翔希、岸孝良、松倉海斗、小南満佑子、石川直、前田美波里 他
▶︎久々に帝劇のみでの公演となった2016年。3月14日夜の部にて通算1400回公演を達成。同劇場で足かけ24年間『ミス・サイゴン』に出演し続けている市村正親がお祝いに駆けつける。尊敬する大先輩の登壇を堂本光一も満面の笑顔で迎えた。

### 【 主な出来事 】

- 5月12日　蜷川幸雄(演出家)没。享年80。
- 5月26日　第42回先進国首脳会議(G7サミット)が、日本の三重県・伊勢志摩で開催。
- 5月30日　帝劇で「集まれ!ミュージカルのど自慢」開催。前年に開催された「『レ・ミゼラブル』×帝劇 のどじまん・思い出じまん大会」の拡大版。最優秀賞は〈命をあげよう〉を歌った沖縄の大学生・屋比久知奈。
- 6月10日　韓国で小池修一郎が演出を手掛けた新演出版『モーツァルト!』が開幕。
- 6月18日　維新派の松本雄吉(演出家)没。享年69。
- 7月1日　シアタークリエでミュージカル『ジャージー・ボーイズ』が開幕(6月29日よりプレビュー)。この年の読売演劇大賞にてミュージカルとして初めて最優秀作品賞に輝くなど演劇賞を総なめに。
- 9月13日　帝劇ビル竣工50周年記念イベントを開催。
- 10月23日　平幹二朗(俳優)没。享年82。

#### 4月9日〜5月15日(プレビュー含む)

《ミュージカル》
**1789 -バスティーユの恋人たち-**
❖ 4月11日初日

潤・演＝小池修一郎　Book＝Dove Attia, François Chouquet　Lyrics＝Dove Attia, Vincent Baguian, François Chouquet　Music＝Rod Janois, William Rousseau, Jean-Pierre Pilot, Olivier Schultheis, Dove Attia, Louis Delort, Laurent Delort,

François Castello、Benoit Poher、Silvio Lisbone、Manon Romit、Elio Antony　音監＝太田健　振＝桜木涼介、KAORIalive、Twiggz　美＝松井るみ　照＝笠原俊幸　響＝大坪正仁　衣＝生澤美子　HM＝富岡克之　映像＝奥秀太郎　擬闘＝栗原直樹　演助＝西祐子　舞監＝二瓶剛雄　P＝服部優希、篠﨑勇己　ウィッグ製作技術協力＝アデランス　出＝ロナン・マズリエ：小池徹平、加藤和樹、オランプ・デュ・ピュジェ：神田沙也加、夢咲ねね、マキシミリアン・ロベスピエール：古川雄大、ジョルジュ・ジャック・ダントン：上原理生、カミーユ・デムーラン：渡辺大輔、ソレーヌ・マズリエ：ソニン　シャルル・アルトワ伯：吉野圭吾、オーギュスト・ラマール：坂元健児、ハンス・アクセル・フォン・フェルセン：広瀬友祐、ラザール・ペイロール伯爵：岡幸二郎、マリー・アントワネット：花總まり、凰稀かなめ　他

▶フランス発のメガヒット・ミュージカル。フランス革命に向かう時代のパリを舞台に、貴族に父親を殺害されたことを機に革命に身を投じる農夫ロナンをはじめとする若き革命家たちの情熱と恋、そして滅びゆくフランス王朝の姿を綴るもの。主人公ロナンは小池徹平、加藤和樹のダブルキャストで、両名とも帝劇初主演。生演奏ではない打ち込みの音源を使うなど、斬新で現代的な作品が帝劇に新たな風を吹き込んだ。

### 5月22日〜6月20日

#### 《ミュージカル》天使にラブ・ソングを〜シスター・アクト〜

音＝アラン・メンケン　詞＝グレン・スレイター　脚＝チェリ・シュタインケルナー、ビル・シュタインケルナー　演＝山田和也　訳・訳詞＝飯島早苗　音監＝八幡茂　振＝田井中智子、大澄賢也　美＝松井るみ　照＝髙見和義　響＝山本浩一　衣＝前田文子　HM＝富岡克之　指＝塩田明弘　演助＝鈴木ひがし　舞監＝佐藤博　PC＝小熊節子　P＝岡本義次、関恭一　出＝デロリス・ヴァン・カルティエ：森公美子、蘭寿とむ、エディ・サウザー：石井一孝、カーティス・ジャクソン：大澄賢也、石川禅、オハラ神父：今井清隆、修道院長＝：鳳蘭　他

▶ウーピー・ゴールドバーグ主演の大ヒット映画を、ウーピー自身がプロデューサーとなりミュージカル化、世界で人気を博し日本では平成26（2014）年に初演された作品の待望の再演。主人公の黒人クラブ歌手は森公美子と蘭寿とむ。蘭寿は帝劇初出演。初演に続き、森と元宝塚トップスターのダブルキャストという構造になった。キャストの多くは初演からの続投だが、ギャングのボス・カーティス役は大澄賢也に加え、石川禅が初参加。

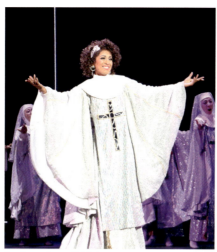
『天使にラブ・ソングを』蘭寿とむ

『天使にラブ・ソングを』森公美子、鳳蘭

### 6月28日〜7月26日

#### 《ミュージカル》エリザベート

脚・詞＝ミヒャエル・クンツェ　音・編＝シルヴェスター・リーヴァイ　オリジナルプロダクション＝ウィーン劇場協会　制作協力＝宝塚歌劇団　演・訳詞＝小池修一郎　音監＝甲斐正人　美＝二村周作　照＝笠原俊幸　衣＝生澤美子　振＝小尻健太、桜木涼介　響＝渡邉邦夫　映像＝奥秀太郎　HM＝富岡克之　演補＝小川美也子　演助＝末永陽一　舞監＝廣田進　指＝上垣聡　翻訳協力＝迫光　PC＝小熊節子　P＝岡本義次、坂本義和、篠﨑勇己　後＝オーストリア大使館　協＝オーストリア航空　ウィッグ製作技術協力＝アデランス　出＝エリザベート：花總まり、蘭乃はな、トート：城田優、井上芳雄、フランツ・ヨーゼフ：田代万里生、佐藤隆紀、ルドルフ：古川雄大、京本大我、ルドヴィカ、マダム・ヴォルフ：未来優希、ゾフィー：涼風真世、香寿たつき、ルイジ・ルキーニ：山崎育三郎、成河　他

▶前年に一新されたキャストがほぼ続投しての再演だったが、ルキーニ役の成河が初参加、平成20（2008）年にはタイトルロールを演じていた涼風真世がゾフィー役として初出演。特に小劇場出身の成河が作ったルキーニ像は鮮烈な印象を残し、同年の読売演劇大賞男優賞部門で上半期ベスト5にランクインした。なおこの年は平成8（1996）年の宝塚雪組での日本初演から数え20年目の記念の年で、宝塚OGによるガラ・コンサートなどもあり、『エリザベート』イヤーとなった。

『エリザベート』山崎育三郎、蘭乃はな

『エリザベート』花總まり、城田優

『エリザベート』佐藤隆紀、花總まり、井上芳雄、成河

『エリザベート』蘭乃はな、城田優

『王家の紋章』浦井健治

『王家の紋章』伊礼彼方、新妻聖子

『王家の紋章』平方元基、宮澤佐江、浦井健治

『王家の紋章』濱田めぐみ

『王家の紋章』山口祐一郎

### 8月3日～27日（プレビュー含む）

**《ミュージカル》王家の紋章**
❖8月5日初日

原=細川智栄子 あんど芙～みん「王家の紋章」（秋田書店「月刊プリンセス」連載） 脚・詞・演=荻田浩一 曲・編=シルヴェスター・リーヴァイ 音監=鎮守めぐみ 振=原田薫、新上裕也 美=二村周作 照=柏倉淳一 衣=前田文子 響=山本浩一 HM=馮啓孝 指=若林裕治 ファイティング=渥美博 演助=豊田めぐみ 舞監=藤崎遊 音楽コーディネーター=小熊節子 企=樋口優香 P=小嶋麻倫子 出=メンフィス:浦井健治、キャロル:宮澤佐江、新妻聖子、イズミル:宮野真守、平方元基、ライアン:伊礼彼方、アイシス:濱田めぐみ、イムホテップ:山口祐一郎 他

▶累計発行部数4000万部を誇る、少女漫画界屈指のモンスター漫画を、荻田浩一の脚本・作詞・演出、『エリザベート』のシルヴェスター・リーヴァイの音楽によりミュージカル化。古代エジプトの若き王と現代のアメリカ人少女との時空を超えたロマンスが劇場に広がった。主人公のメンフィス王は、これが帝劇初主演となる浦井健治。ヒロインのキャロルは宮澤佐江と新妻聖子がダブルキャストで務め、キャロルに嫉妬の炎を燃やすメンフィスの姉・アイシスを濱田めぐみが演じた。

### 9月3日～30日

**DREAM BOYS**

作・構・演=ジャニー喜多川 振=SANCHE、川崎悦子、Tammy Lyn、Ryosuke、SACHI AC=諸鍛治裕太 ボクシング・コリオグラファー=富永研司 エアリアル・コーディネーター=多田誠 FC=松藤和広 装=石井みつる 照=勝柴次朗 照明ムービング=梅村純 映像=鈴木岳人 響=嶋田孝之 衣=桜井久美 音=長谷川雅大 演補=森泉博行 演助=齋藤安彦、大黒靖彰 舞監=馬淵だいき P=田口豪孝、坂本義和 出=玉森裕太、千賀健永、宮田俊哉、ジャニーズJr.、紫吹淳、鳳蘭 他

▶通算上演501回を達成。玉森裕太、千賀健永、宮田俊哉に加え、

『DREAM BOYS』宮田俊哉、千賀健永、玉森裕太

『ミス・サイゴン』
左／市村正親
中左／笹本玲奈
中右／キム・スハ
右／ダイアモンド✡ユカイ

この公演限定ユニットJohnnys' 5(髙橋海人、橋本涼、井上瑞稀、猪狩蒼弥、髙橋優斗)は劇中で宮田がプロデュースするユニット、ジェットボーイズとして登場。彼らのための新曲〈Welcome To My Home Town〉も披露された。この年はラストシーンに衝撃。芝居にこだわって作り上げてきた玉森ら3人の強い希望もあり、物語によりリアリティを求めた哀しみと涙のエンディングに変更。なおこの衝撃のエンディングはこのキスマイ3人の公演時だけの、特別なものとなった。

### 10月15日～11月23日(プレビュー含む)
### 《ミュージカル》ミス・サイゴン
❖10月19日初日

オリジナル・プロダクション製作＝キャメロン・マッキントッシュ　作＝アラン・ブーブリル、クロード＝ミッシェル・シェーンベルク　音＝クロード＝ミッシェル・シェーンベルク　演＝ローレンス・コナー　詞＝リチャード・モルトビー・ジュニア、アラン・ブーブリル　ミュージカル・ステージング＝ボブ・エイヴァン　オリジナルフランス語テキスト＝アラン・ブーブリル　追加振付＝ジェフリー・ガラット　追加歌詞＝マイケル・マーラー　舞台美術原案＝エイドリアン・ヴォー　訳＝信子アルベリー　訳詞＝岩谷時子　映像制作＝ルーク・ホールズ　編＝ウィリアム・デヴィッド・ブローン　衣＝アンドレアーヌ・ネオフィトウ　ミュージカル・スーパーヴァイザー＝スティーヴン・ブルッカー　照＝デヴィッド・ハーシー、ブルーノ・ポエット　響＝ミック・ポッター　舞台美術＝トッティ・ドライヴァー、マット・キンリー　[日本プロダクション]音補＝ニック・グレイ　照補＝ウォーレン・レットン　ミュージカル・スーパーヴァイザー＝アルフォンソ・カサド・トリゴ　振補＝ベンジャミン・オズボーン　演補＝ジャン・ピエール・ヴァン・ダー・スプイ　EP＝トーマス・シェーンベルク　テクニカル・ディレクター＝ジェリー・ドナルドソン　PM＝ヘレン・ゲスト　音監＝山口琇也　演助＝寺﨑秀臣　舞監＝廣瀬泰久　指＝若林裕治　P＝田口豪孝、齋藤安彦、塚田淳一　協＝読売新聞、日本航空　出＝エンジニア：市村正親、駒田一、ダイアモンド✡ユカイ、キム：笹本玲奈、昆夏美、キム・スハ、クリス：上野哲也、小野田龍之介、ジョン：上原理生、パク・ソンファン、エレン：知念里奈、三森千愛、トゥイ：藤岡正明、神田恭兵、ジジ：池谷祐子、中野加奈子 他

▶前回公演で途中降板した"ミスター・サイゴン"市村正親がエンジニア役としてカムバック。ブランクを感じさせないパッション溢れるエンジニアを見せた。さらにエンジニアは駒田一、ダイアモンド✡ユカイのトリプルキャスト。キム役は前回から続投する笹本玲奈とキム・スハ(昆夏美は声帯結節のため休演)。キム・ハスとジジ役の中野加奈子は日本版初参加ながら、ロンドン・ウエストエンドで同役を演じている経験者。ワールドワイドなキャスティングになった。ほか、前回公演までキムを演じていた知念里奈がエレン、クリス役経験者の藤岡正明がトゥイを演じたことなども話題に。

### 12月3日～平成29(2017)年1月24日
### JOHNNYS' ALLSTARS IsLAND

作・構・演＝ジャニー喜多川　振＝SANCHE、本庄千穂、八木雅、鶴園正和、TAMMY LYN、中村圭祐、野村奈々、石田幸、KIN、祐太郎、ゆきえ　イリュージョン＝フランツ・ハラーレイ　FC＝松藤和広　エアリアル・コーディネーター＝多田誠　装＝石井みつる　照＝勝柴次朗　照明ムービング＝梅村純　映像ディレクター＝鈴木岳人　響＝嶋田孝之　衣＝桜井久美　音監＝長谷川雅大　演助＝川浪ナミヲ、齋藤安彦、山崎あきら　舞監＝馬淵だいき　P＝田口豪孝、坂本義和　演補＝森泉博行　出＝佐藤勝利、平野紫耀、永瀬廉、髙橋海人、内博貴、玉森裕太(12月公演のみ)、藤ヶ谷太輔(12月公演のみ)、戸塚祥太、塚田僚一(1月公演のみ)、橋本涼、井上瑞稀、猪狩蒼弥、髙橋優斗、ジャニーズJr.、東山紀之(特別出演)

▶"物語というよりはドキュメントのような舞台"と謳われ、佐藤勝利、平野紫耀の台詞は、まさに彼らに実際に起きたことの独白となった。2幕には東山紀之が出演。東山を中央に、オールスターズで踊った少年隊の〈仮面舞踏会〉は圧巻。また過去の『SHOCK』シリーズの劇中歌としても印象深い名曲〈Let's Go to Tokyo〉がここに復活。この曲の成り立ちを東山が語る場面も。また12月は玉森裕太、藤ヶ谷太輔、1月は戸塚祥太、塚田僚一ら、帝劇のステージで育ってきたスターたちも参加した。

『JOHNNYS' ALLSTARS IsLAND』

『JOHNNYS' ALLSTARS IsLAND』藤ヶ谷太輔、東山紀之、玉森裕太

# 平成29年

## 『レ・ミゼラブル』日本初演から30年の節目
## キャロル・キングの半生を綴った『ビューティフル』登場

森友・加計問題が発覚するなど、政権が揺れた一年。欧米ではテロが多発するなど深刻なニュースも多かったが、国内では将棋の藤井聡太四段が14歳で最多連勝記録を更新し、上野動物園でパンダのシャンシャンが産まれるなど明るい話題も。映画「美女と野獣」（監督＝ビル・コンドン）、「ラ・ラ・ランド」（監督＝デイミアン・チャゼル）などがヒット。

### 2月1日～3月31日

**Endless SHOCK**
作・構・演＝ジャニー喜多川　音＝堂本光一、船山基紀、佐藤泰将、チャールズ・ストラウス、マーク・デイヴィス　振＝トラヴィス・ペイン、ステイシー・ウォーカー、ブライアント・ボールドウィン、SANCHE、川崎悦子、花柳寿楽、赤坂麻里、野村奈々、BATT　イリュージョン＝フランツ・ハラーレイ　AC＝諸鍛冶裕太　FC＝松藤和広　エアリアル・コリオグラファー＝山中陽子　照＝勝柴次朗　照明ムービング＝梅村純　装＝石井みつる　映像ディレクター＝鈴木岳人　音響プランナー＝山口剛史　衣＝泉蕑子　音監＝長谷川雅大　P＝田口豪孝、坂本義和　演補＝齋藤安彦　出＝堂本光一、屋良朝幸、福田悠太、松崎祐介、浜中文一、寺西拓人、松田元太、松倉海斗、松浦雅、石川直、前田美波里　他
▶マイケル・ジャクソンの振付師としても知られるトラヴィス・ペインの名前を冠したグループ・Travis Japanとして令和4(2022)年にデビューを果たした松倉海斗、松田元太が揃って出演した本年。千穐楽の3月31日昼公演で通算上演回数1500回を達成した。お祝いには東山紀之と、平成26(2014)年にオーナー役を務めた森公美子が駆けつけカンパニーを労った。

『Endless SHOCK』堂本光一

『Endless SHOCK』福田悠太、堂本光一

『王家の紋章』浦井健治、新妻聖子

『王家の紋章』宮澤佐江、宮野真守

### 4月8日～5月7日

**《ミュージカル》王家の紋章**
原＝細川智栄子 あんど芙～みん「王家の紋章」（秋田書店「月刊プリンセス」連載）　脚・詞・演＝荻田浩一　曲・編＝シルヴェスター・リーヴァイ　音監＝鎮守めぐみ　振＝原田薫、新上裕也　美＝二村周作　照＝柏倉淳一　衣＝前田文子　響＝山本浩一　HM＝馮啓孝　ファイティング＝渥美博　指＝若林裕治、田邉賀一　演助＝豊田めぐみ　舞監＝藤崎遊、藤原秀明　音楽コーディネーター＝小熊節子　P＝小嶋麻倫子、樋口優香　出＝メンフィス：浦井健治、キャロル：新妻聖子、宮澤佐江、イズミル：宮野真守、平方元基、ライアン：伊礼彼方、アイシス：濱田めぐみ、イムホテップ：山口祐一郎　他

## 【 主な出来事 】

- 3月30日　東京・豊洲に「IHIステージアラウンド東京」開業。360度回転する円形劇場。運営はTBSテレビ。こけら落としは劇団☆新感線『髑髏城の七人』ロングラン。
- 4月10日　フィギュアスケートの浅田真央が2016-2017シーズン限りでの現役引退を表明。
- 7月6日　第71回アヴィニョン演劇祭にて、SPAC（静岡県舞台芸術センター）『アンティゴネ』がオープニングを飾る。アジアの劇団が同演劇祭開幕公演のメインを務めるのは初めて。
- 11月7日　シアタークリエで井上芳雄がホストを務める『レジェンド・オブ・ミュージカル』が開催。日本のミュージカル史を紐解く内容で、その後不定期に続く企画に成長。初回ゲストは草笛光子、島田歌穂。
- 12月1日　皇室会議にて天皇の譲位の日程が平成31(2019)年4月30日に決定。

『レ・ミゼラブル』ヤン・ジュンモ　　　　　『レ・ミゼラブル』唯月ふうか、相葉裕樹、内藤大希、川口竜也

『レ・ミゼラブル』左中段／二宮愛、生田絵梨花、海宝直人、福井晶一、松原凜子
左下段／福井晶一、森公美子、駒田一

『レ・ミゼラブル』30周年記念カーテンコール　クロード＝ミシェル・シェーンベルクのピアノ演奏で〈彼を帰して〉を歴代バルジャンが輪唱　アラン・ブーブリル、別所哲也、吉原光夫、福井晶一、鹿賀丈史、ヤン・ジュンモ、今井清隆

『レ・ミゼラブル』アラン・ブーブリル、クロード＝ミシェル・シェーンベルク

▶音楽をシルヴェスター・リーヴァイ、脚本・作詞・演出を荻田浩一が手がけ、前年8月に世界初演されたミュージカルが早くも再登場。約半年という異例の短期間での再演ながら、全体の構成から舞台セットに至るまで様々なブラッシュアップがなされ、新曲2曲〈テーベの街〉〈抱き続けて〉も追加。より深みを増した大河ロマンとなった。キャストはほぼ初演メンバーが続投。ミヌーエ役の松原剛志が初参加。

**5月21日〜7月17日**（プレビュー含む）

《ミュージカル》レ・ミゼラブル
❖5月25日初日

オリジナル・プロダクション製作＝キャメロン・マッキントッシュ　作＝アラン・ブーブリル、クロード＝ミシェル・シェーンベルク　原＝ヴィクトル・ユゴー　音＝クロード＝ミシェル・シェーンベルク　詞＝ハーバート・クレッツマー　オリジナルフランス語脚本＝アラン・ブーブリル、ジャン＝マルク・ナテル　資料提供＝ジェームズ・フェントン　潤＝トレバー・ナン、ジョン・ケアード　訳＝酒井洋子　訳詞＝岩谷時子　オリジナル編曲＝ジョン・キャメロン　新編曲＝クリストファー・ヤンキー、スティーヴン・メトカーフ、スティーヴン・ブルッカー　ミュージカル・ステージング＝マイケル・アシュクロフト、ジェフリー・ガラット　映像制作＝59プロダクションズ　響＝ミック・ポッター　照＝ポーリー・コンスタブル　衣＝アンドレアーヌ・ネオフィトウ、クリスティーヌ・ローランド　装・映像デザイン＝マット・キンリー　原画＝ヴィクトル・ユゴー　演＝ローレンス・コナー、ジェームズ・パウエル　[日本プロダクション]音補＝ニック・グレイ　振補＝リアム・マックルウェイン　照補＝サイモン・シェリフ　ミュージカル・スーパーヴァイザー＝アルフォンソ・カサド・トリゴ、山口琇也　演補＝エイドリアン・サーブル　EP＝トーマス・シェーンベルク　テクニカル・ディレクター＝ジェリー・ドナルドソン　舞監＝広瀬泰久　指＝若林裕治　翻訳補綴＝松田直行　演助＝鈴木ひがし、渡邉さつき　P＝田口豪孝、坂本義和　協＝読売新聞、日本航空　出＝ジャン・バルジャン：福井晶一、ヤン・ジュンモ、吉原光夫、ジャベール：川口竜也、吉原光夫、岸祐二、エポニーヌ：昆夏美、唯月ふうか、松原凜子、ファンテーヌ：知念里奈、和音美桜、二宮愛、コゼット：生田絵梨花、清水彩花、小南満佑子、マリウス：海宝直人、内藤大希、田村良太、テナルディエ：駒田一、橋本じゅん、KENTARO、マダム・テナルディエ：森公美子、鈴木ほのか、谷口ゆうな、アンジョルラス：上原理生、上山竜治、相葉裕樹　他

▶日本初演30周年記念公演。初参加はエポニーヌ役の唯月ふうか、松原凜子、ファンテーヌ役の二宮愛、コゼット役の生田絵梨花、小南満佑子、マリウス役の内藤大希、テナルディエ役の橋本じゅん、マダム・テナルディエ役の鈴木ほのか、アンジョルラス役の相葉裕樹ら。6月には本編の上演後、歴代キャストが登壇するスペシャルカーテンコールも開催。30周年当日の6月17日は初演のジャン・バルジャン役の鹿賀丈史をはじめ、約150名の歴代・現役キャストが登壇、作品の産みの親アラン・ブーブリルとクロード＝ミシェル・シェーンベルクも駆けつけた。シェーンベルクがピアノを弾き、新旧6名のバルジャンが〈彼を帰して〉を歌うパフォーマンスも披露され大いに盛り上がった。

『ビューティフル』平原綾香

『ビューティフル』水樹奈々、伊礼彼方

『ビューティフル』武田真治、中川晃教、ソニン、平原綾香

『ビューティフル』水樹奈々

### 7月26日〜8月26日

#### 《ミュージカル》ビューティフル

脚＝ダグラス・マクグラス　音・詞＝ジェリー・ゴフィン、キャロル・キング、バリー・マン、シンシア・ワイル　オリジナル演出＝マーク・ブルーニ　訳＝目黒条　詞＝湯川れい子　オリジナル振＝ジョシュ・プリンス　演出リステージ＝シェリー・バトラー　振付リステージ＝ジョイス・チッティック　音楽スーパーバイザー＝ジェイソン・ハウランド　日本版演出スーパーバイザー＝上田一豪　音監＝前嶋康明　照＝髙見和義　衣＝前田文子　響＝山本浩一　HM＝林みゆき　美術アドバイザー＝石原敬　演助＝河合範子　舞監＝北條孝　P＝小嶋麻倫子、仁平知世　ウィッグ製作技術協力＝アデランス　宣伝協力＝WOWOW　出＝キャロル・キング：水樹奈々、平原綾香、バリー・マン：中川晃教、ジェリー・ゴフィン：伊礼彼方、シンシア・ワイル：ソニン、ドニー・カーシュナー：武田真治、ジニー・クライン：剣幸 他

▶アメリカのシンガー・ソングライター、キャロル・キングの半生を、キャロルや同時代の作曲家たちが生み出した1960年代アメリカのヒットソングに乗せて紡ぐミュージカルの日本初演。主演は水樹奈々と平原綾香（ダブルキャスト）。帝劇には初出演ながらアーティストとして人気を博す両名がそれぞれの個性を活かし堂々とパフォーマンス、帝劇に新たな風を吹き込んだ。キャロルをはじめとするメインキャラクターたちが作曲家などクリエイターであるため、メインキャストがクリエイター陣を演じ、時代を彩るスターの面々をアンサンブルが演じる構造だったが、そのスターたちに扮したアンサンブルキャストの実力の高さも話題に。

### 9月6日〜30日

#### JOHNNYS' YOU&ME IsLAND

作・構・演＝ジャニー喜多川　振＝SANCHE、本庄千穂、八木雅、鶴園正和、TAMMY LYN、中村圭祐、石田幸、KIN、祐太郎、NAO、RYOMA　タップ振付＝HIDEBOH、Batt、NON　イリュージョン＝フランツ・ハラーレイFC＝松藤和広　エアリアル・コーディネーター＝多田誠　装＝石井みつる　照＝勝柴次朗　照明ムービング＝梅村純　映像ディレクター＝鈴木岳人　響＝吉川真代　衣＝粂田孝歩　音監＝長谷川雅大　演助＝川浪ナミヲ、齋藤安彦、山崎あきら　舞監＝馬淵だいき　P＝田口豪孝、坂本義和　演補＝齋藤安彦　出＝Mr.KING、Prince、HiHi Jet、東京B少年、Love-tune、Travis Japan、ジャニーズJr.

▶出演者全員がデビュー前の若い世代のみで構成されたのは、シリーズ・帝劇初。Mr.KINGの平野紫耀、永瀬廉、髙橋海人、Princeの岸優太、神宮寺勇太、岩橋玄樹、Travis Japanらがダンスや歌で、デビューを遂げた先輩たちに劣らぬ上質な実力とオーラを見せつけた。特に、平野は前年に博多座、梅田芸術劇場『JOHNNYS' Future WORLD』で男性最年少座長を務めており、その大きな経験を経ての帝劇。センターとしての圧倒的な存在感に驚かされた。

『JOHNNYS' YOU&ME IsLAND』永瀬廉、平野紫耀、髙橋海人

『レディ・ベス』花總まり

『レディ・ベス』平野綾

### 10月8日～11月18日
#### 《ミュージカル》レディ・ベス

脚・詞＝ミヒャエル・クンツェ　音・編＝シルヴェスター・リーヴァイ　演・訳詞・修辞＝小池修一郎　訳＝薛珠麗　音監＝甲斐正人　振＝桜木涼介　美＝二村周作　照＝笠原俊幸　響＝山本浩一　映像＝奥秀太郎　衣＝生澤美子　HM＝富岡克之　演助＝小川美也子、末永陽一　舞監＝廣田進　指＝上垣聡　擬闘＝栗原直樹　PC＝小熊節子　P＝岡本義次、服部優希、篠﨑勇司　ウィッグ製作技術協力＝アデランス　出＝レディ・ベス：花總まり、平野綾、ロビン・ブレイク：山崎育三郎、加藤和樹、メアリー・チューダー：未来優希、吉沢梨絵、フェリペ：平方元基、古川雄大、アン・ブーリン：和音美桜、シモン・ルナール：吉野圭吾、スティーブン・ガーディナー：石川禅、キャット・アシュリー：涼風真世、ロジャー・アスカム：山口祐一郎　他

▶ミヒャエル・クンツェ＆シルヴェスター・リーヴァイの脚本と音楽、小池修一郎の演出で平成26（2014）年に世界初演されたミュージカルが待望の再演。イギリスに繁栄をもたらしたエリザベス1世が、女王として即位するまでの波乱にとんだ半生を描く歴史ロマン大作だ。主人公であるレディ・ベス（エリザベス1世）役の花總まりと平野綾、その恋の相手ロビン役の山崎育三郎と加藤和樹のダブルキャストはいずれも初演から続投。2幕終盤に〈傷ついた翼〉〈闇を恐れずに〉の2曲の新曲が追加され、ベスの立場と決意が掘り下げられた。

### 11月27日～12月20日
#### 《ユーミン×帝劇 vol.3》朝陽の中で微笑んで

脚・演＝松任谷正隆　美＝松井るみ　照＝林光政、髙見和義　響＝山本浩一　衣裳スタイリング＝槇原亜加音　衣デ＝古田由佳利　振＝岡千絵　HM＝宮内宏明　松任谷由実HM＝遠山直樹　映像＝千葉秀憲　演助＝鈴木ひがし　舞監＝菅田幸夫　P＝小嶋麻倫子　スーパーバイザー＝坂本義和　協＝雲母社　出＝歌・ストーリーテリング：松任谷由実、鳴沢肇：寺脇康文、北岡紗良（恵美）：宮澤佐江、大崎花音：水上京香、美貴：中別府葵、里華：島ゆいか、木戸刑事：山田ジェームス武、羽毛田：入絵加奈子、大崎医師：六平直政、桜庭刑事：斎藤洋介　他

▶松任谷由実と帝劇のコラボ第3弾。ユーミンの同名曲をモチーフに、松任谷正隆が3年の構想を経て創作した物語は、500年後の世界を舞台に、職を失った中年男と不治の病で亡くなった恋人とそっくりな女性とのラブストーリー。過去2作と同様に、物語は俳優たちが紡ぎ、ユーミンはストーリーテラーとして登場し彼女自身のヒットソングを歌っていく。表題曲のほか〈Autumn Park〉〈未来は霧の中に〉など全14曲の楽曲が披露され、観客は物語世界にいざなわれた。

『朝陽の中で微笑んで』寺脇康文、宮澤佐江

『朝陽の中で微笑んで』宮澤佐江、寺脇康文、松任谷由実

『朝陽の中で微笑んで』松任谷由実

## 平成30年

### 強力布陣による『ナイツ・テイル』が世界初演
### 『モーツァルト！』が新演出、帝劇もリニューアル

帝劇の内装がエントランス、客席エリアを中心に大幅リニューアル。より来場者への「もてなし」を大切にした劇場へと進化した。
帝劇からほど近い劇場街・日比谷も、「東京ミッドタウン日比谷」開業で様変わり。
映画「ボヘミアン・ラプソディ」（監督＝ブライアン・シンガー）、「劇場版コード・ブルー-ドクターヘリ緊急救命-」（監督＝西浦正記）などがヒット。

#### 1月1日〜27日
#### JOHNNYS' Happy New Year IsLAND

作・構・演＝ジャニー喜多川　振＝トラヴィス・ペイン、ステイシー・ウォーカー、名倉加代子、Bobby 吉野、川崎悦子、前田清実、屋良朝幸、赤坂麻里、SANCHE、本庄千穂、八木雅、鶴園正和、TAMMY LYN、野村奈々、石田幸、KIN、面高祐太郎　タップ振付＝HIDEBOH、Batt、NON　ローラースケート監修＝佐藤アツヒロ　ア＝諸鍛治裕太　剣舞＝中野高志　イリュージョン＝フランツ・ハラーレイ　FC＝松藤和広　エアリアル・コーディネーター＝多田誠　装＝石井みつる　照＝勝柴次朗　照明ムービング＝梅村純　映像ディレクター＝川上将史　響＝吉川真代　衣＝粂田孝歩　特殊小道具＝田中彦孝　音監＝長谷川雅大　マーチングプラン＝長谷川雄基　脚協＝川浪ナミヲ　演助＝齋藤安彦、山崎あきら　舞監＝馬淵だいき　P＝田口豪孝、坂本義和、齋藤安彦　出＝Mr.KING、Prince、HiHi Jet、東京B少年、Love-tune、Travis Japan、SixTONES、Snow Man、ジャニーズJr.、東山紀之（特別出演）
▶シリーズ初演から伝え続けてきたテーマ"悲しみの歴史を経て成り立っている今の平和の尊さ、未来へと一歩ずつ進んでいくことの大切さ"を1幕ではショーで表現。2幕は東山紀之が全編に登場。演出や出演者への指導も担い、1時間15分のショーが誕生した。名曲の数々を贅沢に使い、振付にはトラヴィス・ペイン、ステイシー・ウォーカー、名倉加代子、川崎悦子、前田清実、Bobby吉野ら国内外のレジェンド的な振付家に加え屋良朝幸も参加。この公演でしか見ることができない斬新な振付で、高レベルなダンスリサイタルの要素も垣間見えた。

『JOHNNYS' Happy New Year IsLAND』

『JOHNNYS' Happy New Year IsLAND』東山紀之

『Endless SHOCK』越岡裕貴、松崎祐介、堂本光一、福田悠太、寺西拓人、中山優馬

『Endless SHOCK』中山優馬、堂本光一

#### 2月4日〜3月31日
#### Endless SHOCK

作・構・演＝ジャニー喜多川　音＝堂本光一、船山基紀、佐藤泰将、チャールズ・ストラウス、マーク・デイヴィス　振＝トラヴィス・ペイン、ステイシー・ウォーカー、ブライアント・ボールドウィン、SANCHE、川崎悦子、花柳寿楽、赤坂麻里、ただこ、松本菜穂　イリュージョン＝フランツ・ハラーレイ　AC＝諸鍛治裕太　FC＝松藤和広　エアリアル・コリオグラファー＝山中陽子　照＝勝柴次朗　照明ムービング＝梅村純　装＝石井みつる　映像ディレクター＝鈴木岳人　音響プランナー＝山口剛史　衣＝泉繭子　音監＝長谷川雅大　P＝田口豪孝、坂本義和、齋藤安彦　演補＝齋藤安彦　出＝堂本光一、中山優馬、福田悠太、越岡裕貴、松崎祐介、寺西拓人、松田元太、松倉海斗、石川直、瀧本美織、久野綾希子 他

### 【 主な出来事 】

- 1月4日　シアタークリエの10周年記念コンサート『TENTH』開幕。
- 2月4日　「TOHOシネマズ日劇」が閉館。前身である「日本劇場」から数え85年の歴史に幕を下ろす。
- 3月22日　日比谷シャンテリニューアルオープンにあたり、"日比谷ブロードウェイ"の守り神として「新・ゴジラ像」が登場。シャンテ前広場も「日比谷ゴジラスクエア」と命名。
- 6月29日　帝劇、大規模リニューアル工事のため休館。
- 7月13日　劇団四季の創設者、浅利慶太（演出家）没。享年85。
- 7月25日　帝劇の工事完了。正面エントランスの照明演出を新調、場内客席とカーペットが一新され、さらに場内すべてのトイレも最新のものに変更。
- 9月　新国立劇場の芸術監督に小川絵梨子が就任。39歳での就任は歴代最少。
- 10月1日　本庶佑がノーベル生理学・医学賞受賞。
- 10月29日　帝劇で第2回「のどじまん・思い出じまん大会」開催。『レ・ミゼラブル』ファンによる、ファンのためのイベント。応募総数は2024通にのぼった。

『1789』三浦涼介、小池徹平、渡辺大輔、則松亜海、上原理生

『1789』龍真咲

▶ライバル役を、この時点では最年少であった中山優馬が担当。主人公コウイチとの年齢差が大きかったため、中山演じるユウマをカバーする新たな役柄を堂本光一が考案。コウイチとライバルの架け橋となる存在を越岡裕貴が演じた。また、長年人気ナンバーであった〈Jungle〉は、この年が最後の上演となっている。

### 4月9日～5月12日
《ミュージカル》
**1789 -バスティーユの恋人たち-**
潤・演＝小池修一郎　Book＝Dove Attia, François Chouquet　Lyrics＝Dove Attia, Vincent Baguian, François Chouquet　Music＝Rod Janois, William Rousseau, Jean-Pierre Pilot, Olivier Schultheis, Dove Attia, Louis Delort, Laurent Delort, François Castello, Benoit Poher, Silvio Lisbone, Manon Romit, Elio Antony　音監＝太田健　振＝桜木涼介、KAORIalive、Twiggz　美＝松井るみ　照＝笠原俊幸　響＝大坪正仁　衣＝生澤美子　HM＝富岡克之　映像＝奥秀太郎　擬闘＝栗原直樹　演助＝坂本聖子、伊達紀行　舞監＝廣瀬泰久　P＝服部優希、篠﨑勇己　ウィッグ製作技術協力＝アデランス　出＝ロナン・マズリエ：小池徹平、加藤和樹、オランプ・デュ・ピュジェ：神田沙也加、夢咲ねね、マキシミリアン・ロベスピエール：三浦涼介、ジョルジュ・ジャック・ダントン：上原理生、カミュ・デムーラン：渡辺大輔、ソレーヌ・マズリエ：ソニン、シャルル・アルトワ伯：吉野圭吾、オーギュスト・ラマール：坂元健児、ハンス・アクセル・フォン・フェルゼン：広瀬友祐、ラザール・ペイロール伯爵：岡幸二郎、マリー・アントワネット：龍真咲、凰稀かなめ 他

▶小池徹平と加藤和樹がダブルキャストで主演を務めるフランス発の人気ミュージカルが2度目の登場。フランス革命前夜の物語を現代的サウンドのフレンチロックで描く、熱く斬新な作品だ。キャストの多くは平成28（2016）年より続投したが、マリー・アントワネット役の龍真咲とロベスピエール役の三浦涼介は初参加。特に日本初演となった平成27（2015）年の宝塚月組版で主人公のロナンを演じた龍の出演は注目を集めた。

### 5月26日～6月28日
《ミュージカル》**モーツァルト！**
脚・詞＝ミヒャエル・クンツェ　音・編＝シルヴェスター・リーヴァイ　オリジナルプロダクション＝ウィーン劇場協会　演・訳詞＝小池修一郎　音監＝甲斐正人　振＝前田清実　美・映像監修＝松井るみ　照＝笠原俊幸　衣＝有村淳　HM＝宮内宏明　響＝大坪正仁　映＝奥秀太郎　演助＝小川美也子、末永陽一　舞監＝廣田進　指＝宇賀神典子　PC＝小熊節子　P＝岡本義次、坂本義和、篠﨑勇己　後＝オーストリア大使館、オーストリア文化フォーラム　出＝ヴォルフガング・モーツァルト：山崎育三郎、古川雄大、コンスタンツェ：平野綾、生田絵梨花、木下晴香、ナンネール：和音美桜、ヴァルトシュテッテン男爵夫人：涼風真世、香寿たつき、コロレド大司教：山口祐一郎、レオポルト：市村正親 他

▶人気ミュージカルの約3年ぶりの上演で、舞台セットも一新した新演出版が登場。グランドピアノを模した回り舞台の中でキャラクターたちが躍動、エプロンステージ（銀橋）も設置され、奥行きあるつくりに。さらに

『モーツァルト！』山崎育三郎

『モーツァルト！』古川雄大

『モーツァルト！』和音美桜、市村正親、山崎育三郎

『モーツァルト！』山口祐一郎

『モーツァルト！』平野綾、山崎育三郎

『モーツァルト！』生田絵梨花、古川雄大

『ナイツ・テイル』堂本光一、井上芳雄

『ナイツ・テイル』井上芳雄、堂本光一

『ナイツ・テイル』井上芳雄、堂本光一

『ナイツ・テイル』上白石萌音、大澄賢也

『ナイツ・テイル』
堂本光一、照井裕隆、岸祐二、井上芳雄、音月桂、島田歌穂

ヴォルフガングとコロレド大司教の壮大なデュエットナンバー〈破滅への道〉も、この年から追加された。主人公ヴォルフガングは続投の山崎育三郎に加え、古川雄大が初参加。コンスタンツェには続投の平野綾のほか生田絵梨花、木下晴香が加わるなどフレッシュな顔ぶれに。

### 7月25日～8月29日（プレビュー含む）
### 《ミュージカル》ナイツ・テイル
### ―騎士物語―
❖ 7月27日初日

脚・演＝ジョン・ケアード　音・詞＝ポール・ゴードン　日本語脚本・詞＝今井麻緒子　音監・オーケストレーション・編＝ブラッド・ハーク　原＝ジョヴァンニ・ボッカッチョ「Teseida」、ジェフリー・チョーサー「騎士の物語」、ジョン・フレッチャー、ウィリアム・シェイクスピア「二人の貴公子」　振＝デヴィッド・パーソンズ　美＝ジョン・ボウサー　照＝中川隆一　響＝本間俊哉　衣＝ジーン・チャン　HM＝宮内宏明　AC＝諸鍛治裕太　ヴォーカル・スーパーバイザー＝山口琇也　指＝田邊賀一　演補＝上田一豪、永井誠　舞監＝北條孝　P＝齋藤安彦、塚田淳二　出：アーサイト：堂本光一、パラモン：井上芳雄、エミーリア：音月桂、牢番の娘：上白石萌音、ソシーシアス：岸祐二、ジェロルド、クリオン：大澄賢也、ヒポリタ：島田歌穂　他

▶平成12（2000）年より人気ミュージカル『SHOCK』シリーズで単独主演を務めてきた堂本光一と、同じく平成12（2000）年にミュージカル『エリザベート』でデビュー以来活躍を続ける井上芳雄。同世代のスターとして長年友情を育んできた二人が初共演とあって、大きな話題を呼んだ。二人を念頭に置き、ロイヤル・シェイクスピア・カンパニーの名誉アソシエイト・ディレクターであるジョン・ケアードが、シェイクスピアの『二人の貴公子』を基に新たに生み出したオリジナル・ミュージカル。ビッグプロジェクトに舞台ファンが大いに沸き、チケット入手困難の作品となった。

### 9月6日～30日
### DREAM BOYS

作・構・演＝ジャニー喜多川　振＝SANCHE、川崎悦子、Tammy Lyn、Ryosuke、野村奈々、面高祐太郎、石田幸　AC＝諸鍛治裕太　ボクシング・コリオグラファー＝富永研司　エア

『DREAM BOYS』上／宮田俊哉、玉森裕太、千賀健永　下／玉森裕太

『マリー・アントワネット』田代万里生、花總まり

『マリー・アントワネット』笹本玲奈、古川雄大

『マリー・アントワネット』ソニン

『マリー・アントワネット』昆夏美

『マリー・アントワネット』花總まり、田代万里生、ソニン

リアル・コリオグラファー=山中陽子　FC=松藤和広　装=石井みつる　照=藤井逸平　照明ムービング=梅村純　照明監修=勝柴次朗　映像=鈴木岳人　響=嶋田孝之　衣=桜井久美、篠田久美子　音=長谷川雅大　演助=齋藤安彦、大黒靖彰　舞監=馬淵だいき　P=田口豪孝、坂本義和、齋藤安彦　演補=森泉博行　出=玉森裕太、千賀健永、宮田俊哉、HiHi Jets(橋本涼、井上瑞稀、猪狩蒼弥、髙橋優斗、作間龍斗)、ジャニーズJr.、紫吹淳、鳳蘭 他

▶累計動員100万人。帝劇の看板となる作品へと成長した『DREAM BOYS』。Kis-My-Ft2の玉森裕太、千賀健永、宮田俊哉と、作間龍斗が新加入してパワーアップしたHiHi Jets。ローラースケートを得意とする2グループのメンバーの特性を活かし、新曲〈DREAMER〉では待望の"ローラー競演"も叶った。またチャンプの仲間役には7 MEN 侍が起用されワイルドなカラーを添えるなど、Kis-My-Ft2と次世代のコラボは新鮮で見応えも確か。計6曲の新曲も好評を得た。

### 10月8日～11月25日

### 《ミュージカル》
### マリー・アントワネット

脚・歌=ミヒャエル・クンツェ　音・編=シルヴェスター・リーヴァイ　演=ロバート・ヨハンソン　遠藤周作原作「王妃マリー・アントワネット」より　翻・訳詞=竜真知子　音監=甲斐正人　振=ジェイミー・マクダニエル　美術コンセプト=ロバート・ヨハンソン　美=松井るみ　照=髙見和義　響=山本浩一　衣=生澤美子　HM=野澤幸雄、岡田智江　映像=奥秀太郎　演助=末永陽一　舞監=廣田進　指=塩田明弘　PC=小熊節子　P=岡本義次、服部優希、田中利尚　ウィッグ製作技術協力=アデランス　出=マリー・アントワネット：花總まり、笹本玲奈、マルグリット・アルノー：ソニン、昆夏美、フェルセン伯爵：田代万里生、古川雄大、ルイ16世：佐藤隆紀、原田優一、レオナール：駒田一、ローズ・ベルタン：彩吹真央、ジャック・エベール：坂元健児、ランバル公爵夫人：彩乃かなみ、オルレアン公：吉原光夫 他

▶遠藤周作の小説「王妃マリー・アントワネット」を原作に、脚本をミヒャエル・クンツェ、音楽をシルヴェスター・リーヴァイが務め、平成18(2006)年に日本オリジナル製作の大作として誕生したミュージカルが、演出をガラリと一新して11年ぶりに登場。ロバート・ヨハンソンが演出を手掛け、韓国で平成26(2014)年に上演されたバージョンで、追加された曲は16曲。登場するキャラクターも初演時の重要キャラクター数名がカットされ、代わりに別の主要キャラクターが追加されるなど、ほぼ新作の装い。タイトルロールは花總まりと笹本玲奈、マルグリット・アルノー役はソニンと昆夏美が、それぞれダブルキャストで務めた。

### 12月6日～平成31(2019)年1月27日

### JOHNNYS' King & Prince IsLAND

作・構・演=ジャニー喜多川　振=SANCHE、八木雅、TAMMY LYN、鶴園正和、石田幸、金田亜希子、面高祐太郎、谷川梨紗、玉手沙織、岡田一初、五十嵐勇磨　タップ振付=HIDEBOH、NON、YuKo　殺陣指導=中野高志　イリュージョン=フランツ・ハラーレイ　FC=松藤和広　エアリアル・コーディネーター=多田誠　装=石井みつる　照明監修=勝柴次朗　照=藤井逸平　映像ディレクター=川上将史　響=吉川真代衣=粂田孝歩　衣裳コーディネート=篠田久美子　音監=長谷川雅大　脚本協力=川浪ナミヲ　演助=齋藤安彦、山崎あきら　舞監=馬淵だいき　P=田口豪孝、坂本義和、齋藤安彦　出=King & Prince、SixTONES、Snow Man、Travis Japan、7 MEN 侍、HiHi Jets、Sexy美少年、5忍者、ジャニーズJr.

▶平成30(2018)年5月に〈シンデレラガール〉でCDデビュー、チャート1位を達成したKing & Princeが初座長に。さらにSixTONES、Snow Man、Travis Japanなど、のちにデビューし大ヒットを飛ばす面々も集結し、帝劇はもとより演劇史上最多の22のフライングでステージと客席を所狭しと華麗に舞った。平野紫耀の壁フライングや新技の網フライング、永瀬廉の額縁フライング、Snow Man 6人の同時フライングも見応え十分。第3部〈TOKYO EXPERIENCE〉のシーンでは、King & Princeの5人が同時に舞う和のフライングも。

『JOHNNYS' King & Prince IsLAND』

## 平成31年 / 令和元年

# 平成が終わり、令和が始まる
# 松本白鸚の『ラ・マンチャの男』は50周年の大台に

明仁天皇が退位し、徳仁皇太子が第126代天皇として即位するという、憲政史上前例のない代替わりで幕を開けた令和時代。
国内がラグビーブームに沸く一方、東日本では台風大雨被害が発生。年末には中国武漢で原因不明の肺炎患者が発生するなど、暗雲も。
映画「天気の子」（監督＝新海誠）、「アナと雪の女王2」（監督＝クリス・バック、ジェニファー・リー）、「アラジン」（監督＝ガイ・リッチー）などがヒット。

『Endless SHOCK』堂本光一、内博貴

『Endless SHOCK』

### 2月4日～3月31日

**Endless SHOCK**

作・構・演＝ジャニー喜多川　音＝堂本光一、船山基紀、佐藤泰将、チャールズ・ストラウス、マーク・デイヴィス　振＝トラヴィス・ペイン、ステイシー・ウォーカー、ブライアント・ボールドウィン、SANCHE、川崎悦子、花柳寿楽、赤地麻里、Batt、松本菜穂　イリュージョン＝フランツ・ハラーレイ　AC＝諸鍛治裕太　FC＝松藤和広　エアリアル・コリオグラファー＝山中陽子　照＝勝柴次朗　照明ムービング＝梅村純　装＝石井みつる　映像ディレクター＝川上将史　音響プランナー＝山口剛史　衣＝泉繭子　音監＝長谷川雅大　オーケストレーション＝神坂亨輔　指＝田邉賀一、福田光太郎　舞監＝三宅崇司　P＝田口豪孝、坂本義和、齋藤安彦　演補＝齋藤安彦　出＝堂本光一、内博貴、福田悠太、松崎祐介、川島如恵留、松田元太、松倉海斗、寺西拓人、石川直、梅田彩佳、前田美波里 他

▶オーケストラピットに『SHOCK』シリーズ史上最大の20名編成のオーケストラを設置し、それに伴って様々なシーンの演出を変更。さらにセリフが短い歌になるなど、よりミュージカル感が増すことになった。前年までパフォーマンスされていた〈Jungle〉に代わり、コウイチのソロ曲が〈Memory of Skyscrapers〉に。堂本光一の大人の魅力が味わえる演目となった。

### 4月15日～5月28日（プレビュー含む）

**《ミュージカル》レ・ミゼラブル**
✥4月19日初日

オリジナル・プロダクション製作＝キャメロン・マッキントッシュ　作＝アラン・ブーブリル、クロード＝ミッシェル・シェーンベルク　原＝ヴィクトル・ユゴー　音＝クロード＝ミッシェル・シェーンベルク　詞＝ハーバート・クレッツマー　オリジナルフランス語脚本＝アラン・ブーブリル、ジャン＝マルク・ナテル　資料提供＝ジェームズ・フェントン　潤＝トレバー・ナン、ジョン・ケアード　訳＝酒井洋子　訳詞＝岩谷時子　オリジナル編曲＝ジョン・キャメロン　新編曲＝クリストファー・ヤンキー、スティーヴン・メトカーフ、スティーヴン・ブルッカー　ミュージカル・ステージング＝マイケル・アシュクロフト、ジェフリー・ガラット　映像制作＝59プロダクションズ　響＝ミック・ポッター　照＝ポーリー・コンスタブル　衣＝アンドレアーヌ・ネオフィトウ、クリスティーヌ・ローランド　装・映像デザイン＝マット・キンリー　原画＝ヴィクトル・ユゴー　演＝ローレンス・コナー、ジェームズ・パウエル　[日本プロダクション] 響補＝ニック・グレイ　振補＝リアム・マックルウェイン　照補＝サイモン・シェリフ　装補＝デヴィッド・ハリス　ミュージカル・スーパーヴァイザー＝アルフォンソ・カサド・トリゴ、山口琇也　演補＝クリストファー・キー　EP＝トーマス・シェーンベルク　テクニカル・ディレクター＝ジェリー・ドナルドソン　翻訳補綴＝松田直行　演助＝鈴木ひがし、渡邉さつき　舞監＝菅田幸夫、広瀬泰久　指＝若林航治、林亮平　P＝田口豪孝、坂本義和　協＝日本航空　出＝ジャン・バルジャン：福井晶一、吉原光夫、佐藤隆紀、ジャベール：川口竜也、上原理生、伊礼彼方、ファンテーヌ：知念里奈、濱田めぐみ、二宮愛、エポニーヌ：昆夏美、唯月ふうか、屋比久知奈、マリウス：海宝直人、内藤大希、三浦宏規、コゼット：生田絵梨花、小南満佑子、熊谷彩春、アンジョルラス：相葉裕樹、上山竜治、小野田龍之介、テナルディエ：駒田一、橋本じゅん、KENTARO、斎藤司、マダム・テナルディエ：森公美子、鈴木ほのか、朴璐美 他

▶バルジャン役は続投の吉原光夫、福井晶一に加え佐藤隆紀が初参

## 【主な出来事】

- 1月21日　『VIOLET』のロンドン公演がチャリングクロス劇場で開幕。演出家・藤田俊太郎のロンドンデビュー。
- 4月15日　フランス・パリのノートルダム大聖堂で大規模な火災が発生。
- 4月30日　明仁天皇が退位。平成が終了。
- 5月1日　徳仁親王が第126代天皇として即位、令和へ改元。
- 6月28・29日　大阪で第14回G20首脳会合開催。日本が初めて議長国を務めた。
- 7月18日　京都アニメーション第1スタジオが放火され、36人が死亡。
- 10月1日　消費税が8％から10％に引き上げ。
- 10月31日　沖縄の世界遺産、首里城で火災が発生。正殿などが焼失。
- 11月1日　東京豊島区に、東京建物 Brillia HALLが開館。
- 11月30日　2020年東京オリンピック・パラリンピックのメインスタジアムとなる国立競技場が完成。
- 12月10日　吉野彰がノーベル化学賞受賞。
- 12月31日　中国湖北省武漢市の華南海鮮卸売市場で原因不明の肺炎患者が発生していることを同市が発表。のちに新型コロナウイルスにより引き起こされたことが判明した。

『レ・ミゼラブル』左上／佐藤隆紀　右上／上原理生、福井晶一　左下／伊礼彼方　右下／三浦宏規、屋比久知奈、熊谷彩春

加。ジャベール役には川口竜也に加え上原理生、伊礼彼方が加わり、新世代の台頭が目立つ年になった。ほかエポニーヌ役の屋比久知奈、ファンテーヌ役の濱田めぐみ、コゼット役の熊谷彩春、マリウス役の三浦宏規、テナルディエ役の斎藤司、マダム・テナルディエ役の朴璐美が初出演し、名作に新風を吹き込んだ。

**6月7日～8月26日**

《ミュージカル》**エリザベート**

脚・詞＝ミヒャエル・クンツェ　音・編＝シルヴェスター・リーヴァイ　オリジナルプロダクション＝ウィーン劇場協会　制作協力＝宝塚歌劇団　演・訳詞＝小池修一郎　音監＝甲斐正人　美＝二村周作　照＝笠原俊幸　衣＝生澤美子　振＝小尻健太、桜木涼介　響＝渡邉邦夫　映＝奥秀太郎　HM＝富岡克之　演助＝小川美也子、末永陽一　舞監＝廣田進　指＝上垣聡、宇賀神典子　PC＝小熊節子　P＝岡本義次、坂本義和、篠﨑勇己　後＝オーストリア大使館、オーストリア文化フォーラム　ウィッグ製作技術協力＝アデランス　出＝エリザベート：花總まり、愛希れいか、トート：井上芳雄、古川雄大、フランツ・ヨーゼフ：田代万里生、平方元基、ルドルフ：京本大我、三浦涼介、木村達成、マダム・ヴォルフ、ルドヴィカ：未来優希、ゾフィー：剣幸、涼風真世、香寿たつき、ルイジ・ルキーニ：山崎育三郎、成河　他

▶エリザベート役は、東宝版に3期連続出演する花總まりと、前年に宝塚歌劇団を退団したばかりの愛希れいか。トート役はこちらも3期連続出演の井上芳雄に加え、前回公演までは皇太子ルドルフを演じていた古川雄大が初キャスティング。

『エリザベート』上段／愛希れいか　中段左／花總まり、井上芳雄　中段中央／愛希れいか、古川雄大　中段右／涼風真世　下段左／古川雄大、京本大我　下段中／剣幸　下段右／香寿たつき

2019──平成31年／令和元年

『DREAM BOYS』岸優太、神宮寺勇太

ほか、平成24(2012)年公演でルドルフを演じた平方元基が皇帝フランツに初挑戦、三浦涼介と木村達成がルドルフ役で本作に初登場するなど、フレッシュな顔が多く加わり、客席を沸かせた。なおこの年、本場ウィーンでは、シェーンブルン宮殿の前庭にて2日間の野外コンサート形式で上演されたことも話題に。

9月3日～27日

### DREAM BOYS

作・構・演＝ジャニー喜多川　振＝名倉加代子、前田清実、川崎悦子、TAMMY LYN、野村奈々、面高祐太郎、KIN FC＝松藤和広　ボクシング・コリオグラファー＝富永研司　AC＝諸鍛治裕太　エアリアル・コーディネーター＝多田誠、半澤友美　舞美＝石井みつる　照＝藤井逸平　照明ムービング＝梅村純　照明監修＝勝柴次朗　映像＝鈴木岳人　響＝吉川真代　衣＝桒田孝歩、篠田久美子　音監＝長谷川雅大　演助＝齋藤安彦、大黒靖彰　舞監＝馬淵だいきP＝坂本義和、齋藤安彦　Special Thanks＝堂本光一　出＝岸優太、神宮寺勇太、HiHi Jets（髙橋優斗、井上瑞稀、橋本涼、猪狩蒼弥、作間龍斗）、美 少年（岩﨑大昇、佐藤龍我、藤井直樹）、7 MEN 侍（中村嶺亜、菅田琳寧、佐々木大光）、ジャニーズJr.、紫吹淳、鳳蘭 他

▶新たなる群像劇を目指してキャスティングされたのは、4代目座長・岸優太、チャンプに神宮寺勇太。演出サポートと演技指導は堂本光一と滝沢秀明という最強タッグが若き才能たちを導き出す。1幕クライマックスにおいて、1.5m四方の巨大キューブを岸が自由自在に操りフライングする、最新のアクロバット技は本人命名の「岸角」。また若手は、『DREAM BOYS』ではお馴染みとなったHiHi Jetsほか、美 少年（岩﨑大昇、佐藤龍我、藤井直樹）、7 MEN 侍（中村嶺亜、菅田琳寧、佐々木大光）らの白熱した演技に胸を打たれる。

10月4日～27日

日本初演50周年記念公演
### 《ミュージカル》ラ・マンチャの男

演＝松本白鸚　脚＝デール・ワッサー

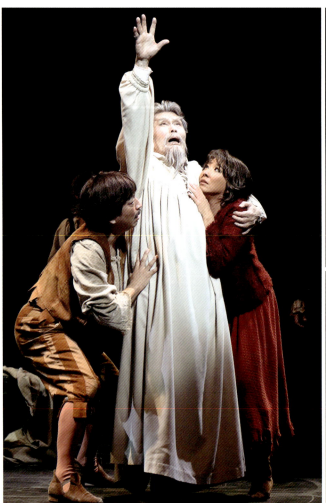

『ラ・マンチャの男』左／駒田一、松本白鸚、瀬奈じゅん　右上／松本白鸚、駒田一　右下／松本白鸚

『JOHNNYS' IsLAND』

『ダンス オブ ヴァンパイア』上／山口祐一郎、石川禅 下／カンパニー集合写真

マン 詞＝ジョオ・ダリオン 音＝ミッチ・リー 訳＝森岩雄、高田蓉子 訳詞＝福井峻 振・演出＝エディ・ロール（日本初演） 演出スーパーバイザー＝宮﨑紀夫 振＝森田守恒 装＝田中直樹 照＝吉井澄雄 音響設計＝本間俊哉 衣協＝桜井久美 音監＝山口琇也 音監・指＝塩田明弘 演助＝坂本聖子 舞監＝菅田幸夫 P＝齋藤安彦、塚田淳一 出＝セルバンテス／ドン・キホーテ：松本白鸚、アルドンザ／従僕／サンチョ：駒田一、神父：石鍋多加史、家政婦：荒井洸子、床屋／ムーア人の男：祖父江進、ペドロ：大塚雅夫、アントニア：松原凜子、マリア：白木美貴子、カラスコ博士：宮川浩、牢名主／宿屋の主人：上條恒彦 他

▶松本白鸚が主演・演出を務める名作ミュージカル。昭和44（1969）年の日本初演から50年目のアニバーサリーイヤーとして例年以上の注目を集めた。アルドンザ役の瀬奈じゅん、アントニア役の松原凜子らが初参加。帝劇公演中の10月21日に、通算公演回数1300回突破。この日のカーテンコールでは客席も一体となって〈見果てぬ夢〉を合唱した。さらに昭和40（1965）年の『ラ・マンチャの男』ブロードウェイ初演でアントニア役を演じたミミ・ タークが客席から白鸚に称賛を送った。なお10月12日の公演が台風19号の来襲により中止に。

11月5日〜27日

《ミュージカル》
ダンス オブ ヴァンパイア

脚・詞＝ミヒャエル・クンツェ 音＝ジム・スタインマン オリジナルプロダクション＝ウィーン劇場協会 訳＝迫光 訳・訳詞＝竜真知子 演＝山田和也 音監＝甲斐正人 振＝上島雪夫 美＝松井るみ 照＝髙見和義 衣＝有村淳 HM＝富岡克之 響＝大坪正仁、碓氷健司 演助＝小川美也子 舞監＝廣田進 指＝甲斐正人、宇賀神典子 PC＝小熊節子 P＝岡本義次、篠﨑勇己 ウィッグ製作技術協力＝アデランス 出＝クロロック伯爵：山口祐一郎、サラ：神田沙也加、桜井玲香、アルフレート：相葉裕樹、東啓介、マグダ：大塚千弘、シャガール：コング桑田、レベッカ：阿知波悟美、ヘルベルト：植原卓也、クコール：駒田一、ヴァンパイア・ダンサー・伯爵の化身：森山開次、佐藤洋介、アブロンシウス教授：石川禅 他

▶平成18（2006）年の初演以来、山口祐一郎が主役のクロロック伯爵を演じている人気ミュージカルが4年ぶりに登場。舞台美術と照明が一新され、より華やかなステージになった。ライバルのアブロンシウス教授役は前回に続き石川禅。ヒロイン・サラ役は神田沙也加と桜井玲香、サラに恋するアルフレート役は相葉裕樹と東啓介が、それぞれダブルキャストで務めた。また、初演時にサラを演じた大塚千弘がマグダ役として10年ぶりに作品に帰ってきたのも話題になった。

12月8日〜令和2（2020）年1月27日

JOHNNYS' IsLAND

エターナル・プロデューサー＝ジャニー喜多川 振＝SANCHE、Shin.1、Yuta Nakamura、鶴園正和、野村奈々、石田幸、面高祐太郎、谷川梨紗、岡田一初、金田亜希子 バトン振付＝本庄千穂 タップ振付＝HIDEBOH、KENICHI、nana、YuKo イリュージョン＝フランツ・ハラーレイ FC＝松藤和広 エアリアル・コーディネーター＝多田誠 装＝石井みつる 照監＝勝柴次朗 照＝藤井逸平 照明ムービング＝梅村純 映像ディレクター＝川上将史 響＝吉川真代 衣＝粂田孝歩 衣裳コーディネート＝篠田久美子 音監＝長谷川雅大 脚本協力＝川浪ナミヲ 演助＝齋藤安彦、山崎あきら 舞監＝馬淵だいき P＝坂本義和、齋藤安彦 出＝平野紫耀、永瀬廉、髙橋海人、HiHi Jets（髙橋優斗、井上瑞稀、猪狩蒼弥）、美 少年（岩﨑大昇、佐藤龍我、那須雄登、浮所飛貴、藤井直樹、金指一世）、7 MEN 侍（中村嶺亜、菅田琳寧、本髙克樹、佐々木大光、今野大輝、矢花黎）、少年忍者（青木滉平、安嶋秀生、稲葉通陽、ヴァサイエガ渉、内村颯太、小田将聖、織山尚大、川﨑皇輝、川﨑星輝、北川拓実、久保廉、黒田光輝、鈴木悠仁、瀧陽次朗、田村海琉、豊田陸人、長瀬結星、檜山光成、平澤翔馬、深田竜生、元木湧、山井飛翔）、ジャニーズJr.（今村隼人、大関荷風、小山龍之介、鈴木舜映、千井野空翔、手島麗央、林一敬、吉原廉、渡辺心、阿達慶、池田虎雅、石渡大和、入江奏多、大東立樹、尾崎匠星、小鯛詩恩、佐久間玲駈、鮫島令、関淮馬、髙橋曽良、滝本海都、竹田凌、竹村実悟、田仲陽成、谷田柊士、寺澤小十侑、羽村仁成、堀口由翔、松浦銀志、三村航輝）

▶平野紫耀、永瀬廉、髙橋海人を中心に、最年少10歳の研修生も含め、平均年齢は15.5歳。歴代最年少74名のカンパニーが誕生し、『JOHNNYS' IsLAND』のテーマである"子供たちの無限の可能性"をまさに表す構成となった。東京五輪に向け、帝劇から日本文化を発信するような取り組みも随所に。平和の祭典の場面では、平野が前年披露した球体フライングを進化させ、永瀬は日本初導入の重力を感じさせない新作フライングに挑戦。髙橋はアートの才能を活かし、サンドアート（砂絵）を使った演出を取り入れた。

# 令和2年

## 新型コロナウイルスが"パンデミック"になり世界が混乱
## 帝劇も4ヵ月以上の長期にわたりクローズ

新型コロナウイルスの感染拡大に世界中が右往左往。1月には国内初の感染者が確認、その後感染が広がり「緊急事態宣言」も発動。
ライブエンタメ業界も大きく影響を受け、公演の中止、再開を繰り返したのち、春から夏にかけ劇場は全国一律でクローズ。
7月より徐々に再開するも、一席置きの客席配置や終演時間の繰り上げなど、様々な制限が課せられた。
映画「劇場版 鬼滅の刃 無限列車編」(監督=外崎春雄)、「パラサイト 半地下の家族」(監督=ポン・ジュノ)などがヒット。

『Endless SHOCK』左/松崎祐介、寺西拓人、椿泰我、堂本光一、高田翔、越岡裕貴、松井奏　中/日野一輝、堂本光一、石川直、上田竜也　右/堂本光一、上田竜也

### 2月4日～26日
### Endless SHOCK 20th Anniversary

エターナル・プロデューサー=ジャニー喜多川　演=堂本光一　音=堂本光一、船山基紀、佐藤泰将、フリークチャイルド、アレクサンドラ・プリンツ、ポール・レイン、マーヴィー・レイン、ニクラス・ランディン、フリージャ・ブルームバーグ、マリア・マークンズ　振=トラヴィス・ペイン、ステイシー・ウォーカー、ブライアント・ボールドウィン、SANCHE、川崎悦子、花柳寿楽、たdaこ、松本菜穂子、坂本まさる、赤坂麻里　イリュージョン=フランツ・ハラーレイ　AC=諸鍛冶裕太　FC=松藤和広　エアリアル・コリオグラファー=山中陽子　照=勝柴次朗　照明ムービング=梅村純　装=石井みつる　映像ディレクター=川上将史　音響プランナー=山口剛史　衣=泉蘭子　音監=長谷川雅大　オーケストレーション=神坂亨輔　指=田邉智一　舞監=三宅崇司　P=坂本義和、齋藤安彦　演補=齋藤安彦　出=堂本光一、上田竜也、越岡裕貴、松崎祐介、寺西拓人、高田翔、椿泰我、松井奏、石川直、梅田彩佳、前田美波里 他
▶平成12(2000)年の初演から数えて20周年を迎えた『SHOCK』シリーズ。その記念すべき年に新型コロナウイルスが猛威を振るい、2月28日以降の3月31日まで帝劇公演も中止に追い込まれた。だが、その後のキャスト揃っての話し合いの結果、カンパニーの3年後の姿を描くスピンオフ『Endlss SHOCK -Eternal-』の制作を決定し、9～10月の梅田芸術劇場公演で初演。まさに作品のメッセージである"Show must go on!"の精神を体現してみせた。7月17日には『SHOCK』シリーズを20年にわたって牽引してきた功績により、堂本光一が第45回菊田一夫演劇大賞を受賞。作品にも堂本光一が作・構成・演出・主演とクレジットされた。

### 4月9日～5月4日［公演中止］
《ミュージカル》エリザベート

### 5月19日～6月28日［公演中止］
《ミュージカル》ミス・サイゴン

### 7月6日～8月9日［公演中止］
《ミュージカル》ジャージー・ボーイズ

### 7月18日～8月5日
《ミュージカル》『ジャージー・ボーイズ』イン コンサート

演=藤田俊太郎　脚=マーシャル・ブリックマン、リック・エリス　音=ボブ・ゴーディオ　訳=ボブ・クルー　訳=小田島恒志　訳詞=高橋亜子　音

## 【主な出来事】

- 2月26日　政府が感染拡大防止のため「今後2週間の全国的なスポーツや文化イベント等の中止や延期、規模縮小を」と発表。
- 2月27日　東宝では2月28日～3月10日の演劇公演の中止を発表。
- 3月8日　東宝は帝劇『Endless SHOCK』等の公演中止を3月15日まで延長すると決定。
- 3月11日　WHOが新型コロナウイルス(COVID-19)の感染拡大は「パンデミック」と発表。
- 3月12日　東宝はすでに公演中止発表をしている作品の3月19日までの中止延長を発表。ニューヨークではブロードウェイの劇場街もクローズ。
- 3月16日　ウエストエンドをはじめ英国内の劇場がクローズ。
- 3月18日　3月20日より『Endless SHOCK』等の公演再開を発表。
- 3月20日　前日の専門家会議の発表を受け、再開予定だった『Endless SHOCK』のこの日の公演中止を発表。その後全公演の中止を決定。
- 3月22日　『Endless SHOCK』、無観客でインスタライブ配信。
- 3月24日　東京オリンピックの開催延期を発表。
- 3月29日　志村けん(コメディアン)が新型コロナウイルス感染症で没。享年70。
- 4月7日　緊急事態宣言発令。対象は7都道府県で、期間は5月6日まで(のちに延長)。
- 4月8日　東宝製作の演劇公演の公演中止を発表。
- 4月16日　緊急事態宣言の対象地域を全国に拡大。
- 6月22日　帝劇・シアタークリエでの公演再開を発表。いずれも一幕もので幕間の休憩時間もなし。また、座席の間隔を確保するため、座席の間隔を前後左右1席ずつ空けての販売となった。

「『ジャージー・ボーイズ』イン コンサート」左／中川晃教
右／大山真志、東啓介、藤岡正明、中川晃教、尾上右近、矢崎広、spi

監＝島健　音監補＝福井小百合　振＝新海絵理子　美＝松井るみ　照＝日下靖順　響＝山本浩一　映像＝横山翼　衣＝小林巨和　HM＝井上京子　演助＝郷田拓実、守屋由貴　舞監＝山本圭太　P＝今村眞治、村田晴子　出＝フランキー・ヴァリ：中川晃教、トミー・デヴィート：藤岡正明、尾上右近、ボブ・ゴーディオ：矢崎広、東啓介、ニック・マッシ：spi、大山真志　他
▶緊急事態宣言が解除され7月に入り少しずつ演劇界が動き出す。帝劇の再始動として白羽の矢が立ったのが本作。もともとこの期間にミュージカル『ジャージー・ボーイズ』を上演予定だったことと、平成30（2018）年に東急シアターオーブにて「〜イン コンサート」と銘打ちコンサートバージョンを開催していたことから、急遽上演が決定した。ミュージカル版は2幕3時間の作品だが、感染リスクを抑えるために1幕約2時間のコンサートバージョンとし、客席は前後左右を空けた千鳥配置で半数以下の収容人数、観客はチケットを自分でもぎって入場、客席での会話は控えるよう要請されるなど、観客側も"ニュー・ノーマル"が求められた。さらに初日直前に劇場スタッフの感染が判明し配信のみの無観客公演に。23日に観客を入れての上演を果たした。帝劇での有観客公演は実に148日ぶりだった。

### 8月14日〜25日
### THE MUSICAL CONCERT at IMPERIAL THEATRE

構・演＝小林香　音監・編曲・指揮＝甲斐正人　振＝原田薫、麻咲梨乃、港ゆりか、木下奈津子　美＝松井るみ　照＝高見和義　響＝山本浩一　衣＝生澤美子　スタイリスト＝熊谷章子　HM＝林みゆき、富岡克之　映像＝石田肇　演出助＝末永陽一、斎藤歩　舞監＝廣田進　P＝岡本義次、小嶋麻倫子、田中利尚　MC＝井上芳雄、山崎育三郎　Program Aキャスト＝朝夏まなと、生田絵梨花、一路真輝、今井清隆、和音美桜、加藤和樹、城田優、瀬奈じゅん、田代万里生、新妻聖子、花總まり、古川雄大、森公美子　Program Bキャスト＝朝夏まなと、海宝直人、加藤和樹、笹本玲奈、涼風真世、瀬奈じゅん、田代万里生、中川晃教、花總まり、平原綾香、福井晶一、藤岡正明　Program Cキャスト＝朝夏まなと、石井一孝、一路真輝、佐藤隆紀、島田歌穂、瀬奈じゅん、ソニン、田代万里生、平野綾　スペシャルゲスト＝市村正親（Program A、17日公演のみ）、大地真央（Program C）
▶東宝ミュージカルの歴史をたどり、未来につなげる"プレミアムな祭典"。期間ごとに出演者が異なる「Program A」「Program B」「Program C」の3バージョンがあり、AとCは井上芳雄が、Bは山崎育三郎がMCを務めた。緊急事態宣言発令前に公演の告知はされていたものだが、社会情勢を受け直前の「『ジャージー・ボーイズ』イン コンサート」と同様、コロナ禍仕様のスタイルでの上演となった。

### 9月5日〜13日
### 《プレミア音楽朗読劇》
### VOICARION Ⅸ
### 帝国声歌舞伎〜信長の犬〜

原・脚・演＝藤沢文翁　曲・音監＝村中俊之　照＝久保良明　美＝野村真紀　響＝小宮大輔　SE＝熊谷健　衣＝大戸美貴　HM＝宮内宏

『VOICARION Ⅸ』

明、生井裕子　舞監＝山本圭太　P＝白石朋子、吉田訓和　出＝諏訪部順一、凰稀かなめ、中井和哉、朴璐美、紫吹淳、平田広明、山口勝平、真琴つばさ、山路和弘、石井正則、安元洋貴、小野友樹、彩吹真央、水田航生、浪川大輔、梅原裕一郎、梶裕貴、緒方恵美、下野紘、豊永利行、置鮎龍太郎、松岡禎丞、島﨑信長、大河元気、甲斐田ゆき、保志総一朗、内田雄馬、井上和彦、山寺宏一
▶平成28（2016）年より上演を重ねる音楽朗読劇シリーズが帝劇に初登場。2〜3月にシアタークリエで上演された同シリーズ『女王がいた客室』は新型コロナウイルス対策の影響で無観客上演となったが、観劇予定だった観客からの応援メッセージを客席に貼りつけ公演を行ったことも、この年の演劇界を象徴する出来事として注目を集めた。『信長の犬』は"日本初の軍用犬"の実話を元にした戦国時代劇。全公演で生配信も行われた。

『THE MUSICAL CONCERT』左下／井上芳雄　下中／市村正親　右下／大地真央

『My Story』中川晃教、山口祐一郎

『僕らこそミュージック』中川晃教、井上芳雄

『ローマの休日』
左／朝夏まなと、平方元基
右／加藤和樹、土屋太鳳

### 9月17日・18日
### My Story
―素敵な仲間たち―

構・演＝山田和也　美＝野村真紀　照＝古澤英紀　響＝碓氷健司　映像＝マグナックス　衣＝前田文子、東宝舞台　HM＝川端恵理子、岡田智江（スタジオAD）　舞監＝廣田進　P＝服部優希　出＝山口祐一郎　ゲスト＝浦井健治、保坂知寿、加藤和樹、平方元基、中川晃教

▶公演予定が白紙となった帝劇で、帝劇の帝王・山口祐一郎がゲストとともに自身の"Story"をトークで振り返る90分間。帝劇でトークショーが開催されたのは史上初であり、山口にとっても本格的なトークショーは初めてのことだった。ゲストは山口と共にミュージカルを創り上げてきた"素敵な仲間たち"が各公演替わりで登場。チケットは完売、ライブ配信も行われた。

### 9月23日
### 井上芳雄＆中川晃教
### 僕らこそミュージック

音監・編＝島健　照＝日下靖順　響＝山本浩一　映像・配信＝ムーチョ村松　衣＝吉田ナオキ、長妻和也　HM＝川端富生、井上京子　演補＝斎藤歩　舞監＝廣田進　P＝小嶋麻倫子、塚田淳一　出＝井上芳雄、中川晃教　ゲスト＝小池修一郎（宝塚歌劇団）

▶平成14（2002）年『モーツァルト！』日本初演でヴォルフガング役をダブルキャストで演じた井上芳雄と中川晃教による一夜限りのコンサート。二人が舞台で共演するのはこれが初めてで「夢の競演」「奇跡のコンサート」と話題になった。『My Story』に続き、予定が白紙となった帝劇で急遽開催が決定した、コロナ禍ならではの公演だった。12月には博多座公演も行われた。

### 10月4日〜28日
### 《ミュージカル》ローマの休日

原＝パラマウント映画「ローマの休日」　脚＝堀越真　演＝山田和也　音＝大島ミチル　詞＝斉藤由貴　オリジナル・プロデューサー＝酒井喜一郎　音監＝竹内聡　振＝桜木涼介　美＝松井るみ　照＝高見和義　映像＝栗山聡之　響＝山本浩一　衣＝前田文子　HM＝岡田智江　ア＝渥美博　指＝若林裕治　演助＝鈴木ひがし　舞監＝佐藤博　P＝服部優希、今村眞治、村田晴子　出＝アン王女：朝夏まなと、土屋太鳳、ジョー・ブラッドレー：加藤和樹、平方元基、アーヴィング・ラドヴィッチ：太田基裕、藤森慎吾、ヴィアバーグ伯爵夫人：久野綾希子、プロヴノ将軍：今拓哉、マリオ・デラーニ：岡田亮輔、ルイザ：小野妃香里、在イタリア大使：港幸樹、ヘネシー支局長：松澤重雄　他

▶オードリー・ヘプバーンが主演した同名の名作映画を、平成10（1998）年に世界で初めて日本がミュージカル化、日本オリジナル・ミュージカルの代表的作品を20年ぶりに上演。ヨーロッパ歴訪の途中でローマに立ち寄ったある国の王女と、王女のプライベートをスクープしようとする新聞記者との思いがけないロマンスを描く。主役のアン王女は朝夏まなとと土屋太鳳。朝夏は帝劇初登場、初主演。土屋はミュージカル初挑戦だった。

### 11月5日〜28日
### 《ミュージカル》ビューティフル

脚＝ダグラス・マクグラス　音・詞＝ジェリー・ゴフィン、キャロル・キング、バリー・マン、シンシア・ワイル　オリジナル演出＝マーク・ブルーニ　オリジナル振＝ジョシュ・プリンス　オリジナルセット・デザイン＝デレク・マクレーン　オリジナル衣裳デザイン＝アレホ・ヴィエッティ　オリジナル照明デザイン＝ピーター・カックゾロースキー　オーケストレーション・ヴォーカル・音楽アレンジ＝スティーブ・シドウェル　'17年版演出リステージ＝シェリー・バトラー　振リステージ＝ジョイス・チッティック　音楽スーパーバイザー＝ジェイソン・ハウランド　訳＝目黒条　訳詞＝湯川れい子　演出リステージ＝上田一豪　音監＝前嶋康明　照＝高見和義　衣＝前田文子　響＝山本浩一　HM＝林みゆき　美術アドバイザー＝石原敬　演助＝河合範子　舞監＝北條孝　P＝小嶋麻倫子、仁平知世　出＝キャロル・キング：水樹奈々、平原綾香、バリー・マン：中川晃教、ジェリー・ゴフィン：伊礼彼方、シンシア・ワイル：ソニン、ドニー・カーシュナー：武田真治、ジニー・クライン：剣幸　他

▶キャロル・キングの波乱万丈の半生を数々の名曲と共に綴ったミュージカル。水樹奈々と平原綾香がダブルキャストで主演を務め平成29（2017）年に日本初演を果たした作品の、待望の再演。コロナ禍の渡航制限のため演出家や振付家など海外スタッフの来日が叶わず、リモートで制作するという苦労の中だったが、演出リステージの上田一豪を筆頭に、初演を経験したキャストが熱量高くハイレベルなパフォーマンスを届けた。

### 12月10日〜令和3（2021）年1月27日
### DREAM BOYS

エターナル・プロデューサー＝ジャニー喜多川　演＝堂本光一　振＝前田清実、川崎悦子、SANCHE、HIDEBOH、TAMMY LYN、KIN、石田幸、面高祐太郎、KIN FC＝松藤和広　ボクシング・コリオグラファー＝富永研司　AC＝諸鍛治裕太　エアリアル・コーディネーター＝多田誠二、半澤友美　美＝石井みつる　照＝藤井逸平　照明ムービング＝梅村純　照明監修＝勝柴次朗　映像＝鈴木岳人　響＝吉川真代　衣＝粂田孝歩、篠田久美子　音監＝長谷川雅大　演助＝齋藤安彦、大黒靖彰　舞監＝

『ビューティフル』左／武田真治、中川晃教、ソニン、水樹奈々　右／伊礼彼方、平原綾香

『DREAM BOYS』左／岸優太　右／神宮寺勇太、岸優太

馬淵だいき　P＝坂本義和、齋藤安彦、増永多麻恵　出＝岸優太、神宮寺勇太、美 少年、7 MEN 侍、ジャニーズJr., 紫吹淳、鳳蘭 他
▶9月上演予定が新型コロナウイルス蔓延を踏まえ中止となったが、堂本光一演出、岸優太主演、チャンプ神宮寺勇太の布陣で、年末年始に上演に。正月公演は平成18（2006）年の『KAT-TUN vs 関ジャニ∞』以来14年ぶり、12月上演はシリーズ初となった。堂本は、2幕構成の作品をノンストップの2時間に再構成。新曲4曲も加え、ミュージカルとしての見応えもあるリニューアルとなった。ユウタの逃亡シーンも、堂本プロデュースの〈DEATH SPIRAL〉で一新。追い詰められる主人公の心情が楽曲とパフォーマンス、岸の演技力で疾走感に溢れ、シーンとしての魅力も倍増した。

## COLUMN

### コロナ禍と演劇

最初の緊急事態宣言が、5月25日に解除されたあと、東京都内の多くの劇場は、7月より再開したが、劇場の雰囲気は、様変わりしたものになった。お客様も従業員もマスク着用、いたるところにパーテーション、マスクなしの会話になりがちな飲食も控えることが要請され、観劇後の退場も実に静かな光景となった。「密」を避けるべしという最初の対策が、コロナ禍が進むうちに、会話、くしゃみによって生じる飛沫が感染経路のひとつであると考えられたことを受けての対策だった。

そのような状況でも、舞台を観に来てくださるお客様のために、俳優たちは、マスクなしで、俳優という職業の存在意義を胸に秘めながら、連日の舞台を果敢に務めていたのは、感謝とともに長く記憶にとどめたい。新型コロナの特徴として、感染しても、数日後に症状が出てくることや、あるいは、ずっと無症状のままの人もおり、その期間に、他の人を感染させてしまうリスクがあり、結果として、舞台裏の世界に、ウイルスが入ってしまうと、多くの場合、公演実施が、物理的に無理だったり、予防的に中止せざるを得ないことになってしまった。右のLINEUPでも、公演は実施できたものの、全予定公演回数を行えなかったケースは数多い。

2020年9月11日から、大声の有無で、政府の規制策がカテゴリーわけされ、演劇は「イベントであって、5000人以下収容の会場における、場内で観客が大声を発しないもの」という新しい定義の仕方がされることになった。その「声なしイベント」カテゴリーは、100％の収容率可能にはなったものの、舞台と客席が熱い気持ちの交流をしたあとの静かな劇場風景は、その後も続いた。（松田和彦）

早稲田演劇博物館の展示「失われた公演　コロナ禍と演劇の記録／記憶」に提供した、2020年東宝演劇ラインナップのポスターを集めたパネル。中止となった公演、新たに企画した公演のポスターが同居している。

### 2020 東宝演劇 LINEUP

**帝国劇場**
- 1月：ジャニーズ・アイランド（一部公演休演）
- 2・3月：Endless SHOCK（全日程休演）
- 4・5月：エリザベート（全日程休演）
- 5・6月：ミス・サイゴン（全日程休演）
- 7・8月：ジャージー・ボーイズ（コロナ禍新企画）
- 7・8月：ジャージー・ボーイズ イン コンサート（コロナ禍新企画）
- 8月：THE MUSICAL CONCERT at IMPERIAL THEATRE（コロナ禍新企画）
- 9月：VOICARION Ⅸ［精霊の犬］（一部公演休演）
- 9月：My Story ～素敵な仲間たち～（コロナ禍新企画）
- 9月：僕らこそミュージック（コロナ禍新企画）
- 10月：ローマの休日
- 11月：ビューティフル
- 12月：DREAM BOYS

**梅田芸術劇場**
- 9月・10月：Endless SHOCK -Eternal-

**シアタークリエ**
- 1・2月：シャボン玉とんだ宇宙（ソラ）までとんだ
- 2月：KERA CROSS 第二弾 グッバイ
- 2・3月：VOICARION Ⅷ［精霊の犬］（女王が忍び出た夜）（一部公演休演）
- 3・4月：リトル・ショップ・オブ・ホラーズ（全日程休演）
- 4月：モダン・ミリー（全日程休演）
- 5月：ジャニーズ銀座2020（全日程休演）
- 6月：ふぉ〜ゆ〜 meets 梅棒 Only 1, not No.1（全日程休演）
- 6月・7月：アルキメデスの大戦（全日程休演）
- 7月：TOHO MUSICAL LAB.（LIVE無観客配信のみ）（コロナ禍新企画）
- 7月：SHOW-ism Ⅸ（全日程休演）
- 7・8月：SHOW-ISMS（コロナ禍新企画）（一部公演休演）
- 8月：メイビー、ハッピーエンディング
- 9・10月：ダディ・ロング・レッグズ
- 9・10月：Gang Showman
- 10月：おかしな二人
- 11・12月：RENT（一部公演休演）
- 12月：オトコ・フタリ
- ※リモートシアター：VOICARION Ⅷ［ル・レーヴ］（コロナ禍新企画）

**日生劇場**
- 1月：フランケンシュタイン
- 2月：天保十二年のシェイクスピア（一部公演休演）
- 3月：ホイッスル・ダウン・ザ・ウィンド ～汚れなき瞳～（一部公演休演）
- 5月：ニュージーズ（全日程休演）
- 7月：リトル・ゾンビガール（全日程休演）
- 10月：オレたち応援屋!! on stage

**東京建物Brillia HALL**
- 6月：ヘアスプレー（全日程休演）
- 7月：四月は君の嘘（全日程休演）

**東京芸術劇場 他**
- 8月：ナイツ・テイル in シンフォニックコンサート

**東急シアターオーブ**
- 11・12月：プロデューサーズ

**ヒューリックホール東京**
- 10月：秒速5センチメートル

**明治座**
- 12月：両国花錦闘士

# 令和3年 2021

## 『Endless SHOCK』映画化など演劇の新しい在り方を模索
## 『モーツァルト!』『レ・ミゼラブル』など伝統作品も上演

世界各地で新型コロナウイルスの感染者数が急増。日本でも感染拡大と収束が繰り返され、1月に2度目の緊急事態宣言が発出。
まん延防止等重点措置と併せ断続的に人々の外出が制限された一年に。
苦境の中、帝劇では伝統ある大型ミュージカルが次々と上演。一方でライブ配信、映画化など、ライブエンタメの新しい形の提供も。
映画「シン・エヴァンゲリオン劇場版」(総監督=庵野秀明)、「竜とそばかすの姫」(監督=細田守)などがヒット。

『Endless SHOCK -Eternal-』堂本光一、上田竜也(上)　『Endless SHOCK -Eternal-』堂本光一　『Endless SHOCK -Eternal-』堂本光一

### 2月4日～3月31日

**Endless SHOCK -Eternal-**
エターナル・プロデューサー=ジャニー喜多川　作・構・演・主演=堂本光一　音=堂本光一、船山基紀、佐藤泰将、ボブ佐久間、フリークチャイルド、アレクサンドラ・プリンツ、ポール・レイン、マーヴィー・レイン、ニクラス・ランディン、フリージャ・ブルームバーグ、マリア・マークンズ、MAMA　振=トラヴィス・ペイン、ステイシー・ウォーカー、ブライアント・ボールドウィン、SANCHE、川崎悦子、花柳寿楽、ただこ、松本菜穂子　AC=諸鍛治裕太　FC=松藤和広　照=勝柴次朗　照明ムービング=梅村純　装=石井みつる　映像ディレクター=川上将史　音響プランナー=山口剛史　衣=泉繭子

音監=長谷川雅大　歌指=小川美也子　指=田邊賀一　演補=齋藤安彦　舞監=三宅崇司　P=坂本義和、齋藤安彦　出=上田竜也、越岡裕貴、松崎祐介、寺西拓人、高田翔、椿泰我、松井奏、石川直、梅田彩佳、前田美波里 他

▶コロナ禍による緊急事態宣言を政府が発令。帝劇で上演された『Endless SHOCK -Eternal-』も夜の部の開演時間を繰り上げ、2月に予定されていたチケットの一般発売を中止するといった対策が取られた。だが、実は前年に無観客で『Endless SHOCK』本編を収録しており、それを映画化して全国の映画館で上演。監督は堂本光一が務めた。

『モーツァルト!』山崎育三郎

『モーツァルト!』遠山裕介、山崎育三郎　『モーツァルト!』木下晴香、古川雄大、遠山裕介

### 【 主な出来事 】

- 1月8日　埼玉・千葉・東京・神奈川を対象に2回目の緊急事態宣言発出。イベント開催に関しては再び収容人数制限(収容率を50%等)が課せられる。ただし「既に販売されたチケットについては開催制限を適用せず」等の例外措置もあり、現場には混乱も。
- 2月1日　映画「Endless SHOCK」公開。堂本光一が作・構成・演出・主演を務めるミュージカルを初めて映画化したもの。無観客の帝劇にクレーンカメラ3台を含む16台のカメラを設置し、ドローンも飛ばしながら撮影を敢行した。
- 4月5日　1回目の「まん延防止等重点措置」が実施。
- 7月23日　東京で第32回夏季オリンピック(東京オリンピック)が開幕。近代オリンピック史上初めて、前年夏の開催日程から延期、無観客開催。8月24日にはパラリンピック開幕。
- 9月14日　米ブロードウェイが本格的に上演再開。
- 11月26日　スティーブン・ソンドハイム(作詞・作曲家)没。享年91。
- 11月28日　二代目中村吉右衛門(俳優)没。享年77。
- 12月18日　神田沙也加(俳優)没。享年35。

『レ・ミゼラブル』谷口ゆうな、橋本じゅん、佐藤隆紀

『レ・ミゼラブル』生田絵梨花

『レ・ミゼラブル』斎藤司、樹里咲穂

### 4月8日～5月6日
#### 《ミュージカル》モーツァルト！

脚・詞＝ミヒャエル・クンツェ　音・編＝シルヴェスター・リーヴァイ　オリジナルプロダクション＝ウィーン劇場協会　演・訳詞＝小池修一郎　音監・指＝甲斐正人　振＝前田清実　美・映像監修＝松井るみ　照＝笠原俊幸　衣＝有村淳　HM＝宮内宏明　響＝大坪正仁　映像＝奥秀太郎　演助＝小川美也子、末永陽一　舞監＝廣田進、菅田幸夫　指＝宇賀神典子　PC＝小熊節子　P＝岡本義次、服部優希　後＝オーストリア大使館、オーストリア文化フォーラム　出＝ヴォルフガング・モーツァルト：山崎育三郎、古川雄大、コンスタンツェ：木下晴香、ナンネール：和音美桜、ヴァルトシュテッテン男爵夫人：涼風真世、香寿たつき、コロレド大司教：山口祐一郎、レオポルト：市村正親　他

▶平成14（2002）年の初演以来上演を重ねる大ヒットミュージカル。平成30（2018）年に続き主人公のヴォルフガングは山崎育三郎と古川雄大のダブルキャスト。ほとんどの役を経験者が務め、盤石の体制で充実の公演を届けた。なお緊急事態宣言の影響で、帝劇公演は千穐楽含む9日間が、また最終公演地・大阪では初日から7日間と前楽含む3公演が中止になったが、前楽（山崎育三郎主演）を無観客で、翌日の大千穐楽（古川雄大主演）を有観客で、ライブ配信した。

### 5月21日～7月26日（プレビュー含む）
#### 《ミュージカル》レ・ミゼラブル
❖ 5月25日初日

オリジナル・プロダクション製作＝キャメロン・マッキントッシュ　作＝アラン・ブーブリル、クロード＝ミッシェル・シェーンベルク　原＝ヴィクトル・ユゴー　音＝クロード＝ミッシェル・シェーンベルク　詞＝ハーバート・クレッツマー　オリジナルフランス語脚本＝アラン・ブーブリル、ジャン＝マルク・ナテル　資料提供＝ジェームズ・フェントン　潤＝トレバー・ナン、ジョン・ケアード　訳＝酒井洋子　訳詞＝岩谷時子　オリジナル編曲＝ジョン・キャメロン　新編曲＝クリストファー・ヤンキー、スティーヴン・メトカーフ、スティーヴン・ブルッカー　ミュージカル・ステージング＝マイケル・アシュクロフト、ジェフリー・ガラット　映像制作＝59プロダクションズ　響＝ミック・ポッター　照＝ポーリー・コンスタブル　衣＝アンドレアーヌ・ネオフィトウ、クリスティーヌ・ローランド　装・映像デザイン＝マット・キンリー　原画＝ヴィクトル・ユゴー　演＝ローレンス・コナー、ジェームズ・パウエル　[日本プロダクション]響補＝ニック・グレイ　照明スーパーヴァイザー＝チャーリー・ホール　ミュージカル・スーパーヴァイザー＝アルファンソ・カサド・トリゴ、山口琇也　日本版演出＝クリストファー・キー　EP＝トーマス・シェーンベルク　テクニカル・ディレクター＝ジェリー・ドナルドソン　訳詞補綴＝松田直行　演助＝鈴木ひがし、時枝正俊　舞監＝菅田幸夫、広瀬泰久　指＝若林裕治、森亮平　P＝坂本義和、村田晴子、佐々木将之　協＝日本航空　出＝ジャン・バルジャン：福井晶一、吉原光夫、佐藤隆紀、ジャベール：川口竜也、上原理生、伊礼彼方、ファンテーヌ：知念里奈、濱田めぐみ、二宮愛、和音美桜、エポニーヌ：唯月ふうか、屋比久知奈、生田絵梨花、マリウス：内藤大希、三浦宏規、竹内將人、コゼット：熊谷彩春、加藤梨里香、敷村珠夕、テナルディエ：駒田一、橋本じゅん、斎藤司、六角精児、マダム・テナルディエ：森公美子、谷口ゆうな、樹里咲穂　アンジョルラス：相葉裕樹、小野田龍之介、木内健人、他

▶2019年版から続投するキャストが多い中、前2回でコゼットを演じていた生田絵梨花がエポニーヌに役替わりとなり、コゼットに加藤梨里香、敷村珠夕、マリウスに竹内將人、テナルディエに六角精児、マダム・テナルディエに樹里咲穂、アンジョルラスに木内健人が初参加した。なお帝劇公演は全公演完走するも、公演関係者に新型コロナウイルスの陽性反応が出た影響で、続く博多座公演の一部、9月の大阪公演は全公演中止に。

### 8月5日～28日
#### 《ミュージカル》王家の紋章

原＝細川智栄子 あんど芙〜みん「王家の紋章」（秋田書店「月刊プリンセス」連載）脚・詞・演出＝荻田浩一　曲・編＝シルヴェスター・リーヴァイ　音監＝鎮守めぐみ　振＝原田薫、新上裕也　美＝二村周作　照＝柏倉淳一　衣＝前田文子　響＝山本浩一　HM＝馮啓孝　ファイティング＝渥美博　指＝若林裕治、角岳史　演助＝豊田めぐみ　舞監＝藤崎遊　音楽コーディネーター＝小熊節子　P＝小嶋麻倫子、柴原愛　出＝メンフィス：浦井健治、海宝直人、キャロル：神田沙也加、木下晴香、イズミル：平方元基、大貫勇輔、アイシス：朝夏まなと、新妻聖子、ライアン：植原卓也、イムホテップ：山口祐一郎　他

▶古代エジプト王と現代アメリカ人少女との時空を越えたロマンスを描く少女漫画の金字塔を原作に、平成28（2016）年に世界初演、半年後に再演した話題作を4年ぶりに。主人公のメンフィスは、初演に続いて務める浦井健治に加え、海宝直人が初参加。海宝はこれが帝劇初主演。ヒロイン・キャロル役は神田沙也加と木下晴香のダブルキャスト。ほか、敵役のアイシスを初演ではキャロルを演じた新妻聖子と初参加の朝夏まなとが演じるなど、キャスティングも話題になった。演出も細部にわたりブラッシュアップされた。

『王家の紋章』新妻聖子、浦井健治

『王家の紋章』上段／海宝直人
中段／神田沙也加、平方元基

『王家の紋章』木下晴香、大貫勇輔

2021 ― 令和3年

『DREAM BOYS』菊池風磨、田中樹

『DREAM BOYS』

### 9月6日〜29日
### DREAM BOYS

エターナル・プロデューサー＝ジャニー喜多川　演＝堂本光一　振＝前田清実、川崎悦子、SANCHE、HIDEBOH、TAMMY LYN、Lisa Tanikawa、Fumiya Matsumoto　FC＝松藤和広　AC＝諸鍛冶裕太　ボクシング・コリオグラファー＝富永研司　エアリアル・コーディネーター＝多田誠、川村理沙　美＝石井みつる　照＝藤井逸平　照明ムービング＝梅村純　照監＝勝柴次朗　映像＝鈴木岳人　響＝吉川真代　衣＝條田孝歩、篠田久美子　音監＝長谷川雅大　演助＝齋藤安彦、大黒靖彰　舞監＝馬淵だいき　Ｐ＝坂本義和、齋藤安彦、増永多麻恵　出＝菊池風磨、田中樹、7 MEN 侍、少年忍者、紫吹淳、鳳蘭、ジャニーズJr．他

▶菊池風磨、帝劇初主演。チャンプは菊池とは入所同期の田中樹が務め、それぞれの道をまい進する2人がドリボで出会う"リアルとフィクションが重なって"一層深まる『DREAM BOYS』の世界と謳われた。菊池は平成28（2016）年に役替わり公演で9回のみチャンプを演じたが、その熱演と高い演技力はあっという間に話題となり、"いつかまた『DREAM BOYS』へ"との声も多く、満を持して、主演での復帰となった。

### 10月6日〜11月7日
### 《ミュージカル》ナイツ・テイル
### ―騎士物語―

脚・演＝ジョン・ケアード　音・詞＝ポール・ゴードン　日本語脚本・詞＝今井麻緒子　音監・オーケストレーション・編＝ブラッド・ハーク　原＝ジョヴァンニ・ボッカッチョ「Teseida」、ジェフリー・チョーサー「騎士の物語」、ジョン・フレッチャー、ウィリアム・シェイクスピア「二人の貴公子」　振＝デヴィッド・パーソンズ　美＝ジョン・ボウサー　照＝中川隆一　響＝本間俊哉　衣＝ジーン・チャン　HM＝宮内宏明　AC＝諸鍛冶裕太　ヴォーカル・スーパーバイザー＝山口琇也　指＝田邉賀一　演補＝上田一豪、永井誠　舞監＝北條孝　Ｐ＝齋藤安彦、塚田淳一　出＝アーサイト：堂本光一、パラモン：井上芳雄、エミーリア：音月桂、牢番の娘：上白石萌音、シーシアス：岸祐二、ジェロルド、クリオン：大澄賢也、ヒポリタ：島田歌穂　他

▶平成30（2018）年に堂本光一と井上芳雄という同世代の二大スターがダブル主演を務め、ジョン・ケアードの脚本・演出で誕生した超話題作の待望の再演。音月桂、上白石萌音、岸祐二、大澄賢也、島田歌穂ら初演キャストが再集結した。9月の大阪公演は公演関係者のコロナ感染の影響で一

『ナイツ・テイル』上白石萌音、井上芳雄

『ナイツ・テイル』音月桂、島田歌穂、上白石萌音

『ナイツ・テイル』堂本光一、井上芳雄　　『ナイツ・テイル』音月桂、堂本光一

『マイ・フェア・レディ』神田沙也加

『マイ・フェア・レディ』朝夏まなと

『マイ・フェア・レディ』神田沙也加、寺脇康文

『マイ・フェア・レディ』前田美波里、朝夏まなと、別所哲也

部公演を中止したものの、帝劇公演は無事完走。なお公演に先立ち令和2(2020)年8月には『ミュージカル「ナイツ・テイル」inシンフォニックコンサート』が東京芸術劇場と東京オペラシティにて開催された。

### 11月14日〜28日
《ミュージカル》
**マイ・フェア・レディ**

脚・詞=アラン・ジェイ・ラーナー　音=フレデリック・ロウ　訳・訳詞・演=G2　振=前田清実　音監=八幡茂　美=古川雅之　照=高見和義　響=山本浩一　衣=十川ヒロコ　HM=宮内宏明　指=若林裕治　演助=西祐子　舞監=荒智司　P=齋藤安彦、田中利尚　出=イライザ・ドゥーリトル:朝夏まなと、神田沙也加、ヘンリー・ヒギンズ教授:寺脇康文、別所哲也、ヒュー・ピッカリング大佐:相島一之、アルフレッド・ドゥーリトル:今井清隆、フレディ・アインスフォードヒル:前山剛久、寺西拓人、ピアス夫人:春風ひとみ、アインスフォードヒル夫人、トランシルバニア女王:伊東弘美、ヒギンズの母:前田美波里　他

▶昭和38(1963)年に日本初の翻訳ブロードウェイ・ミュージカルとして上演されて以来、愛され続ける名作が、12年ぶりに帝劇に登場。平成30(2018)年公演に続き、イライザ役は朝夏まなとと神田沙也加のダブルキャスト。ヒギンズ教授とフレディもダブルキャストで、朝夏・別所哲也・寺西拓人の「チームA」、神田・寺脇康文・前山剛久の「チームK」の2チーム体制で上演された。しかし全国ツアー公演中の12月18日、神田が急逝。以降の山形・静岡・愛知・大阪・福岡公演は全公演朝夏率いる「チームA」が務めた。

### 12月7日〜21日
《ABC座》
**ジャニーズ伝説2021**
at Imperial Theatre

エターナル・プロデューサー=ジャニー喜多川　演・主演=A.B.C-Z(橋本良亮、戸塚祥太、河合郁人、五関晃一、塚田僚一)　振=MASASHI、PERA、面高祐太郎、LisaTanikawa、立花美子　音楽プロデューサー=長谷川雅大　美=石原敬　照=藤井逸平　ムービングプログラム=米澤正　映像ディレクター=川上将史　響=山口剛史、吉川真代　衣=吉川真代、粂田孝歩、米山裕也　衣裳コーディネート=篠田久美子　エアリアル・コーディネーター(5Star)=多田誠、山中陽子　脚本協力・演補=川浪ナミヲ　演助=斎藤安彦、大黒靖彰　舞監=馬淵だいき、澤田大輔　P=坂本義和、齋藤安彦、増永多麻恵　Special Thanks=堂本剛　出=7 MEN 侍(中村嶺亜、菅田琳寧、本髙克樹、佐々木大光、今野大輝、矢花黎)、Jr.SP(林蓮音、松尾龍、和田優希、中村浩大)、少年忍者(小田将聖、田村海琉、久保廉、山井飛翔、瀧陽次朗、稲葉通陽、鈴木悠仁、川﨑星輝、長瀬結星)、佐藤アツヒロ(特別出演)　他

▶10代の頃から舞台作品で活躍してきたA.B.C-Z。メジャーデビューと同時に日生劇場などで毎年上演してきた座長公演「ABC座」がいよいよ帝劇へ。『ジャニーズ伝説』は初代グループ"ジャニーズ"のアメリカ武者修行の旅と事務所の歴史をエモーショナルに描く、ノンフィクション満載のオリジナルストーリー。佐藤アツヒロが芝居を盛り立て、河合郁人が選曲した歴代の名曲メドレーが魅力を放った。

『ジャニーズ伝説2021』塚田僚一、戸塚祥太、橋本良亮、河合郁人、五関晃一

『ジャニーズ伝説2021』塚田僚一、橋本良亮、河合郁人、五関晃一

## 令和4年

# 感染対策と経済活動の両立をはかる"ウィズコロナ"時代
# しかし予期せぬ公演中止は続く

ロシア・ウクライナ戦争の勃発、安倍晋三元首相銃撃事件など、社会情勢は激動。
新型コロナウイルスもオミクロン株の大流行など危険な状況は続くが、3月には行動制限が解除、"ウィズコロナ"の時代へ。
急な公演中止は発生する中ではあるが、演劇界も少しずつ活気を取り戻し、中止公演のリベンジ上演も多く開催された年になった。
映画「ONE PIECE FILM RED」(監督=谷口悟朗)、「すずめの戸締まり」(監督=新海誠)などがヒット。

### 1月1日〜26日

### JOHNNYS' IsLAND THE NEW WORLD

エターナル・プロデューサー=ジャニー喜多川　演=滝沢秀明　振=SANCHE、石田幸、金田亜希子、谷川梨紗、小原康太　FC=松藤和広　装=石井みつる　照=藤井逸平　照明ムービング=梅村純　照明監修=勝柴次朗　映像ディレクター=鈴木岳人　響=吉川真代　衣=粂田孝歩　音監=長谷川雅大　P=田口豪孝、坂本義和　出=HiHi Jets、美 少年、7MEN侍、少年忍者、Jr.SP、ジャニーズJr.

▶平成28(2016)年より『JOHNNYS' Island』と名前を変え、2年ぶりの上演は演出を滝沢秀明が担った。新たな船出らしく"THE NEW WORLD"と銘打ち、地球の大切さ、平和への思い、子供の無限の可能性というテーマは変わらず主軸に、68名の若手が大集合し、フレッシュな装いに。彼らの想いを強く伝える公演となった。新しい演出も増え、全長6mの巨大船を人力で、絶妙なバランスで動かす迫力の中、アクロバットを得意とする精鋭たちの技量が光った。また滝沢らしい和の演出は美しく、戦争のシーンはスタイリッシュかつ熱情的なものに。

『JOHNNYS' IsLAND THE NEW WORLD』

### 2月10日〜19日

### 《ミュージカル》
### 笑う男
### The Eternal Love -永遠の愛-

原=ヴィクトル・ユゴー　脚=ロバート・ヨハンソン　音=フランク・ワイルドホーン　詞=ジャック・マーフィー　編・オーケストレーション=ジェイソン・ハウランド　訳・訳詞・演=上田一豪　音楽スーパーバイザー・指=塩田明弘　音監=小澤時史　振=新海絵理子、スズキ拓朗　美=石原敬　照=笠原俊幸　響=山本浩一　衣=前田文子　HM=岡田智江　映像=奥秀太郎　ア=渥美博　指=田尻真高　演助=森田香菜子　舞監=廣田進　P=服部優希、馬場千晃　出=グウィンプレン:浦井健治、デア:真彩希帆、熊谷彩春、ジョシアナ公爵:大塚千弘、デヴィット・ディリー・ムーア卿:吉野圭吾、フェドロ:石川禅、ウルシュス:山口祐一郎 他

▶ヴィクトル・ユゴーの小説を基に韓国で生まれ、平成31(2019)年4月に日生劇場で日本初演されたミュージカル。初演は韓国版のライセンス上演だったが、演出・舞台美術を一新した日本オリジナルとして再登場した。主人公である、口を割かれた奇怪な顔のために幼少から見世物として生きる"笑う男"グウィンプレン役の浦井健治、その育ての親ウルシュス役の山口祐一郎が初演に引き続き出演。ヒロイン・デア役の真彩希帆、熊谷彩春は新キャスト。なお、予定していた初日直前に公演関係者の新型コロナウイルス感染症の陽性反応が確認されたことから2月3日の初日は10日に延期された。

『笑う男』真彩希帆、山口祐一郎

『笑う男』浦井健治

---

【 主な出来事 】

- 1月9日　2回目の「まん延防止等重点措置」が実施。
- 2月6日　ミュージカル『ラ・マンチャの男』が日生劇場で開幕。松本白鸚が1969年より主演する作品のファイナル公演だったが、公演関係者の感染により2度にわたり公演中止、全7回のみの上演となった。
- 2月24日　ロシアがウクライナへの本格的な軍事侵攻を開始。
- 3月14日　宝田明(俳優)没。享年87。
- 3月21日　すべての都道府県で「まん延防止等重点措置」を全面解除。
- 4月1日　改正民法が施行され、成年年齢が18歳に引き下げられる。
- 9月8日　イギリスのエリザベス女王崩御(享年96)。同日、長男のチャールズ3世がイギリス国王に即位。
- 9月27日　帝劇を擁する帝劇ビルの建て替えと、2025年よりそれに伴う一時休館を発表。
- 10月8日　ミュージカル『ジャージー・ボーイズ』、日生劇場で開幕(10月6日よりプレビュー)。2020年に帝劇公演を予定するも全公演中止、コンサートバージョンとなった作品。
- 11月7日　コロナにより延期していた十三代目市川團十郎襲名披露興行が歌舞伎座より始まる。

『千と千尋の神隠し』橋本環奈

『千と千尋の神隠し』夏木マリ

『千と千尋の神隠し』上白石萌音、三浦宏規

『千と千尋の神隠し』朴璐美

### 2月28日～3月29日（プレビュー含む）

**東宝創立90周年記念作品**
**《舞台》千と千尋の神隠し**
❖3月2日初日

原＝宮﨑駿　翻案・演＝ジョン・ケアード　共同翻案・演補＝今井麻緒子　オリジナルスコア＝久石譲　音楽スーパーバイザー・編曲＝ブラッド・ハーク　オーケストレーション＝ブラッド・ハーク、コナー・キーラン　美＝ジョン・ボウサー　パペットデザイン・ディレクション＝トビー・オリエ　振＝井手茂太　照＝勝柴次朗　響＝山本浩一　衣＝中原幸子　HM＝宮内宏明　映像＝栗山聡之　舞監＝北條孝　音監・指＝深澤恵梨香　演助＝永井誠、小貫流星　P＝尾木晴佳　協＝スタジオジブリ　出＝千尋：橋本環奈、上白石萌音、ハク：醍醐虎汰朗、三浦宏規、カオナシ：菅原小春、辻本知彦、リン／千尋の母：咲妃みゆ、妃海風、釜爺：田口トモロヲ、橋本さとし、湯婆婆／銭婆：夏木マリ、朴璐美　他

▶米国アカデミー賞長編アニメーション映画部門賞も受賞した、宮﨑駿監督の不朽の名作を世界初の舞台化。『レ・ミゼラブル』初演版の演出などで知られるイギリスの名匠ジョン・ケアードが演出を手掛け、国民的女優である橋本環奈と上白石萌音がダブルキャストで主役の千尋を務めた。映画版で湯婆婆／銭婆役を印象的に演じた夏木マリが同役を演じたことも話題に（朴璐美とダブルキャスト）。ほかにも錚々たる豪華キャストが顔を揃え、パペットデザインを『ウォー・ホース～戦火の馬～』『リトルマーメイド』などのトビー・オリエが担当するなど超一流スタッフが集い、令和4（2022）年演劇界最大の注目を集めた。オープニング映像はスタジオジブリが手掛けた。

### 4月10日～5月31日

**Endless SHOCK -Eternal-**

作・構・演・主演＝堂本光一　エターナル・プロデューサー＝ジャニー喜多川　音＝堂本光一、船山基紀、佐藤泰将、ボブ佐久間、フリークチャイルド、アレクサンドラ・プリンツ、ポール・レイン、マーヴィー・レイン、ニクラス・ランディン、フリージャ・ブルームバーグ、マリア・マークンズ、MAMA　振＝トラヴィス・ペイン、ステイシー・ウォーカー、ブライアント・ボールドウィン、SANCHE、川崎悦子、花柳寿楽、松本菜穂子、赤坂麻里　AC＝諸鍛治裕太　FC＝松藤和広　照＝藤井逸平　照明ムービング＝梅村純　照明監修＝勝柴次朗　装＝石井みつる　映像ディレクター＝川上将史　音響プランナー＝山口剛史　衣＝泉繭子　音監＝長谷川雅大　指＝田邊賀一　演補＝齋藤安彦　舞監＝三宅崇司　P＝坂本義和、齋藤安彦　出＝佐藤勝利、越岡裕貴、松崎祐介、高田翔、原嘉孝、大東立樹、今村隼人、石川直、綺咲愛里、前田美波里　他

▶4～5月の帝国劇場公演では『Endless SHOCK -Eternal-』を上演。ライバル役を務めた佐藤勝利は、作品史上最も光一との年齢差が開いたライバルとなった。途中、コロナウイルスの陽性者が判明したため7公演が中止されたものの、5月31日の昼の部で通算1900回を達成。さらに9～10月の博多座公演では、2年半ぶりに本編が上演され、堂本光一がマスクを着用する形での客席上のフライングも復活した。

『Endless SHOCK -Eternal-』越岡裕貴、今村隼人、高田翔、堂本光一、前田美波里、松崎祐介、佐藤勝利、大東立樹、原嘉孝

『ガイズ&ドールズ』井上芳雄

『ガイズ&ドールズ』浦井健治

『ガイズ&ドールズ』望海風斗、浦井健治、井上芳雄、明日海りお

『ガイズ&ドールズ』望海風斗、明日海りお

### 6月9日～25日
《ミュージカル》ガイズ&ドールズ

原=デイモン・ラニヨン　音・詞=フランク・レッサー　脚=ジョー・スワリング、エイブ・バロウズ　演=マイケル・アーデン　振=エイマン・フォーリー　装=デイン・ラフリー　訳詞・日本語台本=植田景子　音監=前嶋康明　照=柏倉淳一　響=山本浩一　衣=有村淳　HM=林みゆき　映像=KENNY　演助=鈴木ひがし　舞監=本田和男　P=小嶋麻倫子、荒田智子　出=スカイ・マスターソン:井上芳雄、サラ・ブラウン:明日海りお、ネイサン・デトロイト:浦井健治、ミス・アデレイド:望海風斗、ナイスリー・ナイスリー・ジョンソン:田代万里生、ベニー・サウスストリート:竹内将人、ラスティー・チャーリー:木内健人、ハリー・ザ・ホース:友石竜也、ビッグ・ジューリ:瀬下尚人、カートライト将軍:未沙のえる、アーヴァイド・アバナシー:林アキラ、ブラニガン警部補:石井一孝

▶昭和25(1950)年にブロードウェイで初演され、日本でもたびたび上演されている名作ミュージカルを、『春のめざめ』『アイランド』で2度トニー賞ノミネートを果たした演出家マイケル・アーデンが手掛け現代に鮮やかに蘇らせた。キャストは井上芳雄、明日海りお、浦井健治、望海風斗という、現代の演劇界を牽引する豪華メンバーが勢揃い。ゴージャスなステージで盛り上がるも、公演関係者の新型コロナウイルス感染により2度にわたり中止に。予定された日程の半数ほどの上演となった。

### 7月29日～8月31日
《ミュージカル》ミス・サイゴン

オリジナル・プロダクション製作=キャメロン・マッキントッシュ　作=アラン・ブーブリル、クロード=ミッシェル・シェーンベルク　音=クロード=ミッシェル・シェーンベルク　演=ローレンス・コナー　詞=リチャード・モルトビー・ジュニア、アラン・ブーブリル　ミュージカル・ステージング=ボブ・エイヴィアン　オリジナルフランス語テキスト=アラン・ブーブリル　追加振付=ジェフリー・ガラット　追加歌詞=マイケル・マーラー美=トッティ・ドライヴァー、マット・キンリー　訳=信子アルベリー　訳詞=岩谷時子　編=ウィリアム・デヴィッド・ブローン　舞台美術原案=エイドリアン・ヴォー　衣=アンドレアーヌ・ネオフィトウ　照=ブルーノ・ポエット　響=ミック・ポッター　映像制作=ルーク・ホールズ　[日本プロダクション]響補=ニック・グレイ　照補=セーラ・ブラウン　衣補=リー・タッシー　ミュージカル・スーパーヴァイザー=アルフォンソ・カサド・トリゴ　振補=リチャード・ジョーンズ　日本プロダクション演出=ジャン・ピエール・ヴァン・ダー・スプイ　EP=トーマス・シェーンベルク　演助=渡邉さつき、永井誠　音監=山口琇也　翻訳補綴=松田直行　舞監=広邉泰久、菅田幸夫　指=若林裕治　P=齋藤安彦、塚田淳一　協=日本航空　出=エンジニア:市村正親、駒田一、伊礼彼方、東山義久、キム:高畑充希、昆夏美、屋比久知奈、クリス:小野田龍之介、海宝直人、チョ・サンウン、ジョン:上原理生、上野哲也、エレン:知念里奈、仙名彩世、松原凜子、トゥイ:神田恭兵、西川大貴、ジジ:青山郁代、則松亜海　他

▶令和2(2020)年の全公演中止を経ての6年ぶりの公演であり、日本初演30周年記念公演。エンジニア役は日本初演からこの役を務めている市村正親のほか、平成26(2014)年から同役を演じる駒田一、そして令和2(2020)年にも登板予定だった伊礼彼方、東山義久という新キャストも加わった。新型コロナウイルスの影響で7月24日のプレビュー初日予定も29日初日に延期し、その後も中止があったものの、キャスト変更等で公演中止を最小限に抑え上演した。なおこの公演中の8月21日には上演1500回を達成、博多座公演中の10月30日には市村がエンジニア役として通算900回目の出演を迎えた。

『ミス・サイゴン』高畑充希

『ミス・サイゴン』昆夏美

『ミス・サイゴン』屋比久知奈

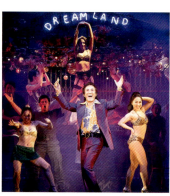
『ミス・サイゴン』市村正親

『DREAM BOYS』菊池風磨、田中樹

『DREAM BOYS』

### 9月8日〜30日
## DREAM BOYS

エターナル・プロデューサー＝ジャニー喜多川　演＝堂本光一　振＝前田清実、川崎悦子、HidebOH、TAMMY LYN、Pik、Fumiya Matsumoto、yamasa yuka　FC＝松藤和広　AC＝諸鍛冶裕太　ボクシング・コリオグラファー＝富永研司　エアリアル・コーディネーター＝多田誠、川村理沙　音監＝長谷川雅大　舞美＝石井みつる　照＝藤井逸平　照明ムービング＝梅村純　照明監修＝勝柴次朗　映像＝鈴木岳人　響＝吉川真代　衣＝粂田孝歩、篠田久美子　演補＝大黒靖彰　舞監＝馬淵だいき　P＝坂本義和、増永多麻恵　出＝菊池風磨、田中樹、7 MEN 侍（中村嶺亜、菅田琳寧、本髙克樹、佐々木大光、今野大輝、矢花黎）、少年忍者（ヴァサイェガ渉、川﨑皇輝、北川拓実、織山尚大、黒田光輝、内村颯太、深田竜生、元木湧、檜山光成、青木滉平、豊田陸人）、ジャニーズJr.、紫吹淳、鳳蘭 他

▶コロナ禍の影響での1幕構成を経て、菊池風磨、田中樹コンビでは初の2幕構成に。演出の堂本光一は『DREAM BOYS』の世界をさらに深める新曲3曲をプロデュース。逃亡者となったフウマが過去を振り返って心情を歌う〈hourglass〉はアーティストとしての歌唱力に定評のある菊池の歌声が帝劇に響き渡った。また、ジュリが7 MEN 侍、少年忍者を従えてチャンプの心意気を歌う〈SUPER HERO〉は名ラッパーの田中樹の真骨頂。少年忍者の新曲〈Knock Out (K.O.)〉も今を感じさせる世界観があった。

### 10月9日〜11月27日
## 《ミュージカル》エリザベート

脚・歌＝ミヒャエル・クンツェ　音・編＝シルヴェスター・リーヴァイ　オリジナルプロダクション＝ウィーン劇場協会　制作協力＝宝塚歌劇団　演・訳詞＝小池修一郎　音監＝甲斐正人　美＝二村周作　照＝笠原俊幸　衣＝生澤美子　振＝小尻健太、桜木涼介　響＝渡邉邦夫　映像＝奥秀太郎　HM＝富岡克之　演助＝小川美也子、末永陽一、石川和音　舞監＝廣田進　指＝上垣聡　PC＝小熊節子　P＝岡本義次、坂本義和、服部優希　後＝オーストリア大使館、オーストリア文化フォーラム東京　ウィッグ製作技術協力＝アデランス　賛＝三菱地所　出＝エリザベート：花總まり、愛希れいか、トート：山崎育三郎、古川雄大、フランツ・ヨーゼフ：田代万里生、佐藤隆紀、ルドルフ：甲斐翔真、立石俊樹、ルドヴィカ、マダム・ヴォルフ：未来優希、ゾフィー：剣幸、涼風真世、香寿たつき、ルイジ・ルキーニ：黒羽麻璃央、上山竜治 他

▶令和2（2020）年に東宝版20周年記念として上演が予定されていたものの全中止となった公演の主要キャストがほぼ再集結。平成8（1996）年の日本初演（宝塚雪組公演）では世界最年少でエリザベートを演じ、平成27（2015）年以降は東宝版でも同役を演じている花總まりが自身"集大成"と位置づけ、またこれまでルキーニを演じてきた山崎育三郎が令和2（2020）年の中止を経て改めてトート役に初挑戦するなど多方向から注目を集め、大いに盛り上がった。

### 12月5日〜22日
## ABC座 10th ANNIVERSARY
## ジャニーズ伝説 2022
## at IMPERIAL THEATRE

演・主演＝A.B.C-Z（橋本良亮、戸塚祥太、河合郁人、五関晃一、塚田僚一）　エターナル・プロデューサー＝ジャニー喜多川　振＝MASASHI、PERA、IPPATSU、よしこ　音楽プロデューサー＝長谷川雅大　美＝石原敬　照＝藤井逸平　映像ディレクター＝川上将史　響＝吉川真代、亀井愛友　衣＝粂田孝歩、米山裕也　衣裳コーディネート＝篠田久美子　エアリアル・コーディネーター（5Star）＝多田誠、山中陽子　脚本協力・演出補＝川浪ナミヲ　演助＝大黒靖彰　舞監＝澤田大輔　P＝坂本義和、増永多麻恵　スーパーバイザー＝齋藤安彦　Special Thanks＝堂本剛　出演＝7 MEN 侍（中村嶺亜、菅田琳寧、本髙克樹、佐々木大光、今野大輝、矢花黎）、SpecialL（林蓮音、松尾龍、和田優希、中村浩大）、少年忍者（小田将聖、田村海琉、久保廉、山井飛翔、瀧陽次朗、稲葉通陽、鈴木悠仁、川﨑星輝、長瀬結星）、佐藤アツヒロ 他

▶演劇プロジェクト「ABC座」立ち上げかつA.B.C-Zメジャーデビュー10周年のアニバーサリー公演。オープニングナンバーとしてお馴染みとなった〈We're ジャニーズ〉は歴代グループ名が盛り込まれた生きた名曲に。上演当時、最新デビューの"なにわ男子"までが歌詞に盛り込まれ、メドレー曲も毎年更新。前年、佐藤アツヒロは芝居の要として登場したが、この年は2幕のショーへの出演も河合郁人が依頼。光GENJIコーナーが設けられ〈ガラスの十代〉〈Graduation〉〈太陽がいっぱい〉のスペシャルメドレーで、衰えることのない華麗なローラースケートを披露した。

『エリザベート』花總まり

『エリザベート』山崎育三郎、愛希れいか

『ジャニーズ伝説 2022』
上段／五関晃一、河合郁人、橋本良亮、戸塚祥太、塚田僚一

中段・下段／『ジャニーズ伝説 2022』

# 令和5年

## 『キングダム』や『SPY×FAMILY』などの漫画原作ものや大作『ムーラン・ルージュ！ザ・ミュージカル』が初演

コロナ禍も4年目に突入し、感染症法上の位置づけが季節性インフルエンザと同様の5類に移行。外出自粛など法律上の縛りがなくなる。
10月にはパレスチナのガザ地区でイスラム主義組織ハマスとイスラエルの戦争が勃発。演劇界でも社会分断を扱う作品が増える。
スポーツでは大谷翔平選手が日本人初のメジャーリーグ本塁打王となり、阪神が38年ぶりに日本一に輝くなど華やかな話題が続いた。
映画「THE FIRST SLAM DUNK」（監督＝井上雄彦）、「君たちはどう生きるか」（監督＝宮崎駿）などがヒット。

『JOHNNYS' World Next Stage』

### 1月1日〜26日

### JOHNNYS' World Next Stage

エターナル・プロデューサー＝ジャニー喜多川　演＝東山紀之、堂本光一、井ノ原快彦　振＝TAMMY LYN、Sachi、IPPATSU、Fumiya、KOKORO、前田清実、HideboH、梨本威温、Sota（GANMI）、屋良朝幸、五関晃一（A.B.C-Z）、岩本照（Snow Man）、猪狩蒼弥（HiHi Jets）、織山尚大（少年忍者）　ア＝諸鍛冶裕太　美＝石井みつる　照＝藤井逸平　ムービング＝梅村純　映像ディレクター＝川上将史　響＝吉川真代　衣＝粂田孝歩、カワサキタカフミ　音監＝長谷川雅大　演助＝川浪ナミヲ、山崎あきら、齋藤安彦、大黒靖彰　舞台監督＝馬淵だいき　P＝坂本義利、江尻礼次朗　出＝HiHi Jets（髙橋優斗、井上瑞稀、橋本涼、猪狩蒼弥、作間龍斗）、美 少年（岩﨑大昇、佐藤龍我、那須雄登、浮所飛貴、藤井直樹、金指一世）、少年忍者（ヴァサイェガ渉、川﨑皇輝、北川拓実、織山尚大、黒田光輝、安嶋秀生、内村颯太、深田竜生、元木湧、檜山光成、青木滉平、豊田陸人） 他

▶演出には東山紀之、堂本光一、井ノ原快彦が就任し、新たなるエンターテインメントの幕開けとなった。東山は戦争に翻弄される若者たちの精神と愛を音楽と共に描く。服部克久作品〈君にこの歌を〉や、戦争が絶えぬ世界情勢の中、再注目されたSMAPの〈Triangle〉の歴史を歌で繋ぐ。帝劇演出デビューとなった井ノ原は、全キャストの話を聞き、未来へ向けて前進させる物語を制作し、シリーズで愛されている名曲〈Not Enough〉へと繋がる演出に。堂本は公演を統括。さらに歴代ミュージカル作品『PLAYZONE』『Endless SHOCK』『DREAM BOYS』『ジャニーズ伝説』の楽曲をメドレー構成し、新しさの中の伝統を見せた。

### 2月5日〜27日

### 《舞台》キングダム

原＝原泰久（集英社「週刊ヤングジャンプ」連載）　脚＝藤沢文翁　演＝山田和也　音＝KOHTA YAMAMOTO　音監・編・オーケストレーション＝深澤恵梨香　美＝松井るみ　照＝髙見和義　響＝大野美由紀　映像＝栗山聡之　衣＝中原幸子　HM＝宮内宏明　ア＝渥美博　パルクール演出＝HAYATE　ステージング＝桜木涼介　演助＝永井誠、小貫流星　舞監＝北條孝、佐藤豪、有馬則純　P＝尾木晴佳　出＝信：三浦宏規、高野洸、嬴政／漂：小関裕太、牧島輝、河了貂：川島海荷、華優希、楊端和：梅澤美波（乃木坂46）、美弥るりか、壁：有澤樟太郎、梶裕貴、成蟜：鈴木大河（IMPACTors、ジャニーズJr.）、神里優希、左慈：早乙女友貴、バジオウ：元木聖也、紫夏：朴璐美、石川由依、昌文君：小西遼生、王騎：山口祐一郎 他

▶原作は平成18（2006）年に連載が開始され、累計発行部数1億部超（本書発行の令和6〈2024年〉時

『キングダム』高野洸、牧島輝
製作：東宝　©原泰久／集英社

『キングダム』三浦宏規、山口祐一郎　製作：東宝　©原泰久／集英社

『キングダム』小関裕太、朴璐美
製作：東宝　©原泰久／集英社

## 【 主な出来事 】

- 3月23日　劇団民藝代表の奈良岡朋子（女優）没。享年93。
- 4月10日　シアターコクーンなどを擁する渋谷の複合文化施設「Bunkamura」が長期休館に突入。
- 4月14日　松本白鸚が1969年の初演より主演するミュージカル『ラ・マンチャの男』のファイナル公演がよこすか芸術劇場で開幕。ファイナルとして謳っていた2022年日生劇場公演が新型コロナウイルス感染症の影響でわずか7回でクローズしたことを受けての復活上演。
- 8月2日　舞台『千と千尋の神隠し』の令和6（2024）年ロンドン・ウエストエンドでの日本キャスト公演を発表。日本人キャストによる日本語での海外上演としては演劇史上最大規模。
- 9月13日　市川猿翁（俳優）没。享年83。
- 10月7日　小林一三の生誕150年を記念し、その足跡や業績を伝える「小林一三生誕一五〇年展―東京で大活躍―」が開催。
- 10月31日　東京・千代田区の国立劇場が老朽化のため閉場。

『SPY×FAMILY』池村碧彩、森崎ウィン、佐々木美玲　製作：東宝　©遠藤達哉／集英社

『SPY×FAMILY』鈴木拡樹、増田梨沙、唯月ふうか　製作：東宝　©遠藤達哉／集英社

『SPY×FAMILY』　製作：東宝　©遠藤達哉／集英社

点）、TVアニメだけでなく実写映画も大ヒットした、原泰久による大人気漫画。紀元前3世紀、争乱が続く春秋戦国時代末期の中国を舞台に、天下の大将軍を夢見る少年・信と、後の始皇帝・嬴政が策略と陰謀渦巻く中で戦い生き抜いていく姿を描くスケールの大きな物語だ。多くが帝劇初出演の若くエネルギッシュな俳優たちが、パルクールを採用した激しいアクションとともに舞台上に表現した。山口祐一郎と壤晴彦の35年ぶりの共演も話題に。

### 3月8日〜29日
### 《ミュージカル》SPY×FAMILY

原＝遠藤達哉（集英社「少年ジャンプ＋」連載）　脚・詞・演＝G2　曲・編・音監＝かみむら周平　美＝松生紘子　照＝松本大介　響＝秋山正大　映像＝橋本亜矢子　衣＝十川ヒロコ　HM＝宮内宏明　振＝梅棒（楢木和也・天野一輝）　ア＝諸鍛冶裕太　指＝上垣聡、渡邉晃司　演助＝斎藤歩　舞監＝山本圭太、髙崎芳秀　P＝白石朋子、佐々木将之　出＝ロイド・フォージャー：森崎ウィン、鈴木拡樹、ヨル・フォージャー：唯月ふうか、佐々木美玲、アーニャ・フォージャー：池村碧彩、井澤美遥、福地美晴、増田梨沙、ユーリ・ブライア：岡宮来夢、瀧澤翼、フィオナ・フロスト：山口乃々華、フランキー・フランクリン：木内健人、ヘンリー・ヘンダーソン：鈴木壮麻、シルヴィア・シャーウッド：朝夏まなと　他

▶日本のみならず欧米、アジア圏でも爆発的人気を誇り、社会現象となっている遠藤達哉による人気漫画を世界初のミュージカル化。「スパイ＆超能力者＆殺し屋が、互いの秘密を抱えたまま仮初めの家族になる」という設定のスパイアクション＆ホームコメディ。再現度の高いキャラクターたちに複数の回り舞台を配置したダイナミックなステージ、さらに人気キャラクターのアーニャに扮する4人の子役たちの愛らしさにも注目が集まった。

### 4月9日〜5月31日
### Endless SHOCK

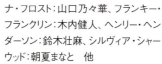
『Endless SHOCK』

『Endless SHOCK』堂本光一

作・構・演・主演＝堂本光一　エターナル・プロデューサー＝ジャニー喜多川　音＝堂本光一、船山基紀、佐藤泰将、ボブ佐久間、フリークチャイルド、アレクサンドラ・プリンツ、ポール・レイン、マーヴィー・レイン、ニクラス・ランディン、フリージャ・ブルームバーグ、マリア・マークンズ、MAMA　振＝トラヴィス・ペイン、ステイシー・ウォーカー、ブライアント・ボールドウィン、SANCHE、川崎悦子、花柳寿楽、松本菜穂子　イリュージョン＝フランツ・ハラーレイ　AC＝諸鍛冶裕太　FC＝松藤和広　照＝藤井逸平　照明ムービング＝梅村純　照明監修＝勝柴次朗　装＝石井みつる　映像ディレクター＝川上将史　音響プランナー＝山口剛史　衣＝泉蘭子　音監＝長谷川雅大　指＝田邉賀一　演補＝齋藤安彦　演助＝小川美也子　舞監＝三宅崇司　P＝坂本義和、齋藤安彦、荒田智子　出＝佐藤勝利、北山宏光、中村麗乃、越岡裕貴、松崎祐介、高田翔、原嘉孝、深田竜生、阿達慶、石川直、前田美波里、島田歌穂　他

▶シリーズ史上初の『Endless SHOCK』『Endless SHOCK -Eternal-』の2作同時上演。4月公演はライバル役を佐藤勝利、オーナー役を前田美波里が務めた。客席上でのフライングも3年ぶりに復活。初演時は感染対策のために縮小されていた『〜 -Eternal-』のショー部分も本編と遜色ないものに。繊細で味わいあるストーリーと相まって感動的な作品に仕上がっていた。ライバル役を北山宏光が、オーナー役を島田歌穂が務めた5月の2作同時上演も、本編とスピンオフを通じて物語に深みが増し、登場人物の心情もより伝わるものに。コウイチの死という大きな傷を負ったカンパニーが再生していく過程を描いた『〜 -Eternal-』は、コロナ禍によって生まれた作品ではあったものの、本編と合わせて1本の作品として完結。このスピンオフの誕生は必然だったのではないかと感じられた。

『ムーラン・ルージュ！ザ・ミュージカル』上段左／上川一哉、井上芳雄、中井智彦　上段右／甲斐翔真、平原綾香

『ムーラン・ルージュ！ザ・ミュージカル』下段右／望海風斗

Moulin Rouge ® is a registered trademark of Moulin Rouge.

### 6月24日〜8月31日（プレビュー含む）
### ムーラン・ルージュ！ザ・ミュージカル
❖ 6月29日初日

脚＝ジョン・ローガン　演＝アレックス・ティンバース　振＝ソニア・タイエ　ミュージカル・スーパーバイザー・オーケストレーション・編・追加詞＝ジャスティン・レヴィーン　装置デザイン＝デレク・マクレーン　衣デ＝キャサリン・ズーバー　照明デザイン＝ジャスティン・タウンゼント　音響デザイン＝ピーター・ハイレンスキー　ヘアデザイン＝デヴィッド・ブライアン・ブラウン　音楽P＝マット・スタイン　P＝カルメン・パブロビック、ジェリー・ライアン、ビル・ダマスキ　日本プロダクションチーム　演補＝ジャシンタ・ジョン　振補＝ダニエル・ビリオス　稽古場振付＝トラビス・カーン　音監補＝スティーヴン・エイモス　装置デザイン補＝イザベル・ハドソン　衣デ補＝ジャネット・ハイン　照明デザイナー補＝クリス・ハースト　音響デザイナー補＝デヴィット・グリズリー　ウィッグ・ヘアメイクデザイナー補＝カイリー・クラーク　インターナショナル・テクニカル・スーパーバイザー＝リチャード・マーティン　日本語版台本＝瀬戸山美咲　演出スーパーバイザー＝上田一豪　音楽スーパーバイザー＝前嶋康明　照明スーパーバイザー＝髙見和義　音響スーパーバイザー＝山本浩一　ウィッグ・ヘアメイク・スーパーバイザー＝馮啓孝　テクニカル・ディレクター＝田中孝昭　ステージ・マネージャー＝徳永泰子　テクニカル・マネージャー＝寺崎秀臣　演助＝永井誠　P＝小嶋麻倫子、柴原愛　賛＝日本航空、三菱地所　宣伝協力＝WOWOW　出＝サティーン：望海風斗、平原綾香、クリスチャン：井上芳雄、甲斐翔真、ジドラー：橋本さとし、松村雄基、トゥールーズ＝ロートレック：上野哲也、上川一哉、デューク：伊礼彼方、K、サンティアゴ：中井智彦、中河内雅貴、ニニ：加賀楓、藤森蓮華 他

▶バズ・ラーマン監督による名作映画を原作に、ブロードウェイはじめ世界各国で話題となった豪華絢爛なミュージカルが日本初登場。劇場に一歩足を踏み入れるとそこは19世紀パリの艶やかでゴージャスなナイトクラブ。劇場全体が真っ赤に染め上げられ、客席には青い象と光る風車。いつもとは違う顔を見せる帝劇で観客は極上の没入体験をした。エルトン・ジョンやマドンナ、レディー・ガガといった超ヒット曲をこれでもかと詰め込んだマッシュ・アップ・ミュージカルだが、日本語訳詞を松任谷由実を筆頭とする17名のアーティストが手掛けたのも話題になった。

### 9月9日〜28日
### DREAM BOYS

演：堂本光一　振＝名倉加代子、前田清実、川崎悦子、HideboH、赤坂真里、ただこ、鶴園正和、KOKORO FC＝松藤和広　AC＝諸鍛治裕太　ボクシング・コリオグラファー＝富永研司　エアリアル・コーディネーター＝多田誠、川村理沙　舞台美術＝石井みつる　照＝藤井逸平　照明ムービング＝梅村純　映像＝鈴木岳人　響＝吉川真代　衣＝粂田孝歩、篠田久美子　音監＝長谷川雅大　演補＝齋藤安彦　演助＝大黒靖彰　舞監＝馬淵だいき　P＝坂本義和、齋藤安彦、増永多麻恵　出＝渡辺翔太、森本慎太郎、7 MEN 侍（中村嶺亜、本髙克樹、菅田琳寧、佐々木大光、今野大輝、矢花黎）、少年忍者（ヴァサイェガ渉、川﨑皇輝、北川拓実、黒田光輝、安嶋秀生、内村颯太、深田竜生、元木湧、檜山光成、青木滉平、豊田陸人）、ジャニーズJr.、紫吹淳、鳳蘭 他

▶Snow Man・渡辺翔太主演、SixTONES・森本慎太郎チャンプ、時代を疾走する2大グループからの登板。歌の渡辺、芝居の森本の才が帝劇でさらなる開花。グループ活動や『少年たち』シリーズで培ってきた2人の絆を『DREAM BOYS』の世界へリンクさせ、彼らにしか生み出せない"男たちの世界観"を構築。また約4年ぶりに、客席上空でのフライングが復活し、渡辺と森本は帝劇

『DREAM BOYS』森本慎太郎、渡辺翔太

『DREAM BOYS』鳳蘭、渡辺翔太、森本慎太郎、紫吹淳

『チャーリーとチョコレート工場』鈴木ほのか、芋洗坂係長、堂本光一、小堺一機、彩吹真央

『チャーリーとチョコレート工場』チョウ シ、堂本光一

『チャーリーとチョコレート工場』堂本光一

『チャーリーとチョコレート工場』観月ありさ

を上空からも包み込んだ。新曲は渡辺ソロは〈光〉。甘く響く渡辺の歌声を引き立てるバラードに。森本には仲間たちを引き連れて歌う〈CHAMPION〉。『DREAM BOYS』のストーリーと密着するナンバーに。

### 10月9日～31日

《ミュージカル》

## チャーリーとチョコレート工場

脚＝デイヴィッド・グレイグ　音＝マーク・シェイマン　詞＝スコット・ウィットマン、マーク・シェイマン　原＝ロアルド・ダール　映画版楽曲＝レスリー・ブリカッス、アンソニー・ニューリー　訳＝ウォーリー木下　訳詞＝森雪之丞　振＝YOSHIE、松田尚子　アートディレクト＝増田セバスチャン　音監・指＝塩田明弘　美＝石原敬　照＝藤井逸平　映像＝鈴木岳人　響＝山本浩一　衣＝小西翔　ヘアメイク・ウィッグ＝SAKIE MU＝千葉美智子　指＝福田光太郎　演助＝平戸麻衣　舞監＝三宅崇司　P＝齋藤安彦、今村眞治　出＝ウィリー・ウォンカ：堂本光一、バケット夫人：観月ありさ、グループ夫人：森公美子、鈴木ほのか、ボーレガード氏：芋洗坂係長、ソルト氏：岸祐二、ティービー夫人：彩吹真央、ジョーじいちゃん：小堺一機、チャーリー・バケット：小野桜介、チョウ シ、涌澤昊生　他

▶世界的ベストセラーであるロアルド・ダールの児童文学「チョコレート工場の秘密」を原作に、平成25（2013）年にロンドンで初演、大評判となったミュージカルを日本初演。東京2020パラリンピック開会式の演出を手掛け注目を集めたウォーリー木下によるポップな演出、日本の"カワイイ"文化を代表するアーティスト・増田セバスチャンによるアートディレクションが牽引し、ファンタジーと毒っ気が同居する日本オリジナル演出版が完成。堂本光一の俳優としての魅力を存分に引き出した。

### 11月9日～28日

《ミュージカル・ピカレスク》

## LUPIN
～カリオストロ伯爵夫人の秘密～

脚・詞・演＝小池修一郎　音＝ドーヴ・アチア　共同作曲＝ロッド・ジャノワ　音監＝太田健　振＝桜木涼介　美＝松井るみ　照＝笠原俊幸　響＝大坪正仁　映像＝石田肇　衣＝生澤美子　HM＝富岡克之　アクション監督＝栗田政明　指＝御崎恵　演助＝加藤由紀子、石川和音　舞監＝二瓶剛雄、田中絵里子　P＝服部優希、荒田智子　出＝アルセーヌ・ルパン：古川雄大、クラリス・デティーク：真彩希帆、ボーマニャン：黒羽麻璃央、立石俊樹、イジドール・ボートルレ：加藤清史郎、ガニマール警部：勝矢、シャーロック・ホームズ：小西遼生、カリオストロ伯爵夫人：柚希礼音、真風涼帆、ゴドフロワ・デティーグ：宮川浩、レオナール：章平　他

▶小池修一郎がフランスの小説家モーリス・ルブランの「アルセーヌ・ルパン」シリーズをベースに創作したオリジナルストーリーに、フランスの人気作曲家ドーヴ・アチアが音楽を書き下ろした話題作。恋あり笑いありの冒険活劇にして、壮大なスケールで展開する大娯楽作として好評を博した。主人公のアルセーヌ・ルパンは飛ぶ鳥を落とす勢いの古川雄大。ロミオ、ヴォルフガング、トートと次々と大役を演じてきた古川が、満を持して帝劇単独主演を果たした。

### 12月7日～21日

## ABC座星（スター）劇場2023
～5 Stars Live Hours～

演・主演＝A.B.C-Z（橋本良亮、戸塚祥太、河合郁人、五関晃一、塚田僚一）　振＝Ryosuke、鶴園正和、ANNA、AYANA　音楽プロデューサー＝長谷川雅大　美＝石原敬　照＝藤井逸平　ムービングプログラム＝米澤正直　映像ディレクター＝川上将史　響＝吉川真代、大澤素史　衣＝絛田孝歩、米山裕也　衣裳コーディネート＝篠田久美子　FC＝松藤和広　エアリアル・コーディネーター（5Star）＝多田誠、山中陽子　脚協・演補＝川浪ナミヲ　演助＝大黒靖彰　舞監＝澤田大輔　P＝坂本義和、齋藤安彦、増永多麻恵　スーパーバイザー＝齋藤安彦　出＝SpeciaL（林蓮音、松尾龍、和田優希、中村浩大）、Go!Go!Kids（田仲陽成、寺澤小十侑、佐久間玲駈、松浦銀志、三村航輝、上原剣心、羽村仁成、鮫島令）他

▶ABC座初演『ABC座星（スター）劇場』を思わせるタイトルは、現帝劇でのラストと、12月21日の千穐楽を持ってグループを脱退する河合郁人の卒業という、ふたつの大事な節目を表す特別なものに。白い衣装で5スターポーズで待ち受けるオープニングなど、随所にA.B.C-Zの歴史が散りばめられ、そこから繰り広げられるのは"ABC座史上最多59曲をパフォーマンス!"と銘打った全編、新旧溢れんばかりの歌とダンス。帝劇で育ってきたという彼らの、卒業式と新たなる未来へのスター劇場となった。

『LUPIN』古川雄大

『ABC座星（スター）劇場2023』
五関晃一、河合郁人、橋本良亮、戸塚祥太、塚田僚一

『ABC座星（スター）劇場2023』
塚田僚一、五関晃一、橋本良亮、戸塚祥太、河合郁人

## 令和6〜7年

## 現帝劇がクローズへ、『Endless SHOCK』はファイナル
## 舞台『千と千尋の神隠し』はウエストエンドに進出

帝劇は2025年の休館を前に、1月よりクロージングシリーズがスタート。これに併せ堂本光一主演の『Endless SHOCK』が当年で終了を発表。
寂しいニュースが続く一方、舞台『千と千尋の神隠し』はロンドン・ウエストエンドに進出、4ヵ月公演を成功させ大きな話題になった。
国内では休館中の国立劇場、シアターコクーンのほか東京芸術劇場、東京国際フォーラムなどが相次いで改修に伴う休館を発表。
映画は上半期「名探偵コナン 100万ドルの五稜星（みちしるべ）」（監督：永岡智佳）などアニメ原作ものがヒット。

### 1月1日〜27日

**《帝劇2024年新春公演》**
**Act ONE**

スーパーバイザー＝堂本光一　音＝長谷川雅大　振＝TSURU、松田尚子、MASA、KOKORO、よしこ　アクロバット＝SHUVAN　FC＝松藤和広　エアリアル・コーディネート＝多田誠　美＝石井みつる　照＝藤井逸平　ムービング＝梅村純　映像ディレクター＝川上将史、九頭竜ちあき　響＝吉川真代　衣＝粂田孝歩　衣裳コーディネート＝篠田久美子　ムービング＝梅村純　稽古ピアノ＝知野根倫子　脚・演補＝川浪ナミヲ　演補＝齋藤安彦　演助＝大黒靖彰　舞監＝馬淵だいき　P＝坂本義和、齋藤安彦、江尻礼次朗　出＝HiHi Jets（髙橋優斗、井上瑞稀、橋本涼、猪狩蒼弥、作間龍斗）、美 少年（岩崎大昇、佐藤龍我、那須雄登、浮所飛貴、藤井直樹、金指一世）、7 MEN 侍（中村嶺亜、本髙克樹、菅田琳寧、佐々木大光、今野大輝、矢花黎）、少年忍者（田村海琉、織山尚大、川崎皇輝、内村颯太、深田竜生、黒田光輝、檜山光成、久保廉、小田将聖、元木湧、北川拓実、青木滉平、安嶋秀生、ヴァサィェガ渉、鈴木悠仁、瀧陽次朗、川崎星輝、山井飛翔、長瀬結星、豊田陸人、稲葉通陽）他

▶新曲〈Act ONE〉における若手群舞の幕開けもエモーショナルな新作。HiHi Jets、美 少年、7 MEN 侍、少年忍者の4グループがそれぞれ20分間与えられ、ショーパフォーマンスを自ら構成して披露した。各グループがテーマを掲げ、HiHiは"Freedom"、美 少年は"Beauty"、7 MEN 侍は"Wild"、少年忍者は"Passion"と、グループの個性を発揮。若いパワーに加え確かな技術が同居し、観る者を感服させた。

『Act ONE』
上／那須雄登、井上瑞稀、藤井直樹、猪狩蒼弥、佐藤龍我、髙橋優斗、岩崎大昇、作間龍斗、浮所飛貴、橋本涼、金指一世

### 2月12日〜28日

**《ミュージカル》**
**ジョジョの奇妙な冒険**
**ファントムブラッド**

原＝荒木飛呂彦「ジョジョの奇妙な冒険」（集英社ジャンプ コミックス刊）　演・振＝長谷川寧　音＝ドーヴ・アチア　共同作曲＝ロッド・ジャノワ　脚・詞＝元吉庸泰　音監・編＝竹内聡　アレンジメント・バンドマスター＝蔡忠浩　美＝石原敬、牧野紗也子　照＝齋藤茂男　響＝山本浩一　映像＝上田大樹　衣＝久保嘉男　HM＝奥平正芳　特殊メイク＝快歩　アクション演出＝HAYATE　FC＝松藤和広　補＝河内大和　演助＝末永陽一、時枝正俊、鈴木ひがし　舞監＝菅田幸夫　舞監補＝足立充章　P＝鈴木隆介、馬場千晃　賛＝KDDI　出＝ジョナサン・ジョースター：松下優也、有澤樟太郎、ディオ・ブランドー：宮野真守、エリナ・ペンドルトン：清水美依紗、スピードワゴン：YOUNG DAIS、ウィル・

『ジョジョの奇妙な冒険』
左／宮野真守、松下優也　製作：東宝　©荒木飛呂彦／集英社
右上／宮野真守、別所哲也、有澤樟太郎　製作：東宝　©荒木飛呂彦／集英社
右下／製作：東宝　©荒木飛呂彦／集英社

### 【 主な出来事 】

- 1月1日　石川県の能登半島でマグニチュード7.6の大地震が発生。
- 1月16日　帝国劇場クロージングラインナップを発表。
- 1月30日　『CHICAGO』のオリジナル・キャストなどで知られるチタ・リベラ（俳優）没。享年91。
- 3月11日　映画「ゴジラ-1.0」第96回アカデミー賞視覚効果賞受賞。
- 5月4日　唐十郎（作・演出家・俳優）没。享年84。
- 5月15日　東宝、帝劇休館中の2025年以降の明治座との貸館契約締結を発表。
- 5月15日　小劇場界を牽引してきたこまばアゴラ劇場が閉館。
- 5月22日　真島茂樹（ダンサー）没。享年77。
- 6月25日　英国ご訪問中の天皇皇后両陛下を迎えての国王夫妻主催晩さん会のスピーチで、チャールズ国王がロンドン公演中の『千と千尋の神隠し』に言及。
- 6月28日　ミュージカル『四月は君の嘘』、ロンドン・ウエストエンドで英語版初演。
- 7月3日　新紙幣流通開始。
- 7月26日　第33回オリンピック競技大会（パリオリンピック）がフランス・パリで開幕。『レ・ミゼラブル』のシーンが登場した開会式の演出も話題に。
- 9月15日　米エミー賞で、真田広之主演ドラマ「SHOGUN 将軍」が作品賞・主演男優賞含む史上最多18部門受賞。
- 10月17日　西田敏行（俳優）没。享年76。

『千と千尋の神隠し』左上／橋本環奈　右上／上白石萌音　左下／川栄李奈　右下／福地桃子、増子敦貴

A・ツェペリ：東山義久、廣瀬友祐、切り裂きジャック／アーチャー警部：河内大和、ワンチェン：島田惇平、ダリオ・ブランドー：コング桑田、ジョースター卿：別所哲也　他

▶シリーズ累計発行部数1億2千万部を誇る荒木飛呂彦の大人気コミックシリーズ初のミュージカル化。原作の第1部にあたる"謎の石仮面"に導かれたふたりの青年が数奇な運命の渦に身を投じていく物語。貴族ジョースター家の一人息子ジョナサン・ジョースター（通称"ジョジョ"）役はダブルキャストで松下優也と有澤樟太郎、宿命のライバルであるディオ・ブランドー役は宮野真守。音楽はフレンチ・ミュージカルの人気作曲家、ドーヴ・アチア。予定していた初日である2月6日から11日までの公演が中止になったが、開幕後はダイナミックなステージと大胆な仕掛けの数々、身体表現を含めたキャストの渾身のパフォーマンスによって"改装前の最後の新作公演"を力強く印象付けた。

ミュージカル『ジョジョの奇妙な冒険 ファントムブラッド』初日の遅れにつきましては、弊社の本公演製作における見通しの甘さ、製作体制の不行き届きが招いた結果でございます。
ご観劇を楽しみにされながら、公演中止のためご覧いただけなかった全てのお客様、関係者の皆様に深くお詫び申し上げます。

東宝株式会社

### 3月11日〜30日
#### 《舞台》千と千尋の神隠し

原＝宮﨑駿　翻案・演＝ジョン・ケアード　共同翻案・演補＝今井麻緒子　オリジナルスコア＝久石譲　音楽スーパーバイザー・編曲＝ブラッド・ハーク　オーケストレーション＝ブラッド・ハーク、コナー・キーラン　美＝ジョン・ボウサー　パペットデザイン・ディレクション＝トビー・オリエ　振＝井手茂太　照＝勝柴次朗　響＝山本浩一　衣＝中原幸子　HM＝宮内宏明　映像＝栗山聡之　舞監＝北條孝、村田明　音監・指＝深澤恵梨香　演補＝永井誠　演助＝小貫流星　P＝尾木晴佳　協＝スタジオジブリ　出＝千尋：橋本環奈、上白石萌音、川栄李奈、福地桃子、ハク：醍醐虎汰朗、増子敦貴（GENIC）、カオナシ：森山開次、小尻健太、山野光、中川賢、リン／千尋の母：妃海風、華優希、実咲凜音、釜爺：田口トモロヲ、宮崎吐夢、湯婆婆／銭婆：夏木マリ、朴璐美、羽野晶紀、春風ひとみ　他

▶宮崎駿監督の不朽の名作をジョン・ケアードが翻案・演出、令和4（2022）年に世界初演されるやいなや大きな話題をさらった舞台が早くも帝劇に再登場。主役の千尋役は、初演も演じた橋本環奈と上白石萌音に加え川栄李奈、福地桃子がキャスティングされ、4人体制に。また3月の帝劇を皮切りに6月まで行われる国内ツアーと並行して、4〜8月にはロンドン・ウエストエンド公演も実施。日本カンパニーが日本語で約4ヵ月のロングラン公演をする快挙を成し遂げた。キャストは日英を行き来しつつハイクオリティな舞台を届け、ロンドンでの評判も上々、チケットの売れ行きも好調で日本演劇史に新たな歴史を刻んだ。

### 4月11日〜5月31日
#### Endless SHOCK

作・構・演・主演＝堂本光一　音＝堂本光一、船山基紀、佐藤泰将、ボブ佐久間、フリークチャイルド、アレクサンドラ・プリンツ、ポール・レイン、マーヴィー・レイン、ニクラス・ランディン、フリージャ・ブルームバーグ、マリア・マークンズ、MAMA　振＝トラヴィス・ペイン、ステイシー・ウォーカー、ブライアント・ボールドウィン、SANCHE、川崎悦子、花柳寿楽、松本菜穂子　イリュージョン＝フランツ・ハラーレイ　AC＝諸鍛治裕太　FC＝松藤和広　照＝藤井逸平　照明ムービング＝梅村純　照明監修＝勝柴次朗　装＝石井みつる　映像ディレクター＝川上将史　音響プランナー＝山口剛史　衣＝泉繭子　音監＝長谷川雅大　指＝田邉賀一　演補＝齋藤安彦　舞監＝三宅崇司　P＝坂本義和、齋藤安彦、荒田智子　出＝佐藤勝利、越岡裕貴、松崎祐介、高田翔、寺西拓人、松尾龍、尾崎匡哉、石川直、中村麗乃、前田美波里、島田歌穂　他

▶この年限りで歴史に幕を降ろすことを宣言して始まった2024年公演。『Endless SHOCK』と『Endless SHOCK -Eternal-』の同時上演を行い、5月9日には堂本光一が前人未踏の単独主演回数2018回を達成。その記録を祝うため、カーテンコールには歴代のライバル役やキャストもかけつけた。本年公演のライバル役は過去にも出演経験を持つ佐藤勝利、中山優馬、上田竜也のトリプルキャスト。他のキャストも劇場ごとに変化し、ラストイヤーにふさわしい豪華な布陣になった。堂本が常々口にしているように誰もが「いつも通り」を心掛けながらも、やはりどうしても特別な思いは出てしまうのだろう。芝居にはもちろん、ショーのシーンにも感情が溢れ、例年以上に"Show must go on!"というメッセージが感じられる作品に。7〜8月の梅田芸術劇場、9月の博多座を経て、11月には現・帝劇での最後の公演を控えている。帝劇と共に歩んできたと言っても過言ではないこの作品も、ついにフィナーレを迎えることになるのだ。

『Endless SHOCK』左上・右上・左下／堂本光一　右下／佐藤勝利、堂本光一

『ムーラン・ルージュ！ザ・ミュージカル』左／平原綾香、上野哲也、K、井上芳雄、中井智彦、橋本さとし　右／望海風斗、甲斐翔真

Moulin Rouge ® is a registered trademark of Moulin Rouge.

### 6月20日〜8月7日

**ムーラン・ルージュ！ザ・ミュージカル**

脚＝ジョン・ローガン　演＝アレックス・ティンバース　振＝ソニア・タイエ　ミュージカル・スーパーバイザー・オーケストレーション・編曲・追加作詞＝ジャスティン・レヴィーン　装置デザイン＝デレク・マクレーン　衣デ＝キャサリン・ズーバー　照明デザイン＝ジャスティン・タウンゼント　音響デザイン＝ピーター・ハイレンスキー　ヘアデザイン＝デヴィッド・ブライアン・ブラウン　音楽プロデューサー＝マット・スタイン　P＝カルメン・パブロビック、ジェリー・ライアン、ビル・ダマスキ　日本プロダクション演補＝ジャシンタ・ジョン　振補＝ダニエル・ビリオス　稽古場振付＝トラビス・カーン　音監補＝スティーヴン・エイモス　装置デザイン補＝イザベル・ハドソン　衣デ補＝ジャネット・ハイン　照明デザイナー補＝クリス・ハースト　音響デザイナー補＝デヴィット・グリズリー　ウィッグ・ヘアメイクデザイナー補＝カイリー・クラーク　インターナショナル・テクニカル・スーパーバイザー＝リチャード・マーティン　日本語版台本＝瀬戸山美咲　演出スーパーバイザー＝上田一豪　音楽スーパーバイザー＝前嶋康明　照明スーパーバイザー＝髙見和義　音響スーパーバイザー＝山本浩一　ウィッグ・ヘアメイク・スーパーバイザー＝馮啓孝　テクニカル・ディレクター＝田中孝昭　ステージ・マネージャー＝徳永泰子　テクニカル・マネージャー＝寺崎秀臣　演助＝斎藤歩、永井誠　P＝小嶋麻倫子、柴原愛　賛＝日本航空、三菱地所、KDDI　宣伝協力＝WOWOW　出＝サティーン：望海風斗、平原綾香、クリスチャン：井上芳雄、甲斐翔真、ジドラー：橋本さとし、松村雄基、トゥールーズ＝ロートレック：上野哲也、上川一哉、デューク：伊礼彼方、K、サンティアゴ：中井智彦、中河内雅貴、ニニ：加賀楓、藤森蓮華　他

▶帝劇を真っ赤に染め上げた豪華絢爛、壮麗にしてロマンチックなミュージカルが早くも再演。サティーン役の望海風斗と平原綾香、クリスチャン役の井上芳雄と甲斐翔真ら、2023年キャストが全員続投。メガヒットナンバーを惜しみなく詰め込んだ華やかなステージを、スタイリッシュかつドラマチックに魅せ、めくるめく世界へ観客を誘った。

### 8月19日〜9月29日

**《ミュージカル》モーツァルト！**

脚・詞＝ミヒャエル・クンツェ　音・編＝シルヴェスター・リーヴァイ　オリジナル・プロダクション＝ウィーン劇場協会　演・訳詞＝小池修一郎　音監＝甲斐正人　振＝前田清実　美・映像監修＝松井るみ　照＝笠原俊幸　衣＝有村淳　HM＝富岡克之　響＝大坪正仁　映像＝石田肇　演助＝小川美也子、末永陽一　舞監＝廣田進　指＝宇賀神典子、渡邉晃司　PC＝小熊節子　P＝岡本義次、服部優希、江尻礼次朗後＝オーストリア大使館、オーストリア文化フォーラム東京　賛＝KDDI　出＝ヴォルフガング・モーツァルト：古川雄大、京本大我、コンスタンツェ：真彩希帆、ナンネール：大塚千弘、ヴァルトシュテッテン男爵夫人：涼風真世、香寿たつき、コロレド大司教：山口祐一郎、レオポルト：市村正親、セシリア・ウェーバー：未来優希、エマヌエル・シカネーダー：遠山裕介、アントン・メスマー：松井工、アルコ伯爵：中西勝之　他

▶天才・モーツァルトの35年の生涯をドラマチックに描く大ヒット・ミュージカルを3年ぶりに上演。タイトルロールのヴォルフガング・モーツァルト役は3度目の同役に挑む古川雄大と、今回初登場で歴代5人目のヴォルフガングとなる京本大我。演出面での大規模な刷新はないものの、多数の衣裳がリニューアルされ"イマドキ"感がアップ、新鮮な印象に。平成17(2005)年公演にコンスタンツェとして出演していた大塚千弘がヴォルフガングの姉ナンネール役として約20年ぶりに本作に戻ってきたのも、作品の歴史を感じさせた。ほ

かコンスタンツェの真彩希帆、セシリア役の未来優希らも初出演。

### 10月9日〜29日

**DREAM BOYS**

演＝堂本光一　振＝名倉加代子、前田清実、川崎悦子、HideboH、赤坂真里、ただこ、鶴園正和、KOKORO　FC＝松藤和広　AC＝諸鍛冶裕太　ボクシング・コリオグラファー＝富永研司　エアリアル・コーディネーター＝多田誠、川村理沙　美＝石井みつる　照＝藤井逸平　照明ムービング＝梅村純　映像＝鈴木岳人　響＝吉川真代　衣＝粂田孝歩、篠田久美子　音監＝長谷川雅大　演補＝齋藤安彦　舞監＝馬淵だいき　P＝坂本義和、齋藤安彦、増永多麻恵　出＝渡辺翔太、森本慎太郎、少年忍者（田村海琉、織山尚大、川﨑皇輝、内村颯太、深田竜生、黒田光輝、檜山光成、久保廉、小田将聖、元木湧、北川拓実、青木滉平、安嶋秀生、ヴァサイェガ渉、鈴木悠仁、瀧陽次朗、川﨑星輝、山井飛翔、長瀬結星、豊田陸人、稲葉通陽）、紫吹淳、鳳蘭　他

▶現・帝劇での『DREAM BOYS』ファイナルの大役は、前年から続投の主演Snow Man渡辺翔太、チャンプSixTONES森本慎太郎。堂本光一の演出力と渡辺、森本の経験値、スター性がマッチして、これが完成形と言っても過言ではない質の高い『DREAM BOYS』に。少年忍者総勢21名も作品のクオリティーにしっかり貢献する演技力、グループ力を発揮して、未来への期待も高まった。

### 11月8日〜29日

**Endless SHOCK**

作・構・演・主演：堂本光一　（スタッフは4・5月公演と同じ）　出＝上田竜也、福田悠太、辰巳雄大、越岡裕貴、松崎祐介、松尾龍、松浦銀志、石川直、綺咲愛里、中村麗乃、前田美波里　他

『モーツァルト！』左／古川雄大　右／京本大我　右上／古川雄大、市村正親、山口祐一郎

『DREAM BOYS』
上／渡辺翔太、森本慎太郎
下／鳳蘭、渡辺翔太、森本慎太郎、紫吹淳

『レ・ミゼラブル』10月16日に帝劇で開催した製作発表。
プリンシパル28名、アンサンブル47名、子役9名から成る84名のオールキャストが集まった。

▶11月29日の千穐楽に、堂本光一の『SHOCK』シリーズは25年目、全2128回をもって終幕を迎えた。全国の映画館でライブビューイングを開催し、約7万人の動員を記録した。

### 12月16日～令和7(2025)年2月7日（プレビュー含む）
#### 《ミュージカル》レ・ミゼラブル
❖12月20日初日

オリジナル・プロダクション製作＝キャメロン・マッキントッシュ　作＝アラン・ブーブリル、クロード＝ミッシェル・シェーンベルク　原＝ヴィクトル・ユゴー　音＝クロード＝ミッシェル・シェーンベルク　詞＝ハーバート・クレッツマー　オリジナルフランス語脚本＝アラン・ブーブリル、ジャン＝マルク・ナテル　資料提供＝ジェームズ・フェントン　潤＝トレバー・ナン、ジョン・ケアード　訳＝酒井洋子　訳詞＝岩谷時子　新編曲＝スティーヴン・メトカーフ、クリストファー・ヤンキー、スティーヴン・ブルッカー　オリジナル編曲＝ジョン・キャメロン　ミュージカル・ステージング＝ジェフリー・ガラット　映像制作＝フィン・ロス、59プロダクションズ　響＝ミック・ポッター　照＝ポーリー・コンスタブル　衣＝アンドレアーヌ・ネオフィトウ　追加衣装デザイン＝クリスティーヌ・ローランド、ポール・ウィルズ　装・映像デザイン＝マット・キンリー　原画＝ヴィクトル・ユゴー　演＝ローレンス・コナー、ジェームズ・パウエル　［日本プロダクション］音補＝ニック・グレイ　映補＝アンドレア・スコット　照補＝サイモン・シェリフ　装補＝デイビット・ハリス　ウィッグ・ヘアメイクデザイナー＝シュテファン・ムッシュ　衣補＝ローラ・ハント　ムーブメント・ディレクター＝ジェシー・ロブ　ミュージカル・スーパーヴァイザー＝アルファンソ・カサド・トリゴ、山口琇也　日本版演出＝クリストファー・キー　EP＝トーマス・シェーンベルク　テクニカル・ディレクター＝ジェリー・ドナルドソン　訳詞補綴＝松田直行　演助＝鈴木ひがし、時枝正俊　舞監＝菅田幸夫、広瀬泰久　指＝若林裕治、森亮平　P＝坂本義和、村田晴子、佐々木将之　賛＝日本航空、三菱地所、airwcave　出＝ジャン・バルジャン：吉原光夫、佐藤隆紀、飯田洋輔、ジャベール：伊礼彼方、小野田龍之介、石井一彰、ファンテーヌ：昆夏美、生田絵梨花、木下晴香、エポニーヌ：屋比久知奈、清水美依紗、ルミーナ、マリウス：三浦宏規、山田健登、中桐聖弥、コゼット：加藤梨里香、敷村珠夕、水江萌々子、テナルディエ：駒田一、斎藤司、六角精児、染谷洸太、マダム・テナルディエ：森公美子、樹里咲穂、谷口ゆうな、アンジョルラス：木内健人、小林唯、岩橋大　他

▶昭和62(1987)年に帝劇で日本初演されて以来、1～3年おきに再演が重ねられてきた東宝ミュージカルの金字塔が、現・帝劇最後のミュージカルとして年をまたいで公演中。恒例の全役オーディションによって選ばれた、新旧入り混じるキャスト陣が3年ぶりの再演に挑んでいる。主人公ジャン・バルジャン役の飯田洋輔、ジャベール役の小野田龍之介と石井一彰、ファンテーヌ役の昆夏美・生田絵梨花・木下晴香ら計14名の新プリンシパルキャストのうち、小野田はアンジョルラス役、昆はエポニーヌ役、生田はコゼット役とエポニーヌ役、石井らはアンサンブルからの役替わり。「スターが出る」のではなく「スターを生む」作品と言われ、生まれたスターがやがてさらに実力をつけてほかの役も演じるようになる、いかにも本作らしい顔ぶれでの公演だ。

『Endless SHOCK』左上／堂本光一
右上／辰巳雄大、松崎祐介、松尾龍、松浦銀志、福田悠太、越岡裕貴
左下／中央左から前田美波里、上田竜也、堂本光一
右下／堂本光一「FNS歌謡祭」(2024年12月4日放送)用のスペシャル・パフォーマンスで、2024年キャストのライバル役・佐藤勝利、中山優馬、上田竜也、オーナー役・前田美波里、島田歌穂、リカ役・綺咲愛里、中村麗乃が揃った。

### 令和7(2025)年2月14日～28日
#### 《CONCERT》THE BEST
#### New HISTORY COMING

賛＝三菱地所　配信協賛＝KDDI

# 帝劇から生まれた華やかな「商業演劇」 その名場面を映像で

「ぴあ」アプリ
ダウンロードはこちら
▼

帝国劇場ラインナップは、2000年を過ぎる頃までは、スターが帝劇の大舞台で人生ドラマを表現する「商業演劇」が満場の客席を沸かせてきた。
森繁久彌、山田五十鈴、森 光子、山本富士子、浜 木綿子、佐久間良子……
彼らの艶やかさに観客は酔いしれ、その心情に涙し、軽妙さに笑う。
今はもう観ることの叶わない商業演劇の名場面を、残された映像から紐解こう。

(「ぴあ」アプリをダウンロードしたスマートフォンでQRコードを読み取ると、名場面が観られます)

### 『佐渡島他吉の生涯』第3部 浪花の空の南十字星 (1976年 東京宝塚劇場)
[出演] 森繁久彌　山田五十鈴　三木のり平　芦屋雁之助 ほか

明治、大正、昭和と人力車を引いて、人生の荒波を乗り越えてきた他ぁやんこと、佐渡島他吉(森繁久彌)。フィリピンのベンゲット街道の建設に従事した他吉は、現地白人ウィリスの愛人となった静子に思いを寄せるが、白人と騒動を起こし、強制送還を宣告される(「第1部ベンゲットの他ぁやん」)。他吉は日本の妻と娘の元に戻ってくるが、妻がほどなくして病死し、隣に住む噺家の〆団治(芦屋雁之助)に助けられながら一人娘の初枝を育てる。一人前の娘に育った初枝には恋人・新太郎ができて結婚する。他吉は火事で借金を抱えた新太郎を奮い立たせるために、フィリピンに遣るが、新太郎は現地で亡くなる。他吉を恨んだ初枝も子を身ごもったまま命を落とす(第2部「風雪の人力車」)。娘が遺した孫・君枝を男手一つで育てようと奮闘する他吉に、活動弁士の玉堂(三木のり平)が後添えとしておとら(山田五十鈴)という芸者あがりの女性を紹介する――。

原作:織田作之助「わが町」より　脚本:椎名龍治　潤色・演出:森繁久彌
美術:浜田右二郎　音楽:小川寛興　照明:浅沼 貢　音響:秦 和夫

### 『浪花恋ごよみ』(1996年 帝国劇場) [出演] 山本富士子　田村 亮 ほか

大正期、日本一の名妓と知れ渡る富田屋八千代(山本富士子)は、その名を捨てて本名の「みき」として、心から慕う画家・尊彦(田村亮)と結ばれる。日本一の名妓と画家の生活は好奇の目にさらされ、みきは慣れない生活の心労で病に伏しながら療養先でも働き、尊彦の仕事を陰ながら支える。そんな折、尊彦の絵が文展に入選する――。
山本富士子の愛らしくひたむきな姿が、満場の客席の心を打った。

脚本:土井行夫　潤色・演出:堀井康明
装置:古賀宏一　照明:今井直次　音楽:山本丈晴　効果:本間 明

### 『女坂』(1997年 東京宝塚劇場) [出演] 山田五十鈴　榎木孝明　曾我廼家鶴蝶 ほか

明治15年。福島県の大書記官(副知事)、白川行友の妻・倫(とも)は若く美しい女性を伴い、東京から帰ってきた。倫は、夫の妾になる女を探してきたのだった。邸に押し入った、自由民権運動壮士の花鳥(榎木孝明)からは「人買い、人でなし」と罵られ、立ち尽くす。男性優位の時代、行友が肉欲の対象にした若い女たちの世話に明け暮れる倫。女とは……女として生きる人生とは……年老いた倫は、だらだらと続く女の坂道を上がっていくのだった。

原作:円地文子　脚本:菊田一夫　潤色:堀越 真　演出:水谷幹夫
美術:石井みつる　照明:沢田祐二　音楽:橘場 清　効果:本間 明

### 『ねぶたの女』(1998年 帝国劇場) [出演] 浜 木綿子　加藤 武　赤木春恵 ほか

昭和初期、青森でねぶた作りに精を出す若者の中に、いつか東京へ出て女ゴッホを目指す、美奈子(浜木綿子)の姿があった。美奈子とねぶた作りのリーダー晃の間に恋が芽生える。美奈子のねぶた絵の恩師、唐崎(加藤武)からの「大きなねぶたは後からやって来る。何事も逸るでねえ」という忠告も聞かず燃え盛る2人。晃の母・志津枝(赤木春恵)に反対されながらも美奈子は晃の子供を宿すが、晃は喧嘩に巻き込まれ若い命を散らしてしまう。志津枝はその子を引き取る。美奈子は、極限の状況で登った恐山で、晃の真心を知る。そして、ねぶた絵師として目覚め、女として、母として、自分の全てをねぶたに注ぎ込む。
帝劇の大舞台に「ラッセラ、ラッセラ」と跳人の掛け声が起こり、美奈子のねぶたが登場する。
大劇場での商業演劇の醍醐味といえる大詰。

作:宮川一郎　戯曲:野田昌志　演出:井上 思
装置:石井強司　照明:塚本 悟　音楽:甲斐正人　効果:佐藤日出夫　振付:若柳禄寿

## 『人生は、ガタゴト列車に乗って……』(2000年 帝国劇場)
[出演]浜 木綿子　左とん平 ほか

劇作家井上ひさしの母であり、実業家の井上マス（浜木綿子）が、激動の昭和を波瀾万丈に生き抜く。薬局から始まり、生理帯の開発・販売、美容院、土建屋、中華食堂の経営と、マスは、母としての強さと持ち前の才覚で人生の難局を乗り切っていく。マスの気風に惚れて言い寄る県会議員永山勘吉（左とん平）を、鮮やかにいなす爆笑の名場面と、マスが釜石に「ガタゴト亭」を開店させて幕となるまでをお届けする。
菊田一夫の愛弟子、浜木綿子の笑いと涙の真骨頂が詰まった、菊田一夫演劇大賞受賞作品。

原作：井上マス　脚本：堀越 真　演出：山田孝行
装置：古賀宏一　照明：塚本 悟　音楽：鈴木邦彦　効果：呉東 彰

## 『ビギン・ザ・ビギン』(2000年 帝国劇場)　[出演]森 光子　風間杜夫　井上 順 ほか

東京・有楽町の日本劇場。太平洋戦争で中断されていたレビュー公演は戦後まもなく復活し、活況を呈していた。しかし日劇ダンシングチームの踊り子たちは、夜な夜な現れる"日劇の幽霊"におびえてリハーサルどころではない。寝ずの番をすることになった演出家の佐伯（風間杜夫）と、司会者の楠田（井上順）は、衣裳部屋で、"日劇の幽霊"柳川かすみ（森 光子）と出会う。かすみは病気の歌姫を不思議な力で直し、クビになった踊り子のために超能力を発揮し、大騒動を巻き起こしながらも、"日劇の守り神"として慕われるが、かすみはなぜ自分が幽霊になったのか記憶を失っている。時が流れ1981年、日劇が解体される日、その客席には、かすみと佐伯の姿があった。

作：マキノノゾミ　演出：栗山民也
装置：堀尾幸男　照明：勝柴次朗　音楽：甲斐正人
振付：前田清実　衣裳：宇野善子　効果：深川定次

## 『細雪』(2001年 帝国劇場)　[出演]佐久間良子　山本陽子　沢口靖子　南野陽子 ほか

大阪は上本町の蒔岡家は船場で5本の指に入る名家。
蒔岡商店の暖簾を守り、本家の誇りと格式を重んじる長女・鶴子（佐久間良子）。中姉ちゃんと呼ばれる次女の幸子（山本陽子）は妹たちの相談相手で鶴子とたびたび対立する。三女・きあんちゃんこと、雪子（沢口靖子）は控えめの性分で結婚から縁遠く、いとさんと呼ばれる四女の妙子（南野陽子）は地唄舞から人形制作までこなす活動家で恋愛に積極的。
時代の荒波にのまれ、蒔岡商店は倒産、四姉妹も人生の転機を迎える。
住み慣れた蒔岡の家を離れる4人。京都の花見の枝垂れ桜の面影を映して静かに降り出した細い雪が、四姉妹の心の中に音もなく積もっていく。

原作：谷崎潤一郎　脚本：菊田一夫　潤色：堀越 真　演出：水谷幹夫
装置：石井みつる　照明：塚本 悟　音楽：鈴木邦彦　衣裳：河原 彰、宇野善子　効果：呉東 彰

## 『放浪記』世田谷の場 (2005年 芸術座)
[出演]森 光子　池内淳子　青木玲子　大出 俊　山本 學 ほか

森光子のライフワークとして知られる『放浪記』は、作家・林芙美子の10代の頃から晩年まで、小説を書くためだけに生き抜いた生涯を菊田一夫が舞台化した。
芙美子は新劇俳優の恋人を、やがて生涯のライバルとなる日夏京子（池内淳子）に奪われる。故郷の尾道に初恋の男を訪ねても冷たくされる。名場面「世田谷」の場。芙美子の隣人で詩人仲間の村野やす子（青木玲子）は、芙美子と京子の小説を雑誌「女性芸術」に推薦し、どちらか優れた方を採用してもらう心づもりだった。だが、芙美子は出し抜いて自分の原稿を出版社へ届け、やす子の顔をつぶす。さらに芙美子を慕う印刷工・安岡（山本學）に勧められるまま、京子から届けられた原稿を忘れたふりをして家に留め置いてしまうが ──。
森光子が後年、『放浪記』の中で最も好んだ場面である。

作：菊田一夫（林 芙美子作品集より）　潤色・演出：三木のり平
演出補：本間忠良　美術：古賀宏一　音楽：古関裕而、小川寛興　照明：山内晴雄　効果：秦 和夫、秦 大介

## ＜番外編＞『風と共に去りぬ』アトランタ脱出 スクリーン映像 (1966年)

南北戦争のさなか、南部ジョージア州アトランタを舞台に、スカーレット・オハラが戦火、激動の時代を、恋をし、生き抜く──。
マーガレット・ミッチェルによる大河小説を、菊田一夫が世界で初めて舞台化を成し遂げた。
1864年夏、南北戦争のさなか、北軍の砲撃で火薬庫が爆発し、燃え盛るアトランタ。阿鼻叫喚の敗走兵、市民たち。アトランタに最後の日が迫っていた。スカーレット・オハラは、故郷タラに戻るべく、自分に思いを寄せるレット・バトラーにすがって、馬車でアトランタを脱出することを試みる。
第1部だけで21もの場面で構成される。帝劇の舞台機構を駆使した伊藤熹朔による舞台美術。アトランタ脱出は、特殊技術監督円谷英二と的場徹が、燃え盛るセットを撮影した。俳優の演技と合わせて、スペクタクルな舞台シーンが展開した。
帝劇の間口いっぱいに展開した燃え盛るスペクタクルシーンの映像を前にした、高橋幸治、宝田 明、那智わたる、有馬稲子らの熱演を想像しながら、無音の映像をご覧いただきたい。

# 想い出の帝国劇場
## 1966 − 2025

多くの芸術家が命を燃やして演劇を創造した場所、帝国劇場。
1966年の開場以来、初期の帝劇で数多くの名舞台を演じた皆さん、
1975年に創設された菊田一夫演劇賞を受賞した
俳優・スタッフの皆さんが、その想い出をここに語ります。

【菊田一夫演劇賞】
日本の演劇界に偉大なる足跡を残された菊田一夫氏の業績を永く伝えるとともに、
氏の念願であった演劇の発展のための一助として、大衆演劇の舞台ですぐれた業績を示した芸術家
(作家、演出家、俳優、舞台美術家、照明、効果、音楽、振付、その他のスタッフ)を表彰するものである。

---

私にとっての帝劇の思い出は、そのまま菊田一夫先生の思い出。こけら落とし公演は、世界初の舞台化と銘打った『風と共に去りぬ』。私はヒロインのスカーレット・オハラ、レット・バトラーは、高橋幸治さんでした。彼といい争って、二階正面の階段から床に落ちるという迫真のシーンがありましたが、菊田先生はその瞬間私がケガなく落ちられる(!)ように、階段が一瞬ですべり台に変わるという魔法のような装置を考案して下さいました。そこで私は、一日二回二階の正面から床にむかって、猛スピードですべり落ちる破目になりました。お陰でケガこそしませんでしたが、あの美しいヒロイン、スカーレット・オハラの全身が、アザだらけだったなんて、誰も想像しなかったでしょうね。
劇場の歴史は、舞台と客席、それぞれの夢と思い出から生まれるものなのでしょう。

### 有馬 稲子

『風と共に去りぬ』(1966年)

『マノン・レスコオ』(1968年)

劇団四季退団後、菊田一夫先生にお誘いいただき、帝国劇場に出演することになりました。先生の演出で、舞台作法、どうしたら劇場で自分の芝居を端から端まで見せることができるかなど細かに教えていただきました。最初が『マノン・レスコオ』(1968年)で相手役が宝塚歌劇団退団後、初の女性役の那智わたるさん。千穐楽後に菊田先生に東宝本社に呼ばれ、「御蔭様で満員御礼を続けられたので」と飛行機の世界一周券をいただきました。翌年が『若きウェルテルの悲しみ』で、菊田先生は、「本を読む人が減ってきたので、読まなくても済むような原作の匂いの濃い芝居をやりたい」とおっしゃっていました。
宝塚歌劇団出身者は、広い舞台をさらに大きく見せるのに長けておられ、『風と雲と砦』(1970年)で共演した中村吉右衛門さんからは、立ったまま見せながら静かに舞台を動く姿や台詞の間の取り方など、それぞれに伝統的な技術があることを感じました。

### 石坂 浩二

## 坂東 玉三郎

二回の出演でしたが、1972年が『一條大蔵譚』の常盤御前、『土蜘』の胡蝶、『新口村』の梅川、『関の扉』の小野小町と墨染、1975年が『すし屋』のお里、『さぶ』のおすえなど全て初役の大役で得難い体験でした。(二代目)白鸚さん、(二代目)吉右衛門さんと私はほとんど出っ放しで、実は体力ギリギリでした。花道に傾斜があり、小町の入りが大変だった記憶がございます。

十七歳の時に拝見した白鸚さんが仕立屋のモーテルをされた『屋根の上のヴァイオリン弾き』(1967年)が素晴らしく、『染五郎さんはこういう劇場に出ていらっしゃるのか』と思っていたところ、私にもお声がかかり、昔の帝劇に憧れと親しみを持っていた守田(勘弥)の父が、『新しい帝劇にお前を呼んでくれた』と喜んでいました。

最近拝見した中では『レ・ミゼラブル』2015年公演のオーディションで選出されたメンバーの舞台が素晴らしく、よくこれだけ満席の公演を続けてこられたと思います。

『義経千本桜』釣瓶ずしの場 (1975年)

## 尾上 菊五郎

『帝劇大歌舞伎』に(初代松本)白鸚のおじさんにお声がけいただいたのが、嬉しかったことを覚えています。二度出演し、『弁天娘女男白浪』の弁天小僧などを勤めました。私が所属する尾上菊五郎劇団の楽屋は賑やかでしたが、白鸚のおじさんもご兄弟(現・松本白鸚、二代目中村吉右衛門)も物静かで、楽屋がシンとしているのが印象的でした。

ご一緒した(二代目中村)又五郎のおじさんは父(尾上梅幸)と仲が良く、何かとお気遣いくださいました。それをきっかけに私も又五郎のおじさんと親しくなり、『双蝶々曲輪日記』の『角力場』『引窓』や『一條大蔵譚』を教えていただきました。

舞台で強く記憶に残るのは(初代)白鸚おじさんの夜叉王で私が桂を勤めた『修禅寺物語』(1976年)です。芸術家気質の重厚な夜叉王で、初演の二代目(市川)左團次さんはこうだったのだろうかと思われました。

新しい帝国劇場も素晴らしい劇場になることを期待しております。

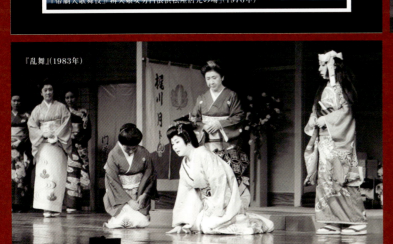

『帝劇大歌舞伎』弁天娘女男白浪浜松屋店先の場 (1976年)

『乱舞』(1983年)

## 山本 富士子

帝劇には多くの作品に出演させていただきましたが、特に印象に残っていますのが有吉佐和子原作・演出の『乱舞』です。日本舞踊梶川流の家元の妻として陰で夫を支え続け夫亡きあと、骨肉の争い。跡目争い。と苦労と努力の末に家元襲名を果たす物語りですが、中でも忘れられないのは「序幕第一場」です。静かに幕が上がると、観客には後姿を見せて黙々と事務をこなしている女性。その間には、ひっきりなしに関係者が現れるが、ひたすら帳簿をつけている。観客は時間と共にあの後姿の女性は誰なのだろうと興味津々。そこへ大切な客の訪問があって初めて立ち上がり顔を見せる。家元の妻、秋子である。観客の大きな反響があって芝居が始まっていく。

今までの舞台でこんな登場の仕方は初めてでした。お客様をあっと言わせる有吉演出の幕開けでした。私にとってこの秋子役は、じっと耐える辛抱役から後半家元襲名の舞台で舞い、大輪の花を咲かせる非常にやり甲斐のある役柄でした。

また、この度は数々の名作を送り出されてきた帝劇が、あの華やかさと重厚感に溢れた劇場がなくなりますことは寂しい限りでございますが、新しく生まれ変わる未来の劇場が、まだどんな素晴らしい舞台や歓びを生み出してくれるのか、期待と大きな夢がふくらむ思いでございます。

『放浪記』(1961年芸術座)本郷でのポスター撮影時
森光子、菊田一夫、美術の伊藤熹朔

『瀧東綺譚』(1993年)

## 浅丘ルリ子

第24回菊田一夫演劇賞受賞
『にごり江』のおりきの役の演技に対して

帝国劇場の舞台には16本の作品で立たせていただきました。蜷川幸雄さん、堀井康明さん、松本白鸚さん、江守徹さん、佐藤浩史さん、井上思さん、加納幸和さん、久世光彦さん、山田和也さん……個性豊かな素晴らしい演出家の方々との出会い。共演の皆さんとの楽屋でのおしゃべりなど楽しい思い出ばかりです。再演させていただいた『瀧東綺譚』では、私から希望して娼婦・お雪と少女・千代美の二役を演じました。ちょっと変化がある方がいいなと思ったんです。泉鏡花の原作ものには特に多くて好きな世界でした。『日本橋』では辻村ジュサブローさんのお衣裳が素敵で『芍薬の歌』では宙乗りも。どこか"純和風"とは違うテイストを皆さんが考えてくださったおかげで、バラエティに富んだ作品にも出演させていただくことができました。そうして私を必要としてくださる方たちがいつも助けてくださって、今の私があります。感謝しております。

---

『シカゴ ミュージカル・ボードビル』(1985年)

## 麻実 れい

第25回菊田一夫演劇賞受賞『二十世紀』のマーガレット・パーク=ホワイト役、『恋の三重奏』のバーバラ役、『リトルナイト・ミュージック』のデジレ役の演技に対して
第42回菊田一夫演劇大賞受賞『8月の家族たち August:OSAGE County』のバイオレット役、『炎 アンサンディ』のナワル役の演技に対して

帝国劇場……宝塚卒業後、初めての一歩は帝劇から始まりました。舞台からはもう降りるつもりでいた私に東宝からのお話が届きました。作品はミュージカル『シカゴ』ヴェルマ・ケリー。帝劇~大阪梅田コマ劇場~名古屋中日劇場。最終は再び帝劇と言う公演スケジュールでした。10年間男役を創ってきた私には勿論女を演じる自信は全くありませんでしたが、同じ役を一年近く勉強させていただける、こんな機会はもう無いと思い、東宝の制作部に一人向かいました。再びの舞台、人生を変えて頂いた方々との出会いと共に創り上げる喜び全てを頂いた瞬間でした。今この道をまだ歩き続けています。帝国劇場……ありがとうございました！

---

## 安宅 忍

第1回菊田一夫演劇賞受賞
『山彦ものがたり』『真砂屋お峰』

菊田一夫先生は、怒りっぽいところと優しいところ両方おもちでした。『開幕』のリハーサルで、帝劇の最新式の舞台機構がうまくいかなくて、稽古が止まる。菊田先生が、演出助手のコジマさんに怒り狂って、黒縁の眼鏡を舞台に向けて投げつける。ダンサーの私は客席でただ見守るだけでしたが、翌日には無事幕が開きました。
菊田先生は東宝現代劇の私達には優しく「こうやって泣くんだよ」とご自身で演じられて、勉強になったものです。忘年会では、ポケットマネーで敢闘賞や努力賞をくださいました。
昨年コロナ禍もあけ、久々に現代劇のメンバーと菊田先生の『夜汽車の人』を朗読しました。歳月を重ねて理解も深まり、少しはマシに演じられたかなと思っています。
長谷川一夫さん、森繁久彌さん、松本白鸚さん、山田五十鈴さん、佐久間良子さん…皆さんの脇で何百ものお芝居やミュージカルに出て頂いて、たくさんの引きだしを作ることができました。私も87歳になりましたが、今度2時間のワンマンショーをやります。
『マイ・フェア・レディ』の〈運が良けりゃ〉などミュージカルやシャンソンを歌って、落語もします。東宝現代劇で勉強させて頂いたおかげです。

『ラ・マンチャの男』(1989年)

---

『NINAGAWAマクベス』(1987年)

## 渥美 博

第48回菊田一夫特別賞受賞
永年の舞台における
アクション指導の功績に対して

帝国劇場の思い出。
殺陣師になる前は、13歳から子役を経て俳優へ。1986年頃にロンドンナショナルシアター招待作品『NINAGAWA・マクベス』『王女メディア』に殺陣の補佐と役者として参加。当時、平幹二朗さんが体調不良により降板。急遽、青年座の津嘉山正種さんがマクベスに、メディアを嵐徳三郎さんに変更してロンドン公演を成し遂げ、87年に凱旋公演として帝国劇場で『NINAGAWA・マクベス』を公演する事になりました。25歳で帝国劇場の板の上に立ち、舞台の広さと客席の多さに汗が出ました。そして、今では考えられないのですが、蜷川演劇は個人のマイクはなし、舞台前と頭上のマイクのみ。大音響、桜が舞い散る仏壇の中での大立ち回りはいつ声が枯れてもおかしく無い状況。誰1人声も潰さず、怪我もせず。流石、役者・スタッフが職人だったんだと思います。後、91年に再び蜷川さん演出の『仮名手本忠臣蔵』で役者として帝劇の板の上に。やはり再び劇場の広さ、客席の多さ、何回立っても慣れない緊張感。でもこの緊張感が好きだなぁ。
その後は殺陣師としてデビュー。今度は帝国劇場の機能をステージング、アクションでどう使いこなす。と新たな楽しみが出来たのを思い出します。
この先、この様な劇場が出てくる事は無いと思います。さみしい限りです。
帝国劇場 有難う御座いました。

## 帝劇によせて。

帝劇初出演は1975年の『ザ・サウンド・オブ・ミュージック』でシスターマルガレッタでした。主役のマリアは淀かおるさんがなさっていましたが、あの作品は子役が沢山出るので、同じ場面を何回も稽古します。私は淀さんの代役で淀さんがなさった所、私は他の組の子供達と二度やりました。プロデューサーからは、「淀さんに、もしもの事があったら、君がやるんだからしっかりね」と言われましたが、淀さんもお丈夫な方で私は千穐楽までシスターマルガレッタでした。
次の年から森繁久彌さん主演の『屋根の上のヴァイオリン弾き』に出演し、初演の時には黒柳徹子さんがなさってたフルマセーラという背の高いおばけの役をやりました。とても目立つ役だったんですがメイクをしているので北海道から両親が来てもどれが娘かわからず声を聞いてやっとわかったそうです。それから西田敏行さんまで帝劇でした。『ラ・マンチャの男』『レ・ミゼラブル』初演、『回転木馬』等多数の作品に出演させていただきましたが、とても書き切れません。帝劇に変わる新しい劇場に期待いたします。

### 荒井 洸子
第20回菊田一夫演劇賞受賞
『マイ・フェア・レディ』のピアス夫人、『屋根の上のヴァイオリン弾き』のフルマセーラ役の演技に対して

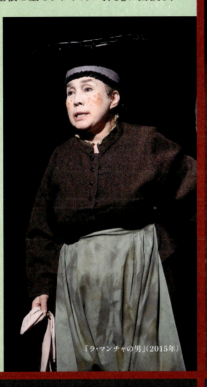

『ラ・マンチャの男』(2015年)

### 石井 一孝
第35回菊田一夫演劇賞受賞
『マイ・フェア・レディ』のヒギンズ教授、『蜘蛛女のキス』のモリーナ役の演技に対して

『レ・ミゼラブル』(1997年)

偶然オーディションのポスターを見たことがきっかけで『ミス・サイゴン』のアンサンブルに合格してミュージカルの世界に飛び込み、帝国劇場でデビューできたことは一生の誇りです。
1年半の長い公演が終わったらまたシンガーソングライターを目指すバイト生活に戻るつもりでしたが、公演中に『レ・ミゼラブル』のオーディションを受け、ジョン(・ケアード)の前で〈カフェソング〉を歌いました。最初は定位置で、次は座って、3回目は「僕から1秒も目をそらさずに僕の目の中に歌ってくれ」と言うジョンの近くで歌ってマリウス役に決まり、それが僕の人生を大きく変えました。何の学びも無く実践舞台に立った自分は精一杯稽古を重ねても演技への不安は募るばかり。ある日1人残って稽古をしていると(島田)歌穂さんが「ちゃんとしたマリウスだと思うよ。もっと自分を信じて」と声をかけてくれて、同じ頃、ジョンが"You are real Marius"と。アンジョルラス役の(岡)幸二郎も「今まで好きになれなかったマリウスだったけど、カズを見てるとこういう人いるかもと思う」と言ってくれて、この3人の言葉に勇気をもらい、マリウスを演じることができました。その後、『レ・ミゼラブル』ではジャン・バルジャンもやらせていただき、他にも多くの作品に出演させていただいた帝国劇場。
その空間と木の温もりが反映されている音が大好きな世界屈指の素晴らしいこの劇場に育ててもらったような想いです。

### 石井 ふく子
第30回菊田一夫特別賞受賞
芸術座の歴史において、ジャンルを築き上げた優れた創作活動の成果に対して

芸術座では、お客様が身近に感じられるような家庭の話を、東京宝塚劇場では『ウエストサイド物語』のバーナンド役、ジョージ・チャキリスさんが佐久間良子さんの相手役を演じ、演出したこともございます『白蝶記』(1979)。帝国劇場でも、絶対にテレビでは出来ないことを試みたいと思い、『女たちの忠臣蔵』(1980)。1幕大詰め、本懐を遂げようとする赤穂浪士の討ち入りの日に、浪士の母、妻、姉、女たちが、愛する人のために祈りを捧げます。帝劇の大舞台に並んだ女優さんお一人ずつに、パッ、パッと明かりが当たり、雪が降りつむ...帝劇だからこそ実現した演出でした。帝劇は私に様々なことを教えて頂いた劇場です。菊田一夫先生はよく劇場でお見掛けしました。すれ違いざまに「見たよ」と一言。私は怖くて緊張ばかりで、「有難うございます」とお返事するのが精いっぱいでした。後年、私が菊田一夫演劇賞特別賞を受賞した時は、やっと先生にご挨拶することができました。私にとって想い出深い劇場です。

『女たちの忠臣蔵』(1980年)

2010年の『エリザベート』が私の帝劇デビュー。
劇団四季を退団後、初の大劇場でした。
プロデューサーの岡本義次氏から「トート役を」と耳打ちされた際は、それまでとは真逆の役柄に驚いたものの、すぐさま、面白い、と思いました。何か新たな挑戦がしたかったのです。
稽古場では演出の小池修一郎氏から、「爬虫類的なトートを」との指導を受け、四苦八苦。けれども、自身の殻をひとつ破っているという実感が伴う、充実した時間でした。
そして迎えた初日。
冒頭シーン、トート役は舞台の天井近くからゴンドラに乗り、歌いながら登場します。
揺れるゴンドラに乗る私は、正確に歌唱するよう気を配りながらも、オーケストラピットから立ちのぼってくる音楽に心を射抜かれ、びっしりと満員の客席を目にし、「ああ、私たちがやっているのは、まさに現代のオペラだ!」と感じたのを憶えています。

### 石丸 幹二
第37回菊田一夫演劇賞受賞
『GGR〜グレンギャリー・グレン・ロス』のリチャード・ローマ役、『GOLD〜カミーユとロダン』のオーギュスト・ロダン役、『ジキル&ハイド』のヘンリー・ジキルとエドワード・ハイド役の演技に対して

『エリザベート』(2010年)

NHKの『おしん』の頃に、蜷川幸雄さんから『にごり江』(1984年 日生劇場)、そして同じ頃に帝劇からも佐久間良子さん、中村吉右衛門さんの『松屋のお琴』という舞台の話がありました。当時、蜷川さんは乗りに乗っていたし、主演の浅丘ルリ子さんが好きだったので、私の気持ちは『にごり江』になびいたけれど、仲良くさせて頂いた杉村春子先生から「あなたね、吉右衛門さんは歌舞伎の役者ですよ。二度と出来ないんだから」と言われて、初めての帝劇出演となりました。私は吉右衛門さん演じる近松門左衛門の愛人の役でした。佐久間さんから「日本一自分が綺麗だと思って演じて」と言われたのを覚えています。舞台を観に来た奈良岡朋子さんと太地喜和子が、死に際の化粧がひどいと、楽屋に上がってきて、皆でメイクを直してくれたのが懐かしいです。私がセリフをとちってしまったことがあって、吉右衛門さんも下向いて笑っておられて「夜の部もやったら承知しないよ」と優しく諭してくださいました。

その頃、森光子さんから叱られたことがあります。テレビで忙しかった頃で、私がセリフを入れずに稽古に行ったのです。稽古の後、森さんに「どんなに仕事が忙しくたって、"うん"と言ったのは自分でしょう。覚えてきなさい」随分反省しましたね。その後、森さんが「杉村先生と共演してみたい」と仰って、私が杉村先生を口説いたのが日生劇場の『浮塔』(1985)でした。「セリフは音」と仰る杉村先生から、舞台を学びました。

帝劇で主演に立ったのは、橋田壽賀子さん脚本、石井ふく子さん演出の『あさき夢みし』です。楽屋裏は楽しかったけど、由緒正しい帝劇で看板をはるのは役者にとって冥利なことです。でも、あの当時、私は帝劇に負けていたかもね。主演は早過ぎたんじゃないかな。それでも私は劇場によって役者は作られると思っています。

西田(敏行)もテヴィエで出るとやっぱり大きいじゃないですか。それくらい帝劇って大きいんですよ。

『あさき夢みし』(1997年)

**泉 ピン子**

第26回菊田一夫演劇賞受賞『渡る世間は鬼ばかり』の小島五月の役の演技に対して

---

『レ・ミゼラブル』(2011年)

私の心に一番深く残る帝劇作品は、ジョン・ケアード版、『レ・ミゼラブル』の大千穐楽の舞台です！この時、初演のオリジナルメンバーだった、鹿賀丈史さん、斎藤晴彦さん、鳳蘭さん、岩崎宏美ちゃん、島田歌穂ちゃん達が参加して下さり、コゼット役には神田沙也加ちゃんも加わっての、私、ジャン・バルジャン役。
思えば東宝現代劇研究生からスタートして、帝劇の地下稽古場で研鑽を積んで来た私にとっては、帝国劇場の舞台は、人生の憧れでもあり目標だったので、今振り返ると、その時のステージは夢の様なキャスティングでした！
他にも、『キス・ミー、ケイト』『パナマ・ハッティー』『風と共に去りぬ』など、思い出深い作品は、挙げればキリが無いのですが、やはりこれが私の中のトップ オブ ザ トップになるでしょう！
これからも、数々の人の人生に影響を与え、ドラマを生み出し、彩って行くだろう帝国劇場！
帝劇よ、永遠なれ!!!

**今井 清隆**

第17回菊田一夫演劇賞受賞『レ・ミゼラブル』のジャベール役の演技に対して

---

『チャーリーとチョコレート工場』(2023年)

劇場の持つエネルギーとか匂いとか信念とか、そういうものは必ず演出に影響を与える。ミケランジェロの言葉を借りるなら「大理石の塊の中には予め像が内包されていて、彫刻家の仕事はそれを発見する事」と似ている。帝国劇場で作った『チャーリーとチョコレート工場』は、帝国劇場によって作られたと言っても過言ではない。劇中、甘いチョコレートの匂いがする場面がある。特殊な機械で香りを出しているのだけど、劇場自体がチョコレートになったような錯覚に陥る。セリも多用した。帝劇のセリは、音楽や舞踏・演技と重なり合うと、それ自体が意思を持って動いているように見える時がある。機械仕掛けなのに、どこか人肌を感じる動きをしてくれるのだ。仕込みの日の夜に、誰もいない客席を舞台上から見たことがある。そこに数多の観客の気配と息づかいを感じた。劇場の歴史とは、ここにいた人々の視線で作られているのだと知った。彼らの「ピュアなイマジネーション」こそが、帝国劇場の空間を作り出しているのだった。

**ウォーリー 木下**

第49回菊田一夫演劇賞受賞
『チャーリーとチョコレート工場』『町田くんの世界』の演出の成果に対して

---

『エリザベート』(2005年)

帝劇のエレベーターには、人呼んで"帝劇の怪人"なるおじさんがいる。すべての役者の出番に責任を持つかのように、朗らかに…おごそかに…。出番の役者がその時間に乗っていなければ、扉を閉めてはくれない。やたら緊張感のある、変わったエレベーター。しかも、その地下一階には神棚が祀ってあり、そこを一礼して通らずんば、今日の演技の成功は無いとでもいうような威圧感。そこを通過してはじめて僕らは、演技をさせてもらえる稽古場やら楽屋に向かう。過去の演技者たちの血と汗の結晶が劇場の雰囲気を醸し出している。帝劇は特別だ。そこで『エリザベート』のトート役や『レ・ミゼラブル』の孤高の刑事ジャベールを演じる機会を頂いた。どちらも宇宙や異次元を感じさせる役。だから、帝劇は僕にとってある種の大宇宙だ。闘う役者たちの激しい吐息を吸い込んできた帝劇が、今、新たな装いで蘇る。日本舞台芸術の殿堂である帝劇さん、ありがとう！そして、新帝劇さん、おめでとうございます!!

**内野 聖陽**

第30回菊田一夫演劇賞受賞
『ベガーズ・オペラ』のマクヒース役、『エリザベート』のトート役の演技に対して

客電が落ち客席が暗くなる。非常灯の明かりも消え真っ暗闇の中、エルトン・ジョンの〈KING MUST DIE〉が5分間大音量で流れる。観客も出演者も暗闇の中で『ハムレット』の世界に入って行く。
幕が上がると装置は階段舞台、劇中劇は雛飾りを模した演出で、まだ研究生だった私は貴族の役とはいえ麻布を汚した貫頭衣に髪ぼうぼう骸骨のようなメイクでした。演出は蜷川幸雄さん、脚本から立ち上がった演出の面白さを初めて知った舞台でした。また、大先輩である一の宮あつ子さんのことも思い出です。なんと一の宮さんは帝劇と芸術座を掛け持ちで出演なさっていました。帝劇の一幕の出番を終えるとすぐさま芸術座の役の衣裳に着替え、大道具の搬出口から待機していた人力車に乗り込み芸術座に向かいます。芸術座の二幕に出演するとまたもや人力車に乗って帝劇に戻ってきます。日比谷のオフィス街を女優を乗せた人力車が行く。なんとも素敵な光景ですね。

### 大川 婦久美
第24回菊田一夫演劇賞受賞
『蔵』のおつま役の演技に対して

『ハムレット』(1978年)

### 大空 眞弓
第15回菊田一夫演劇賞受賞『人生は、ガタゴト列車に乗って……』の秋代役の演技に対して

『屋根の上のヴァイオリン弾き』(1978)

「芝櫻」芸者同志の浜木綿子さんと私。私の簪が抜けた時に、浜さんが機転をきかせて、ご自分の鬘をはずして平然とお芝居を続けられました。浜さん、いつも有難うございます。
『屋根の上のヴァイオリン弾き』初めてのミュージカルで最初は怖かったです。でも安奈淳さん、荒井洸子さん、亡くなった真島茂樹さん、お友達がたくさんできました。森繁久彌さんは不慣れな私を舞台袖でずっと見守ってくださいました。私が、セリフを逆さに言ったこともあって、森繁さん演じるパパは仕事が大事で娘はどうでもいいのよ」といった台詞を逆に「それならそれでいいじゃないか」と言ってしまい、森繁さんは「パパは娘が大事で娘は……」と返してくれました。おかしかったですね。
ピアノを演奏なさった辻井渥四先生も、いつも私のことを心配して、特別に楽屋をとって毎朝稽古してくださっていました。旅公演にいってからもずっとです。
千穐楽はオーケストラピットで辻井先生が下を向いて泣いていらっしゃいました。
帝国劇場には、59年前の柿落としに出演させていただき、それ以来、数々の作品と共演者のことが懐かしく本当に感慨深いものがあります。新帝劇も素敵な劇場となりますようお祈り申し上げます。

### 大竹 しのぶ
第44回菊田一夫演劇大賞受賞
『ピアフ』のエディット・ピアフ役の演技に対して

森繁久彌さんの『屋根の上のヴァイオリン弾き』を客席から観たのは18才の頃。客席から、流れ落ちる涙を拭くことも忘れ、森繁さん演じるテヴィエに心を奪われていた。彼が示す帝劇の舞台の天井に神様が見えた。いつか私もこの舞台に立ちたい。そう思った夢が叶い、初めて帝劇の舞台に立つことができたのは24才の時でした。それは今から40年以上前で、しかもたった一度だけの出演なのにも関わらず、私はなぜかあの帝劇の楽屋口からエレベーターに向かう廊下をはじめ、初めてのミュージカルへの参加の途中からの参加の私に声をかけて下さいました。その言葉にいつも優しく、温かく毎日声をかけて下さいました。その言葉にいつも勇気づけられていました。
「今日も良かったよ」「明日も頑張れ！」当時のスタッフさんはいるはずもないのに、観劇で訪れる度に今も思い出す帝劇のスタッフさんの声いい劇場には、素晴らしいスタッフさんがいるものなのだなと思うのです。
ありがとう。また、いつかあの廊下を通りたいな。

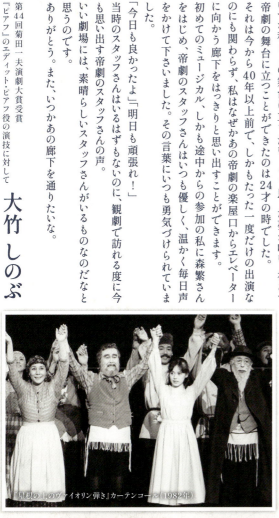

『屋根の上のヴァイオリン弾き』カーテンコール(1982年)

『レベッカ』(2010年)

帝国劇場。舞台のお仕事をさせて頂くようになって、いつの日かあの舞台に立ちたいという想いが強くあった。私にとって特別な劇場です。そんな劇場に何度も立たせて頂けるなんて夢のようでした。
その中でも私が一番記憶に残っているのが2010年『レベッカ』です。客電が落ちる前に私は紗幕裏に1人でスタンバイ。あんなに大きな劇場なのに、客席の隅々までお客様のお顔がちゃんと見える。そして開演を今かと待ってくださっている。帝国劇場には舞台の神様がいる、という話を聞いた事がある。本当だと思う。舞台に立つととってもとっても緊張するのに、何故だか心がふわぁっと温かくなって自信と勇気が湧いてくるのです。大丈夫だよ。と、背中を押してくれるのです。そんな不思議な感覚を初めて味わいました。
その時の気持ちやお客様のお顔、全て宝物として心に残っています。
「ゆうべ 夢を見たの」
本当に幸せな夢を見させてくれた大切な劇場。
ありがとう帝国劇場。
また新たな帝国劇場となって、私たちに夢や希望を与えてくれる日を心待ちにしています。

### 大塚 千弘
第36回菊田一夫演劇賞受賞
『レベッカ』のわたし役、『ゾロ ザ・ミュージカル』のルイサ役の演技に対して

『深川しぐれ』(1997年)

## 岡本 健一
第45回菊田一夫演劇賞受賞
「海辺のカフカ」の大島の役、「終夜」のヨンの役の演技に対して

自分にとって帝国劇場は、森光子さんへの想いと深く繋がる。初共演は帝劇の『深川しぐれ』(1997)。自分なりに気合いを入れて準備して臨んだ稽古初日、すでに台詞がすべて入っている森さんの台本には尋常じゃない量の書き込みと付箋が貼られていて、打ちのめされた。公演が始まると森さんで集中したい自分にはそれが信じられなかった。生活のすべてを、全人生を作品にかけている森さんにとって、そんな時間は必要なかったのだろう。本番前は一人で茶会をするのが決まりで、自分の楽屋にはそれが信じられない必要な空気感がたまらなかった。とでなければ味わえない瞬間だった。動きや台詞は全盛期のようにはいかない。それでも舞台に立つ。"演じる"を超越した森光子さん自身の姿に満席の観客が喝采を送る。

事務所副社長の藤島メリーさんに連れられて、トで村井國夫さんと共演した『蜘蛛女のキス』(1991)の楽屋裏だった。森さんは当時の初対面は22歳の時、ベニサン・ピッ涙目で「良かったわよ」と抱きしめてくれた。

帝劇では森さん最後の『放浪記』(2009)も拝見した。幕が降りると自然に拍手が起こり全員で「お疲れさま」と言い合う、殺陣裏の幸せな空気感がたまらなかった。

今後も様々な劇場で真摯に作品と向き合い良い舞台を作り続けていけば、森さんのような愛に溢れる時間を届けることが出来ると信じている。新しい帝国劇場が作り出す時間が、凄く楽しみです。

---

## 甲斐 正人
第43回菊田一夫演劇賞特別賞受賞
永年の作曲及び音楽活動の功績に対して

―帝劇に魅せられて―
若き30代、憧れの輝ける帝劇公演を初めて手掛けた時の興奮は忘れられません。巨大なセット、綺羅星の如き俳優たち、そこに自分の音楽が奏でられると何と素晴らしい事でしょう！それから38年、輝き続けた帝劇が沢山の思い出と共に一旦幕を下ろし、新たな装いで登場する時を待つ事になりました。何物にも代え難い私の宝物です。多くの作品に出会え素晴らしい演出家、頼もしきスタッフの皆様、そして才能あふれる俳優たちと知り合う事が出来たのも此処帝劇です。なかでも2000年の『エリザベート』では新しい世紀に相応しい劇場音楽のスタンダードを目指してミュージカルの歌唱法の確立とオーケストラの質的向上に取り組んだ事は良き思い出です。

数年後に完成するであろう新帝劇は世界に冠たる日本の演劇界の最高峰として私たちの誇りとなる劇場が誕生すると思います。全劇場スタッフ、お客様と共に大いなる期待を持って、今は暫しお別れしようと思います。

『エリザベート』(2000年)

---

『ビギン・ザ・ビギン』(2000年)

## 風間 杜夫
第46回菊田一夫演劇賞大賞受賞『セールスマンの死』のウィリー・ローマン役、『女の一生』の堤章介役、『白昼夢』の高橋清役の演技に対して

帝国劇場に初めて足を踏み入れたのは、何時のことだったろうか。威風堂々の姿で目の前にはだかるその建物は、演劇を志して少年から青年に脱皮をし始めていた僕には、眩しいばかりだった。
小劇場からスタートした僕にとって帝劇は長く遠い存在だったが、演劇と共に歩いた人生の道程に、機が訪れた。2000年『ビギン・ザ・ビギン』である。帝劇の懐に抱かれ、稀代の女優・森光子さんと共演できたことの大きさは、計り知れない。戦後の日本に音楽文化の輝きをもたらせた日劇をモチーフに、劇場を愛する人間模様が書き下ろされた。サブストーリーに、森さん演じる劇場に棲む幽霊と、演出家役の僕とのロマンスが描かれ、日劇の屋上で二人、淡い恋心を明かすシーンは忘れられない。お歳を召していたはずだが、少女の役柄そのままに可愛く可憐だった。
帝劇が新しい姿でお披露目をする暁には、また若い役者が明日を目指して思いを胸いっぱいに、ロビーに足を踏み入れるに違いない。そう、半世紀前の僕のように。

---

『Endless SHOCK』(2024年)

## 勝柴 次朗
第42回菊田一夫演劇賞特別賞受賞
永年の舞台照明デザインにおける功績に対して

1997年の『深川しぐれ』から森光子さんの公演に多く参加してきて、演劇の奥の深さと舞台人の心得を沢山学びました。
98年からの宝塚歌劇の公演では客席側にミラーボールを吊るのはNGでしたが、今は！
2000年の『Millennium SHOCK』から25年間続いてきた『SHOCK』の積み重ねが素晴らしい。一瞬でも迷いがあると公演がストップしてしまう位、緊張感の連続する公演でした。どのパートのスタッフも神経をすり減らして、暗く重い舞台稽古でした。幕が上りお客様の声が多く届く様になり、座長の光一さんの立ち向かう姿にスタッフも感銘して一丸となり前進出来た公演だと思います。
『エリザベート』は公演を重ねていくにつれて色々な人生が浮かび上がって深みのある公演になりました。
帝国劇場の公演は再演が多くあるが、進化し続けた公演の1番は『SHOCK』ではないかと思います。この公演が無くなるのは寂しい限りです。

帝国劇場に初めて足を踏み入れたのは2016年、観客としてでした。佐賀の高校生だった私が、ここが帝劇…!と圧倒されたその日から約9年。その間ミュージカル『モーツァルト!』『王家の紋章』『レ・ミゼラブル』とご縁をいただきました。思い出深いのは、『モーツァルト!』の"ダンスはやめられない"の場面です。花道から登場し、誰もいない部屋を見つめるところから始まるその場面。コンスタンツェとして眺める帝劇の客席は、吸い込まれそうなほど真っ暗で。

毎公演その場面がくるのが怖いと思ってしまっていた19歳の頃、自分を必死に奮い立たせてその暗闇へ出て行ったこと、その3年後の再演の時には、その暗闇も味方に感じられるほど幸せな気持ちで演じられたこと。どちらの景色も強烈に覚えています。

舞台に立つ恐ろしさも喜びも、存分に教えてもらった劇場。客席にも幾度となく伺いました。

現帝国劇場と、そこでの多くの出会いに心から感謝しています!

## 木下 晴香

第47回菊田一夫演劇賞受賞
『モーツァルト!』のコンスタンツェ役、『王家の紋章』のキャロル役、『彼女を笑う人がいても』の岩井梨沙/山中誠子役の演技に対して

『モーツァルト!』(2018年)

---

1975年『真夏の夜の夢』公演のパック役

パックのひと振りでオーバーチュアが奏でられ、夏の夢が始まります。パックの早とちりが登場人物を混乱させ、舞台中を飛んだり跳ねたり高い天上からブランコで現れたりしながらやがて円満解決に導き、パックの「我ら役者は影法師、皆様方のお目がもし お気に召さずばただ夢を見たと思ってお許しを……名台詞で幕を閉じます。

演出家ジョン・デヴィッドさんの"人間の動き"禁止令で、台詞を言いながら動物の動きや不思議なポーズで転げ回り、走りまくった29才の熱い夏でした。

その甲斐あって、光栄にも第1回「菊田一夫演劇賞」新人賞をいただくことができ、この受賞は、明日に煌めく希望と勇気を与えてくださいました。現帝劇の舞台に立てたことを誇りに思っています。

……それでは(現帝劇)おやすみなさいまし。パックがお礼を申します。

## 木の実 ナナ

第1回菊田一夫演劇賞新人賞受賞
『真夏の夜の夢』

『真夏の夜の夢』(1975年)

---

劇場は広場だと思っています。仲間が集い、語り合い、泣き笑い、時に厳しくぶつかり合う、そんな広場で芝居をずっと創ってきました。その輪の中には森光子さんもいらっしゃって、とびきり愉快に飛び跳ねながら、いつもお互い必死でした。その数えきれない程のたくさんの記憶は帝国劇場のどこかに、確かに刻まれているはず。森さんのとてつもない好奇心と情熱にいつも突き動かされ、一緒したことか。何本ご一緒したことか。毎年のように新作に挑み、真っ白なところから幾つもの現代劇が生まれました。その森さんのとてつもない好奇心と情熱にいつも突き動かされ、時にやさしく呼吸を続ける生命体とでもいうか、劇場は強く、その劇場が新しく建て替えになると聞いて、なんだかとても寂しくなります。たくさんの思いを強く抱きしめながら、新しい広場で創る新しい記憶をみんなで作っていかなければなりません。いろんな世界の、いろんな人たちのリアルな姿をしっかりと描かなければなりません。劇場を愛する観客の皆さんと共に、これからも一つひとつ生み出していかなければなりません。

『ビギン・ザ・ビギン』(2000年)

## 栗山 民也

第39回菊田一夫演劇賞受賞『木の上の軍隊』『マイ・ロマンティック・ヒストリー～カレの事情とカノジョの都合～』『それからのブンとフン』の演出の成果に対して

---

帝劇の思い出

私が初めて帝劇に足を踏み入れたのは、1969年7月公演『癩王のテラス』である。中学生だった私は生意気にも三島由紀夫にかぶれていたのだ。親にせがみ夏休みの家族旅行の代わりに連れて行って貰ったのだ。テレビで有名な役者が揃い、煌びやかな舞台という印象だった。それから高校大学の間、何度も帝劇の舞台にハマり、ミュージカルの舞台にハマり、後部座席で観劇した。今でも『王様と私』をこの辺で観た『マイ・フェア・レディ』はあそこ、と思い出せるくらい。

そして宝塚に入って20数年、2000年の『エリザベート』で初めて演出家として客席に座ることになる。初めて入場した日から31年以上『エリザベート』『モーツァルト!』『LUPIN～カリオストロ伯爵夫人の秘密～』『1789 ―バスティーユの恋人たち―』『レディ・ベス』『王家の紋章』公演を重ねさせて頂いた。気がつくと25年にわたって、毎年一度は通わせて貰ったことになる。この劇場で、自らの才能と人生を懸けた人々の列に加わることが出来たのは光栄であり、私の誇りでもある。新帝劇は、また次の時代の担い手たちが競い合う刺激的な場となるに違いない。いつか、少年少女時代に初めて帝劇で観た公演が、私の演出作品だったという人に出会ってみたいと思う。

## 小池 修一郎
(宝塚歌劇団)

第35回菊田一夫演劇賞演劇大賞受賞 『エリザベート―愛と死の輪舞―』『太王四神記VerII―新たなる王の旅立ち―』『カサブランカ』『キャバレー』の演出及び脚本の成果に対して

『LUPIN～カリオストロ伯爵夫人の秘密～』(2023年)

## 小池 徹平

第42回菊田一夫演劇賞受賞
『1789〜バスティーユの恋人たち〜』のロナン役、『キンキーブーツ』のチャーリー・プライス役の演技に対して

『1789〜バスティーユの恋人たち〜』(2016年)

私にとって帝国劇場は、数々の素晴らしい作品を観劇した思い出もありますが、やはり初めて帝劇に出演させて頂いた『1789〜バスティーユの恋人たち〜』はとても印象に残っている作品です。小池修一郎さんに出会い、衣裳や照明、ステージングなど、繊細かつ大胆な演出とその世界観に感銘を受けた事を今でも鮮明に思い出せるほどです。
中でもクライマックスで「バスティーユの壁」が客席側に開いて来る装置は圧巻でした。劇場独特の雰囲気で高揚感と興奮に包まれ、そして演じている私たちにとっても特別な景色でした。
そんな帝劇の「ゼロ番」に立っていた事は一生の思い出であると共に、「第42回菊田一夫演劇賞」を受賞するきっかけになりました。自分自身が役者として認めてもらえた気持ちになり、歩んで来た道が間違っていなかったのだととても自信がつきました。
また、カンパニーの仲間達と地下のお店で食事をしたり、建物内の稽古場など思い出は尽きず現帝劇には本当にお世話になりました。
お別れは寂しいですが、感謝の気持ちを胸に新しく生まれ変わる帝国劇場を楽しみにしたいと思います。

---

「帝国劇場」なんて荘厳な響きだろう。57年と言う長きに渡り、お客様に夢と希望と感動を与え続けてきた日本を代表する歴史ある劇場、いよいよお別れの時が来てしまったんですね。私は、1998年、宝塚時代に一度、このステージに立たせて頂きました。それから27年間の間に何度となくこの楽屋入口にある木の名札が並んでいる着到板、9階のお稽古場、楽屋、オーケストラボックス、紫色の客席、そしてステージ…どこにいても帝劇の匂いがする。
それは歴史の匂いです！
この感覚を味わえなくなってしまうのは、本当に淋しいです！
57年の歴史の数ページに自分も登場できたことを、本当に嬉しく思います。
この空間で、みんなで泣いて、笑って、汗を流して、感動した事は私の宝物です。
「ありがとう!!帝国劇場!!そして、生まれ変わり再会できる日を、楽しみにしています!!感謝!!」

『モーツァルト!』(2010年)

### 香寿 たつき

第35回菊田一夫演劇賞受賞
『天翔ける風に』の三条英役、『シェルブールの雨傘』のエムリー夫人役の演技に対して

---

### 堺 正章

第33回菊田一夫演劇賞特別賞受賞
永年の舞台の功績に対して

『鶴亀屋二代』(1975年)の初日目前に、作者の平岩弓枝先生と主演の森繁久彌さんが舞台と客席で言い合いをされたのを思い出します。喧嘩の原因は、森繁のおじちゃんがセリフを覚えてきていないこと。「俺は覚えてない!」「そんな訳、あるわけないじゃないですか!」「俺、覚えてないんだ」森繁独特のお考えでした。平岩先生が「そろそろ覚えて頂けませんか!」「いや、覚えないんだ」だから毎日新鮮なんだ」森繁さんの出方次第でプロンプターがセリフを伝える間にも、森繁さんには爆笑が沸き起こる。ひと月経ってみたら、プロンプターが話す間を一生懸命に自分には堂々たるもので、お客様もゆったりと待つ。そしてその後主演の舞台を演じることになる私にとりましても、帝劇から頂いた最高の暖簾でした。
森繁さんは、満州で苦労をされてこの世界に帰って来られてご本人の心から滲み出るものも、大きくなられた。その経験をされたご本人の心から滲み出るものが非常に大きな表現の説得力に繋がっていくのだ、と感じました。不安が見える残像のほうが、帝劇にはいらっしゃいました。そのような残像を残せる方が帝劇にはいらっしゃいました。感動も爆笑も、バラエティあふれる舞台をブロードウェイのようにロングランさせずに上演されています。それだけ色々な市村正親さんも劇団四季から帝劇に立つことのできるチャンスがあるということ。新しい帝劇でも、夢をもって頑張る、素敵な方が生まれることを希望します。

---

22歳のときエポニーヌ役として初めて帝劇の舞台に立った日のことは生涯忘れません。長い歴史を刻んできた劇場の「主(ぬし)」みたいな、目に見えない神聖な何かに護られているような不思議な安心感がありました。〈オン・マイ・オウン〉を歌うシーンではひとりきりであの大きな空間に立たねばなりませんが、オーケストラピットから漏れる明かりが川面のきらめきのようでしたし、スポットライトは月のようで、石畳の模様の廻り舞台を歩いていると本当に夜風に当たっているようで。ひとりになれたことにむしろホッとするような静かな気持ちになっていきました。あの景色、空気、今思い返してもなんて奇跡のいっぱい詰まった瞬間だったんだろうと改めて思います。多くの作品を見届けてきたその「主(ぬし)」さんは、新しい帝劇でも訪れるお客様や芸術家たちをあたたかく見守ってくれるはず。さよならの寂しさはありますが、これからも続く歴史を楽しみにしています。

### 坂本 真綾

第38回菊田一夫演劇賞受賞
『ダディ・ロング・レッグズ〜足ながおじさんより〜』のジルーシャ・アボット役の演技に対して

『レ・ミゼラブル』(2003年)

## 咲妃 みゆ

第46回菊田一夫演劇賞受賞
『NINE』のルイザ役、『GHOST』のモリー役の演技に対して

三島由紀夫さんの文学作品『春の雪』に出演した際、劇中で大正時代の帝国劇場に訪れオペラ鑑賞をするというお芝居がありました。誰もが憧れる夢の劇場として描かれていて、深く印象に残っているシーンです。それが帝国劇場と私の最初の接点でした。その10年後…本物の舞台上からお客様を見つめる機会に恵まれました。
『千と千尋の神隠し』の世界で過ごした日々は、何にも代え難い大切な宝物です。物静かな千尋の母と気っ風のいいリン。相異なる二役を追究させていただき、一俳優としても大変幸せでございました。出番でない時は、花道や舞台袖でひたすら見学していたことも懐かしく思い出されます。
特に好きだったのが、千尋が銭婆のお家を訪ねるシーン。静かに繰り広げられる繊細なお芝居に劇場全体が集中するあの時間、あの空気は、まさに上質な演劇体験でした。新たな帝国劇場ではどんな"上質"と出逢えるのでしょう。感謝の思いと共に、その歴史の幕開けをわくわくしながら待っています。

舞台『千と千尋の神隠し』(2022年)

## 佐久間 良子

第9回菊田一夫演劇大賞受賞
『唐人お吉』『松屋のお琴』の演技に対して

帝劇では半世紀前から、毎年のように主演を務めました。三島由紀夫先生の格調高い台詞が印象的な『鹿鳴館』(1982)や、2キロ近い花魁のかつらと5キロ以上の衣裳を付けてセリから上がる『花の吉原 雪の旅』(1985)、『細雪』(2000)など、懐かしい舞台がいくつもあります。
中でも『唐人お吉』(1983)は、大変な作品です。薄幸ながら愛を貫いたお吉の10代後半から50歳頃までの生涯を2時間半の舞台で演じるため、幕開きでは若々しい娘の声と使い分けました。お客さまから「別人ではないのか」と大変驚かれたほどで、終幕には酒焼けでしゃがれた声、井戸から汲み上げた桶の水を何杯もかぶって我が身を清める場面は、石井ふく子先生の渾身の演出です。帝劇の舞台であれほどの水を使うのは初めて、と聞きました。
ご多忙中ご覧くださった杉村春子先生から頂戴したご感想は「一役者を観た」。これに優る誉め言葉はありません。女優を続けてよかった、と嬉しく思いました。
菊田一夫演劇大賞や文化庁芸術祭賞もいただき、大きな財産になりました。スタッフと俳優陣が支えてくださったおかげで、思い出の沁み込んだ劇場が幕を閉じるのは寂しい限りですが、新しく生まれ変わる帝劇に出会える日を楽しみにしています。

『唐人お吉』(1994年)

## 笹本 玲奈

第32回菊田一夫演劇賞受賞
『ミー&マイガール』のサリー・スミス役、『マリー・アントワネット』のマルグリット・アルノー役の演技に対して

思い出の名場面は、『レ・ミゼラブル』の1幕ラストのナンバー〈ワン・デイ・モア〉です。ジョン・ケアード演出のオリジナル版の盆を使った演出は、演者が歩く、走る、場面をスピーディーに展開して行く上でリアリティを効果的に生み出していました。特に〈ワン・デイ・モア〉では、盆が回る中、アンジョルラスを先頭とした民衆が足並みを揃えて一歩一歩しっかりと前進する様がとても印象的で、作品の中で最も迫力のあるシーンだったと思います。私自身も、エポニーヌとして、一歩ずつ踏み出す度にマリウスへの無償の愛が増えていき、お芝居をする上でも大きな助けとなりました。18歳の時に初めてエポニーヌを演じた日の事、そしてエポニーヌは新演出版でも引き継がれています12年間の毎公演、帝劇の大きな空間の中でお客様とキャストがひとつとして『レ・ミゼラブル』に携わった12年間の毎公演、帝劇の大きな空間の中でお客様とキャストがひとつになるあの瞬間は、役者として一生涯忘れられません。

『レ・ミゼラブル』(2003年)

## 下山田 ひろの

第26回菊田一夫演劇賞受賞
『熊楠の家』の松枝の役の演技に対して

私は在籍する東宝現代劇の養成所が、東宝別館稽古場から帝劇B6へ移り、一年目の発表会を9階の大きな稽古場で、自主公演をB4で行うことが出来、講師の先生方や恵まれた環境で貴重な2年間を送れました。帝劇の初舞台は森谷司郎監督の演出『孤愁の岸』。
治水工事の為に鹿児島から来た武士の方々を手伝って働く地元の農民の役。舞台上手から下手に長い土手が出来て背景に映し出される暴風雨の前を走り抜ける。遅れたら、土手が決壊した映像に変わるので決められた時間内に!と緊張しながらも、時にはつまづいたり、転んだ仲間を助けたりと土砂降りの映像を見ながら芝居をした。大劇場の舞台に立てた感動と森繁座長『一座建立』の御言葉そのままで、舞台も楽屋生活も興味深い事だらけでした。 一月公演の時は、12月30日の舞台稽古終了後に楽屋荷物を棚などに全てしまって、日本レコード大賞の為に楽屋を綺麗に片付けて帰るという、帝劇ならではの体験も面白かったです。
帝劇の最後は『あなたがいたから私がいた』。公演関係者全員がこの舞台への熱い思いを抱いていました。幕が開くと、客席からの大きな反応とユーミンの歌で、劇場が大きな一体感に包まれた感動は生涯忘れられません。

ユーミン×帝劇『あなたがいたから私がいた』(2014年)

『マイ・フェア・レディ』(1990年)

初めて帝国劇場を訪れたのは、美空ひばりさんの公演の時でした。宝塚歌劇団の同期生が出演していた、ひばりさんと真帆志ぶきさんの舞台を2階席で観劇した時、ドレス姿のひばりさんがセリあがってこられて、まさに帝劇!という圧巻の光景で、その機構の素晴らしさに驚いたのを思い出します。その後、振付家として帝劇にかかわらせて頂きましたが、当時には珍しいアクションを取り入れ、物語の流れにダイナミズムが出る様にしました。1990年代、『マイ・フェア・レディ』では、名作ならではのものを大切にしつつ、市場の場面などはアクション的なダンスで(その頃はアクションの出来るダンサーが少なかったので大変でしたが)、イライザの場面は演劇的な作りにしました。大地真央さんは新しいイライザ像を求められていて、その熱意を感じながら、例えば「ヒギンズ、今に見ていろ」と反抗する場面は色んな小道具を使って振付をしました。

今でこそ帝劇も女性のプロデューサーが多くいらっしゃいますが、当時は男性ばかりで、大阪から来た女の子が、失敗しながらも遠慮なく意見していたのを、皆さんが温かく受け止めてくださったのを思い出します。

いつか帝国劇場で演出・振付をしたいという夢はありましたが、その大劇場が姿を変えてしまうのは少しさびしい思いが致します。でも、いつか新しい姿になった帝国劇場に会えるのを楽しみにしています。

第20回菊田一夫演劇賞受賞
『Yesterday is…here』及び『Last DANCE』の振付成果に対して

## 謝 珠栄

---

初めて帝国劇場に『エリザベート』で出演した時、他のどの作品よりも母親が喜んでくれたことを覚えています。その時、帝国劇場に出演する事がとても名誉ある事なんだと実感いたしました。それ以降数多くの作品をあの客席から観劇し、あの舞台に出演させていただきましたが、自分が子供時代にミュージカル女優を目指すきっかけとなった『レ・ミゼラブル』でファンテーヌとして初日を迎えた時は感動して涙が溢れました。舞台上から回り盆の奥にスタンバイして客席が見えた瞬間は一生忘れません。

そして個人的に転機となったと思っている作品『レベッカ』も帝国劇場で上演できた事が幸せでした。今まで数多くの名俳優が立った舞台、その舞台に私も立てた事を誇りに思います。いろんな最高の思い出をありがとうございました。

『レベッカ』(2010年)

## シルビア・グラブ

第34回菊田一夫演劇賞受賞
『レベッカ』のダンヴァース夫人役の演技に対して

---

『ムーラン・ルージュ!ザ・ミュージカル』(2023年)
Moulin Rouge ! is a registered trademark of Moulin Rouge.

帝国劇場は長らく観客として足を運ぶ場所でしたが、2023年夏、『ムーラン・ルージュ!ザ・ミュージカル』の日本語版台本担当として関わることができました。忘れられないのは、この作品のオープニングです。上演する前にブロードウェイ版を観に行ったのですが、その会場は帝劇よりもはるかに小さな劇場でした。そこにあって初日の幕が開いた瞬間、帝劇ではどうなるのか想像できずにいました。が、どの席に座っても観客と舞台と帝劇が共鳴し、大きな渦が生まれるのを感じました。緞帳や照明、猪熊弦一郎さんによるステンドグラスやオブジェだけでなく、劇場ごと思い出に残る場所だと思います。作品がいつもあたたかな夢の世界にいざなってくれるように、帝劇も変わった帝劇はさらにさまざまな人が足を運びやすい場所になるのではないかと思います。そして、私もいつかここで演出をできるよう励んでまいります。

第48回菊田一夫演劇賞受賞
『スラムドッグ$8ミリオネア』
『ザ・ビューティフル・ゲーム』の
上演台本と演出の成果に対して

## 瀬戸山 美咲

---

面白かったことと、辛かったことの両極端しか覚えていません。

本邦初演の『風と共に去りぬ』。本物の馬が馬車をひいて、スクリーンプロセスに写る火事場を疾走する場面で、馬は黒毛で名前はジュラク。立派な馬でしたが、出番の前に緊張したのか放尿してしまったんです。舞台の地下まで流れたそうです。

いろんな舞台で代役も演じたことは辛かったことです。ある朝、プロデューサーから電話があり「とにかく早く来てくれ」と。急いで帝劇の楽屋に入ると、訳も分からぬまま採寸や鬘合わせをさせられて、体調を崩された準主役の女優さんの代役を頼まれました。眼をカメラのようにして台詞を覚えていたらすぐに開演の12時半。モニターから台詞が流れるなか、無我夢中で演じました。翌日に復帰された女優さんから労いのお言葉と、東宝からは金一封をいただきました。

菊田一夫先生には、大変お世話になりました。どれだけ怒られたかわかりませんね。ただ怒ったあとに、必ずフォローがありました。活舌が悪くて怒鳴られた後も、そっと傍に来られて「今日はお金あげるから天ぷら食べて寝ること!」と。

そんなことが思い出されます。

第25回菊田一夫演劇賞受賞
『雪国』の弁慶の役の演技に対して

## 竹内 幸子

『風と共に去りぬ』(1966年)

カーテンコールの振付講座

『ミー&マイガール』(2009年)

演劇に携わる者として、帝国劇場は日本最高であり憧れの劇場です。演劇人はこの劇場に立つこと、作品を作ることを目標に精進する人が多い事でしょう。私もその一人でした。ですから2003年『ME AND MY GIRL』初演の振付を依頼された時は喜びでいっぱいでした。しかし、稽古期間が3週間、それに加えて数多くの楽曲。今だから言える事ですが、振付も夜11時を過ぎる時もあり、その後に翌日の振付打ち合わせをして夜の12時を超えることも多々ありました。しかし無事に初演を終えて、その後2006年再演、2009年再再演と携わらせて頂き本当に幸せでした。『ME AND MY GIRL』は、ペアダンス、タップダンス、ストンプ、ステッキ、ダービー帽、そしてマジックまで挑戦するエンターテイメント性の高い作品となりました。裸足で噴水に入ってのウォータータップとダンサーが寝転がって壁に足を付けてタップを踏む振付を考案した事は思い出に残っています。そして好きなシーンは何と言ってもお客様と一体になって歌い踊ったランベスウォークです。本当に最高に楽しい作品でした。

由緒ある帝劇がなくなるのは寂しい限りですが、新たに新帝国劇場の歴史が始まる事を楽しみにしています。

第34回菊田一夫演劇賞受賞
『THE TAP GUY』の脚本・演出・振付の成果に対して

**玉野 和紀**

屋根の上のヴァイオリン弾き』『レ・ミゼラブル』『ラ・マンチャの男』『ミス・サイゴン』……帝劇ではたくさん観劇してきました。ホームグラウンドの劇場とはまた違う重厚感を感じたのを覚えています。宝塚退団後の最初の作品『心を繋ぐ6ペンス』で、私は初めて帝劇の舞台に立たせていただきました。大先輩の俳優さんたちが代々使われてきた楽屋まで、まるで芝居の神様が宿っているかのような佇まい、これぞ帝劇なのだと身をもって感じました。100年余り業界を引っ張ってきた、とてつもない重みと、たくさんの出演者、スタッフが創り上げてきた作品たち。未来へと繋いでいく、その大河のひと滴になれたのだと、嬉しかったです。

それから15年、帝劇で『エリザベート』と出会いました。ミュージカルに取り組む姿勢を見直すきっかけとなりました。出演させていただいた作品は、どれも思い出深く、忘れられません。座長ならではの深いお心配りをしていただき、ありがとう帝劇。

『花も嵐も』でご一緒した森光子さんは公演中、芝居は共演する皆さんの元気なお顔を見てから始めたいと仰って、準備でお忙しいであろう開演前に、わざわざそのためのお時間を取ってくださっていました。それから心からの感動しました。そして心からの感謝を!

『華岡青洲の妻』(1990年)

**剣 幸**
第18回菊田一夫演劇賞受賞
『蜘蛛の巣』のクラリサ役の演技に対して

いきなりテレビのホームドラマの高校生役に抜擢され、五年間の長寿番組になりました。たまたまテレビでの私を御覧下さった故長谷川一夫先生にお誘いを戴き宝塚劇場「東宝歌舞伎」にて舞妓さん役に。その二年後、芸術座お正月公演『おせん』のヒロインに又々抜擢です。演劇、演技のこと全く解らず無我夢中で演出家、先輩の方々、スタッフ共演者の皆様に御迷惑をかけながら育てていただきました。その後幸せな帝劇の芸術座公演は二十年続くその中、初めての作品『夕映えの彼方に』主演の市川染五郎氏(現・松本白鸚)の迫力ある演技に圧倒され、委縮した惨めな自分を思い知りました。後に、『華岡青洲の妻』『おしん』『おたふく物語』の演技に対して残菊物語』どちらも様々な名女優の名舞台を拝見した作品を演じられる幸運に大変な喜びを感じたものです。

帝国劇場 おつかれさま
ありがとうございました

**十朱 幸代**
第2回菊田一夫演劇賞受賞
『おしん』『おたふく物語』の演技に対して
第27回菊田一夫演劇大賞受賞
『悪女について』の富小路公子役、
『マディソン郡の橋』のフランチェスカ役の演技に対して

帝国劇場への出演は、ミュージカル『マリー・アントワネット』初演と、森光子さん主演の『ビギン・ザ・ビギン』です。どちらも東宝のオリジナルで思い出深い作品です。『マリー・アントワネット』のベルサイユ宮殿の煌びやかな極上感はまさに帝劇そのものでした。

そして、なんと言っても『ビギン・ザ・ビギン』です。今は無き日劇のお話に、帝劇以外のどこがふさわしいと言えるでしょう!有楽町界隈の演劇を支えてきた二つの偉大な劇場がお互いを讃えているような作品でした。主演の森光子さん。私にとって永遠の憧れと尊敬の方です。森さんと台詞のやりとりをさせていただけた帝劇の舞台。まるで夢のようでした。かけがえのない真剣勝負の場でもありました。当時80歳を超えられていた森さんは、日々台詞のお稽古を朝方まで繰り返し、筋トレ、ボイトレをこなした上で、私たち共演者が過度に緊張しないように、常に笑顔で和らげてくださいました。森さんの演劇にかけるお姿は、今の私の支えになっています。天国の森さんもきっと今の帝劇の最後を優しく見守っていらっしゃることと思います。数々の名作を生んできた帝国劇場。ありがとうございました。

第47回菊田一夫演劇賞受賞
『リトルプリンス』の王子役の演技に対して

**土居 裕子**

『ビギン・ザ・ビギン』(2000年)

『御いのち』(1994年)

森繁久彌先生をはじめとするカンパニー皆で一緒に汗をかいた『屋根の上のヴァイオリン弾き』。その初演以来、帝国劇場の上のヴァイオリン弾き』。その初演以来、帝国劇場出演(菊田一夫先生)は細かいことは仰いません。大人数が出演する帝国劇場では、演出家の厳しいダメ出しをもらいながら役を演じてまいりました。
私は新劇の劇団で育ちまして、演出家の厳しいダメ出しをもらいながら役を演じてまいりました。大人数が出演する帝国劇場では、演出家(菊田一夫先生)は細かいことは仰いません。「元気に明るく!」私にとっては、何とも正解の見つからない、七転八倒の毎日でした。「これでいいのかな」ともがき苦しんでいると、隣で怖い顔をして稽古を見ていらっしゃる益田喜頓さんに「恵子ちゃん、いいじゃない」と褒められ、ちょっと安心するのですが「どうもいらしいげど、この出方は……」といった菊田先生に思い切って「これでいいですか?」とお伺いしてきましたが「そちらに行った方が面白くていいよ」と優しく声をかけて頂きました。私は真似事は嫌なので、心の内の姉の姿を打ち消して、自分がやりたいと思った芝居を目指します。

第17回菊田一夫演劇賞受賞
『女三の宮』の子侍従「芝桜」のおせい役の演技に対して

**冨田 恵子**

帝国劇場初出演は、森繁久彌さん主演の作品でしたが、二度目に出演した森光子さん主演『御いのち』を忘れることができません。
この作品では日舞の内弟子役を演じさせていただきました。帝劇の稽古場に足を踏み入れた時、ここが数々の名作が生まれている場所なのだと、緊張し背筋を正したことを覚えています。
『御いのち』のお袖役として、菊田一夫賞を受賞できましたことは、俳優として当たり前のことなのですが、一心不乱にこの作品に打ち込めたことは、女優人生の節目になりました。
そして『御いのち』お袖役の時、帝劇の出演にとっては高いハードルです。日々、日舞は六歳から習っていましたが、帝劇のお客様の前で内弟子として踊るということは、高いハードルです。日々、日舞の稽古も稽古し、俳優として当たり前のことなのですが、観客に届いているのだろうかと、金魚の酸欠状態のごとくアップアップしていました。日舞としての日舞が、観客に届いているのだろうかと、金魚の酸欠状態のごとくアップアップしていました。長時間日舞も稽古し、俳優として当たり前のことなのですが、一心不乱にこの作品に打ち込めたことは、女優人生の節目になりました。
そして『御いのち』で、菊田一夫賞を受賞できましたことは、帝劇の出演が、大きな喜びをもたらしてくださったことに感謝しています。

第19回菊田一夫演劇賞受賞
『御いのち』のお袖役の演技に対して

**中田 喜子**

『屋根の上のヴァイオリン弾き』(1980年)

---

帝劇にはそれぞれの楽屋の窓から抜けてる四角い空間が真ん中にあり、各部屋の窓から顔を出すとみんなの楽屋が見れます。あの空に抜ける空間が好きでした。
私の帝劇経験は、『レ・ミゼラブル』と舞台『千と千尋の神隠し』ですが、もちろん、この2作品でも楽屋入りして直ぐに「誰かいる?」と声を出し、楽しい瞬間があったことを思い出します。これからスタートする舞台、1ヶ月を暮らす楽屋の行事としては楽しいひと時でした。『レ・ミゼラブル』と『千と千尋の神隠し』共にどちらも盆が回る舞台、奈落からの登場、2作品演出はジョン・ケアードです。
レミゼはウエストエンドから帝劇へ。千尋は帝劇からウエストエンドへ、このオリジナルの舞台は帝劇で誕生し、帝劇に育てられたヒット作品になりました。
毎回、満員のお客様に力を頂いて舞台に立てたことは幸せでした。
初演の『千と千尋の神隠し』はコロナとの戦いでした。大千穐楽を無事迎えられ、ご挨拶をさせて頂いた時の感激は今でも忘れられません。
日本で最高峰の劇場、帝劇は俳優憧れの舞台、新しくなる帝劇に立ちたいと思う演者がこれから育っていきます。私もいち観客として、否、演者として新しい帝国劇場を楽しみにしています。
そして最後に、毎回幕が開き、公演の間、エレベータの乗り降りを補助くださった帝劇スタッフの皆様、長い時をお疲れ様でございます。
ありがとうございました。

舞台『千と千尋の神隠し』(2022年)

第47回菊田一夫演劇賞演劇大賞受賞
舞台『千と千尋の神隠し』の高い舞台成果に対して

**夏木 マリ**

---

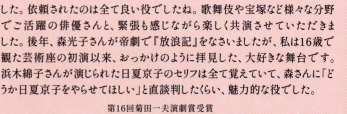
『女たちの忠臣蔵』(1996年)

マンションのように広い楽屋が懐かしいです。私の楽屋にはお風呂があって、仲間たちは「波乃風呂」と呼んで入れ替わり立ち替わり使って、それは賑やかな楽屋裏でした。『樅の木は残った』の時は、初代白鸚のおじ様が——私のことを新派さんと呼ばれたのです——「新派さんはなかなか達者にやるな」と褒めてくださいました。有馬稲子さんもご出演だったので「宝塚と新派の掛け合いだ」とも。私はおじ様の偉大さ、帝劇で歌舞伎を演じることの新しさを感じながら演じていました。『喜劇四谷怪談』は、何といっても三木のり平先生です。喜劇映画の印象と違って、威厳があって、そこに役がいらっしゃるようでした。喜劇は一番難しいと思うのですが、のり様や藤山寛美先生にはずいぶん勉強させていただきました。松竹は自分達の劇場ですから、座組のなかで配役が決まりますが、帝劇の場合は、東宝のプロデューサーからこの役を波乃にと請われ、自ら決断し、劇団の名を背負って出演しました。依頼されたのは全て良い役でしたね。歌舞伎や宝塚など様々な分野でご活躍の俳優さんと、緊張も感じながら楽しく共演させていただきました。後年、森光子さんが帝劇で『放浪記』をなさいましたが、私は16歳で観た芸術座の初演以来、おっかけのように拝見した、大好きな舞台です。浜木綿子さんが演じられた日夏京子のセリフは全て覚えていて、森さんに「どうか日夏京子をやらせてほしい」と直談判したくらい、魅力的な役でした。

第16回菊田一夫演劇賞受賞
『大つごもり』のみね、『遊女夕霧』の夕霧の役の演技に対して
第35回菊田一夫演劇賞特別賞受賞 松竹・劇団新派
永年の伝統を踏まえた、昨年の充実した舞台成果に対して

**波乃 久里子**

『レ・ミゼラブル』(2003年)

私の舞台人生は帝国劇場から始まりました。2003年の『レ・ミゼラブル』で初舞台。オーディションでエポニーヌ役に選んでいただき、右も左もわからないまま、気が付けば帝劇で〈オン・マイ・オウン〉を歌っていました。今思えばなんと幸運なスタートでしょう。当時の私は帝劇が広いとか伝統のある劇場だとか前知識も無いままに、ただそこを「はじまりの場所」として認識していました。その後何度も出演させて頂き、劇場とそこに集う人々に見守られ、育てられ、新妻聖子というミュージカル女優は形作られていったように思います。楽屋、エレベーター、ロビー…まるで母校のように様々な想い出の詰まった特別な場所です。キャスト・スタッフ・オーディエンスの想いをずっと受け止めてきた劇場にも、少し休暇が必要ですね。しばらくゆっくりして、また新たなエネルギーで私達を迎え入れてください。いつでもあの場所へ戻って来られるよう、私も頑張って歌い、演じていきます。

## 新妻 聖子

第31回菊田一夫演劇賞受賞『サド侯爵夫人』のルネ役、『21C:マドモアゼル・モーツァルト』のモーツァルトとエリーザ役の演技に対して

私にとって初めての帝国劇場はミュージカル『スカーレット』のメラニー役でした。SKD出身の私にとって国際劇場以来の大劇場、それも日本一立派な劇場への出演は緊張しましたね。続く『蒼き狼』では松本白鸚さん、『春の嵐 戊辰凌霜隊始末』では中村吉右衛門さん、ご兄弟と共演させていただいたことも光栄でした。一番印象深いのは、やはり関わった期間も長かった『屋根の上のヴァイオリン弾き』ですね。ホーデル役はやっていて楽しかったですし、何より森繁久彌さんにお会い出来たことが大きく、いつも後ろ姿を拝見していて役者としての生き方を学ばせていただきました。一幕の〈愛する我が家をはなれて〉を歌う父親との別れのシーンでの森繁さんとのお芝居は忘れられないです。私がどう歌ったらお客様に届くかも教えてくださいました。松竹に所属していながら、東宝さんの劇場であるこの帝劇を通じていろいろな方と出会えたことに感謝しています。

帝国劇場には格の違いと懐の深さを感じていましたが、大きいのにその舞台に立つと、まるく包み込んで「大丈夫だよ」と言ってくれる、私にとってはそんな劇場でもありました。

## 倍賞 千恵子

第6回菊田一夫演劇賞受賞
『屋根の上のヴァイオリン弾き』

私は初舞台となった『千と千尋の神隠し』において千尋役で2022年3月2日初めて帝国劇場に立たせて頂きました。
想いも感謝も沢山詰まった帝国劇場が59年の歴史に幕を閉じると聞いて、深い感慨を覚えます。
『千と千尋の神隠し』も帝劇から始まったからこそ品格もステイタスも加味されて連日足を運んで下さった多くのお客様により深い感動、感銘を抱いて頂けたのではと思います。
何度かインタビューでも申し上げましたが初舞台となった帝劇初日、ステージから見た景色を私は生涯忘れないと思います。
あの時の感動を大切に心に抱きつつも、今は視点を未来に向け生まれ変わる帝国劇場と、この劇場にて上演されるだろう未来の名作達に想いを馳せ、新たなる帝国劇場の再生を心待ちにしたいと思います。

## 橋本 環奈

第47回菊田一夫演劇賞演劇大賞受賞
舞台『千と千尋の神隠し』の
高い舞台成果に対して

舞台『千と千尋の神隠し』(2022年)

『レ・ミゼラブル』(2019年)

自分の中で憧れの作品である『レ・ミゼラブル』に出演できた事は格別に嬉しいキャリアでした。
初めてファンテーヌとして〈夢やぶれて〉を歌った時、不思議と劇場に包まれている様な安心感と程よい孤独感と場面の情景が浮かび上がって来たのを思い出します。
学生の頃は客席から見ていた帝劇の舞台を、いざ舞台側から客席を見た時の感動は今だに生々しく蘇ります。
沢山の先輩方の夢と希望と努力の結晶を輝かせた帝劇の舞台。
これからも憧れの場所である事は間違いないです。

## 濱田 めぐみ

第40回菊田一夫演劇賞受賞
『カルメン』のカルメン役、『メンフィス』のフェリシア・ファレル役の演技に対して

『ゆずり葉の井戸』(1995年)

## 富司 純子
第23回菊田一夫演劇賞受賞
『祇園の姉妹』の梅吉の役の演技に対して

帝国劇場で、二つの作品に出演させていただきました。『ゆずり葉の井戸』は、芸術座で初演ののち、大きな劇場である帝劇での再演となり、大変嬉しかった思いが強く印象に残っております。もう一つの『花のうさぎ屋 みちのく女合戦』は、名女優 山田五十鈴先生と共演させていただけたことが何よりの想い出でございます。多くを学び、多くの刺激を受け、私の宝物となりました。どちらの作品につきましても、素晴らしい思い出は、今も心に刻み込まれております。

## 藤 真利子
第29回菊田一夫演劇賞受賞
『ブワゾンの匂う女』の石井由梨役の演技に対して

帝劇には、これまで三回出演させて頂いている。一九七九年、蜷川演出『ロミオとジュリエット』のジュリエットでは、舞台稽古で声が出なくなったり、オールヌードになったり、鎖骨にヒビが入ったりしたが、二十四歳の私は元気だった。勇気と体力と根性があった。
一九九八年、森光子さん主演『花迷宮』では、森さんの全てが勉強になった。女優の鑑だった。今でも事あるごとに思い出す。女優の奥義だ。しかし、それは教えられない。
二〇一四年、ユーミン×帝劇『あなたがいたから私がいた』では、十年以上疎遠だったユーミンと共演出来た。〈春よ、来い〉から始まる観劇出来た。半身不随の母も、車椅子で最後列に座る母に手を振った。上手に沢山の幸せを運んでくれた。帝劇は、私を女優へと導いてくれた。想い出一杯の帝劇ありがとうございました！

ユーミン×帝劇『あなたがいたから私がいた』(2014年)

## 藤田 俊太郎
第42回菊田一夫演劇賞受賞
『ジャージー・ボーイズ』、『手紙2017』の演出の成果に対して

唯一無二の存在感を持つ帝国劇場。この場所に憧れ続けています。演出した作品は1本ですが、その公演、ミュージカル『ジャージー・ボーイズ』インコンサートは深く心に刻まれております。2020年、本公演が一度全て中止となったものの、全関係者の熱意や行動によって実現した、楽曲を中心としたコンサート版。7月から8月の19日間計17公演、うち配信7公演は最愛のお客様と過ごす充たされた時間でした。全てが手探りで必死の日々、全国のホールの中でも帝劇が先に動き出したことの希望が劇場に溢れました。
キャッチコピー、合言葉は「We Are Back!!」劇中、メンバーの離散、ヒット作に恵まれない時期を経て、劇的な復活を遂げるフランキー・ヴァリの言葉「I'm back!」を重ねたものでした。暫しの休止を経て、帝劇が鮮やかに私たちの前に現れ、新たな時を刻んでいくことを、心待ちにしています。その時、再び演出家としてこの場にいられるよう、私自身成長し続けたいと思っております。

ミュージカル『ジャージー・ボーイズ』インコンサート2020年

## 保坂 知寿
第34回菊田一夫演劇賞受賞
『デュエット』のソニア・ワルスク役、『スーザンを探して』のロバータ役の演技に対して

『パイレート・クィーン』(2009年)

観客として何度も客席に座り、いつしか憧れの舞台となった帝国劇場。私にとって敷居の高いその舞台に初めて立てたのは、『パイレート・クィーン』という作品。
いよいよ伝統ある大舞台に立った時、アイルランドからエリザベス一世に謁見に向かうシーンで、劇場空間が、演劇の神が、包み込んでくれるような感覚を味わいました。船から見る大海原がリアルに目の前に広がっている、本当に波を風を感じ海に抱かれていました。現実と虚構、自分と役がリンクする、そんな貴重な瞬間。
『エニシング・ゴーズ』でチワワを抱いて客席からドキドキしながら登場した思い出も。楽屋では隣がその子の楽屋でした。着到板もちゃんとあって。「現帝劇とさよなら」とお聞きし、寂しさもありますが、益々沢山の人々に感動を届けてくれる場所として、新しく生まれ変わる帝劇の誕生を心待ちにしています。心からの感謝を込めて。

『屋根の上のヴァイオリン弾き』（2001年）

帝国劇場の建て替えを心よりお祝い申し上げます。長きにわたり、日本のエンターテインメント文化を牽引し続けたこの劇場は、数多くの伝統的な名作から革新的な新作まで、多彩な舞台芸術を育み、多くの才能と夢が生まれた場でもあります。時代を超えて愛される舞台芸術を育み、観客の心を魅了してきました。2000年の『レ・ミゼラブル』で初めて帝国劇場に立たせていただいた、忘れる事はありません。思い出深い劇場が建て替えとなるということに一抹の寂しさは感じつつも、きっと新たな劇場もその歴史と伝統を受け継ぎつつ、未来に向けた革新と挑戦の場となっていくのだろうと期待しております。私にとってのかけがえのない思い出は、2001年の『屋根の上のヴァイオリン弾き』です。西田敏行さんとの出会いは私にとって忘れられない感動の瞬間でした。演出家からの指示が私に出たのですが、西田さんが、自然とその演技が生まれるように導いてくださったのです。ただ指導ではなく、真いお力には、ただ感謝しかありません。役に真摯に向き合ってくださるその深い経験は、私の役者人生にとってかけがえのない財産です。この経験は、私の役者人生にとってかけがえのない財産です。新しい劇場でも沢山の役と出会い、素晴らしい作品に出会える日を楽しみにしております。

第33回菊田一夫演劇賞受賞
『コンフィダント・絆』のルイーズ、『恐れを知らぬ川上音二郎一座』の伊庭カメの役の演技に対して

**堀内 敬子**

『シー・ラブズ・ミー』（1995年）

帝国劇場へのさよならメッセージを書け。えーっ。解体するのか！私を育ててくれた帝劇が消える!?
『エリザベート』『モーツァルト！』『ダンス オブ ヴァンパイア』等。ドイツ語ミュージカルが浮上し、英語圏のミュージカルがかすんできた時代。帝国劇場は大劇場。日生劇場は中劇場といわれて、しばらくは70％のプラン料といわれて。よし大劇場の帝劇にゆきたいものだと、心がさわいだ。やがて、ミュージカル『シー・ラブズ・ミー』の大劇場上演が舞い込んだ。
この『シー・ラブズ・ミー』は、東宝舞台の小林敬典さんが隅々まで帝劇を知り尽くしていて、私を導いてくれた。そしてコマ電の土屋さんからもいろいろ教わった。驚きの電飾のパワーを知ったのだ。
帝国劇場は、オペラ出身の私の得意としている巨大空間だったが、当時電飾は恥ずかしかった。下品だと思い込んでいたのだ。こうして、時代と共に変化する劇場に、私は育てられたのである。

第35回菊田一夫特別賞受賞
永年の舞台美術に対する貢献に対して

**堀尾 幸男**

【近代日本文学全集】ときどき【ミュージカル】
――私の帝国劇場での仕事をおおまかに言うと、文学全集は錚々たるラインナップで、泉鏡花『滝の白糸』、永井荷風『濹東綺譚』、谷崎潤一郎『細雪』、円地文子『女坂』と並びます。『滝の白糸』は手前味噌ながら鏡花の怪異趣味を絢爛にした新構成が朧雨の玉の井、『濹東綺譚』は主人公にまつわる緋装置の存在感が圧倒的でした。私の脚本による『細雪』の初演は東京宝塚劇場でしたが、その後帝国劇場で再演を重ねました。蒔岡家四姉妹が客席に背を向け舞台奥へと去って行く、水谷幹夫氏による幕切れの演出は今も記憶に鮮やかです。そしてもうひとつの幕切れ、澄み切った諦観のうちに女坂を登る『女坂』の主人公、白川倫――細身の洋傘を手に明治の女を演じた、山田五十鈴氏のたたずまいも忘れ難いもののひとつです。

第11回菊田一夫演劇賞受賞
『エドの舞踏会』の脚本に対して

**堀越 真**

『細雪』2000年

私は1966年に、帝劇グランドロマン公演『風と共に去りぬ』で初めて帝国劇場の舞台を踏ませていただきました。当時はまだ高校生でしたが、人生において大きなステージに立たせてもらった初めての作品です。豪華なドレスの衣裳を身に纏い、舞台の上には本物の馬が登場し、火事場のシーンでは映像を使っていて、たくさんの役者が逃げまどい、それはもう迫力満点でした。
「思い出の名場面」というよりも、学校帰りに制服のまま劇場入りをしていたことや、舞台下手にある馬小屋に人参を食べさせに行くのが日課だったこと、卒業式の日には振袖のまま駆け込んで、先輩のお姉様方に帯を解いてもらいながら急いで衣裳に着替えたことなどが懐かしく思い出されます。

『風と共に去りぬ』（1996年）

翌67年には続篇や87年の再演にも出演させて頂いたり、他にも『日本人萬歳』『モルガンお雪』『オリバー！』『サウンド・オブ・ミュージック』『スカーレット』『レ・ミゼラブル』『マイ・フェア・レディ』『Endless SHOCK』等、さまざまな作品に出演させて頂きましたが、そのたびにホームに戻ってきたような気持ちが致します。休館を経て、再開した時にはぜひまたこの劇場の舞台に立たせて頂きたいと願っております。

第49回菊田一夫演劇賞特別賞受賞
永年のミュージカルの舞台における功績に対して

**前田 美波里**

『放浪記』(2006年)

## マキノノゾミ
第36回菊田一夫演劇賞受賞
『ローマの休日』の演出・脚本の成果に対して

帝劇では森光子さんの主演で『深川しぐれ』と『ビギン・ザ・ビギン』の脚本、森さんの最後の『雪まろげ』の演出をさせていただきました。どの作品も思い出深いのですが、あえて一場面をあげるなら『自分では関わっていないのですが）『放浪記』の中の「尾道の場」でしょうか。芸術座が帝劇に移し替えのために取り壊され、はじめて『放浪記』が帝劇で上演された時のことです。もともとあの場面が好きだったのですが、帝劇の広々とした舞台空間は、「尾道の場」にはたいへん合っていました。あの空間との対比で、ぽつんと小さな芙美子の哀しみがいっそう際立って見えた気がしました。終演後楽屋をお訪ねしてそのことを申し上げたら、森さんがたいへんうれしそうに言われました。ご自身では、長年「芸術座」でやってきた『放浪記』を帝劇でおやりになることに大きな不安があったのだそうです。(森さんほどの方でもそういうものなのか)と感じ入りました。

---

2003年の『イーストウィックの魔女たち』初演の美術が最初で、モスクワの公演を見た上で、オリジナルのセットを考えました。帝劇の大舞台に女性のトルソーがあおむけに寝ていて、そのおっぱいの中に魔女達が住んでいるセクシャルなものでした。立体的で、当時の帝劇ではあまり例のないセットだったと思います。仕込み・舞台稽古中は朝まで作業。若い私は帝劇のスタッフに思いついたことを闇雲に相談していたのですが、一転してスムーズに進行することが多く、戦いの毎日である時、帝劇には大道具スタッフを束ねる棟梁さんという舞台監督と大道具チーム、演出部チームがこのようなセットの転換をさばきます。スタッフ寄せ集めの劇場だとこのような転換は出来ません。あと、帝劇は、舞台の奥行きが深く、今の劇場のように非常灯が多くないので、舞台上に本当の暗闇を作れる。大好きな劇場です。

てあって皆が楽しんでやってくれているのもだんだんとわかってきました。セット裏には「おっぱいA」「おっぱいB」と書いてあって、棟梁さんがパソコンの蓋を開け閉めしていたのですが、蓋の上にも人が乗るんだよ」と。「何言ってるんですか」が、ピアノにあてるセットの転換をさばきます。セット完成した劇場です。「モーツァルト！」の大きなピアノのセットが小池修一郎さんが『モーツァルト！』の大道具の蓋を開け閉めしていると『これがやりたい』と。廣田進一郎さんがパソコンの蓋を開け閉めしている。「何言ってるんですか」が、2018年からの「モーツァルト！」では、小池修一郎さんが『モーツァルト！』の大きなピアノのセットが見事にセットの転換をするような映像も相談しながら、今のセットは棟梁にしっかりと話をすれば一転してスムーズに進行することが多く、戦いの毎日である時、帝劇には大道具スタッフを束ねる棟梁さんという舞台監督と大道具チーム、演出部チームがこのようなセットの転換をさばきます。

『イーストウィックの魔女たち』(2003年) 舞台セット

## 松井 るみ
第38回菊田一夫演劇賞受賞
『英国王のスピーチ』
『ロックオペラ モーツァルト』をはじめとする創意あふれる舞台美術の成果に対して

『モーツァルト！』(2019年)

---

東宝ミュージカルを代表する作品のひとつ『王様と私』に帝国劇場で主演できたことは私の芸能生活の中でも大きな財産となっています。古い因習に生きるシャムの絶対的な国王が、英国の家庭教師と紆余曲折を経て心通わせその助言を受け入れ、息子である皇太子に西洋式を取り入れた新たな治世を託す生涯を描いた物語。この物語の世界観を重厚な帝劇の造りがとても広げてくれたように思います。唄い踊る名曲〈シャル・ウィ・ダンス〉で舞台を駆け巡ると劇場内がひとつになってお客様から熱い手拍子をいただいたことも忘れられない思い出です。また、それ以前に出演した『風と共に去りぬ』では、当時まだ珍しかった映像を大スクリーンに登場させたことと共に、火事の場面に臨場感を持たせたのはたいへん迫力があり、舞台上に本物の馬を登場させたことも印象に残っています。専任のエレベーターの使用をするいますが、専任のエレベーターの係の方が俳優の使用する時間を把握し常に正確に待機して助けてくださったことも帝劇ならではの良き思い出のひとつです。長い歴史と伝統の帝劇がどのような変貌を遂げて新しくなるのか、私も今から楽しみにしております。ありがとう、帝国劇場。

『王様と私』(1989年)

## 松平 健
第29回菊田一夫演劇賞受賞
『用心棒』の桑畑三十郎の役の演技に対して

---

帝国劇場に感謝
私と帝国劇場と言えば、
ミュージカル『レ・ミゼラブル』です。
ファンテーヌ役を演じさせて頂きました。
思い出は数々ございますが、その中でもあのステージがクルクル回るボーン(回る盆)。最高。
ステージの上で時間の転換や、心の変化などを生でお客様にお届けできることは、とっても難しくもあり、幸せな時間でした。
帝国劇場は様々な作品をお客様にプレゼントをし、ファンタスティック、かつセンセーショナルに作品を表現できる最高の劇場です。
あのステージに立たせて頂き、改めて感謝申し上げます。
帝国劇場ありがとう。

## マルシア
第31回菊田一夫演劇賞受賞
『ジキル&ハイド』のルーシー・ハリス役の演技に対して

『レ・ミゼラブル』(2003年)

懐かしい…今はそれしか言えませんけれど、出演した全ての作品に思い出があって、大恥をかいて、先生を脅かしてしまいました。花登筺先生の『おぉ！大忠臣蔵』記者発表の席で、大恥をかいて、先生を脅かしてしまいました。歌舞伎が良くやる演目という知識はありませんでしたので、「富樫はどなたがなさるんでしたっけ？」って聞いてしまったんです。この子は用事があるのでこれで！」って先生が、慌てて襟を埋めて、小さく「バクション」と続けてここにはマイクが！劇場中に大爆発音。両脇から、大村崑さんと3人、エプロンステージで歌っておりましたら、急にクシャミが、慌てて襟を埋めて、小さく「バクション」と続けて歌ったの？恥ずかしい思い出です。中村玉緒さんと一緒に『心中冲やぶし』では初めて、片岡孝夫現仁左衛門さんに、いきなり「あんた幾つや？」玉緒ちゃんに紹介されましたが、それからはケンカ友達に。「歌麿」の素晴らしい舞台。『蘆火野』では森繁先生の重たい身体を、コミさんと3人でてら上げて「ババヤや」『瓦版屋』高島忠夫さん、マコミさんと3人でてら上げて「ババヤや」『瓦版屋』高島忠夫さん、マコミさんと3人でてら上げて…。『瓦版』が売れないからと、大星由良之助が全くダメ男でこれでは「瓦版」が売れないからと、大星由良之助が全くダメ男でこれでは出されてしまいました。「なんや、パパヤやな」それからはケンカ友達に。「歌麿」と同じ年「あんたいくつ？」と聞かれてしまい、昨年の充実した舞台成果に対して、永年の伝統を踏まえ、昨年の充実した舞台成果に対して、永年の伝統を踏まえ、昨年の充実した舞台成果に対して。

## 水谷 八重子

第3回菊田一夫演劇賞受賞 『滝の白糸』『祇園の女』
第35回菊田一夫演劇賞特別賞受賞 松竹劇団新派
永年の伝統を踏まえた、昨年の充実した舞台成果に対して

『おぉ…大忠臣蔵』（1970年）

---

帝国劇場の思い出は、19歳の時、俳優を志して東京に出て来た時に見に行ったのが最初です。瀟洒な煉瓦造りの劇場でした。玄関は車寄せのあるヨーロッパ風の劇場、いつかはこの場所に出てみたいと思ったものでした。その時から、13年経った、32歳の時にこの舞台に立つ事が出来ました。作品は森繁久彌先生の代表作『屋根の上のヴァイオリン弾き』でした。毎朝、先生の楽屋に伺って、お菓子とコーヒーをいただきながら、いろんなお話を聞くのが楽しみでした。会話の名人の話は、洒脱で皮肉も効いてて、帝劇の5階の1の先生の楽屋は私の勉強部屋でした。それから、私の俳優生活の最も重要な作品は、『レ・ミゼラブル』です。この作品は、全役、オーディションで選ばれる作品でした。私はその作品の中のジャベールという警部の役が好きで、オーディションをうけました。何度も、何度も呼ばれ、やっと合格して作品に出る事が出来ました。それから、800回以上務めたと思います。ですから、帝劇にはよく通いました。

勿論、俳優仲間達との思い出も沢山あるのですが、スタッフとの思い出も沢山あります。エレベーター係のクマちゃん、楽食のナターシャさん、沢山の人の力で、作品ができてましたね。今度、新しい帝国劇場では、どんな作品を見られるか楽しみで仕方ありません。

## 村井 國夫

第32回菊田一夫演劇賞受賞
『エリザベート』のマックス、
『ミー＆マイガール』のジョン卿役の演技に対して

『レ・ミゼラブル』（1989年）

---

菊田一夫先生演出、圧巻の『蒼き狼』『風と共に去りぬ』等、数々出演させて頂きました。舞台は生き物。永い間には何かしら起こるハプニング。静かな幕開き美しい照明。幻想的な深い竹林。中央奥には皓々と輝く大きな月。数人の白拍子の優雅な舞と、その輝く月の中、何んと！突然ラーメン屋の出前持ちが出現。明るい照明に足がすくんだか、客席方向見つめて棒立ち。「引込め！引込め！」両袖より必死の演出部の声。鎌倉時代と現代のコラボ？お客様も??この様に後では笑えることも多々ありました。が何より尾上松緑、有馬稲子、浜木綿子、林与一等豪華スター勢揃いした『浮かれ式部』（山田五十鈴 和泉式部役）では一条天皇の中宮・藤原道長の娘彰子を演じた時はさすがに演出家より「本日より村田君は誰にも挨拶無し！」との命令。でもても御園座の再演出では、宝塚の大先輩、憧れの春日野八千代様との場面、涼しく美しい目で寄られたけれどご主人は君ですから」と演出家に笑われてしまいました。また、『赤ひげ診療譚』森繁久彌どれも忘れられない私の舞台人生の幸せと誇りです。有りがとう帝国劇場！「佐渡島他吉の生涯」『ジンジャー・ブレッド・レディ』のエヴィ・ミラ役の演技に対して

## 村田 美佐子

第23回菊田一夫演劇賞受賞『ジンジャー・ブレッド・レディ』のエヴィ・ミラ役の演技に対して

『浮かれ式部』（1972年）

---

『イーストウィックの魔女たち』（2003年）

帝劇出演は、森繁久彌先生の『屋根の上のヴァイオリン弾き』でした。3ヶ月公演だったのを覚えております。ミュージカルデビューの『ナイン』も、9階稽古場でのリハーサルでした。下では、山田五十鈴先生が公演なさっていたような？お芝居なので、プロデューサーが稽古場でのリハーサル中にジャンプしないで下さいと、その時出演者の目が私に集中して大笑いした思い出でもあります。

『ラ・マンチャの男』では、B4から、仮設階段で舞台まで、つまりは一階まで上がり、スタンバイする！暗転のまま駆け上がり舞台に溶け込む、忘れられない舞台の一つです。その翌年には、『ラ・カージュ・オフォール』で出演し、有難い事に今だにやらせて貰ってます事に感謝です！そして2014年には『天使にラブ・ソングを〜シスター・アクト〜』で考えてもいなかった、帝劇0番に立てた事、景色が全く違った！帝劇凄いなぁ〜初めて帝劇に立った時は、2列目の端っこでしたが、その33年後にセンターに立つとは思わなかったですね。私の中の帝劇は、不滅です。

## 森 公美子

第40回菊田一夫演劇賞受賞
『シスター・アクト〜天使にラブ・ソングを〜』の
デロリス・ヴァン・カルティエ役の演技に対して

「永遠に輝く帝国劇場」俳優にとって憧れのビッグステージ、帝国劇場！宝塚を卒業し、初めて帝国劇場に立ったのは『津和野の女』佐久間良子さん主演のお芝居でした。まだまだ地に足のついてかない当時の私は、あの大きな舞台で女優としてのノウハウをたくさん学ばせていただきました。初めてのミュージカル、西田パパ上月ママの『屋根の上のヴァイオリン弾き』。自分の出番までステージ上のおうちの中で、姉妹3人でじーっとドキドキしながら待っていた真っ暗で長ーい時間(笑)。何故か忘れられない空気感です。それから、一から創ったオリジナルミュージカル『風と共に去りぬ』のメラニー、そして『エリザベート』のゾフィーは私にとってのターニングポイントとなりました。たくさんのお客様、そしてキャスト、スタッフの皆様との出会い…私の45年間の芸能生活において、キラキラと充実した時間を送らせていただいた宝石箱のような場所、それが帝国劇場です！

『風と共に去りぬ』(2001年)

## 杜 けあき

第18回菊田一夫演劇賞受賞
『ヴァレンチノ』及び、『忠臣蔵』の大石内蔵助役の演技に対して

---

帝国劇場を思うと、まず浮かぶのが森光子さん。『花迷宮』『ビギン・ザ・ビギン』初演再演。さいごの『放浪記』は実現出来なかったが、森さんの姿は刻み込まれてる。舞台装置に足を巻き込まれた直後、怪我で歩けない森さんが、それでも舞台後方から這って登場しながら台詞を苦しそうに、そしてその傷みを感情に乗せてモノローグを語る姿に、舞台袖で口を覆って嗚咽した。今も毎朝、仏壇に手を合わせる折、森さんの名を口にする。今はミュージカルとアニメ題材作品だけの劇場の様になってしまい、やや残念に思っている。私も出演の機会がすっかり無くなってしまった。でもこの劇場の最後の佳き時代を過ごさせてもらった気がする。
次の帝劇はどうなるのか想像もつかないが、できればロンドン・ウェストエンドの劇場達の様な、見やすく一体感のある新劇場の出現を期待している。

## 山路 和弘

第36回菊田一夫演劇賞受賞『宝塚BOYS』の池田和也役、『アンナ・カレーニナ』のニコライ・カレーニン役の演技に対して

『花迷宮』(1998年)

『マリー・アントワネット』(2006年)

---

2023年、『LUPIN 〜カリオストロ伯爵夫人の秘密〜』で、宝塚退団後ずっと憧れていた帝国劇場に立つことができました。本当に嬉しく、特に初日の景色はずっと忘れることはないと思います。
客席から見ていた時にいつも感じていた重厚感、華やかな舞台…実際、帝劇のステージに立ったときには抱いていた感情以上の感動がありました。宝塚時代から、私の転機には必ず小池修一郎先生の作品がありました。ですので、小池先生のオリジナル新作『LUPIN』で帝劇に立てたことはさらに嬉しかったです。
ひとつ思い出の場面を挙げるとするならば、とても悩みましたがやはり男役で階段から降りてくる登場シーンでしょうか。そこは毎回、宝塚大劇場で味わってきた懐かしい感情もこみ上げてきて、いつも気持ちが華やいでいました。もっともっと帝国劇場に立ちたかったですが！このタイミングで帝劇作品にでられたことは、一生忘れられない素敵な時間でした。
ありがとうございました。

『LUPIN 〜カリオストロ伯爵夫人の秘密〜』(2023年)

## 柚希 礼音

第37回菊田一夫演劇賞受賞『オーシャンズ11』のダニー・オーシャン役の演技に対して

---

『モーツァルト！』(2005年)

帝国劇場様。あなたの胸の中で芸術という海を死に物狂いで泳がせていただき本当にありがとうございました。自分もあなたの歴史のひとカケラになれたことが、とても幸せで誇りに思います。忘れられないのは、帝国劇場2002年初演のミュージカル『モーツァルト！』。この作品に出逢えたこと、そしてエマニュエル・シカネーダー役として舞台に立てたこと。毎公演毎公演全力で追求し続け、沢山の仲間に支えられ、お客様に育てていただき表現出来た役でした。そしてこの役をきっかけに、吉野圭吾は役者として一筋の道を歩み始めることが出来たのだと思っています。そう、一生忘れません。〈チョッピリ・オツムに、チョッピリ・ハートに〉のナンバー終わり、シルクハットを目深に被った決めポーズ後。
劇場が。ひとつになった。空気感。一生忘れない。
帝国劇場様。59年間、ありがとうございました。また新たな劇場となってお逢い出来る日まで精進します。

## 吉野 圭吾

第34回菊田一夫演劇賞受賞『宝塚BOYS』の星野丈治役、『傾く首〜モディリアーニの折れた絵筆〜』のアメディオ・モディリアーニ役の演技に対して

帝国劇場100周年の年に私は『風と共に去りぬ』でスカーレット・オハラ役に抜擢いただき、名誉なことに菊田一夫演劇賞をいただきました。菊田先生の作品への熱い想いと役の重責は大変なプレッシャーの塊でしたが、スカーレットの役を通して、どのような苦しみや試練があったとしても、人は生きている限り希望と諦めない気持ち、そして自信を自分の中に持つべきだということを学びました。

私にとって帝劇は、ミュージカルはもちろん、森光子さんのお芝居を数々拝見して、役者としての道標をいただいた場所でもあります。『放浪記』2000回という偉業を成し遂げた公演後、「表現豊かな女優になりたい」と尚も高みを目指す森さんの気迫に満ちたお姿は忘れられません。翌年断腸の思いで降板を決断された森さんには諦めの気持ちは微塵もありませんでした。もがきながら演じあぐねた役者人生こそが森さんの心を最期まで掻き立てたように感じました。「明日はまた明日の太陽が昇る。」長年報われずとも決して揺らぐことのなかった自負心と共に歩まれた森さんに思いを馳せる時、私は菊田先生が生み出した気概溢れるスカーレットのこの最後の台詞がいつもよぎります。明日を信じて夢を掴んだ森光子さんのような色のある俳優を目指していこうと思います。そして新しい帝劇の舞台に自信を持って立てるよう精進していきたいです。

## 米倉 涼子
第37回菊田一夫演劇賞受賞
『風と共に去りぬ』のスカーレット・オハラ役の演技に対して

『風と共に去りぬ』(2011年)

## 竜 真知子
第41回菊田一夫演劇賞特別賞受賞
永年のミュージカルにおける訳詞の功績に対して

『ダンス オブ ヴァンパイア』(2011年)

### ヴァンパイアと歌い踊れる　帝劇で

『ダンス オブ ヴァンパイア』は、2006年以降、09、11、15、19年と帝劇で5度の上演を繰り返した異色のミュージカル。ヴァンパイア対人間という特異な設定ゆえ、初演時は皆手探りだったが、幕が上がるとユニークな世界観、楽曲やダンスの魅力、そしてキャスト、スタッフの熱意が支持され、帝劇千穐楽には当日券を求めて千人を越す方々が窓口に並んだというレジェンドあり。思い出すのは、初日からひと月程経ったある日、幕間に聞いた「私、これを観るの、今日で18回目なの」という、あるお客様の一言だ。なんという通い詰め方！お体は大丈夫ですか、と思いつつも感激、私も日々客席に通い、熱気を実感した作品となった。クロロック伯爵の山口祐一郎さんはじめとするヴァンパイアたち、それに挑み、翻弄される人間たち。やがて最後は、すべてのキャストと客席との一体感が帝劇を揺るがす狂乱？の祭典へと変わる。「真っ赤に流れる血が欲しい。モラルもルールもまっぴら！」と歌い踊る一瞬の解放を、私は今も待ち望んでいる。

『スカーレット』(1970)稽古場。
音楽ハロルド・ロームのピアノを囲む、菊田一夫と出演者たち。

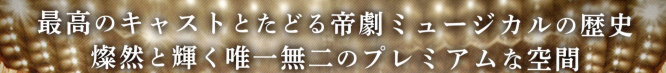

# 帝国劇場の建築・意匠の魅力

## I
### 外観・ロビー・客席

南西部からの帝劇ビルの外観

ロビーの吹き抜け空間

## 真面目で華やか、人間の劇場

　一見、真面目なビル。しかし、内にあるのは華やかな劇場。これが帝国劇場の建築・意匠の最大の魅力だ。真面目なビルに見えるのは、折り目正しいから。窓が水平に連続していて、どこが1階分かも一目で分かる。床が積み重なって、いかにも多くの人が勤務するオフィスビルといった雰囲気をまとっている。

　建物が完成した1966年当時、周辺ではそれまでの小さな規模の煉瓦造の建物が、大きな鉄筋コンクリートのビルに建て変わりつつあった。そんな中、帝国劇場は合理的な街に溶け込む新たな劇場を目指した、高度成長期らしいチャレンジだったのだ。真面目なので、ここが遠くからも眺められる一等地であることが考えられている。落ち着いたビルの気配があるのは、ガラス窓の下に茶色のタイルを貼り、柱などには黒い御影石を用いて輪郭を引き締めているためだろう。完成した当時はまだ、北隣に大正時代に建てられたルネサンス様式の東京會舘があった。さらに北側の明治生命館、南隣の第一生命ビルは今も威容を誇っている。帝国劇場の外観は、こうした建物にも調和して、時代に揺らがない風格を備える。

　外壁に取り付けられた銀色のサッシにも注目したい。近代的な輝きを放ちながら、歴史的な建築の縦長窓を連想させ、その繊細さはどこか日本的にも思える。これからいよいよ帝国劇場の内部に足を踏み入れるわけだが、そこも同じように、工業的な素材を精緻に組み合わせ、従来の「劇場らしさ」に甘んじない新機軸を打ち出そうという意欲に満ちている。とはいえ、扉を開けば、あっと驚かされることになる。この帝国劇場は、ヨーロッパやアメリカでつくられた劇場らしさとは違って、堂々とした玄関の存在を誇示するようなことをしていない、都市の中にあって控えめだから、光輝くロビー空間がとりわけ印象的になる。明治末に開館した先代の帝国劇場とはまったく異なり、ビルらしい外観から一転、忘れられないシーンを構成する。心憎い演出だ。ビルの外観と劇場内の設計を行ったのは、建築家の谷口吉郎。文化勲章を受賞した数少ない建築家の一人で、東京の現存作品だけでも、千鳥ヶ淵戦没者墓苑（1959年）、東京国立博物館東洋館（1968年）、迎賓館和風別館（1974年）などが挙げられる大家である。東京工業大学（現・東京科学大学）で長く教鞭をとり、近代的、工業的な建築を広めると共に、独特の和風デザインを試みた。

　帝国劇場のロビーには、いわば舞台演出家としての谷口

椅子の円弧配置と円形の折天井が呼応する客席空間

吉郎の才能が光る。ジャンルはさまざまだが、従来の「らしさ」の枠組みを乗り越えようとするエネルギーだけは共通した芸術家や工芸家に、腕の振るいがいのある場を与えている。外観からは2階にあたる部分に広がるのは「律動」と名付けられた作品。作者の猪熊弦一郎は谷口吉郎の2つ歳上で、戦前に洋画家として活動を開始し、戦後には抽象彫刻までも手がけた。日本の祭りや歌舞伎の芝居絵を抽象的に表現した6面のステンドグラスが、裏手の人工照明で輝いている。鮮やかな光が左手の階段上に据えられたステンレス製のすだれ「瓔珞(ようらく)」に反射するのもいい。こちらは従来の彫刻家の枠を超えて活躍した伊原通夫の作品で、階段を一歩登るごとに色彩が七色に変化する。右手の階段の踊り場で金色に輝く装飾照明「熨斗(のし)」も猪熊弦一郎によるもの。「水引」をかたどった形が大胆だ。ステンドグラスの下部の壁は、芸術は一種の革命であると言った異才の陶芸作家・加藤唐九郎の手によって、志野焼きタイルで仕上げられた。そこに彫刻家の本郷新による4つの仮面「喜怒哀楽」が掲げられ、2階の壁には洋画家・脇田和による原画を手織緞通で仕上げたタペストリー「飛天」が飾られている。

光を放つ階段は谷口吉郎の作。手摺りを支える部分にスライスしたトチとマホガニーをプラスチックで挟み、下に光源を仕込むことで絶妙な色を実現させた。内と外とで木目を変え、近代的、工業的でありながらも印象的な体験を生み出している。

ホール内部は舞台の鑑賞と音響の効果が第一と考え、彫刻などは一切使われていない。折り紙のような天井はベニヤ板で構成されている。複雑に見える壁面の縦縞もチーク材を仕上げずに使ったものだ。安価な材料を組み合わせ、高貴に変えるデザインの魔法である。椅子の布地は古代紫、緞帳は無地に金銀の縦縞と、こちらも素材のみで勝負している。

2代目の帝国劇場は、このように過去を振り返るのではなく、近代的、日本的な劇場であろうとしたのである。素材選びの細やかさ、巧みな照明の利用、そこはかとなく漂う和風の趣といったところに谷口吉郎の一流が認められる。彼は他人の芸術や工芸が競演する空間を築き、同様に人間が最も映える舞台がつくれる建築家だった。だから、帝国劇場の建築・意匠は、訪れる人、演じる人、それを支える人びとを魅力的に見せる。確かに劇場とは、真面目で華やか、人間の心身の健康に必須なものかもしれない。

——— 倉方俊輔（大阪公立大学教授）

舞台から見た客席

客席天井

谷口吉郎デザインの緞帳「銀彩」

1階客席

V字型のデザインが特徴的な客席椅子

2階客席下手側からの光景

2階客席最後列から見た舞台

2階ロビー

1階ロビー

ロビー大階段

上／ロビー売店正面　下／脇田和「飛天」

猪熊弦一郎「律動」

猪熊弦一郎「熨斗」

2階貴賓室

2階喫茶室

帝国劇場エントランス

エントランス左側の受付 　　　　　　エントランスの筒形照明

客席への扉、2階3番 　　　　　　壁付けの照明、薄い板に包まれる形状

本郷新「喜怒哀楽」

帝国劇場の建築・意匠の魅力

## II
### 舞台・奈落・オケピ・スノコ

奈落から舞台を見上げた光景

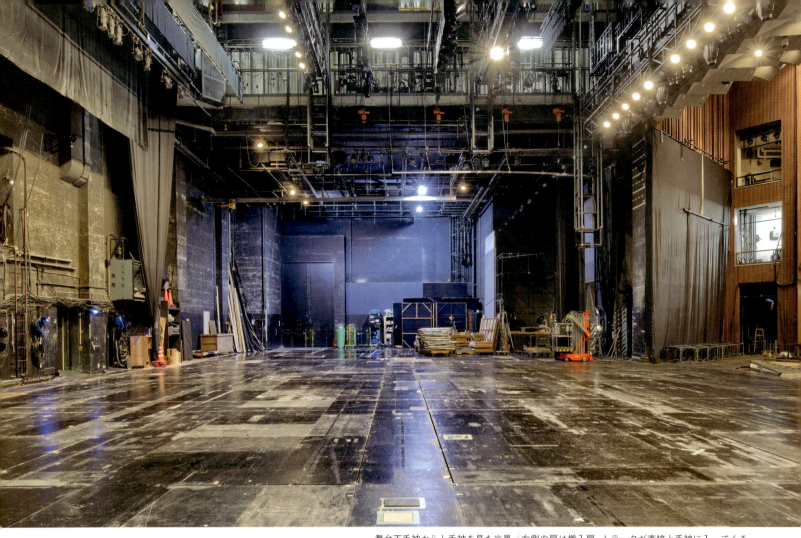
舞台下手袖から上手袖を見た光景／左側の扉は搬入扉、トラックが直接上手袖に入ってくる

客席から舞台を見た光景／大迫りと小迫りを1基ずつ昇降した状態

上／舞台ギャラリー下手からの光景　中／オーケストラピット
下／地下6階廻り舞台の最下層のピット、鉄道の車輪が円形のレールの上を走行する

## 世界一の演出技術をもつ帝劇舞台

　帝国劇場の舞台は、舞台芸術を担う菊田一夫と建築を担う谷口吉郎との議論と意思をもって、世界でトップクラスの演出技術をもつ空間と舞台特殊設備が設置された。舞台の基本寸法は間口18mで奥行18mの10間角が演技のエリアにあたる。舞台幅全体は52.8mと広く、幅12m×奥行4mの大迫りのサイズの舞台装置が両袖に収納できる広さを有している。舞台上には16.4m（9間）の廻り舞台機構が設置されており、国立劇場や歌舞伎座に次ぐ大きさである。廻り舞台には4基の迫りが内蔵され、大迫りは幅12m×奥行4mの2基、中迫りは幅7m×奥行1.5mの2基が盆芯に対称に配置されている。大迫りは舞台面から10m下がり、プロセニアム開口高である9mの舞台装置が奈落にて転換することができる。また迫り床面が二重床となっており、舞台上でも4.75m昇降することができ、そこから舞台装置が転換することも可能である。舞台迫りの四隅の支柱が、上部が幅広で下部が小さい形状は珍しく、技術的支柱ではなく舞台美術となじむよう意匠的に設計されている。以上より直径16mで深さが24mの巨大な円筒状の廻り舞台機構は世界最大といえる。

　舞台上部の吊物機構は当時の最先端である電動昇降が全てのバトンに採用されている。250mm間隔が基本の道具バトンが40本、ライトブリッジ・バトンが7本、幕関係バトンが10本と、奥行20mの舞台奥行の中に60本の吊物機構が収められ、国内でも屈指の密度が高い配列で舞台美術を吊り込む自由度が確保されている。舞台上部のスノコには吊物機構の滑車とワイヤーがあるが、演目に応じ多様な仮設をしてきた。特に海外のミュージカルにおいては、仮設の昇降モーターをトラスに組込みスノコの下に吊り込むこともあった。世界を通じても最も活用されたスノコといっても良いだろう。フライズの壁面に設置されているギャラリーは、舞台照明の電源供給の場となり、どのバトンも照明バトンとして活用することができる。舞台照明の電源は従来型の調光回路が基本であるが時代と共に直電源回路が増設されており、現在のLED照明やムービングライト等の最新の機材への対応が繰り返し行われてきた。舞台音響も時代性に影響を受けており、建設当初のものは殆ど残っていない。公演では劇場の機材を利用することも多いが、作品によって音響全体のシステムを持込むことも多々ある。そのため舞台から客席、音響調整スペース等の仮設のルートが十分確保されている。

　帝国劇場の演出技術の特徴はインフラを十分に確保しながら、あらゆる仮設の仕込みに対応できる懐の深さが挙げられる。最近では客席側への演出も多く、出演者がフライングをしたり、舞台美術がプロセニアムアーチを超え、客席側に仕込まれ、客席全体を物理的な演出の世界へ誘うこともある。また帝劇の演出の特徴として脇花道の活用も挙げられる。上手下手の両脇花道を舞台空間として捉え、舞台美術が組まれたり、役者の演技の場として活用されることも多い。脇花道は舞台のプロセニアムアーチから客席へ飛び出し、役者と観客を一体とさせる重要な舞台である。廻り舞台、花道等、床周りは伝統劇場の形式を活用しながら一方で吊物機構や仮設対応等は西洋の劇場の最新の技術を盛り込んだ、西洋東洋の最先端技術を融合した劇場といえる。

―――― **小林徹也**（シアターワークショップ）

舞台上部のスノコ／道具バトン昇降のための多数の滑車やワイヤー類がいきかっている

ピンスポット投光室、5階客席後方にある

丸の内5th通りから上手舞台袖を覗いた光景

帝国劇場の建築・意匠の魅力

## III
### 楽屋・舞台裏廻り

楽屋に設けられた光庭から空を望む

9階稽古場／本舞台と同じ寸法で設計されている

5階[5-1]楽屋／主に座長級の俳優が使用

地下1階楽屋廊下／右側に着到板がある

地下1階楽屋入口

　帝劇の楽屋は特殊な配置をしている。駐車場から楽屋は直結しておらず、地下1階の楽屋口から全ての出演者は楽屋ゾーンに入る。楽屋口からは幕内事務所を左に見て、右に着到板があり出欠を確認する。この長い廊下は、観客がロビーから客席を通り舞台へまっすぐ歩いていく距離と同じである。廊下の突き当りのエレベータホールに神棚がある。役者の名を擁した提灯が多数あり、他劇場にはない独自な空間である。神棚の横の2基のエレベータと階段を利用し5階以上の楽屋ゾーンへ移動する。楽屋は下手袖の上に各階4室を基本に、多層にわたり立体的に配置されている。窮屈に見受けられるが、楽屋ゾーンの真ん中に光庭があり、外光を感じ外気に触れることができる。役者が昼夜を問わず劇場内の楽屋で生活する上で、時間と自然を感じられることは重要な環境といえる。またこの光庭を利用して役者同士が意思疎通することもあり、帝劇にしかない独自の楽屋ゾーンを形成している。

（逆アングルより撮影）

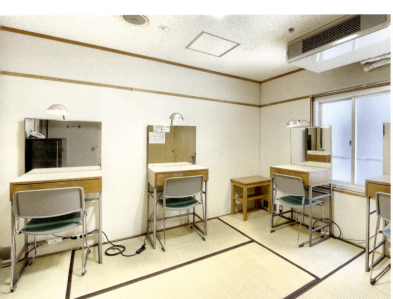

5〜8階楽屋／古い形式が残っている

5階大楽屋／2室に分けられているが、1室にして利用することもある

地下1階劇場入口

　その他、楽屋の配置として珍しいのは5階の大楽屋で、舞台下手袖上の楽屋ゾーンとは別方向にあり、ちょうどプロセニアムアーチの真上に楽屋がある。他では類のない配置である。楽屋ゾーンにはその他の多数の諸室が配置されている。一番大きな部屋は9階稽古場が挙げられる。舞台上部にあり、実際の演技エリアの間口幅を利用して本番を想定した稽古がされている。その他にも衣裳部屋や床山部屋、プロデューサールームや、稽古場類、風呂場や各スタッフの控室等がある。その他、照明スタッフのロビーや倉庫類を通じて、シーリングスポット投光スペース、フロントサイド投光スペースから、照明調光室、ピンスポット投光室、音響調整室等の舞台技術の諸室にもつながっている。これらの技術スタッフゾーンでも、出演者がフロントサイドの上部から天井近くのブリッジへ移動しフライングを行うなど、出演者の動線となることもある。

# 帝国劇場の解体透視図

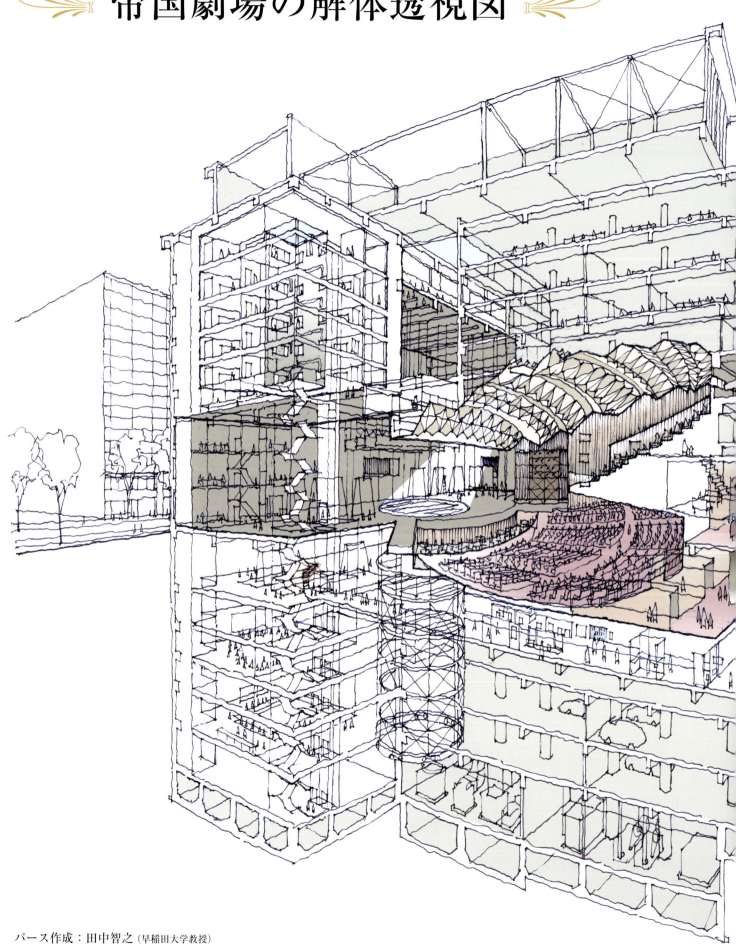

パース作成：田中智之（早稲田大学教授）

帝国劇場は皇居のお濠に面した都市でありながら水と緑という自然を感じられる敷地にある。お濠に沿って日比谷通りがありそれに面して吹抜けているロビーの大空間がある。そこには大階段に加え、熨斗、お面等のアートがちりばめられており、祝祭空間を演出している。

　客席空間は扇型の1階席と2階席からなる構成で、舞台と客席の距離が近く、どの席からも舞台が見えやすい。この扇形の客席形態は、アメリカのオーディトリウム形式からくるもので、シカゴのオーディトリウムやニューヨークのラジオシティミュージックホールに類するものである。日本では日比谷公会堂や早稲田大学大隈記念講堂等も同様である。四角い建物を扇型の客席ボイドがくり抜いた都市型劇場である。

　地下1階に楽屋入口（図手前側）があり、出演者はそこから入り着到板（青色）で入場を示す。廊下の突き当りには神棚がある。楽屋は5階以上の舞台下手袖の上に位置し、ロの字に楽屋が配置されている。楽屋ゾーンの真ん中に光庭があり、外光と外気を感じられるとともに、出演者同士がコミュニケーションをとることもある。舞台上は8階まではフライズ（舞台美術の収納スペース）があり、9階に稽古場がある。舞台の地下は舞台面から−10mの深さに奈落があり舞台装置が転換できる。廻り舞台機構の深さは地下6階（舞台面から−24m）まである。

## 代表作歴代キャスト表

※役名については現在の表記に合わせています

## マイ・フェア・レディ

| 公演日 | 回数 | 公演劇場 | イライザ | ヒギンズ教授 |
|---|---|---|---|---|
| 1963年 | （40回） | 東京宝塚劇場 | 江利チエミ | 高島忠夫 |
| 1964年 | （52回／通算92回） | 東京宝塚劇場 | 江利チエミ | 高島忠夫 |
| 1964年 | （42回／通算134回） | 梅田コマ劇場 | 江利チエミ | 高島忠夫 |
| 1970.7.7～8.27 | （81回／通算215回） | 帝国劇場 | 那智わたる | 宝田 明 |
| 1973.8.3～8.27 | （41回／通算256回） | 帝国劇場 | 上月 晃 | 平 幹二朗 |
| 1976年 | （20回／通算276回） | 移動芸術祭 | 雪村いづみ | 宝田 明 |
| 1978年 | （40回／通算316回） | 東京宝塚劇場 | 栗原小巻 | 宝田 明 |
| 1979年 | （34回／通算350回） | 中日劇場 | 栗原小巻 | 宝田 明 |
| 1979年 | （37回／通算387回） | 梅田コマ劇場 | 栗原小巻 | 宝田 明 |
| 1984年 | （35回／通算422回） | 日生劇場 | 栗原小巻 | 神山 繁 |
| 1990.3.4～4.27 | （80回／通算502回） | 帝国劇場 | 大地真央 | 細川俊之 |
| 1993年 | （40回／通算542回） | 劇場飛天 | 大地真央 | 村井国夫 |
| 1994.9.4～9.30 | （41回／通算583回） | 帝国劇場 | 大地真央 | 村井国夫 |
| 1997.4.3～4.29 | （41回／通算624回） | 帝国劇場 | 大地真央 | 草刈正雄 |
| 1997年 | （41回／通算665回） | 劇場飛天 | 大地真央 | 草刈正雄 |
| 1999.2.4～3.28 | （79回／通算744回） | 帝国劇場 | 大地真央 | 草刈正雄 |
| 2002年 | （40回／通算784回） | 中日劇場 | 大地真央 | 草刈正雄 |
| 2002年 | （40回／通算824回） | 博多座 | 大地真央 | 草刈正雄 |
| 2004年 | （34回／通算858回） | 梅田コマ劇場 | 大地真央 | 草刈正雄 |
| 2005.11.4～11.28 | （37回／通算895回） | 帝国劇場 | 大地真央 | 石井一孝 |
| 2007年 | （71回／通算966回） | 中日劇場ほか全国ツアー公演 | 大地真央 | 石井一孝 |
| 2009.4.5～5.1 | （38回／通算1004回） | 帝国劇場 | 大地真央 | 石井一孝 |
| 2010年 | （33回／通算1037回） | 博多座ほか全国ツアー公演 | 大地真央 | 石井一孝 |
| 2013年 | （44回／通算1081回） | 日生劇場ほか全国ツアー公演 | 霧矢大夢<br>真飛 聖 | 寺脇康文 |
| 2016年 | （43回／通算1124回） | 東京芸術劇場 プレイハウス<br>ほか全国ツアー公演 | 霧矢大夢<br>真飛 聖 | 寺脇康文 |
| 2018年 | （33回／通算1157回） | 東急シアターオーブほか全国ツアー公演 | 朝夏まなと<br>神田沙也加 | 寺脇康文<br>別所哲也 |
| 2021.11.14～2022.1.28 | （48回／通算1205回）<br>＊6公演中止 | 帝国劇場ほか全国ツアー公演 | 朝夏まなと<br>神田沙也加 | 寺脇康文<br>別所哲也 |

| ピッカリング大佐 | ドゥーリトル | フレディ | ピアス夫人 | ヒギンズの母 |
|---|---|---|---|---|
| 益田喜頓 | 八波むと志 | 藤木 孝 | 浦島千歌子 | 京塚昌子 |
| 益田喜頓 | 八波むと志<br>小鹿 敦 | 藤木 孝 | 浦島千歌子 | 京塚昌子 |
| 益田喜頓 | 小鹿 敦 | 藤木 孝 | 浦島千歌子 | 京塚昌子 |
| 益田喜頓 | フランキー堺 | 沢木 順 | 浦島千歌子 | 丹阿弥谷津子 |
| 益田喜頓 | フランキー堺 | 池田稔光 | 浦島千歌子 | 南 美江 |
| 益田喜頓 | 田中明夫 | 松山 登 | 浦島千歌子 | 東郷晴子 |
| 益田喜頓 | 財津一郎 | 青山 孝 | 浦島千歌子 | 曾我廼家鶴蝶 |
| 益田喜頓 | 財津一郎 | 青山 孝 | 浦島千歌子 | 曾我廼家鶴蝶 |
| 益田喜頓 | フランキー堺 | 青山 孝 | 浦島千歌子 | 曾我廼家鶴蝶 |
| 益田喜頓 | 坂上二郎 | 青木 純 | 浦島千歌子 | 曾我廼家鶴蝶 |
| 益田喜頓 | 小野武彦 | 川﨑麻世 | 三田和代 | 丹阿弥谷津子 |
| 金田龍之介 | 上條恒彦 | 羽賀研二 | 荒井洸子 | 丹阿弥谷津子 |
| 金田龍之介 | 上條恒彦 | 羽賀研二 | 荒井洸子 | 丹阿弥谷津子 |
| 金田龍之介 | 上條恒彦 | 福井貴一 | 林 美智子 | 南風洋子 |
| 金田龍之介 | 上條恒彦 | 福井貴一 | 林 美智子 | 南風洋子 |
| 浜畑賢吉 | 上條恒彦 | 川﨑麻世 | 富田恵子 | 丹阿弥谷津子 |
| 浜畑賢吉 | 尾藤イサオ | 岡 幸二郎 | 富田恵子 | 丹阿弥谷津子 |
| 浜畑賢吉 | 尾藤イサオ | 岡 幸二郎 | 富田恵子 | 丹阿弥谷津子 |
| 浜畑賢吉 | 上條恒彦 | 岡 幸二郎 | 富田恵子 | 丹阿弥谷津子 |
| 羽場裕一 | 上條恒彦 | 浦井健治 | 春風ひとみ | 草村礼子 |
| 羽場裕一 | 上條恒彦 | 浦井健治 | 花山佳子 | 草村礼子 |
| 羽場裕一 | モト冬樹 | 姜 暢雄 | 春風ひとみ | 草村礼子 |
| 升 毅 | 上條恒彦 | 姜 暢雄 | ちあきしん | 大空眞弓 |
| 田山涼成 | 松尾貴史 | 平方元基 | 寿 ひずる | 江波杏子 |
| 田山涼成 | 松尾貴史 | 水田航生 | 寿 ひずる | 高橋恵子 |
| 相島一之 | 今井清隆 | 平方元基 | 春風ひとみ | 前田美波里 |
| 相島一之 | 今井清隆 | 前山剛久<br>寺西拓人 | 春風ひとみ | 前田美波里 |

## 屋根の上のヴァイオリン弾き

| 公演日 | 回数 | 公演劇場 | テヴィエ | ゴールデ | ツァイテル（長女） |
|---|---|---|---|---|---|
| 1967.9.6〜10.29 | (75回) | 帝国劇場 | 森繁久彌 | 越路吹雪 | 淀 かほる |
| 1975.2.4〜2.28 | (37回/通算112回) | 日生劇場 | 森繁久彌 | 上月 晃 | 淀 かおる |
| 1976.5.3〜5.22 | (30回/通算142回) | 中日劇場・神戸文化会館 | 森繁久彌 | 上月 晃 | 淀 かおる |
| 1976.8.5〜8.31 | (40回/通算182回) | 帝国劇場 | 森繁久彌 | 上月 晃 | 淀 かおる |
| 1977.10.6〜11.3 | (33回/通算215回) | 東北・北海道巡演 | 森繁久彌 | 淀 かおる | 今 陽子 |
| 1978.9.1〜9.28 | (35回/通算250回) | 梅田コマ劇場 | 森繁久彌 | 淀 かおる | 江崎英子 |
| 1978.11.2〜12.26 | (71回/通算321回) | 帝国劇場 | 森繁久彌 | 淀 かおる | 大空眞弓 |
| 1979.11.1〜12.2 | (33回/通算354回) | 西日本・沖縄巡演 | 森繁久彌 | 淀 かおる | 大空眞弓 |
| 1980.4.3〜6.30 | (102回/通算456回) | 帝国劇場 | 森繁久彌 | 淀 かおる | 音無美紀子 |
| 1981.6.2〜7.27 | (57回/通算513回) | 中日劇場・北海道・東北・新潟巡演 | 森繁久彌 | 淀 かおる | 音無美紀子<br>江崎英子 |
| 1982.3.2〜3.28 | (26回/通算539回) | 梅田コマ劇場 | 森繁久彌 | 淀 かおる | 江崎英子 |
| 1982.5.3〜10.30 | (169回/通算708回) | 帝国劇場 | 森繁久彌 | 淀 かおる | 江崎英子 |
| 1984.3.1〜3.24 | (24回/通算732回) | 中日劇場 | 森繁久彌 | 淀 かおる | 江崎英子 |
| 1984.4.1〜6.30 | (84回/通算816回) | 帝国劇場 | 森繁久彌 | 淀 かおる | 江崎英子 |
| 1986.3.1〜5.31 | (91回/通算907回) | 帝国劇場 | 森繁久彌<br>上條恒彦(7回) | 淀 かおる | 江崎英子 |
| 1994.4.2〜4.30 | (41回/通算948回) | 帝国劇場 | 西田敏行 | 上月 晃 | 涼風真世 |
| 1996.7.4〜8.31 | (75回/通算1023回) | 帝国劇場 | 西田敏行 | 上月 晃 | 床嶋佳子 |
| 1998.8.5〜9.30 | (69回/通算1092回) | 帝国劇場 | 西田敏行 | 上月 晃 | 杜 けあき |
| 2001.5.1〜5.29 | (38回/通算1130回) | 梅田コマ劇場 | 西田敏行 | 順 みつき | 島田歌穂 |
| 2001.6.1〜6.30 | (38回/通算1168回) | 帝国劇場 | 西田敏行 | 順 みつき | 島田歌穂 |
| 2004.4.3〜4.13 | (16回/通算1184回) | 東京芸術劇場 | 市村正親 | 夏木マリ | 香寿たつき |
| 2004.4.16〜4.26 | (16回/通算1200回) | 中日劇場 | 市村正親 | 夏木マリ | 香寿たつき |
| 2004.4.28〜5.27 | (29回/通算1229回) | 全国巡演 | 市村正親 | 夏木マリ | 香寿たつき |
| 2006.1.2〜1.27 | (38回/通算1267回) | 博多座 | 市村正親 | 浅茅陽子 | 匠 ひびき |
| 2006.2.4〜2.28 | (36回/通算1303回) | 日生劇場 | 市村正親 | 浅茅陽子 | 匠 ひびき |
| 2009.10.5〜10.29 | (34回/通算1337回) | 日生劇場 | 市村正親 | 鳳 蘭 | 貴城けい |
| 2013.3.5〜4.14 | (43回/通算1380回) | 日生劇場ほか全国ツアー | 市村正親 | 鳳 蘭 | 水 夏希 |
| 2017.12.5〜2018.2.12 | (57回/通算1437回) | 日生劇場ほか全国ツアー | 市村正親 | 鳳 蘭 | 実咲凜音 |
| 2021.2.6〜3.14 | (38回/通算1475回) | 日生劇場ほか全国ツアー | 市村正親 | 鳳 蘭 | 風稀かなめ |

| ホーデル(次女) | チャヴァ(三女) | モーテル(仕立屋) | パーチック(学生) | フョートカ(ロシア人青年) | ラザール(肉屋) |
|---|---|---|---|---|---|
| 浜 木綿子 | 西尾恵美子 | 市川染五郎 | 中丸忠雄 | 兼高明宏 | 山茶花 究 |
| 倍賞千恵子 | 木の実ナナ | 津坂匡章 | 村井國夫 | 藤村泰介 | 谷 啓 |
| 倍賞千恵子 | 大原ますみ | 富松千代志 | 村井国夫 | 沢木 順 | 谷 啓 |
| 倍賞千恵子 | 大原ますみ | 富松千代志 | 村井国夫 | 谷岡行二 | 谷 啓 |
| 倍賞千恵子 | 大原ますみ | 富松千代志 | 村井国夫 | 谷岡弘規 | 谷 啓 |
| 倍賞千恵子 | 大原ますみ | 富松千代志 | 井上孝雄 | 谷岡弘規 | 谷 啓 |
| 安奈 淳 | 松岡由利子 | 富松千代志 | 井上孝雄 | 谷岡弘規 | 谷 啓 |
| 安奈 淳 | 松岡由利子 | 富松千代志 | 井上孝雄 | 谷岡弘規 | 谷 啓 |
| 安奈 淳<br>倍賞千恵子<br>岡崎友紀 | 松岡由利子 | 富松千代志 | 井上孝雄 | 谷岡弘規 | 上條恒彦 |
| 安奈 淳 | 松岡由利子 | 富松千代志 | 井上孝雄 | 谷岡弘規 | 上條恒彦 |
| 安奈 淳 | 松岡由利子 | 富松千代志 | 井上孝雄 | 谷岡弘規 | 上條恒彦 |
| 安奈 淳<br>大竹しのぶ<br>いしだあゆみ<br>倍賞千恵子 | 松岡由利子 | 富松千代志 | 井上孝雄 | 谷岡弘規 | 上條恒彦 |
| 安奈 淳 | 松岡由利子 | 本田博太郎 | 井上孝雄 | 金田賢一 | 上條恒彦 |
| 安奈 淳<br>森山良子 | 松岡由利子<br>ジュディ・オング | 本田博太郎 | 井上孝雄 | 金田賢一<br>甕目 亮 | 上條恒彦 |
| 岩崎宏美 | 田中好子<br>毬谷友子 | 西郷輝彦 | 井上孝雄 | 甕目 亮 | 上條恒彦 |
| 本田美奈子 | 小高恵美 | 松橋 登 | 岸田智史 | 篠塚 勝 | 上條恒彦 |
| 毬谷友子 | 小高恵美 | 松橋 登 | 福井貴一 | 篠塚 勝 | 上條恒彦 |
| 本田美奈子 | 小高恵美 | 岸田智史 | 福井貴一 | 筒井 巧 | 上條恒彦 |
| 堀内敬子 | 小林さやか | 岸田敏志 | 吉野圭吾 | 筒井 巧 | 上條恒彦 |
| 堀内敬子 | 小林さやか | 岸田敏志 | 吉野圭吾 | 筒井 巧 | 上條恒彦 |
| 知念里奈 | 笹本玲奈 | 駒田 一 | 杉田あきひろ | 結樺 健 | 鶴田 忍 |
| 知念里奈 | 笹本玲奈 | 駒田 一 | 杉田あきひろ | 結樺 健 | 鶴田 忍 |
| 知念里奈 | 笹本玲奈 | 駒田 一 | 杉田あきひろ | 結樺 健 | 鶴田 忍 |
| 劔持たまき | 安倍麻美 | 駒田 一 | 吉野圭吾 | 中西陽介 | 鶴田 忍 |
| 劔持たまき | 安倍麻美 | 駒田 一 | 吉野圭吾 | 中西陽介 | 鶴田 忍 |
| 笹本玲奈 | 平田愛咲 | 植本 潤 | 良知真次 | 中山卓也 | 鶴田 忍 |
| 大塚千弘 | 吉川 友 | 植本 潤 | 入野自由 | 上口耕平 | 鶴田 忍 |
| 神田沙也加 | 唯月ふうか | 入野自由 | 広瀬友祐 | 神田恭兵 | 今井清隆 |
| 唯月ふうか | 屋比久知奈 | 上口耕平 | 植原卓也 | 神田恭兵 | ブラザートム |

# ラ・マンチャの男

| 公演日 | 回数 | 公演劇場 | セルバンテス/ドン・キホーテ | アルドンザ（旧名アルドンサ） | サンチョ |
|---|---|---|---|---|---|
| 1969.4.4〜5.26 | （80回） | 帝国劇場 | 市川染五郎 | 草笛光子<br>浜 木綿子<br>西尾恵美子 | 小鹿 敦 |
| 1970.3〜（10週間） | （60回/通算140回） | マーチンベック劇場 | 市川染五郎 | | |
| 1970.6.5〜6.21 | （25回/通算165回） | 名鉄ホール | 市川染五郎 | 草笛光子 | 小鹿 敦 |
| 1970.9.4〜9.27 | （32回/通算197回） | 日生劇場 | 市川染五郎 | 草笛光子 | 小鹿 敦 |
| 1973.10.4〜10.28 | （36回/通算233回） | 日生劇場 | 市川染五郎 | 草笛光子 | 小鹿 敦 |
| 1977.5.4〜5.28 | （36回/通算269回） | 日生劇場 | 市川染五郎 | 上月 晃 | 小鹿 番 |
| 1979.11.2〜11.28 | （40回/通算309回） | 帝国劇場 | 市川染五郎 | 上月 晃 | 小鹿 番 |
| 1980.2.2〜2.28 | （37回/通算346回） | 帝国劇場 | 市川染五郎 | 上月 晃 | 小鹿 番 |
| 1982.8.1〜8.25 | （35回/通算381回） | 梅田コマ劇場 | 松本幸四郎 | 上月 晃 | 小鹿 番 |
| 1983.7.1〜7.29 | （38回/通算419回） | 帝国劇場 | 松本幸四郎 | 上月 晃 | 小鹿 番 |
| 1985.5.4〜5.26 | （32回/通算451回） | 中日劇場 | 松本幸四郎 | 上月 晃 | 小鹿 番 |
| 1985.7.4〜8.29 | （76回/通算527回） | 帝国劇場 | 松本幸四郎 | 上月 晃 | 小鹿 番 |
| 1989.4.7〜5.28 | （75回/通算602回） | 青山劇場 | 松本幸四郎 | 上月 晃 | 安宅 忍 |
| 1989.8.1〜8.26 | （35回/通算637回） | 梅田コマ劇場 | 松本幸四郎 | 上月 晃 | 安宅 忍 |
| 1995.6.4〜6.29 | （38回/通算675回） | 青山劇場 | 松本幸四郎 | 鳳 蘭 | 佐藤 輝 |
| 1997.8.1〜8.27 | （37回/通算712回） | 名鉄ホール | 松本幸四郎 | 鳳 蘭 | 佐藤 輝 |
| 1997.9.1〜9.27 | （38回/通算750回） | 青山劇場 | 松本幸四郎 | 鳳 蘭 | 佐藤 輝 |
| 1999.8.1〜8.27 | （37回/通算787回） | 劇場飛天 | 松本幸四郎 | 鳳 蘭 | 佐藤 輝 |
| 1999.9.1〜9.27 | （37回/通算824回） | 青山劇場 | 松本幸四郎 | 鳳 蘭 | 佐藤 輝 |
| 2000.4.5〜5.28 | （74回/通算898回） | 日生劇場 | 松本幸四郎 | 鳳 蘭 | 佐藤 輝 |
| 2001.2.1〜2.25 | （36回/通算934回） | 日生劇場 | 松本幸四郎 | 鳳 蘭 | 佐藤 輝 |
| 2002.5.1〜5.28 | （39回/通算973回） | 博多座 | 松本幸四郎 | 松 たか子 | 佐藤 輝 |
| 2002.7.31〜8.30 | （42回/通算1015回） | 帝国劇場 | 松本幸四郎 | 松 たか子 | 佐藤 輝 |
| 2005.5.1〜5.28 | （35回/通算1050回） | 名鉄ホール | 松本幸四郎 | 松 たか子 | 佐藤 輝 |
| 2005.6.4〜6.29 | （36回/通算1086回） | 帝国劇場 | 松本幸四郎 | 松 たか子 | 佐藤 輝 |
| 2008.4.5〜4.30 | （35回/通算1121回） | 帝国劇場 | 松本幸四郎 | 松 たか子 | 佐藤 輝 |
| 2009.5.1〜5.18 | （24回/通算1145回） | シアターBRAVA! | 松本幸四郎 | 松 たか子 | 駒田 一 |
| 2009.5.22〜5.24 | （4回/通算1149回） | オーバード・ホール | 松本幸四郎 | 松 たか子 | 駒田 一 |
| 2012.5.5〜5.28 | （29回/通算1178回） | 博多座 | 松本幸四郎 | 松 たか子 | 駒田 一 |
| 2012.8.3〜8.25 | （29回/通算1207回） | 帝国劇場 | 松本幸四郎 | 松 たか子 | 駒田 一 |
| 2015.9.2〜10.27 | （58回/通算1265回） | 帝国劇場ほか全国ツアー公演 | 松本幸四郎 | 霧矢大夢 | 駒田 一 |
| 2019.9.7〜10.27 | （42回/通算1307回） | 帝国劇場ほか全国ツアー公演 | 松本白鸚 | 瀬奈じゅん | 駒田 一 |
| 2022.2.6〜2.28 | （7回/通算1314回）<br>*18回公演中止 | 日生劇場 | 松本白鸚 | 松 たか子 | 駒田 一 |
| 2023.4.14〜4.24 | （10回/通算1324回） | よこすか芸術劇場 | 松本白鸚 | 松 たか子 | 駒田 一 |

| アントニア | 神父 | 家政婦 | 床屋 | カラスコ | 牢名主 |
|---|---|---|---|---|---|
| 山吹まゆみ | 友竹正則 | 黒柳徹子 | 木島新一 | 井上孝雄 | 小沢栄太郎 |
| | | | | | |
| 山吹まゆみ | 友竹正則 | 黒柳徹子 | 木島新一 | 井上孝雄 | 小沢栄太郎 |
| 山吹まゆみ | 友竹正則 | 黒柳徹子 | 木島新一 | 井上孝雄 | 小沢栄太郎 |
| 森 るみ子 | 友竹正則 | 亀淵由香 | 三上直也 | 井上孝雄 | 加藤 武 |
| 四季乃花恵 | 友竹正則 | 城 君子 | 木島新一 | 西沢利明 | 上條恒彦 |
| 江崎英子 | 友竹正則 | 村島寿深子 | 木島新一 | 西沢利明 | 上條恒彦 |
| 江崎英子 | 友竹正則 | 村島寿深子 | 木島新一 | 西沢利明 | 上條恒彦 |
| 有吉真知子 | 友竹正則 | 志摩すみ子 | 木島新一 | 西沢利明 | 平野忠彦 |
| 沢田亜矢子 | 友竹正則 | 志摩すみ子 | 木島新一 | 西沢利明 | 平野忠彦 |
| 毬谷友子 | 友竹正則 | 森 公美子 | 木島新一 | 井上孝雄 | 上條恒彦 |
| 毬谷友子 | 友竹正則 | 森 公美子 | 木島新一 | 井上孝雄 | 上條恒彦 |
| 春風ひとみ | 友竹正則 | 森 公美子 | 木島新一 | 立川三貴 | 上條恒彦 |
| 春風ひとみ | 友竹正則 | 森 公美子 | 木島新一 | 井上孝雄 | 小宮健吾 |
| 松 たか子 | 石鍋多加史 | 平野万里 | 木島新一 | 浜畑賢吉 | 上條恒彦 |
| 松 たか子 | 石鍋多加史 | 荒井洸子 | 木島新一 | 浜畑賢吉 | 上條恒彦 |
| 松 たか子 | 石鍋多加史 | 荒井洸子 | 木島新一 | 浜畑賢吉 | 上條恒彦 |
| 松 たか子 | 石鍋多加史 | 荒井洸子 | 駒田はじめ | 浜畑賢吉 | 上條恒彦 |
| 松 たか子 | 石鍋多加史 | 荒井洸子 | 駒田はじめ | 浜畑賢吉 | 上條恒彦 |
| 松本紀保 | 石鍋多加史 | 荒井洸子 | 駒田はじめ | 浜畑賢吉 | 上條恒彦 |
| 松本紀保 | 石鍋多加史 | 荒井洸子 | 駒田はじめ | 浜畑賢吉 | 上條恒彦 |
| 松本紀保 | 石鍋多加史 | 荒井洸子 | 駒田 一 | 福井貴一 | 上條恒彦 |
| 松本紀保 | 石鍋多加史 | 荒井洸子 | 駒田 一 | 福井貴一 | 上條恒彦 |
| 山崎直子 | 石鍋多加史 | 荒井洸子 | 駒田 一 | 福井貴一 | 上條恒彦 |
| 山崎直子 | 石鍋多加史 | 荒井洸子 | 駒田 一 | 福井貴一 | 上條恒彦 |
| 月影 瞳 | 石鍋多加史 | 荒井洸子 | 駒田 一 | 福井貴一 | 瑳川哲朗 |
| 月影 瞳 | 石鍋多加史 | 荒井洸子 | 祖父江 進 | 福井貴一 | 上條恒彦 |
| 月影 瞳 | 石鍋多加史 | 荒井洸子 | 祖父江 進 | 福井貴一 | 上條恒彦 |
| 松本紀保 | 石鍋多加史 | 荒井洸子 | 祖父江 進 | 福井貴一 | 上條恒彦 |
| 松本紀保 | 石鍋多加史 | 荒井洸子 | 祖父江 進 | 福井貴一 | 上條恒彦 |
| ラフルアー宮澤エマ | 石鍋多加史 | 荒井洸子 | 祖父江 進 | 宮川 浩 | 上條恒彦 |
| 松原凜子 | 石鍋多加史 | 荒井洸子 | 祖父江 進 | 宮川 浩 | 上條恒彦 |
| 実咲凜音 | 石鍋多加史 | 荒井洸子 | 祖父江 進 | 吉原光夫 | 上條恒彦 |
| 実咲凜音 | 石鍋多加史 | 荒井洸子 | 祖父江 進 | 伊原剛志 | 上條恒彦 |

# レ・ミゼラブル

| 公演日 | 回数 | 公演劇場 | ジャン・バルジャン | ジャベール | ファンテーヌ |
| --- | --- | --- | --- | --- | --- |
| 1987.6.11〜10.30 | (200回) | 帝国劇場 | 鹿賀丈史<br>滝田 栄 | 鹿賀丈史<br>滝田 栄<br>佐山陽規 | 岩崎宏美<br>伊東弘美<br>石富由美子 |
| 1988.3.3〜3.25 | (34回/通算234回) | 中日劇場 | 鹿賀丈史<br>滝田 栄 | 鹿賀丈史<br>滝田 栄<br>佐山陽規 | 伊東弘美<br>石富由美子 |
| 1988.4.9〜5.26 | (68回/通算302回) | 梅田コマ劇場 | 鹿賀丈史<br>滝田 栄 | 鹿賀丈史<br>滝田 栄<br>佐山陽規 | 岩崎宏美<br>伊東弘美<br>石富由美子 |
| 1988.6.6〜8.31 | (123回/通算425回) | 帝国劇場 | 鹿賀丈史<br>滝田 栄 | 鹿賀丈史<br>滝田 栄<br>佐山陽規 | 岩崎宏美<br>伊東弘美 |
| 1989.3.2〜3.31 | (42回/通算467回) | 中日劇場 | 鹿賀丈史<br>滝田 栄 | 佐山陽規<br>村井国夫 | 安奈 淳<br>伊東弘美 |
| 1989.6.5〜8.31 | (125回/通算592回) | 帝国劇場 | 鹿賀丈史<br>滝田 栄 | 佐山陽規<br>村井国夫 | 安奈 淳<br>伊東弘美 |
| 1989.12.9〜1990.1.25 | (67回/通算659回) | 梅田コマ劇場 | 鹿賀丈史<br>滝田 栄 | 佐山陽規<br>村井国夫 | 安奈 淳<br>伊東弘美 |
| 1990.7.1〜7.6 | (8回/通算667回) | 宮城県民会館 | 滝田 栄 | 佐山陽規 | 安奈 淳 |
| 1990.7.12〜7.23 | (15回/通算682回) | 北海道厚生年金会館 | 滝田 栄 | 村井国夫 | 安奈 淳 |
| 1991.7.2〜8.31 | (86回/通算768回) | 帝国劇場 | 鹿賀丈史<br>滝田 栄 | 村井国夫<br>今井清隆 | 安奈 淳<br>石富由美子 |
| 1994.2.22〜3.31 | (55回/通算823回) | 中日劇場 | 鹿賀丈史<br>滝田 栄 | 村井国夫<br>今井清隆 | 絵馬優子<br>伊東弘美 |
| 1994.4.10〜5.25 | (66回/通算889回) | 劇場飛天 | 鹿賀丈史<br>滝田 栄 | 村井国夫<br>今井清隆 | 絵馬優子<br>伊東弘美 |
| 1994.7.6〜8.30 | (85回/通算974回) | 帝国劇場 | 鹿賀丈史<br>滝田 栄 | 村井国夫<br>今井清隆 | 絵馬優子<br>伊東弘美 |
| 1997.6.8〜10.28 | (220回/通算1194回) | 帝国劇場 | 鹿賀丈史<br>滝田 栄<br>山口祐一郎 | 村井国夫<br>川﨑麻世<br>加納 竜 | 岩崎宏美<br>鈴木ほのか |
| 1997.12.6〜1998.1.26 | (72回/通算1266回) | 劇場飛天 | 鹿賀丈史<br>滝田 栄<br>山口祐一郎 | 村井国夫<br>川﨑麻世 | 岩崎宏美<br>鈴木ほのか |
| 1998.3.3〜4.25 | (72回/通算1338回) | 中日劇場 | 鹿賀丈史<br>滝田 栄<br>山口祐一郎 | 村井国夫<br>川﨑麻世 | 岩崎宏美<br>鈴木ほのか |

| エポニーヌ | マリウス | コゼット | テナルディエ | マダム・テナルディエ | アンジョルラス |
|---|---|---|---|---|---|
| 島田歌穂<br>白木美貴子 | 野口五郎<br>安崎 求 | 斉藤由貴<br>柴田夏乃<br>鈴木ほのか | 斎藤晴彦<br>新宅 明 | 鳳 蘭<br>阿知波悟美 | 内田直哉<br>福井貴一 |
| 島田歌穂<br>白木美貴子 | 野口五郎<br>安崎 求 | 柴田夏乃<br>鈴木ほのか | 斎藤晴彦<br>新宅 明 | 鳳 蘭<br>阿知波悟美 | 内田直哉<br>福井貴一 |
| 島田歌穂<br>白木美貴子 | 野口五郎<br>安崎 求 | 柴田夏乃<br>鈴木ほのか | 斎藤晴彦<br>新宅 明 | 鳳 蘭<br>阿知波悟美 | 内田直哉<br>福井貴一 |
| 島田歌穂<br>白木美貴子<br>三浦丘美子 | 野口五郎<br>安崎 求 | 柴田夏乃<br>鈴木ほのか | 斎藤晴彦<br>新宅 明 | 鳳 蘭<br>阿知波悟美<br>荒井洸子 | 内田直哉<br>福井貴一 |
| 島田歌穂<br>三浦丘美子 | 野口五郎<br>田代久雄 | 鈴木ほのか<br>白木美貴子 | 斎藤晴彦<br>新宅 明 | 松金よね子<br>阿知波悟美 | 内田直哉<br>福井貴一 |
| 島田歌穂<br>三浦丘美子 | 野口五郎<br>田代久雄 | 鈴木ほのか<br>白木美貴子 | 斎藤晴彦<br>新宅 明 | 松金よね子<br>阿知波悟美 | 内田直哉<br>福井貴一 |
| 島田歌穂<br>三浦丘美子 | 野口五郎<br>田代久雄 | 鈴木ほのか<br>白木美貴子 | 斎藤晴彦<br>新宅 明 | 松金よね子<br>阿知波悟美 | 内田直哉<br>福井貴一 |
| 島田歌穂<br>三浦丘美子 | 野口五郎 | 鈴木ほのか<br>白木美貴子 | 新宅 明 | 松金よね子<br>阿知波悟美 | 福井貴一 |
| 島田歌穂<br>三浦丘美子 | 野口五郎 | 鈴木ほのか<br>白木美貴子 | 新宅 明 | 松金よね子<br>阿知波悟美 | 福井貴一 |
| 島田歌穂<br>比企理恵 | 野口五郎<br>田代久雄 | 鈴木ほのか<br>白木美貴子 | 斎藤晴彦<br>新宅 明 | 松金よね子<br>阿知波悟美 | 内田直哉<br>福井貴一 |
| 島田歌穂<br>入絵加奈子 | 宮川 浩<br>石井一孝 | 佐渡寧子<br>宮本裕子 | 斎藤晴彦<br>笹野高史<br>本間識章 | 杉村理加<br>高谷あゆみ | 留守 晃<br>岡 幸二郎 |
| 島田歌穂<br>入絵加奈子 | 宮川 浩<br>石井一孝 | 佐渡寧子<br>宮本裕子 | 斎藤晴彦<br>笹野高史<br>本間識章 | 杉村理加<br>高谷あゆみ | 留守 晃<br>岡 幸二郎 |
| 島田歌穂<br>入絵加奈子 | 宮川 浩<br>石井一孝 | 佐渡寧子<br>宮本裕子 | 斎藤晴彦<br>笹野高史<br>本間識章 | 杉村理加<br>高谷あゆみ | 留守 晃<br>岡 幸二郎 |
| 島田歌穂<br>本田美奈子 | 石井一孝<br>石川 禅 | 早見 優<br>純名里沙 | 斎藤晴彦<br>山形ユキオ | 夏木マリ<br>森 公美子<br>前田美波里 | 岡 幸二郎<br>森田浩貴 |
| 島田歌穂<br>本田美奈子 | 石井一孝<br>石川 禅 | 早見 優<br>純名里沙 | 斎藤晴彦<br>山形ユキオ | 夏木マリ<br>森 公美子<br>前田美波里 | 岡 幸二郎<br>森田浩貴 |
| 島田歌穂<br>本田美奈子 | 石井一孝<br>石川 禅 | 早見 優<br>純名里沙 | 斎藤晴彦<br>山形ユキオ | 夏木マリ<br>前田美波里 | 岡 幸二郎<br>森田浩貴 |

| 公演日 | 回数 | 公演劇場 | ジャン・バルジャン | ジャベール | ファンテーヌ |
|---|---|---|---|---|---|
| 1998.6.7〜7.30 | （84回/通算1422回） | 帝国劇場 | 鹿賀丈史<br>滝田 栄<br>山口祐一郎 | 村井国夫<br>川﨑麻世 | 岩崎宏美<br>鈴木ほのか |
| 1999.5.8〜8.29 | （162回/通算1584回） | 帝国劇場 | 鹿賀丈史<br>滝田 栄<br>山口祐一郎 | 村井国夫<br>川﨑麻世 | 岩崎宏美<br>鈴木ほのか |
| 2000.12.3〜2001.2.21 | （125回/通算1709回） | 帝国劇場 | 鹿賀丈史<br>滝田 栄<br>山口祐一郎 | 村井国夫<br>川﨑麻世<br>鈴木綜馬 | 岩崎宏美<br>鈴木ほのか |
| 2003.7.6〜9.28 | （127回/通算1836回） | 帝国劇場 | 山口祐一郎<br>別所哲也<br>石井一孝<br>今井清隆 | 内野聖陽<br>髙嶋政宏<br>岡 幸二郎<br>今 拓哉 | 井料瑠美<br>高橋由美子<br>マルシア |
| 2004.1.2〜1.26 | （40回/通算1876回） | 博多座 | 山口祐一郎<br>別所哲也<br>石井一孝<br>今井清隆 | 内野聖陽<br>髙嶋政宏<br>岡 幸二郎<br>今 拓哉 | 井料瑠美<br>高橋由美子 |
| 2005.3.8〜5.29 | （131回/通算2007回） | 帝国劇場 | 山口祐一郎<br>別所哲也<br>石井一孝<br>今井清隆 | 岡 幸二郎<br>今 拓哉<br>鈴木綜馬<br>鹿賀丈史（2000回達成スペシャルバージョン） | 井料瑠美<br>シルビア・グラブ<br>マルシア<br>岩崎宏美（2000回達成スペシャルバージョン） |
| 2005.12.8〜2006.1.15 | （53回/通算2060回） | 梅田芸術劇場メインホール | 山口祐一郎<br>別所哲也<br>石井一孝<br>今井清隆 | 岡 幸二郎<br>今 拓哉<br>鈴木綜馬 | 井料瑠美<br>シルビア・グラブ |
| 2006.3.1〜3.26 | （40回/通算2100回） | 中日劇場 | 山口祐一郎<br>別所哲也<br>今井清隆 | 岡 幸二郎<br>今 拓哉<br>鈴木綜馬 | 井料瑠美<br>シルビア・グラブ |
| 2006.4.1〜25 | （41回/通算2141回） | 日生劇場 | 山口祐一郎<br>別所哲也<br>石井一孝<br>今井清隆 | 岡 幸二郎<br>今 拓哉<br>鈴木綜馬 | 井料瑠美<br>シルビア・グラブ<br>マルシア |
| 2007.6.8〜8.27 | （131回/通算2272回） | 帝国劇場 | 山口祐一郎<br>別所哲也<br>今井清隆<br>橋本さとし | 阿部 裕<br>石川 禅<br>岡 幸二郎<br>今 拓哉<br>鹿賀丈史（20周年記念スペシャル・キャスト） | 今井麻緒子<br>シルビア・グラブ<br>渚 あき<br>山崎直子<br>岩崎宏美（20周年記念スペシャル・キャスト） |
| 2007.9.4〜10.24 | （82回/通算2354回） | 博多座 | 山口祐一郎<br>別所哲也<br>今井清隆<br>橋本さとし | 阿部 裕<br>石川 禅<br>岡 幸二郎<br>今 拓哉<br>鹿賀丈史（20周年記念スペシャル・キャスト） | 今井麻緒子<br>シルビア・グラブ<br>渚 あき<br>山崎直子<br>岩崎宏美（20周年記念スペシャル・キャスト） |
| 2009.3.3〜3.29 | （41回/通算2395回） | 中日劇場 | 山口祐一郎<br>別所哲也<br>今井清隆<br>橋本さとし | 阿部 裕<br>石川 禅<br>岡 幸二郎<br>今 拓哉 | 今井麻緒子<br>シルビア・グラブ<br>山崎直子 |

| エポニーヌ | マリウス | コゼット | テナルディエ | マダム・テナルディエ | アンジョルラス |
|---|---|---|---|---|---|
| 島田歌穂<br>本田美奈子 | 石井一孝<br>石川 禅 | 早見 優<br>純名里沙 | 斎藤晴彦<br>山形ユキオ | 夏木マリ<br>前田美波里 | 岡 幸二郎<br>森田浩貴 |
| 島田歌穂<br>本田美奈子 | 石井一孝<br>石川 禅<br>戸井勝海 | 早見 優<br>純名里沙 | 斎藤晴彦<br>山形ユキオ | 前田美波里<br>大浦みずき<br>森 公美子 | 岡 幸二郎<br>今 拓哉 |
| 島田歌穂<br>本田美奈子 | 石井一孝<br>戸井勝海<br>津田英佑 | 安達祐実<br>tohko<br>堀内敬子 | 斎藤晴彦<br>徳井 優 | 大浦みずき<br>森 公美子 | 岡 幸二郎<br>今 拓哉 |
| ANZA<br>坂本真綾<br>笹本玲奈<br>新妻聖子 | 岡田浩暉<br>山本耕史<br>泉見洋平 | 劍持たまき<br>河野由佳 | 駒田 一<br>三遊亭亜郎 | 森 公美子<br>峰 さを理<br>瀬戸内美八 | 坂元健児<br>吉野圭吾 |
| ANZA<br>坂本真綾<br>笹本玲奈<br>新妻聖子 | 岡田浩暉<br>山本耕史<br>泉見洋平 | 劍持たまき<br>河野由佳 | 駒田 一<br>三遊亭亜郎 | 森 公美子<br>峰 さを理<br>瀬戸内美八 | 坂元健児<br>吉野圭吾 |
| ANZA<br>坂本真綾<br>笹本玲奈<br>新妻聖子<br>島田歌穂(2000回達成スペシャルバージョン) | 岡田浩暉<br>泉見洋平<br>藤岡正明<br>石川 禅(2000回達成スペシャルバージョン) | 劍持たまき<br>河野由佳<br>知念里奈 | 駒田 一<br>佐藤正宏<br>コング桑田<br>徳井 優<br>斎藤晴彦(2000回達成スペシャルバージョン) | 森 公美子<br>瀬戸内美八 | 岸 祐二<br>小鈴まさ記<br>坂元健児<br>東山義久<br>岡 幸二郎(2000回達成スペシャルバージョン) |
| ANZA<br>坂本真綾<br>新妻聖子 | 岡田浩暉<br>泉見洋平<br>藤岡正明 | 河野由佳<br>西浦歌織 | 佐藤正宏<br>コング桑田 | 田中利花<br>瀬戸内美八 | 岸 祐二<br>小鈴まさ記<br>坂元健児<br>東山義久 |
| ANZA<br>坂本真綾<br>新妻聖子 | 岡田浩暉<br>泉見洋平<br>藤岡正明 | 劍持たまき<br>河野由佳 | 駒田 一<br>佐藤正宏<br>コング桑田 | 森 公美子<br>田中利花<br>瀬戸内美八 | 岸 祐二<br>坂元健児<br>東山義久 |
| ANZA<br>坂本真綾<br>笹本玲奈<br>新妻聖子 | 岡田浩暉<br>泉見洋平<br>藤岡正明 | 劍持たまき<br>河野由佳 | 駒田 一<br>佐藤正宏<br>コング桑田 | 森 公美子<br>田中利花<br>瀬戸内美八 | 岸 祐二<br>坂元健児<br>東山義久 |
| 坂本真綾<br>笹本玲奈<br>知念里奈<br>新妻聖子<br>島田歌穂(20周年記念スペシャル・キャスト) | 泉見洋平<br>藤岡正明<br>小西遼生<br>山崎育三郎<br>石川 禅(20周年記念スペシャル・キャスト) | 辛島小恵<br>菊地美香<br>富田麻帆 | 安崎 求<br>駒田 一<br>徳井 優<br>三谷六九<br>斎藤晴彦(20周年記念スペシャル・キャスト) | 森 公美子<br>田中利花<br>瀬戸内美八<br>阿知波悟美 | 岸 祐二<br>坂元健児<br>原田優一<br>東山義久<br>岡 幸二郎(20周年記念スペシャル・キャスト) |
| 坂本真綾<br>笹本玲奈<br>知念里奈<br>新妻聖子<br>島田歌穂(20周年記念スペシャル・キャスト) | 泉見洋平<br>藤岡正明<br>小西遼生<br>山崎育三郎<br>石川 禅(20周年記念スペシャル・キャスト) | 辛島小恵<br>菊地美香<br>富田麻帆 | 安崎 求<br>駒田 一<br>徳井 優<br>三谷六九<br>斎藤晴彦(20周年記念スペシャル・キャスト) | 森 公美子<br>田中利花<br>瀬戸内美八<br>阿知波悟美 | 岸 祐二<br>坂元健児<br>原田優一<br>東山義久<br>岡 幸二郎(20周年記念スペシャル・キャスト) |
| 坂本真綾<br>知念里奈<br>新妻聖子 | 泉見洋平<br>藤岡正明<br>小西遼生<br>山崎育三郎 | 辛島小恵<br>菊地美香<br>神田沙也加 | 安崎 求<br>駒田 一<br>三谷六九 | 森 公美子<br>田中利花<br>阿知波悟美 | 原田優一<br>東山義久<br>松原剛志 |

| 公演日 | 回数 | 公演劇場 | ジャン・バルジャン | ジャベール | ファンテーヌ |
|---|---|---|---|---|---|
| 2009.4.11〜4.12 | (3回/通算2398回) | 石川厚生年金会館 | 山口祐一郎<br>今井清隆 | 岡 幸二郎 | シルビア・グラブ |
| 2009.4.17〜4.19 | (4回/通算2402回) | まつもと市民芸術館 | 山口祐一郎<br>今井清隆 | 岡 幸二郎 | シルビア・グラブ |
| 2009.4.23〜4.26 | (6回/通算2408回) | 東京エレクトロンホール宮城 | 山口祐一郎<br>橋本さとし | 今 拓哉 | シルビア・グラブ |
| 2009.10.6〜11.20 | (73回/通算2481回) | 帝国劇場 | 山口祐一郎<br>別所哲也<br>今井清隆<br>橋本さとし | 阿部 裕<br>石川 禅<br>岡 幸二郎<br>今 拓哉 | 今井麻緒子<br>シルビア・グラブ<br>山崎直子 |
| 2011.4.8〜6.12 | (91回/通算2572回) | 帝国劇場 | 山口祐一郎<br>別所哲也<br>今井清隆<br>吉原光夫 | 石川 禅<br>岡 幸二郎<br>今 拓哉<br>KENTARO<br>鹿賀丈史（帝劇開場100周年記念スペシャル・キャスト） | 知念里奈<br>新妻聖子<br>和音美桜<br>岩崎宏美（帝劇開場100周年記念スペシャル・キャスト） |
| 2013.4.23〜7.10 | (111回/通算2683回) | 帝国劇場 | キム・ジュンヒョン<br>福井晶一<br>吉原光夫 | 川口竜也<br>吉原光夫<br>福井晶一<br>鎌田誠樹 | 知念里奈<br>和音美桜<br>里 アンナ |
| 2013.8.3〜8.31 | (41回/通算2724回) | 博多座 | キム・ジュンヒョン<br>福井晶一<br>吉原光夫 | 川口竜也<br>吉原光夫<br>福井晶一 | 知念里奈<br>和音美桜<br>里 アンナ |
| 2013.9.7〜9.23 | (26回/通算2750回) | フェスティバルホール | キム・ジュンヒョン<br>福井晶一<br>吉原光夫 | 川口竜也<br>吉原光夫<br>福井晶一 | 知念里奈<br>和音美桜<br>里 アンナ |
| 2013.10.1〜10.20 | (31回/通算2781回) | 中日劇場 | キム・ジュンヒョン<br>福井晶一<br>吉原光夫 | 川口竜也<br>吉原光夫<br>福井晶一<br>鎌田誠樹 | 知念里奈<br>和音美桜<br>里 アンナ |
| 2013.11.4〜11.27 | (36回/通算2817回) | 帝国劇場 | 福井晶一<br>吉原光夫 | 川口竜也<br>吉原光夫<br>福井晶一<br>鎌田誠樹 | 知念里奈<br>和音美桜<br>里 アンナ |
| 2015.4.13〜6.1 | (70回/通算2887回) | 帝国劇場 | 福井晶一<br>吉原光夫<br>ヤン・ジュンモ | 川口竜也<br>吉原光夫<br>岸 祐二<br>鎌田誠樹 | 知念里奈<br>和音美桜<br>里 アンナ |
| 2015.6.10〜6.30 | (31回/通算2918回) | 中日劇場 | 福井晶一<br>吉原光夫<br>ヤン・ジュンモ | 川口竜也<br>吉原光夫<br>岸 祐二 | 知念里奈<br>和音美桜<br>里 アンナ |
| 2015.7.8〜8.1 | (38回/通算2956回) | 博多座 | 福井晶一<br>吉原光夫<br>ヤン・ジュンモ | 川口竜也<br>吉原光夫<br>岸 祐二 | 知念里奈<br>和音美桜<br>里 アンナ |
| 2015.8.8〜8.29 | (33回/通算2989回) | 梅田芸術劇場 メインホール | 福井晶一<br>吉原光夫<br>ヤン・ジュンモ | 川口竜也<br>吉原光夫<br>岸 祐二 | 知念里奈<br>和音美桜<br>里 アンナ |

| エポニーヌ | マリウス | コゼット | テナルディエ | マダム・テナルディエ | アンジョルラス |
|---|---|---|---|---|---|
| 坂本真綾 | 藤岡正明 | 神田沙也加 | 安崎 求 | 森 公美子 | 原田優一 |
| 坂本真綾 | 山崎育三郎 | 神田沙也加 | 安崎 求 | 森 公美子 | 原田優一 |
| 知念里奈 | 山崎育三郎 | 神田沙也加 | 三谷六九 | 森 公美子 | 松原剛志 |
| 坂本真綾<br>笹本玲奈<br>知念里奈<br>新妻聖子 | 泉見洋平<br>藤岡正明<br>小西遼生<br>山崎育三郎 | 辛島小恵<br>菊地美香<br>神田沙也加 | 安崎 求<br>駒田 一<br>三谷六九 | 森 公美子<br>田中利花<br>阿知波悟美 | 坂元健児<br>原田優一<br>松原剛志 |
| 笹本玲奈<br>Jennifer<br>平田愛咲<br>島田歌穂（帝劇開場100周年記念スペシャル・キャスト） | 山崎育三郎<br>原田優一<br>野島直人<br>石川 禅（帝劇開場100周年記念スペシャル・キャスト） | 神田沙也加<br>中山エミリ<br>稲田みづ紀<br>折井理子 | 駒田 一<br>三波豊和<br>斎藤晴彦（帝劇開場100周年記念スペシャル・キャスト） | 森 公美子<br>阿知波悟美<br>鳳 蘭（帝劇開場100周年記念スペシャル・キャスト） | 上原理生<br>阿部よしつぐ<br>岡 幸二郎（帝劇開場100周年記念スペシャル・キャスト） |
| 笹本玲奈<br>昆 夏美<br>平野 綾<br>綿引さやか | 山崎育三郎<br>原田優一<br>田村良太 | 青山郁代<br>磯貝レイナ<br>若井久美子 | 駒田 一<br>KENTARO<br>萬谷法英 | 森 公美子<br>浦嶋りんこ<br>谷口ゆうな | 上原理生<br>野島直人<br>杉山有大 |
| 昆 夏美<br>平野 綾<br>綿引さやか | 山崎育三郎<br>原田優一<br>田村良太 | 磯貝レイナ<br>若井久美子 | 駒田 一<br>KENTARO<br>萬谷法英 | 森 公美子<br>浦嶋りんこ<br>谷口ゆうな | 上原理生<br>野島直人 |
| 昆 夏美<br>平野 綾<br>綿引さやか | 山崎育三郎<br>原田優一<br>田村良太 | 青山郁代<br>磯貝レイナ<br>若井久美子 | 駒田 一<br>KENTARO<br>萬谷法英 | 森 公美子<br>浦嶋りんこ<br>谷口ゆうな | 上原理生<br>野島直人 |
| 笹本玲奈<br>昆 夏美<br>平野 綾<br>綿引さやか | 山崎育三郎<br>原田優一<br>田村良太 | 青山郁代<br>磯貝レイナ<br>若井久美子 | 駒田 一<br>KENTARO<br>萬谷法英 | 森 公美子<br>浦嶋りんこ<br>谷口ゆうな | 上原理生<br>野島直人 |
| 笹本玲奈<br>昆 夏美<br>平野 綾<br>綿引さやか | 山崎育三郎<br>原田優一<br>田村良太 | 青山郁代<br>磯貝レイナ<br>若井久美子 | 駒田 一<br>KENTARO<br>萬谷法英 | 森 公美子<br>浦嶋りんこ<br>谷口ゆうな | 上原理生<br>野島直人<br>杉山有大 |
| 笹本玲奈<br>昆 夏美<br>平野 綾<br>綿引さやか | 原田優一<br>田村良太<br>海宝直人 | 若井久美子<br>磯貝レイナ<br>清水彩花 | 駒田 一<br>KENTARO<br>萬谷法英 | 森 公美子<br>浦嶋りんこ<br>谷口ゆうな | 上原理生<br>野島直人<br>上山竜治 |
| 笹本玲奈<br>昆 夏美<br>平野 綾<br>綿引さやか | 原田優一<br>田村良太<br>海宝直人 | 若井久美子<br>磯貝レイナ<br>清水彩花 | 駒田 一<br>KENTARO<br>萬谷法英 | 森 公美子<br>浦嶋りんこ<br>谷口ゆうな | 上原理生<br>野島直人<br>上山竜治 |
| 笹本玲奈<br>昆 夏美<br>平野 綾<br>綿引さやか | 原田優一<br>田村良太<br>海宝直人 | 若井久美子<br>磯貝レイナ<br>清水彩花 | 駒田 一<br>KENTARO<br>萬谷法英 | 森 公美子<br>浦嶋りんこ<br>谷口ゆうな | 上原理生<br>野島直人<br>上山竜治 |
| 笹本玲奈<br>昆 夏美<br>平野 綾<br>綿引さやか | 原田優一<br>田村良太<br>海宝直人 | 若井久美子<br>磯貝レイナ<br>清水彩花 | KENTARO<br>萬谷法英 | 森 公美子<br>浦嶋りんこ<br>谷口ゆうな | 上原理生<br>野島直人<br>上山竜治 |

| 公演日 | 回数 | 公演劇場 | ジャン・バルジャン | ジャベール | ファンテーヌ |
|---|---|---|---|---|---|
| 2015.9.5～9.7 | （5回/通算2994回） | オーバード・ホール | 福井晶一<br>吉原光夫<br>ヤン・ジュンモ | 川口竜也<br>吉原光夫<br>岸 祐二 | 知念里奈 |
| 2015.9.17～9.24 | （12回/通算3006回） | 静岡市清水文化会館マリナート | 福井晶一<br>吉原光夫<br>ヤン・ジュンモ | 川口竜也<br>吉原光夫<br>岸 祐二 | 知念里奈<br>里 アンナ |
| 2017.5.21～7.17 | （79回/通算3085回） | 帝国劇場 | 福井晶一<br>ヤン・ジュンモ<br>吉原光夫 | 川口竜也<br>吉原光夫<br>岸 祐二 | 知念里奈<br>和音美桜<br>二宮 愛 |
| 2017.8.1～8.26 | （37回/通算3122回） | 博多座 | 福井晶一<br>ヤン・ジュンモ<br>吉原光夫 | 川口竜也<br>吉原光夫<br>岸 祐二 | 知念里奈<br>和音美桜<br>二宮 愛 |
| 2017.9.2～9.15 | （22回/通算3144回） | フェスティバルホール | 福井晶一<br>ヤン・ジュンモ<br>吉原光夫 | 川口竜也<br>吉原光夫<br>岸 祐二 | 知念里奈<br>和音美桜<br>二宮 愛 |
| 2017.9.25～10.16 | （28回/通算3172回） | 中日劇場 | 福井晶一<br>ヤン・ジュンモ<br>吉原光夫 | 川口竜也<br>吉原光夫<br>岸 祐二 | 知念里奈<br>二宮 愛 |
| 2019.4.15～5.28 | （64回/通算3236回） | 帝国劇場 | 福井晶一<br>吉原光夫<br>佐藤隆紀 | 川口竜也<br>上原理生<br>伊礼彼方 | 知念里奈<br>濱田めぐみ<br>二宮 愛 |
| 2019.6.7～6.25 | （26回/通算3262回） | 御園座 | 福井晶一<br>吉原光夫<br>佐藤隆紀 | 川口竜也<br>上原理生<br>伊礼彼方 | 知念里奈<br>濱田めぐみ<br>二宮 愛 |
| 2019.7.3～7.20 | （25回/通算3287回） | 梅田芸術劇場 メインホール | 福井晶一<br>吉原光夫<br>佐藤隆紀 | 川口竜也<br>上原理生<br>伊礼彼方 | 知念里奈<br>濱田めぐみ<br>二宮 愛 |
| 2019.7.29～8.26 | （38回/通算3325回） | 博多座 | 福井晶一<br>吉原光夫<br>佐藤隆紀 | 川口竜也<br>上原理生<br>伊礼彼方 | 知念里奈<br>濱田めぐみ<br>二宮 愛 |
| 2019.9.10～9.17 | （11回/通算3336回） | 札幌文化芸術劇場hitaru | 福井晶一<br>吉原光夫<br>佐藤隆紀 | 川口竜也<br>上原理生<br>伊礼彼方 | 知念里奈<br>濱田めぐみ<br>二宮 愛 |
| 2021.5.21～7.26 | （90回/通算3425回） | 帝国劇場 | 福井晶一<br>吉原光夫<br>佐藤隆紀 | 川口竜也<br>上原理生<br>伊礼彼方 | 知念里奈<br>濱田めぐみ<br>二宮 愛<br>和音美桜 |
| 2021.8.4～8.28 | （25回/通算3450回）<br>＊9公演中止 | 博多座 | 福井晶一<br>吉原光夫<br>佐藤隆紀 | 川口竜也<br>上原理生<br>伊礼彼方 | 知念里奈<br>二宮 愛<br>和音美桜 |
| 2021.9.6～9.16 | ＊全16公演中止 | フェスティバルホール | 福井晶一<br>吉原光夫<br>佐藤隆紀 | 川口竜也<br>上原理生<br>伊礼彼方 | 知念里奈<br>二宮 愛<br>和音美桜 |
| 2021.9.28～10.4 | （9回/通算3459回） | まつもと市民芸術館 主ホール | 吉原光夫<br>佐藤隆紀 | 川口竜也<br>上原理生<br>伊礼彼方 | 二宮 愛<br>和音美桜 |

| エポニーヌ | マリウス | コゼット | テナルディエ | マダム・テナルディエ | アンジョルラス |
|---|---|---|---|---|---|
| 平野 綾 | 海宝直人 | 若井久美子 | 萬谷法英 | 森 公美子 | 上山竜治 |
| 昆 夏美<br>綿引さやか | 原田優一<br>田村良太 | 磯貝レイナ<br>清水彩花 | 萬谷法英 | 森 公美子<br>浦嶋りんこ | 上原理生<br>野島直人 |
| 昆 夏美<br>唯月ふうか<br>松原凜子 | 海宝直人<br>内藤大希<br>田村良太 | 生田絵梨花<br>清水彩花<br>小南満佑子 | 駒田 一<br>橋本じゅん<br>KENTARO | 森 公美子<br>鈴木ほのか<br>谷口ゆうな | 上原理生<br>上山竜治<br>相葉裕樹 |
| 昆 夏美<br>唯月ふうか<br>松原凜子 | 海宝直人<br>内藤大希<br>田村良太 | 生田絵梨花<br>清水彩花<br>小南満佑子 | 駒田 一<br>KENTARO | 森 公美子<br>鈴木ほのか<br>谷口ゆうな | 上原理生<br>上山竜治<br>相葉裕樹 |
| 昆 夏美<br>松原凜子 | 海宝直人<br>内藤大希<br>田村良太 | 生田絵梨花<br>清水彩花<br>小南満佑子 | 駒田 一<br>KENTARO | 森 公美子<br>鈴木ほのか<br>谷口ゆうな | 上原理生<br>上山竜治<br>相葉裕樹 |
| 昆 夏美<br>唯月ふうか<br>松原凜子 | 海宝直人<br>内藤大希<br>田村良太 | 生田絵梨花<br>清水彩花<br>小南満佑子 | 駒田 一<br>KENTARO | 森 公美子<br>鈴木ほのか<br>谷口ゆうな | 上原理生<br>上山竜治<br>相葉裕樹 |
| 昆 夏美<br>唯月ふうか<br>屋比久知奈 | 海宝直人<br>内藤大希<br>三浦宏規 | 生田絵梨花<br>小南満佑子<br>熊谷彩春 | 駒田 一<br>橋本じゅん<br>KENTARO<br>斎藤 司 | 森 公美子<br>鈴木ほのか<br>朴 璐美 | 相葉裕樹<br>上山竜治<br>小野田龍之介 |
| 昆 夏美<br>唯月ふうか<br>屋比久知奈 | 海宝直人<br>内藤大希<br>三浦宏規 | 生田絵梨花<br>小南満佑子<br>熊谷彩春 | 駒田 一<br>橋本じゅん<br>KENTARO<br>斎藤 司 | 森 公美子<br>鈴木ほのか<br>朴 璐美 | 相葉裕樹<br>上山竜治<br>小野田龍之介 |
| 昆 夏美<br>唯月ふうか<br>屋比久知奈 | 海宝直人<br>内藤大希<br>三浦宏規 | 生田絵梨花<br>小南満佑子<br>熊谷彩春 | 駒田 一<br>橋本じゅん<br>KENTARO<br>斎藤 司 | 森 公美子<br>鈴木ほのか<br>朴 璐美 | 相葉裕樹<br>上山竜治<br>小野田龍之介 |
| 昆 夏美<br>唯月ふうか<br>屋比久知奈 | 海宝直人<br>内藤大希<br>三浦宏規 | 生田絵梨花<br>小南満佑子<br>熊谷彩春 | 橋本じゅん<br>KENTARO<br>斎藤 司 | 森 公美子<br>鈴木ほのか<br>朴 璐美 | 相葉裕樹<br>上山竜治<br>小野田龍之介 |
| 昆 夏美<br>唯月ふうか | 海宝直人<br>三浦宏規 | 生田絵梨花<br>熊谷彩春 | 橋本じゅん<br>KENTARO<br>斎藤 司 | 森 公美子<br>朴 璐美 | 相葉裕樹<br>小野田龍之介 |
| 唯月ふうか<br>屋比久知奈<br>生田絵梨花 | 内藤大希<br>三浦宏規<br>竹内將人 | 熊谷彩春<br>加藤梨里香<br>敷村珠夕 | 駒田 一<br>橋本じゅん<br>斎藤 司<br>六角精児 | 森 公美子<br>谷口ゆうな<br>樹里咲穂 | 相葉裕樹<br>小野田龍之介<br>木内健人 |
| 唯月ふうか<br>屋比久知奈<br>生田絵梨花 | 内藤大希<br>三浦宏規<br>竹内將人 | 熊谷彩春<br>加藤梨里香<br>敷村珠夕 | 駒田 一<br>斎藤 司<br>六角精児 | 森 公美子<br>谷口ゆうな<br>樹里咲穂 | 相葉裕樹<br>小野田龍之介<br>木内健人 |
| 唯月ふうか<br>屋比久知奈<br>生田絵梨花 | 内藤大希<br>竹内將人 | 熊谷彩春<br>加藤梨里香<br>敷村珠夕 | 駒田 一<br>橋本じゅん<br>斎藤 司<br>六角精児 | 森 公美子<br>谷口ゆうな<br>樹里咲穂 | 相葉裕樹<br>小野田龍之介<br>木内健人 |
| 唯月ふうか<br>屋比久知奈<br>生田絵梨花 | 内藤大希<br>三浦宏規<br>竹内將人 | 熊谷彩春<br>加藤梨里香 | 駒田 一<br>斎藤 司<br>六角精児 | 森 公美子<br>樹里咲穂 | 相葉裕樹<br>小野田龍之介<br>木内健人 |

# ミス・サイゴン

| 公演日 | 回数 | 公演劇場 | エンジニア | キム |
|---|---|---|---|---|
| 1992.4.23〜1993.9.12 | (745回) | 帝国劇場 | 市村正親<br>笹野高史 | 本田美奈子<br>入絵加奈子<br>伊東恵里 |
| 2004.8.10〜11.23 | (174回/通算919回) | 帝国劇場 | 市村正親<br>筧 利夫<br>橋本さとし<br>別所哲也 | 笹本玲奈<br>知念里奈<br>新妻聖子<br>松たか子 |
| 2008.7.14〜10.23 | (160回/通算1079回) | 帝国劇場 | 市村正親<br>筧 利夫<br>橋本さとし<br>別所哲也 | 笹本玲奈<br>ソニン<br>知念里奈<br>新妻聖子 |
| 2009.1.3〜3.15 | (119回/通算1198回) | 博多座 | 市村正親<br>筧 利夫<br>橋本さとし<br>別所哲也 | 笹本玲奈<br>ソニン<br>知念里奈<br>新妻聖子 |
| 2012.7.1〜2013.1.17 | (82回/通算1280回) | 青山劇場ほか全国ツアー公演 | 市村正親 | 笹本玲奈<br>知念里奈<br>新妻聖子 |
| 2014.7.21〜2014.10.5 | (88回/通算1368回) | 帝国劇場ほか全国ツアー公演 | 市村正親<br>駒田 一<br>筧 利夫 | 笹本玲奈<br>知念里奈<br>昆 夏美 |
| 2016.10.15〜2017.1.22 | (95回/通算1463回) | 帝国劇場ほか全国ツアー公演 | 市村正親<br>駒田 一<br>ダイアモンド✿ユカイ | 笹本玲奈<br>昆 夏美<br>キム・スハ |
| 2020.5.19〜9.6 | ＊全106公演中止 | 帝国劇場ほか全国ツアー公演 | 市村正親<br>駒田 一<br>伊礼彼方<br>東山義久 | 高畑充希<br>昆 夏美<br>大原櫻子<br>屋比久知奈 |
| 2022.7.24〜2022.11.13 | (106回/通算1569回)<br>＊10公演中止 | 帝国劇場ほか全国ツアー公演 | 市村正親<br>駒田 一<br>伊礼彼方<br>東山義久 | 高畑充希<br>昆 夏美<br>屋比久知奈 |

| クリス | ジョン | エレン | トウイ | ジジ |
|---|---|---|---|---|
| 岸田智史<br>安崎 求<br>宮川 浩 | 園岡新太郎<br>今井清隆 | 鈴木ほのか<br>岡田 静<br>石富由美子 | 山本あつし<br>山形ユキオ<br>留守 晃 | 岡田 静<br>北村岳子<br>園山晴子 |
| 石井一孝<br>井上芳雄<br>坂元健児 | 石井一孝<br>今井清隆<br>岡 幸二郎<br>坂元健児 | ANZA<br>石川ちひろ<br>高橋由美子 | 泉見洋平<br>tekkan<br>戸井勝海 | 杵鞭麻衣<br>高島みほ<br>平澤由美 |
| 井上芳雄<br>照井裕隆<br>原田優一<br>藤岡正明 | 岡 幸二郎<br>岸 祐二<br>坂元健児 | 浅野実奈子<br>シルビア・グラブ<br>鈴木ほのか<br>RIRIKA | 石井一彰<br>泉見洋平<br>神田恭兵 | 池谷祐子<br>桑原麻希<br>菅谷真理恵 |
| 井上芳雄<br>照井裕隆<br>原田優一<br>藤岡正明 | 岡 幸二郎<br>岸 祐二<br>坂元健児 | 浅野実奈子<br>シルビア・グラブ<br>鈴木ほのか<br>RIRIKA | 石井一彰<br>泉見洋平<br>神田恭兵 | 池谷祐子<br>菅谷真理恵 |
| 原田優一<br>山崎育三郎 | 岡 幸二郎<br>上原理生 | 木村花代 | 泉見洋平 | 池谷祐子 |
| 原田優一<br>上野哲也 | 岡 幸二郎<br>上原理生 | 木村花代<br>三森千愛 | 泉見洋平<br>神田恭兵 | 池谷祐子<br>吉田玲菜 |
| 上野哲也<br>小野田龍之介 | 上原理生<br>パク・ソンファン | 知念里奈<br>三森千愛 | 藤岡正明<br>神田恭兵 | 池谷祐子<br>中野加奈子 |
| 小野田龍之介<br>海宝直人<br>チョ・サンウン | 上原理生<br>上野哲也 | 知念里奈<br>仙名彩世<br>松原凜子 | 神田恭兵<br>西川大貴 | 青山郁代<br>則松亜海 |
| 小野田龍之介<br>海宝直人<br>チョ・サンウン | 上原理生<br>上野哲也 | 知念里奈<br>仙名彩世<br>松原凜子 | 神田恭兵<br>西川大貴 | 青山郁代<br>則松亜海 |

# エリザベート

| 公演日 | 回数 | 公演劇場 | エリザベート | トート |
|---|---|---|---|---|
| 2000.6.6〜8.30 | (117回) | 帝国劇場 | 一路真輝 | 内野聖陽　山口祐一郎 |
| 2001.3.30〜4.28 | (43回／通算160回) | 帝国劇場 | 一路真輝 | 内野聖陽　山口祐一郎 |
| 2001.5.3〜5.27 | (38回／通算198回) | 中日劇場 | 一路真輝 | 内野聖陽　山口祐一郎 |
| 2001.8.3〜8.31 | (41回／通算239回) | 梅田コマ劇場 | 一路真輝 | 内野聖陽　山口祐一郎 |
| 2001.10.4〜10.31 | (40回／通算279回) | 博多座 | 一路真輝 | 内野聖陽　山口祐一郎 |
| 2004.3.6〜5.30 | (115回／通算394回) | 帝国劇場 | 一路真輝 | 内野聖陽　山口祐一郎 |
| 2004.8.1〜8.30 | (42回／通算436回) | 中日劇場 | 一路真輝 | 内野聖陽　山口祐一郎 |
| 2004.10.2〜10.28 | (38回／通算474回) | 博多座 | 一路真輝 | 内野聖陽　山口祐一郎 |
| 2004.11.3〜12.12 | (55回／通算529回) | 梅田コマ劇場 | 一路真輝 | 内野聖陽　山口祐一郎 |
| 2005.9.1〜9.30 | (40回／通算569回) | 帝国劇場 | 一路真輝 | 内野聖陽　山口祐一郎 |
| 2006.5.3〜5.28 | (37回／通算606回) | 日生劇場 | 一路真輝 | 山口祐一郎　武田真治 |
| 2008.8.3〜8.28 | (38回／通算644回) | 中日劇場 | 涼風真世　朝海ひかる | 山口祐一郎　武田真治 |
| 2008.9.3〜9.28 | (38回／通算682回) | 博多座 | 涼風真世　朝海ひかる | 山口祐一郎　武田真治 |
| 2008.11.3〜12.25 | (76回／通算758回) | 帝国劇場 | 涼風真世　朝海ひかる | 山口祐一郎　武田真治 |
| 2009.1.8〜2.2 | (38回／通算796回) | 梅田芸術劇場 メインホール | 涼風真世　朝海ひかる | 山口祐一郎　武田真治 |
| 2010.8.9〜10.30 | (107回／通算903回) | 帝国劇場 | 朝海ひかる　瀬奈じゅん | 山口祐一郎　石丸幹二　城田 優 |
| 2012.5.9〜6.27 | (64回／通算967回) | 帝国劇場 | 春野寿美礼　瀬奈じゅん | 山口祐一郎　石丸幹二　マテ·カマラス |
| 2012.7.5〜7.26 | (31回／通算998回) | 博多座 | 春野寿美礼　瀬奈じゅん | 山口祐一郎　石丸幹二　マテ·カマラス |
| 2012.8.3〜8.26 | (31回／通算1029回) | 中日劇場 | 春野寿美礼　瀬奈じゅん | 山口祐一郎　石丸幹二　マテ·カマラス |
| 2012.9.1〜9.28 | (38回／通算1067回) | 梅田芸術劇場 メインホール | 春野寿美礼　瀬奈じゅん | 山口祐一郎　石丸幹二　マテ·カマラス |
| 2015.6.11〜8.26 | (100回／通算1167回) | 帝国劇場 | 花總まり　蘭乃はな | 城田 優　井上芳雄 |
| 2016.6.28〜7.26 | (38回／通算1205回) | 帝国劇場 | 花總まり　蘭乃はな | 城田 優　井上芳雄 |
| 2016.8.6〜9.4 | (39回／通算1244回) | 博多座 | 花總まり　蘭乃はな | 城田 優　井上芳雄 |
| 2016.9.11〜9.30 | (26回／通算1270回) | 梅田芸術劇場 メインホール | 花總まり　蘭乃はな | 城田 優　井上芳雄 |
| 2016.10.8〜10.23 | (22回／通算1292回) | 中日劇場 | 花總まり　蘭乃はな | 城田 優　井上芳雄 |
| 2019.6.7〜8.26 | (108回／通算1400回) | 帝国劇場 | 花總まり　愛希れいか | 井上芳雄　古川雄大 |
| 2020.4.9〜8.3 | ＊全126公演中止 | 帝国劇場ほか全国ツアー公演 | 花總まり　愛希れいか | 山崎育三郎　古川雄大　井上芳雄 |
| 2022.10.9〜11.27 | (55回／通算1455回)<br>＊10公演中止 | 帝国劇場 | 花總まり　愛希れいか | 山崎育三郎　古川雄大 |
| 2022.12.5〜12.21 | (17回／通算1472回)<br>＊5公演中止 | 御園座 | 花總まり　愛希れいか | 古川雄大 |
| 2022.12.29〜2023.1.3 | (6回／通算1478回)<br>＊2公演中止 | 梅田芸術劇場 メインホール | 花總まり　愛希れいか | 古川雄大 |
| 2023.1.11〜1.31 | (27回／通算1505回) | 博多座 | 花總まり　愛希れいか | 古川雄大　井上芳雄 |

| フランツ・ヨーゼフ | ルドルフ | ゾフィー | ルイジ・ルキーニ |
|---|---|---|---|
| 鈴木綜馬 | 井上芳雄 | 初風 諄 | 髙嶋政宏 |
| 鈴木綜馬 | 井上芳雄 | 初風 諄 | 髙嶋政宏 |
| 鈴木綜馬 | 井上芳雄 | 初風 諄 | 髙嶋政宏 |
| 鈴木綜馬 | 井上芳雄 | 初風 諄 | 髙嶋政宏 |
| 鈴木綜馬 | 井上芳雄 | 初風 諄 | 髙嶋政宏 |
| 鈴木綜馬　石川 禅 | 浦井健治　パク・トンハ | 初風 諄 | 髙嶋政宏 |
| 鈴木綜馬　石川 禅 | 浦井健治　パク・トンハ | 初風 諄 | 髙嶋政宏 |
| 鈴木綜馬　石川 禅 | 浦井健治　パク・トンハ | 初風 諄 | 髙嶋政宏 |
| 鈴木綜馬　石川 禅 | 浦井健治　パク・トンハ | 初風 諄 | 髙嶋政宏 |
| 鈴木綜馬　石川 禅 | 浦井健治　パク・トンハ　井上芳雄 | 寿 ひずる | 髙嶋政宏 |
| 鈴木綜馬　石川 禅 | 浦井健治　パク・トンハ | 初風 諄　寿 ひずる | 髙嶋政宏 |
| 鈴木綜馬　石川 禅 | 浦井健治　伊礼彼方 | 寿 ひずる | 髙嶋政宏 |
| 鈴木綜馬　石川 禅 | 浦井健治　伊礼彼方 | 寿 ひずる | 髙嶋政宏 |
| 鈴木綜馬　石川 禅 | 浦井健治　伊礼彼方 | 初風 諄　寿 ひずる | 髙嶋政宏 |
| 鈴木綜馬　石川 禅 | 浦井健治　伊礼彼方 | 初風 諄　寿 ひずる | 髙嶋政宏 |
| 石川 禅 | 田代万里生　伊礼彼方　浦井健治 | 寿 ひずる　杜 けあき | 髙嶋政宏 |
| 石川 禅　岡田浩暉 | 大野拓朗　平方元基　古川雄大 | 寿 ひずる　杜 けあき | 髙嶋政宏 |
| 石川 禅　岡田浩暉 | 大野拓朗　平方元基　古川雄大 | 寿 ひずる　杜 けあき | 髙嶋政宏 |
| 石川 禅　岡田浩暉 | 大野拓朗　平方元基　古川雄大 | 寿 ひずる　杜 けあき | 髙嶋政宏 |
| 石川 禅　岡田浩暉 | 大野拓朗　平方元基　古川雄大 | 寿 ひずる　杜 けあき | 髙嶋政宏 |
| 田代万里生　佐藤隆紀 | 古川雄大　京本大我 | 剣 幸　香寿たつき | 山崎育三郎　尾上松也 |
| 田代万里生　佐藤隆紀 | 古川雄大　京本大我 | 涼風真世　香寿たつき | 山崎育三郎　成河 |
| 田代万里生 | 古川雄大　京本大我 | 涼風真世　香寿たつき | 山崎育三郎　成河 |
| 田代万里生 | 古川雄大 | 涼風真世　香寿たつき | 山崎育三郎　成河 |
| 田代万里生 | 古川雄大　京本大我 | 涼風真世　香寿たつき | 山崎育三郎　成河 |
| 田代万里生　平方元基 | 京本大我　三浦涼介　木村達成 | 剣 幸　涼風真世　香寿たつき | 山崎育三郎　成河 |
| 田代万里生　佐藤隆紀 | 三浦涼介 | 剣 幸　涼風真世　香寿たつき | 尾上松也　上山竜治　黒羽麻璃央 |
| 田代万里生　佐藤隆紀 | 甲斐翔真　立石俊樹 | 剣 幸　涼風真世　香寿たつき | 黒羽麻璃央　上山竜治 |
| 田代万里生　佐藤隆紀 | 甲斐翔真　立石俊樹 | 剣 幸　涼風真世　香寿たつき | 黒羽麻璃央　上山竜治 |
| 田代万里生　佐藤隆紀 | 甲斐翔真　立石俊樹 | 剣 幸　涼風真世　香寿たつき | 黒羽麻璃央　上山竜治 |
| 田代万里生　佐藤隆紀 | 甲斐翔真　立石俊樹 | 剣 幸　涼風真世　香寿たつき | 黒羽麻璃央　上山竜治 |

©絵葉書資料館蔵

# 東京會舘は
# これからも帝国劇場とともに

東京會舘は大正11(1922)年に「世界に誇る施設ながら、
誰もが利用できる、大勢の人々が集う社交場」として創業しました。
当時帝国劇場の支配人を務めており、
後に東京會舘の常務取締役となる山本久三郎が欧米視察により得たアイディアにより、
創業当時の初代東京會舘は、
お隣の帝国劇場と緋毛氈の敷かれた地下通路でつながっており、
幕間に行き来をしてお食事を楽しむことができました。
演劇の殿堂「帝国劇場」の隣に、社交の殿堂「東京會舘」あり。
皇居のお濠に面したこの恵まれた地で
これからも人々に感動をお届けする施設として、ともに歴史を重ねてまいります。

〒100-0005 東京都千代田区丸の内3-2-1 Tel.03-3215-2111(代) www.kaikan.co.jp

東京會舘

# 今日と未来を、つなぐ。

変化が激しく、新しい価値観が生まれる時代。

今日という、一日一日を大切にする。

その積み重ねが、未来へとつながっていく。

日本生命は今を生きるすべての人たちの

トータルパートナーとして

これからも社会に向き合い続け、ともに歩んでいきます。

帝国劇場アニバーサリーブック
# NEW HISTORY COMING

2024年12月28日　第1刷発行
2025年1月15日　第2刷発行

| | |
|---|---|
| 発行・監修 | 東宝株式会社 演劇部<br>〒100-8415　東京都千代田区有楽町1-2-2 東宝日比谷ビル11F<br>TEL：03-3591-1211（代表） |
| 発売 | ぴあ株式会社<br>〒150-0011　東京都渋谷区東1-2-20 渋谷ファーストタワー<br>TEL：03-5774-5248（販売） |
| 編集 | 三浦真紀／羽成奈穂子／山田美穂 |
| アートディレクション | 内藤美歌子（表3・本文）／岡野登（カバー表紙・表2〜1P） |
| デザイン | 植田麗子　大江早季　TOHOマーケティング（296〜315・317〜333P）／辛嶋陽子／戸澤清美／山口千尋 |
| 撮影 | 田内峻平（舞台写真・22〜27・106・111P）／TOMO（表1・表4・4〜5・28〜33・107・109・112〜113・160P）／<br>秋倉康介（表2・表3・1〜3・6〜21・34〜37・42〜55・62〜67・104・322「飛天」・356P）／齋藤安彦（73〜75P）／<br>友澤綾乃（68P）／Johan Persson（72P）／上飯坂一（76〜79P）／坂田貴広（82〜85P）／鹿野安司　村田雄彦（317P〜331P） |
| 解体透視図作成 | 田中智之　早稲田大学教授（332〜333P） |
| 取材・執筆 | 山内佳寿子（6〜15・62〜67・82〜85・90〜93・134〜135・194〜195P 取材28〜33・56〜61P）／<br>羽成奈穂子（執筆28〜33・56〜61P）／三浦真紀（34〜37・76〜79P 執筆73〜75P）／<br>町田麻子（16〜27・38〜41・86〜89・186〜187・200〜201・293P「レ・ミゼラブル」解説）／島田薫（42〜49P）／<br>平野祥恵（50〜55・94〜95・98〜102P）／橘凉香（68〜72・96〜97P）／伊達なつめ（80〜81P）／<br>林尚之（105・107・140〜141・171P）／小玉祥子（106・109・120〜123・143・176・177P）／石井謙一郎（108P）／<br>水落潔（110・178・179P）／田内峻平（111P）／市川安紀（114〜119・160〜163・183P） |
| 年表（2012-2025）作品解説 | 山田美穂／平野祥恵／高橋栄理子／堀江純子 |
| 寄稿執筆 | 小川洋子（2〜3P）／宮崎紀夫 元・東宝演劇部プロデューサー（126〜128・137・181P）／松田和彦 東宝演劇部担当付（129〜131・277P）／<br>飯田眞一 元・東宝演劇部宣伝室長（199P）／倉方俊輔　大阪公立大学教授（318〜319P）／小林徹也　シアターワークショップ（327P） |
| 舞台映像 | 撮影：遠藤政芳　編集：川元卓央 |
| 映像提供 | NHK『佐渡島他吉の生涯』 |
| 協力 | 菊田一樹／塩崎美寧子／日本俳優協会／渡辺保／映画演劇文化協会（田島尚史） |
| 参考資料（114〜119P） | 「帝国劇場100年のあゆみ」 |
| 表紙写真 美術品 | 「瓔珞（ようらく）」（作・伊原通夫） |
| 本体表紙イラストレーション | 齋藤玄輔 |
| 印刷・製本 | 共同製本株式会社 |

©TOHO CO.LTD 2024　Printed in Japan
ISBN 978-4-8356-5005-0

本書の内容の一部または全部を無断で複写・複製すること及び転載使用することを禁じます。